KB245563

역사를 읽으니
시대의 길이 보이다

讀史有學問
冷成金 著

역사를 읽으며
시대의 길이 보이네

인물 중국사

렁청진 지음 이해원 옮김

한길사

역사를 읽으니 시대의 길이 보이네

지은이 · 렁청진
옮긴이 · 이해원
펴낸이 · 김언호
펴낸곳 · (주)도서출판 한길사
등록 · 1976년 12월 24일 제74호
주소 · 413-832 경기도 파주시 교하읍 문발리 520-11
　　　www.hangilsa.co.kr
　　　E-mail:hangilsa@hangilsa.co.kr
전화 · 031-955-2000~3
팩스 · 031-955-2005

상무이사 · 박관순
영업이사 · 곽명호
편집 · 강진홍 박희진 최원준 박계영
전산 · 김현정
마케팅 및 제작 · 이경호
관리 · 이중환 문주상 장비연 박경미 김선희

출력 · 지에스테크 인쇄 · 현문인쇄 제본 · 성문제책

제1판 제1쇄 2006년 11월 17일

값 27,000원
ISBN 89-356-5831-6 03910

• 잘못된 책은 구입하신 서점에서 바꿔드립니다.

이 도서의 국립중앙도서관 출판시도서목록(CIP)은
e-CIP 홈페이지(http://www.nl.go.kr/cip.php)에서 이용하실 수 있습니다.
(CIP제어번호: CIP2006002394)

역사란 억울하게 목이 잘린 사람들의 나열이다.

• 렁청진

역사에 속아 넘어가지 말라

모택동은 역사책 읽기를 좋아했고 역사를 잘 이해했다. 그는 중국의 정통 역사서인 『이십사사』二十四史를 정독하며 나름대로 평을 할 줄도 알았고, 필기筆記나 야사野史에도 조예가 깊었다. 또한 『용재수필』容齋隨筆을 북경도서관에서 읽은 후 언제나 곁에 두고 탐독했다. 나라를 구하는 지혜와 치국의 책략을 발휘한 모택동의 역량은 그가 중국사를 열심히 공부한 데서 그 근원을 찾을 수 있다.

그러나 역사를 읽는 데도 학문이 필요하다. 역사에 속아 넘어가지 말아야 한다. 역사의 뒷전으로 밀려나서 하늘 끝을 방황하는 나그네가 되어서는 안 된다. 역대로 제왕이 될 수 있는 권모술수를 마음속에서 없애려면 정신이 깨어 있어야 한다.

자신의 경험을 바탕으로 여러 정치가와 사건들의 성공과 실패를 분석하고, 그 가운데 서로 상응하는 규칙을 이끌어내야 한다. 자신의 일상생활로부터 출발하여 더 높은 단계에서 정치와 도덕의 관계를 볼 수 있어야 하는 것이다.

더 나아가 구체적인 일에 착수할 때는 시대의 추세에 부응하기 위해 정해진 규범에 얽매이지 않아야 한다. 이때는 시의적절하게 임기응변의 조처를 취할 수 있는 지혜가 필요하다. 이런 것들을 할 수 있으려면 비록 지혜가 뛰어나고 어진 사람을 따라잡을 수는 없다 하더라도, 반드시 선인들의 온갖 경험이 담겨 있는 역사를 제대로 읽어야 한다.

그러려면 물론 역사책을 정독해야 하지만 이는 쉬운 일이 아니라서 한 권의 역사책을 읽느라고 머리가 희어질 수도 있다. 웅대한 기백도 없고, 온갖 세상일을 겪어 노련하거나 침착하지도 못하며, 풍부한 지식도 갖추지 못했다면 역사책을 곁에 두고 틈날 때마다 읽어라! 학문은 책만으로 완성되지 않으며 실천과 결합되어야 한다. 만약 역사와 자신을 하나로 융합할 수 있으면 역사를 이해했다고 말할 수 있을 것이다. 이러한 경지에 도달하면 자신의 역사를 창조할 수 있다.

인간의 삶은 번민과 슬픔으로 가득 차서 즐겁게 한번 웃기도 어렵고, 변방에 끌려가서 시로 횔시위를 당기는 날이 많다. 피비린내 나는 전쟁도 잠시면 지나가지만 '인생의 전쟁'은 영원히 멈추지 않는다. 그래서 역사는, 더욱이 중국역사는 영원히 의미심장한 것이다. 그 역사의 의미는 개인이 느끼는 정도에 따라 결정된다.

링청진

역사를 읽으니 시대의 길이 보이네

제1부 성공한 제왕과 실패한 선비

제2부 환란과 극복

제3부 충신과 간신

제4부 명성과 악명

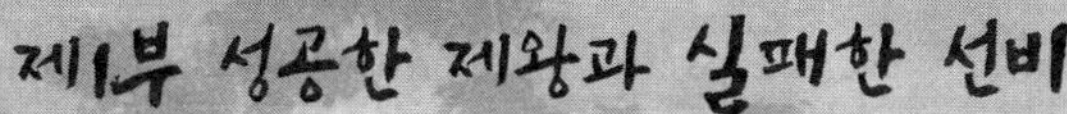

제1부 성공한 제왕과 실패한 선비

서적이 불태워져 진시황의 제업은 망했고 竹帛煙消帝業虛

함곡관과 황하의 텅 빈 곳에 홀로 기거하네. 關河空鎖祖龍居

갱은 식지 않았는데 태행산 동쪽이 시끄러워, 坑灰未冷山東亂

유방과 항우는 원래 글을 읽을 줄 몰랐다. 劉項原來不讀書

● 장갈章碣의 「분서갱유」焚書坑儒

| 천하를 얻은 건달

인심을 얻으면 천하를 얻을 수 있다지만 그보다
중요한 일은 인재를 얻는 것이다. 무뢰한이었던 자가
인재를 얻어 영웅호걸을 패망시킨 경우가 좋은 예다.

인심을 얻는 자가 천하를 얻는다고 누가 말했는가? 중국역사에는 건달이나 무뢰한이 천하를 얻은 경우가 있다. 그런 사람들이 어떻게 천하를 얻을 수 있었을까? 그들은 인재를 얻었기 때문에 천하를 얻을 수 있었다.

물론 인심을 얻어도 천하를 얻을 수는 있다. 그러나 이러한 근본적인 요인이 언제나 세상 일의 직접적인 원인이 되지는 않기 때문에 이것만 강조할 수는 없다. 근본적인 요인만 강조하는 것은 시대착오에 불과하다.

멀리 있는 물이 당장의 목마름을 해소할 수 없는 것처럼, 근본적인 요인은 단지 장기적이고 잠재적인 작용만 할 뿐이다. 그래서 구체적인 책략들이 성패를 가르는 근원이 된다. 진秦나라 말경 세상이 어지러울 때도 그러했다. 사방에서 봉기가 일어나고 세상이 불바다였을 때 민심을 아우르고 인정仁政을 베푸는 것은 현실에 맞지 않는 방법이었다. 진정으로 효과적인 책략은 인재를 불러 모으고 그들을 실제로 쓰는 것이다. 이때에야 인재를 얻는 자가 천하를 얻는다고 말할 수 있다.

소위 "천군을 얻기는 쉬워도, 한 명의 장수를 얻기는 어렵다"라는 말은 고대 중국의 정치가, 군사가가 인재를 모으며 터득한 경험에서 나온 것이다. 이 방면에서 가장 대표적인 예는 아마도 전국시대의 사공자四公

子, 즉 제齊나라의 맹상군孟嘗君, 조趙나라의 평원군平原君, 위魏나라의 신릉군信陵君과 초楚나라의 춘신군春申君일 것이다.

이 네 명의 공자들은 어떤 때는 3천 명에 달하는 식객을 데리고 있었고, 한 가지 재주라도 있는 사람이 있으면 즉시 달려가 신분의 귀천을 가리지 않고 한결같은 마음으로 대접했다. 이들은 인재들을 자신의 문하에 두기 위해 도리에 어긋나는 짓도 마다하지 않았다.

귀천을 가리지 않고 인재를 대접한 평원군

예를 들면, 조나라의 평원군 조승趙勝은 갑자기 자신의 문객들이 줄어드는 것을 알고는 문객들에게 물었다.

"내가 여러분들을 예의를 갖춰 대우했는데 어째서 떠나는 사람이 이렇게 많습니까?"

그러자 어떤 문객이 말했다.

"공의 미인이 절름발이 문객에게 죄를 지었습니다. 그렇지만 공께서 우리보다 미인을 더 좋아하는 것 같아서 떠나가는 것입니다."

평원군이 이 말을 듣고 즉시 조사하도록 했다. 원래 평원군의 집은 민가를 내려다보고 있었다. 그는 미인을 좋아했는데 그의 애첩이 누각에 기대어 아래를 내려다보곤 했다. 그녀가 어느 날 절름발이가 절룩거리며 물을 긷는 것을 보고 웃음을 터뜨렸는데, 사실 특별한 악의는 없었다. 동네 사람들 모두 이 절름발이가 평원군의 문객인 것을 알고 있었다.

절름발이가 평원군을 찾아가 말했다.

"저는 공께서 선비를 좋아한다고 들었습니다. 그래서 선비들은 수천 리를 멀다 하지 않고 찾아오는데, 지금 공의 애첩이 저를 비웃어 제 자존심을 상하게 하였으니 그녀에게 벌을 주시길 청합니다."

평원군은 그의 말에 별로 주의를 기울이지 않고 그저 웃으면서 그러겠다고 하고는 곧 이 일을 잊어버렸다.

평원군 조승은 전국시대 말기 조趙나라 혜문왕
의 동생으로서 전국시대 사공자 가운데 한 사람
이다. 인재들을 잘 대접하고 현명하여 수많은
문객이 그에게 몰려들었다.

절름발이 문객이 여론을 조성해서 평원군은 문객보다 여색을 좋아한
다고 소문을 퍼뜨리자 문객들이 하나둘씩 평원군을 떠났던 것이다. 상황
을 파악한 평원군은 애첩의 목을 베어 절름발이에게 주고 사과했다. 그
러자 그의 문하에 선비들이 다시 모여들었다. 평원군이 이렇게 문객들을
대우하자, 이들은 자신들의 재주를 발휘하여 그에게 도움을 주었다.

진秦나라가 한단邯鄲을 포위하자 조나라는 평원군을 시켜 초나라에 구
원을 청하여 합종하도록 했다. 평원군은 용기와 힘이 있고 문무를 겸비
한 자 20명과 함께 초나라에 가기로 했다. 이때 모수毛遂라는 문객이 평
원군에게 스스로를 추천하며 같이 가기를 청했다. 평원군은 그가 자신
의 문하에 있은 지 3년이나 되었다는 말을 듣고는 비웃는 눈빛으로 이렇
게 말했다.

"현명한 선비는 주머니 속의 송곳과 같아서 당장 그 끝이 드러나 보이
는 법입니다. 3년 동안 좌우에서 그대를 칭찬하는 자가 없었고 나도 들
은 적이 없는데, 이는 그대에게 뛰어난 점이 없기 때문입니다."

그러자 모수가 대답했다.

"저는 오늘에서야 공의 주머니 속에 있기를 청합니다. 저를 일찍부터

주머니 속에 있게 하셨다면 자루까지도 드러났을 것입니다.”

평원군이 초나라에 도착한 후 합종을 위해 협상을 벌였으나 결정이 나지 않았다. 그러자 모수는 왼손에 칼을 쥐고 당 위로 올라가 초나라 왕에게 다음과 같이 말했다.

“왕의 목숨은 저에게 달렸습니다. 왜 합종을 망설이십니까? 초나라는 땅이 넓고 군사도 많기 때문에 왕께서는 천하의 패자가 될 만합니다. 그러나 백기白起와 같은 하찮은 자가 수만의 무리를 이끌고 군대를 일으켜 초나라와 전쟁을 벌여 땅을 빼앗고 초왕의 조상을 욕보였습니다.

이것은 초나라에게 천추의 한이며 조나라도 수치스러워하는 일입니다. 그런데 왕께서는 이러한 모욕을 깨닫지 못하고 계십니다. 합종은 초나라를 위한 것이지 조나라를 위한 것이 아닙니다.”

이 말을 들은 초나라 왕은 모수의 말이 옳다고 하면서 합종을 약속했다. 모수는 백만 대군보다 강한 세 치 혀로 초나라와의 합종을 결정짓고, 초나라가 군대를 발동하여 진나라의 한단 포위를 풀도록 만들어 조나라를 위기에서 구하는 큰 공을 세웠다.

전국시대 사공자 가운데 가장 유명한 사람은 제나라의 맹상군이다. 그는 문객 풍환馮驩(풍훤)에게 의지하여 민심을 얻어 재상 직위를 회복했고 정치적 안정을 꾀하여 명성을 얻었다. 맹상군이 진나라에 가니 진나라 소양왕昭襄王은 그를 자신의 재상으로 삼으려고 했다. 그런데 신하들이 맹상군은 제나라 사람이기 때문에 그가 재상이 되면 진나라는 위태로워질 것이라고 진언하자, 진소왕은 그 말을 믿고 맹상군을 연금시켰다.

그러자 맹상군은 사람을 시켜 소왕이 총애하는 여인을 만나 자신을 풀어줄 것을 청하도록 했다. 그녀는 대신 답례로 맹상군의 흰 여우 가죽으로 만든 옷을 원했다. 맹상군에게는 흰 여우 가죽옷이 하나 있었는데 값이 천금이나 되고 천하에 둘도 없는 귀한 것이었다. 그러나 진나라에 들어왔을 때 이를 소왕에게 바쳤으므로 다른 흰 여우 가죽옷이 없었다. 그러자 개 흉내를 내며 도적질을 잘하던 문객이 진나라의 궁중 창고에 들어가 맹상군이 소왕에게 바쳤던 가죽옷을 훔쳐서 진소왕의 애첩에게 바쳤다. 가죽옷을 얻은 그녀가 맹상군을 위해 소왕에게 진언을 하니 마침내 소왕은 맹상군을 풀어주었다.

맹상군은 바로 국경을 통과할 수 있는 일종의 통행증인 봉전封傳을 고쳐 이름을 바꾸고 진나라의 관문을 빠져나가려고 했다. 일행이 한밤중에 함곡관에 도착했는데, 법으로는 닭이 울어야 성문을 열어 사람들을 내보냈다. 그러나 맹상군은 닭 울음 흉내를 잘 내는 문객 덕분에 관문을 빠져나올 수 있었다.

이처럼 맹상군이 진나라에서 곤경에 처했을 때, 다른 빈객들이 혐오하던 두 빈객 덕분에 죽을 뻔한 위기를 극복할 수 있었다. 그러므로 인재를 잘 불러 모으고 잘 쓸 수 있어야 하는 것이다.

그러나 송나라 때의 문학가·사학자·정치가였던 왕안석王安石은 그렇게 생각하지 않았다. 그는 「맹상군열전을 읽고」라는 글에서 이렇게 말했다.

"세상 사람들 모두가 맹상군이 어질고 능력 있는 사람을 등용했기 때문에 인재들이 그에게 모여들었고 결국 이들의 재주와 능력에 의지하여 진나라로부터 도망칠 수 있었다고 한다.

아! 맹상군은 개나 닭 울음을 흉내 내어 도적질을 일삼는 무리의 우두머리일 뿐이거늘 어찌 인재를 불러 모았다고 할 수 있겠는가! 제나라와 같은 강대국에서 진정한 인재를 얻어 진나라를 제압할 수 있어야지 개나 닭 울음을 흉내 내는 무리들의 힘이 필요한 것은 아니다. 개나 닭 울음을 흉내 내는 무리들이나 문하에 드나드니 진정으로 능력 있는 인재들이 그에게 모여들지 않은 것이다!"

왕안석은 천고의 명재상이었다. 그의 말은 깊이 있는 성찰에서 나온 정확한 분석이라 할 수 있다.

중국 역사에는 확실히 어진 선비를 얻어 나라를 세운 예가 있다. 한나라 말의 유비劉備는 맹상군처럼 개나 닭 울음을 흉내 내는 식객을 모으지

않았고, 어진 인재를 얻기 위해 삼고초려해서 결국 제갈량과 같은 심복
을 얻을 수 있었다.

제갈량은 유비의 뜻을 저버리지 않았다. 그는 융중隆中을 나오기 전에
이미 천하가 삼분될 것을 예언하였고 천하의 대세와 미래의 판세를 철저
하게 분석했으며, 융중을 나와서는 심혈을 기울여 일생동안 유비를 도
와 촉나라를 건립하고 천하통일의 대업을 이룩하기 위해 온 힘을 바쳤
다. 제갈량의 예는 왕안석의 관점을 충분히 증명하고 있으며, 인재의 중
요성을 잘 말해준다.

천리마의 뼈와 황금누각

전국시대의 연소왕燕昭王이 어진 선비를 불러 모으기 위해 황금이 쌓여
있는 누각을 축조한 사실도 역사적인 사건이다. 연나라 왕 쾌噲는 늙어
서 정사를 처리하지 못했을 뿐만 아니라 재상 자지子之에게 속아 고관 임
용권을 양위했다. 결국 자지가 국왕의 직권을 행사하기에 이르게 되자
왕 자신이 자지의 신하가 되고 말았다. 그리고 나라의 모든 일이 자지에
의하여 결정되었다.

자지가 왕권을 차지한 지 3년이 되던 해에 연나라에 큰 난리가 나자,
장군 시피市被가 태자 평平과 모의하여 자지를 공격했으나 실패하고 나중
에는 시피가 태자를 공격하다 죽는 등 수 개월간에 걸친 동란으로 수만
명이 죽고 백관들은 우왕좌왕하며 어찌할 바를 모르고 있었다.

제나라가 이 기회를 틈타 군대를 발동하여 연왕을 죽이자 연나라는 멸
망했다. 자지가 죽은 지 2년 후에 연나라 사람들이 반란을 일으켜 국가
회복운동을 일으키고 태자를 찾아내어 왕위에 즉위시켰는데 그가 바로
연소왕이다.

그는 위기를 극복하고 옹립된 경험이 있는지라 공손한 태도로 후한 예
물을 갖추어 어진 선비들을 초빙했다. 연소왕은 연나라를 다시 일으킨

후 제나라에 복수할 뜻을 세우고는 곽외郭隗에게 부탁했다.

"나는 복수를 생각하지 않은 적이 없다. 그러나 우리의 땅은 좁고 힘이 약하기 때문에 이 일이 쉽지 않다는 것도 잘 알고 있다. 이 일을 할 수 있는 사람이 있다면 내가 그를 받들어 모셔오겠다. 그대가 마땅한 사람을 만나게 되면 알려다오!"

곽외는 연소왕에게 옛이야기 하나를 들려주었다.

"옛날에 어떤 국왕이 천금으로 천리마를 사려 했으나 찾지를 못했습니다. 이에 사람을 시켜 사오도록 했는데 그 사람이 천리마의 뼈를 사서 돌아왔습니다. 국왕이 화를 내자 그 사람은 대왕이 곧 많은 천리마를 얻을 수 있을 것이라고 하면서, 사람들이 대왕께서 천리마의 뼈까지도 귀중히 여긴다는 소문을 듣게 되면 너도나도 진짜 천리마를 가져오지 않겠느냐고 말했습니다. 과연 그 왕은 얼마 후에 많은 천리마를 얻게 되었습니다."

곽외가 말을 이었다.

"왕께서 저 같은 보통사람을 후하게 대접하신다면 재능 있는 사람들이 앞을 다투어 연나라로 몰려올 것입니다."

그래서 연소왕은 좋은 집을 지은 후 곽외를 스승으로 모시며 그곳에 살게 했다. 또한 역산 옆에 높은 누각을 세워 안에 황금을 쌓아놓고 문객에게 대접할 예물과 돈으로 썼다. 이 누각을 황금대라고 불렀다.

곧 연소왕이 어진 선비를 목말라한다는 소문이 세상에 퍼져 각국의 선비들이 연나라에 몰려들었다. 힘이 장사인 극신劇辛은 조나라에서 귀순하였고, 군사 전략가인 악의樂毅는 위나라로부터 달려왔으며, 음양오행에 해박한 추연趨衍은 제나라로부터 왔다. 이 가운데 가장 중용된 사람은 위나라에서 온 악의였다. 그는 연나라 군사를 이끌고 제나라를 공격하여 연나라의 원수를 갚아주었다. 그가 제나라에서 5년 동안 지내며 70여 성을 함락시키고 두 성만을 남겨놓자 결국 제나라는 멸망하고 말았다.

이처럼 인재 확보는 위기상황에서 큰 역할을 하는 절대적인 요소인 것을 알 수 있다. 만약 보물로 미녀를 사고 술지게미로 인재를 기른다면 그

한나라 시대에 천문을 관측하고 역사를 기록하는 태사령이었던 사마천은 흉노족에게 투항한 장군 이릉을 변호하다 무제의 노여움을 사 궁형을 받았다.

나라는 망하지 않을 수 없는 것이다. 백수건달도 인재를 잘 쓸 수만 있다면 대업을 이룰 수 있다. 한나라의 개국황제인 유방劉邦의 경우가 그렇다.

백수건달에서 왕이 된 유방

위대한 역사가인 사마천司馬遷은 처음으로 실패와 성공으로 영웅을 논했는데, 비록 한나라 때 『사기』史記를 썼지만 개국황제 유방의 무뢰한 같은 행동을 숨기거나 선한 행위를 빠뜨리지 않았다.

유방이 태어나기 전에 이상한 현상이 있었다고 한다. 유방의 모친이 외출을 했는데 길가에 큰 연못이 있어 그곳에서 잠시 휴식을 취하였다. 그때 잠시 졸다가 꿈을 꾸게 되었다. 하늘에서 천둥이 치고 번갯불이 번쩍이더니 갑자기 사방이 어두컴컴해졌다. 유방의 부친 태공은 부인이 돌아오지 않자 이상하다고 여기고 그녀를 찾아 나섰다.

그가 연못 근처에 도착했을 때 안개와 구름이 자욱하게 깔리더니 용이 나타나 부인의 몸 위에 올라갔다. 누워 있는 부인에게 방금 일어난 일을 물어보니 그녀는 전혀 모른다고 했다. 얼마 후에 유방의 모친이 임신하

농민 출신으로 한나라의 개국황제가 된 한고조 유방. 항우와의 대결로 유명한 그는 수많은 인재를 얻은 끝에 마침내 천하를 통일하는 데 성공했다.

여 사내아이를 낳으니 그가 바로 유방이다.

유방은 태어날 때부터 모습이 특이했다. 콧날이 높고 이마는 튀어나와서 얼굴이 용을 닮았으며 왼쪽 허벅지에 72개의 검은 점이 있었다. 유방의 부친은 그가 일반 사람과 다르다는 것을 알고 이름을 방邦이라고 지었다.

그러나 유방은 장성한 후 부친이나 형과 함께 농사짓는 것을 싫어하고 온종일 술과 여색에 빠졌다. 부친이 여러 차례 훈계했으나 버릇을 고치지 않았다.

후에 형이 결혼을 하게 되었는데 형수는 시동생 유방이 일은 하지 않고 먹기만 좋아하는 백수건달이라며 그를 미워했다. 부친이 이 사실을 알고는 형을 분가시켰다.

유방이 약관의 나이가 되어도 달라지지 않자 부친이 유방을 질책했다.

"너는 정말로 백수건달이다. 형을 좀 본받아라! 네 형은 분가한 지 얼마 되지 않아서 땅을 살 정도가 되었는데 너는 언제 땅을 사고 집을 지을 수 있겠니?"

그래도 유방은 깨닫는 바가 없었다. 평소처럼 친구를 데리고 형의 집에 가서 밥을 먹었다. 형수가 싫은 눈치를 보여도 그는 전혀 개의치 않았다.

　한번은 그가 또 친구를 데리고 형 집에 밥을 먹으러 갔는데 형수가 일부러 부엌에서 솥을 긁는 소리를 냈다. 유방은 이 소리를 듣고 자신이 늦어서 다른 사람들이 밥을 이미 다 먹었다고 생각했다. 할 수 없이 돌아가려고 하던 그는 우연히 부엌을 지나게 되었는데 밥에서 김이 모락모락 나고 있는 것을 보게 됐다. 유방은 그때서야 형수가 자신을 속였다는 것을 알게 되었고 다시는 형 집에 찾아가지 않았다.

　나중에 초나라와 한나라가 천하를 다툴 때 유방이 팽성彭城(지금의 강소 서주)에서 패한 적이 있다. 초나라 군사가 유방의 고향 패현沛縣까지 추격하여 유방의 가족들을 사로잡으려고 했다. 유방은 아들과 딸을 데리고 도망을 쳤다. 그러나 초군의 기병이 계속 쫓아오자 다급해진 유방은 "두 자식 때문에 수레를 빨리 몰 수 없어 내가 죽게 될 것이다!"라고 하면서 아들과 딸을 수레 밖으로 밀쳐 떨어뜨렸다. 그러자 부하장수 하후영夏侯嬰이 유방에게 말했다.

　"아무리 상황이 다급하다 해도 어찌 자식을 버리려 하십니까?"

　유방이 칼을 뽑아 하후영을 내리쳤으나 그는 번개처럼 피하면서 몸을 굽혀 유방의 두 자식을 겨드랑이에 끼고 수레에 태웠다. 이윽고 그들은 마침내 기병의 추격을 벗어날 수 있었다.

　초한 양군이 대치하는 상황에서 팽월彭越이 여러 차례 양梁 땅에서 반란을 일으켜 초군의 양식을 끊어버리자, 항우項羽는 제사 때 희생을 놓던 높은 도마 위에 유방의 부친 태공을 올려놓고 유방에게 통고했다.

　"지금 빨리 투항하지 않으면 네 부친 태공을 삶아 죽이겠다!"

　유방은 태연하게 대답했다.

　"나와 너는 일찍이 의형제를 맺었으니 나의 아버지가 그대의 아버지이거늘, 그대의 아버지를 삶아 죽이겠다면 내게도 국 한 그릇을 나누어 주길 바라네."

　그러자 항우가 노하여 태공을 죽이려고 했으나 항우의 계부인 항백項伯이 만류했다.

"천하를 도모하는 사람은 자신의 집을 돌보지 않는 법이니, 그 아버지를 죽인다 해도 별 소용이 없다. 유방은 제 자식을 버리기까지 했던 자다."

항우는 결국 태공을 놓아주었다.

유방은 후에 천하를 통일하고 한나라를 세웠다. 유방이 여러 신하들을 불러 모아 베푼 축하연에서 부친에게 물었다.

"아버님이 보시기에 저와 형님 중 누가 더 성공했나요?"

그러자 태공은 소인배가 뜻을 얻었을 뿐이라는 표정을 짓고는 몸을 돌려 내전으로 돌아갔다.

장군의 그릇과 왕의 그릇

유방은 이처럼 무뢰한이었지만 남과 비교할 수 없는 뛰어난 장점이 있었다. 그것은 다른 사람의 의견을 잘 경청하고 장수들을 단결시켰으며 참을성이 강하고 인재를 잘 쓴다는 점이었다.

한나라가 개국된 지 얼마 후에 유방은 한신韓信 등의 신하들과 장수의 재능에 대해 논했다. 유방이 한신에게 물었다.

"그대가 보기에 내가 백만 대군을 거느릴 수 있겠는가?"

한신이 말했다. "불가능합니다."

유방이 또 물었다.

"그렇다면 10만 대군은 거느릴 수 있겠는가?"

한신이 대답하길 "불가능합니다"라고 하였다.

유방은 화가 나서 다시 물었다.

"그렇다면 짐은 얼마의 군사를 통솔할 수 있겠는가?"

"1만 명 정도면 족합니다!"

"그대는 얼마의 군사를 거느릴 수 있느냐?"

"제게는 군사가 많으면 많을수록 좋습니다."

다다익선多多益善이라는 말에 유방이 화를 냈다.

"그렇다면 왜 내가 황제가 되고 그대는 장수일 뿐인가?"

한신이 대답했다.

"폐하는 병사들을 잘 다루지는 못하시지만 장수들을 잘 다룰 줄 아시기 때문입니다."

확실히 유방은 군막에서 계책을 짜내 천리 밖에서 승리를 결정짓는 일에서 장량張良보다 못했고, 나라를 안정시키고 백성들을 위로하며 양식을 공급하고 운송로가 끊기지 않게 하는 일에서는 소하蕭何만 못했으며, 백만 대군을 통솔하여 전쟁에서 이기는 일에서는 한신만 못했다.

그러나 유방의 장점은 이러한 인재들을 임용하여 그들이 자신의 능력과 장점을 마음껏 발휘하고 유방을 위해 있는 힘을 다하도록 임무를 맡겼던 점이다. 이것이 천하통일의 원동력이었다.

유방의 개국공신 가운데 하나인 소하는 유방이 사수泗水의 정장亭長이되었을 때 알게 된 사람이다. 정장이란 향리의 치안과 소송사건을 맡은말단 관리직으로서, 큰일을 만나면 현에 상세한 보고를 올려야 했다. 그래서 유방은 현의 관리들을 잘 알고 있었다.

소하는 패현의 공조功曹였는데 이는 서기관에 해당된다. 그는 법률에정통했고 유방과 고향이 같았다. 유방은 그를 존중하고 신뢰했는데, 유방이 부당한 일을 맡으면 소하가 옆에서 방법을 일러주며 덮어주었기 때문에 두 사람은 절친해졌다.

어느 날 유방이 죄수들을 여산驪山으로 인솔하는 임무를 맡았다. 그런데 도중에 많은 죄수들이 도주해버렸다. 유방은 여산에 도착하기도 전에 죄수들이 다 도망할 것이라고 생각한 끝에 아예 모든 죄수들을 풀어주었다. 유방은 자신을 따르겠다는 죄수 10여 명과 함께 길을 나섰다. 술을 좋아하던 유방이 술을 마시고 작은 길을 지나는데 큰 뱀이 앞길을가로막자 그는 술 취한 김에 칼로 뱀을 죽였다.

후에 진시황제의 아들 이세황제 때 진승陳勝이 봉기하자 패현의 현령

서한의 개국공신 소하. 장량·한신과 함께 서
한삼걸로 꼽히는 그는 유방이 말단 관리일 때
친교를 맺은 후 난국의 고비마다 결정적인 역
할을 했다.

도 그에게 호응하려고 하였으나 패현 사람들은 현령을 죽이고 유방을 현
령으로 추대했다. 패현의 관리인 소하 같은 문관들도 유방을 패공沛公으
로 삼았기 때문에 소하는 유방을 따르게 되었다. 유방은 소하의 말을 존
중했고, 소하 역시 초나라와의 전쟁이나 한나라 개국을 위한 계책들을
올려 유방의 천하통일에 크게 기여했다.

초나라와 천하를 다툴 때 유방이 한중을 떠나 관동에 가서 항우와 4년
에 걸친 전쟁을 할 때, 소하는 유방 대신 본진을 지키며 군사들에게 식량
을 공급해주었다. 소하는 나라를 잘 다스렸고 백성들도 즐거이 소하의 명
을 받들어 동분서주하여 유방에게 제때 군량을 조달해주었다. 그러나 유
방은 인심이 소하에게 몰릴까 걱정하여 사람을 시켜 소하를 탐문하도록
했다. 그러자 소하는 혐의를 받지 않기 위해 자신의 아들 모두를 군에 입
대시켜 유방의 측근 부대에 귀속시키고, 한왕 유방이 천하를 평정하는 데
도움이 되기를 바라는 마음에서 그렇게 했다는 말까지 했다.

한중에는 소하의 친속이 하나도 없으니 그에게 다른 마음이 생기지 않
을 거라고 생각한 유방은 그때서야 마음을 놓았다. 이때부터 유방과 소
하 즉 군주와 신하 사이에 다시는 간극이 없게 되었다.

유방의 주요 군사 참모인 장량은 한韓나라의 귀족 출신으로 일찍이 박랑사博浪沙에서 진시황제를 모살하려고 한 적이 있었고 실패한 후에는 각지를 돌아다니면서 백여 명의 군사를 모아 진나라에 대항했는데 그때 유방의 군대를 우연히 만나 그의 수하가 되었다. 그러나 얼마 후에 강력한 세력을 갖춘 항량項梁을 만난 장량은 그를 설득하여 다시 한나라를 재건하고 자신은 한나라의 사도司徒가 되었다.

후에 진나라 군대가 한나라를 위협하자 장량은 할 수 없이 유방의 군대에 투항했다. 유방은 장량이 일찍이 자신을 떠났다고 그를 박대하지 않았으며 오히려 진심으로 대했다. 장량은 이때부터 유방을 도와 한나라 개국을 위한 계책을 세웠다.

홍문연鴻門宴에서 장량은 유방을 보호하고 위기에서 구출했으며, 팽성 전투에서 패한 후에 한신·팽월·영포英布 세 장수의 힘을 모아 항우를 공격해야 한다는 전략을 내세웠고, 한신이 제나라 왕을 위기에 처하게 하려는 의견을 냈을 때 유방을 설득하여 한신을 가라앉혔으며, 초나라와 협정을 맺은 후에는 초나라를 추격하여 섬멸시키자고 주장하여 결국 철저하게 항우를 무찔렀다.

장량은 전체적으로 볼 때 뛰어난 군사 전략가였다. 언제나 중요한 전투 때마다 탁월한 전략을 짜냈다. 만약 장량이 없었다면 유방은 항우와의 대결에서 승리를 거두지 못했을 것이다. 유방에게는 장량과 같은 인재를 얻은 것이 수십만 명의 군사를 얻은 것보다 더 중요했다.

소하가 달빛이 비추는 밤까지 한신을 쫓아갔던 고사는 널리 알려진 사실이다. 한신은 비록 출신이 미천하여 뜻을 이루지 못했지만 천하의 대세를 잘 파악하고 가슴에 큰 포부를 지닌 사람이었다. 한신은 먼저 항우에게 투항했으나 항우는 그를 알아보지 못하고 크게 쓰지 않았다. 한신은 항우가 큰일을 이룰 수 없다고 단정 짓고 유방에게 투항했다.

그러나 유방도 한신을 인재로 여기지 않고 빈객을 접대하는 말단직에 등용했다. 얼마 후에 한신은 동료의 죄에 연루되어 죽음을 맞게 되었다.

참수당할 때가 되자 한신은 고함을 질렀다.

"한왕은 천하를 얻으려 하는 것이 아닌가? 왜 장사를 참수하려고 하느냐?"

그 광경을 본 하후영이 그가 장수의 풍모를 지녔다고 여겨 참수를 저지시키고 그를 유방에게 추천하여 한신은 치율도위治粟都尉가 되었다. 나중에 한신은 우연히 소하를 알게 되어 같이 천하의 대세를 논했고, 그 탁월한 식견은 소하의 칭찬을 받았다. 소하는 유방에게 그를 추천하려고 했으나 한신이 보이지 않자 그가 도주한 것으로 오해했다.

당시에는 도주하는 군사들이 많았다. 모두들 죽음을 피해 고향에 가고 싶어 했다. 소하가 이틀 동안 보이지 않자 유방은 소하도 도주한 것으로 의심을 했다. 그러나 얼마 후 소하가 돌아와, 그동안 한신을 찾아다녔노라고 아뢰었다.

유방이 소하에게 물었다.

"도주한 장수가 십여 명인데 그대는 왜 한신만을 쫓아갔느냐?"

소하가 대답했다.

"장수들은 다시 얻기 쉽지만 한신과 같은 인재는 천하에 둘도 없습니다. 대왕께서 한중의 왕이 되시고자 한다면 그 사람을 쓸 필요가 없지만 만약 천하를 얻으려 하신다면 그 사람 외에 함께 대사를 논할 사람은 찾을 수 없을 것입니다."

소하의 말을 들은 유방이 대장군 임명 의식을 치르는 누대를 세우고 목욕재계한 다음 한신을 대장군에 임명하니 모두들 놀라워했다. 한신은 소하의 기대대로 계속 공을 세웠다. 그는 삼진三秦을 평정했고 기습 공격으로 위나라를 격파하였으며 교묘한 전략으로 조나라를 멸망시키고 연나라를 굴복시켰으며 제나라 땅을 평정했고 곧바로 해하垓下에 이르러 초왕 항우를 죽였다. 유방은 한때 적장의 장수였던 한신을 얻었기 때문에 항우를 이길 수 있었다.

유방은 무뢰한이지만 도리에 밝고 남의 충고를 잘 받아들였다. 함양을 공격하여 함락시킨 유방은 진나라 궁전에 들어가 웅장한 건물, 진귀한 보물과 수많은 미녀를 보고는 마음을 빼앗겨 밖으로 나오려 하지 않았다. 장수 번쾌樊噲가 궁으로 돌진하여 유방을 꾸짖었다.

"그대는 부자가 되려고 합니까? 아니면 천하를 얻으려고 합니까?"

유방이 가만히 앉아서 아무 반응도 보이지 않자, 번쾌가 또 고함을 질렀다.

"그대는 진나라가 이와 같은 사치 때문에 패망했다는 것을 보고도 모르십니까? 대왕께서는 군사를 돌려 패상霸上으로 가셔야지 이곳에 머물러서는 안 됩니다."

그처럼 진귀한 보물과 부귀를 본 적이 없어서 그만 미혹되고 만 유방은 번쾌에게 변명했다.

"내가 좀 피곤하니 그대는 내가 이곳에 머무는 것을 허락해주오."

번쾌는 또 한마디 하려 했지만 자신이 너무 지나치다고 생각했다. 대신 그는 장량을 찾아가 유방이 부귀에 현혹된 사정을 말해주었다. 그 말을 들은 장량이 진나라 궁에 있는 유방을 찾아가 말했다.

"진왕이 황음무도했기 때문에 대왕께서 지금 여기 앉아 있습니다. 지금 대왕께서 이곳 진나라에서 향락에 빠진다면, 진나라는 어제 망했지만 대왕은 내일 멸망할 것입니다. 어찌하여 한때의 즐거움 때문에 그간의 공을 무너뜨리려 하십니까?

옛 사람이 말하기를 좋은 약은 입에 쓰고 충신의 말은 귀에 거슬린다고 하였는데 대왕은 제 말을 들으셔야 합니다."

장량의 말을 들은 유방은 아무 말도 하지 않고 못내 아쉬워하면서 진나라 궁전을 떠났다. 장량의 재촉 때문에 유방은 진나라 땅의 원로들에게 세 가지 법령을 약정했다. 그 내용은 살인한 자는 사형에 처하고, 사람을 다치게 하거나 도적질을 하면 그 죄에 따라 처벌한다는 것이었다. 이 밖에 가혹한 진나라 법을 폐지하여 백성들이 안락하게 살 수 있도록 하겠다고 약속하니 진나라 백성들은 기뻐하며 유방의 군사들에게 향응을 베풀었다.

항우가 패망한 이유

의심할 여지없이 유방의 인품과 정신은 훌륭하다고 말할 수 없다. 그는 중국역사에 나타난 영웅호걸들과 비교할 때 손색이 많은 인물이다. 그런데 이런 사람이 어떻게 한나라의 대업을 성취할 수 있었을까? 그를 항우와 비교해보면 선명한 대조를 이룬다.

유방과 항우 두 사람이 진시황제의 행차를 구경한 적이 있었는데, 그 의장행렬과 웅장한 기세는 실로 사람들이 감탄을 금치 못할 정도였다. 항우는 키가 8척이 넘고 힘은 커다란 솥을 들어 올릴 만했으며 재기가 범상치 않아 오吳 땅의 자제들도 모두 그를 두려워할 정도였다.

언제나 의기양양했던 항우는 진시황제의 유람 행렬을 보며 "저 사람의 자리를 내가 대신할 수 있다!"라고 자신의 포부를 직설적으로 내뱉었다. 그의 계부 항량조차 그의 입을 막으며 경망스런 말을 삼가라고 하면서 삼족이 멸할 것이라고 경고할 정도였다.

그러나 유방은 길게 탄식하며 "아! 사내대장부라면 마땅히 저래야 하는데"라고 말했다고 한다. 능력과 신분의 현격한 차이를 느끼면서 황제라는 지위에 대해 흠모와 질투심이 생겼던 것이다.

대대로 초나라 장수 집안 출신인 항우는 힘이 장사여서 용맹하게 싸우고 천하무적인데다 성격 또한 호탕하고 직설적이었으며 사람들 모두가 두려워하는 서초패왕西楚覇王이었다. 항우는 평소 인자해서 병사들의 등창의 고름을 직접 입으로 빨아주었으나, 교만한 탓에 어진 선비를 시기하고 등용하지 않았으며 공로를 세운 자를 미워하고 전투에서 이겨도 다른 사람에게 그 공을 돌리지 않았으며 빼앗은 땅을 다른 사람에게 나누어주지도 않았다.

그에게는 오로지 범증范增 한 사람만이 있었고 그마저 끝까지 신용하지 못했으니 어떻게 항우가 천하를 얻을 수 있겠는가? 유방은 그와는 정반대였다. 군사를 직접 이끌고 싸우지는 않았으나 도량이 넓고 관대한 성격 때문에 능력과 재주를 갖춘 인재들이 구름처럼 그에게 몰려들어 마침내 천하를 얻을 수 있었던 것이다.

이처럼 '덕'德이란 것이 시공을 초월해서 항상 사람을 도와주는 것은 아니다. 어떤 때는 '술'術이 승리의 관건인 경우가 있다.

옛날 사람들은 "하늘이 도와주지 않으면 오로지 덕만이 도움이 된다"라고 했지만 항상 그런 것은 아니다. 항우와 유방의 초한 전쟁을 볼 때 영웅호걸은 패망했으나 백수건달이자 무뢰한이었던 자는 천하를 얻지 않았는가? 이런 역사에 대해 우리들은 무엇을 말할 수 있겠는가? 다만 당혹감과 개탄을 금치 못해 침묵할 뿐이다.

2 제왕이 된 선비

학자나 선비는 최고권력자가 되려 해서는 안 된다.
선비가 학문을 닦는 이유는 몸과 마음을 닦기 위해서이다.
이들이 내세운 도덕과 이상은 현실사회와 동떨어져 있는 경우가 많았다.

고대 중국역사를 살펴보면 남방에서는 문인이, 북방에서는 황제가 많이 나왔음을 알 수 있다. 굴원屈原 이후로 문학가·화가 대부분은 강남에서 배출되었다. 고대뿐만 아니라 현대에도 천하에 이름이 잘 알려진 인물들이나 저명한 작가들은 남방에서 많이 태어났다. 현대문학사의 노신魯迅·곽말약郭沫若·모순茅盾·파금巴金·노사老舍·조우曹禺와 같은 작가 대부분은 남방 출신이다.

일반적으로 중국은 양자강을 경계로 북방과 남방으로 나뉜다. 흥미롭게도 황제는 거의 모두가 북방에서 배출되었다. 진시황 때부터 살펴보면, 한고조 유방은 패현의 풍읍 사람인데 이곳은 지금의 강소성에 속한다. 동한東漢의 개국황제인 유수劉秀는 남양의 채양 사람인데, 지금의 호북 조양이다. 이곳은 중국 남북의 경계 지역이지만 사람들은 아직도 북방으로 여긴다. 송태조宋太祖 조광윤趙光胤은 하남 낙양의 군인 가정에서 태어났다. 원나라의 칭기즈칸 및 원세조元世祖 쿠빌라이 역시 북방사람이다. 명태조明太祖 주원장朱元璋은 호주濠州의 종리鍾離 출신인데 이곳은 지금의 안휘성 봉양이니 역시 북방사람인 셈이다. 중국 봉건 시대 최후의 왕조인 청나라의 통치자들 역시 원나라처럼 중원에서 먼 북방의 만주 땅에서 왔다.

남방의 문인, 북방의 황제

앞에서 서술한 황제들은 왕조를 연 사람들이다. 다른 전란시기에 나타
난 황제들도 절대다수가 북방에서 태어났거나 조상이 북방 출신이다.
그들의 조상이 살아온 땅은 북방에 집중되어 있고 대부분 대운하 양쪽에
분포되어 있었다.

풍수가 다르고 땅이 특별하기 때문에 서로 다른 인물들이 배출되는 것
일까? 입장에 따라 다르게 볼 수 있다. 만약 풍수를 봉건 미신으로 여긴
다면, 당연히 풍수와는 무관하다. 그러나 넓은 의미에서 풍수를 이해하
고 이를 인문 지리로 간주하며 자연 중심의 정치색이 있다고 본다면 풍
수와 관계 있다고 볼 수 있다.

고대 중국사회에서는 북방 문화가 남방보다 일찍부터 흥성했고, 사회
제도와 종법 관념이 남방에 비해 상대적으로 엄격하고 잘 발달되어 있었
다. 중국역사에서 북방은 정치 문화의 중심이었으며 이곳 사람들은 용
감하고 싸움에 능했다. 그래서 왕조가 바뀌는 사건 모두가 북방에서 일
어났으며, 그 결과 많은 황제가 나왔다.

반대로 남방은 정치·사회·종법·사상 등 모든 방면에서 북방에 비
하여 미약했다. 그래서 사람들의 사상 관념이 비교적 자유롭고 활달했
다. 다시 말하면, 상대적으로 정치의 영향이 덜한 탓에 자유로운 사회
환경이 조성되어 대작가가 많이 나왔고 훌륭한 작품의 탄생도 촉진되
었다.

여기서 소홀히 넘어갈 수 없는 부분이 있다. 공자가 말하길 "어진 자
는 산을 좋아하고, 지혜로운 자는 물을 좋아한다"라고 하였다. 이 말은
표면상으로 본다면 '어진 사람은 산을 좋아하고, 지혜로운 사람은 강을
좋아한다'로 해석되는데 여기서 두 가지 유형을 이끌어낼 수 있다. 한 가
지는 어진 자의 지혜이고, 다른 한 가지는 지혜로운 자의 지혜다. 어진
자는 마치 높은 산의 자태와 같이 중후하고 변함이 없으며, 지혜로운 자

는 흘러가는 강물처럼 한 곳에 머물러 있지 않고 항상 변한다.

여기에서 볼 수 있듯이 강이나 호수처럼 물이 많은 지역은 지혜로운 자를, 높은 산과 넓은 초원이나 사막 지역은 어진 자를 배출하는 지리적 환경이 조성되어 있음을 알 수 있다. 지리적 환경이 사람의 성격과 지능에 영향을 준다는 것은 이미 과학적으로 증명됐다. 어진 자는 정치와, 지혜로운 자는 문학이나 예술과 관계가 깊다. 남방에서 문인이, 북방에서 황제가 배출된 것은 그 사회와 지리적 환경이 서로 달랐기 때문이다.

어진 자와 지혜로운 자는 단지 두 종류의 유형일 뿐 높고 낮음의 구분은 없다. 이들은 두 종류의 서로 다른 사회적 역할을 할 뿐인 것이다. 문인과 제왕도 사회 구성원이고 그 기능으로 볼 때 높거나 낮은 구분은 없다. 사람들은 제왕에게서 부귀영화를 누리고 살생을 멋대로 하며 권력을 장악하는 면만을 보고, 문인이 사회의 정신적 지주로서 무관의 제왕임을 알아보지 못한다. 하지만 학자 또는 선비라고 불리는 사람은 제왕과 결코 어울릴 수 없어서 절대로 개국 황제가 될 수 없다. 그 이유는 다음과 같다.

첫째, 문인이 학문을 닦는 것은 나라를 다스리기 위해서이지 나라를 세우기 위해서가 아니다. 성현의 도를 배우는 것은 몸과 마음을 닦기 위해서이지, 모반을 일으키기 위해서가 아니기 때문이다.

둘째, 문인 선비들이 내세우는 도덕과 이상은 언제나 사회현실과 동떨어져 있다. 이들은 단지 현실 앞에서 발생할 재난에 대해 걱정하고 슬퍼하며 개탄하면서 대중에게 각성할 것을 호소할 뿐, 결코 반란을 모색해 수많은 사람을 죽이고 그 시체 위에 새로운 왕조와 궁궐을 지으려 하지는 않는다.

셋째, 선비 문인은 서재에 틀어박혀 성현의 말씀에 귀를 기울이기만 하여 사회 경험이 부족하기 때문에 제왕들이 갖추어야 할 정치적인 야심·권력 지향적인 처세·속임수·임기응변·악랄함·후안무치·간사함·심지어 양심의 실종 등의 성격적 자질이 부족하다.

넷째, 중국은 예로부터 학자와 제왕, 문인과 관리를 분리했다. 학자나 문인도 황제나 관리가 될 수 있었지만 그렇게 되면 학자나 문인의 품격을 잃고 관리의 품성만 남게 되었다. 즉 학자나 문인의 상징인 이상적인 도덕은 사라지고 관리의 도가 모든 것을 압도하여 권모술수만이 발달할 수도 있다는 것이다.

다섯째, 고대사회의 학자 문인은 사회적 신분이 낮지 않아서 굳이 반란을 일으킬 필요가 없었다.

그래서 고대 중국사회에서는 기이한 현상이 나타났다. 진실로 바른 도덕과 지혜를 가진 선비는 개국 황제가 되지 않았다. 개국 황제 대부분은 다음 두 종류에 속했다. 하나는 부랑자들이고, 다른 하나는 권세를 믿고 횡포를 부리는 자들이었다. 대개 부랑자들은 망설임이 없이 제멋대로 행동했고, 횡포를 잘 부리는 자들은 세력을 규합하는 데 능했기 때문이다. 그러나 이런 역사 환경 속에서도 뜻밖에 선비 황제가 나타난 적이 있다. 선비와 황제라는 서로 다른 종류의 두 인격이 하나로 결합된 기형아가 탄생한 것이다. 이 선비 황제의 성공과 실패는 우리에게 시사해주는 바가 많다.

중국 최초의 선비 황제 왕망

서한과 동한 사이에 짧은 왕조가 하나 있었는데, 18년간 왕망王莽이 다스린 신新왕조다. 일반적으로 역사책에서는 이 왕조 시대를 크게 주목하지 않는다. 서한과 동한이라는 두 왕조를 연결해주는 다리 역할을 한 정도로만 취급하여 한나라가 잠시 중단된 것으로 여겼다. 그러나 사실 신나라는 독립된 왕조였다. 왕망이 정식으로 자신을 황제라 칭했고 연호를 사용했으며 실질적인 정권을 장악하고 수없이 중요한 정책과 법령을 반포하고 실행했기 때문이다. 신왕조의 왕망은 중국 역사상 유일무이하게 선비 출신으로 출사하여 평화적으로 황제 자리에 오른 인물이다.

신왕조를 세운 왕망은 중국 역사상 유일하게 선비 출신으로서 평화적으로 황제 자리에 오른 인물이다.

　서기 16년, 한성제漢成帝 원년에 왕태후王太后의 조카인 왕망은 신도후新都侯에 봉해졌다. 이때 왕망의 나이 30세였다. 원제元帝의 황후 왕정군王政君의 오빠 왕봉王鳳이 성제를 보좌하고 있었다. 성제는 당시 19살밖에 되지 않았고 주색을 좋아하여 모든 정치를 왕봉에게 위임했다. 이때부터 외척 왕씨가 조정의 권력을 쥐게 되었는데, 왕봉의 동생 왕음王音, 왕상王商, 왕근王根이 차례로 대사마大司馬직을 독점했다. 얼마 후에 왕망은 적절한 시기를 보아, 폐위된 후비 허씨許氏가 왕장王長·왕융王融과 결탁하여 다시 황후로 등극하려는 음모를 꾀했다고 폭로하여 신임을 얻었다. 대사마 왕근이 죽자 그의 조카 왕망이 대사마가 되었다. 이때부터 왕망은 수단과 방법을 가리지 않고 명예를 얻어 조정의 권력을 장악하기 시작했다.

　왕망은 대사마가 되었지만 조정의 다른 공경대신들보다 큰 명성을 얻고 싶었다. 그래서 아랫사람에게 예의를 갖추어 겸손하게 대하고, 측근을 만들기 위해 이름 없는 선비들을 자주 초빙했다. 또한 청렴 고결한 모습을 보여 자주 조정으로부터 상을 받았는데 그 상을 모두 빈객과 부하들에게 나누어주고 자신은 조금도 갖지 않았다. 평소 검소한 생활을 하여 낡고 떨어진 옷을 입었고, 먹는 것은 보잘것없어서 일반 백성과 조금도 다를 게 없었다.

한번은 왕망의 모친이 병이 나서, 조정의 공경대신들이 자신들의 부인을 시켜 병문안을 가게 하였다. 이 부인들은 모두 비단옷을 입고 머리는 보석으로 장식하고 있었다. 왕망의 부인이 급히 문 밖으로 나와 이들을 영접했다. 왕망의 부인이 입은 옷은 무척 거칠었는데 치마는 바닥에 끌리지 않게 하기 위해 겨우 무릎을 가릴 정도의 길이였다. 공경대신들의 부인들은 그녀를 왕망의 노복으로 여겼는데, 다른 사람에게 물어보고서야 그녀가 왕망의 부인인 것을 알게 되었다. 왕망의 집안은 그들에게 예의를 갖추어 세심하게 대접했는데, 고작 차 한 잔이 전부였다. 이 일이 있은 후 왕망이 청렴결백하다는 명성이 사람들에게 알려지기 시작했다.

왕망은 이뿐만 아니라 강직한 신하라는 명성도 얻었다. 한번은 태황태후 왕씨가 연회를 베풀어 부태후傅太后·조태후趙太后·정태후丁太后 등을 궁으로 초청했다. 그 일을 주관하는 관원이 정중앙에 태황태후가 앉을 자리를 마련하고 그 옆에 부태후가 앉을 자리를 마련한 후 나머지 자리는 그냥 양옆에 배치했다. 이때 왕망이 들어와서 큰 소리로 외쳤다.

"어찌하여 자리 두 개를 놓았느냐?"

주무 관리가 대답했다.

"하나는 태황태후의 것이고, 하나는 부태후의 것이옵니다."

이 대답을 들은 왕망이 말했다.

"부태후는 첩일 뿐인데 어찌하여 태황태후와 같은 자리에 놓을 수 있느냐. 빨리 치워라!"

부태후는 자신의 자리가 없어졌다는 말을 듣고 연회에 참석하지 않았다. 나중에 이 일로 부태후가 애제哀帝에게 왕망을 파직시키라고 말했는데 왕망은 이 소식을 듣고 즉시 자청하여 사직했다. 부태후는 성격이 난폭하고 전횡이 심했으며 정치에도 관여했기 때문에 왕망과는 의견이 맞지 않았다. 부태후가 친모인지라 애제는 왕망을 적극적으로 만류하지 않았다. 결국 왕망은 자신의 봉지인 신도로 돌아갔다.

그러나 파직당하긴 했지만 예법을 중시하는 왕망의 사려 깊음은 오히려 더 큰 명성을 불러왔다. 백성들은 왕망을 대신의 풍모를 지닌 사람으로 여기게 되었다.

서한 말경에 조정은 이미 부패할 대로 부패해 있었다. 애제가 미소년을 총애한 일도 그 가운데 하나라고 볼 수 있다. 동현董賢의 부친이 일찍이 어사에 임명되어 동현은 태자의 심부름꾼이 되었는데 당시 나이는 15살이었다. 애제가 우연히 어전에서 그를 보고는 남장을 한 여자라고 여겨 마음이 쏠렸다. 동현은 부드러운 목소리로 아양을 잘 떨어 애제의 총애를 받았다.

두 사람은 같이 밥을 먹고 같이 자며 한시도 떨어지지 않았다. 나중에는 동현의 여동생과 처까지도 애제를 모시고 교대해가며 같이 잤다. 동현 일가가 모두 벼슬길에 오르고 황제의 총애를 독점하자 그들에게 아부하는 사람들이 동현의 집안에 가득했다.

동현에 대한 애제의 총애는 맹목적이 되었다. 하루는 애제와 동현이 같이 낮잠을 잤는데 애제가 먼저 일어났다. 애제는 동현이 잠들어 있는 것을 보고는 조용히 일어나려고 했다. 애제의 옷소매가 동현의 소매에 눌려 있었는데 동현이 깨지 않도록 하기 위해 애제는 소매를 잘라내고 잠자리에서 일어났다. 이 일에서 볼 수 있듯이 조정의 질서가 문란했으니 정치도 부패하지 않을 수 없었고 그에 따라 국력도 쇠약해질 수밖에 없었다. 왕망은 바로 이런 상황에서 조금씩 세력을 얻어 결국 황제의 자리를 빼앗은 것이다.

애제는 주색에 빠져 산 끝에 결국 26세에 죽었다. 동현은 애제에게 충성을 바치긴 했으나 상을 어떻게 치러야 할지 몰랐다. 그래서 태황태후 왕씨는 왕망에게 장안에 들어와 동현을 도와 국상을 처리하도록 명했다. 이는 왕망이 자신의 정치기반을 세우는 데 좋은 기회가 되었다. 왕망은 조정에 들어가서 국상에는 신경 쓰지 않고 먼저 인심을 얻기 위해 동현을 면직시켰고 자살하도록 했다. 또한 동현 일가를 다른 지역으로 내쫓고 그 가산을 팔아 국유화했다. 그 후에 비로소 애제의 상을 치렀다. 왕망은 대권을 차지한 후 태황태후와 상의하여 중산왕中山王 기자箕子를 세워 왕위를 잇게 했다.

성제의 조황후趙皇后는 미인인데다 허리가 날씬하여 성제가 자신의 손바닥 위에 올려놓고 놀았다는 그 유명한 조비연趙飛燕이다. 애제는 황제로 즉위한 후 조비연을 조황후로 승격시키고 다시 높여서 황태후로 삼았다. 이제 큰 권력을 쥔 왕망은 태황태후의 비위를 맞추기 위해 평소 그녀와 사이가 나빴던 부태후·조황후를 폐위시켜버렸다. 이로 인해 많은 사람들이 자살하고 조황후도 결국 자살하자 태황태후는 크게 기뻐했다. 그녀는 애제가 집권하던 시절, 애제의 친모 부태후가 조정의 정치에 간섭하여 권력을 독점하고 사치와 교만에 빠져서 자신의 일가를 핍박했기 때문에 왕망이 그간의 억울함을 대신 풀어주는 줄로 알았다. 그러나 이는 왕망이 정권을 탈취하기 위해 장애를 제거하는 계략 가운데 하나였다.

기자가 즉위하여 평제平帝가 되었다. 당시 평제는 9살밖에 되지 않아 모든 정권은 왕망이 틀어쥐고 있었고 태황태후 왕씨 역시 왕망이 조종했다. 조정의 정직한 대신들은 왕망이 대권을 장악하여 태후, 왕후를 폐위시키고 멋대로 새로운 군주를 세우자 점점 신하의 예를 갖추지 않는 사람들이 많아지고 현명한 관리 대다수가 줄줄이 사직하고 물러나는 광경을 지켜봐야만 했다. 조정의 대신들 대부분이 왕망에게 아첨을 했는데, 특히 세 임금을 모셨던 대사도大司徒 공광이 왕망에게 빌붙어 비위를 맞추며 받들어 모셨다.

그러나 왕망 자신도 분명히 알고 있었던 점은 태황태후 왕씨의 신임 덕분에 자신이 조정의 대권을 독점할 수 있었다는 것과 자신이 아직은 사람들로부터 인심을 크게 얻지 못했다는 것이었다. 왕망은 출정하여 싸우는 것도 몰랐고 나라를 잘 다스려 백성들을 편안하게 해주어 인심을 얻는 법도 몰랐다. 그는 오직 가짜를 그럴듯하게 꾸며 날조하는 위선적인 행동에만 의지했을 뿐이다.

조작된 하늘의 뜻

왕망은 그 문제를 두고 여러 날을 고민한 끝에 한 가지 묘책을 생각해 냈다. 그는 비밀리에 익주로 사람을 파견하여 그곳의 지방관에게 국경 밖의 이민족으로 하여금 월상씨越裳氏라는 이름으로 흰 꿩을 바치게 했다. 각본대로 평제 원시 원년 정월에 국경 밖 이민족 사람이 조정에 들어와 한나라의 은덕을 흠모한다고 하며 흰 꿩 한 마리를 제물로 바쳤다. 왕망은 크게 기뻐하며 태황태후에게 이 사실을 알리고는 흰 꿩을 종묘로 보냈다.

이 기발하고도 황당한 방법은 왕망이 책을 읽다가 우연히 생각해낸 것이다. 일찍이 주周나라 성왕成王 때 지금의 베트남 근처의 이민족 사람인 월상씨가 천하의 태평에 감사한다며 찾아와 흰 꿩을 바쳤는데, 왕망은 자신을 어린 성왕을 보좌하던 주공周公에 비유하여 어린 평제를 잘 모시고 있다는 증거로 이런 엉뚱한 미신적 행위를 꾸민 것이다. 사실 다른 신하들은 왕망의 의도를 알고 있었으나 아무도 이를 폭로하려 하지 않았다. 오히려 왕망의 비위를 맞추기 위해, 그가 한나라를 안정시키는 데 크게 기여했으니 안한공安漢公으로 삼아야 한다고 건의했다. 태황태후는 조서를 내려 왕망의 작위를 추인하고 공로를 치하하면서 봉읍을 내렸다. 그러나 왕망은 이를 일부러 사양하고는, 평제를 세울 때 공을 세운 공광 등 자신을 지지하는 사람들의 관직을 올려준 후 자신은 작위만 받고 상으로 받은 봉읍을 반환했다.

평제가 즉위한 후 5년 동안 왕망은 적지 않은 '선정'을 베풀었다. 그는 전대의 유씨 종실들을 크게 봉하고 빈민을 구제했다. 모든 유씨 왕후 가운데 후손이 있으면 벼슬을 올려주고 상을 내렸으며, 관직에서 물러난 사람의 자녀들에게까지 봉급을 주었는데 심지어는 외로운 노인들까지 두루 보살펴서 천하의 관리와 백성들 모두가 그를 칭찬했다.

분위기가 무르익자 왕망은 상서를 올려, 태황태후가 나이가 많아 사소한 일을 처리하기에는 적합하지 않으니 관리를 임명하고 면직하는 일을 포함한 모든 정사를 자신이 직접 처리하게 해달라고 했다. 태황태후는 그의 의견에 동의했다. 천하 사람들은 왕망은 알고 있었으나, 한나라의 천자가 누군지는 몰랐다.

왕망은 이에 만족하지 못하고, 비밀리에 사람을 매수하여 상서로운 징조를 바치도록 했다. 지금의 동남아인 황지국黃支國이 코뿔소를 바쳤는데 한나라 조정의 모든 대신들이 놀라며 황지국은 바다 저 멀리 떨어져 있는 외국이라 이제까지 왕래한 적이 없는데, 아마도 안한공 왕망의 위엄과 은덕에 탄복하여 멀리서 와서 알현하고 신성한 동물을 바친 것이라고 여겼다. 곧 이어 남방에서 보고가 들어왔는데 양자강에 황룡이 나타났다는 것이었다. 조정 대신들이 이는 상서로운 징조라고 이구동성으로 칭송하며 이 또한 왕망이 정치를 잘했기 때문이라고 주장했다.

그해 여름에 메뚜기 떼로 인한 피해가 극심하였으나 왕망에게는 자신의 능력을 다시 한 번 확인시켜주는 길조가 아닐 수 없었다. 그는 새로운 계략을 세워 자신의 위엄과 명성을 얻는 데 이 병충해를 이용했다. 왕망은 하급관리를 병충해 지역으로 파견하여 실태를 조사하고 재난 구제를 준비하도록 했으며, 다른 한편으로는 태황태후에게 이 사실을 아뢰고 의식衣食을 절제하여 백성의 본보기로 삼도록 하였다.

특히 왕망 자신은 진수성찬을 자제하고 살생을 금했으며 백만금과 30경頃(약 90만 평)을 내놓고 구제비용으로 충당하게 했다. 조정 대신들과 귀족들은 왕망이 대범하고 훌륭하다고 생각했고 그를 본받지 않을 수가 없어서 기부금과 구제품을 내놓은 사람이 2백여 명에 달했다. 얼마 후 계속 비가 내려 병충해는 점차 줄어들었고 벼를 다시 심을 수 있게 되었다. 모두들 안한공 왕망이 천지를 감동시켰다고 믿었고 백성들도 왕망을 찬양했다.

친아들을 죽여 얻은 권력

평제가 12세가 되자, 왕망은 황후를 간택하기 위해 관례에 따라 12명
의 후비를 고르도록 했다. 왕망은 사람을 시켜 명문세가의 규수를 간택
하게 하고 책봉 문서를 만들어 올렸다. 이 일을 주관하는 관리가 왕망의
속셈을 알아차리고 호족의 딸을 선택했는데 왕씨 여자가 거의 절반을 차
지했다. 물론 이 가운데는 왕망의 딸도 있었다. 왕망의 본심은 자신의 딸
이 간택되게 하는 것이었지만 겉으로는 모른 체했다. 그리고 일부러 태
황태후에게 아뢰길 왕씨 여자는 마땅히 모두 빼야 한다고 건의했다. 태
황태후는 이 말이 무슨 뜻인지 헤아리지 못했다.

그러나 조정의 신하들은 모두 왕망의 딸을 황후로 세워야 한다고 청했
다. 왕망은 여전히 11명을 더 선발하여 간택하라고 했으나 대신들이 거
세게 항의하며 왕황후는 한 사람이면 족하다고 주장했다. 우유부단했던
태황태후는 할 수 없이 대신들의 건의에 따랐다. 왕망은 황실이 하사한
재물을 나누어 그 대부분을 탈락한 여자들과 그 가족들에게 주었다. 당
연히 사람들은 그의 은덕에 감동할 수밖에 없었다.

왕망의 이런 행동은 어떤 경우에는 너무 노골적이어서, 그의 아들 왕
우王宇조차도 마음에 꺼려했다. 왕우가 나중에 문제가 생길까 두려워 여
러 차례 왕망에게 간언했지만 왕망은 듣지 않았다. 왕우는 할 수 없이 사
람을 보내 왕망의 집 문 앞에 피를 뿌렸는데, 미신을 믿던 왕망은 이를
하늘의 경고라고 믿고 잠시나마 신중하게 행동했다. 얼마 후 뜻밖에도
피를 뿌린 사람들이 호위병들에게 발각되어 잡혔고 왕우도 연루됐음이
드러났다.

왕망은 결국 이 작은 사건 때문에 자신의 친아들과 그의 무리들을 죽
였으며, 또한 평제의 생모 위씨衛氏의 가족과 친척까지 모두 죽이고 위후

만을 남겨두었다. 이제 조정에서는 왕망의 뜻에 반대하는 사람을 찾아볼 수 없게 되었다.

왕망은 자신의 딸이 황후가 되자 태황태후의 환심을 사기 위해 애썼다. 그는 태황태후가 늙었고 궁 안에만 너무 오래 있어 적적할 것이라 생각하고는 그녀의 외로움을 달래주기 위해 유람을 권유했다. 태황태후는 이에 크게 기뻐하며 동의했다. 왕망은 태황태후가 지나는 길가의 가난한 백성들에게 돈과 술, 고기와 옷 등을 나누어주게 하여 백성들이 그저 왁자지껄하게 즐기도록 시켰다. 가는 곳마다 명승고적이었기 때문에 노부인은 신비한 세계를 보는 것 같아 그 기쁨이 말로 표현할 수 없을 정도였다.

왕망은 태황태후의 비위를 맞추며 세심한 데까지 돌봐주었다. 그녀에게는 총애하는 남자가 있었는데 마침 병 때문에 궁 밖에서 지내고 있었다. 왕망이 친히 병문안을 가자 그는 왕망의 호의에 감격하였다. 병이 나은 남자가 궁으로 돌아와 태황태후에게 왕망을 칭찬하자, 그녀에게는 왕망이 비록 조카지만 친자식보다도 가깝게 여겨졌다.

왕망이 일을 처리하는 데는 두 가지 특징이 있었다. 하나는 옛 예를 따랐다는 것이고, 또 하나는 황당무계한 미신을 믿었다는 점이다. 이것이 왕망이 인심을 농락하는 수단이었다. 그것이 진심에서 우러난 것인지는 단정하기 어렵다.

왕망은 주나라의 선례에 근거해서 명당明堂과 영대靈臺를 설립하고, 1만 칸이나 되는 학교를 세웠다. 일부러 어진 선비와 인재를 불러들여 스승으로 삼았으며, 어리석고 신분이 미천한 사람을 학생으로 받아들였다.

왕망은 사방에서 상서로운 징조를 만들어 바치게 했는데 서강西羌(서쪽의 오랑캐)과 동이東夷족은 바치지 않았다. 그래서 측근에게 은밀하게 처리하게 하니 동이족이 갖가지 보물을 바쳤고 서강족은 청해靑海의 신선한 물고기를 바쳤다. 왕망은 무척 기뻐서 변방에 죄수들을 보내 그들을 도와 땅을 개간하도록 했다.

신하들은 왕망에게 갖은 아첨을 다했다. 그들은 태황태후 왕씨에게, 주공이 섭정한 지 7년 만에 제도가 정비되었는데 안한공 왕망은 정사를 돌본 지 4년 만에 큰 공을 세웠으니 마땅히 그를 재상 자리에 앉혀서 모든 왕들 위에 놓고 구석九錫의 상을 내려야 한다고 주청했다. 태황태후는 즉시 응낙했다.

이 시기에 50만 명에 가까운 사람들이 안한공 왕망에게 작위를 주도록 상서를 올렸다. 태황태후는 이렇게 조정의 대신들이 왕망을 공경하는 것이 사실인지 알 수가 없었지만, 여론의 압력과 독촉을 받아 구석 책봉의식을 올리도록 했다.

구석 책봉은 중국 고대사회에서 최고 등급의 책봉의식이었다. 구석이란 국가에 공로가 있는 신하에게 특별히 임금이 내리던 아홉 가지 은전으로 거마車馬·의복衣服·악기樂器·주호朱戶(붉은 대문)·납폐納陛(신을 신고 전상을 오르내리는 특권)·호분虎賁(호위병)·궁시弓矢·부월斧鉞·(의장용 도끼)·거창秬鬯(제사용 술)을 말한다. 왕망이 구석을 받자 그 덕망과 권위, 위엄과 예우는 황제와 막상막하가 되었다.

14살이 된 평제는 왕망이 태후의 무덤을 파내고 자신의 친척마저 모두 죽여 어머니만 남겨두고 그 모친조차 만나지 못하게 한 사실을 알게 되었다. 평제는 크게 분노하여 "내가 자라면 반드시 복수하겠다"고 다짐했다. 왕망의 심복이 이 일을 그에게 알리자, 그는 평제가 자라서 나라를 다스리게 될 것을 두려워하여 사람을 시켜 독주를 보내 평제를 죽였다.

왕망은 새로운 황제를 세우기 위해 논의하는 자리에서 조정 관리들의 의견을 억누르고 선제宣帝의 손자인 유영劉嬰을 황제로 세워야 한다고 주장했다. 이때 각지의 관민들이 잇달아 와서 상서로운 징조를 바쳤다. 장안 서쪽의 무공武功의 현령이 우물을 파보니 그 안에서 흰 돌이 나왔는데 거기에 붉은 글씨로 "안한공 왕망이 황제가 될 것이다"라고 적혀 있다는 보고가 들어왔다. 상서로운 징조들이 계속 장안에 도착했다. 왕망은 사람들을 시켜 이를 태황태후에게 알리게 했다. 아첨을 좋아하고 무능한 태황태후는 그때서야 모든 것을 알게 돼 화를 냈다. "이것은 모든 사람을 속이는 망령된 말이니 시행하면 절대로 안 된다."

그러나 섭정을 하면서 황제의 직무를 대행하고 있던 왕망은 복장이나 의식 등이 황제와 같았으므로 사람들은 그를 섭황제攝皇帝·가황제假皇帝라고 불렀다.

옥새가 깨져 있는 이유

왕망이 가황제가 된 지 1개월도 되기 전에 유씨 황실의 일족들이 군사를 일으켜 왕망을 타도하려고 했다. 게다가 농민반란까지 일어나서 장안이 공격당했다. 왕망은 군대를 동원해서 황실의 군대와 농민반란군을 토벌하고, 반대 세력을 모두 제거했다. 이로써 왕망의 위엄과 통치는 더욱 견고해졌다.

이때 왕망은 상서로운 징조를 또 하나 얻었다. 재동 사람인 애장哀章은 교활하고 영악하여 왕망의 생각을 정확히 알아보고, 기회를 틈타 관직을 얻으려고 했다. 그래서 몰래 구리상자를 만들고는 황의黃衣를 입고 도사로 변장하여, 해질녘에 고조의 묘에 나타나 구리상자를 남겨놓고 사라졌다. 고조의 묘 관리인이 왕망에게 구리상자를 바쳤다. 그 안에는 도장과 문자가 있었는데 왕망이 마땅히 천자가 돼야 한다고 적혀 있었다. 또한 천명을 받들 열한 명의 이름도 적혀 있었다. 순서에 따라 왕순王舜·평안平晏·열흠列歆·애장·견한甄邯·왕심王尋·왕읍王邑·견풍甄豐·왕흥王興·손건孫建·왕성王盛이었다.

왕망은 당연히 이것이 거짓임을 알고 있었다. 그러나 그는 이를 권력을 찬탈하는 기회로 삼았다. 초시初始 원년(8) 12월 1일, 왕망은 문무백관들을 이끌고 고조의 묘를 참배하고 구리상자를 받아 돌아온 후 태황태후를 알현하며, 천명을 받은 자기가 마땅히 황제 자리에 올라야 한다고 말했다. 태황태후는 물론 이에 반대했다.

그러나 왕망은 복잡하게 생각할 것도 없이 즉시 내궁에 가서 천자의 옷으로 갈아입고 미앙궁에 이르러 옥좌에 오르니 문무관원들도 모두 축하의 예를 올렸다. 왕망은 조서를 반포하고 국호를 신新으로 정했다. 12월 초하루를 건국 정월 초하루로 하고 관복의 색깔은 황색으로 정했으며 제사용 희생은 흰색으로 정했다

당시 옥새는 태황태후가 보관하고 있었다. 왕망이 옥새를 빼앗으려 하자 이를 주지 않을 수 없었던 태황태후는 매몰차게 옥새를 내던졌다. 이 때문에 진나라 때부터 전해 오는 옥새는 한 귀퉁이가 깨져 있는 것이다.

구리상자 안의 상서로운 징조에 따라 천명을 받들 11명 모두 관직을 받았다. 그런데 11명의 관리 명단 중에서 9명은 실존인물이었지만 왕흥 王興과 왕성王盛은 애장이 지어낸 이름이었다. 다행히 왕씨 성을 가진 사람은 많았고, 같은 이름을 가진 사람도 적지 않았다. 그래서 성문을 지키던 왕흥과 떡장수 왕성이 장군에 임명되었다. 왕망은 자신의 출신이 당당하지 못한 것이 불만스러워 자신을 황제, 우·순 임금의 후예라 칭했다. 그는 황제를 조상으로 받들고 우와 순 임금을 시조로 모시고, 요姚·규嬀·진陳·전田·왕王씨 모두를 같은 종실로 삼았다. 이처럼 왕망은 자신에게 뿌리와 종실이 있어 하늘의 명을 받았다는 명분을 만들어 낸 것이다.

선비는 훌륭한 왕이 될 수 없다

왕망은 신왕조를 건립한 이후, 사람들이 어리둥절해하는 시책을 많이 반포했다. 그는 빈민을 구제하기 위해 사대賒貸와 오균五均제를 실시했다. 신나라 시건국 2년(10)에 반포된 이 제도는 『주례』周禮, 『낙어』樂語의 기록에 따라 정부에서 돈을 대출해주거나 가격을 조절하는 정책이다. 사대 제도는 돈을 빌리고 이자를 내지 않아도 되나 반드시 기일 내에 갚아야 하는 것이다. 오균 제도는 상품이 너무 많을 때 정부에서 이를 구매

왕망이 세운 신왕조의 정책이 새겨져 있는 석각. 왕망의 여러 개혁정책은 당시의 여러 모순과 사회문제를 해결하지 못하고 실패했다.

하고, 상품의 시가가 평균가보다 높을 때는 정부에서 평균가로 판매하여 물가를 안정시키고 상인의 폭리를 미연에 방지하는 것이다.

또한 땅이 있으면서 농사를 안 짓는 사람이나 성안에 집이 있으면서 채소 재배나 나무 심기를 하지 않는 사람, 일도 없이 떠돌아다니는 사람 모두 세금을 내게 했다. 광석 채굴·어렵·목축·양잠·방직·공예에 종사하거나 한의사·무당이나 점치는 사람·기술자·상인은 그 이익의 10분의 1 이상을 세금으로 납부하도록 했다.

이 밖에 여러 차례 화폐를 주조했는데 대전大錢·소전小錢·도刀·포布 등 28종류의 화폐를 한무제 때부터 만들기 시작한 오수전五銖錢과 병용했다. 특히 지명과 관명을 계속 고쳐서 세금 징수나 부역 동원 등 행정상의 어려움이 생기자 원래 지명으로 되돌리는 조칙을 공포했다.

그러나 왕망이 매년 화폐제도를 고치려고 했기 때문에 경제에 커다란 혼란이 일어났다. 왕망은 모든 토지와 노비의 매매를 금지시켰다. 이러

마린馬麟이 그린 중국의 전설적 군주 황제黃帝.
신화 속의 황제는 중국문명의 초석을 마련했다
고 한다.

한 토지국유화 정책에도 불구하고 제후 대신들과 서민이 토지와 노비를
계속 매매함으로써 이 정책을 더 이상 추진할 수 없는 단계에까지 이르
자 제도를 결국 폐지하여 혼란만 가중되었다. 또한 버려진 토지와 직업
이 없는 사람에게도 세금을 거두고, 세금을 내지 못하는 사람에게 정부
에서 노동을 강요하는 폐단도 생겨났다.

　당시 관리들은 봉급을 제대로 받지 못했기 때문에 생활의 압박을 받아
부정부패를 저지를 수밖에 없었다. 그러자 왕망은 부정부패로 재산을
모은 사람을 조사하여 그 재산의 4/5를 몰수하고, 아울러 하급관리에서
부터 상급관리까지, 하인에서부터 주인까지의 모든 비리를 조사하도록
지시하였다. 그러나 이런 노력에도 불구하고 부정부패가 척결되기는커
녕 오히려 더욱 심해졌다. 천봉天鳳 6년(19)에 왕망은 6년마다 한 번씩
연호를 개정하도록 지시하며 말하길 "이제 황제黃帝가 승천했다"라고 하
였다. 그 말을 한 목적은 백성을 속이는 것이었지만, 이미 오랫동안 핍박
받아온 백성들은 더 이상 속지 않았다.

　지황地皇 원년(20)에 왕망은 재차 자신이 황제의 후손이라고 선포하고
9기의 묘를 건립하였다. 황제의 묘는 높이가 17장丈(약 50미터)나 되었

고, 공사비는 수백만 금이 들었으며 동원된 사병과 노예 가운데 많은 이가 죽었다. 정치가 극도로 부패하여 왕망이 실시한 수많은 조치들은 현실과 맞지 않았기 때문에 왕망의 정권은 관리와 호족에서부터 보통 백성에 이르기까지 모든 사람들의 반대에 부닥치게 되었다. 신나라가 건국된 후 10여 년 동안 유씨 황실과 각지의 호족이 끊임없이 군사반란을 일으켰는데, 자연 재해가 계속 발생하자 농민 반란까지 일어나 녹림군綠林軍과 적미군赤眉軍의 세력이 점점 커졌다.

왕망은 왕읍과 왕심에게 실제로는 42만 명이지만 100만 대군이라고 칭하는 군사를 이끌고 농민 반란군을 공격하게 했다. 지방호족 가운데 농민 반란군과 협력하여 왕망 정권을 타도하려고 거병한 세력이 있었는데 이 가운데 가장 강력했던 집단은 유연劉縯·유수劉秀 형제가 중심이 된 남양南陽의 유씨 일족이었다. 이 두 형제는 용맹스럽고 지모가 뛰어났다. 이들은 곤양昆陽에서 불과 수천 명의 병력으로 수십만의 왕망 군사를 격파해 치명적인 타격을 입혔다. 왕망의 주력군은 이때부터 붕괴되기 시작했고 반군은 승리의 발판을 마련했다.

반군은 서기 23년에 유현劉玄을 갱시제更始帝로 옹립하고 낙양을 함락시켰다. 갱시제가 장안을 공격하자 장안의 백성들도 반군에 동조했다. 이 위기 속에서도 왕망은 여전히 천명을 믿었다. 그는 신하들을 이끌고 장안 남쪽 근교에서 슬피 울며 제사를 지냈는데 곁에서 통곡하는 사람들에게 모두 관직을 수여했다. 관리와 평민들은 더 슬프게 울었기 때문에 관직에 임명된 사람이 수천 명에 달했다.

서기 23년 9월 반군이 장안에 진입하자 왕망은 신하들을 이끌고 점대漸臺로 도망쳤다. 그곳에서 반군의 포위공격을 받은 왕망은 상인 두오에게 살해되었다.

중국역사상 유일무이한 선비 황제는 이렇게 89세에 생을 마감했다. 고대의 대시인은 일찍이 다음과 같은 시구를 지었다.

주공이 세상의 소문을 두려워하였고
왕망은 겸손하여 신하를 존중했는데
만약 그때 죽었더라면
그 진면목을 누가 알았겠는가?

확실히 왕망이 갖은 궁리를 다하여 서한 정권을 찬탈하고 황제가 되려고 한 것은 부인할 수 없는 사실이다. 그가 태황태후 왕씨의 신임을 이용하여 조금씩 권력을 강탈하고 속임수와 허위로 인심을 농락했던 점도 사실이다. 그러나 왕망이 권력을 찬탈해야 했던 이유와, 그가 세운 신왕조의 정통성과 도덕성에 대해 논하는 것은 우리에게 큰 의미가 없다. 우리가 중시해야 할 점은 왕망이 과연 거짓말쟁이고 야심가에 불과하며 그에게는 문인 선비의 그림자가 조금도 없었는가 하는 점이다.

공평하게 말하자면, 왕망에게는 선비의 모습이 여전히 짙게 남아 있었다. 그가 옛것을 바탕으로 제도를 고쳐 확실히 사람들의 마음을 끌었으나, 토지개혁에서 예전의 정전제로 복귀하려 했던 것처럼 과거의 왕조에 대한 깊은 애정과 기대가 있었음을 부인할 수 없다.

왕망은 옛 제도를 그대로 따라하면 인심을 얻을 수 없다는 것을 알고 있었다. 그런데 왜 이를 고집했을까? 그는 확실히 상서로운 징조를 기반으로 황제가 되려는 목적을 가지고 있었다. 왕망은 그런 징조들을 정말 믿고 싶었던 것이다. 그는 위기 때마다 신령의 도움을 구했을 뿐, 끝까지 저항하거나 다른 방법을 강구하지 못했다. 그래서 왕망은 속임수, 허위와 잔혹한 짓을 저질렀던 것이다. 반면 그에게는 선량하고 성실하며 융통성 없는 선비의 모습도 있었다. 후세 사람들은 왕망을 단지 임금 자리를 찬탈한 인물로만 여기고 이러한 선비의 모습은 발견하지 못했다.

왕망이 제정한 정책 법령과 반란군에 대한 처리에서도 그의 선비로서의 면모를 볼 수 있다. 그는 자신이 옛 제도에 근거하여 나라를 다스리면 고대의 예법을 받드는 백성들이 정부의 정책을 잘 따르고 자신을 받들 것이라고 생각했다. 그래서 주나라를 모방하여 이상적인 도덕사회를 건립하려 했지만, 그의 선비 기질은 오히려 세상을 혼란에 빠뜨렸고 결국 자신도 나라를 망친 폭군 걸왕桀王과 주왕紂王처럼 되고 말았다. 농민 반란군을 진압하고 대처하는 일에서도 어린아이처럼 대응했다.

중국의 선비는 이와 같다. 중국의 수많은 경전이라고 하는 책들도 이렇게 가르쳤다. 선비는 깃발을 흔들며 고함을 칠 줄만 알았지 몸소 나서서 개국 황제가 되지는 못했다. 다만 완벽한 성인군자가 되고 싶어 그저 침묵하기만 할 뿐이었고, 자신이 무리를 진두지휘하여 계책을 현실로 만들지는 못했다. 이것이 바로 선비의 품격이고 진면목이다. 그러나 일단 이런 모습을 잃게 되면 선비의 품격은 사라지고 관료나 정객으로 변해버리고 만다.

3 유화책으로 나라를 얻다

강함과 부드러움 어느 한쪽으로 치우치지 않는 것이
바로 중국인 처세의 정통이다. 큰일을 할 사람은
작은 원한을 마음에 두지 않는다. 벼는 익을수록 고개를 숙인다.

　부드러움이 강함을 이기는 것은 중국인에게 처세의 이상적인 경지이다. 부드러움이 강함을 이긴다는 것은 중국인들의 확고한 신념이었다. 부드러움 가운데 강한 것을 품고, 강함 가운데는 부드러움이 존재한다. 강함과 부드러움이 서로 의지하여 어느 한쪽으로 치우치지 않는 것이 바로 중국인 처세술의 정통이다.

　중국인의 이상적인 처세 방식은 태극도에 가장 잘 나타나 있다. 하나의 원 안에 흰 양陽 물고기와 검은 음陰 물고기가 있는데, 양 물고기의 머리와 음 물고기의 꼬리가 맞닿아 있어서 서로 뒤엉킨다. 이들은 섞이고 부드럽게 돌아서 하나의 원을 만든다. 시작도 없고 끝도 없으며, 머리도 없고 꼬리도 없으며, 앞도 없고 뒤도 없으며, 높은 것도 없고 낮은 것도 없다. 가장 기묘한 것은 음 물고기 가운데 양의 눈이 있고, 양 물고기 가운데 음의 눈이 있어, 서로 포용하고 내재하며 자극하여 변화시켜 서로를 발생시킨다는 점이다.

　이 작은 태극을 자세히 살펴보면, 그것이 우주의 진리를 포함하는 동시에 인간사의 최고 원칙이라는 것을 알게 된다. 역사나 현실에서 강한 자는 다수를 차지하고, 약한 자는 소수를 차지한다. 만약 부드러움이 주류를 이루게 된다면, 강한 것이 부드러운 것에 숨어 있게 되어 유화정책으로 표현된다. 이 유화정책이 치국의 이상적인 책략인 동시에 가장 좋은 처세 방법이다.

그러나 인간은 대개 탐욕과 폭력을 일삼고 나쁜 목적을 달성하기 위해서 멋대로 행동하고 눈앞의 이익에만 급급하기 때문에 유화정책을 좀처럼 쓰지 못한다.

중국역사에서 유화책으로 나라를 다스려 성공한 사례가 많은 것으로 보아 강압정책보다 유화정책이 더 효과적이라는 것은 충분히 증명됐다고 할 수 있다.

남에게 공을 돌려 인심을 얻은 광무제 유수

중국 역사상 처음부터 끝까지 유화정책을 관철시킨 사람으로는 마땅히 동한의 광무제光武帝 유수를 꼽아야 할 것이다. 정치와 군사 면에서 부드러운 정신과 태도로 일관한 그는 유화정책을 잘 시행함으로써 성공적인 개국황제가 될 수 있었다.

유수는 기원전 6년 12월에 태어났고, 한고조 유방의 9세손이다. 그의 아버지 유흠은 남돈의 현령이었고, 유수가 9세 때 병사했다. 유수가 28세 때 왕망의 신왕조는 날로 인심을 잃고 있었고 설상가상으로 양자강 중류 호북 북부와 하남 남부의 형주, 산동 동부의 청주와 강소 북부의 서주에 극심한 재해가 발생하여 각지에서 농민봉기가 잇달았다. 특히 형주의 녹림군과 청주와 서주의 적미군은 그 기세가 대단하여 왕망의 정부군에 견줄 만했다.

이처럼 혼란스러운 시기에 유수는 남양 일대의 곡물을 빌려 형 유연과 함께 봉기하여 7, 8천 명의 무리를 모았다. 유수가 봉기한 후 점차 다른 반군들이 모여들었고, 이들은 모두 녹림군에 흡수되었다.

서기 23년 2월, 녹림군은 천하 사람들에게 호소하기 위해 한나라 종실의 후예인 유현을 황제로 옹립하고 연호를 갱시更始라고 정한 후 완宛(하

광무제 유수. 동한을 건립한 후 정치와 군사 문제
에서 유화정책을 실시하여 나라를 안정시켰다.

남 남양)에 도읍을 정했다. 녹림군의 세력은 날이 갈수록 커졌다. 이에
신왕조의 왕망은 대사공 왕읍과 대사도 왕심으로 하여금 군사 42만 명
을 인솔하여 녹림군을 공격하게 했다.

유수는 양관陽關을 포기하고 부대를 인솔하여 곤양으로 물러나 방어
태세를 취했다. 유수는 더 이상 후퇴하기를 거부했다. 그는 서로 협력한
다면 적을 막아낼 수 있으며, 만약 포위망을 뚫으려 흩어진다면 적에게
포위되어 전멸할 것이라고 주장했다. 유수는 직접 13명의 기병을 선발
하여 야음을 틈타 남문을 돌파한 후 구원을 요청했다. 그리고 정릉定陵,
언성郾城 등지의 반군을 설득하여 정예병사 1천 명을 인솔하여 곤수昆水
를 몰래 건너 신왕조의 군대를 격파했다.

곤양 전투는 중국 전쟁사에서 적은 군사로 많은 적을 물리친 빛나는 본
보기가 되었고 또한 봉기군에게는 신나라의 왕망 정권을 전복시킬 토대
를 마련해주었다. 왕읍과 왕심의 군대를 물리친 후, 유수 형제의 명성은
날로 높아졌는데 이를 같은 반란군 일파의 장군들이 시기하기 시작했다.

유연은 일찍이 유현이 황제가 되는 것에 반대했다. 그래서 유수와 유
연을 시기하는 자들은 유연을 제거하지 않으면 결국 후환이 될 것이라고

생각하고는 음모를 꾸몄다. 유약하고 무능하며 자기주장이 없던 유연은 사람들의 말을 곧이듣고는 황제 유현을 제거하려고 움직였다. 이에 황제 유현은 장수들을 불러 모아 연회를 베풀어 군사를 위로한다는 구실을 만들었다. 이윽고 유수의 형 유연은 피살당했다.

유수는 형의 피살 소식을 듣고 비통해하며 통곡하고는 즉시 완성으로 가서 황제 유현을 알현하고 사죄를 했다. 유현이 완성의 방어 상황을 묻자, 유수는 자신의 승리를 뽐내지 않고 여러 장수들에게 공을 돌렸다. 유수는 집으로 돌아와 조문객들을 맞이할 때도 형의 피살에 대해서는 한마디도 언급하지 않았다. 그는 상복을 입지 않고 평소처럼 식사하고 생활했다. 유현은 이런 유수를 보고 오히려 부끄러움을 느꼈다.

이때부터 유수를 더욱 신임하게 된 유현은 그를 파로대장군破虜大將軍에 임명하고 무신후武信侯에 봉했다. 사실 유수는 형의 피살을 무척 비통해했기 때문에 몇 년이 지난 후에도 그 일이 생각나면 눈물을 흘리며 탄식했다. 그러나 그는 평림平林과 신시新市 두 지역의 반란군에 대항할 힘이 없었기 때문에 군사행동을 자제했다. 그래서 유수는 오히려 반란군들에게 동정과 신뢰를 얻어 훗날 자립할 수 있는 기반을 마련했다.

반란군이 왕망을 죽인 후 유현이 낙양에 진입할 때, 유현의 부하들 모두가 베로 만든 모자를 썼는데 그 모습이 우스꽝스러웠다. 낙양에 늘어선 사람들이 그 광경을 보고 웃었다. 이들은 유일하게 사예司隸 유수의 부하들이 한나라의 복장을 하고 있는 것을 보고는 기뻐하며 말하기를 "뜻밖에도 한나라의 위엄 있는 모습을 다시 보게 되었습니다"라고 하였다. 그래서 민심이 유수에게 쏠리기 시작했다.

민심을 얻은 자, 나라를 얻으리라

유현은 낙양에 도읍을 정한 후 하북 일대의 백성들을 위로하기 위해 측근 한 명과 능력 있는 신하를 파견하려 했다. 유수는 이것이 자신의 역량을 발휘할 수 있는 좋은 기회라고 여기고, 자신이 가겠다고 청했다. 유현은 유수의 청을 받아들였다. 유수는 대사마大司馬라는 신분으로 하북으로 가서 세력을 키우며 동한 정권을 세우기 위한 활동을 했다.

당시 하북에는 세 개의 세력이 있었는데, 가장 큰 세력은 왕랑王郞이었고, 그 다음은 왕망의 잔여세력이었으며, 나머지 하나는 동마銅馬와 청독靑犢 등의 농민 반란군이었다. 유수는 하북 지방을 순시할 때마다 관리를 접견했고, 억울한 누명을 쓴 죄수들을 재심리하여 사면시켜주었으며, 왕망의 가혹한 정책을 폐지시키고 한나라의 제도를 회복했다. 또한 죄수들을 풀어주고 기아에 허덕이는 백성을 위로했다. 이런 일들은 모두 민심과 깊은 관계가 있어서 관리와 백성 모두가 환영하며 기뻐했다.

당시 유림이라는 사람이 유수에게 계책을 바치면서 말했다.

"지금 적미군이 황하의 동쪽에 있는데 그쪽으로 물길을 돌려서 터뜨리면 백만 명의 반란군을 몰살시킬 수 있습니다."

유수는 이 계획이 너무 잔인해서 성공한다 해도 민심을 잃을 것이라고 생각해 받아들이지 않았다.

유수가 하북에 처음 도착했을 때, 병사나 장수의 수가 적었고 지방은 각자 자치적으로 다스려지고 있어서 그의 지휘를 따르는 자가 없었다. 유수가 영웅을 자기 편으로 끌어들이고 민심을 얻어 한고조 유방의 과업을 이루었다고 할 수 있지만, 그에게는 사실 휘하의 군사가 많지 않았다. 심지어 그는 왕랑에게 쫓겨 여러 차례 곤경에 빠지곤 했다. 후에 그는 등우鄧禹·풍이馮異·구순寇恂·요기姚期·경순耿純 등의 인재를 차례로 끌어들인 후, 반란군을 쳐부수어야 한다는 명분으로 군사를 불러 모아 세력을 넓혔다. 그리고 각 지방의 관료들과 연합하여 마침내 선왕의 과업을 완수할 발판을 마련하였던 것이다.

그는 유화정책을 펴서 덕으로 상대를 굴복시켰지 무력으로 제압하지 않았다. 많은 사람들이 마음으로 복종하여 지지기반이 튼튼해진 결과 그의 통치는 안정되었다.

'한왜노국왕' 漢倭奴國王이라는 문구가 새겨져 있는 도장. 일본 규슈에서 발견된 이 도장은 광무제가 일본인 사절에게 하사한 것이다.

유수는 부드러운 것이 강한 것을, 약한 것이 강한 것을 제압할 수 있다고 생각했다. 그는 덕치로 병사들의 인심을 끌어들였고 형벌을 엄하게 적용하거나 사형을 남발하며 위엄을 세우지 않았다. 이 점은 동마군 병사들을 처리한 일에서 잘 나타났다.

당시 동마군이 유수에게 투항하자, 그는 동마군 장수들을 모두 열후에 봉했다. 그러나 유수 휘하의 한나라 장수들은 동마군에 대해 매우 불안해했다. 동마군은 지역 백성들로 구성되어 있고 한나라 군대의 공격을 받아 살육과 약탈을 당했기 때문에 한나라에 쉽게 복종하지 않을 것이기 때문이었다. 동마군의 장수들도 불안하기는 마찬가지였다. 한나라 군대의 신임을 얻지 못하면 죽음을 당할지도 모른다고 생각했기 때문이다. 이런 상황에서 유수는 명을 내려 한나라 군대를 각자의 영으로 돌아가게 하고, 자신은 혼자 말을 타고 동마군 진영으로 들어와서 장수들을 도와 함께 군사를 훈련시켰다. 그러자 한 동마군 장수가 감격하며 말했다.

"초왕肖王(유수)께서 이렇게 숨김없이 마음을 열고 우리를 믿어주시니 우리가 어찌 당신을 위해 목숨을 바치지 않을 수 있겠습니까?"

유수는 군사 훈련을 끝낸 후 그들을 나누어 각 군영에 배치하였다. 동마군은 이렇게 유수의 신임을 얻었고, 그들도 유수를 믿게 되어 모두들 유수를 일컬어 동마제銅馬帝라 불렀다.

왕랑이 몰락한 후, 군사들 사이에 왕랑이 유수를 비판하는 내용이 담긴 문서가 돌았다. 만약 이 사건을 조사한다면 많은 사람들이 도주하거나 반역을 꾀할 수도 있었다. 유수는 이 편지들을 읽어보지도 않고, 사람들 앞에서 태워버리라고 명했다. 반란을 꾀한 자를 안심시키는 효과를 얻고 또한 두려워 불안에 떠는 사람들이 자신과 끝까지 생사고락을 함께 하도록 한 계책이었다. 유수는 이렇게 자신에게 반대하는 사람들을 너그러운 마음으로 포용해서 군사들로부터 큰 인심을 얻을 수 있었다.

큰 인물은 작은 원한에 연연하지 않는다

서기 25년에 유수와 동문수학했던 친구가 관중에서 『적복부』赤伏符라는 예언서를 받들고 와서 알현했다. 그가 유수를 황제라 칭하는 것은 하늘의 뜻이라고 말하자, 모든 장군들이 유수에게 제왕이 될 것을 청했다. 이에 유수는 황제의 자리에 오르고, 연호를 건무建武라 했다. 그는 원래 무력으로 농민 반란군과 천하를 다투었지만, 황제에 등극하고 나서 유화정책으로 천하를 다스리자 잔당세력은 소멸되었고 통치도 안정되었다.

유수가 쉽게 낙양을 얻은 것은 바로 이런 유화정치의 성공 사례라 할 수 있다. 당시 낙양성은 굳건한 요새였고, 이곳을 지키는 이일李軼과 주유朱鮪의 병사는 30만 명이나 되었다. 유수는 우선 이간계를 사용하여 주유가 이일을 살해하도록 한 후, 사람을 보내 주유에게 투항하도록 권했다. 그러나 주유는 유수의 형을 모살할 때 참여했던 일 때문에 보복이 두려워 머뭇거리며 결정을 내리지 못하고 있었다. 유수가 이를 전해 듣고 다시 사람을 보내 그에게 말하기를 "큰일을 할 사람은 작은 원한에 연연하지 않는다"라고 했다. 또한 투항한다면 죽이지 않을 뿐더러 현재의 작위도 보장하며 어떤 맹세도 절대로 어기지 않겠다고 했다. 그가 투항하자 유수는 친히 결박을 풀어주며 예의를 갖추어 대우했다.

27년, 적미군의 번숭과 유분자가 투항하자 유수가 그들에게 말했다.

"너희들은 과거에 잔인무도하였고 머무르는 곳마다 노인과 약한 사람들을 모두 죽였으며 국가를 파괴하고 우물과 부뚜막을 메워 백성들을 굶겨 죽였다. 그러나 너희는 세 가지 좋은 일도 했다. 도성을 파괴하고 전국을 돌아다녔지만 첫 번째로 고향의 처자식을 버리지 않았고, 두 번째로 유씨 종실을 군주로 삼았으며, 세 번째는 특히 칭찬할 만한데 다른 모반자들은 군주를 옹립했다가 위기상황일 때는 목숨을 건지기 위해 약삭빠르게 군주의 머리를 베어 가지고 와서 투항하였지만, 너희만은 유분자의 생명을 보전하고 나에게 투항하였다."

그리고 유수는 조서를 내려 그들과 그들의 처자식들을 낙양에 함께 살게 하고, 각각 집 한 채와 2경頃의 논을 하사했다. 이처럼 유수는 다른 사람의 약점은 덮어주고 장점을 잘 찾아내어 상을 내렸다.

유수는 장군들 사이에서 발생하는 불화를 조정하는 데도 뛰어났다. 그는 결코 장군들이 서로 싸우는 것을 방치하지 않았을 뿐만 아니라 어느 한쪽을 편들지도 않았다. 가복과 구순은 불구대천의 원수지간이었지만, 유수는 오히려 그들을 한자리에 불러 모아 좋은 말로 충고하며 화해시켜서 친해지게 만들었다. 유수는 이 둘을 절대 잊지 않고 공신의 예우로 변함없이 대우해주었다.

정로장군征虜將軍 제준祭遵이 죽자 유수는 매우 슬퍼하였다. 심지어 그의 유해가 하남에 도착할 때까지 눈물을 흘리며 애통해했다. 중랑장中郎將 내흡來歙이 촉나라를 정벌하다 암살당하자 유수는 상복을 입고 조문 행렬에 참석하였다. 유수는 이러한 진심 때문에 많은 사람들로부터 큰 인심을 얻었다.

유수는 황제가 되기에 앞서 "벼는 익을수록 고개를 숙인다"는 격언을 군신들에게 당부했다. 그는 공적인 사무는 매우 조심스럽고 신중하게 처리하며 행동도 마치 살얼음 위를 걷거나 깊은 연못 앞에 선 것처럼 신중하게 해야 한다고 강조했다. 세월이 흘러도 유수는 시종일관 자신을 잘 다스리고 남을 훈계했다. 역경을 이겨내고 창업한 결과에서 나온 이런 훈계는 비록 근본적으로 봉건 관료의 인습을 바로잡을 수는 없었지만 분명히 그들에게 상당한 영향을 끼쳤다. 당시 군부의 무장들이 유교경전을 매우 가까이했다는 사실이 단적인 예다.

양심 있는 인물은 있게 마련

유수는 법을 완화하여 형 집행을 미루게 하였고, 상은 후하게 주고 벌은 가볍게 하여 민심을 얻었다. 그는 일반 공신들의 땅이 아무리 많아도 100리를 넘지 못하게 했던 옛 제도에도 반대했다. 옛 나라가 망한 것은 법도가 땅에 떨어졌기 때문이지 공신들이 많았기 때문이 아니라면서 부하들에게 많은 땅을 주었다. 그가 나눠준 식읍 중 가장 넓은 곳은 6개의 현을 합친 면적만큼이나 컸다.

죄를 지은 자에 대해서도 충분히 심사를 한 후 신중하게 처벌하도록 했다. 설령 처벌을 내렸다 하더라도 최대한 가볍게 처리하도록 했으며 절대 경솔하게 장수를 죽이지 않도록 하였다. 등우는 유수가 군정을 질서정연하고 엄하게 다스렸고, 상벌을 분명히 했다고 칭찬했는데 이 말은 과찬이 아니다.

유수는 동한을 건립한 후에도 개국황제가 공신을 살육하는 비극을 피하기 위해 여전히 유화정책을 실행하였다. 그리하여 동한의 정치는 안정되었고, 경제 또한 빠른 속도로 회복되었다.

유수는 이처럼 유화정책으로 나라를 부흥시켰고 살생을 절제하며 어진 정치를 펼쳐 군사뿐만 아니라 정치외교 방면에도 뛰어난 업적을 남겼다.

조조曹操는 간사한 수단을 사용하여 성공하였으나 유수는 유화정책으로 천하를 얻었다. 이것은 우리에게 시사해주는 바가 크다. 이는 유가와

도가의 이론이 결코 현실에 낙후된 학문이 아니며 적절하게 응용만 한다면 다른 어떠한 방법보다도 효과적이라는 것을 말해준다. 그러나 천여년 이후 유가와 도가의 찬란한 유산은 흉악하고 교활한 인간들 때문에 사장되고 가려져서 빛을 발하지 못했다.

"홍동洪洞현에 좋은 사람이 없다"고 말하지 말라. 암흑정치 속에서도 양심 있는 인물은 나타나게 마련이다. 이런 사람이 바로 귀하고 드문 인재여서 사람들을 흥분시킨다. 유화정책 역시 정치술책 가운데 하나지만 허위나 거짓, 간사함과는 본질적으로 차이가 있다. 왜냐하면 후자는 이미 술책이 아니라 개개인의 도덕의 문제이기 때문이다. 만약 이를 간과한다면 문화대혁명 시기처럼 "청렴결백한 관리가 부정부패한 관리보다 못하다"는 황당한 논리에 빠지게 된다.

4 여인과 정치

중국의 궁정은 세상에서 가장
비이성적이고 비도덕적인 곳 가운데 하나였다.
정치투쟁 가운데 권세욕과 인성이 충돌하면
언제나 권세욕이 승리하고 인성이 패하였다.

중국에는 타고난 책략가나 정치가가 많다. 출신이 미천하고 특별한 점이 없는 여인도 황후가 된 후에는 온갖 책략을 써서 신하들을 주물렀다. 이 여인들은 백만 군사를 지휘하여 적을 베는 장군마저 마음대로 농락하여 실질적인 황제가 되었다.

섭정을 한 황후가 권력을 손아귀에 쥐고 마음대로 정권을 농락해도 부분적으로는 후세사람으로부터 좋은 평가를 받기도 한다. 이런 점은 우리가 도저히 해낼 수 없는 것이기 때문에 감탄해마지 않을 수 없다.

그 대표적인 인물이 바로 한나라를 개국한 유방의 아내 여치呂雉이다. 유방과 여치 사이에는 기이한 인연이 있었다고 전한다.

유방이 사수에서 말단 관직인 정장을 하고 있을 때, 그의 친구 소하가 찾아와 이야기를 나누다가 무심결에 성이 여씨呂氏라는 사람이 원수를 피해 선보單父현의 현령에게 몸을 의탁하고 있다는 말을 했다. 지역 호걸과 향리들은 현령에게 귀빈이 와 있다는 소식을 듣고 돈을 걷어 축하했다. 유방이 아무 생각 없이 말했다.

"귀한 손님이 왕림했으니 당연히 축하를 해야지."

소하는 그가 농담한 줄로 알고 마음에 두지 않았다. 그러나 축하 잔칫날에 뜻밖에도 유방이 거침없이 쳐들어올 줄 누가 알았겠는가? 당시 서

기관에 해당되는 관직을 맡고 있던 소하는 문 앞에 서서 여공呂公을 대신하여 축하예물을 받고 있었는데 유방이 오는 것을 보고 일부러 큰소리로 외쳤다.

"축하예물이 1천 냥에 미치지 못하니, 아래쪽에 앉으시오!"

이에 유방은 자신의 이름과 하례금 1만 냥을 방명록에 적은 후 소하에게 건네주고 안으로 들어갔다. 여공은 유방의 하례금이 많은 것을 보고 황급히 영접하여 상좌에 앉게 했다. 여공은 평소 관상을 잘 봤는데 유방이 호상好相인지라 더욱 예의를 갖추었다.

소하는 유방이 돈을 가지고 오지 않은 것을 알고서는 비웃으며 말했다.

"유가 놈아! 언제나 큰소리만 칠 줄 알았지, 나를 속이려고 하느냐! 돈이 정말 있느냐?"

여공은 이 말을 들었지만 유방에 대한 태도를 바꾸지 않았다.

백수건달 유방과 결혼한 여후

술자리가 끝날 무렵 여공은 눈짓으로 유방을 붙잡았다. 하객들이 모두 돌아간 후 둘이서 따로 자리를 마련했는데 유방은 조용히 술만 마셨다. 여공이 넌지시 물었다.

"저는 평소에 관상 보기를 좋아하여 많은 사람의 상을 보았지만 당신 같은 호상은 본 적이 없습니다. 그대가 장가를 갔는지 모르겠군요."

유방은 자신이 아직 미혼이라고 대답했다. 여공이 솔직담백하게 말했다.

"제게 어린 딸이 하나 있습니다. 불쾌하게 생각하지 마시고 당신이 아내로 삼아주십시오."

이 말을 들은 유방은 기뻐하며 무릎을 꿇고 절을 했다. 유방이 돌아간 후 여공의 부인이 여공에게 화를 내며 다그쳤다.

"당신이 항상 말하길 우리 딸이 고귀한 상이라서 귀한 집안사람에게

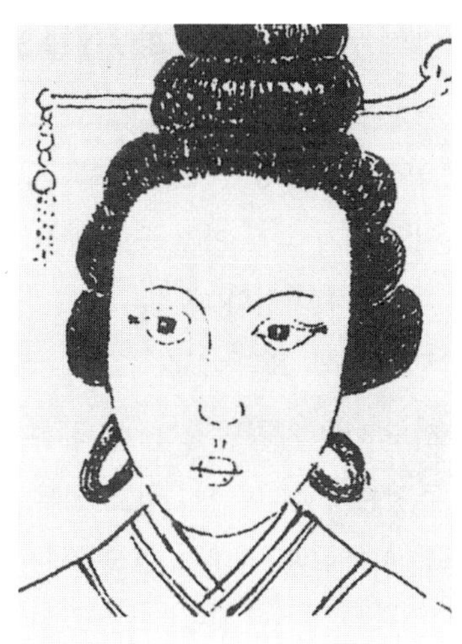

한고조 유방의 아내 여치. 중국을 사실상 통치한 최초의 황후로서 외척을 주요 관직에 앉혀 권력을 전횡했다.

시집보내야 한다며 부자가 청혼을 해도 모두 거절하더니, 유방같이 가난하고 의지할 데 없는 사람에게 시집을 보내려고 하십니까?"

그러자 여공은 유방이 귀한 상을 갖고 태어나서 반드시 임금이 될 것이라고 말했다.

이리하여 여치와 유방은 부부가 되었다. 여공의 딸 여치가 바로 훗날 효혜제孝惠帝와 노원공주魯元公主를 낳은 여후呂后다.

진시황제가 동쪽 지방을 순행할 때 유방은 자신이 화를 당하지나 않을까 우려하여 망산과 탕산 사이의 깊은 산골짜기로 도망쳐 숨었다. 유방이 숨을 때마다 여치는 그가 숨어 있는 곳을 찾아냈다. 유방은 이를 기이하게 여겨, 자신을 어떻게 찾아냈느냐고 물었다. 여치는 이렇게 대답했다.

"당신이 있는 곳 위에는 언제나 성서로운 기가 서려 있기 때문에 그것을 따라가면 당신을 찾을 수 있습니다."

유방의 고향 젊은이 중에는 이 소문을 듣고 그를 따르고자 하는 자가 많았다.

초나라와 한나라가 패권을 다툴 때, 유방이 팽성에서 패하여 도주하자 그의 부친과 여치는 항우에게 포로로 잡혔다. 그러나 항우는 나중에 이들을 풀어주었다.

여치와 유방은 신혼 초부터 고난을 함께했다. 온갖 어려움 끝에 유방이 황제가 되자 여치 또한 황후가 되었고 아들 영盈은 태자가 되었다.

그러나 여치와 태자는 가혹한 도전을 받았다. 유방은 팽성에서 항우에게 패하여 겨우 제 한 몸만을 이끌고 도망쳤을 때 정도定陶의 어느 집에서 숙식을 제공받았다. 이 집 주인이 그가 한왕인 것을 알고 딸을 그에게 주었으니 이 여인이 바로 척부인戚夫人이다. 후에 유방은 항우를 무찌른 후 척부인을 아내로 맞이했다. 유방과 여후의 사이가 점차 소원해지자 척부인이 그의 총애를 독차지했다.

척부인은 젊고 아름다웠으며 춤에도 능했을 뿐만 아니라 악기 연주와 노래 솜씨도 뛰어났다. 또한 글도 지을 줄 알았고 자상하며 남을 잘 이해해줬기 때문에 유방은 그녀를 무척이나 사랑했다. 척부인은 이미 왕의 사랑을 독차지했지만 자신의 미래를 위해서 자신이 낳은 아들 여의如意를 태자로 세워달라고 여러 차례 애원했다. 유방이 이를 거절했으나 척부인은 날마다 흐느껴 울며 자신의 아들을 태자로 세워주기를 원했다.

네 명의 은자가 지켜준 태자 유영

한편, 태자 유영은 사람됨이 인자했으나 천성이 유약했기 때문에 유방은 아들이 자신을 닮지 않았다고 여겼다. 그래서 태자 유영을 폐위시키고 척부인의 아들 여의를 태자로 세우려는 마음이 있었는데, 척부인이 간곡하게 청하고 또한 여의가 총명하고 의지가 굳은 점이 점점 마음에 들었다. 유방은 여의의 풍모가 자신을 닮았다고 생각하여 그를 몹시 소중히 여겼다.

일찍이 이런 상황을 간파한 여후는 밤낮으로 걱정에 빠졌다. 그러나 유방의 마음은 이미 척부인에게 가 있었다. 척부인은 항상 유방의 출정에 따라갔으나 여후 자신은 나이가 많아서 언제나 궁안에 있었으므로 유방을 만날 기회가 거의 없어서 홀로 애만 태울 뿐이었다.

그런데 공교롭게도 여의가 만 10세가 되어 관례에 따라 작위를 바꾸고 자신의 봉지로 가야 할 때가 되었다. 척희는 이 소식을 듣고 대경실색했다. 여의가 일단 봉지로 가면 황제를 만나기 어렵고 또한 조석으로 곁에서 모실 수가 없게 되어 환심을 얻을 방법이 없을 것이라고 생각했기 때문이었다.

척희는 유방을 만나서 무릎을 꿇고 통곡했다. 유방이 척희의 심중을 헤아리고 말했다.

"짐은 본래 태자를 바꾸어 여의를 태자로 삼으려고 하였다. 장자를 폐하고 어린 둘째를 세우는 것은 적장자를 폐하고 첩의 자식을 세우는 것인데 이것은 대의명분에 맞지 않으니 다시 생각해보시오."

척희가 더 크게 통곡하여 애원하자 유방은 마음이 움직여 결국 다음날 군신들과 태자를 세우는 일에 대해 의논하기로 결정했다.

이튿날 아침, 신하들이 모두 모인 자리에서 유방이 태자를 폐위하는 것이 마땅하다고 하자 신하들이 모두 놀라며 태자가 책봉된 지 수 년이 지났지만 아무 잘못이 없는데 별 이유 없이 폐위시킨다면 혼란이 생길지도 모른다고 만류했다. 유방은 이 말을 듣지 않고 신하들에게 재촉하여 조서를 쓰라고 명을 내렸다. 이때 어사대부 주창周昌이 "아니 되옵니다!"라고 외친 후 급한 나머지 말을 더듬다가 한참 뒤 말했다.

"신의 입으로 말할 수 없으나 그, 그, 그것은 아니 되는 줄 아옵니다. 폐하께서 태자를 폐위하시면 신들은 그, 그것을 받들 수 없나이다."

주창의 계속되는 "그, 그"라는 말더듬에 유방은 웃음을 참을 수가 없었다. 조정에 가득한 신하들도 크게 소리 내어 웃었다. 유방은 웃음 덕분에 노기를 풀었고 조서를 쓰라고 하지 않고 조정을 파하였다.

주창이 동쪽 행랑채 문 밖으로 나갔을 때, 여후가 그곳에서 기다리고 있었다. 주창이 예를 갖추려 하자 갑자기 여후가 그에게 무릎을 꿇었다.

까닭을 알 수 없었던 주창도 황급히 무릎을 꿇었다. 여후는 그를 일으키며 말했다.

"오늘 그대가 끝까지 따지지 않았다면 태자는 아마 폐위되었을 것이오. 나는 태자를 보호해준 것에 감사하기 때문에 이렇게 예를 갖추는 거요."

주창은 겸손하게 대답했다.

"저는 공적인 일을 한 것뿐입니다. 황후께서는 많은 의미를 두지 마십시오."

그러나 여치는 유방이 언젠가 다시 태자를 폐위하라고 명을 내릴 것이라는 것을 잘 알고 있었다. 그러나 태자를 보호할 묘책이 생각나지 않았다. 그래서 여치는 장량에게 계책을 물었다. 장량이 말했다.

"만약 어질고 재능이 있으며 탁월한 명성을 가진 사람이 태자를 보좌한다면 황제는 태자가 현명해서 사람의 마음을 얻을 수 있다고 느낄 것입니다. 설령 폐위하려 해도 신중히 고려해야 한다고 생각할 것입니다. 이렇게 하면 아마 태자를 보호할 수 있을 것입니다."

여후는 어디에 그런 사람이 있느냐고 물었다. 장량이 대답했다.

"듣건대 상산商山 일대에 네 분의 나이 지긋하고 속세를 등진 은자가 있는데, '상산사호'商山四皓라고 일컬어진다고 합니다. 황제가 일찍이 여러 번 초대하여 관직을 주려 했으나 거절당했습니다. 그들을 초빙한다면 유용할 것입니다."

여치는 사람을 보내고 온갖 방법과 수단을 동원하여 상산사호를 불러오게 하였다.

유방은 경포가 일으킨 반란을 평정한 후 전쟁으로 많이 지친데다 화살에 맞은 상처가 재발하여 병세가 악화되었다. 척부인은 밤낮으로 곁에서 간호하면서도, 만일 유방이 죽고 태자가 황제자리를 계승하면 자신이 살 길이 없게 될까 걱정했다. 척부인은 유방에게 목숨을 보전할 수 있게 해달라고 간곡히 빌었다. 유방은 이리저리 생각해도 달리 방법이 없자 태자를 폐위하라고 거듭 지시했다.

장량은 유방의 휘하에서 책략가로 명성을 날렸
다. 유후에 책봉되었으나 유방의 시기심을 알았
기 때문에 은거하며 살았다.

장량은 태자소부太子少傅 직책을 맡고 있었는데 이 소식을 듣고는 즉시 유방을 알현하러 갔다. 장량은 유방을 설득하였으나 유방은 그를 상대하지 않았다. 장량이 유방을 따르기 시작한 후 유방은 그의 말이라면 다 들어주었으나 이번만은 예외여서 장량은 자신의 말이 통하지 않는다는 것을 알고는 집에 돌아가 병이 난 척했다. 태자태부 숙손통이 이 말을 듣고 조정에 들어가 직언을 했다.

"예전에 진헌공이 여희를 총애해서 태자를 폐위했기 때문에 진나라는 20년 동안 혼란을 겪었습니다. 진시황이 일찍 부소를 세우지 않아 진나라가 멸망하는 것을 폐하께서는 직접 보셨습니다. 폐하와 여후는 어려움을 함께한 부부이고, 한 분만 계시는 태자는 어질고 효성이 지극한 것을 천하가 다 알고 있는데 대체 태자를 폐위하려는 이유가 무엇이옵니까? 만약 소인의 말을 듣지 않으신다면 목숨을 걸고 간언하겠습니다."

말을 마친 숙손통이 칼을 뽑아 자결하려 하자 유방이 재빨리 막으며 말했다.

"짐이 본래 말했던 바와 같이, 결코 진짜로 그렇게 하려 한 것은 아니다."

얼마 후에 유방이 특별히 태자를 불러 연회를 베풀었다. 그때 상산사호가 태자와 함께 궁으로 들어갔다. 유방은 태자의 뒷자리에 눈처럼 흰 수염과 눈썹에 신선의 풍채를 지닌 네 명의 노인이 앉아 있는 것을 보고 놀라며 누구냐고 물었다. 노인들은 각자 자신의 이름을 밝혔다. 유방이 물었다.

"짐이 오래전부터 여러분을 초빙하고 싶었으나 오지 않았는데 혹시 지금 짐의 아들과 교제를 하고 있는가?"

노인들이 동시에 대답했다.

"미천한 출신의 선비들을 천하다고 멸시하고 모욕하시니 참을 수가 없어서 오지 않았습니다. 그러나 지금의 태자께서는 어질고 너그러우며 선비를 사랑하시니 세상의 모든 선비들이 목을 빼고 태자를 존경하여 목숨을 바치려고 합니다. 저희는 특별히 태자를 받들어 보좌하고 싶습니다."

유방은 이들의 말을 듣고 크게 기뻐했다. 유방은 태자와 상산사호가 떠날 때 급히 척희를 불러 그들의 뒷모습을 가리키며 말했다.

"내가 태자를 후계자로 세우길 원치 않은 것은 아니다. 사실 태자를 보좌할 사람이 정해졌으니 폐위할 수 없게 되었다."

척희는 희망이 없음을 알고 비통해했다. 유방 또한 비애에 잠겼고 척희를 위해 「홍곡고비」鴻鵠高飛라는 슬픈 음악을 지어 불렀다.

인간돼지가 된 척희

유방이 죽은 뒤 태자 유영이 즉위하여 혜제가 되었고 여치가 대권을 장악했다. 그녀는 유씨 황실의 세력을 더욱 배척하였을 뿐만 아니라, 눈엣가시였던 척희를 냉궁冷宮(버림받은 왕비가 머무르는 처소)으로 몰아내었다. 여치는 사람을 시켜 척희의 머리를 자르게 하고 목을 쇠줄로 묶어놓았다. 또한 궁궐에서 입던 옷을 벗기고 평민 옷으로 갈아 입혔다. 그러고는 우리에 가두어 일어나지도 못하게 하고 하루 종일 쌀을 찧는 노동을 하게 했다. 한번도 쌀을 찧어본 적이 없는 척희는 슬피 울며 쌀을 찧었다. 그녀는 눈물을 흘리면서 쌀을 찧는 노래 「용가」春歌를 지어 불렀다.

> 아들은 왕이 되었고, 어미는 포로가 되었네.
> 하루 종일 쌀을 찧다가 죽어가리라.
> 3천 리나 떨어져 있으니 누가 너에게 알려주리오.

여치가 이 사실을 알고는 미친 듯이 화를 내며 욕했다.

"비천한 노비가 어찌 감히 아들에게 의지하는가?"

기원전 194년 여치는 사람을 시켜 척희의 아들인 조은왕趙隱王 여의를 독살한 후 척희도 잔인무도하게 죽였다. 여치는 먼저 그녀의 손가락과 발가락을 자르고 가슴을 베어낸 후 두 눈을 도려냈으며 귀도 멀게 하였다. 그리고 벙어리가 되는 약을 마시게 한 후 변소에 처넣었다. 여치는 척희에게 '인간돼지'라는 이름을 붙였다. 며칠이 지난 뒤 여치는 혜제를 불러내어 척희를 보여주었다. 혜제가 저게 무엇이냐고 묻자 어떤 사람이 그에게 그것은 바로 척희라고 알려주었다. 그 다음날 척희는 죽었다.

혜제는 척희가 죽은 것을 보고는 궁으로 돌아와 울음을 그치지 않았고 병이 생겨 1년 동안 일어나지 못했다. 그는 여치에게 말을 전했다.

"척희를 그런 지경으로 만든 것은 사람이 할 수 있는 일이 아니다. 나는 당신의 아들로서 천하를 다스릴 수가 없다."

이때부터 혜제는 술을 마시고 방탕해지기 시작했으며 조정을 돌보지 않았고 폐인이 되어갔다. 기원전 188년에 혜제는 우울증으로 죽었다.

어떤 사람이 말하길 여인의 질투는 세상에서 가장 무서운 무기라고 했다. 여치의 척희에 대한 질투와 복수는 이 세상에서는 참으로 보기 드문 일이다. 여치는 같은 여자를 상대할 때도 이처럼 잔인했을 뿐만 아니라 이성을 상대할 때 역시 인정사정을 봐주지 않았다.

한신은 원래 항우의 부하가 되려 했으나 자신이 중용되지 않자 유방에게 가 한군의 대원수가 되었다. 그러나 유방이 한나라를 세운 후 모반을 꾸몄다는 이유로 처형되었다.

한신을 죽인 황후

한나라 초기에 천하는 안정되었지만 인심은 아직 통일되지 않고 있었다. 특히 강력한 군대를 손에 쥔 몇몇 장수들이 천하를 얻으려고 기회를 엿보고 있었다. 유방은 이를 각별히 조심했다. 유방은 자신을 배반한 장수 진희를 정벌하러 갈 때 궁정 안의 일을 여치에게 위임하고 궁 밖의 일은 소하에게 맡기고 나서야 비로소 안심하고 떠났다. 여치는 야심이 강해서, 누군가가 권위를 세우고 대권을 잡기 위해 세력을 키울 기회를 주지 않았다.

유방은 개국공신 한신이 모반할까 의심하여 그를 강등시켜 장안에 머물게 하였다. 그러자 한신의 심부름꾼인 난설欒說이 동생을 시켜 한신과 진희가 함께 모반하기로 약속한 편지를 가져오게 했다. 한신이 야음을 틈타 죄수들을 풀어 황태자를 습격하기로 진희와 모의했다는 내용이었다.

여치는 그 편지를 보고는 소하와 상의하여 한신을 몰래 죽이기로 약속했다. 여치는 자신의 군사를 장안에 잠복시켜 북쪽으로 돌아 다시 장안으로 들어가게 하고는 유방이 급히 오라고 해서 왔으며 이미 진희의 반란을 평정했다고 거짓으로 보고하게 했다. 신하들은 이것이 거짓인 줄도 모르고 모두들 궁에 들어와 축하했다.

여치의 속셈은 한신을 속여 그를 궁으로 들어오게 하는 것이었으나, 한신은 오지 않았다. 여치는 소하를 시켜 한신의 집으로 가보도록 하였다. 한신은 할 수 없이 소하를 만나야 했고 병을 핑계댈 수도 없었다. 결국 한신은 소하를 따라 궁으로 가게 되었다. 여치가 진희의 반란을 평정한 것에 대해 축하하라고 했으나 끝내 한신은 축하하지 않았고 결국 군사들에게 결박당했다. 한신은 상황이 불리해지자 급히 친구 소하를 불러 도움을 청하려 했으나 소하는 숨어버린 지 오래여서 보이지 않았다.

무사들이 한신을 여치 앞에 데려갔다. 여치는 난설이 보내온 편지를 모반의 증거로 삼았다. 한신은 당연히 이에 승복하지 않았다. 여치가 말했다.

"지금 황제의 조서를 받았다. 진희는 이미 붙잡혔고 네가 주모한 것을 자백했다. 너의 식객 또한 모반의 서신이 있는 것을 알려 왔으니 증거가 확실하다."

한신은 다시 변명하려 했다. 그러나 여치는 꿈자리가 사나울까 두려워 한신의 목을 자르라고 명령했다. 이리하여 일등 공신이며 개국에 혁혁한 공을 세운 장군이 여치의 칼 아래서 죽었다.

애초에 소하는 유방이 등용하지 않아 도망쳤던 한신을 유방에게 추천하여 대장군으로 중용하게 했다. 그리고 이제는 한신을 주살하기로 모의하여 그를 죽게 했으니, 그야말로 성공도 소하 덕분이요, 실패도 소하 덕분이었다. 소하가 그렇게 한 것은 시대의 조류를 잘 탔기 때문이다. 유방이 급히 인재를 구하고자 할 때는 한신을 천거하였고, 공신이 모반을 할까 두려워 토사구팽兎死狗烹할 때는 한신을 죽였던 것이다.

여치는 한신을 죽였으나 그래도 분이 풀리지 않아 일부러 구실을 찾아 양왕梁王 팽월彭越도 죽였다. 유방이 진희를 토벌할 때 양梁 땅에서 군사를 모았는데 공교롭게 이때 양왕 팽월이 병이 나서 가지 못했다. 유방은 이에 매우 화가 났고 팽월이 모반했다고 의심했다. 이때 마침 양나라 태복이 팽월이 모반을 꾀했다고 고발하자 유방은 즉시 그를 체포했다. 심문 끝에 팽월이 비록 반란 진압에 적극적이지는 않았으나 결코 모반한 사실은 없다는 것이 밝혀졌다. 유방은 그를 평민으로 만들고 낙양궁에 가두었다. 그리고 후에 그를 촉나라 땅에 살게 했다. 팽월은 서쪽으로 가서 정나라에 이르렀는데 마침 장안에서 낙양으로 온 여치를 우연히 만났다. 팽월은 여치에게 자신은 무죄라고 울며불며 하소연했고 아울러 고향 창읍昌邑에 머물게 해달라고 간청했다. 여치는 두말없이 그의 부탁을 승낙하고 그를 낙양까지 데리고 갔다. 그러고는 몰래 사람을 시켜 팽월이 모반을 했다고 무고하여 그를 낙양성 밖에서 죽였다. 또한 그의 삼족을 모두 죽여 화근을 철저히 없애버렸다.

여치는 이처럼 두 개국공신을 죽여 조정의 대신들을 놀라게 하여 주목의 대상이 되었다. 그러자 일부 세력이 여치에게 접근했다. 그녀가 개국공신들을 죽인 것은 자신의 원대한 목표인 권력 장악을 위해 길을 터놓을 필요가 있었기 때문이다. 그러나 이는 동시에 자신의 정치적인 야심을 드러내는 계기가 되었다. 유방은 이 점을 간파하고 자신이 죽은 후 유씨 정권이 멸망하지 않게 하기 위하여 대신들과 함께 백마를 죽여 그 피를 삽혈하고 맹세하며 말했다.

"만일 유씨 종족이 아닌 사람이 왕위에 오른다면 천하의 사람들이 함께 그를 토벌할 것이다."

유방이 죽은 후 유영이 즉위했으나 그는 나약했기 때문에 여치가 대권을 잡았다.

얼마 후 혜제 유영은 세상을 떠났다. 하나밖에 없는 친아들이 죽자 여치는 유공劉恭이라 불리는 궁녀 소생의 남자아이를 찾아서 즉위시키고는 그의 생모를 죽여버렸다. 이때부터 여치의 섭정이 시작됐다.

세상에서 가장 비도덕적인 곳

여치는 천자를 대신해 조정을 다스린 8년 동안, 유방의 유씨 종족이 아니면 왕이 될 수 없다는 규정을 깨뜨리고 모든 여씨들을 크게 봉하여 여태呂台를 여왕呂王으로, 여산呂産을 양왕梁王으로, 여록呂祿을 조왕趙王으로, 여통呂通을 연왕燕王으로 봉했다. 번쾌의 처 여동생 여수呂須는 임광후臨光侯로 봉하였다. 이로써 정권은 유씨에서 여씨에게로 넘어갔다.

유공이 점점 나이가 들면서 자신이 여치의 친아들이 아니라는 것을 알게 되자 분개하며 말했다.

"황후는 어찌하여 나의 친어머니를 죽이고 나를 아들로 삼아 황제로 세웠는가? 내가 장성한 후에 반드시 복수하겠다."

이 말을 들은 여치는 몰래 그를 가둔 후, 황제가 중병에 걸렸다고 거짓말을 퍼뜨려 대신들이 그를 만나지 못하게 하였다. 그리고 황제를 폐위시킨 후에 몰래 죽였다. 그러고는 상산왕 유불의를 세워서 황제로 삼고 이름을 유홍劉弘으로 바꾼 뒤 허수아비로 만들었다.

기원전 180년 7월 여치는 병이 위중해지자, 자신이 죽은 후에 반드시 대란이 발생할 것을 알고 미리 모든 여씨들을 군대에 배치시킨 다음 경고했다.

"내가 죽으면 황제의 나이가 어리므로 대신들이 난을 일으킬 것이니, 반드시 병권을 장악하여 황궁을 지키고 나를 위해 궁 밖으로 나가 장사 지내지 말며 다른 사람들에게 제압당하지 않도록 하시오."

여치가 죽은 후 모든 여씨 세력이 어찌 할 바 몰라 당황하는 틈을 타서 개국공신 주발周勃과 승상 진평陳平 등이 다른 장군들과 연합하여 그들을 죽인 후 대왕代王 유항劉恒을 황제로 세웠으니 그가 한문제漢文帝다. 이로써 여치가 일궈낸 여씨 정권은 철저하게 무너졌다.

여치는 비록 황제 칭호는 없었으나 당시의 실질적인 황제였다. 중국 역사상 첫 번째 여황제였다고 말할 수 있을 것이다. 그녀가 천자를 대신하여 국정을 맡은 8년 동안 민생안정을 위한 정책들을 실행했기 때문에 한나라 사회는 한층 발전했다. 이는 분명히 역사상의 공적이라고 할 수 있다.

여치는 평민의 아녀자로서 제왕의 위치에까지 오른, 중국역사상 유일무이한 인물이다. 그녀의 일생을 보면, 우연한 기회로 이룬 일이 절반 정도였고 나머지 절반은 그녀의 노력으로 이루어졌다. 앞의 반생에서는 유방의 아내가 되어 존귀한 황후가 되었으며 남이 도저히 가질 수 없는 세력을 얻었다. 후반부 인생에서는 자신이 처한 유리한 위치를 이용하여 장기적인 안목에서 끊임없는 노력과 잔혹한 수단을 동원하는 수완과 능력을 발휘하여 대권을 장악했다.

그러나 척희는 여치보다 유리한 위치에 있었지만 그것을 이용하지 못했고 줄곧 유방에게 애원만 하다 결국 실패하고 말았다. 여치는 강약을 조절하여 주도면밀하게 위엄과 명망을 세우고 신하들을 복종시켰다. 사실 여치의 일생을 살펴보면 그녀의 성공비결은 남이 속아 넘어갈 정도로 능란한 기지와 잔인함에 있었다.

중국의 봉건시대 궁정은 세상에서 가장 비이성적이고 비도덕적인 곳이었다. 그러한 상황에서는 조금만 인정을 베풀어도 정치투쟁에서 밀려나게 된다. 권력을 위해서는 물질이나 도덕, 혈육의 끈끈한 정도 아낌없이 버릴 수 있어야 했다. 모든 일에 대가를 지불하고 비인간적이어야 자신의 정권을 안정시킬 수 있었기 때문에 그들은 양심의 가책을 조금도 느끼지 않았다.

궁궐에서의 정치투쟁 가운데 권세욕과 인성이 충돌하면 언제나 권세욕이 승리하고 인성이 패하였다. 권력투쟁에서 패한 사람의, 땅에 떨어진 머리를 자세히 살펴보면 실패한 이유가 인정 때문이라는 것을 알게 된다. 승리자의 미소를 우러러보게 될 때, 우리는 단지 권력욕만을 바라보게 되는 것이다!

5 황제의 말년

하늘도 눈이 있어서 봉건 황제들이 장수할 수 없도록 하였다.
그들이 오래 살수록 국가와 백성에게 큰 재난을 가져왔기 때문이다.
오죽하면 황제 자신이 "대대로 왕의 자손을 낳지 말기를 바란다"라고 했을까!

중국 역사에 나타난 수많은 제왕 중에서 진시황제·한무제·당태종·송태조 등 몇 명의 봉건황제만이 아직도 후세사람들의 입에 오르내린다. 봉건군주를 대표하는 이 네 황제들은 문치와 무공에서 저마다의 장점을 갖고 있다.

진시황은 전국을 통일하여 봉건국가를 세웠고 창업의 공이 사라지지 않게 하기 위해 중앙집권의 기틀을 마련했으며 여러 제도를 완비하였다. 한무제는 뛰어난 재능과 원대한 계략을 갖고 있어 공명심이 매우 컸다. 그는 중국의 봉건사회를 발전시켜 최고봉으로 끌어올렸다. 당태종 이세민李世民은 용맹스럽되 자애로웠으며 신하들의 충고를 잘 받아들일 줄 알아 이상적인 군주의 상징이 되었다. 송태조 조광윤은 중국을 통일하였고 문치를 강화시켰으며 중국 정치사의 새로운 시대를 연 인물로 평가되고 있다.

그러나 이들도 결코 완전한 인간이 아니었으며, 어느 상황에서는 어리석은 폭군에 지나지 않았다. 천명을 누릴 수 있는 군주였지만, 말년에는 시비를 못 가리고 판단을 그르치곤 했다. 왕의 족보를 살펴보면 장수한 봉건제왕은 매우 적었고, 일반적인 수명의 절반 정도 살다 죽은 왕들은 그나마 오래 산 편이었다.

정말 하늘에도 눈이 있는지 봉건황제들은 대부분 장수하지 못했다. 그들이 오래 살게 되면 나쁜 일만 일삼고 궁궐에 난이 일어날 뿐 아니라, 국가와 백성들에게 재앙을 입힐 것이기 때문이었을 것이다.

진시황제·한무제·당태종·송태조 같은 왕들도 이런 법칙을 피할 수 없었다. 무엇보다도 한무제의 말년을 살펴볼 필요가 있다. 백성들에게 입힌 재난은 제외하더라도, 그의 어리석음과 잔인함에서 많은 교훈을 얻을 수 있을 것이다.

귀신을 두려워한 한무제

한무제는 때를 잘 만난 인물이었다. 그가 즉위했을 때 한나라는 번영의 절정에 이르러 있었고, 이전의 문경지치文景之治도 지속적인 발전을 이룩할 발판이 되었다. 한무제는 즉위한 후 군대를 정비하고 유능한 장군을 기용하였으며 외적의 침입을 막아내고 새로운 땅을 개척하는 사업을 했다. 이에 따라 큰 공을 세우고 싶어 하는 등 공명심이 강한 면도 있었다. 그러나 50여 년간 황제 자리에 있었던 한무제는 말년이 좋지 않았다.

한무제는 젊은 시절부터 불로장생을 믿었는데 말년에는 이에 더욱 현혹되었다. 그는 여러 차례 동쪽을 순행할 때 서복을 동해로 파견하여 신선을 찾도록 했다. 그러나 신선은 찾을 길이 없었다. 해마다 계속되는 수해와 가뭄으로 수확마저 좋지 않아 한무제의 마음을 무겁게 했다.

정화 원년의 어느 날 늙은 한무제는 건장궁建章宮에서 쉬고 있다가, 보검을 찬 한 남자가 궁으로 쳐들어오는 것을 어렴풋이 보았다. 한무제는 놀라서 급히 무사들을 불렀다. 그러나 좌우의 무사들은 그 남자를 보지 못했다. 그들은 건장궁을 샅샅이 뒤졌으나 흔적도 찾을 수 없었다.

한무제는 문을 지키던 병사들의 책임을 물어 몇 명을 처한 후 상림원上林苑을 샅샅이 뒤지게 했으나 끝내 그 남자를 찾지 못했다. 마지막에는

한무제는 군현제를 실시하고 유교를 국교화하여 중앙집권 정책을 추진했다. 50여 년간 권좌에 있으면서 북방의 흉노와 서역 그리고 베트남 북부까지 중국의 판도를 넓혔다.

성문을 닫게 하고 집집마다 수색하였다. 이 과정에서 억울한 일을 겪은 사람도 적지 않았다. 그러나 진범을 잡을 수 없게 되자 수색을 그만두었다.

한무제는 원래 신선과 귀신을 믿었는데, 이번의 소란으로 그 존재를 더욱 확신하게 되었다. 무제는 누군가가 몰래 주술로 자신을 해치려 한다고 생각하여 방사와 무당을 불러 이를 막으려고 했다. 그리하여 연줄만 있으면 방사, 무당들이 사람들에게 부탁하여 추천을 받아 궁전을 드나들었다. 당당했던 황실의 궁전은 어느새 요괴의 세계가 되어버렸다.

무제가 이처럼 신선과 귀신에 의지하고 있을 때 감옥에 수감된 죄인 하나가 글을 올려, 승상 공손하公孫賀와 그의 아들이 사당에서 무녀를 시켜 궁정을 저주하며 나무 인형을 감천궁甘泉宮의 대로변에 묻게 했다고 고발했다. 무제는 상주문을 보고 벌컥 화를 냈다.

원래 승상 공손하의 부인은 한무제의 황후 위부인衛夫人의 친동생이었고, 그 아들 공손경성公孫敬聲은 품행이 단정치 못하였는데 후에 멋대로 군자금을 유용하여 고발당한 후 체포되어 옥에 갇혀 있었다. 아들을 무척 사랑한 공손하는 공손경성을 구해내고 싶어 했다.

이때 양릉陽陵의 협객 주안세朱安世가 도성에 와서 곳곳에서 범죄를 저질렀으나, 그를 잡지 못하였다. 사실 관청의 관리들 모두 주안세와 알고 지내는 사이였다. 주안세가 부자를 죽이고 가난한 자를 도와주며, 의를 중히 여기고 재물을 사람들에게 나눠주니, 모두들 몰래 그를 보호해주며 그가 붙잡히지 않기를 원했다. 이에 공손하가 관가에 명을 내려 주안세를 체포하지 못하면 범인을 숨겨준 죄로 처벌하겠다고 했다. 병사들이 할 수 없이 주안세에게 이 사실을 알려주고 그를 공손하에게 데리고 갈 수밖에 없다고 하자 주안세는 쓴웃음을 지으며 승상이 나를 해친다면 자신의 집안을 보존하기 어려울 것이라고 말했다.

주안세는 옥중에서 상서를 올려 공손하의 아들 공손경성과 양석공주가 사통한 일과, 주술로 궁정을 저주한 사실을 고발하였다. 여기에 제읍공주와 위하도 언급되어 있었다. 무제는 즉시 공손하 일가를 모두 체포하고 정위廷尉 두주杜周에게 심문하도록 명했다. 두주는 잔혹하기로 유명한 관리였는데 남에게 죄를 뒤집어씌우거나 죄에 연루시켜 함정에 빠뜨리길 좋아했다. 두주는 먼저 양석공주를 소환하였다. 무제의 딸인 양석공주는 다른 공주들과 배다른 자매로서 위황후의 소생이어서 위황후의 동생 위청衛靑의 아들 위항衛伉과 친척관계인 셈이 된다. 위항은 부친 위청의 관직을 세습한 후 죄를 지어 봉작을 삭감당해 무제에게 얼마간 원한이 있었다. 그래서 두주는 모두를 죄에 연루시켜 옥에 가두었다. 공손하 부자가 옥에서 죽고 위항은 참수를 당했으며 두 공주도 무제에 의해 처결되었다.

무술로 남을 속이려던 사건으로 6, 7명이 죽었다. 그 중에는 아무런 관련이 없는 사람도 있었고 무제의 혈육도 있었지만 무제는 자신의 잔악함을 후회하지 않았고 오히려 두주의 일처리가 정당했다고 여기고 많은 포상을 내렸다.

승상자리가 공석이 되자 탁군 태수 유굴리가 승상이 되었다. 이때 한 무제의 나이는 70세가 가까웠다. 중국 봉건제왕 가운데 장수한 왕이라

할 수 있지만, 그는 여전히 오래 살지 못할까 두려워하며 수시로 불로장
생할 방법을 찾았고 사람을 시켜 도인술을 구하게 하였다. 그는 궁중에
초대형 동상을 세웠다. 높이가 20장丈인 꼭대기에 신선의 손바닥을 만들
어 새벽이슬을 받게 하였는데 이 동상을 선인장仙人掌이라 불렀다. 무제
는 그 이슬을 옥가루, 약물 등과 섞어서 마셨다. 지금 보면 황당하고 웃
기는 일이었지만 효능이 없지는 않았다.

누가 더 아름다운 여인인가

한무제는 본래 신체가 건장하고 정력이 넘쳤다. 봉건 제왕들은 거의
모두 색을 밝혔고 음란하여 부질없이 인간의 본성을 뽐내다 요절하였다.

한무제는 원래 진황후陳皇后를 총애했는데 진황후가 아이를 낳을 수 없
게 되자 위왕후를 총애하였다. 위왕후가 늙자 다시 왕부인王夫人과 이부
인李夫人을 총애하였다. 왕부인과 이부인이 병으로 죽은 후 윤부인尹夫人
와 형부인邢夫人를 두었는데 이들은 서로 후궁이 되려고 다투었다. 윤첩
여尹婕妤와 형형아邢娙娥 두 사람은 매우 아름다웠으나 왕의 총애를 받으
려고 서로 질투하는 것을 막기 위해 한무제는 그 두 사람을 서로 만나지
못하게 하였다. 당시 속담에 이르기를 미녀가 방 안에 들어가면 추녀의
원수가 된다고 하지 않았는가!

한번은 윤첩여가 참지 못해 무제에게 자신과 형형아 가운데 누가 더
아름다운지 물었다. 무제는 윤첩여가 형형아에게 미치지 못하는 것을
알고 있었다. 그래서 다른 여인에게 분장을 시키고 시종을 드는 수십 명
에게 모시고 앞으로 나오게 하였다. 윤부인이 그녀를 보더니 말했다.

"이 사람은 형부인 본인이 아니옵니다. 그녀의 용모와 자태를 보건대
군주의 배필이 되기에는 부족합니다."

그러자 무제는 형부인에게 혼자 앞으로 걸어 나오라고 하였다. 윤부인
이 멀리서 그녀를 바라보았는데, 간편한 옷을 입고 옅은 화장을 했지만

뛰어난 미모가 돋보였다. 윤첩여는 그녀를 보고 너무 놀라서 형형아가 가고 난 후 결국 고개를 숙이고 낮은 소리로 흐느껴 울었다. 이후 둘은 두 번 다시 만나지 않았다. 훗날 사람들은 이를 가리켜 '윤첩여와 형형아가 얼굴을 피하다'邢娙避面라고 하였다.

한편 무제의 수많은 여인 가운데 한 사람인 구익부인鉤弋夫人에 대한 기묘한 전설이 있다. 전하는 바에 따르면 무제가 북방을 순행하면서 황하를 건널 때, 푸른빛을 띤 기운이 하늘을 휘감아 도는 것을 이상하게 여겨 도사를 찾아 물었다. 도사가 아뢰었다.

"푸른빛이 모여서 맴도는 것은 이 근방에 기이한 여인이 있다는 뜻입니다."

무제는 즉시 그 여인을 찾도록 명했는데 과연 강가에 아주 아름다운 조씨趙氏 성을 가진 여인이 있었다. 그런데 이상하게도 그녀의 양손은 펴지지 않았다. 무제는 사람을 시켜 손을 주무르게 했는데 아무도 그녀의 손가락을 펼 수가 없었다. 답답한 마음에 무제가 몸소 그녀의 손을 만지자마자 펴졌는데 손아귀에 옥고리 하나를 쥐고 있었다. 놀란 무제는 즉시 그녀를 수레에 태우고 들어가 궁중에 기거하게 했다. 그녀가 사는 궁을 구익궁이라 했으며, 구익부인이라 불렀는데 권부인拳夫人이라고 불리기도 했다.

1년이 지나 구익부인은 아이를 낳은 후 불릉弗陵이라고 이름을 지었고 곧 첩여婕妤로 승격되었다. 구익부인은 14개월 동안 임신한 끝에 겨우 아이를 낳았다. 선진시대 요임금의 어머니 역시 14개월 만에 요임금을 낳았다 해서 무제는 구익궁을 요모문堯母門이라 칭했다.

당시 무제는 이미 70세에 가까웠기 때문에 사람들은 그가 이제 아이를 낳을 힘이 없을 것이라고 말했다. 그러나 분명한 것은 구익부인이 황제黃帝의 소녀素女가 지닌 방중술에 정통했기 때문에 무제가 젊음을 되찾아 늙어서도 아이를 볼 수 있었다는 것이다.

후에 무제는 태자를 죽이고 불릉을 태자로 삼았다. 그러나 무제는 불릉이 겨우 5세로 나이가 어리고 그 어머니는 젊기 때문에 장차 조정에 관여할 것을 염려하여 구익부인을 죽이기로 결정했다. 무제가 그녀에게 죄를 뒤집어씌우자, 구익부인은 비녀와 장식들을 뽑아버리고 머리를 조아리며 용서를 구했다. 그러나 무제는 신하들에게 구익부인을 끌어내서 죄를 지은 비빈이나 궁녀를 가두는 액정옥掖庭獄에 가두라고 명했다. 구익부인이 떠날 때 자꾸 뒤돌아보니 그 모습이 매우 가련하였다. 무제는 그 모습을 보며 말했다.

"어서 떠나라. 어찌 할 수 없게 되었다. 너는 더 이상 살 수 없다."

그날 밤 조서가 내려졌고 구익부인은 운양궁雲陽宮에서 죽었다.

황제를 농락한 강충

무제는 점점 늙고 병들어갔다. 특히 예전에 검을 찬 어떤 남자가 궁에 들어오는 것을 본 뒤로 샅샅이 수색하지 않은 일을 잊지 않고 있는데다 공손하사건 때 친딸 둘을 죽여 심신이 불안하여서 정신이 더욱 혼미해졌다. 하루는 궁에서 낮잠을 자다가 꿈을 꾸었는데, 꿈속에서 수많은 꼭두각시 인형들이 몽둥이를 휘두르며 자신을 때리려 하자 깜짝 놀라서 온몸에 식은땀을 흘리며 깨어났다. 무제는 잠에서 깨어난 후에도 계속 심장이 뛰어 오랫동안 마음을 진정할 수가 없었다. 때마침 강충江充이 알현하러 왔다.

강충은 남을 밀고하여 출세한 사람으로 심성이 악랄하고 모질었으나, 무제의 신임을 얻고 있었다. 강충은 원래 조왕趙王 팽조彭祖의 문객이었으나, 조왕에게 죄를 짓고는 문책을 받을까 두려워하여 무제에게 도망친 인물이다. 그는 무제에게 조왕이 무제의 자매와 간통했다는 사실을 밀고했고, 조왕은 이로 인해 관직을 박탈당했다. 무제가 보기에 강충은 풍모가 뛰어나고 언변이 좋았기 때문에 그를 사자로 임명하고 신하와 황제의 인척들의 비리나 행적을 감시하도록 시켰다.

한번은 강충이 무제를 따라 감천궁으로 가다가, 황제의 행차 주변에는 아무도 다니지 못하게 되어 있는데도 태자의 측근이 길 가운데로 수레를 몰고 가는 것을 보고는 즉시 가로막고 지나가지 못하게 하였다. 태자가 이 사실을 듣고는 급히 강충에게 황제에게 보고하지 말 것을 부탁했으나 강충은 이 사실을 무제에게 이야기했다. 무제는 이런 강충이 충직하다고 여겨서 다른 사람들에게 신하는 바로 이러해야 한다고 칭찬하며 그를 형수도위衡水都尉로 승진시켰다.

무제가 강충에게 꿈 얘기를 하자, 강충은 이것이 좋은 기회라고 판단하고는 무술로 왕을 현혹시켰다. 무제는 그의 말을 듣고는 그로 하여금 이를 조사하도록 했다.

강충은 이를 계기로 더욱 교활해져서 엉터리 무당 몇 명을 고용해 마구 땅을 파서 나무인형을 발견하면 즉시 체포하여 심문하였다. 사실 강충이 찾아낸 나무 인형은 그가 무당들에게 미리 묻게 한 것이었다. 강충은 더 많은 공을 세워 상을 받기 위해 빨갛게 달아오른 인두를 앞세워 관리와 백성들을 협박하거나 고문하여, 자신들이 나무 인형을 묻었고 궁정을 저주했다는 것을 자백하게 만들었다. 잡혀온 사람들은 처음에는 이를 시인하려 하지 않았으나 대부분 고문을 참지 못하고 거짓 자백을 했다. 이렇게 강충에게 죽은 사람들이 수만 명에 이르렀다.

득세한 강충은 자신의 훗날을 대비했다. 강충은 태자에게 지은 죄가 많았다. 태자의 가족을 탄핵한 적도 있었고 무술로 억울한 죄를 뒤집어 씌워 많은 사람들을 죽이자 태자도 그를 원망하였다. 강충은 일단 태자가 즉위하면 자신은 죽음을 면치 못할 것임을 알고 있었기 때문에 태자를 폐위시키려고 하였다.

태자 유거劉據는 위부인의 소생으로 천성이 신중하고 중후하여 사람들의 죄를 감해주고 감옥에 가는 것을 면하게 해주어 명성이 매우 높았다. 무제는 처음에는 그를 매우 좋아했으나, 나중에는 그의 재주가 평범하여 자신과 다르다고 느껴서 그다지 흡족해하지 않았다. 그러나 위부인이 간청하는 바람에 태자를 폐위하지 못하고 있었다. 강충은 무제의 이러한 심리를 이용하여 황문시랑 소문과 결탁하여 태자를 비방했다. 한번은 태자가 궁에 들어가 어머니를 알현한 후에 오랫동안 나오지 않자, 소문이 나서서 무제에게 보고했다.

"태자가 종일 궁에서 나오지 않는데 아마도 궁녀들과 놀아나고 있는 것 같습니다."

무제는 별다른 대답을 하지 않고, 궁녀 200명을 태자에게 선사하였다. 그러자 태자가 의구심이 들어 조사해본 끝에, 소문이 자신을 비방하였다는 것을 알게 되었다. 그래서 태자는 행동에 신중을 기했고 모든 일을 조금도 소홀히 하지 않았다. 소문은 또 소황문 상융과 결탁하여 그로 하여금 참언하게 했다. 한번은 무제가 병이 들어 상융에게 태자를 불러오게 하였는데, 상융이 돌아와서 태자가 황제가 병들었다는 소식을 듣고 좋아하더라고 거짓말을 했다. 태자가 들어오기를 기다린 무제는 그의 얼굴에서 눈물자국을 봤다. 그때서야 상융이 태자를 모함했음을 알게 된 무제는 상융을 참형에 처하였다.

모략이 실패했음을 안 강충은 무제가 불로장생과 무당을 신봉하는 것을 이용해야 한다고 생각하고 계책을 세웠다. 그는 단가라는 엉터리 무당을 무제에게 보내어 지금 궁에는 사악한 기운이 출몰하는데 이를 제거하지 않으면 황제의 병이 낫기 어려울 것이라고 말하게 했다. 그 말을 믿은 무제는 즉시 강충에게 저주의 신과 관련된 것들을 없애도록 했다.

강충은 조서를 손에 들고 안도후 한설, 어사 장당, 소문, 무당 단가와 궁에 들어가서 구덩이를 팠다. 다른 곳엔 많지 않았으나 유독 황후와 태자궁에서 많은 나무 인형이 나왔다. 특히 태자의 궁에서 글씨가 적힌 비단이 나왔는데, 이상하고 난해한 문자가 적혀 있는 것으로 보아 틀림없는 부적이었다. 강충은 이를 증거로 삼아 황제에게 아뢰려고 했다.

태자는 결코 나무 인형을 묻지 않았으나, 증거가 나왔으니 할 말이 없었다. 그는 무제의 성질을 알기에 허둥거리며 어찌할 바를 몰랐다. 태자는 황급히 소부 석덕을 불러 대책을 물었다. 석덕은 태자가 죽게 될까 봐 두려워 간언했다.

"전 재상 공손한 부자와 두 분의 공주가 누명을 쓰고 죽었는데, 이번에는 궁에서 나무 인형과 부적이 나왔습니다. 이는 모함임이 분명하지만 전모를 밝히기 힘듭니다. 지금으로서는 강충과 그 일당들을 체포하여 사실을 분명히 가린 후 방법을 강구하는 편이 좋겠습니다."

태자가 놀라 물었다.

"강충이 황제의 조서를 가지고 온다면, 마음대로 체포할 수 있겠는가?"

석덕이 말했다.

"황제는 지금 감천궁에서 요양 중이시라 정사를 처리하실 수 없는데 간신들이 감히 엉터리 수작을 부리는 것은 황제를 기만하는 것입니다. 속히 출병하지 않는다면 진나라의 태자 부소扶蘇의 전철을 밟게 되지 않겠습니까?"

태자는 진나라의 간신 환관 조고趙高가 진시황의 유서를 조작하여 맏아들 부소를 죽인 뒤 멍청이 차남 호해胡亥를 이세황제二世皇帝로 세우고 대권을 장악한 역사를 떠올리고는 그 말이 일리 있다고 생각했다. 태자는 황제의 명을 위조하고 무사들을 불러 모아 강충을 체포했다. 한설은 죽고, 소문 일당은 감천궁으로 도망갔다.

태자는 강충을 죽인 후 엉터리 무당 단가를 화형에 처했고 사람을 파견하여 부절을 가지고 미앙궁에 들어가 태후에게 통보하게 한 다음 궁중의 무기고를 열어 장락문長樂門을 지키게 하였다.

태자와 황제의 전투

감천궁으로 도망쳐 온 소문의 무리는 무제에게, 태자가 반역을 했고 강충 등은 이미 체포되었다고 말했다. 무제는 미심쩍어서 소문에게 일렀다.

한나라 때 만들어진 우인羽人. 중국의 역대 제왕들은 불사에 대한 집착 때문에 도술에 빠지는 경우가 많았다.

"태자에게 변고가 생겼는데 아마도 강충이 무술로 현혹하는 부적을 파내는 일을 저지르는 것 같으니 그를 어서 불러오도록 하라. 내가 직접 물어봐야겠다."

사자가 명을 받아 막 나가려고 하자 소문이 사자에게 계속해서 눈짓을 보냈다. 사자는 소문의 마음을 알아채고는 그에게 죽음을 당할 것을 두려워하여 감히 태자를 부르러 가지 못하고, 황제의 명을 듣는 척하며 감천궁 밖에 오랫동안 피해 있다가 돌아와 무제에게 보고했다.

"태자가 반역을 꾀한 것은 확실합니다. 태자가 황제의 명을 듣지 않을 뿐 아니라 저까지 죽이려 하였습니다."

무제가 이 말을 듣고 크게 노하여 승상 유굴모에게 즉시 군사를 이끌고 가서 태자를 잡아들이도록 명했다. 또한 도성 부근의 각 현 군사들을 불러 모아 승상의 지휘를 받도록 했다. 유굴모는 명을 받들고 출병하여 장락궁을 공격했다. 태자는 이 소식을 듣고 어떤 대응도 취하지 못하다가 할 수 없이 황제의 명령을 빙자해서 도성 안의 죄수들을 모두 사면하고 무장을 시킨 뒤 전쟁 준비를 하도록 했다. 석덕과 빈객 장광張光은 각각 병사를 이끌고 싸웠다. 한쪽으로는 도처에서 황제의 병이 위독한 틈을 타 간신들이 난을 일으켜 역모를 꾀하였다는 말을 퍼뜨리게 하였다. 양쪽 모두 황제의 명의를 사칭하자 신하들은 어느 것이 진짜고 가짜인지 알 수 없어 갈피를 잡지 못한 채 그저 지켜볼 뿐이었다.

태자와 승상은 병사를 이끌고 3일 밤낮으로 교전을 벌였으나 승부가 나지 않았다. 4일째가 되어 무제가 건장궁에 도착한 이후에야 사실들이 비로소 명확해졌다. 원래는 태자가 조서를 꾸몄기 때문에 대신과 무장들이 모두 승상을 도와 태자를 토벌하였고, 백성들 사이에도 태자가 반역을 꾀했다는 소문들이 나돌았다. 태자는 상황이 갈수록 위태로워지자 재빨리 호위군대의 사자 임안任安에게 호부를 주어 군대를 출동시키도록 명했다. 임안은 평소 태자와 교분이 두터워 면전에서는 거절하지 못했으나, 호부를 받고 군대로 간 후에는 다시 나오지 않았다. 태자는 하는 수 없이 도성의 백성들을 무장시켜 며칠 밤을 싸웠으나 결국 패했고, 석덕과 장광마저 죽음을 당하였다.

태자는 자신의 두 아들을 데리고 성문 쪽으로 도망갔으나 문은 이미 굳게 닫혀 있었다. 황급한 상황에 빠진 태자는 근무 중이던 전인田仁과 맞닥뜨렸다. 전인은 태자가 데려온 두 아들을 불쌍히 여겨 체포하지 않고 도망가도록 놓아주었다. 승상 유굴모가 성까지 쫓아가서 전인이 태자를 달아나게 한 것을 알고는 바로 그의 목을 베려고 하였다. 어사 포승지暴勝之가 이를 말렸다.

"전인은 이천석二千石의 고관이므로 멋대로 목을 칠 수 없습니다. 마땅히 황제에게 아뢰고 처리하셔야 합니다."

무제는 태자가 달아났다는 소식을 듣고 크게 화를 냈다. 무제가 전인을 죽여버리고 포승지가 왜 전인을 두둔했는지 조사하게 하자 포승지는 놀라서 자살했다. 심지어 군사를 보내지 않고 제멋대로 군대를 보호한 임안 역시 체포하여 감옥에 가두고 훗날 허리가 잘리는 참형을 기다리게 하였다. 무제는 위후衛后의 관직도 빼앗은 후 목을 매달아 죽였다. 위씨 가족이 모두 몰살당했고 태자의 처첩도 모두 자살하였다. 태자의 반역에 가담한 동궁東宮의 관리들 역시 모두 처형되었다.

무제가 이렇게 많은 사람들을 처형한 후에도 분이 풀리지 않아 태자를 체포하라고 명을 내리자 감히 직언하는 신하가 없었다. 유일하게 호관의 삼로三老가 상서를 올려 말했다.

"강충은 평민에 불과합니다. 폐하께서 그를 충성을 바치는 선비로 여기고 임용하셨는데 그는 항상 황제의 명을 빙자하여 태자를 핍박했습니다. 강충은 교활하고 위선적이며 선한 척 위장하고 태자가 황제에게 아뢸 수 없도록 했으며 혼란만을 야기하여 신하들이 큰 곤욕을 당했습니다. 과거 강충이 조태자를 악랄하게 죽인 사실을 천하가 다 알고 있습니다. 그러고는 다시 태자를 모함하여 해치려 했습니다. 태자는 억울하지만 그 일을 황제께 알리지 않았는데, 위기에 처하자 부득이 강충을 죽여 자신의 목숨을 겨우 보존했을 뿐입니다."

무제는 상주문을 읽고 자신의 잘못을 크게 뉘우쳤지만 태자를 사면해 주지는 않았다.

태자는 호현湖縣으로 도주하여 천구리泉鳩里에 몸을 숨겼다. 그곳 사람들은 태자를 머물게 해주었지만 그들은 너무 가난하여 태자에게 줄 양식이 없었다. 태자는 호현에서 부유한 친구에게 자기를 좀 도와줬으면 좋겠다고 편지를 썼는데 이 일이 소문이 나고 말았다. 지방관이 태자를 체포하기 위해 천구리를 에워쌌고, 태자는 자신을 잡으러 온 사람들이 길에 가득한 것을 보고는 목을 매 자살했다. 태자의 두 아들도 천구리 사람들과 같이 저항하다 죽었다.

이때 한무제는 태자를 죽일 생각은 없었으나 그가 이미 죽어버렸으니 후회해도 소용없었다. 무제는 원래의 약속대로 태자를 체포한 사람들에게 상을 내렸다. 그리고 이때서야 자신의 잘못을 깨닫고는 강충의 무리들이 땅을 파고 인형을 찾은 일을 조사하도록 했다. 얼마 후에 모든 것이 명백하게 드러났다. 강충의 무리들이 무제의 비위를 맞추기 위해 조서를 꾸몄다는 사실도 드러났다. 무제는 화가 나서 강충의 집안사람들을 모두 죽였다. 태자가 죽자 무제의 다른 아들들이 태자 자리를 차지하려고 서로 다투는 일이 자주 일어났다.

왕의 자손을 낳지 말라

인생은 물거품과 같고 부귀는 허황된 꿈과 같다. 이는 명나라의 숭정崇禎황제가 "대대로 왕의 자손을 낳지 말기를 바란다"고 한 말과 같다.

오래 살고 신선이 되기를 바라는 것은 본래 인지상정이며 황당무계한 것이 아니다. 그러나 이는 보통 사람이 바라는 희망일 뿐이고 결코 다른 사람을 시켜 그렇게 될 수는 없다. 그러나 만약 황제가 이와 같다면 상황은 크게 달라진다. 끝없는 욕망에 무한한 권력이 더해지면 엄청난 재앙이 계속 일어난다. 더욱이 늙어서도 장수하면 할수록 죽음이 점점 두려워진다. 공을 세울수록 모든 것을 소유하려 하고 불로장생하고 싶어 하며 심지어는 신선이 되고 싶어 하기까지 한다. 진목공과 진시황도 이러했는데 한무제는 이 두 황제보다 더 오래 살기를 갈망했다. 역사상의 다른 황제들도 그들처럼 신선이 되지 못해 미치광이가 되지는 않았지만 방사를 총애하고 신임하여 불로장생을 위한 단약을 먹은 경우는 수없이 많았다.

인간의 탐욕은 정말 무서운 것이다. 황제들은 언제나 현실에 만족하지 못하고 득도하여 신선이 되길 원했다. 설령 신선이 되었다 하더라도 결코 만족하지 못했을 것이니, 이야말로 욕망의 골짜기는 메우기 어렵다는 것이 아니겠는가! 탐욕은 권력으로도 막을 수 없으니 아마도 전 인류를 집어 삼킬 것이다.

그러나 황권이 비록 무한하다 하더라도 일단 남용하기 시작하면 그로 인해 스스로 망하였다. 이것은 중국역사가 증명한다. 한무제는 말년에 정신이 혼미해져 방사를 총애하고 무당을 믿었으며 무술을 신봉했고 또한 고집불통이 되어서 남의 의견을 전혀 듣지 않고 잔혹하게 횡포를 부렸다. 한무제 말년의 비정상적이고 잔혹한 성격의 주요 원인은 오래 살고 싶지만 방법이 없다는 데서 비롯된 불안한 정서와 산만한 정신상태였다. 우리는 여기서 탐욕은 재앙을 일으키는 근본적인 원인이라는 것을 알 수 있는 것이다.

6 재능을 감추고 때를 기다리다

높은 경지의 처세는 일시적인 굴욕은 참고 더 큰 목표와 포부를
몰래 실천하는 것이다. 자신을 드러내지 않는 것은
실패와 좌절 때문이 아니라 미래를 위한 계략이다.

중국에는 "다른 사람만 못하다면 머리를 숙여야 한다"는 유명한 속어가 있다. 이는 자신의 권세와 기회가 다른 사람만 못할 때 머리를 숙이고 양보하지 않을 수 없다는 뜻이다. 그러나 이런 상황에서 어떤 사람은 다른 태도를 취하기도 한다. 포부가 크고 진취적인 사람은 자신의 능력이 남보다 못할 때 자기 수양의 기회로 삼고 재기를 도모하며 결코 소극적으로 변하거나 의기소침해하지 않는다.

그러나 곤경에 빠져 좌절하고 쉽게 일어서지 못하는 사람은 모든 것이 끝났다고 생각하거나 무서워서 앞으로 나아가지 못하며 눈앞의 장애를 극복하는 방법을 찾으려 하지 않는다. 그저 하늘을 원망하고 남을 탓하며 운명을 하늘에 맡길 뿐이다.

중국역사에서 정치와 군사투쟁 등 권력과 이익을 다투는 투쟁들은 매우 복잡하게 전개되었다. 어떤 경우는 순식간에 상황이 바뀌었다. 일시적인 굴욕을 참고 자신의 의지를 단련하는 기회로 삼아 자기수양에 힘쓰며 적당한 기회를 찾는 것은 성공하는 사람이 되기 위해 없어서는 안 되는 마음의 소양이다. "자벌레가 허리를 굽히는 것은 펼치기 위함이고, 용과 뱀이 칩거하는 것은 몸을 보존하기 위해서다"라는 말은 바로 이런 뜻이다.

사실 이것은 비교적 낮은 경지일 뿐이다. 높은 경지는 깨달음을 얻어 스스로 아무도 모르게 사라지는 것이다. 그리고 이 단계가 오더라도 각 방면의 상황을 잘 이해하고 자신의 단점을 보완하며 앞으로 큰일을 하기 위해 사전 준비 작업을 잘 해야 한다. 이 두 가지의 상황을 중국역사에서 찾아보는 것은 어렵지 않다.

백정의 가랑이 사이를 긴 한신

서한시대의 한신이 백정의 가랑이 사이로 기어간 이야기는 잘 알려져 있다. 한신은 어릴 때부터 가난했기 때문에 옷과 음식이 부족해서 지위가 낮은 벼슬이라도 하려 했으나 아무런 재주가 없어서 채용되지 못했다. 그리하여 하루 종일 빈둥거리며 언제나 남에게 빌붙어 먹고 다녔다.

그는 마을의 정장에게 여러 번 밥을 얻어먹었는데, 그렇게 지낸 지 여러 달이 됐고 게다가 밥을 많이 먹기까지 해서 정장의 아내가 싫어했다. 그래서 정장의 아내는 밥 먹는 시간을 앞당겨 새벽에 밥을 지어 그 자리에서 먹고는 즉시 치워버렸다. 한신이 식사시간에 맞춰 갔으나 이미 설거지까지 끝난 뒤였다. 한신은 그들이 자신을 미워하는 것을 알고는 화가 나서 의절하고 다시는 그 집에 가지 않았다.

한신은 할 수 없이 성 아래에서 낚시를 하여 물고기라도 잡아먹으려고 했으나 잘 잡히지 않아 굶기가 일쑤였다. 마침 그곳에서 빨래하는 노부인이 한신이 그러는 것을 보고 점심 때마다 그에게 밥을 주었다. 한신은 배고픔을 참을 수 없어 차마 거절하지 못했고, 그렇게 수십 일 동안을 얻어 먹었다. 하루는 한신이 노부인에게 감사를 표하며 반드시 은혜에 보답하겠다고 말했다. 그러자 노부인이 성을 냈다.

"사내대장부가 스스로 밥도 먹지 못하여 내가 젊은이를 불쌍히 여겨 밥을 준 것뿐이니 어찌 보답을 바라겠소!"

한신은 노부인에게 은혜를 입어서 잠시나마 마음의 격려와 양식을 얻었으나 아쉽게도 은혜를 갚을 기회가 없었다. 이어지는 가난은 어찌할 도리가 없어서 집안의 가보인 보검을 팔 수밖에 없었다. 한신은 보검을 팔기 위해 여러 날을 돌아다녔지만 팔리지 않았다. 어느 날 보검을 차고 한가롭게 걸어가던 한신은 우연히 백정을 만났다. 그 백정은 고의적으로 그를 비웃으며 말했다.

"네 몸이 건장해 보이지만 속은 겁쟁이일 뿐이다! 만약 용기가 있으면 검을 뽑아 나를 찔러봐라. 용기가 없다면 내 가랑이 밑으로 기어라."

그러고는 두 다리를 벌리고 길 한복판에 서서 한신이 지나가지 못하도록 막았다. 한신은 백정을 한번 훑어보고는 바로 몸을 구부려 백정의 가랑이 밑으로 기어갔다. 이후 사람들이 모두 한신을 비웃으며 겁쟁이라고 놀렸으나 한신 자신은 수치스럽게 여기지 않았다. 사실 한신은 용기가 없어서 그를 찌르지 못한 것이 아니었다. 마음에 큰 뜻을 품고 있어서 소인들과 다투고 싶지 않았기 때문이었다. 만약 그가 백정을 찔러 죽였다면 도망치기 어려웠을 것이다. 그래서 그는 상황을 잘 판단하고 잠시 굴욕을 참을 수밖에 없었다.

후에 한신이 유방과 각지를 전전하며 싸울 때 자주 공로를 세워 회음후로 봉해졌다. 한신은 자신이 가난했을 때 밥을 준 노부인을 불러 천금을 내려 보답했고, 정장에게는 100전을 내렸으며, 자기를 욕보인 그 백정에게 결코 보복하지 않았다. 오히려 그를 불러 치안을 담당하는 중위中尉로 임명하였고, 여러 장군들과 사람들에게 이렇게 말했다.

"이 사람은 장사다. 나를 욕보일 때 이 사람을 죽일 수도 있었으나 죽인다고 유명해질 것도 없어 참은 끝에 오늘날 큰 공을 세울 수 있었던 것이다."

살기 위해 명성을 더럽힌 당고조 이연

수나라 양제煬帝는 통치를 잔악하게 했기 때문에 각지의 농민들이 반

당고조 이연. 그는 포악한 수양제 아래에서 언제나 행동을 신중히 하며 때를 기다린 끝에 당나라를 세울 수 있었다.

란을 일으켰고, 많은 관리들 역시 잇달아 농민반란에 가담했다. 그래서 수양제는 언제나 조정 대신들을 의심했고, 특히 지방의 중신들을 더욱 경계했다. 당국공唐國公 이연李淵(당고조)은 일찍이 여러 번 중앙과 지방의 관리를 맡았는데, 가는 곳마다 그 지역의 영웅호걸과 사귀어 다방면으로 은덕을 쌓아 명성이 높았고 많은 사람들이 그를 따랐다. 그러자 모두들 그가 수양제에게 시기를 살까 봐 걱정하고 두려워했다.

때마침 수양제가 이연에게 행궁으로 와서 자신을 알현하도록 조서를 내렸는데 이연은 아프다는 핑계로 가지 않았다. 수양제는 기분이 상해서 그를 의심했다. 당시 이연의 외손녀인 왕씨는 수양제의 부인이었다. 수양제가 그녀에게 이연이 알현하러 오지 않는 이유에 대해 물었다. 그녀는 그가 아프기 때문이라고 답했다. 수양제가 또 물었다.

"죽을 것 같은가?"

왕씨는 이 소식을 이연에게 전했고, 이연은 더욱 신중을 기했다. 그는 큰일을 도모하기엔 시기가 너무 이르고 힘이 모자라 어쩔 수 없이 꾹 참고 기다렸다. 그리하여 그는 고의로 많은 뇌물을 바치고 자신의 명성을 떨어뜨렸으며 가무와 여색에 빠졌다. 게다가 제멋대로 실없는 말을 마구 떠벌리고 다녔다. 수양제는 이런 소문을 듣고는 그에 대한 경계를 늦추었다.

명나라의 유명한 신하 장거정張居正도 감정을 밖으로 드러내지 않고 은밀히 사람들을 만나서 힘을 저축하여 비로소 재상의 자리에 올랐다.

3년 동안 울지 않던 새

중국역사에는 재능을 감추고 드러내지 않다가 기회를 찾아 패왕이 된 고사가 많다. 춘추시대의 초장왕楚莊王은 "3년을 울지 않다가 한 번 울면 사람을 놀라게 하였다."

그는 일부러 자신을 더럽히며 다른 사람들이 속뜻을 알아차리지 못하도록 하고는 여러 해 동안 때를 기다렸다. 그는 조정대신들의 충성과 재능을 가늠하고 스스로를 단련시키며 실력을 쌓아 훗날 패권을 장악하고 과업을 성취하기 위한 기초를 다졌다.

초장왕이 즉위하기 전, 초나라는 오랫동안 혼란을 겪고 있었다. 초장왕의 할아버지 성왕成王은 중원을 장악하려 하였으나 진晉나라와의 싸움에서 패하였고, 얼마 후에는 또 내란이 일어났다. 성왕은 처음에는 상신商臣을 태자로 삼으려 하였으나, 후에 상신의 두 눈이 독사와 같고 목소리 또한 승냥이를 닮아 차고 냉혹하며 잔인한 사람이라고 생각하여 공자 직職으로 태자를 바꿔 세우려고 하였다. 상신은 속셈이 있는 사람인지라 이 소문을 듣고 진상을 알기 위해 적극적으로 행동하였다. 그는 잔치를 벌여 왕이 총애하는 강미江羋를 초대하고는 일부러 연회에서 그녀를 능욕하였다. 과연 강미가 성을 내며 말했다.

"대왕께서 당신을 죽이고 따로 태자를 세우려는 것도 당연하지!"

상신은 급히 스승 반숭潘崇에게 대책을 물었다. 반숭이 먼저 물었다.

"태자는 공자 직을 받들 생각이 있으십니까?"

태자는 그럴 수 없다고 대답했다. 반숭이 또 물었다.

"다른 나라로 도망치시겠습니까?"

태자는 그럴 수 없다고 대답했다. 반숭이 마지막으로 물었다.

"큰일을 도모하실 수 있습니까?"

태자는 할 수 있다고 대답했다.

서기 262년, 태자 상신은 궁정의 호위군을 이끌고 성왕의 궁전에 진입하여 부친을 죽이려 했다. 성왕은 곰 발바닥 요리를 아주 좋아했다. 벌건 곰 발바닥이 아직 다 익지 않자 성왕은 곰 발바닥을 먹은 후에나 죽여달라고 했다. 상신이 말했다.

"곰 발바닥은 익히기 어렵습니다."

시간이 지체되면 구원병이 올까 걱정한 상신이 성왕을 계속 협박하자 그는 목을 매 자살했다. 상신이 성왕의 뒤를 이어 왕위에 오르니 초나라의 목왕이다.

목왕이 재위 12년 만에 죽고 그의 아들 여侶가 즉위하였는데 그가 초장왕이다. 초장왕은 매우 젊었을 때 왕위에 올랐기 때문에 즉위 초에는 다른 군주들이 그랬던 것처럼 정책이나 법령을 엄격하게 하거나 신속하게 처리하지 않았고 국정에 대해서도 일체 묻지 않았으며 오직 향락만을 즐겼다. 그는 근위병과 첩을 데리고 큰 호수 근처로 자주 사냥을 나갔고, 궁 안에서 음주와 가무를 즐기는 등 밤낮으로 여색이나 승마와 같은 오락에 심취하였다. 대신들이 입궁하여 국사에 대해 보고할 때마다 그는 언제나 일부러 귀찮게 여겼으며 대신들이 알아서 일을 처리하도록 방치했다.

그는 도무지 임금의 모습이 아니었다. 신하들과 백성들은 모두 그를 우둔한 군주로 여겼다. 이런 상황에서 조정의 몇몇 충직한 대신들이 왕에게 간언했다. 그러나 초장왕은 그들의 충고를 듣지 않았을 뿐만 아니라 오히려 자신의 향락생활에 방해가 된다며 반감을 드러냈다. 초장왕은 누구라도 다시 감히 간언을 하면 당장 죽이라는 명을 내리겠다고 성을 냈다.

즉위한 지 3년이 지나자 조정의 정사는 엉망이 되었으나 초장왕은 여전히 뉘우칠 뜻이 없었다. 이 기간에 그의 두 스승 투극鬪克과 공자 섭燮은 큰 권력을 얻었다. 투극은 진나라와 초나라가 동맹을 맺는 데 큰 공을 세웠는데 초장왕이 충분한 상을 내리지 않아서 마음속으로 불만이 가득했다. 공자 섭은 영윤令尹이 되고자 하였으나 왕이 허락하지 않아 역시 마음이 편치 않았다. 결국 두 사람은 결탁하여 난을 일으켰다.

그 둘은 자공과 반숭이 서나라를 토벌하느라 파견된 기회를 틈타 그들의 재산을 나누어 가진 다음 자객을 보내 죽이려 했다. 암살은 실패했고 반숭과 자공이 격분해서 되돌아오자 투극과 공자 섭은 초장왕을 데리고 도망쳤다. 여廬 땅에 도착했을 때 그곳의 수비대장이 투극과 공자 섭을 죽였고, 초장왕은 겨우 돌아와 직접 정치를 할 수 있게 되었다.

이러한 혼란을 겪었음에도 초장왕은 여전히 변한 기색을 보이지 않았다. 대부 오삼伍參은 근심 걱정으로 애가 타서 더 두고 보지 못하여 죽음을 무릅쓰고 초장왕을 알현했다. 오삼이 궁전에 들어가 보니, 초장왕은 호화롭고 사치스러운 생활에 빠져 있었다. 종과 북을 동시에 울리며 왼손으로 정희鄭姬를 껴안고, 오른손으로는 월越나라 미녀를 껴안고, 식탁에는 좋은 술과 산해진미가 가득하였으며, 그 앞에는 경쾌한 노래와 우아한 춤이 펼쳐지고 있었다.

초장왕은 오삼이 들어오는 것을 보고는 물었다.

"너는 내 명령을 모른단 말이냐? 죽고 싶어 온 거냐?"

오삼은 당혹스러움을 애써 감추고 웃으며 말했다.

"제가 어찌 감히 간언을 하겠습니까? 단지 오랫동안 맞추려 해도 맞출 수가 없는 수수께끼가 하나 있어서입니다. 대왕께서 천성이 총명하신 것을 소인이 전부터 알고 있습니다. 대왕께서 맞추신다면 분위기가 한층 무르익을 것입니다.

높고 높은 산중에 기이한 새 한 마리가 있었는데, 몸에 난 깃털은 오색찬란하고 아름다워 눈이 부셨습니다. 한 번 앉으면 3년간 날지도 않고 지저귀지도 않았습니다. 이 새는 무슨 새입니까?"

당시 사람들은 수수께끼를 좋아했는데 이를 은어隱語라고 하였다. 이런 은어는 지금의 수수께끼처럼 단순하지 않고 깊은 뜻을 담고 있었다. 그래서 당시 사람들은 이런 은어들을 사용하여 상대방에게 넌지시 충고하거나 간언하였다. 초장왕은 이 말을 듣고 나서 잠시 생각한 후 말했다.

"3년 동안 날지 않았으나 한 번 날면 하늘을 치솟아 오를 것이고, 3년 동안 지저귀지 않았으나 한 번 울면 사람을 놀라게 할 것이다. 그대는 이제 가도 좋다. 이 비범한 새를 보통사람은 알지 못한다."

오삼은 초장왕이 속셈이 있는 줄 알고 매우 기뻐하며 말했다.

"역시 대왕의 식견은 높으십니다. 이 새가 그저 날지도 울지도 못한다면 사람들이 몰래 활을 쏘아 쉽게 맞출 수 있을 것입니다."

초장왕이 듣고 놀라 즉시 그를 돌아가게 하였다.

춘추오패가 된 초장왕

오삼이 돌아와서 대부 소종蘇從과 상의하며 초장왕이 깨달은 바가 있었던 것으로 여겼으나, 초장왕은 여전히 지난날과 다름없이 잘못을 고치지 않을 뿐만 아니라 갈수록 황음무도해지더니 체통조차 세우지 않았다. 소종이 참다못해 즉시 궁으로 달려가서 초장왕에게 직언했다.

"대왕의 옥체는 초나라를 다스릴 군주이신데 즉위한 지 3년이 지나도록 국정은 전혀 묻지도 않고 이처럼 향락에 빠져 시간만 보내고 계시니 장차 무능했던 폭군 걸왕과 주왕처럼 나라가 망하는 화를 초래하게 될 것입니다."

초왕은 이 말을 듣자마자 긴 칼을 뽑아 소종의 명치를 가리키며 화를 냈다.

"네가 설마 내 명령을 듣지 못한 건 아니겠지? 감히 내게 욕설을 퍼붓다니, 죽고 싶은 것이냐?"

춘추시대의 초장왕은 왕위에 오른 후 주색에 빠져 세월을 보내다 충신들의 간언을 듣고 정사를 돌보기 시작하여 나라를 부강으로 이끌었다.

소종이 침착하게 말을 이었다.

"제가 죽으면 충신의 이름은 남겠지만 대왕은 폭군의 이름으로 남습니다. 만약 저의 죽음으로 대왕이 분발하여 초나라를 강성케 할 수만 있다면 저는 기꺼이 죽겠습니다."

애초에 초장왕은 수 년 동안 진정한 충신을 기다렸으나 죽음을 무릅쓰고 간언하는 신하가 한 명도 없어 실망을 금치 못하고 있었다. 초장왕은 칼을 내던지고는 소종을 껴안으며 말했다.

"좋소, 그대는 내가 수 년 동안 찾아 헤맨 국가의 동량이오."

초장왕은 사정을 몰라 놀라워하는 총애와 기녀들을 물리치고, 소종의 손을 잡아끌어 국가의 대사에 관한 이야기를 나누었다. 두 사람은 얘기를 나누면 나눌수록 서로 마음이 맞아, 먹는 것조차 잊고 대화에 몰두했다.

소종은 초장왕이 3년 동안 조정을 돌보지 않았으나, 국내외의 크고 작은 일 모두에 관심을 가지고 있었고, 조정의 중대사와 제후국의 정세를 손바닥 보듯 훤히 알고 있으며, 각종 상황에 대한 대책도 이미 세워두었다는 놀라운 사실을 알게 되었다. 소종은 크게 감격했다.

이는 재능을 감추고 드러내지 않으며 때를 기다리는 도광양회韜光養晦

계책이었다. 초장왕은 즉위 당시 세상사에 밝지 않았고 중원에 관한 일
에 대해 잘 알지도 못했으며 또 이를 어떻게 처리해야 할지도 몰랐다.

그는 일부러 자신을 더럽혀서 세상 사람들이 자신의 속뜻을 알아차리
지 못하도록 하고는 쥐 죽은 듯이 조용히 세상을 관망하였다. 이 3년 동
안 초장왕은 묵묵히 신하들을 충신, 간신, 어진 자, 어리석은 자로 가려
내었고 또한 인심도 살펴보았다. 그는 자신에게 간언하는 자를 죽이라는
명을 내렸지만, 목숨을 잃을 수도 있는 위험을 무릅쓰고 간언하는 강직
한 선비와 아첨하여 관직에 올라 돈을 벌려는 소인배 간신들을 구별하였
다. 즉위한 지 3년이 지나, 나이가 어느 정도 들고 경력과 수완도 쌓이고
인심에 대해 잘 알게 된 초장왕은 자신의 진면목을 드러내기 시작했다.

이튿날, 그는 모든 관리들을 소집하여 회의를 열었다. 그는 소종과
오삼 등 재능과 덕을 갖춘 대신들에게 국정을 맡겨 법령을 공포하게 하
였다. 또한 약오와 같은 무리들의 세력을 약화시키는 조처를 취했으며,
극악무도한 죄인들을 모두 죽여서 민심을 안정시키도록 하였다. 이로
써 '3년 동안 울지 않던 큰 새'가 온 힘을 다하여 나라를 다스리고 중원
에서 패권을 다퉜다. 당연히 초장왕은 지모가 뛰어난 사람이라고 할 수
있다.

이 큰 새는 정말 '한 번 울면 사람을 놀라게 했다.' 그가 초나라를 다
스리기 시작하였을 때 나라가 큰 재해를 입어 주위 여러 국가로부터 공
격을 받았다. 그는 이런 상황에서 용庸나라의 공격을 격퇴하고 만蠻·파
巴·촉蜀 등의 작은 부족국가들을 귀속시켰다. 그리고 내정을 정돈하자
국가가 부강해지기 시작했다. 그는 신하의 충고에 귀를 기울였고 사람
을 쓸 때 능력을 중시하였다. 또한 여러 제도를 개혁했는데 특히 병역제
도를 개선하여 초나라는 점차 군사 강국이 되었다. 그 후에 초장왕은 안
으로는 약오의 반란을 평정하고, 밖으로는 여러 전쟁에서 승리하여 마
침내 춘추오패春秋五霸 가운데 하나가 되었다.

초장왕이 자신을 드러내지 않았던 것은 실패와 좌절로 인한 압박 때

문이 아니다. 오히려 미래를 위해 세운 일종의 계책이었다. 이는 특히 인내심, 수양, 지모, 담력과 식견을 필요로 하였다. 중국 역사에서 초장왕 같은 인물은 그리 많지 않았지만, 그는 우리에게 유익한 교훈을 던져준다. 설령 모든 것이 순탄할지라도 여러 방법으로 자신의 식견을 넓히고 재능을 연마해야만 성공할 수 있다는 사실을 우리에게 일깨워주는 것이다.

7 성공을 위해 직언을 받아들이다

훌륭한 일을 하려면 지나치게 예절에 구애를 받지 말며,
큰일을 할 때 작은 양보는 마다하지 말아야 한다.

사마천은 아마도 중국 역사상 최고의 선비일 것이다. 무엇 때문일까? 그는 영웅을 성공과 실패로 논하지 않았기 때문이다. 『사기』에서 유방은 성공했지만 백수건달이고, 항우는 비록 실패했지만 영웅의 풍모를 잃지 않은 것으로 그려지고 있다. 이것은 성공과 실패로 영웅을 논한다는 정치 이념과 다른 해석이다.

사마천은 서한시대 사람으로, 서한의 개국황제 유방이 살았던 시대와 그리 멀지 않다. 사마천이 어떻게 조국을 건립한 유방을 이렇게 평가할 수 있었을까? 한나라의 통치자가 역사 서술을 엄격하게 검열하지 않았다는 점에 대해 찬사를 보내는 바이다.

사마천 외의 또 다른 위대한 선비는 사마천보다 4~5세기 이전에 살았던 장자莊子라는 인물이다. 그는 "문고리를 훔친 좀도둑은 사형 당하고, 나라를 훔친 큰 도둑은 벼슬을 한다"면서 비록 마음에 불만이 쌓여도 어쩔 수 없이 불합리한 현실을 받아들여야 한다고 말했다.

음모陰謀와 양모陽謀의 구별에서 양모는 정당한 일을 꾀하는 것이고, 음모는 정의롭지 못하거나 사악한 일을 저지르는 것을 말한다. 꾀하는 모의 방식이 같지 않으므로 양모는 밝은 태양 아래에서 이루어지고, 음모는 사람들이 볼 수 없는 어두운 시궁창에서 저질러지는 것이다.

두 형제를 죽인 이세민

선비들이 보기에 음모와 양모는 시비의 구분처럼 분명한 것이지만, 정치가에게는 음과 양이 정반대로 보이지 않는다. 성공만 할 수 있다면 모두 좋은 계책인 것이다. 어떤 의미에서는 확실히 그렇다. 양모가 실패하면 음모로 변하고, 음모는 성공해서 양모로 변한다. 하늘과 땅이 전도되면 음과 양을 구분할 수 없다. 믿지 못하겠다면 당나라 초의 그 유명한 '현무문玄武門의 변란'이란 사건을 보라! 진왕秦王 이세민은 병사를 매복시켜서 자신의 친형인 동시에 태자였던 이건성李建成을 죽였다. 이것은 분명히 음모다. 그러나 당시 사람들이나 지금 사람들 중 누가 '현무문의 변란'을 음모라고 여기며 이세민을 책망할까?

이세민은 현무문의 변란으로 인해 만세에 길이 빛날 군주의 자리에 올랐다. 그러나 이세민이 후세에 이름이 남는 훌륭한 군주가 된 것은 현무문의 변란 이후의 일이었고, 이 정변 이전에는 그 누구도 나중에 그가 훌륭한 군주가 될지, 멍청한 군주가 될지 몰랐다.

누가 이기고 누가 패했는지, 교활한 술수였든 정의로운 계책이었든 상관없이 이 궁정 정변이 어떤 계책이었는지를 살펴보자.

수나라 말기에 농민들이 반란을 일으켜 위세가 당당할 때, 수나라의 태원太原 유수 이연의 일가가 거병했다. 이들은 자신들의 힘과 농민 반란군의 봉기로 혼란한 틈을 이용하여 당나라 3백 년의 천하를 열었다.

이연의 가문은 수나라 황실과 깊은 연관이 있다. 그의 집안은 북조北朝의 우문씨宇文氏와 수나라의 양씨楊氏처럼 북위北魏의 군인 출신이었다. 이연의 할아버지 이호李虎는 우문태宇文泰를 도와 관중關中에 정권을 건립한 적이 있었고 죽은 후에는 당국공唐國公에 봉해졌다. '당'이라는 나라이름은 이연의 가문이 봉직했던 지역의 이름에서 비롯되었다. 이연은 조상의 관직을 세습하여 수양제의 명을 받들어 농민군을 진압했으나, 인심이 수나라를 완전히 떠났음을 알고는 수나라에 등을 돌리고 농민군을 격파하여 중국을 통일한 후 당나라를 세웠다.

당고조 이연에게는 황후 소생의 아들이 넷 있었다. 장남 이건성, 차남 이세민, 삼남 이현패李玄霸(일찍 사망함), 사남 이원길李元吉이다. 이 네 아들 가운데 장남 이건성이 태자가 되었다. 그는 똑똑하고 재주가 뛰어났다. 이세민은 진왕에, 이원길은 제왕齊王에 각각 봉해졌는데 이원길 역시 무예가 남보다 뛰어났다. 다만 전쟁에서의 공적과 책략이 뛰어난 점은 둘째 이세민이 으뜸이었다.

일찍이 이연이 농민 봉기군을 진압하고 있을 때, 이세민은 수나라의 멸망이 돌이킬 수 없는 일이라는 것을 알아차리고 아버지 이연에게 말했다.

"아버지께서 수나라 조정으로부터 받은 명령은 반역자를 토벌하라는 것인데 반역자를 정말로 철저히 소멸시킬 수 있겠습니까?"

이연이 빠른 시일 내에 거병하기를 재촉하자 이세민이 또 말했다.

"오늘날 우리 집안을 망치고 나라가 망하는 것은 아버지께 달렸습니다."

여기서 이세민의 뛰어난 재능과 원대한 계책을 알 수 있다.

서기 618년부터 620년까지, 이세민은 설인과薛仁果와 유무주劉武周 두 강적을 무찌르고 관중과 태원 근거지를 안정시켰다. 서기 620년 7월, 이세민은 또 왕세충王世充을 공격했는데 이때 그의 나이는 겨우 22살에 지나지 않았다. 그러나 그는 정치가로서의 뛰어난 재능과 원대한 계책을 갖추고 있었기 때문에 인물을 알아보고 적재적소에 잘 등용한 후 그들의 의견을 받아들이고 책략을 써서 일거에 왕세충과 두건덕竇建德을 패배시켰다. 그 후 유흑달劉黑闥 등의 반란을 격파하고 결국은 전국을 통일했다.

태자 이건성은 항상 아버지를 따라 장안을 지키며 군사일과 국무를 처리했다. 비교적 평범했던 부친 이연과 비교해보면 이건성은 정무 처리 능력이 뛰어났지만 동생 이세민에 비해서는 부족한 면이 많았다. 이세민은 남북 각지에서 싸워 중국을 통일하고 당 왕조를 열었다. 그는 혁혁한 전공을 세웠고 군사와 정치의 명망이 높았기 때문에 많은 문신과 무

당태종 이세민은 현무문의 변란을 통해 태자와 정적들을 제거하고 국정을 장악했다. 이후 주위의 간언을 잘 받아들여 지지기반을 튼튼히 했다.

장들이 그의 휘하로 모여들었다. 이세민은 야심이 대단하여 하찮은 일개 진왕 자리를 달가워하지 않고 황제가 되기를 원했다.

그러나 봉건시대의 종법제도에 의하면 황제 자리를 계승할 수 있는 사람은 오직 태자 이건성뿐이었다. 게다가 이건성 역시 공적이 많았으며 강력한 군대를 휘하에 두고 있었다. 두 형제 사이의 권력 투쟁은 피할 수 없는 일이었다.

우선 양쪽 모두 자신들의 세력을 모았다. 전국의 인재들이 이세민에게 모여들었는데 특히 십팔학사十八學士 가운데 몇몇은 역사에 길이 이름을 날렸다. 방현령房玄齡과 두여회杜如晦는 지모와 과단성이 뛰어나서 재상을 지냈고, 육덕명陸德明과 공영달孔穎達은 경학에 정통하여 후세 사람들이 우러러보았으며, 요사렴姚思廉은 문학과 역사에 통달하였고, 우세남虞世南은 서예가로 유명하였으며, 나머지 12명도 모두 재주가 뛰어나 한 시대를 풍미하였다. 장수들을 보면 진왕 시절 휘하의 정예군대의 장수들은 모두 용감하기로 유명하였다. 예를 들면 위지경덕尉遲敬德 · 진숙보秦叔寶 · 정교금程咬金 등과 진왕부의 군사들은 모두 용맹하였다.

태자 이건성도 이에 뒤지지 않았다. 위징魏徵과 같은 직언 잘하기로 유

진숙보는 당태종 이세민 휘하의 용맹한 장수로서 방현령과 두여회 등의 문신, 병사들과 함께 이세민이 황위를 차지하는 것을 도왔다.

명한 문신, 설만철薛萬徹 같은 무장도 유명했고, 천하의 용맹한 무사 2천 명을 휘하에 두어 겉으로 보기에는 그 세력이 진왕 이세민보다 강했다.

이원길은 세 형제 가운데 세력이 가장 미약하여 두 사람과 다투기에는 힘이 부족했지만 평소 싸움을 잘하기로 이름이 날 정도로 용감했다. 그가 이건성과 힘을 합쳐 공동으로 이세민에 대항하니 이건성의 세력은 크게 증강되었다.

또 하나 무시할 수 없는 점은 당고조 이연이 태자 이건성을 지지하고 있었다는 점이다. 이것은 사회 여론상 이세민에게 불리했다. 그러나 이세민은 이연과 이건성보다 인심을 크게 얻고 있었다.

당고조 무덕武德 7년(624)에 힐리카간吉利可汗이 원주原州(지금의 영하寧夏 고원固原)로부터 남침하여 관중으로 진격해 왔다. 당시 힐리카간의 군사가 너무나 강력하여 이연, 이건성, 이원길 등은 이를 막아내지 못했다. 이연 등은 결국 장안을 불태우고 양등襄鄧으로 천도할 생각으로, 새로운 수도를 물색하도록 사람을 파견하려고까지 했다. 그러나 이세민은 이연, 이건성의 타협적인 태도에 불만을 품고 이에 반대했다. 그는 외적의 침입을 적극적으로 막아야 하며 천도는 불가하다면서 끝까지 힘을 합쳐 장안을 사수해야 당나라의 영원한 안정을 꾀할 수 있다고 주장했다.

구체적인 상벌에서도 태자의 집단과 이세민의 집단은 구별되었다. 예를 들면 이세민은 중원의 왕세충을 격파한 후, 큰 공을 세운 회안왕淮安王 이신통李神通에게 협동도태陝東道台 신분과 수십 경頃의 토지를 상으로 주었다. 그러나 이연은 자신의 총애 장첩여張婕妤에게 명령문을 쥐여주며 그녀의 부친에게 건네주도록 하고, 이신통에게는 토지를 그에게 양보하라고 협박했다. 이 사건은 그리 큰 일은 아니었지만 그 영향은 적지 않았다. 이세민의 명성은 더욱 커지게 되었다. 그러나 당시의 형세는 표면적으로는 이건성 집단이 세 가지 면에서 우월한 위치에 있었다.

첫째, 이건성은 태자고 장남이었다. 명분이 뚜렷하여 왕위 계승 영순위였고 사회여론도 이 점에 동조하였다.

둘째, 이건성은 이연의 지지를 받고 있어 명분과 명의를 보장받을 수 있었다.

셋째, 이건성에게는 많은 문신과 장수들이 있어 진왕 이세민보다 강한 무장 세력을 가지고 있었다.

이세민에게도 유리한 조건이 있었는데 이세민 본인의 명성이 높다는 것과 재주와 책략이 뛰어났다는 점이다. 더 중요한 점은 그의 수하의 재주 많은 문신, 용맹한 장수와 병사들이 일치단결하였기 때문에 이세민의 세력도 무시할 수 없을 정도였다는 것이다.

죽지 않으려면 먼저 죽여라

두 형제의 세력은 물과 불 같았는데, 이건성은 자신의 힘이 더 강하다고 생각하여 이세민을 살해할 음모를 꾸몄다.

어느 날 오후, 비가 주룩주룩 내릴 때였다. 이세민이 병서를 읽고 있는데 갑자기 호위병 하나가 급히 와서 태자의 편지를 가져왔다고 보고했다. 이세민이 편지를 읽어보니 연회에 참석하여 형제들의 우의를 다지

자는 내용이었다. 당시 양쪽의 투쟁은 이미 어느 정도 공개되어 있는 상태였다. 이세민의 측근들은 평소에 태자가 속임수를 잘 쓰는 것을 알고 있어서, 예상치 못한 변고가 생길까 봐 이세민에게 연회에 가지 말라고 충고했다. 그러나 이세민은 비록 왕위 쟁탈전을 벌이고 있지만 형제 사이에 상잔이 발생해서는 안 된다면서 연회에 갔다.

이세민은 태자와 동생 이원길을 만나 이런저런 얘기를 나누었다. 연회는 풍성하게 잘 차려져 있었고 분위기도 아주 좋았다. 모두들 마음 놓고 술을 권하는 화기애애한 분위기 속에서 연회가 이어졌다. 그런데 이건성이 이세민에게 술을 자꾸 권해 취하게 했다. 어느 순간 이세민은 양 다리의 힘이 갑자기 풀리면서 머리가 어지러워지기 시작했다. 빨리 집으로 돌아가야겠다고 생각하는 순간 이세민은 갑자기 쓰러졌다.

이때 비가 거세게 내리더니 천둥 번개가 치고 광풍이 불어 연회석상의 촛불이 꺼져버려 방 안이 갑자기 캄캄해졌다. 이원길은 속도 모른 채 두려워져서 황급히 이건성에게 어찌해야 좋을지 물었다. 이건성은 마음을 가라앉히며 눈을 부릅뜨고 숨을 깊이 들이쉬더니 말했다.

"진왕이 발작한 모양이다. 빨리 집으로 보내야겠다."

이건성이 술에 독약을 탔으나, 다행히 이세민은 저항력이 아주 강해서 집으로 돌아온 후 해독약을 먹고 술과 음식을 모두 토해내어 목숨을 건질 수 있었다. 이세민은 갑자기 발작을 했다. 이건성이 독약을 탔다는 확실한 증거는 없었지만 누구나 이건성이 그랬다는 것을 알고 있었다. 이연은 이 일을 알고는 이건성을 호되게 질책했다. 그러나 이연은 이건성을 지지했기 때문에 아무런 조치도 취하지 않았다.

이건성은 자신의 계획이 실패로 돌아가자 전보다 교묘한 모략을 세웠다. 이건성은 태조 이연에게 동생들과 함께 교외로 나가 사냥을 하겠다고 했다. 이연은 이를 허락했다. 이세민도 황제의 명 때문에 사냥에 나가지 않을 수 없었다. 이건성은 특별히 성질이 난폭하고 거친 말을 골라 자극시켜 날뛰게 만들었다. 그는 이세민이 이 말을 타다가 떨어져 죽기를 간절히 원했다. 사냥터에서 이세민이 그 말을 타고 사슴을 향해 활시위를 겨누며 달리다가 그만 말에서 떨어졌다. 다행히 이세민은 가벼운 상처만 입고 치명적인 부상은 당하지 않았다.

이건성은 이번에는 근본적으로 문제를 해결할 수 있는 방법을 찾았는데 이는 이세민의 장수와 병력을 분산시키는 것이었다. 이건성은 장수들을 징발할 경우가 생기면 계략을 세워 언제나 이세민의 장수들을 파견하게 하였다. 정교금은 송강宋剛을 격파하고 왕세충을 평정하는 전투에서 용감하게 싸워 사병보다 먼저 장수들의 목을 베고 적의 깃발을 빼앗는 등 큰 공을 세워 숙국공宿國公에 봉해졌으며 이세민 휘하 가운데 중요한 장수가 되었다. 이건성은 정교금을 매우 두려워했다. 그래서 황제를 가까이 모시는 기회를 이용하여 여러 차례 정교금을 비방하는 유언비어를 날조하고, 정교금을 이세민 휘하에서 내쫓아 강주자사로 떠나도록 하였다. 그러나 정교금은 강직한 장수여서 이세민의 안전을 위해 갖은 핑계를 대고 시간을 지체하며 진왕 이세민의 관청에서 떠나려 하지 않았다.

이건성은 이세민의 장수들을 외근시키려는 책략에서 장수들을 매수하는 방법을 썼다. 위지공尉遲公은 용맹한 장수로 이세민이 발굴하여 양성한 인재였다. 이건성이 그에게 금은보화를 보냈으나 위지공은 이를 거절한 후 이세민에게 이 사실을 즉시 보고했다. 이건성의 매수 방법도 결국 성공을 거두지 못했다.

이세민도 도마 위의 고기처럼 어찌할 수 없는 운명에 처하도록 가만히 앉아 있기만 하지 않았다. 그는 적극적으로 힘을 키웠다. 무덕 9년(626) 그는 장수들에게 병사 1천여 명과 금은보화를 가지고 동도東都로 가서 사적으로 지방의 호걸들과 인적관계를 맺게 하여 만일의 사태를 대비한 외부의 지원을 이끌어냈다. 그는 또한 이건성 휘하의 사람을 매수했다. 그래서 이건성의 측근인 상하와 경군홍을 끌어들여 성문을 지키는 요직을 이세민이 장악하게 되었다.

형체간의 권력투쟁에 불이 붙자, 이세민은 행동을 늦추지 않고 휘하 장수들을 불러 긴급회의를 소집하여 목전의 국면에 어떻게 대처해야 할지 논의했다.

무덕 9년(626) 6월 30일 밤, 진왕 이세민의 관청의 경비는 삼엄했고 호위병이 안팎을 에워쌌으며 사람들의 통행이 금지되었다. 불을 환히 밝히고 모든 문신과 장수들이 양쪽으로 나열한 가운데 진왕 이세민이 장손무기長孫無忌와 함께 들어왔다. 진왕 뒤로 멀지 않은 곳에 도포를 입은 낯선 사람 둘이 들어서고 있었다. 근위병이 그들을 제지하자 진왕을 손을 저으며 들어오도록 허락하였다.

이 두 사람은 도포를 입은 방현령과 두여회였다. 태자 이건성의 측근들이 알아차리지 못하도록 위장한 것이었다. 회의석상에서 방현령이 먼저 말했다.

"태자와 제왕은 이미 두 차례나 진왕을 해치려 했습니다. 진왕이 하마터면 죽음을 당할 뻔했습니다. 지금 그들은 계략을 꾸며 다시 진왕을 해치려고 준비하고 있습니다. 변이 일어나면 대왕의 목숨도 위태로워지고 사직도 재난을 당할 것입니다. '결단성이 없으면 자중지란이 일어난다'라는 말이 있습니다. 현재 활이 시위 위에 놓여 있어 쏘지 않을 수 없는 사생결단의 시점입니다. 마땅히 과단성 있게 행동하여 환란을 없애야 합니다."

방현령의 말은 그 자리에 있는 사람들에게 큰 반향을 일으켰고 두여회도 찬동하였다. 이세민이 말했다.

"이렇게 내게 권하는 사람이 많으니 정말 잔인합니다. 더 이상 다른 방법이 없을까요? 가장 좋은 것은 서로 피를 흘리지 않는 것입니다."

위지공은 화가 나서 진왕에게 말했다.

"대왕 주위의 사람이 갈수록 적어져 이제는 몇 사람 남아 있지 않습니다. 최근에는 태자가 황제의 면전에서 음모를 꾸미며 제가 싸움을 잘한다고 말하며 제 수하의 정예 군사를 빼내 출정시키려 하고 있습니다. 만약

장손무기는 태종 이세민의 휘하에서 여러 차례 공을 세웠고, 경전과 역사에도 해박했다. 이세민을 도와 황위를 쟁취했고, 이후 사공, 사도 등의 관직을 거쳤다.

제가 대왕 곁을 떠난다면 그는 곧바로 저의 머리를 벨 것입니다. 먼저 움직여야 남을 제압할 수 있지 나중에 움직이면 남에게 제압을 당할 것입니다. 대왕께서는 빨리 마음의 결정을 내리셔야 합니다.”

바로 이때, 경비병이 동궁의 왕질王晊이 알현을 요청한다고 보고했다. 이세민은 왕질을 만나게 되자, 결정을 내리지 못하던 마음이 더욱 굳어져버렸다. 이세민이 사람들에게 말했다.

“보아하니 태자가 나를 죽이려고 합니다. 방금 왕질이 와서 보고하기를 태자가 이미 제왕과 손을 잡았고 송별연을 틈타 나를 죽이려 한다고 합니다.”

장손무기가 말했다.

“왕질은 평소에 일처리가 신중하고 대의를 중시하는 사람이니 그가 한 말은 추호도 틀림이 없을 것입니다.”

방현령도 한마디했다.

“위기가 눈앞에 닥쳤습니다. 태자에 대해 어떤 환상도 품어서는 안 됩니다. 그렇지 않으면 필시 우리가 먼저 무너질 것입니다.”

이세민은 최후의 결심을 내리지 못했다. 위지공이 참지 못해 말했다.

"대왕께서 결심을 못하시면 저희들이 곁을 떠나겠습니다. 저는 차라리 산에 올라가 산적이 될지언정 태자에게 붙잡혀 죽고 싶지는 않습니다."

그러자 다른 이들도 이구동성으로 결단을 내리라고 재촉했다. 이세민은 한숨을 지으며 말했다.

"일이 이렇게 되었으니 모든 사람들의 의견대로 하겠소!"

이어 각자 구체적인 행동 방안을 세운 후 회의는 끝났다.

목이 잘린 태자 이건성

그날 밤, 수많은 별들이 하늘을 수놓았다. 사위는 적막했고 사병들의 훈련하는 소리만이 정적을 깼다. 말을 탄 이세민은 부하들을 이끌고 현무문으로 들어섰다. 그는 현무문 안팎으로 1천여 명의 병사를 매복시켰다. 현무문은 궁성의 북문이다. 당나라 궁성은 도성의 북쪽에 있었기 때문에 북문은 황궁을 보위하는 중요한 장소였다. 또한 많은 병력이 모여 있어 도성을 지키고 있는 군사력보다 강했기 때문에 북문을 점거하면 도성 전체의 궁성을 쉽게 장악할 수 있었다. 그리고 황제를 붙잡아 명령을 발포하면 합법적인 지위를 얻을 수 있었다.

이튿날 오전에 태자와 제왕이 수많은 군사를 이끌고 왔다. 이건성은 현무문을 지키는 장수들이 이미 이세민에게 투항한 사실을 까맣게 모르고 있었다. 그래서 평소대로 아무런 경계도 하지 않고 현무문을 지나 황궁에 들어가서 당고조를 알현하려고 했다. 원래 이건성의 부하였으나 이세민에게 매수당한 상하는 태자와 제왕이 궁 안으로 들어가자 즉시 현무문을 굳게 닫아버리고 외부로부터 구원병이 들어오지 못하도록 하였다.

태자와 제왕은 임호전臨湖殿 앞에 도착한 다음 말에서 내려 궁전으로 올라서다 모퉁이에 매복한 병사들을 보았다. 이들은 서로 소매를 잡아 끌며 급히 궁전을 내려와 말을 타고 현무문으로 달려갔다. 이때 매복한 병사들이 뛰어나왔다. 이세민은 태자 이건성을 직접 활을 쏘아 죽였다.

위지공도 제왕 이원길을 활로 죽였다. 태자와 제왕의 군사들도 모두 살해되었다.

이때 태자의 장수 풍익과 풍립이 2천여 명의 군사를 이끌고 현무문으로 달려왔다. 현무문의 경비대장 상하가 문을 열어주지 않자 이들은 공격을 개시했다. 현무문을 사이에 두고 치열한 전투가 벌어졌다. 상하의 부하 경군홍과 여세형이 죽었지만, 수비가 워낙 완강한데다 현무문이 높고 커서 쉽게 함락되지 않았다. 설만철은 현무문 공격이 쉽지 않자 말 머리를 돌려 진왕의 관청을 공격하기로 작전을 바꿨다. 이런 위급한 상황에서도 위지공은 창 끝에 태자의 머리를 꽂고 현무문 꼭대기로 달려가 태자의 병사들을 향해 소리쳤다.

"황상의 명을 받들어 태자와 제왕을 죽였다. 너희들은 죄가 없다. 무기를 버리면 목숨만은 살려줄 것이니 각자 원위치로 돌아가서 꼼짝 말고 있어라!"

태자의 장수가 그 머리를 보니 진짜 태자였다. 곧 태자의 병사 대부분이 무기를 버리고 투항하였다. 설만철만이 몇몇 부하를 데리고 계속 싸웠으나 역부족이었다. 이세민은 그들의 살 길을 열어주고 난을 피해 잠시나마 종남산에 들어가 살도록 배려해주었다.

사방숙은 태자에게 충성을 다 바쳤다. 그는 태자의 머리가 창 끝에 걸려 있고 병사들이 뿔뿔이 흩어지는 것을 보고는 땅에 엎드려 대성통곡했다. 이세민은 그를 무죄로 석방하고 태자에 대한 그의 충성을 칭찬하면서 위로하였다. 이렇게 태자 이건성과 제왕 이원길의 음모는 이세민의 강력한 일격으로 물거품이 되고 말았고, 그들은 한줌의 재로 날아가버렸다.

궁정정변은 이렇게 끝났다. 이세민의 정적은 완전히 사라졌다. 이때부터 어느 누구도 이세민과 다투지 않았고, 다만 앞으로 그가 천하를 다스리는 문제만이 남게 되었다.

듣기 싫어도 들으시오

이세민은 황제에 즉위한 후 어진 정치를 펼쳤다. 태자와 제왕의 옛 부하들에게도 관대하게 대했고, 문신이나 장수를 막론하고 그들이 귀속하기를 원하면 언제든지 받아들여 임용하였으며 능력이 있는 사람은 마음껏 능력을 발휘할 수 있도록 도왔다. 그 가운데 가장 눈에 띄는 예가 바로 위징이다. 그는 본래 태자 이건성의 참모였으나 이세민에게 투항한 후에는 후세에 길이 남는 충신이 되었다. 또한 이세민은 투항을 원치 않았던 설만철도 중용했다. 이렇게 그는 조정의 신하 대부분을 단결시켜서 자신의 넓고 튼튼한 지지기반으로 세웠다.

현무문의 변란이 끝난 지 사흘이 지나자 당고조 이연은 이세민을 태자로 책봉한 후 나라의 크고 작은 일들을 그가 처리하도록 한다는 명을 내렸다. 이세민은 이때부터 실질적인 황제였다.

이세민은 무덕 9년(626) 8월에 즉위하여 태종太宗이 되었다. 이때 그의 나이 29세였다. 이세민은 곧 이어 중앙정부 조직을 개편하였다. 방현령은 중서령中書令에, 고사렴高士廉은 시중侍中에, 봉덕이封德彝는 상서우복야尚書右僕射에 각각 임명했다. 그리고 이듬해 정월에 연호를 정관貞觀으로 고쳤다.

당왕조는 태종 때에 이르러 사회의 안정과 경제의 부흥으로 중국 역사에 빛나는 태평성세를 이룩하였다. 이세민의 정관지치貞觀之治로 성당盛唐의 새로운 기상이 넘치는 시대가 출현한 것이다. 이러한 번영은 이세민의 뛰어난 공적과 무관하지 않다. 당왕조 정관시기의 사회 안정, 경제번영과 문화의 발달로 민생이 풍족하게 된 것은 이세민 개인의 역량에 많이 빚지고 있다.

그렇다면 이세민은 어떻게 이런 업적을 이룰 수 있었을까? 그는 왜 제왕의 본보기가 될 수 있었나? 그 이유는 아주 많다. 그러나 가장 중요한 요소는 직언을 잘 받아들이는 납간納諫에 있다.

당삼채 낙타상. 유약으로 여러 색을 묘사한 당삼채는 당나라 때 주로 만들어졌다. 서방의 양식과 아랍풍의 문양 등도 엿보여 당시 문물교류의 영향을 짐작할 수 있다.

봉건 체제하에서는 군주의 권력이 무한하고 절대적이어서 어떤 힘으로도 그것을 제약할 수 없었고 도의와 도덕만이 견제할 수 있었다. 만약 어리석은 군주가 나타나 도의를 지키지 않고 도덕을 중시하지 않는다면 누군가 나서서 제지하려 해도 멈추게 할 수 없는 것이다. 군주가 신하더러 죽으라고 하면 신하는 죽을 수밖에 없고, 아버지가 아들더러 나가 죽으라고 하면 아들은 죽지 않을 수 없었던 것이다. 이런 상황에서는 어찌할 도리가 없게 된다. 때문에 한 시대의 흥망과 득실은 황제 한 사람의 인품과 도덕에 의해 결정되었다.

정말 우스운 것은 그렇게 넓은 국토와 수많은 백성들의 운명이 한 사람에 의해 좌지우지된다는 점이다. 그러나 이는 역사가 만든 것이다. 보통 백성이 황제를 어찌할 수는 없는 것이다. 다만 하늘이 보우하사 중국인을 절망에 빠뜨리지 않게 하고, 그들의 현명한 군주와 충신이 자신들의 이상세계를 한두 번 실현할 수만 있게 해준다면 정말로 천년에 한 번 있을까 말까 하는 호기를 기다린 보람이 있게 되는 것이다. 이세민이야말로 중국인들이 그렇게 기다리던 훌륭한 황제였다.

이세민은 자신의 제국이 수나라처럼 망하게 될까 봐 두려워하였다. 그래서 수나라 멸망의 교훈을 머릿속에 깊게 새겨 넣었다. 이세민은 수양제가 다른 사람의 의견을 전혀 듣지 않아서 나라가 망했다고 결론지었다. 수양제는 원래 남보다 재주와 능력이 뛰어난 인물이었다. 그러나 너무 황음무도하고 군주의 도를 어겼으며, 신하의 입을 틀어막고는 자신이 무엇을 잘못했는지도 알지 못했다. 수양제는 언제나 자신만이 옳다고 생각했다. 그는 신하가 총명할수록 멀리하거나 저승으로 빨리 보내 버렸다.

이세민은, 군주는 자신의 마음을 비우고 남을 받아들여야 한다고 생각하여 신하들의 말을 잘 살피고 좋은 의견을 받아들이기로 결심했다. 그는 현명한 선비로 하여금 계책을 바치게 하고 용맹한 장수로 하여금 칼을 바치게 했다. 그의 신하들도 분발했다. 예를 들면 위징은 이세민에게 아주 중요한 도리를 건의했다.

"군주가 밝은 까닭은 널리 남의 의견을 듣기 때문이며, 군주가 어리석은 까닭은 한쪽만을 믿기 때문입니다."

사실 이세민이 직언을 들을 때의 마음은 별로 편하지 않았을 것이라고 짐작된다. 다만 이세민은 이를 잘 참았던 것이다. 당태종 시절에 신하들이 직언을 하고 황제가 이것을 받아들이는 예는 사마광司馬光의 『자치통감』資治通鑒에 비교적 많이 보인다.

짐은 거울 하나를 잃었도다

위징은 외모는 평범해 보였으나 담력과 지략이 뛰어나 군주의 마음을 잘 구슬렸다. 황제가 화를 낼 때도 위징은 아무런 마음의 동요 없이 직언을 하여 어쩔 도리 없이 받아들이게 만들었다. 위징이 하루는 휴가를 얻어 성묘를 갔다가 돌아와 이세민에게 말했다.

"사람들이 말하길 황상께서 남산에 가시려고 한다던데 밖에 행장이다 준비됐는데도 출발을 하지 않으시니 무슨 연고가 있습니까?"

황제가 웃으면서 대답했다.

"처음에는 확실한 이유가 있었지만 곰곰이 생각해보니 그대가 나를 책망할까 봐 가지 않고 있는 중이오."

어느 날 이세민이 아주 좋은 매 한 마리를 얻었다. 그는 새를 가지고 놀다가, 멀리서 위징이 나타난 것을 보고는 급히 자신의 품속에 넣었다. 위징은 일부러 황제를 못 본 척하고 지나쳐버렸다. 위징이 가자 이세민은 새를 꺼내었으나 새는 이미 질식해 죽고 말았다.

한번은 이세민이 조회를 마치고 오면서 성을 내며 그 촌놈을 언젠가는 죽여버릴 것이라고 혼잣말을 했다. 황후는 그가 누구냐고 물었다. 이세민은 위징이 조정에서 자신을 모욕했다고 말했다. 그러자 황후가 예복을 차려입고 궁전 앞에 섰다. 태종이 왜 그러느냐고 묻자 황후가 말했다.

"군주가 현명하면 신하가 정직하다고 들었습니다. 지금 위징이 정직하므로 폐하께서 현명한 군주가 되신 것이 아닙니까? 저는 황상께 축하를 드리려고 하는 것입니다."

그는 이 말을 듣고 크게 기뻐했다.

한번은 중모中牟 현의 현승 황보덕삼皇甫德參이 이세민에게 상서를 올려 말했다.

"낙양궁을 세우느라 백성들을 수고롭게 하고 세금을 너무 많이 징수하고 있습니다. 또한 백성들이 머리를 높여 치장하고 있는데 이것은 원래 황궁에서 시작된 것입니다. 이런 사치는 금지시키는 게 좋을 듯합니다."

이세민은 이 상소문을 읽고 화를 내며 방현령에게 말했다.

"황보덕삼은 백성을 하나도 부리지 말고 세금도 거두지 말며 부녀자들의 머리카락이 없어야 좋아할 것인가?"

그리고 나라를 비방한 죄로 황보덕삼을 처벌하려 했다. 그러자 위징이 황제를 말렸다.

"가의賈誼가 한문제 때 상서를 올려 말하길 말 한마디로 사람을 통곡하게 할 수 있고, 두 마디로 눈물을 흘리게 할 수 있다고 하였습니다. 예로부터 상서는 문장이 격하고 절실한 것이 많았습니다. 그렇지 않으면 군주의 마음을 움직일 수가 없었기 때문입니다. 폐하께서는 잘 살피시고 가리셔야 합니다.”

어느 정도 화가 풀린 황제는 그자를 처벌한다면 다시는 그와 같은 직언을 하는 자가 없을 것이라고 생각하고는 황보덕삼에게 상으로 비단 20필을 주었다.

하루는 위징이 황제에게 상서를 올렸다.

“요즘 황제께서 황보덕삼의 직언을 좋아하지 않으시는 것 같습니다. 억지로 듣는 척하시지만 마시고 이전처럼 넓은 마음으로 직언을 받아들이셔야 합니다.”

황제는 다시 황보덕삼에게 상을 내리고, 후에 그를 감찰어사로 승진시켰다.

태종의 셋째 아들인 안주도독安州都督 오왕吳王 이각李恪은 자주 사냥을 나가 인근 주민들을 수고롭게 하고 성가시게 하였다. 시어사 유범이 상서를 올려 이 사실을 고발하자 이각은 곧 파면됐고 그의 3백 호 조세 수입도 삭감됐다. 어느 날 황제가 유범에게 말했다.

“오왕의 부하 장사長史 권만기權萬紀가 나의 아들을 보좌했는데 내 아들의 행동을 바로 고치지 못해 내가 그를 죽였다.”

유범이 물었다.

“방현령이 폐하를 보좌하는데 폐하가 사냥 나가시는 것을 제지하지 못했는데도 왜 권만기를 처벌하십니까?”

그러자 황제가 크게 화를 내며 후궁으로 들어가버렸다. 그리고 얼마 후 황제가 유범과 독대를 하며 물었다.

“그대는 왜 사람들 면전에서 나를 질책했느냐?”

그러자 유범이 대답했다.

“폐하께서는 어지시고 훌륭하신 황제이십니다. 이러하신 황제의 신하인 소인이 어찌 정직하지 않을 수가 있겠습니까!”

이 말을 들은 황제는 크게 기뻐했다.

방현령과 고사렴이 길에서 우연히 소부소감少府少監 두덕소竇德素를 만나 그에게 물었다.

"요즘 궁 안에 세우고 있는 것은 무엇입니까?"

두덕소가 이 일을 황제에게 보고했다. 황제가 화가 나서 방현령을 책망하며 말했다.

"너희들은 국가의 대사를 관장하는 관리들이다. 작은 궁 하나를 짓는 일과는 아무 관련이 없는데 왜 그리도 관심이 많으냐!"

방현령이 머리를 조아리며 잘못을 뉘우쳤다. 그러나 위징은 앞으로 나아가서 황제에게 직언을 하였다.

"소인은 폐하께서 왜 방현령을 질책하시는지 모르겠습니다. 방현령은 잘못한 것이 없습니다. 방현령은 국정을 보살피는 폐하의 두 손이며 귀와 눈입니다. 궁정 내외의 크고 작은 일 모두가 그의 소관입니다. 만약 궁 안에 짓고 있는 건물이 합당한 것이라면 그들은 마땅히 폐하를 도와 일을 완성할 것이지만, 만약 부당하다고 판단되면 폐하께 공사를 중지할 것을 청할 것이며 주관하는 사람을 심문하는 것이 옳다고 생각됩니다. 그래서 저는 왜 폐하께서 그들이 죄를 지었다고 하시는지 모르겠고 그들이 무슨 이유로 죄를 지었는지도 알 수가 없습니다."

이세민은 이 말을 듣고 심히 부끄러워하였다.

당태종 이세민이 직언을 받아들인 예는 아주 많다. 정관 2년(628) 중서사인 이백약이 상서를 올렸다.

"이전에 궁녀를 내보낸 적이 있었지만 아직도 궁중에 무용한 궁녀가 아주 많습니다. 궁 안에 음기가 가득하니 천재를 불러일으킬 것입니다."

그래서 당태종은 명을 내려 궁녀 3천 명을 내보냈다.

정관 4년(630) 당태종은 명을 내려 낙양의 건원전乾元殿을 보수하라고 지시했다. 그러자 급사중 장형소가 상서를 올려 반대하며 수양제조차도 그렇게 하지는 않을 것이라고 했다. 당태종이 그에게 물었다.

"그대가 나를 수양제에 비유했는데, 폭군에다 황음무도했던 하나라 걸왕과 상나라 주왕과는 어떠하냐?"

"만약 이 공사를 중지하지 않는다면 장래에 걸왕과 주왕보다 더한 비극이 초래될 것입니다."

당태종은 그의 건의를 받아들여 공사를 중지하도록 명을 내리면서 "내가 좀더 신중하게 생각했어야 했다"고 말했다.

당태종이 이렇게 신하들의 직언을 잘 받아들인 예는 역사서에 많이 기록되어 있다. 책 한 권으로는 부족할 정도다. 직언하는 신하를 대하는 황제의 태도 또한 탄복할 정도였다.

위징은 감히 황제에게 강경하게 직언하는 것으로 유명했는데 여러 차례 태종에게 권좌에서 내려오기를 간하였으나 태종은 오히려 그를 존중하고 중시했다. 위징의 병이 위급할 때 태종은 약과 어의를 보냈고 태자와 함께 그의 집으로 병문안을 갔다. 위징이 죽자 태종은 그를 잊지 못해 좌우의 신하들에게 다음과 같이 말했다.

"동경銅鏡으로 거울을 삼으면 의관을 단정하게 할 수 있고, 옛것으로 거울을 삼으면 흥망성쇠를 알 수 있으며, 사람으로 거울을 삼으면 득실을 명확하게 알 수 있다. 나는 이 세 가지 거울로 나의 잘못을 고칠 수 있었다. 그러나 지금 위징이 죽었으니 짐은 거울 하나를 잃었도다!"

음모로 이룩한 태평성대

당태종은 이런 궁정생활의 태도를 견지하여 정관지치의 번영을 이룩하였다. 역사의 기록에는 정관 4년(630)에 천하가 크게 다스려졌다고 하였고, 사형에 처해진 자가 겨우 29명에 불과하였으며, 동쪽으로는 바다에 이르렀고, 남쪽으로는 지금의 광동 지방까지 영토를 넓혔으며, 밤에 문을 닫지 않아도 도둑이 없었고, 집을 나서며 식량을 가지고 가지 않아도 길에서 사람들이 먹을 것을 주었다고 하였다. 이런 사실은 오긍吳兢이 편찬한 『정관정요』貞觀政要에 상세하게 기록되어 있다. 상인들이 밖에서 잠을 자도 도적을 걱정할 필요가 없었고, 감옥에는 죄인이 없었으며, 소와 말들이 산야에 널려 있었다고 한다. 물론 약간 과장되기는 했겠으나 정관 연간은 다른 시대에 비해 태평성세였음에 틀림없다.

중국역사에 나타난 수많은 개국황제들은 각자 독특한 점이 있었다. 예를 들면 한고조 유방은 사람을 잘 썼고 잘 참았으며, 광무제 유수는 유화정책을 펴 사람을 관대하게 대했으며, 당태종 이세민은 신하의 직언을 잘 받아들였다. 그 덕분에 많은 잘못을 미연에 방지할 수 있었고, 신하들의 책략을 이용하여 나라와 백성에게 많은 이익을 가져다줄 수 있었다. 당태종은 그러한 번영을 결국 현무문의 변란 때문에 이룰 수 있었다.

음모와 양모는 태극도 안에 서로 맞물려 있다. 절대적인 구분이 없고 서로 포용하면서 상대방으로 변화할 수 있는 것이다. 만약 그 계책이 사회의 요구에 맞지 않아 백성들에게 이롭지 못하면 양모는 음모로 변한다. 그러나 시대의 요구에 응하여 사회의 진보와 번영을 위해 음모를 꾸며 성공하면 정정당당한 양모가 되는 것이다. 이것이 바로 '훌륭한 일을 할 때 지나치게 예절에 구애 받지 않으며, 큰일을 할 때 작은 양보를 마다하지 않는다'는 말의 뜻인 것이다.

8 중국 최초의 여황제

처음에는 쇠 채찍으로 친다.
그래도 순종하지 않으면 쇠몽둥이로 때린다.
그래도 여전히 순종하지 않으면 비수로 목을 찌른다.

무측천武則天은 중국역사상 진정한 의미에서 유일한 여황제였다. 그녀가 죽은 후 건릉乾陵에 중국 유일의 무자비無字碑가 세워졌고, 유일하게 황제와 합장되었다.

그녀에게 '유일하다'는 말이 붙는 예는 참으로 많다. 재주가 뛰어나기도 하였지만, 무측천은 여러 분야에서 중국역사에 길이 기억되는 인물이다. 만약 중국역사를 선수들이 우승을 다투는 운동경기와 비교한다면 무측천은 여성부문 경기에서 대부분의 금메달을 딸 뿐만 아니라 일부 남자들의 경기에서도 당당히 메달을 딸 것이다.

무척이나 보기 드문 이 여황제를 어떻게 평가해야 할까? 무측천의 이름은 조曌이고 산서山西의 문수文水 사람으로 당나라 무덕武德 7년에 태어났다. 그녀의 부친은 목재 상인 출신으로 정3품의 공부상서도독工部尚書都督 등의 벼슬을 했다. 모친 양楊씨는 명문집안 출신으로 그녀의 부친 양달楊達은 수나라 종실로서 재상을 지냈다.

그러나 그녀가 태어나던 당시 집안은 평민으로 몰락하고 말았다. 무측천의 부친은 목재 장사로 돈을 모았고, 후에 이연을 알게 되었다. 진양에서 병사를 일으킨 이연은 그를 행군부사개참군行軍府司鎧參軍으로 임명했고, 그는 당나라 군대에 군수물자를 공급했다. 당나라 군사가 장안에 진

중국 역사상 유일한 여성황제 무측천. 당나라 고종의 환심을 사서 황후에 올랐으며, 약 40년 간 중국을 실질적으로 통치했다.

입할 때까지 이연은 그를 태원太原(산서 성도)의 으뜸가는 공신으로 여겼다. 그러나 이것이 그의 미천한 출신을 바꿀 수는 없었다.

당시 문벌관념에 따르면 소위 명문귀족은 백여 년간 서위西魏 · 북주北周 · 수 · 당 정권을 장악한 관롱關隴 일가였다. 이 가문 출신만이 조정에서 중요한 관직을 맡을 자격이 있었다. 무측천의 부친의 경력과 관직을 따져보자면 물론 귀족 집안인 사족의 대열에는 오를 수 있었으나, 출신으로 볼 때는 변변찮은 가문이었다.

당태종 이세민 집정 때인 정관 10년(636) 정월 장손황후長孫皇后가 세상을 떠났고, 그 다음 해에 태종은 무측천이 아름답고 품행이 단정하다는 말을 듣고 그녀를 궁에 들여 재인才人으로 삼고 무미武媚라는 이름을 하사하였다.

어린 궁녀의 담력과 기백

무측천이 궁에 들어갈 때 그녀는 겨우 열네 살밖에 되지 않았는데, 일반적으로 이 나이의 여자는 집을 떠나길 원치 않는다. 하물며 깊은 궁궐에 들어간다는 것은 생이별과도 같았다. 그러나 나이 어린 무측천은 오히려 이를 입신출세의 기회로 보았고, 또한 형제자매들의 속박과 억압에서 벗어날 수 있었기에 궁에 들어가는 것을 기뻐했다. 당시 그녀의 모친이 몹시 슬퍼하자 무측천은 오히려 대수롭지 않은 듯 웃으며 말했다.

"제가 천자를 만나 뵈러 가는 것이 복이 될 인연일지도 모르는데 왜 어린애처럼 슬퍼하세요?"

무측천은 총명하고 지혜로웠으며 역사책을 읽고 정치와 세태를 살피면서 많이 듣고 보고 생각하며 경험을 쌓았다. 성격은 강인하고 과단성이 있어서 잔혹하기까지 하였다.

『학림옥로』鶴林玉露에 의하면 토번국土蕃國이 태종에게 아주 귀한 말 한 필을 조공으로 바쳤다. 사자총獅子驄이라 불리는 말이었는데 아주 사나워서 다루기가 힘들었다. 태종이 몸소 가서 다뤄보려 했으나, 말을 듣지 않았다. 당시 무측천이 한쪽에 서 있다가 큰소리로 말하였다.

"제가 굴복시킬 수 있습니다!"

태종이 어떤 방법이 있는지 물었다. 말을 굴복시킬 세 가지 방법이 있다며 무측천이 대답했다.

"처음에는 쇠 채찍으로 칩니다. 만약 그래도 순종하지 않는다면 쇠몽둥이로 때립니다. 그래도 여전히 순종하지 않으면 비수로 목을 찌르면 됩니다."

어린 궁녀에게 이런 담력과 기백이 있는 것을 보고 태종은 놀라움을 금치 못했다.

14세부터 26세까지 12년 동안 무측천은 깊은 궁 안에서 허송세월을 했다. 그녀는 정4품의 재인 신분으로 가장 낮은 내관이었기에 태종의 생활을 돌볼 뿐, 그의 총애를 얻을 길이 없었다.

얼마 후 태종이 병이 들었다. 무측천은 태자 이치李治가 자주 궁전에 들어와 문안하는 것을 보게 되었다. 그녀는 자신의 일생을 네 살 연하인 태자에게 맡기기로 하였다. 그녀는 태자에게 접근하여 호감을 샀다. 태자 이치는 천성이 유약하고 매사에 자기주장이 없었다. 아름답고 단정하며 사리에 밝아 일처리를 잘하는 무측천을 만난 태자는 그녀에게 마음이 쏠렸다.

태종의 병은 갈수록 깊어졌다. 그는 서한의 여치처럼 여자가 대권을 장악하려는 사태가 다시 발생할 것을 염려하여 무측천에게 사약을 내리기로 결정했다. 하루는 태자 이치와 무측천이 침상 곁에서 태종의 시중을 들고 있었다. 태종이 무측천에게 물었다.

"내가 이질에 걸린 후, 백약이 무효하고 오히려 병이 깊어졌다. 너는 몇 년 동안 나의 시중을 들었는데, 내가 차마 너를 버릴 수 없다. 내가 죽은 후 너는 어떻게 할 작정이냐?"

무측천은 이 말을 듣고서 온몸에 식은땀이 났지만 재빨리 마음을 가다듬고 태종에게 말했다.

"저는 폐하의 총애를 입었으니 마땅히 죽음으로 폐하의 은혜와 덕에 보답할 것입니다. 하오나 폐하의 옥체가 반드시 낫지 못하는 것은 아니니, 저도 당장 죽을 수는 없사옵니다. 저는 머리를 깎고 검은 옷을 입고 부처님께 엎드려 폐하를 위해 기도하면서 은덕에 보답하겠습니다."

무측천의 대답은 아주 기지가 넘쳤다. 당시 상황에서 보자면 출가만이 자신을 보전할 수 있는 유일한 길이었다. 태종은 잠시 생각하다 말했다.

"좋다. 너에게 그런 생각이 있었다니, 지금 즉시 궁을 나가거라. 너에 대해 내가 염려하지 않아도 되겠구나!"

무측천은 사면이라도 받은 것처럼 행장을 꾸려 출가할 준비를 하였다. 마음속으로 무측천을 아끼던 태자 이치는 그녀와 헤어지기 아쉬웠지만, 만류할 방법도 딱히 없었다. 그는 후에 태종이 혼잣말하는 것을 엿들었다.

"원래 그녀에게 사약을 내리려 했으나 내 차마 그렇게 하지 못했는데, 스스로 머리를 깎고 비구니가 되겠다고 하니 그렇게 하라고 했다. 세상에 비구니가 정권을 잡은 일은 이제까지 없었다."

태종이 죽자 무측천과 자녀를 낳지 않은 몇몇 궁녀들은 감업사感業寺로 보내져 비구니가 되었다. 태자 이치는 황위에 오른 후에도 무측천에 대한 그리움이 사무쳤지만 그녀를 다시 궁으로 돌아오게 할 길이 없었다.

당태종이 죽은 지 1년이 되던 때, 고종高宗 즉 태자 이치는 부친의 기일이 되자 감업사에 가 참배한다는 명분으로 무측천을 만났다. 역사는 "황제가 기일에 절에 참배하러 가서 무측천을 만나니, 무측천도 울고 그도 울었다"라고 전하고 있다.

고종은 무측천을 데려오고 싶었으나 그녀가 이미 태종을 모신 적이 있었기에 드러내놓고 그녀를 데려올 순 없었다. 두 사람이 만났다는 사실을 고종의 왕황후王皇后가 알게 되었다. 당시 고종은 소숙비蕭淑妃를 총애하고 있었는데 왕황후는 이를 시기하여, 고종에게 무측천을 데리고 궁으로 돌아오라고 부추겼다. 소숙비에 대한 고종의 총애를 분산시키려는 목적이었다. 황후의 적극적인 지지 덕분에 고종은 비로소 무측천을 불러들일 수 있었다.

딸의 시체를 밟고 올라서다

자신의 처지를 분명히 알고 있었던 무측천은 궁에 돌아온 후 극진하게 황후를 모셨다. 그러자 황후는 그녀를 좋아하게 되어 고종 앞에서 여러 번 그녀를 칭찬했다. 시간이 지나자 고종은 무측천만을 총애하게 되었고, 그녀를 소의昭儀에 봉하였다. 이번에는 황후와 소비가 모두 총애를 잃었다. 두 사람은 연합하여 무측천에게 대응했으나 그녀는 나름대로 속셈이 있어서 이를 두려워하지 않았다.

그러나 왕황후는 문벌 귀족 세력의 지지를 얻고 있었다. 무측천의 임신 소식을 전해 들은 황후는 자신에게 아들이 없는 것이 두려워졌다. 무측천이 아들을 낳는다면 자신의 황후 자리와 미래에 위협이 될 수 있기 때문이었다. 그래서 황후는 외삼촌인 중서령 유상 등에게 연락하여 후궁 유劉씨 소생인 고종의 장자 이충李忠을 태자로 세우고 조정의 중신인 장손무

기 · 저수량褚遂良 · 한원韓瑗 · 우지녕于志寧 · 장행성張行成 · 고계보高季輔 등
을 끌어들여 태자를 보좌하고 철통같이 지키게 하였다.

이 일은 무측천을 크게 자극하였다. 그녀는 자신이 태종과 관련이 없
었어도 대신들의 지지를 얻지 못했을 것이고, 그 근본적인 원인은 자신
이 미천한 평민 출신이기 때문이라고 생각했다. 궁궐 내에서는 왕황후
로부터 인정을 받지 못하였고, 궁궐 밖에서는 명문귀족 대신들이 용납
하지 않았기에, 그녀는 안팎에서 협공을 받는 처지에 놓였다. 자신의 목
적을 달성하려면 정상적인 수단으로는 불가능했다.

무측천은 강한 상대를 만나면 화를 먼저 내어 제압하려고 했고, 어려
움을 만나면 쥐 죽은 듯이 뒤로 물러났다가 때를 기다려 매섭게 반격을
가하여 극복하는 성격이었다. 그녀는 꾸준히 인심을 모으기 시작했다.
대부분 왕황후와 소숙비가 좋아하지 않는 사람들이었다. 무측천은 자기
가 받은 모든 상금을 그들에게 나누어주었다. 그 덕분에 황후와 소숙비
의 동정을 훤히 알게 된 그녀는 이런 사정들을 매번 고종에게 알려주었
다. 그러나 이것으로는 충분치 않았다. 무측천은 결정적인 기회를 찾고
있었다.

얼마 후 무측천이 귀여운 딸 하나를 낳았다. 왕황후가 소식을 듣고는
몸소 찾아와서 아기를 안아주었다. 왕황후가 돌아가자마자 고종이 온다
는 소식을 들은 무측천은 하늘이 주신 기회가 왔다고 생각했다. 그녀는
딸의 목을 졸라 죽였다. 그러고는 이불을 덮은 후 아무 일 없었다는 듯
나가서 고종을 맞이하였다.

고종이 들어오자 무측천은 전과 다름없이 웃으며 조금도 당황한 기색
없이 이불을 젖히고 고종에게 딸을 보여주었다. 물론 딸은 죽어 있었다.
무측천은 무척 놀란 척하며 대성통곡을 하였다. 고종이 좌우의 시녀에
게 물으니 왕황후가 방금 왔었다고 했다. 고종이 크게 화를 내며 말했다.

"왕황후가 나의 딸을 죽였구나!"

무측천은 기회를 틈타 왕황후의 죄를 일일이 열거했고, 왕황후는 입이

저수량은 당나라 때의 유명한 서예가로서 충절
과 공정함으로 고종을 모셨으나 무측천에 관하
여 직간한 일 때문에 노여움을 사 좌천되었다.

있어도 말을 하지 못하였다. 이 일로 고종은 왕황후를 폐하고 무측천을 황후로 세웠다. 무측천으로서는 당시 상황에서 자신의 딸의 시체를 밟고 올라서는 것이 유일한 방법이었다. 이렇게 하지 않고서는 다른 방법이 없었다. 그러나 이렇게 했다고 해서 모든 것이 순조롭지만은 않았다.

무측천은 딸을 죽이기 전, 왕황후의 확고한 지지를 받고 있던 유상을 사직하게 한 적이 있다. 이제 남아 있는 문제의 인물은 태위 장손무기였다. 무측천은 모친에게 부탁하여 그에게 통사정을 하게 하는 동시에, 고종과 함께 그를 만나러 가서 관직으로 매수하며 끊임없이 졸랐으나 전혀 효과가 없었다. 무측천은 결국 자신이 관롱 귀족 집단의 지지를 얻는 것은 불가능하다는 것을 알았다. 그래서 그녀는 중서사인 이의부, 왕덕검, 어사대부 최의현, 어사중승 원공유와 허경종 등 뜻을 얻지 못한 평민집안 출신 관리들의 지지를 얻어냈다. 무측천은 조정에서 이런 사람들의 지지를 얻은 후 이들을 이용하여 유화책보다는 강경책을 폈다.

이의부가 처음으로 행동에 나섰다. 그는 황제에게 왕황후를 폐하고 무측천을 황후로 세우도록 주청을 드렸다.

영휘永徽 6년(655) 8월, 고종은 정식으로 황후를 폐위하는 것이 마땅하다는 의견을 냈다. 장손무기 일파는 당연히 죽기 살기로 반대하였고 저수량도 황후의 집안은 명문가이므로 쉽게 폐하면 안 되며, 설사 새 황후를 세운다 해도 명문가의 숙녀를 택해야지 무측천처럼 선왕을 모셨던 사람을 세울 수는 없다고 했다. 이들은 달기妲己나 포사褒姒처럼 요망한 여인이 나라를 망하게 했던 전례를 들어 고종에게 간하고 제지했다.

당시 재상 중에서는 유일하게 이겁李劫만이 이충을 태자로 옹립하는 일에 가담하지 않았기 때문에 이 일에 대해 애매하게 말하였다.

"폐하, 이는 집안의 사사로운 일이니 다른 사람에게 물을 필요가 있겠습니까?"

고종은 결국 그해 9월에 저수량을 조정에서 내쫓았고, 10월에는 왕황후를 서민으로 폐한 후 무측천을 황후로 세웠다. 11월에는 이의부가 황후 책봉 의식을 주관하였다. 그 다음해가 되자 태자 이충은 양왕梁王으로 강등되었고 무측천의 아들 이홍李弘이 태자가 되었다.

무측천은 황후가 되려는 목적이 달성되자, 권력을 찬탈하려는 계획을 세웠다. 황후에 오른 무측천에게 당장 급한 일은 전 황후의 일당을 철저히 정리하는 것이었다. 그녀는 왕황후와 소숙비를 궁궐 한쪽에 가두어 쓸쓸히 죽게 만들고, 저수량을 애주愛州에 유배시켜 죽게 하고, 장손무기를 자살하게 하였으며, 유상은 상주象州에서 죽게 하고, 한원은 진주振州에서 죽게 하였으며, 이들의 친척들 모두를 죽이거나 파직했다. 서기 659년에 이르자 장손무기의 권력집단은 철저히 붕괴되었고, 이로부터 정사가 무측천의 궁전으로 돌아오게 되었다.

역사 기록에 의하면 고종은 유약하고 우유부단하였을 뿐 아니라 건강도 좋지 않아 항상 머리가 어지러워 일을 처리할 수 없었다. 자연히 정사는 모두 무후가 처리하였다. 무측천은 성격이 민첩하고 문집과 역사책을 섭렵하여 일을 잘 처리하였기 때문에 정사를 위임받기 시작하여 권력이 황제와 대등하였다. 사실상의 실권을 무측천이 쥐었고 특히 현경顯慶 연간 이후 더욱 그러했기에 그녀는 고종과 함께 '이성'二聖이라 불렸다.

무측천의 개혁정책

무측천이 권력을 잡은 지 오래 되자, 필연적으로 여러 면에서 문제가 생기기 시작했다. 그녀가 과거와 달리 전횡을 일삼기 시작하자 고종은 자신의 권력이 제한을 받는 데 대해 분노를 느꼈다. 이런 상황에서 고종은 재상 상관의上官儀에게 조서의 초안을 쓰게 하여 무측천을 평민으로 폐하려 하였고, 상관의도 이에 동의하였다.

무측천이 몰래 상관의의 주위에 붙여놓은 밀정이 사태가 심각하게 돌아가는 것을 눈치 채고는 급히 보고하였다. 무측천은 고종에게 달려가, 한편으로는 인정에 호소하고 다른 한편으로는 자신이 조정의 권력을 장악하지 않으면 안 되는 이유를 이치에 맞게 따져서 결국 고종을 설득하였다. 고종은 정상을 참작하여 그녀를 용서했다. 고종은 마음이 약해져서 자기는 본래 그럴 뜻이 없었으나 재상 상관의가 먼저 의견을 냈다고 말했다. 상관의에게 화가 난 무측천은 사람을 시켜 상관의와 과거의 태자 이충이 함께 모반을 일으켰다고 무고하게 했다. 상관의와 상관정지 부자는 사형에 처해졌고, 상관의의 처와 딸은 궁정의 노비가 되었다. 과거의 태자 이충은 검주黔州에서 사약을 받았다.

이후 고종은 무측천에게 더욱 의지하였고, 조정의 정무는 무측천이 수렴청정을 했다. 관직의 강등과 승진, 생사여부는 중궁전의 무측천에 의해 좌지우지되었다. 천자인 고종은 무측천의 수족일 뿐이었다.

서기 674년 8월, 황제는 천황天皇이 되었고 황후는 천후天后가 되었다. 수십 년간에 걸친 황후와 태자 사이의 권력다툼은 황후인 무측천의 완전한 승리로 끝났다. 이 승리는 무측천 한 사람만의 승리가 아니라 역사의 전환점이 되었다. 미천한 한족寒族 출신의 정치 역량이 역사의 무대에 오른 것이다.

왕황후와 장손무기 일파는 백여 년간 부귀를 누린 문벌귀족과 부곡전객제部曲佃客制의 대표인 반면 무측천은 미천한 한족 출신과 계약 전농제

佃農制의 대표였다. 무측천의 승리는 한족 출신의 정치 역량의 승리이며 계약 전농제 경제의 승리였다. 이 승리는 위진魏晉 이래 4백여 년간에 걸쳐 문벌 세족이 국가의 정권을 장악하던 역사의 종말을 뜻했다. 신흥 한족 출신 계층이 실권을 장악하기 시작한 것이다.

무측천은 정치가로서의 자질과 기백을 충분히 보여주었다. 천후라고 칭호를 바꾼 후 4개월 동안, 그녀는 황후의 신분으로 고종에게 12개 조항의 정치적 건의를 했는데, 중국역사에서는 이를 '건언십이사'建言十二事라고 한다. 이 조항은 무측천이 당대 사회를 오랫동안 관찰하고 깊이 생각한 끝에 결단을 내려 실행한 업적이다. 그 내용은 다음과 같다.

1. 농업과 양잠업을 권장하고, 조세와 부역을 감해준다.
2. 수도권 지역의 부역을 면제해준다.
3. 군사를 쉬게 하고, 도와 덕으로 천하를 다스린다.
4. 사치와 위선적인 풍습을 모두 금한다.
5. 부역을 경감해준다.
6. 정부에 진언할 수 있는 길을 넓힌다.
7. 중상모략하는 말을 막는다.
8. 왕과 귀족 이하 모두 『노자』老子를 읽도록 한다.
9. 부친이 살아 있어도 모친의 상기喪期는 3년으로 한다.
10. 음력 정월 보름 전 공훈에 의해 수여된 명의상의 관직은 이미 직제를 마쳤으므로 뒤쫓아 따지지 않는다.
11. 중앙관청의 관리 8품 이상은 봉급을 올려준다.
12. 업무를 맡은 지 오래되고 재주가 높으나 직위가 낮은 관리는 재심을 실시하고 공적에 따라 승진할 수 있다.

지배세력이었던 옛 문벌 관료를 공격하고 분풀이할 목적으로 무측천은 『성씨록』姓氏錄을 별도로 편찬하여 태종 시기에 편찬된 『씨족지』氏族志

를 대신하였다. 『씨족지』에는 무씨武氏 가문이 기재되어 있지 않아, 무측천은 멸시를 당했던 것이다. 그녀가 편찬한 『성씨록』은 황후의 가족을 가장 앞에 두었다. 이들은 당시 관품의 고하에 따라 9등급으로 나뉘었는데 5품 이상의 관원은 모두 문벌 관료층에 오를 수 있었다. 이렇게 미천한 출신의 지식인들이 대규모로 등용되어 당시의 정치와 경제, 문화에 생기를 불어넣었다. 그럼으로써 사회의 발전이 촉진되었기 때문에 확실히 좋은 점이 있었다.

반면에 관롱 문벌 귀족층은 조상 대대로 내려온 가문의 명망과 정치적 이점을 완전히 상실하게 되었다. 이들은 물론 큰 불만을 품었고 『성씨록』은 공로가 있는 사람에게 상을 주는 방편일 뿐이며 근본적으로 귀족의 족보는 아니라고 비판했다. 그러나 무측천은 이런 반발을 무시하고 행정 수단을 동원해 『씨족지』를 강제로 몰수하고 『성씨록』을 널리 보급하여 사회에 지대한 영향을 끼쳤다.

몸이 약한 고종은 나이가 들어감에 따라 병에 시달렸다. 그는 일찍이 황위를 태자 이홍에게 물려주려 했다. 태자 이홍이 어질고 효성스러웠으며 겸손하고 근면했기 때문에 고종은 그를 무척 사랑했다. 이홍은 사대부에게 예의를 갖추어 대하고, 정치적인 재능도 아주 뛰어났다.

그러나 무측천은 그를 좋아하지 않았다. 이홍은 궁중에 유폐된 소숙비 소생의 서른이 넘은 딸을 발견하고는 시집을 보내주자고 하는 등 여러 차례 무측천의 심경을 거슬렀기 때문에 모친의 총애를 잃은 상태였다.

사실 이것이 가장 큰 요인은 아니었다. 문제는 이홍이 어머니 무측천과 권력다툼을 한 것이었다. 그래서 무측천은 독주를 먹여 친아들 이홍을 죽였다. 이홍은 눈과 코, 입, 귀에서 피를 흘리며 처참하게 죽었다.

이홍이 죽은 후 무측천은 둘째 아들 이현李賢을 태자로 세웠다. 이홍의 죽음으로 병세가 더욱 악화된 고종은 서둘러 태자에게 양위하려고 하였다. 그러나 무측천이 결사반대했기 때문에 고종은 어쩔 수 없이 양위문제는 거론하지 않았다. 몇 년이 지나자 고종이 다시 이현에게 양위하려고 했고, 이현 자신도 무측천의 말을 듣지 않고 자신이 황위에 오르려 했다. 이에 무측천은 이현이 가무와 여색을 너무 좋아한다는 이유로 평민으로 폐출시켰다가 다시 장안으로 압송하여 연금시켰다. 결국 무측천은 셋째 아들 이현李顯(이철)을 태자로 세웠다.

서기 683년 고종이 병사하고 태자 이현이 즉위하여 중종中宗이 되었다. 고종은 임종할 때, 군사와 국정의 큰일을 결정하지 못하면 무측천의 명을 받들라는 유언을 남겼다. 무측천은 황태후의 신분으로 국정을 맡아 섭정했다.

한번은 중종이 장인 위현정韋玄貞에게 재상직을 맡기고, 아울러 유모의 아들에게 5품 관직을 내리려고 했다. 재상 배염裵炎은 이 조치가 타당하지 않다고 생각하여 간언을 하다가 중종과 다투었다. 나이가 젊어 혈기 왕성한 중종은 배염이 감히 자신의 명을 거역하자 화를 냈다.

"내가 천하를 위현정에게 준다고 한들 겁날 것이 무엇이냐?"

배염은 이 말을 듣고 즉시 무측천에게 달려가 아뢰었다. 우환을 미연에 방지하기 위하여 무측천은 중종을 노릉왕盧陵王으로 폐하고 궁에서 쫓아냈다. 그리고 넷째 아들 북예왕北豫王 이단李旦을 예종睿宗으로 즉위시켰다.

그러나 예종은 다른 지방에 살고 있어서 정사에 참여할 수 없었다. 그 즈음 무측천은 사람을 시켜, 폐위된 태자인 둘째 아들 이현을 죽였다.

반란을 일으키고 싶다면 해보시오

무측천은 이렇게 자신에게 반대하는 세력을 모두 제거한 후 제왕에 오를 준비를 마쳤다. 당나라의 이씨 종실은 무측천이 왕위에 오르려면 이씨 종족을 모두 없애야 한다는 것을 알고 있었기에 모두들 그녀를 두려워했고 위기를 느껴 끊임없이 봉기하였다.

무측천이 조정에 나가 정사를 돌본 지 7개월이 되었을 때, 양주에서 서경업이 반란을 일으켰다. 재상 배염도 그와 결탁하였기에 내우외란이라고 할 만했다. 그러나 무측천은 위험이 닥쳐도 침착하게 배염, 정무정程務挺 등을 제거해버림으로써 가까운 곳의 화근부터 없앴다. 또 30만 대군을 급조하여 두 달 만에 서경업의 난을 평정하였다.

무측천은 조정의 신하들이 반란을 일으킨 것에 몹시 분노하였다. 그녀는 신하들에게 엄하게 훈계했다.

"내가 선왕을 모신 지 20여 년이 되었고, 천하를 위해 염려하고 애쓴 것은 충정에서 나온 것이오! 각 공신들의 부귀도 모두 내가 준 것이 아닌가! 천하가 안정되고 백성이 편안한 것도 다 내 덕분이오. 선왕이 돌아가셨을 때 천하를 내게 부탁하셨소. 나는 내 몸도 돌보지 않고 백성만을 아꼈는데, 반란을 일으킨 사람은 모두 장군과 재상이었소. 당신들은 어찌 이리 배은망덕할 수 있단 말이오? 이 원로 중신들 중에 고집이 세서 배염보다 다루기 어려운 사람이 있소? 목숨을 걸고 악행을 저지르는 자들과 결탁하여 무리를 이끌고 출정하는 서경업을 능가하는 자가 있소? 병사를 장악한 노련한 장군들 중에 싸우면 반드시 이기는 정무정을 능가하는 자가 있소? 이 세 사람은 모두 평소 위엄과 명망이 있는 사람들이지만 나는 그들을 죽였소. 당신들 중에 이 세 사람보다 능력이 뛰어난 사람이 있어 반란을 일으켜보고 싶다면 한번 해보시오. 만약 스스로 더 뛰어나지 못하다고 느낀다면 마음을 돌려 나를 받들고 다시는 반란을 일으키지 마시오. 천하가 웃겠소!"

서기 688년 무측천의 조카 무승사武承嗣는 시기가 무르익은 것을 알고, 사람을 시켜 흰 돌 위에 글을 새겼다. "천후가 오셨으니, 영원히 제위에 등극할 것이다"라는 글이었다. 그러고는 옹주 사람 당동태에게 낙수洛水에서 구한 것이라고 거짓말을 하게 했다. 무측천이 이 소식을 듣고 크게 기뻐하며 그 돌을 보석도寶石圖라 부르도록 하는 한편 그해 5월 중 길일을 택하고, 친히 낙수에 가서 보석을 받을 준비를 하라고 지시했다. 그녀는 돌을 바친 공이 있는 당동태를 유격장군遊擊將軍으로 삼아 이 일에 참여시켰다. 택일이 다가오자 무측천은 하늘에 감사를 드리고, 명당에서 예를 갖춘 뒤 군신을 만났다. 얼마 후 정식 존호를 "성모신황"聖母神皇이라고 하였고, 이때부터 무측천은 "폐하"라고 불리기 시작했다.

당나라 종실 이씨 사람들은 무측천이 이미 실제 황제가 된 것을 알았다. 명의상으로만 호칭을 바꾼 것이라지만 시간문제일 뿐 이씨 황실에게는 파멸의 재앙만이 남아 있었다. 이들은 살기 위해 너도나도 거병했다.

이들은 우선 "중종을 다시 세우자" "예종을 구하자"라는 기치 아래 사람을 모았다. 한왕韓王 이원가가 먼저 병사를 일으켰고, 계속해서 낭아왕琅瑘王 이충이 박주에서, 월왕越王 이원이 예주에서 거병했다. 그 뒤를 이어 곽왕霍王 이원궤가 청주에서 병사를 일으켰고, 노왕魯王 이영기가 사주에서 거병했다. 그러나 이때는 사회가 비교적 안정되어 있었기 때문에 백성들은 내란이 일어나는 것을 원치 않았다. 이씨 가문의 군대들도 싸울 의지가 없었기 때문에 무측천의 군사가 들이닥치면 성을 버리고 투항하거나 도주했다. 짧은 기간에 이씨들의 반란은 손쉽게 진압되었다. 이들의 실패는 관롱 문벌 귀족이 사회에서 점차 인심을 상실해가는 징조였다.

지난 세월에는 이 문벌 관료가 백성들에게 많은 영향을 주었고 결집력이 있었기 때문에 이연이 병사를 일으키자 인심이 급속히 모였다. 그러나 당나라 사회가 안정되고 발전한 지 수십 년 후에 미천한 한족 출신의 세력이 강해져 점차 문벌 관료를 대신하게 되었다. 사회 평등과 정의가 실현되기 시작했다. 이씨 귀족 집단은 대대로 무력으로 공을 세워 권력을 잡았지만 자손들이 조상의 위업을 잃고 말았다. 문벌의 쇠퇴는 되돌릴 수 없는 일이었다.

반란들을 진압한 무측천은 적대세력을 단호하게 제거하려는 결심을 했다. 그녀는 세 가지 조치를 취했다. 첫째, 밀고를 장려했으며 둘째, 엄한 형벌로 자백을 강요했다. 그리고 셋째로는 잔혹한 관리를 임용했다.

무측천은 주흥周興·내준신來俊臣·색원례索元禮 등과 같은 잔혹한 관리를 뽑아 반대파를 숙청해나갔다. 그들은 이씨 종족의 왕과 대신의 행적을 비밀리에 관찰하여 기회만 있으면 즉시 체포하고 엄한 형벌로 자백을 강요하면서 모반을 무고했다.

무측천은 조정에 구리로 만든 밀고함을 설치하여 투서를 접수했다. 어떤 관리라도 이 일에 대해 물어보지 못하도록 했다. 또한 일반적으로 밀고하는 자는 지위고하를 막론하고 설사 농부나 나무꾼이라 할지라도 일률적으로 5품 관리 기준의 숙식을 제공한다고 규정했다.

더욱 기묘한 조항은 만약 밀고한 공이 있다면 파격적으로 관직을 하사하고, 밀고가 사실이 아니라 할지라도 추궁을 당하지 않는다는 것이다. 그래서 사방에서 밀고자가 벌 떼처럼 몰려들었고, 모두들 남의 말을 엿듣거나 사람들이 모인 곳으로 달려가곤 했다.

주흥·내준신·색원례 등은 『고밀라직경』告密羅織經이라는 책을 편찬하여 학생들을 가르치고, 불만분자에게 무고한 죄명을 뒤집어씌우고, 고문기구를 만들어냈다. 이들 세 사람 가운데 내준신이 가장 심하여 범죄자로 적발하여 체포한 죄인이 1천여 명에 이르렀다. 이런 상황에서 죽음을 당한 대신이 수백 명에 달했고, 이씨 종실 사람들도 수백 명이 죽었다. 죽음을 당한 자사刺史 이하의 관리는 수를 셀 수도 없었다. 도를 넘어선 공포 정책은 무수한 사람을 억울한 죽음에 이르게 했다.

이씨 종실 사람과 조정, 재야를 막론한 모든 이들은 서로 이야기를 나누지 않았고, 길에서 만나도 인사 대신 눈짓만 했다. 아무도 감히 모반할 생각을 하지 못했다.

나라를 세운 궁녀

무측천의 세 번째 계획은 황제의 호칭을 얻는 것이었는데 이미 절차만 남아 있었다.

서기 690년 7월 동위국사東魏國寺의 승려가 경서 몇 권을 썼는데, 무측천은 미륵불의 환생이며 당왕조를 대신하여 동방의 주인이 될 것이라는 내용이 있었다.

얼마 후 시어사 부유예가 관중의 백성 9백여 명을 장안의 궁궐 밖으로 데리고 와서, 당나라의 국호를 주周로 바꾸라고 주청했다. 무측천은 거절하는 척하며 허락하지 않았으나, 부유예의 관직을 승진시켜 급사중에 임명했다. 조정의 관료와 종실, 백성들과 사방 각지의 추장에서부터 승려, 도사에 이르기까지 모두 6만여 명이나 되는 사람이 동원되어 부유예가 올렸던 주청을 다시 올렸다.

이에 무측천은 민의를 저버릴 수 없다며 서기 690년 9월 9일에 당을 주라고 개명하고 자신을 '성신황제'聖神皇帝라 칭한다고 선포하였다. 그녀는 황제 복식을 입고 낙양에서 황제 보좌에 올랐다.

중국 역사상 유일한 여황제가 정식으로 탄생한 것이다. 그러나 이후 만사가 순탄한 것은 아니었다. 우선 그녀는 두 가지 갈등을 해결해야 했다. 하나는 이씨 종실과의 권력 다툼이고 또 하나는 마구잡이로 사람을 죽인 그녀와 대신들 사이의 갈등이었다.

시간이 지남에 따라 그녀와 이씨의 갈등은 옅어졌으나, 중요한 것은 대신과의 갈등을 해결해야 하는 문제였다. 그녀가 등용한 관리들이 곧 희생양이 되었다. 그해 마구잡이로 사람을 죽인 27명의 관리를 옥에 가두고 내준신 등을 처벌하자 비로소 신하들과의 갈등은 점차 완화되었다. 무측천 말년의 정치 분위기는 비교적 관용적이고 자유로웠으며, 통치도 안정되었다.

그러나 새로운 위기가 또 출현했다. 무측천이 비록 신하들과 표면적으로는 좋은 관계를 유지하고 있었으나, 무고한 죽음이 만들어낸 어두운 그림자는 몰아낼 수 없었다. 이 때문에 그녀의 말년은 고독했다.

이런 심리 상태에서 그녀는 자신의 남총男寵에게서 위안을 얻었다. 그녀는 승려 회의懷義(풍소보馮小寶)와 어의 심남沈南을 총애했는데, 나중에는 이들이 만족스럽지 않았다. 그러자 무측천의 딸 태평공주太平公主가 젊고 잘생겼으며 음악에 정통한 장종창張宗昌을 모친에게 추천했다. 무

무측천은 자신이 죽은 뒤 무덤에 글이 없는 무자비無字碑를 세우도록 했다. 그러나 후대에 여러 비문이 씌어져 현재 모두 13편의 비문이 있다.

측천은 그를 보자마자 총애하게 되었다. 얼마 지나지 않아 장종창은 형 장역지張易之를 끌어들였다. 두 형제는 앞의 두 사람을 대신하여 무측천이 가장 총애하는 남자가 되었다. 무측천은 사생활에서도 그들을 매우 필요로 했고, 정치적으로도 그들에게 의지했다. 그래서 이 두 사람의 권세는 갈수록 커져서 무삼사·무승사처럼 막강한 권력을 쥐고 있던 대신들조차 앞다투어 그들을 모셨다. 장역지는 오랑五郎, 장종창은 육랑六郎이라고 불렸다.

두 장씨는 득세한 후 제멋대로 못된 짓을 일삼고 뇌물을 받았으며 자기들에게 순종하지 않는 관리들을 공격했다. 이들은 장씨 형제의 권력이 이현李顯보다 커졌다고 간언한 이현의 맏아들과 그의 여동생 영태군주永泰群主, 매부 무승사의 아들 무연기武延基를 은밀히 죽여 조정관원들의 분노를 샀다. 몇몇 대신이 여러 차례에 걸쳐 장씨 형제의 범죄 증거를 수집하여 법으로 다스리려 하였으나 무측천이 모두 사면시켜줬다. 관리들은 법으로 두 장씨를 제거하지 못하자, 무력으로 그들을 죽이려 했다.

정변의 목적은 무측천을 뒤엎으려는 것은 아니었고, 다만 장씨 형제를 죽이려는 것이었다. 재상 장간지張柬之 등 조정의 주요인물 다섯 명은 우림군羽林軍 장수와 태자 이현, 상왕 이단, 태평공주 일파와 연락하여 무측천이 병으로 누워 있는 기회를 틈타 현무문을 공격하여 점령하고 궁중으로 쳐들어갔다. 이들은 무측천의 영선궁迎仙宮에서 장역지·장종창을 찾아내 그 자리에서 죽였고, 무측천을 완전히 제압했다.

일이 이렇게 되자 이들은 무측천을 황제 자리에서 끌어내리고, 중종을 옹립했다. 정변 이튿날, 무측천은 「명황태자감국제」命皇太子監國制라는 조서를 내렸고, 셋째 날이 되자 태자에게 자리를 넘겨준다고 선포했다. 넷째 날, 중종이 복위를 선포하니 무주武周 정권은 막을 내렸다.

서기 705년 11월, 82세의 무측천은 낙양의 상양궁上陽宮에서 분개하며 죽었다. 그녀는 유서에서 "제왕의 칭호를 없애고, 측천을 대성황후大聖皇后라 칭하라"고 하였다. 이듬해 그녀의 아들 중종은 많은 사람들의 강력한 반대에도 불구하고 모친을 위해 성대한 장례를 거행하고 영구를 호위하여 장안으로 모셔와 고종의 건릉에 합장했다.

여황제가 남긴 유산

무측천은 15년 동안 제위에 있었는데 실제로는 50년 가까이 정권을 잡았다. 그녀는 중국역사의 발전에 상당한 공헌을 했다. 그녀는 우선 농업을 발전시켰다. 균전제均田制를 시행했고, 호족들의 세력을 억제하기 위해 토지를 겸병하였으며, 황무지 개간을 장려하여 좋은 성과를 거두었다. 그녀가 통치하던 기간에 전국의 인구가 380만 호에서 615만 호까지 증가하였다.

다음으로 들 수 있는 업적은 과거제도의 발전이다. 무측천은 친히 시험을 주관하여 평민 출신의 우수한 인재를 많이 선발하였다. 아울러 무거과武擧科도 개설하여 군사적 재능이 있는 사람을 선발했다. 태종이 재위했던 23년간 진사 205명이 뽑혔지만, 고종과 무측천이 통치하던 55년 동안에는 진사 천여 명이 선발되었다. 그녀는 문화 교육 사업을 매우 중

서안의 서쪽에 있는 건릉. 당태종의 아들인 고종과 무측천이 합장되어 있다.

시하여 수많은 문화 전적 편찬을 주도하였다. 또한 변방의 수비를 강화하여 이민족과의 관계를 개선하고 국가 통일을 유지하면서도 변방을 튼튼히 하였고, 상업 발전에도 막대한 공헌을 했다.

물론 무측천은 말년에 낭비가 심했고 조카 무삼사 및 남총 장씨 형제에게 국정을 장악당해 정치적 혼란을 불러일으켰다. 특히 그녀는 딸 태평공주가 권력과 이익을 다투고 나쁜 짓을 일삼아도 묵인하였다. 그 밖에 잔혹한 관리를 임용하여 종실 대신들을 죽이고 이씨 당 종실 일가를 모두 죽였으며 자신이 낳은 아들 외에도 고조·태종·고종의 자손도 모두 죽였다. 14년간 일한 58명의 재상 중 21명이 죽음을 당하거나 강등되었다. 그래서 무측천은 천고의 잔인한 여인이라는 악명을 떨치게 되었다. 그러나 어쨌든 무측천은 중국의 고대 역사에 한 획을 그은 인물 가운데 하나다.

분명 그녀는 이씨 당왕조를 무주 왕조로 바꾸는 데 실패하였다. 후세 사람들은 무측천 시기를 말할 때 무주를 당왕조의 간주곡이나 한 구성부분이라고 여기며 독립적인 왕조로 보지 않았다. 이들은 무측천이 죽기 전에 이씨에게 정권을 돌려주었지만 본래 이씨 집안의 정권을 대신 관리한 것에 불과하다고 여겨 독립된 황제 자격을 인정하지 않았다.

물론 무측천은 중국을 '여인의 나라'로 만들어 남자 황제 제도를 여자 황제 제도로 바꾸지는 않았다. 그녀가 아무리 기존 관행에 불복하고 수많은 기형적인 수단으로 제도에 반대했다고 해도 역시 실패했다. 그녀가 쟁취한 최대의 영예는 고종과 합장될 수 있었던 것이다. 이것은 아마도 하나의 상징일 것이다. 황제와 평등한 여황제였으나 남자 황제 제도를 압도할 수는 없었다. 그러나 그녀는 정치를 잘했다. 많은 개혁을 시행하였고 문벌 관료 세력을 몰아냈으며 음침한 남자들의 세계에 심각한 타격을 가해 중국 남자들이 여자들을 바로 보게 한 것이다.

9 술잔을 기울여 나라를 장악하다

권력이란 무엇인가? 권력은 재산이고 존엄이며
욕망의 성취이자 마음대로 원하는 것을 할 수 있는 모든 것이다.

봉건 전제사회에서 권력은 절대적인 것이다. 이 때문에 역대 제왕과 문무대신, 큰 뜻을 품은 야심가들은 어떻게 권력을 통제할 것인가에 대해 깊은 관심을 쏟았다. 권력을 가진 자는 영원히 권력을 쥐고 있으려 했고, 권력을 못 가진 자들은 권력을 갖고 싶어 했다. 그래서 양자간에는 끊임없는 투쟁이 생겨났다. 중국의 고대사회는 권력을 얻었다가도 곧 잃게 되는 다툼의 고통스런 윤회였다.

흔히 농민반란이 역사의 발전을 촉진시켰다고 한다. 이 의미에 대하여는 여기서 다루지 않겠다. 농민반란이 권력의 전환을 촉진시킬 수 있었다는 것은 부인할 수 없는 역사적 사실이다. 정치가 부패할 때 사회에서 소외된 사람들이 봉기하여 고대 중국의 왕조가 바뀌었다. 사회 상층부에 사리사욕에 눈이 먼 소인배들만 가득할 때 농민들이 뜻을 세워 지배계층을 몰아내면 사회의 갈등이 사라졌고, 그들 가운데 영리한 사람들이 사회의 상층부를 차지하였다. 그러나 이것도 얼마 못 가, 원래 영리했던 그 사람들은 곧 안락과 사치에 빠져 결국은 원래 그들의 타도 대상이었던 지배층처럼 변했다. 그러면 농민들이 다시 일어서서 그들을 휘저어놓는다. 이렇게 해서 농민반란은 역사의 수레바퀴가 된 것이다.

이 순환은 역사의 물레방아처럼 끊임없이 이어졌다. 권력은 돌면서 물을 다 비워낸 물통처럼 바뀌게 되며, 물을 담은 물통은 위로 올라간다. 마찬가지로 권력을 가진 자는 권력을 잃게 되고, 권력이 없는 자는 권력을 갖게 되었다. 결론적으로 말해서 농민반란은 진정 권력을 전환시키는 기계고, 사회적 물갈이의 윤활유인 것이다.

뛰어난 인물은 미리 죽여라

크고 작은 권력을 막론하고, 자손에게 물려주기 위해 권력을 놓지 않으려 해도 이는 거의 불가능하다. 인간의 능력과 의지로는 권력을 옮길 수 없는 것이다.

그런데 권력을 쥔 자는 영원히 권력을 장악하려는 꿈을 꾸며, 자신이 하루아침에 권력을 잃게 되리라는 것을 믿고 싶어 하지 않는다. 특히 제왕들은 더욱 그러했다. 자기의 왕조가 전대와 마찬가지로 역사의 과객이 되리라는 것을 누가 인정하고 싶겠는가? 자기의 왕조에 종말이 온다는 것을 누가 인정하겠는가? 그래서 그들은 모든 수단과 방법을 동원하여 권력에 집중하고, 왕조를 공고히 하려고 했다.

그러나 그 수단은 의외로 많지 않아서 다음과 같은 몇 가지 유형을 보였다.

하나는 토사구팽이다. 큰 권력을 쥐고 있는 신하, 특히 왕조 건립에 큰 도움을 준 개국공신 중 가장 뛰어난 인물은 반드시 그 싹을 자르고 뿌리를 뽑아버렸다. 그렇지 않으면 그들은 손아귀에 쥔 권력 때문에 머지않아 반드시 두 마음을 품게 된다. 권력과 법이 있었기에 그들을 제거하는 일은 아주 간단했다. 함정을 만들어놓고서 그들이 모반을 일으켰거나 혹은 원망을 품었다고 모함하면 그 공신들을 멸할 수 있었다. 또한 그 가족을 멸할 때는 반드시 씨를 말려야만 했다. 그렇지 않으면 훗날 화가 끊이지 않기 때문이다. 예를 들어 춘추시대 진晉나라의 권신 도안가는 조순 일족을 멸하였는데, 조순의 가신인 공손저구와 정영이 죽음을 각오하고 가족을 구해주었다. 결국 고아 하나가 살아남았는데, 이 아이가 커서 도안가에게 원수를 갚았다. 그래서 중국의 역대 제왕은 지나간 역사로부터 많은 교훈을 얻어, 절대로 자비를 베풀지 않았다.

두 번째는 농락하는 것이다. 기나긴 중국 역사 속에서 거의 모든 개국 제왕이 공신들을 죽였지만, 유일하게 동한의 광무제 유수만은 그렇게 하지 않았다. 그의 개국공신은 모두 천수를 누렸는데 이는 중국 역사에 보기 드문 일이다. 유수의 유화정책은 탁월하여 사람을 살살 녹게 만들어 모두들 그에게 복종했다. 또한 중국이 통일된 후에 사회가 안정되자 이들의 용맹했던 기질은 서서히 사라졌다. 이 때문에 개국 공신에 대한 유수의 통제방법은 살육이 아니고, 그들을 자녀로 삼거나 친척관계를 맺는 것이었다. 황제의 자녀가 많았기 때문에 개국공신들과의 정략결혼은 공급과 수요가 잘 맞아떨어져서 조정 문무대신 모두 황제와 혈육의 관계를 맺게 되었다.

유수의 이런 계책은 실제적이고 뛰어난 것이었다. 처자가 국가대사에 관여할 리 없고, 누가 모반을 한다 해도 한 사람에게 영예라면 모두에게 영예요, 한 사람에게 손해라면 모두에게 손해이니 성공할 수 없었다. 유수가 부드럽게 대하면, 대신들도 부드럽게 대해야만 했다. 대신들은 모반이라는 최후의 강경한 수단을 통하여 권력을 탈취하려 하지 않았다.

그러나 역대 황제는 대부분 일찍 죽는 경우가 많았기 때문에 나이 어린 황제가 자주 등장했다. 많아야 열몇 살, 적으면 몇 개월밖에 안 된 어린아이들이었다. 나이 어린 황제는 세상사를 몰라 태후에 기대고, 태후는 친정의 부모형제에게 기대고, 부모형제는 자연스레 개국 공신의 후손이 되는 것이어서 이 권력은 결국 개국 공신의 손에 떨어지게 된다. 동한 시대의 대부분은 외척이나 환관들이 정권을 독점했으므로 조정의 정치가 문란할 수밖에 없었다. 결국 하씨何氏 외척과 환관 십상시十常侍가 정권을 다투다가 동한을 멸망시키는 꼴이 되었다. 이것은 유수가 예상하지 못했던 결과였다.

세 번째는 못나고 어리석은 자를 등용하는 것이다. 가장 안전한 방법은 백치나 바보를 이용하고, 어질고 능력 있는 선비를 쓰지 않는 것이다. 아랫사람에게 부귀를 누릴 운명을 타고났다고 부추기면, 아부하고 숭배하며 심지어는 두려워하기도 바쁜데 누가 권력을 뺏으려고 하겠는가? 그러나 이렇게 하면 내부적으로는 문제가 없으나 대외적으로는 여전히 걱정거리가 남았다. 특히 외적이 침입하거나 내란이 발생한다면 누구를 쓸 수 있단 말인가? 설사 몸소 나선다고 해도 허수아비 같은 자들로는 도저히 문제를 해결할 수 없어서 결국 권력을 잃게 될 뿐이다.

현자를 멀리하고 소인배만 가까이 하는 이런 사례는 각 왕조의 말기에 흔히 나타났다. 조정의 소인배들은 무능하기 때문에 흑심을 감추고 자기 한 몸의 이익을 위하여 군자를 모함하고 나쁜 짓을 하도록 은근히 권유하여 결국 나라와 백성을 재앙으로 몰고 가게 되는 것이다.

당신은 황제가 될 운명이오

그러나 송태조 조광윤은 전혀 새로운 방식을 사용했다. 그는 권력쟁취를 무력에서 평화적인 방법으로 전환하였다. 그렇게 함으로써 위에서 서술한 방법들의 결점을 보완할 수 있었지만, 그 부작용은 더욱 컸다. 군대의 경계를 느슨하게 하고, 변방의 방비를 공고히 하지 못하여 국력이 쇠퇴한 것이다.

조광윤은 송나라의 개국 황제다. 조광윤이 태어났을 때, 붉은 빛이 집을 감싸며 번뜩이고 신비한 향기가 집 안에 가득했는데 하룻밤이 지나도 그대로였다. 조광윤의 몸이 금빛으로 뒤덮여 3일 동안 변함이 없었다고 후대 사람들이 억지로 갖다 붙였지만, 그는 역시 평범한 사람에 불과했다.

조광윤은 당나라 천성天成 2년(927)에 태어났다. 본적은 탁군涿郡이고, 부친 조홍은趙弘殷은 후주後周의 장수였다. 조광윤은 몇 년 동안 책을 읽

송나라의 개국황제 조광윤. 홀로 세상을 떠돌다
가 곽위의 휘하로 들어가 많은 공을 세운 후 진
교병변을 통해 송나라를 세웠다.

고 공부를 하긴 했지만, 본래 공자왈 맹자왈 따위를 좋아하지 않았다. 그
는 창술이나 봉술을 아주 좋아하였고, 선천적으로 남달리 힘이 좋아 무
예를 익히게 되었다. 21살이 되자 장가를 들었지만 부친을 따라 벼슬길
에 오를 희망이 보이지 않자, 천하를 홀로 돌아다니기로 결심했다.

조광윤에 관한 전설은 무척 많다. 명나라 때의 단편소설집『삼언이박』
三言二拍에「송태조천리송경낭」宋太祖千里送京娘 편이 있는데, 그가 어떻게
다른 사람들을 도왔고 의리를 중시했으며 여색을 가벼이 여겼는지, 그
리고 경낭京娘이 결국 부끄러움을 느끼고 자살하게 되었는지가 상세하게
서술되어 있다.

힘이 장사였던 조광윤은 뚱뚱했다고 한다. 한번은 그가 말을 타고 성
문을 통과하는데 말이 발작을 일으켜 미친 듯이 달린 탓에 머리가 성문
위에 부딪쳐 말에서 떨어졌다. 다른 사람들은 조광윤의 머리가 깨졌을
것이라고 생각했지만, 그는 즉시 땅에서 일어나더니 말을 쫓아가 안장
에 훌쩍 뛰어 올라 앉았다고 한다.

한번은 조광윤이 참새무리가 땅에서 먹이를 쪼아 먹고 있는 것을 보고
뛰어 가서 참새를 잡으려고 했는데, 급히 뛰다 벽에 머리를 부딪쳤고 벽

마저 무너졌다. 조광윤은 갑옷을 입고 손에는 악마를 물리치는 지팡이를 가진 금갑신金甲神이 보호해주는 사람이어서 어떤 어려운 일을 만나도 죽지 않는다고 전해졌지만, 사실 그는 힘이 장사에다 무공을 익힌 사람이었을 뿐이다.

조광윤은 곳곳에서 친척이나 친구에게 몸을 의탁했다. 그는 주머니가 빌 때까지 도박을 하기도 하고, 건달들에게 둘러싸여 얻어터지기도 할 정도로 궁색했다. 궁핍함이 극에 달했을 때, 어느 늙은 스님이 그에게 약간의 여비를 주면서 곽위郭威에게 의탁하여 군인이 돼보라고 조언을 했다. 조광윤은 그 말을 별로 마음에 새기지 않았다. 그러던 어느 날 사당을 지나게 되었을 때 사람들이 점을 치고 있는 것을 보고서 그도 장난삼아 대나무 표찰을 집어 들고 점을 봤다.

그는 우선 군대의 낮은 계급인 소교小校가 될 수 있는지 물었으나, 점괘가 불길했다. 조광윤은 화가 치밀었다. 정신을 집중해서 힘들게 무예를 갈고 닦았는데 소교조차 될 수 없다니? 그는 계속 점을 보며 더 큰 관직에 대해 물었지만, 점괘는 모두 불길했다. 조광윤이 더욱 화가 나서 절도사가 될 수 있는지 다그쳐 물었지만, 여전히 불길한 점괘가 나왔다. 조광윤은 한번 시작한 일은 끝까지 하는 성미였다. 절도사의 위는 바로 천자이므로, 천자가 될 수 있는지 물었다. 이번에는 점괘가 아주 길하게 나왔다. 이때부터 조광윤은 황제가 되려는 야심 찬 뜻을 세우기 시작했다.

세상을 주유하던 중, 그는 문인 몇 명이 막 떠오른 태양을 마주하며 시를 읊는 광경을 보게 되었다. 조광윤은 그들의 궁상맞고 가식적인 모습을 보고 실소를 금할 수 없어 재미있다는 듯 지껄였다.

태양이 막 떠올라 빛이 붉게 빛나니

온 산이 불타는 듯하다.

순식간에 막힘 없이 하늘로 치솟아

아직 하늘가에 남아 있던 달무리를 내쫓는다.

시도 아니고, 문장도 아니고, 노래도 아닌 것이 소리가 우렁차고 웅장하여 제왕의 기상이 있었다.

그러나 오대五代 시기는 여러 영웅들이 정권 다툼을 하던 때였다. 실로 세상이 영웅들에 의해 나눠졌다 합쳐지고, 합쳐졌다 나눠졌다. 300년 가까이 이어온 당나라는 이미 쇠퇴하여 산산조각이 난 상태였다. 전국은 통일이 되지 않고 남북의 각 왕조가 수시로 바뀌었다. 당 이후 북방은 다섯 왕조를 거쳤는데, 후량後梁(907~923), 후당後唐(923~936), 후진後晉(936~947), 후한後漢(947~951), 후주後周(951~959)는 각각 길어야 10여 년, 짧으면 몇 년밖에 유지되지 않았다.

과부와 고아의 정권을 빼앗은 송태조 조광윤

조광윤이 곽위에게 의탁하였을 때, 곽위는 병사를 끌어 모아 자립하여 후한을 대신할 날을 준비하고 있었다. 조광윤은 금군禁軍의 일원으로서 눈에 띄는 활약을 했다. 곽위는 장수들의 옹립으로 후주의 왕이 되었고, 조광윤도 동서반행수東西班行首로 발탁되어 중간계급인 금군의 군관을 맡아 생활의 터전을 마련했다. 사실 이것은 별로 중요하지 않다. 중요한 것은 이 사변을 통해 그가 금군의 중요성을 알게 되었고 금군이 정변을 일으키면 황제를 세울 수 있다는 것을 알게 된 점이다.

군벌전쟁 속에서 비로소 조광윤은 무예를 발휘할 곳을 찾았다. 그는 몸소 병사들의 선봉에 서서 적진 깊숙이 돌진하여 성을 함락시키고, 임기응변에 능했으며 지모가 뛰어나 전장에서 큰 공훈을 세웠다. 특히 대장 시영柴榮에게 충성을 바쳐 그의 신임을 얻었다. 오래지 않아 곽위가 병사하자 시영이 뒤를 이어 주세종周世宗이 되었다. 주세종이 황제가 된 후 조광윤은 전전도점검殿前都点檢으로 발탁됐다.

오래지 않아 주세종이 또 병사하였고, 7살의 어린 시종훈柴宗訓이 보위를 계승하여 고아와 과부가 정권을 잡게 되었다. 바로 이때 조광윤은 제위를 훔칠 수 있는 좋은 기회를 맞이했다.

조광윤은 주세송이 병사하기 전에 금군을 정성들여 조직하였다. 그는 주세종의 위탁을 받아 군대에서 가장 용맹한 군사로 전전제반殿前諸班을 편성했다. 조광윤은 직접 이 군대를 조직하고 군사와 군관의 마음을 사로잡았기 때문에, 그에 대한 부하들의 충성과 신뢰도는 무척이나 높았다. 주세종 사후에는 후주 왕조에서 어느 누구도 조광윤과 다툴 자가 없었다.

서기 959년 11월 조광윤은 진주鎭州, 정주定州의 관할권한을 이용해 군사 상황에 대해 거짓 보고를 했다. 그는 산서山西에 할거하던 북한北漢이 거란인들을 규합하여 후주를 향해 공격해 들어오고 있다고 했다. 재상 범질과 왕부 등은 우둔하고 무능하여 진짜와 가짜도 구별하지 못하였으므로 즉시 조광윤에게 명령을 내려 대군을 이끌고 출정하여 거란의 침입을 막도록 했다.

같은 달 초사흘에 조광윤은 군대를 이끌고 출발하여, 그날 밤 개봉을 떠나 동북쪽으로 40리 떨어진 진교역陳橋驛에 도착했다. 바로 이때 병사들이 조광윤에게 황제만이 입는 황포黃布를 입힌 역사적 사건인 진교병변陳橋兵變이 발생한 것이다.

그날 밤, 조광윤의 심복 조보趙普와 동생 조광의趙匡義는 지금의 황제가 어려 세상물정과 인정에 밝지 못하기 때문에 장수와 병사들이 목숨을 걸고 전쟁을 하더라도 상을 받기 어려울 것이라는 말을 여기저기 흘리고 다녔다. 또한 만약 조광윤을 황제로 옹립한다면 적과 싸우더라도 상황은 달라질 것이고, 공을 세운 장수와 병사들은 반드시 높은 관직과 후한 봉록을 받게 될 것이라고 주장했다. 조광윤의 심복들이 이렇게 선동하니 대다수 사람들이 동의했다. 조보와 조광의는 장수에게 명령하여 군사들을 엄격히 단속하고 재물을 강탈하거나 함부로 살육하지 말라고 하여, 새 왕을 세워 왕조를 바꾸는 일을 확실하게 했다.

이날 밤, 조광윤은 짐짓 모르는 체하며 술을 만취하도록 마시고 다음날 아침까지 일어나지 않았다. 그가 느릿느릿 일어나자 조보와 조광의는 미리 준비한 황포를 그의 몸에 입혔다. 조광윤은 사양하였으나 조보는 백관을 인솔하여 무릎 꿇고 절하며 사정했다. 조광윤은 부하들의 뜻에 거스르는 것은 좋지 않다고 하며 승낙했다. 이것이 바로 중국역사에서 유명한 황포가신黃布加身이라는 사건이다.

예전에 곽위가 금군 병변으로 후한의 정권을 탈취한 것처럼 그의 부하 조광윤이 똑같은 방법으로 그와 같은 사람이 되었으니, 고아와 과부가 다스리는 후주의 황제 지위를 빼앗은 것이다.

조광윤은 지혜로웠다. 과거 왕조가 교체될 때 장수와 사병들이 기회를 틈타 이전 왕조를 무너뜨리고 황제 자리를 빼앗았지만, 서로 공을 다투다가 새 왕의 명성에 흠집을 남긴 일이 많았다. 조광윤은 전대의 교훈을 잘 받아들여, 군대를 이끌고 개봉에 들어갈 때 말을 멈추게 한 후 장수들에게 말했다.

"너희들이 부귀를 탐하여 나를 옹립하였지만 너희들은 나의 명령에 반드시 복종해야 한다. 그렇지 않다면 나는 황제 자리를 맡지 않겠다!"

장수와 병사들로서는 어렵사리 공신이 될 기회를 찾았는데 어찌 놓칠 수가 있겠는가? 당연히 조광윤의 말에 모두 복종했다. 조광윤은 명령했다.

첫째, 백성들의 재물을 노략질하지 말라. 둘째, 태후와 어린 황제를 함부로 대하지 말라. 셋째, 후주의 관리들을 욕보이지 말라. 넷째, 조정 관청의 곳간을 노략질하지 말라.

조광윤은 사람을 보내 개봉을 수비하는 금군 장수 석수신·왕심기에게 연락하였다. 두 사람도 간절히 공을 세우고 싶어서 조광윤이 도착하자마자 즉시 문을 열고 영접했다. 그러나 개별적으로 반항한 장수는 즉시 죽음을 당했다. 재상 범질 등은 어찌할 도리 없이 조광윤의 황제 즉위식 거행을 도울 수밖에 없었다. 조광윤은 후주가 자신을 귀덕군절도사歸德軍節度使에 임명했을 때 근무한 곳이 송주宋州였으므로 송宋으로 국호를

눈 내리는 밤에 송태조 조광윤이 조보를 찾아
가 이야기를 나누는 장면을 그린 「설야방보도」
雪夜訪普圖.

정하였다. 이때부터 송나라가 시작된 것이다.

그는 민심을 얻어 무혈 혁명으로 개봉을 점령한 후 전대 왕조의 중신들을 끌어들였다. 그는 후주의 황제를 정왕鄭王에 봉하고 재상 범질 등 조정대신들에게는 후한 상을 내렸으며 그들의 관직을 그대로 유지시켜주었다. 이렇게 하여 새 왕조는 빠르게 안정되어갔다. 속지들 중에서도 조광윤에게 귀순하는 제후들이 많았고, 개별적으로 반대하던 번진藩鎭의 절도사도 사람들의 인심을 얻지 못하자 자진해서 조광윤에게 복종하게 되었다.

술자리에서 군사력을 얻다

조광윤은 북송의 용정에 편안히 앉게 되었다. 남은 문제는 전국을 통일하는 것이었다. 어느 날 밤, 조광윤은 전국을 통일할 책략에 고심하느라 잠을 이루지 못했다. 그는 동생 조광의를 불렀고, 두 사람은 함께 조보를 찾아가 그의 의견을 묻기로 했다.

조보가 소식을 듣고 급히 맞이하러 나갔는데, 두 사람이 눈 위에 서 있는 것을 보고 깜짝 놀랐다. 논의 결과 먼저 남쪽을 치고, 후에 북쪽을 평정하자는 계책이 결정되었다. 조보가 물었다.

"눈이 펑펑 내리는 한밤중에 폐하께서는 무슨 일로 저를 찾아오셨습니까?"

조광윤이 대답했다.

"지금 이 좁은 땅덩어리 외에는 모두 다른 사람의 땅이니 내가 어찌 편안히 잘 수 있겠소? 그런 까닭에 내가 그대를 찾아와 상의하는 것이오."

조보가 다시 물었다.

"폐하, 지금은 여전히 작은 천하입니다. 그러나 남쪽을 정벌하고 북쪽을 평정하여 중국을 통일할 시기는 이미 성숙되어 있습니다. 폐하는 어떻게 하실 생각이십니까?"

조광윤이 대답했다.

"나는 먼저 태원太原을 수복하려 하오."

조보는 잠시 침묵한 뒤에 말했다.

"그 말씀은 제가 예측하지 않은 것입니다."

조광윤은 조보에게 어떻게 예측하고 있는지 물었다. 조보가 말했다.

"태원 땅은 남과 북 두 지역과 변경을 접하고 있어서 만약 그곳을 점령한다고 했을 때, 요遼나라가 남하하여 공격한다면 송나라 하나로는 막지 못합니다. 만약 태원을 북방의 장벽으로 남겨두고 남방의 여러 나라들을 먼저 평정하면 태원은 공격하지 않아도 스스로 무너질 것입니다."

조광윤이 듣고서 긴 한숨을 쉬며 말했다.

"나도 진작부터 그런 뜻이 있었지만, 쉽게 결정을 내리지 못해서, 그대의 의견을 듣기 위해 이곳에 온 것이오!"

이렇게 해서 남쪽을 먼저 치고 북쪽을 나중에 평정한다는 방침이 확정되었다.

그러나 즉시 출정할 수는 없었다. 왜냐하면 후환이 생길 만한 한 가지 중대한 일을 아직 처리하지 못했기 때문이었는데, 바로 금군의 지휘권 문제였다. 정변으로 황제가 된 조광윤은 금군의 중요성을 깊이 인식하고 있었고, 자신의 역사적 경험을 바탕으로 이 문제를 잘 해결하려고 하였다. 더욱이 그 자신이 두 차례나 금군 정변을 경험하지 않았는가?

961년, 조광윤은 양주 이중진의 반란을 제압한 후 전전도점검이라는 직책을 없앴다. 이때부터 이 금군의 최고 관직은 사라져버렸다. 그러나 조광윤은 여전히 안심할 수 없었다. 금군의 석수신·왕심기·고회덕 같은 고위장수가 비록 자신을 옹립했지만 심복이라고 말할 수는 없었다. 또한 그들은 군대에 근무한 기간이 길기 때문에 군사적 기반이 튼튼하였다. 자신이 만약 멀리 정벌이라도 나간다면 정말 안심할 수 없는 일이었다. 그래서 조광윤은 그들의 병권兵權을 없애버릴 계책을 생각해냈다.

그해 7월, 조광윤은 연회를 열고 석수신 등을 초대하여 함께 술을 마셨다. 술자리에서 조광윤은 모두에게 마음껏 마시도록 권했다. 술이 얼큰하게 취했을 때 조광윤이 갑자기 좌우를 물리고서 한숨을 길게 쉬며 말했다.

"내가 그대들의 힘이 아니었다면, 어떻게 황제가 되었겠소? 그러나 그대들은 모르오. 황제 노릇을 한다는 것은 실로 어려운 일이오. 그냥 절도사나 하는 것이 훨씬 나을 뻔했소. 나는 밤마다 잠을 편안히 자본 적이 없소!"

석수신 등은 이 말을 듣고 당혹스러워 왜 그러는지 물었다. 조광윤이 말했다.

"그것을 아직도 모르겠소? 내가 앉은 이 황제의 자리에 앉고 싶지 않은 사람이 어디 있겠소?"

석수신 등이 듣고 조광윤의 말 속에 가시가 있다는 것을 알아차렸다. 모반하여 권력을 찬탈하려는 마음이 장수들에게 있는지 의심하고 있는 것이 분명했다.

「송태조축국도」宋太祖蹴鞠圖. 송태조 조광윤은 황제 자리에 오른 후에도 신하들과 함께 공놀이하는 것을 즐겼다.

그들은 황망히 무릎 꿇고 머리를 조아리며 물었다.

"폐하 어떻게 그런 말씀을 하십니까? 이미 하늘의 뜻이 정해졌는데, 누가 감히 딴 마음을 품을 수 있겠습니까?"

조광윤이 천천히 말했다.

"그렇다. 너희들이야 딴 마음이 없지만, 너희들 부하가 부귀에 욕심을 내지 않는지를 너희가 어찌 알겠느냐? 일단 누구라도 너희 몸에 황포를 입힌다면 너희는 황제가 되려 하지 않았더라도 거절할 수 없을 것이다!"

석수신 등은 겁에 질려 등줄기에 땀이 흘렀다. 그들은 머리를 땅에 대고 울며 말했다.

"저희들은 우매하여 이 문제는 생각지도 못했습니다. 폐하의 성은만을 구할 뿐입니다. 저희에게 살길을 알려주십시오."

조광윤은 결정적인 순간이 오자 긴장된 기분을 약간 누그러뜨리고 진심으로 그들에게 말했다.

“인생은 빨리 지나간다. 그래서 부귀나 재산을 많이 가지려 하거나, 쾌락을 즐기거나, 자손에게 복을 유산으로 남기는 것이다. 그대들은 병권을 내려놓고 밖으로 나가 지방관을 하는 것이 어떻겠느냐. 논과 집을 많이 사고, 노래하며 춤추는 여자들을 데려다가 밤마다 연회를 열면서 평생을 편안하게 보내라. 그대들의 자녀를 한 가족으로 삼으면 신하와 군주가 서로 편안하여 시기하지 않게 되니 이 얼마나 좋은 일이겠느냐!”

조광윤의 이 말에 석수신 등이 문득 깨우치고 곧바로 성은에 감사하며 말했다.

“폐하께서 저희를 위해 이토록 세심하게 배려해주시니, 참으로 크나큰 은혜를 입었습니다!”

석수신·고회덕·왕심기·장영택·조언휘 등은 조광윤이 이미 이렇게 분명하게 말하여 되돌릴 여지가 없음을 알았고, 조광윤은 장수들의 동요가 없는 것을 알았다. 장수들은 다음날 병을 이유로 병권을 되돌려드리겠다고 애걸하는 수밖에 없었다. 조광윤이 크게 기뻐하며 그들의 청을 받아들여 병권을 접수했다.

이것이 술 몇 잔으로 병권을 내놓게 했다는 역사적으로 유명한 배주석병권杯酒釋兵權 사건이다.

그러면 이 사람들 대신 누구를 금군의 장수로 쓸 것인가? 조건은 세 가지였다. 첫째, 자질이 미약해야 한다. 둘째, 위엄과 명망이 높지 않아야 한다. 셋째, 능력이 탁월하지 않아야 한다.

조광윤은 또한 새로운 통치방법을 한 가지 더했다. 신하들끼리 서로 견제하도록 만들고, 각자는 독자적으로 관리하게 하였다. 그 후 내부가 안정되었기에 조광윤은 힘을 집중하여 남쪽과 서쪽으로 영토를 확장해나갔고, 안정된 북송 왕조를 건설하였다.

북송과 심지어는 남송 왕조까지 금군의 병변은 발생하지 않았고, 일반적인 군사반란 또한 적었다. 조광윤의 이 계략은 확실히 효과가 있어서 조씨의 송나라를 10대까지 끌어갈 수 있게 했으니 실로 아주 영명하다

하겠다. 그러나 송나라는 이때부터 장수들의 권력에 엄격한 제한을 가했기 때문에 군대 기강이 해이해졌다. 또한 문관의 경우 같은 지위의 무관에 비해 더 높은 대우를 받았다.

용의 씨를 뿌려도 벼룩을 낳을 수 있다

진시황과 한무제 이래로 무武가 문文을 다스려왔으나, 송태조에 이르러서는 문이 무를 다스리게 되었다. 이 때문에 군사력이 약해진 송나라는 끊임없이 북방 소수민족의 침략을 당했다. 금金, 요遼, 서하西夏가 북송을 삼켰으며 결국 몽고인들이 새로운 나라를 세웠다. 중국에는 "외적과 싸울망정 집안의 노비와 싸우지는 않는다"라는 말이 있다. 이민족의 침략을 받는 것은 어쩔 도리가 없지만, 집안의 노비들이 반란을 일으키지 않는다면 나라는 능숙하게 다스려졌다. 무덤에 가서라도 조상들과 전대 여러 왕조의 제왕을 만날 수 있는 것이다.

권력이란 무엇인가? 봉건 전제 사회에서 권력은 재산이고 존엄이며 욕망의 성취이자 마음대로 원하는 것을 할 수 있는 모든 것이었다. 그래서 중국역사 전체를 살펴보면 "인간은 재물 때문에 목숨을 잃고, 새는 먹이 때문에 죽는다"라는 말을 "인간은 권력 때문에 목숨을 잃고, 새는 먹이 때문에 죽는다"라고 바꿔야 할 것이다. 일반 백성들은 권력을 잡기가 어렵기에 재물을 인생의 목적으로 삼는데, 사실 재물이 있다고 해서 반드시 권력을 가질 수는 없지만 권력이 있다면 재물을 가질 수 있다. 그래서 "사람은 권력 때문에 죽는다"라는 말이 가장 적절하다고 하겠다.

그래서 어떻게 권력을 잡고, 이를 어떻게 유지하느냐는 중국 제왕들의 영원한 숙제였다. 그러나 권모술수가 아무리 뛰어나고 경험이 풍부해도 "용의 씨를 뿌려도 벼룩을 낳을 수 있다"라는 격언을 벗어나기 어려웠다. 부친이 영웅이라고 해서 자식도 반드시 영웅호걸인 것은 아니다. 개국황제는 걸출한 인물일지 몰라도, 후계자는 인간쓰레기일 수 있다.

권력이라는 것은 손잡이다. 손잡이가 있으면 조종하기 편리하지만, 조종당하는 자를 순종하게 만들어야 하고 다른 사람을 위해 생각할 줄 알아야 하므로 자신의 사리사욕을 애써 억제해야 한다. 이 때문에 민심을 얻은 자는 권력이 저절로 생길 것이요, 민심을 잃은 자는 권력을 유지하지 못할 것이다!

10 역사의 미스터리

세상에서 가장 부도덕한 곳 두 군데를 꼽는다면, 하나는 기방妓房이고
다른 하나는 궁정이다. 궁정과 기방은 사회의 양극단으로 여겨진다.
그러나 사실 똑같은 곳이다.

중국 역사에서 미스터리는 참으로 많다. 특히 황제와 재상들이 주도한
궁정 내부의 미스터리는 더욱 그러하다. 이런 미스터리를 역사에서는
주로 음모라고 부른다.

사실 어떤 의미에서 중국 고대의 정치는 음모정치다. 믿지 못하겠다면
옛 성현, 지혜로운 임금과 어진 재상의 이야기를 보면 된다. 공자는 백성
을 끔찍이 사랑했던 사람이지만, "통치자는 백성들을 부려먹고 절대로
그들이 머리를 쓰지 못하게 해야 한다. 그렇지 않으면 백성들이 말을 듣
지 않는다"라고 했다.

머리와 몸이 거꾸로 된 것 또한 중국의 전통이다. 사람들에게 일을 시
키더라도, 왜 일해야 하는지 어떻게 해야 하는지를 생각하지 못하게 하
라는 것이다.

도가의 창시자인 노자는 무위無爲하라고 했지만, 자기 자신은 큰일을
해낼 수 있었다. 그는 적어도 제왕들이 어떻게 백성을 통치해야 하는지
가르칠 수 있었다. 그는 이렇게 주장했다.

"사람들의 머리를 텅 비게 하고, 그들의 배는 채워라. 의지를 약하게
만들고, 몸은 건강하게 만들어라. 항상 사람들에게 지식이 없게 하고, 욕
망이 없게 하라."

노자와 공자가 만나 예를 표하는 장면을 담은 화상석. 노자는 예에 대해 묻는 공자에게, 교만과 탐욕, 허세를 버리라고 하였다.

이 말은 인간을 동물 취급한 것이 아닌가? 사실 '백성을 다스리는 자'들이 내세우는 말은 이치에 어긋난 것이 하나도 없다. 그들은 백성을 관리하는 것을 '목민'牧民이라고 부르며, 소나 양을 방목하는 것처럼 백성을 방목한다. 지역 이름을 '주목'州牧이라고 정하는 것도 한 주州를 방목한다는 뜻이다.

중국인들이 가장 존경하는 당태종 이세민은 뛰어난 군주였다. 그는 스스로 경계하며 말하길 "백성은 물이고, 군왕은 배다. 물은 배를 띄울 수도 있고, 또한 배를 뒤집을 수도 있다"라고 하였다.

문인들은 당태종이 백성의 무한한 위력을 두려워해서 이 말을 한 것이라고 해석했지만, 이는 아전인수다. 사실 당태종이 이 말을 신봉한 목적은 어떻게든 '물'을 눌러서 영원토록 큰 파도를 일으키지 못하게 하는 데 있었다.

봉건 군주의 전제주의 통치 방법은 '인치'人治일 수밖에 없고, 그 시대가 만들어낸 문화 또한 '치인'治人을 위한 것이다. 인치와 치인은 상호관계가 있어서 촉진시키고 전환하는 가운데 수많은 치인의 방법이 만들어진다.

중국은 역사가 오래되었기 때문에 이 방법에 관한 한 세계 어느 민족도 따라오지 못한다. 다른 나라 사람들도 이를 배운다면 나라를 세우고 패주가 될 수 있다. 중국은 지모가 발달했지만, 그 중 상당 부분은 음모였고, 특히 역대로 궁정은 음모가 자생하는 곳이자 발원지였다.

복숭아 두 개로 세 영웅을 죽인 안자

중국의 춘추전국시대는 제후들 간에 분쟁이 자주 일어나 승자가 왕이
되던 시대였다. 또한 음모와 양모가 뒤섞여 구분할 수 없을 정도였다. 음
모이건 양모이건 승리하기만 하면 좋은 계책이었다.

제齊나라의 안자晏子는 명성이 높았는데, 얼굴이 아주 못생겼고 키도
무척 작았지만 재능과 지혜는 비범했다. 그는 『안자춘추』晏子春秋라는 책
을 남겼고, 또한 제왕에게 간언을 잘했던 것으로도 유명하다. 그는 여러
차례 다른 나라에 파견되어 욕되지 않게 사명을 완수하여 국위를 선양하
는 등 보기 드문 업적을 남겼다. 그러나 이런 군자도 목적을 달성하기 위
해서는 음모를 꾸미지 않을 수 없었다.

한번은 노魯나라 소공昭公이 제나라를 방문했다. 제나라 경공景公은 이
기회에 외교 공세를 펼쳐, 노나라가 진晉나라와의 연맹을 끊고 제나라와
연맹을 맺게 하려 했다. 그래서 경공은 노나라 소공을 융숭히 대접했다.
연회에서 노나라 소공은 숙손사叔孫舍에게, 제나라 경공은 안자에게 각각
상례相禮를 맡게 했다. 제나라 경공 밑에는 용맹한 병사 세 사람이 서 있
었다. 그들은 경공이 평소 총애하던 심복이었다.

이 우람한 세 사람이 그곳에 가서 서니 안자의 외모가 비교되었다. 안
자는 화가 나지는 않았으나, 경공이 이들을 자신보다 더 신임하는 것 같
자, 자신과 같은 진정한 인재를 알아주지 않으니 인재가 더 이상 경공에
게 오지 않을 것이라고 생각했다. 그래서 그들을 제거할 생각을 하였다.

안자는 계책을 하나 떠올리고 경공에게 말했다.

"주공께서 희귀한 복숭아나무 몇 그루를 심으셨는데, 올해는 열매를
맺었을 테니 제가 복숭아 몇 개를 따서 두 임금님께 맛을 보여드려도 되
겠습니까?"

안자는 경공이 허락하자 직접 복숭아 여섯 개를 따 와서 경공에게 복
숭아가 아직 익지 않아 몇 개만 땄다고 말하고는 벌주놀이도 하였다. 그

는 복숭아를 노나라 소공과 제나라 경공 앞에 바치면서 말했다.

"복숭아가 아주 크고 희귀한 것이니 군왕께서 드시면 천세를 누리실 것입니다."

노나라 소공과 제나라 경공이 한 개씩 먹었다. 안자와 숙손사도 군주를 보좌하는 공이 상대에게 있다고 서로 칭찬하며 권했으므로 각자 한 개씩 먹었다. 이렇게 해서 복숭아 두 개가 남게 되었다.

안자가 제나라 경공에게 말했다.

"지금 두 개가 더 남아 있으니 아래의 대신 중에서 공로가 가장 큰 대신에게 복숭아를 먹게 하면 어떻겠습니까?"

제나라 경공이 동의하자 안자가 밑에 서 있던 대신들에게 각자 공로를 말해보라고 명을 내렸다.

제나라 경공을 호위하는 세 용사는 성미가 무척 급했다. 그 중 공손첩이란 사람이 한 발 앞으로 나오며 말했다.

"동산桐山에서 사냥할 때, 호랑이 한 마리가 나타나 주공을 덮치려고 하여 제가 호랑이를 때려잡았습니다. 주공의 생명을 구하였으니 제 공로가 크다고 할 수 있습니다!"

안자가 말했다. "주공의 생명을 구하였으니 공로가 큽니다. 복숭아를 먹는 것이 마땅합니다."

복숭아 한 개와 술 한 잔을 그에게 상으로 내리라고 안자는 경공에게 청했고, 공손첩은 감사의 예를 드리고 물러갔다.

그러자 힘이 장사인 고야자라는 사람이 한 발 앞에 나서며 말했다.

"호랑이를 때려잡은 것이 특별한 일입니까? 제가 주공과 황하를 건널 때, 커다란 악어 한 마리가 주공의 말을 물었습니다. 저는 그 악어와 죽기 살기로 싸워 죽였고, 결국 말을 구했습니다."

경공이 중간에 끼어들며 말했다.

"고야자가 아니었다면 내 말뿐 아니라, 내 생명도 보전하지 못했을 것이오."

제경공이 협곡夾谷(지금의 산동성)에서 공자를 만나 이야기를 나누고 있다.

안자가 듣고 경공에게 청하여 고야자에게 복숭아 한 개와 술 한 잔을 상으로 내리라고 하였다. 고야자가 술과 복숭아를 먹은 뒤 감사의 예를 드리고 물러갔다.

역시 힘이 장사인 전개강은 앞의 두 사람이 복숭아를 모두 먹어버린 것을 보고 화가 나서 큰 소리로 말했다.

"호랑이를 때려잡은 것과 악어를 죽인 것이 뭐 그리 대수입니까? 주공이 저에게 서徐나라를 치라고 하셔서 서나라 대장을 죽이고 적군 500명을 포로로 잡았으며 담나라와 영나라마저 우리에게 귀순했는데, 이 공로는 크지 않다는 것입니까? 저 둘과 비교해서 제가 복숭아를 먹지 못할 정도입니까?"

안자는 불난 집에 부채질하듯 말했다.

"새로운 땅을 개척한 것이 호랑이와 악어를 죽인 것보다 공로가 크지만 이미 복숭아를 다 먹어버렸으니 그대에게 술 한 잔을 상으로 내리도록 주공께 청하겠소!"

경공도 말했다.

"공로로 따지자면 그대가 가장 크지만, 애석하게도 너무 늦게 말했소!"

전개강은 분노하며 소리쳤다.

"제가 나라를 위해 영예를 떨치고 주공을 도와 적국을 쳤는데도 호랑이나 악어를 죽인 것보다 못한 사람이 되었으니, 어찌 여기서 얼굴을 들 수 있겠습니까!"

그는 말을 마치고 칼을 빼어 스스로 목숨을 끊었다.

이를 본 공손첩이 말했다.

"제가 보잘것없는 공로로 복숭아를 먹었으니 생각할수록 부끄럽습니다. 저도 살 수 없습니다."

말을 마친 후, 그 또한 칼로 목숨을 끊었다.

고야자도 큰 소리로 말하길 "우리 세 사람은 생사를 같이 하는 형제인데 두 사람이 죽었으니 내가 어찌 살아갈 수가 있겠습니까?"라고 하며 목숨을 끊었다.

이것이 중국역사상 유명한 이도살삼사二桃殺三士 이야기다. 복숭아 두 개로 세상을 뒤흔들 만한 영웅 셋을 죽인 셈이다. 복숭아의 힘이 아닌, 음모 때문이었다.

누가 송태조를 죽였는가

중국역사상 왕위 계승 문제 때문에 오랜 현안이 된 것은 아마도 송태종이 천자에 오른 사건일 것이다. 오늘날의 시각으로도 풀 수 없는 미스터리지만 수많은 단서로 추측해보면, 이것은 하나의 음모였다.

송태조 조광윤은 뛰어난 재능과 원대한 계책을 지닌 황제였다. 중국 통일이라는 대업을 완성하기도 전에, 아직 기력이 넘쳐 충분히 힘을 발휘할 수 있을 50세에 갑자기 세상을 떠났고 그의 동생 조광의趙匡義가 즉위했다. 이 사건에 대한 사료 기록은 추측에 의한 것이 많다.

조광의는 조광윤의 친동생인데, 형의 경제적 지원으로 공부에 전념할 수 있었다. 그래서 형보다 무공은 낮지만 학식은 월등했다. 조광윤이 후주의 금군 수령을 맡았을 때, 조광의는 핵심 인물로서 조광윤에게 큰 힘이 되었다. 진교 병변과 황포가신으로 조광윤을 황제에 옹립한 사건에서도 조광의는 주모자 노릇을 했다. 자신을 황제로 옹립한 공이 있었기에 조광윤도 친동생을 중시해서 그를 전전도우후, 영목주방어사에 임명했으며 후에는 개봉부윤開封府尹 직위를 주었다. 개봉부윤은 아주 중요한 관직으로서 독자적인 세력을 키우는 데 유리했다. 조광의의 세력이 얼마나 컸는지는 그가 즉위한 후 임용한 관리를 봐도 알 수 있다. 이 측근들도 조광의의 지위를 공고히 하는 데 큰 역할을 했다.

조광윤의 죽음에 관한 기록 중 관청에서 쓴 정통역사 『송사』宋史에는 상세한 내용이 없다. 그 원인은 아마도 송태종 조광의 이후의 북송황제가 모두 태종에게서 계승된 것과 관계가 있을 것이다. 당시 사관들은 사실을 분명히 밝히기를 원하지 않았고, 또 역사를 마음대로 바꾸기도 어려웠기 때문에 대충 넘어가는 것이 가장 좋은 방법이었을 것으로 추측된다. 그러나 야사의 기록과 전설은 아주 다양하다.

송대에 산에 은거했던 문옥文瑩이라는 노승이 쓴 『상산야록』湘山野錄이라는 책에 조광윤의 죽음이 기록되어 있다. 조광윤은 도술사의 말을 듣고 자신의 생이 다했음을 알고 난 후, 친동생 조광의를 궁으로 불러 후사를 논의했다고 한다. 병이 깊었던 조광윤은 환관과 궁인을 물린 뒤 조광의와 마주했다.

환관과 궁인이 멀리서 보니 촛불 아래서 조광의가 때때로 자리를 피해 달아나려고 하고 견딜 수 없이 흥분하기도 했으며 뭔가를 거절하며 받지 않으려는 모습을 보이기도 했다. 한참 뒤에 조광윤이 도끼를 들어 눈이 쌓인 땅에 내던지며 조광의에게 말했다.

"잘한다, 잘해."

이윽고 조광윤이 침소에 들었는데, 그날 밤 조광의도 궁에서 잠을 잤다. 조광윤은 잠이 들자 천둥치듯 코를 골았는데, 동이 크기 전에는 숨소리조차 들리지 않았다. 내시가 들어가 살펴보니 이미 죽은 지 한참 지나 있었다.

또 다른 전설은 다음과 같다. 조광윤은 후촉後蜀을 치고 데려온 후촉 왕의 화예부인花蕊夫人 비씨費氏를 총애했다. 조광윤은 죽기 전 어느 날 밤, 동생 조광의를 궁으로 불러 후계자 문제를 의논했고, 조광의는 궁에 남아 시중을 들었다. 조광의는 형이 잠든 것을 보고는 화예부인에게 집 적거렸다. 잠에서 깬 조광윤이 이를 보고 놀라 옥도끼로 조광의를 찍었 다. 황후와 태자가 큰소리를 듣고 급히 달려 왔을 때 조광윤은 이미 숨이 넘어가고 있었고 다음날 새벽녘에 세상을 떠났다.

조광의가 즉위한 것에 관해서도 여러 이야기가 있다. 어떤 이는 영전靈前에서 즉위했다고 하고, 어떤 이는 그렇지 않다고 주장했다. 조광윤은 자신의 병이 위중해지자, 환관 왕계륭王繼隆에게 아들 진왕秦王 조덕방趙德芳을 불러오도록 했다. 그런데 왕계륭은 오히려 개봉부로 달려가 조광의를 찾았다. 황후는 왕계륭이 돌아오자 급히 물었다.

"덕방이 왔는가?"

왕계륭은 "진왕晉王(조광의)이 오셨습니다"라고 대답했다. 조광윤과 황후 모두 크게 놀랐다. 황후는 울면서 조광의에게 말했다.

"우리 모자의 생명을 모두 황제에게 맡기겠습니다."

조광의는 황후를 위로하며 말했다.

"함께 부귀를 보전할 것이니, 걱정하실 필요 없습니다."

다른 전설인 '금궤지맹'金櫃之盟은 조광의가 황위를 계승한 것이 합리적이었다고 해석하고 있다. 부자간의 계승을 형제간으로 바꾼 것은 시대의 필연적인 귀결이었다는 것이다.

조보는 송나라의 개국공신으로 조광윤의 총애와 신임을 얻고 있었다. 그러나 그는 직권을 이용하여 불법적인 일을 많이 저질렀다. 조광윤이 이 사실을 알고 난 후 그를 재상에서 면직시켰고, 그는 태종 조광의가 즉위한 후까지도 여전히 뜻을 펴지 못했다. 그래서 조보는 '금궤지맹'을 생각해낸 것이다. 조광의는 즉시 사람을 시켜 그가 말한 금궤를 찾아오도록 하였다. 결국 금궤를 발견하고 책을 얻었는데, 과연 조보가 말한 대로였다.

태조 건륭 2년, 황태후 두씨杜氏는 병이 위중해지자 조광윤과 조보를 불러들이고 조광윤에게 물었다.

"그대는 이 송조의 천하를 어떻게 얻었는지 아십니까?"

조광윤은 모두 조상들과 태후의 공덕 덕분이라고 대답했다. 그러자 황태후가 말했다.

"그렇지 않소. 이것은 시柴씨가 어린 아이와 홀어머니에게 정권을 맡긴 까닭입니다. 만약 후주後周에 나이 많은 군주가 세워졌다면 그대가 후주의 천하를 손에 넣을 수 있었겠습니까? 그대 뒤를 이을 황제는 마땅히 광의여야 합니다. 광의는 다시 광미光美에게 승계하고, 광미는 다시 덕소德昭에게 승계해야 합니다. 그대가 만약 이렇게 승계할 수 있다면 송조가 나이 어린 군주를 세우지 않게 되니 세상의 크나큰 복이 될 것입니다."

조광윤은 모친의 가르침을 거역하지 않을 것이며 자기 다음에는 반드시 동생에게 승계할 것이라고 했다. 태후가 조보에게 이 말들을 기록하게 했고, 이 기록을 금궤 안에 넣어 믿을 만한 궁인에게 보관하게 했던 것이다.

그러나 송나라 사람들은 이 전설을 믿지 않았다. 조보가 거짓으로 만들어낸 '금궤지맹'에 의지하여 조광의의 중용을 받으려 했는지는 알 수 없다. 그러나 어쨌든 조광의는 자신의 즉위에 대한 여론의 지지를 얻었기 때문에 매우 기뻐했다. 결국 도끼 그림자와 '금궤지맹' 이야기는 오랫동안 미스터리가 되었다.

사실 상식적으로 보면 이는 하나의 음모라는 것을 알 수 있다. 우선 태조 조광윤이 동생에게 승계할 생각이었다면 공명정대하게 세상에 공개할 수 있었다. 둘째, 그 '금궤지맹'으로 후계자가 일찍 정해졌다면 굳이 조광의가 즉위한 지 5, 6년이 지나서야 공개될 리가 없었다. 셋째, 조보가 금궤를 보관하고 있었다면 왜 조광의가 즉위할 때 이를 공개하지 않았는가 하는 점이다. 아마도 발생할 수도 있을 만일의 사태를 예측하고 위기를 피해 가려 했을 가능성이 높다.

이런 점들로 미루어 볼 때, 조광의가 형을 죽이려 하지는 않았다고 해도 형이 병든 틈을 타 황제자리를 빼앗을 기회를 노려 음모를 꾸민 것은 틀림없다.

임신한 아내를 왕에게 바친 춘신군

야심이 큰 사람은 권력을 빼앗기 위해 무슨 일이라도 할 수 있다. 전국시대 때 춘신군春申君의 '이화접목'移花接木이 그 가운데 으뜸이라고 말할 수 있다. 춘신군은 전국시대 사공자 중의 한 사람이다. 그는 초왕楚王을 위해 많은 미녀를 바쳤지만 모두 아이를 낳지 못해서 매우 초조했다. 그는 이 걱정거리를 문객인 이원李園에게 말했다.

이원은 좋은 방법을 생각해냈다. 이원은 춘신군에게 고향 조趙나라에 다녀온다고 거짓말을 하고는 기한이 지나서야 돌아왔다. 춘신군이 그에게 왜 늦었느냐고 묻자 이원이 대답했다.

"모두 제 여동생 언언嫣嫣 때문입니다. 동생의 용모가 예뻐서 제齊나라 사람들까지 와서 청혼을 하는 바람에 별 수 없이 집에서 며칠 더 묵었습니다."

춘신군이 이 말을 듣고는 내심 언언이 미녀라고 여기고 그녀를 첩으로 들이고 싶다는 뜻을 비쳤다. 뜻밖에도 이원이 흔쾌히 승낙하고는 언언을 춘신군에게 시집보냈다. 실제로 무척 아름다웠던 언언은 3개월 만에 임신을 했다.

하루는 언언이 춘신군에게 말했다.

"당신은 20여 년이나 재상을 했지만 초왕은 세상을 떠나면서 그의 형제에게 보위를 물려줄 것입니다. 그리고 당신은 많은 사람들의 미움을 샀으니 목숨을 보전하기 어려울 것입니다!"

그 말을 들은 춘신군은 한숨만 쉴 뿐 마땅한 대비책을 찾지 못했다. 언

전국시대 사공자 가운데 한 사람인 춘신군은 자신의 아이를 임신한 애첩 언언을 초왕에게 바쳤다. 초왕은 언언이 사내아이를 낳자 태자로 책봉했다. 그러나 춘신군은 아들이 왕이 되는 것을 보지 못하고 비참한 최후를 맞았다.

언이 그를 달래며 말했다.

"제게 한 가지 계책이 있습니다. 화도 피하고 복도 얻을 수 있습니다만, 단지 입 밖에 내기가 송구스럽습니다."

춘신군이 계책을 듣고 싶어 재촉하자 언언이 말했다.

"제가 지금 임신을 했으니, 저를 대왕께 바치십시오. 하늘이 도와 사내아이를 낳는다면 이 나라의 군주가 될 수 있습니다. 당신의 혈육이 초왕이 된다면 걱정하실 것이 무엇입니까? 이것이 꽃을 옮겨 나무에 붙이는 이화접목移花接木의 계책입니다."

춘신군은 권력을 위해서 그녀를 초왕에게 바쳤다. 언언은 곧 사내아이를 낳았는데 쌍둥이였기에 초왕은 첫째를 태자로 책봉했다.

생각지 못한 화

얼마 후 초왕이 병이 들자 춘신군은 더할 수 없이 기뻐하며 자기 아들이 초왕이 되기만을 기다렸다. 하루는 문객 주영朱英이 와서 그에게 말했다.

"세상이 생각지 못한 복이 있고, 생각지 못한 화가 있으며, 또 생각지 못한 사람이 있습니다!"

춘신군이 그의 말을 알아듣고 더 자세히 말하라고 했다. 주영이 말했다.

"만약 대왕이 돌아가시고 소왕小王이 즉위하시면 당신은 바로 이윤伊尹이나 주공周公이 되는 셈이니, 이는 생각지 못한 복입니다. 그러나 외삼촌 이원이 표면상으로는 당신에게 아주 공손하지만 등 뒤에서는 무사들을 키우고 있으니 자신과 여동생을 위해 당신을 놓아주지 않을 것입니다. 이것이 생각지 못한 화입니다. 당신을 대신해서 제가 이원과 상대하여 당신이 이원의 손아귀에 들어가는 것을 막아주겠습니다. 바로 제가 생각지 못한 사람입니다!"

이 말을 들은 춘신군은 "이원 따위가 어떻게 감히!"라며 화를 냈다. 주영이 웃으며 말했다.

"뜻밖에 당신도 생각지 못한 사람이군요!"

주영은 춘신군이 자신의 말을 듣지 않자 다른 나라에 가서 은거했다.

며칠 후 초왕이 죽자 이원은 사람을 시켜 춘신군에게 그 사실을 보고하게 했다. 소식을 들은 춘신군이 궁에 들어가자 이원이 무사들에게 명하여 그를 포박한 후 말했다.

"태후의 밀명이다. 모반을 하였으니 죽어 마땅하다."

이렇게 하여 춘신군은 멸족의 화를 당하였다.

궁정 안은 실로 깜짝 놀랄 만한 음모가 가득한 곳이다. 보통 사람, 정상적인 사람은 상상도 할 수 없고 이해할 수도 없다. 사실 하찮은 일에 크게 놀랄 필요는 없다.

세상에서 가장 부도덕한 곳이 두 곳 있는데, 하나는 기방이고 다른 하나는 궁정이다. 기방은 사회 최하층으로 오로지 돈만 된다면 사람의 피륙이라도 내다 파는 형편이니 무슨 도리를 말할 수 있겠는가! 궁정은 사회의 최상층으로 오로지 권력만을 좇아 영혼이 필요 없으니 무슨 도덕과 신의를 말하겠는가! 궁정과 기방은 사회의 양극단이다. 그러나 사실 똑같은 곳이다.

중국 봉건사회의 정치는 음모정치라고 말할 수 있다. 이런 음모들이 밝혀져서 대중이 널리 알게 되었다면 황제와 조정대신들은 정신 차리게 되었을 것이고, 적어도 소위 궁에 대한 신비감은 줄어들었을 것이다.

폭력으로 권력을 강화하다

맹자는 어진 정치를 하여야 천하를 얻을 수 있고,
천하를 지킬 수 있다고 말했다. 그러나 이 만고불변의 진리가
실제 현실에서 적합한지는 심사숙고해봐야 한다.

삼황오제三皇五帝의 전설로부터 시작하여 3, 4천 년의 역사를 거치는 동안 중국인들은 3, 40개의 왕조를 거쳤다. 그 중에서 권력을 공고히 하기 위하여 사람을 가장 많이 죽인 개국 황제는 아마도 명태조 주원장일 것이다.

속담에 "천자가 바뀌면 신하도 다 바뀐다"는 말이 있지만 믿을 만한 것이 못 된다. 천자가 신하를 다 바꾸면 통치기반이 안정되지 못하므로 개국공신 처리 문제는 아주 중요할 뿐만 아니라 골칫거리였다.

"군주를 따르는 것은 호랑이를 따르는 것과 같다"라는 말은 일리가 있다. 호랑이는 동물의 왕이니, 호랑이를 군주에 비교한다면 잔인무도한 자가 정권을 잡는다는 뜻이 숨어 있다. 이 말을 처음 한 사람은 역사에 관해 잘 알고 있었을 것이다.

개국황제는 왜 황위를 계승하는 자보다 정권을 더욱 공고히 해야 했을까? 개국할 당시에는 흙탕물 속에 물고기와 용이 섞여 있듯 각양각색의 사람들이 섞여 있을 가능성이 높다. 이를 깨끗이 처리하지 않으면 장차 큰 화를 당할 수 있다. 사실 이치는 간단하다.

첫째, 개국할 때는 장차 황제가 될 인물을 도와 천하를 얻게 하지만 개국공신이 되면 권력과 영토를 가지게 되어 언제 반역을 꾀할지 모르는

명태조 주원장은 평민 출신으로 제왕이 된 입지전적 인물이다. 홍건적의 장수 곽자흥의 부하가 되면서 두각을 나타내기 시작했고, 이후 각지의 군웅들을 굴복시켜 명나라를 세웠다.

것이다.

둘째, 개국 기간 동안 수많은 사람들이 병권을 장악했고 명망도 높아지기 때문에 만약 죽이지 않는다면 지위가 높아져 군주를 뒤흔들게 된다. 재주와 능력이 있으면 군주를 누르게 되며, 또 권력이 커지면 군주를 업신여기게 되는 이유로 장차 후환이 생기기 때문이다.

세 번째 이유는 장기적으로 자손을 위해서이다.

지팡이의 가시를 떼는 이유

자손을 위한 계책에 대해서는 주원장이 일으킨 작은 사건이 가장 좋은 설명이 될 것이다. 주원장이 개국공신 이선장李善長에게 사약을 내리자, 태자 주표朱標가 주원장에게 간언했다.

"폐하가 죽인 사람이 너무 많습니다. 화합을 저해할까 두렵습니다."

주원장은 그러나 한마디도 하지 않았다. 다음날 그는 태자를 불러 가시가 잔뜩 박혀 있는 지팡이를 땅에 던져놓고는 이를 줍게 했다. 태자가 난감한 표정을 짓자 주원장이 웃으며 말했다.

"지팡이에 있는 가시가 너의 손을 상하게 하겠지만, 가시를 없애버리면 걱정할 필요가 없다. 나는 너를 대신하여 지팡이의 가시를 제거해주기 위해 지금 공신들을 죽이려는 것이다. 내 뜻을 이해하지 못하는 것은 아니겠지?"

평소에 성현의 책을 많이 읽은 태자는 부친의 말을 듣고는 동의하지 않는다는 듯 고개를 쳐들고 말했다.

"위로는 요순堯舜 임금이 계시고, 아래로는 요순의 백성이 있습니다."

이 말은 주원장이 폭군이라는 뜻이었다. 주원장은 화가 나서 앞에 있던 책상을 들어 태자에게 던졌다. 그러자 태자는 당황하여 품고 있던 물건을 바닥에 던지고는 급히 달아났다. 주원장이 그것을 집어 들고 펴보니 「부자도」負子圖였다. 그래서 태자의 죄를 더 이상 추궁하지 않았다.

주원장은 명나라를 세우는 과정에서 진우량陳友諒과 대전을 벌였는데, 그는 20만 대군으로 진우량의 60만 대군과 싸웠다. 형세가 아주 위급하여 마황후馬皇后가 태자를 등에 업고 싸울 정도로 긴박한 상황에서도 태자의 안전을 최우선시했다. 결국 진우량을 크게 물리친 주원장은 사람을 시켜 「부자도」를 그리게 하여 이 험난했던 과정을 기념했다. 다행히 이 「부자도」가 태자의 생명을 구한 것이다. 그렇지 않았다면 태자는 목숨이 백 개라도 보전할 수 없었을 것이다. 이 사건으로 우리는 개국황제가 공신을 제거해야 하는 깊은 뜻을 알 수 있다.

명나라 초기, 주원장은 침식을 잊고 나라를 돌보았다. 매일 아침 일찍부터 밤늦게까지 대신들을 접견하고 상주문을 읽느라 오락이나 여가 활동을 전혀 하지 못했고 의식주도 아주 검소했다.

주원장이 아무리 그렇게 해도 전쟁 중에 떠오른 신흥 지주와 관료들은 갖가지 방법으로 부정을 저지르고 농민을 착취했다. 주원장을 따라 남으로 북으로 전쟁을 하러 다녔던 공신 원로와 장수들 또한 자신들의 공만 믿고 전횡을 일삼거나 불법을 저지르며 농민들을 수탈했다. 그러자 평안해졌던 농민들도 다시 불만이 커져 곳곳에서 소규모 반란을 일으켰다. 게다가 북방에 남아 있던 원나라의 잔당세력이 아직도 소란을 피웠고, 동남 해안 일대에는 왜적이 출몰하였기에 이제 막 세워진 명나라는 내우외환에 시달렸다. 이런 상황에서 주원장은 권력을 공고히 하는 조치를 취하지 않을 수가 없었던 것이다.

입을 열면 죽는다

주원장이 권력을 강화하는 조치 가운데 첫 번째로 실시한 것은 행정기구에 대한 개혁이었다. 중서성中書省과 대도독부大都督府의 권력을 축소시키고, 행정과 군사라는 두 주요부문을 몇 개로 나누고, 친왕親王을 각 지역의 감군監軍으로 내보냈다. 이렇게 해서 대권은 황제 한 사람의 수중에 집중되었다.

두 번째는 도찰원都察院을 세운 것이었다. 도찰원은 하부 기관으로 13개 도에 감찰어사를 두고, 엄격하게 법률을 시행하였다. 도찰원의 권력은 백관의 행실을 규찰하는 것이었다. 감찰어사의 관품은 비록 7품밖에 안 됐지만, 무슨 말을 해도 상관없었고 어떤 고위 관리라도 고발할 수 있었다. 간사한 대신, 전횡을 일삼고 모함하기 좋아하는 소인배 그리고 사람들의 눈과 귀를 어지럽히거나 뇌물을 받고 법을 어기며 제도와 학술, 풍기를 문란하게 하는 것은 모두 규탄의 대상이 되었다.

『명률』明律에 실린 많은 규정을 오늘날의 시각으로 보면 매우 잔인하게 여겨진다. 예를 들어 간사하게 참언하면 죽을 죄를 짓지 않았더라도 참형에 처해졌다. 어떤 사람이 죽을 죄를 지었더라도 교묘히 간언하여 당사자가 사형을 면하게 되어도 진언자는 참형에 처해졌다. 설사 형률을 관장하는 관원일지라도 상사 관원의 지시에 따라 죄과의 형벌을 경감시키거나 가중시키면 역시 사형에 처해졌고 그 처자는 관노가 되었으며 가산은 몰수당했다.

주원장은 탐욕과 부패가 국가의 생사존망과 직접적인 관련이 있다고 생각했다. 이 부정행위를 없애지 않으면 바른 정치를 하고 싶어도 절대로 할 수 없다고 생각한 그는 엄한 법률을 제정했다.

관리는 반드시 청렴해야 하고 공무를 중히 여겨야 했으며 출장으로 관용 마차를 타더라도 개인 재물을 가져갈 수 없고 의복 등은 10근을 초과하여 실을 수 없었는데 5근이 초과할 때마다 10대의 태형이 가해졌고 최고 60대까지 태형이 가능했다. 탐관오리는 가벼운 죄라도 북방 변방지역에 보내졌고, 부정의 액수가 은자 60냥을 넘으면 효수梟首, 박피剝皮, 실초實草 형에 처해졌다. 구체적으로 말하자면 법을 어긴 관리는 목을 베고 나서 살가죽을 벗기고 머리를 장대에 매달았다. 그리고 지푸라기를 넣은 살가죽을 관아의 문 옆 토지 신의 사당에 놓거나 혹은 공무를 보는 자리 옆에 벌려놓게 하였다. 이는 물론 부정을 저지르지 말라는 경고의 뜻이었다. 주원장의 이 방법은 인도적이지는 않았지만 아주 효과적이어서 시행한 지 얼마 안 되어 관리들의 집무 태도가 많이 호전되었다.

그러나 이런 가운데서도 여전히 몇몇 관리들은 대담하게 부정행위를 저질렀다. 홍무 18년(1385) 이사와 호부시랑 곽환이 탐관오리로 고발되자, 주원장은 신속하게 현장 조사를 실시하여 장물 식량 7백만 석을 몰수했다. 주원장은 크게 노하여 법에 따라 죄를 물었다. 육부六部 좌우시랑의 관리 모두가 고문을 당했고 수많은 사람들이 연루되었으며 결국 관리와 지주를 포함하여 수만 명이 죽음을 당했다. 이렇게 엄격한 형법 운용이 결합된 종합적인 관리체제하에서 홍무 연간의 관리들은 새로운 면모를 보였다.

세 번째는 관리에 대한 특무 통치이다. 주원장은 순검사巡檢司와 금의위錦衣衛를 설립하였다. 순검사는 전국 각지의 행인들의 왕래를 조사하는 책무를 맡았다. 모든 사람들은 반경 백 리 안으로 활동범위를 제한받게 되었다. 그 밖을 나가려면 미리 통행허가를 받아야 했는데, 이는 백성들이 모반하려는 것을 방지하기 위한 조치였다.

금의위는 여러 관리의 동정을 감시하는 책무를 맡았다. 거리에 금의위가 넘쳐나니 관리와 백성의 말 한마디, 행동 하나하나가 모두 황제에게서 벗어날 수 없었다.

한번은 박사博士 전재錢宰가 조정을 파하고 집으로 돌아가는 길에 되는대로 지껄인 적이 있다.

"사방에 북이 둥둥 울리면 일어나 예복을 입고 아침에 조정에 나아가니, 황제는 내가 늦는 것을 싫어하네. 언제 일을 마치고 전원으로 돌아가 즐겁게 놀까. 밥이 다 지어질 때까지 잠이나 자자."

그가 이튿날 조정에 나가니, 주원장이 말했다.

"어제 아주 좋은 시를 지었구려! 그러나 짐은 그대를 싫어하는 것이 아니니, 싫어한다는 말 대신에 걱정하는 것으로 고치면 어떻겠소?"

전재는 급히 머리를 조아리며 식은땀을 흘렸다. 다행히도 주원장은 자신이 모르는 것이 없다는 것을 신하들에게 드러내려고만 했고 그의 죄를 추궁하지 않았으니 전재는 정말 운이 좋았다고 할 수 있다.

어느날 이부상서吏部尚書 오림吳琳이 고향에 돌아간다고 황제에게 아뢰었다. 무슨 작은 일도 일으킬 만한 사람이 아니었지만 주원장은 마음을 놓을 수 없어서 금의위를 보내 그를 감시하게 하였다.

오림의 고향에 도착한 비밀관원이 모를 심고 있던 늙은 농부에게 물었다.

"퇴직한 오림이 사는 곳이 여기입니까?"

그 노인이 손을 흔들며 대답했다.

"내가 바로 그 사람이오."

주원장이 이 소식을 듣고 그에게 딴 마음이 없음을 알고는 아주 기뻐하며 그에게 상을 내렸다.

대학사 송렴宋濂은 저명한 학자로서 주원장에게 충성을 바쳤다. 하루는 송렴이 집에 손님을 초대했다. 비밀관원이 연회에 참석한 사람에서부터 음식에 이르기까지 모든 것을 주원장에게 보고했다. 이튿날 송렴이 조정에 들어가자 주원장이 손님 초대와 음식에 대해 물었다. 송렴이 초대한 손님과 음식에 대해 하나하나 사실대로 대답하자 주원장이 매우 만족해했다.

"그대는 나를 속이지 않는구려!"

국자감제주國子監祭酒 송눌宋訥이 하루는 집에서 화를 냈다. 그를 감시하던 사람은 그가 황제에 대해 불만이 있다고 생각하여 그 모습을 그려 주원장에게 바쳤다. 다음날, 조정에서 주원장은 그에게 왜 화를 냈는지 물었다. 송눌이 해명을 했는데 주원장은 그가 화를 낸 이유가 조정의 일과는 무관하다는 것을 알고서야 더 이상 추궁하지 않았다. 송눌은 아주 이상하게 여기며 주원장에게 어떻게 집안의 일을 알고 있는지 물었다. 태조가 그림을 꺼내 보여주자, 송눌은 놀라 쓰러질 지경이었다.

이렇게 주원장이 신하의 일거수일투족을 모두 파악하였기에 신하들은 하는 일마다 질책을 받을까 전전긍긍했다. 그러니 어떻게 신하 된 마음으로 그에게 복종하지 않을 수 있었겠는가?

전국을 뒤덮은 필화사건

주원장은 또한 여론을 철저히 통제했다. 그는 자신이 지극히 높은 위치에 있다는 사실을 사람들의 머릿속에 깊이 새겨놓았다.

주원장은 출신이 미천했다. 그의 집안은 대대로 지주 밑에서 농부로 생계를 꾸렸으며 주원장 본인은 중이 된 적도 있었다. 주원장은 황제가 되었으나 출신이 당시 황제의 기준에 부합되지 않았기 때문에 백성들로부터 정통성을 인정받지 못했고, 특히 수많은 귀족 출신 문인들은 주원장을 깔봤다. 조정의 관리를 하라고 해도 그들은 거부했다. 그래서 주원장은 이 문인들에 대해 조금도 미련을 갖지 않았다.

예를 들어 귀계貴溪 유사儒士 하백계夏伯啓와 그의 숙질 두 사람은 이런저런 핑계를 대며 관직을 맡지 않았다가 결국 손가락이 잘렸다. 주원장이 특별히 그들을 불러 면전에서 물었다.

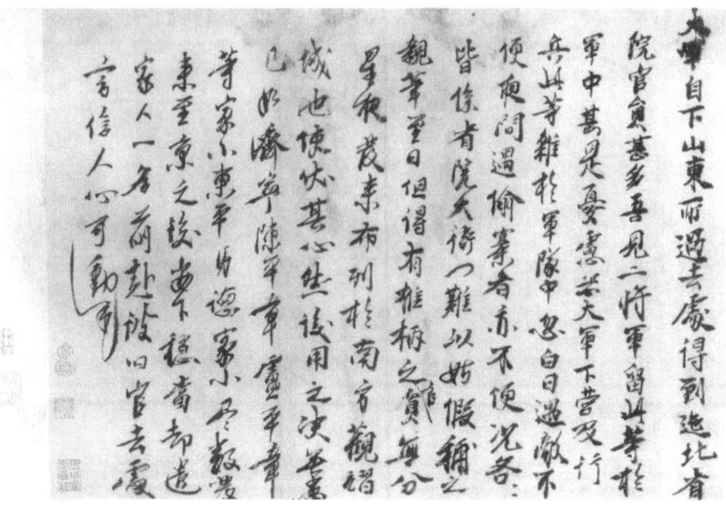

명태조 주원장의 필적. 그는 비천한 출신 때문에 열등감에 시달렸다.
그리하여 여러 필화사건을 일으켜 많은 문신들을 사형에 처했다.

"과거 세상이 어지러울 때 그대들은 어디에 살았소?"

"홍건적紅巾賊 무리가 나라를 혼란스럽게 할 때, 저희들은 사천 민강과
강서 공강 일대에 살았습니다."

주원장은 갑자기 크게 화를 냈다. 자신이 홍건군을 일으켰는데 하백계
가 감히 홍건군을 '도적'賊이라고 부른 것이었다. 즉시 그들을 사형에 처
하라는 명이 내려졌다. 보통 징집에 응하지 않거나 정부에 협조하지 않
는 지식인은 일률적으로 목이 잘리고 재산이 몰수되었다.

주원장은 문자로 자신의 비위를 거스르는 것은 싫어했으나 취향에 맞
는 시나 문장은 좋아했다. 한번은 주원장이 미복하고 잠행하였는데 강
회江淮 다옥사多玉寺에 이르러 절 안의 '다선다옥여래'多宣多玉如來라는 불
호佛號를 보고는 시중에게 말했다.

"절 이름이 다옥多玉이니, 많은 다옥여래多玉如來가 있구나."

수행하던 학사 강회소江懷素가 태조가 여러 신하를 시험하는 것을 알고
서 비위를 맞추며 말했다.

"국호가 대명大明이니, 다시는 대명大明한 황제皇帝는 없습니다."

주원장이 듣고 크게 기뻐하며 강회소를 이부시랑吏部侍郞으로 승급시
켰다.

어느 날 주원장은 강회 일대에서 예전의 친구 진군좌를 만났다. 주원
장은 그를 데리고 회양淮揚 일대를 돌아다녔다. 하루는 주원장이 작은 가
게에서 밥을 먹으면서 생각 없이 입을 열었다.

"작은 가게에 술잔 세 개와 다섯 잔 정도의 술만 있을 뿐, 아무것도 없
구나."

진군좌가 대꾸했다.

"대명군주大明君主가 나라를 통일하였기에, 남과 북이 나뉘지 않았습
니다."

주원장이 크게 기뻐하며 그를 문학시종대신文學侍從大臣으로 삼으려 했
으나 진군좌는 혼자 떠돌아다니는 생활이 좋다며 거절했고, 주원장도
강권하지는 않았다.

주원장은 며칠 후 한 선비를 만났는데, 그의 문장에 풍류가 있기에 몇
마디 이야기를 나누었다. 그가 중경부감생重慶府監生이라는 것을 알게 된
주원장은 그에게 대구를 지으라고 명하면서 먼저 전련前聯을 말했다.

"천리 안에는 중요한 지역으로, 물이 많고 산이 겹겹으로 둘러싸인 중
경부가 있네."千里爲重, 重水重山重慶府

그 선비가 곧바로 말했다.

"한 사람이 위대하니, 큰 나라 대국의 명군일세."一人爲大, 大邦大國大明君

주원장이 듣고 크게 기뻐하며 다음날 사람을 보내 천 냥의 황금을 상
으로 내렸다.

만약 무의식중에라도 주원장의 노여움을 사게 되면, 당사자는 저지르
지도 않은 혐의를 받고 죽었다. 예를 들어 위씨현尉氏縣의 교유敎諭 허원許
元이 『만수하표』萬壽賀表의 "체건발곤"體乾發坤이라는 구절에서 '발곤'發坤
을 머리를 깎는다는 뜻의 '발곤'發髡으로 읽었다. 주원장은 이는 자신이

중이었던 것을 풍자하는 것이라고 의심하고 그를 처형했다.

회경부학懷慶府學 훈도訓導 여예呂睿가 지은 『사사마표』謝賜馬表에 나오는 '제비'帝扉에서 황제의 문이라는 뜻의 '제비'帝扉는 황제가 아니라는 뜻의 '제비'帝非라고 읽을 수도 있었기에, 주원장은 여예의 목을 베어버렸다.

호주毫州 훈도 임운林云이 지은 『사동궁사연전』謝東宮賜宴箋의 "식군부이반작록"式君父以班爵祿 중, '식군부'式君父는 '실군부'失君父라고 읽을 수 있었다. 상부현祥府縣 학유學諭 가저賈翥가 지은 『정단하표』正旦賀表의 "취법상위"取法象魏 중, '취법'取法을 '머리를 자르다'라는 뜻의 '거발'去發로 읽을 수 있으므로, 주원장은 이를 자신에 대한 불경이라고 여겨 모두 사형에 처했다.

문인들은 설이나 명절이 올 때마다 성은에 감사하는 상주를 올려 공덕을 찬양하는 말을 써야 했는데, 이 일로 여러 사람이 큰 재앙을 당했다.

가장 황당무계한 일을 당한 사람은 항주杭州 학부교수學府敎授 서일기徐一夔였다. 그가 관부에 초안한 『하표』賀表에 "광명의 천하에 하늘이 성인을 내서 세상의 모범으로 삼았다"光天之下, 天生聖人, 爲世作則라는 구절이 있었다. 이것은 극진하게 찬양하는 말이지만, 주원장이 보고는 크게 노하여 말했다.

"'생'生은 '승'僧(중국 음으로 생과 같다)이다. 이것은 내가 중이었던 것을 욕하는 것이고, '광'光은 즉 '독'禿이다. 내가 대머리라는 것이고, '즉'則은 '적'賊에 가까우니 내가 도적이라는 말이다."

알랑거리며 주원장의 비위를 맞추고자 했던 이 교수는 죽음을 피할 수 없었다. 이렇게 엄격한 필화의 통치하에 문인 학사들은 기를 펴지 못한 채, 장광설을 늘어놓기는커녕 평상시 말하고 글을 쓰는 것에도 조심해야 했다. 그렇지 않으면 언제 목이 날아갈지 몰랐다.

주원장은 이런 수단으로 관리를 다스리고 통치를 공고히 했으며 자신의 위신을 세웠다. 물론 모반을 하거나 말을 듣지 않는 공신은 가만 놔두지 않았다. 호유용胡惟庸 모반 사건과 남당대옥藍党大獄은 명조의 두 차례 큰 옥고였을 뿐 아니라 중국 역사에서도 매우 유명한 사건이다. 이 두 차례 옥고로 인해 4, 5만 명이 죽음을 당했고, 조정의 관리는 거의 사라졌다. 이때부터 주원장의 권력은 공고해졌고, 손을 찌르는 가시몽둥이의 억센 가시가 확실히 제거되었다.

한 번에 3만 명을 처형한 명태조 주원장

명나라 개국공신인 무신 가운데 공이 혁혁한 인물로 서달徐達·상우춘常遇春, 문신으로는 이선장李善長·유기劉基를 들 수 있다. 유기는 기인으로 세상사에 도통하여 모르는 것이 없었다. 이 때문에 주원장이 하사한 관직을 여러 차례 거절하며 받지 않았다. 그는 주원장의 성품이 각박하여 너그럽지 못하기 때문에 그와 오래 일하다가는 죽음을 면치 못할 것을 알고 있었다. 한편 이선장은 우승상右丞相의 관직에 올라 한국공韓國公에 봉해져 의기양양해 있었다. 주원장은 그에 대해 점점 불만을 품게 되었고, 이선장을 갈아 치우고 유기를 대신 앉히려고 하였다.

이 사실을 안 유기가 말했다.

"선장은 공이 있는 노신老臣입니다. 장수들과의 인간관계가 좋으니 지금은 그의 관직을 박탈하지 마십시오."

주원장이 듣고 이상히 여겨 되물었다.

"선장이 그대의 단점을 여러 차례 말하였는데, 그대는 어쩐 일로 선장의 장점을 말하는가? 그대를 선장 대신 우승상에 봉하려 하는데 어떠시오."

유기가 머리를 땅에 닿도록 숙이고 말했다.

"재상을 바꾸는 것은 궁전의 기둥을 바꾸는 것과 같습니다. 큰 목재를 써야지, 작은 목재를 쓰면 부러지거나, 부러지지 않더라도 쓰러지게 됩니다. 소인은 작은 목재이온데, 어찌 우상을 맡을 수 있겠습니까?"

그러자 주원장이 물었다.

"양헌楊憲은 어떠한가?"

유기가 말했다.

"헌憲은 재상감이긴 하나, 그릇이 못 됩니다."

"그럼 왕광양汪廣洋은 어떠한가?"

"헌憲보다는 못 합니다."

주원장이 다시 물었다.

"호유용은 어떻겠소?"

유기는 급하게 고개를 저었다.

"안 됩니다. 아직 햇병아리인데 중용하시면 군대를 잘못 통솔하여 수레바퀴가 파열되고 농민의 쟁기가 부서져서 화가 적지 않을 것입니다."

얼마 후, 양헌은 무고한 죄로 죽음을 당했고, 이선장도 재상에서 파직당하였지만, 호유용은 점점 직위가 올라가 승상이 되었다. 호유용은 유기가 자신을 평한 이야기를 전해 듣고는 그에게 원한을 품게 되었다. 그는 유기의 아들을 모함하였고, 유기도 해치려고 했다. 이로 인해 유기는 화병이 생겼고 주원장은 그를 청전으로 내보냈다. 유기는 얼마 후 세상을 떠났다.

유기가 죽은 후, 호유용은 더욱 득의양양해져서 방자하여 거리낄 것이 없었다. 권력을 전횡하였고, 조정의 관리를 죽이고 살리는 문제와 승진과 파면의 일을 천자에게 아뢰기 전에 자신이 결정하였다. 상주문이 올라오면 먼저 읽어본 후 자기에게 불리하면 숨겨두고 황제에게 보고하지 않았다. 조정의 권력층과 이익 집단이 호유용에게 앞 다투어 붙으니, 그의 집에는 금은보화가 넘쳐났다.

위국공魏國公 서달이 이를 곱지 않게 보았고, 주원장에게 비밀문서를 올려 호유용을 없애야 한다고 간언했다. 주원장은 서달의 말을 믿지 않았고 오히려 호유용에게 이 사실을 알렸다. 이 때문에 호유용은 서달에게 원한을 품었다. 호유용은 비밀리에 서달 집안의 문지기를 매수해서 서달을 무고하게 하였다. 그러나 공교롭게도 일이 성사되지 않았다. 호유용은 오히려 주원장의 의심을 사서 화를 입을까 봐 매일 조정에 갈

서달은 주원장이 명나라를 세우는 데 큰 공을
세운 개국공신이다. 호유용이 권력을 전횡하자
주원장에게 비밀문서를 올려 호유용을 없애야 한
다고 간언했다.

때마다 마음이 조마조마했다. 며칠 동안 아무 일이 없자 그는 마음을
놓았다.

호유용은 이때부터 신중해졌다. 그는 자신이 의지할 만한 곳을 찾다가
이선장을 염두에 두었다. 이선장은 승상이 아니었지만 주원장은 그를
아주 중시하여 궁정에 자주 드나들게 하였다. 호유용은 이선장의 동생
이존의의 아들에게 자신의 딸을 시집보냈다. 호유용은 이선장이라는 든
든한 버팀목이 생겼지만 우쭐대지 않았다.

그즈음 정원定遠에 있는 호유용의 고향집 우물 속에서 갑자기 죽순이
수 척이나 자라났다. 권세 있는 자에게 아부하며 빌붙는 무리들은 이를
대길조라고 주장했고, 어떤 이는 호유용의 집에 있는 조상의 무덤에 매
일 밤 붉은 빛이 하늘을 밝혀 멀리까지 보인다고 하였다. 호유용은 이를
길조라고 여기며 의기양양해했다.

마침 그때 덕경후 요영충이 황제의 용과 봉황 무늬 의장을 마음대로
사용하다가 적발되어 사약을 받았다. 평요 훈도 엽백거가 주원장에게 간
하는 글을 올려서, 토지 분봉이 너무 많고 형벌이 너무 빈번하며 천하를
다스리는 마음이 너무 박절하다고 말했다. 주원장은 크게 노하여 그를

옥에 가두고는 굶겨 죽였다. 안길후 육중정은 마음대로 공무용 수레를 탔다가 처벌당했다.

왕광양은 재상직에서 물러난 지 여러 해가 지났으나 호유용의 추천으로 다시 재상에 등용되었다. 그러나 얼마 후 유기 사건으로 폄적되었다. 왕광양은 호유용의 불법행위를 알게 되었지만 입을 다물고 있었다. 왕광양은 두 번째로 재상에서 파직된 후 운남으로 보내졌다가 결국 사약을 받았다. 조정 관리들이 계속 파직을 당하자 인심이 흉흉해졌고 관리들은 언제 화가 자신에게 미칠지 몰라 두려워했다. 특히 호유용은 왕광양이 죽음을 당한 것에 충격을 받았다. 그는 주원장이 언젠가는 자신을 처벌할 것이라고 생각하여 모반할 결심을 했다.

호유용은 주원장에게 처벌받은 사람들과 불만을 품은 관리들을 모아 패거리를 결성한 다음 사돈인 이존의에게 부탁하여 그의 형 이선장의 의중을 살폈다. 이선장은 이것이 멸문지족을 당할 만한 위험한 일이라는 것을 잘 알고 있었기에 처음에는 허락하지 않았지만, 이존의가 이해득실을 따지면서 설득하자 결국 묵인하였다. 호유용은 이선장의 태도에 고무되어 모반 준비에 더욱 고삐를 죄었다. 그는 망명객들을 받아들여 심복으로 삼았고, 암암리에 병사들을 모아 부대를 조직했다. 병력과 부서의 정황을 살피면서 다른 한편으로는 동남 해안 일대의 왜적에게 사람을 보내 그들의 원조를 끌어들였다. 또한 병권을 가진 사람과 결탁하여 일이 발생하면 병사를 일으켜 호응하기로 합의했다. 동시에 비밀리에 일본에서 파견된 공사貢使와 결탁하여 실패할 경우를 대비하여 퇴로를 만들어두었다.

호유용이 준비가 완벽하다고 생각한 때는 홍무 13년(1380) 정월이었다. 그는 주원장에게 자신의 집 우물에서 감천甘泉이 나오니 길조라고 보고하며 친히 가서 보기를 청했다. 주원장이 그의 말을 믿고 서화문西華門에서 천자의 수레를 타려고 했다. 바로 이때 내시 운기云奇가 갑자기 길을 가로막고 주원장의 말고삐를 당기면서 못 가게 말렸다. 운기가 말을 너무 다급하게 하는 바람에 주원장은 무슨 말인지 알아들을 수가 없었다. 크게 노한 주원장은 운기가 불경하다고 여겨 좌우에 명하여 금철퇴로 치게 했다. 운기는 목이 꺾인 채 땅바닥에 쓰러졌다. 그는 숨을 가쁘게 몰아쉬면서도 손으로 호유용의 집을 가리켰다. 이때서야 주원장이 정신을 차리고 높은 곳으로 올라가 호유용의 집 방향을 살폈다. 호유용의 집에서 병기兵氣가 은밀히 흘러나오는 것을 본 주원장은 병사들을 시켜 관련자들을 잡아오게 하였다.

얼마 후 우림군羽林軍이 호유용과 매복해 있던 무장한 병사들을 잡아와 대질하니 호유용도 더 이상 부인하지 못하고 사실을 인정했다. 호유용은 저잣거리에 끌려가 능지처참을 당했다.

주원장은 여기서 멈추지 않고 관리를 사방에 보내 관련자들을 고문하여 호유용 사건을 매듭지었다. 호유용이 권력을 전횡하여 법을 어기면서 일본, 몽고와 사통하고 이선장과도 모반을 꾀했기에 그의 친족, 동향 친구, 부하와 기타 관련자 모두가 연좌되어 3만여 명이 죽음을 당했다.

핏물로 쓴 역사

그로부터 12년이 지나서 남당지옥이 발생했다. 양국공涼國公 남왕藍王은 저명한 장수이자 개국공신이었지만 사람됨이 포악하고 행동이 오만불손하였다. 남왕과 태자 주표朱標는 먼 친척뻘이어서 친밀하게 왕래했다. 한번은 남왕이 순시를 나갔다가 연왕燕王 주체朱棣의 행동거지를 보게 되었는데, 심히 불안하여 돌아와 태자에게 말했다.

"연왕이 자기 봉지에서 위풍당당한 것이 마치 황제 같았습니다. 또 듣기로 연왕의 땅에 천자의 기운이 있다고 하니 전하께서는 미리 방비하시어 예기치 못한 일을 피하십시오."

태자는 성품이 충성스럽고 돈후했다.

"연왕은 내게 아주 공손하니 그런 일은 생기지 않을 것이오."

남왕은 태자가 자기 말을 믿지 않자 물러나면서 말했다.

"제가 전하의 은혜를 입어 비밀리에 큰일을 아뢰었지만, 제 말이 맞지 않기만을 바랄 뿐입니다."

얼마 후 태자는 병으로 죽었다. 주원장은 연왕 주체가 성격이 침착하고 강직하였기에 그를 태자로 세우려고 했지만, 대신들은 장자상속이 아니니 옛 법에 맞지 않는다며 반대했다. 결국 주원장은 죽은 태자의 아들을 황태손으로 세웠다. 그러자 연왕 주체는 입조하여 주원장에게 말했다.

"조정의 여러 공신 중 제멋대로 불법을 저지르는 사람이 있으니 만약 없애지 않으면 장차 꼬리가 길어져 잘라낼 수 없을 정도의 큰 힘으로 자랄 것입니다."

주체는 남왕을 지적하지 않았지만, 모두들 그가 누구를 가리키는지 분명히 알아차렸다. 예전에 남왕이 태자에게 자신을 경계하라고 충고했던 것을 아는 주체는 지금 남왕에게 보복을 하려는 것이었다.

이런 상황에서 남왕은 여전히 성품대로 일을 하여 조금도 스스로를 돌보지 않았다. 서번西番에 출정을 나가 건창위建昌衛의 모반 수장을 잡은 그는 자신의 공로가 더욱 커졌다고 생각하며 의기양양하게 조정에 돌아와 큰 상을 받을 것이라고 기대했다. 그러나 주원장은 그에게 신경도 쓰지 않았다. 또한 황태손을 책립할 때 남왕은 자신이 태자의 태사太師가 될 것으로 생각하였으나, 여전히 태자의 태부太傅에 머물렀다. 오히려 풍승馮勝, 부유덕傅有德 두 사람이 태자의 태사를 맡았다. 남왕은 불만을 토로하면서 큰 소리로 탄식하며 말했다.

"내가 태자의 태사가 될 만하지 않단 말입니까?"

이런 불만이 주원장을 더 기분 나쁘게 만들었다. 남왕은 신중할 줄 모르고, 말도 겸손하지 못했다. 한번은 그가 주원장이 탄 수레가 멀리서 지나가는 것을 가리키며 말했다.

"수레에 탄 저 사람이 나를 의심하고 있다!"

이 말이 입 밖으로 나오자 큰 재앙이 닥쳐왔다. 사실 남왕은 호유용처럼 역모를 꾸민 것이 아니었는데도, 입에서 재앙이 나온 것이다. 금의위가 이 말을 듣고는 즉시 남왕이 모반을 꾀하려 한다고 보고했다. 그가 다른 대신들과 군사를 일으키려 한다는 내용이었다. 주원장은 마침 사람을 죽이고 싶어도 핑계가 없었던 차여서 사건의 진상을 묻지도 않고 모두 체포하도록 하고 친히 심문한 뒤 옥에 가두었다. 거짓도 사실이 되었기에 멀쩡한 사람이 모두 죽어버렸다.

그것도 모자라 남왕을 심문했던 사람들 때문에 이 사건이 밖으로 새나가지 못하도록 사방으로 함정을 파놓고 연루시켜, 조정의 공신들이 거의 싹쓸이 되었다. 이 일로 1만 5천여 명이 죽었고, 호유용 사건으로 죽은 사람을 합하면 모두 5만 명이나 되었다.

일은 여기서 그치지 않았다. 남당지옥이 일어나고 몇 년이 지난 후, 영국공穎國公 부유덕이 토지에 대해 주청을 올리자 주원장은 그의 일족 모두에게 사약을 내렸다. 송국공宋國公 풍승이 항아리 위에 널빤지를 놓고 탈곡을 하였는데 그 소리가 멀리까지 들렸다. 그에게 원한이 있는 사람이 풍승이 비밀리에 병기를 만든다고 밀고했다. 주원장은 그를 궁으로 불러 술과 음식을 내리면서, 자기는 절대로 사람들의 감언이설을 믿지 않는다고 말했다. 풍승은 아주 기뻐하며 집으로 돌아왔지만, 온몸에 독이 퍼져 죽었다. 그러자 정원후定遠侯 왕필이 집에서 한숨을 쉬며 말했다.

"황제는 늙어가고 변덕스러우시니, 나는 여생을 편히 살아갈 수 없을 것이다!"

이 말로 인해 그도 즉시 사약을 받았다.

이리하여 개국 공신이 남아나지 않게 되었고, 살아 있던 몇몇도 조정에서 멀리 떠나 정사에 관여하지 않았다. 서달·상우춘·이문충·탕화·정유·걸영은 원래 주원장을 보위했던 인물이다. 그러나 서달·상우춘·이문충·정유는 모두 호남대옥胡藍大獄 이전에 죽었고, 걸영은 운남을 지키느라 조정에서 멀리 떨어져 있어 무사했으며, 탕화는 가장 총명했으니 갑옷을 벗고 고향에 돌아가 농사를 지으며 정사에 관한 일은 입에도 담지 않아 향년 70여 세로 천수를 다할 수 있었다. 개국 공신을 이처럼 철저하게 죽인 왕조는 명나라밖에 없다.

주원장은 행정기구를 개혁하고 관리를 통제하며 법령을 엄격히 적용하고 여론을 압제했다. 그는 공신을 살육하고 비밀관원을 통해 권력을 집중하여 자신의 지위를 공고히 하는 데 상당한 효과를 거두었다고 할 수 있다. 그 덕분인지 홍무 연간 및 그 이후 황제들은 강력한 권한을 오랫동안 유지할 수 있었다. 연왕 주체가 군사를 일으켜 제위를 다툰 것은 황제 집안의 일인 것이다.

주원장처럼 철저하게 공신을 죽이는 잔행도 오래 하기는 어렵다. 동한의 광무제 유수처럼 공신과 친인척을 맺어도 외척과 환관의 전횡이라는 커다란 폐단이 발생했다. 그렇다면 두 극단을 버리고 그 중간을 택하여, 때렸다가 끌어당기고, 끌어당겼다가 또 때리는 방법을 합하는 것은 불가능한 일일까? 중국의 역대 왕조 중에는 이런 시도가 많았지만 거의 성공하지 못했다.

어떻게 해야 살육과 혼란을 피할 수 있을까? 역사는 피와 가시지팡이로 이루어진 것일까? 맹자는 인仁으로 일을 처리해야 비로소 천하를 얻을 수 있고, 천하를 지킬 수 있다고 말했다. 그러나 그 만고불변의 진리가 실제로 적합한지는 심사숙고해봐야 한다.

12 소년황제의 지모

우리는 황제가 천하의 으뜸이어서 모든 것을 제 마음대로
할 수 있다고 생각한다. 행동이 엄격하게 규정되어 있는
황제 생활의 이면을 우리는 등한시해왔다.

중국의 대다수 봉건 황제들은 깊은 궁전에서 태어나 부녀자들의 손에 자라났다. 언뜻 보기에는 그들의 생활조건이 아주 좋을 것 같지만, 그들은 결코 즐겁지 않았다. 왜일까? 원인은 아주 간단하다. 그들에게는 심신의 자유가 없었기 때문이다.

우리는 황제의 교만하고 사치스러우며 음란하고 방탕한 일면만을 봐왔다. 행동 방식이 엄격하게 규정되어 있는 황제의 다른 면을 우리는 등한시해온 것이다. 이는 선왕의 업적을 지켜야 하는 대다수 봉건황제, 특히 황제 예비기에 있는 태자의 경우에는 더욱 그러했다.

명나라 신종神宗 만력萬曆황제의 생활상은 아주 좋은 예가 된다. 그는 태자 시절, 스승이 경전을 가르치고 있는데 어린이의 특성상 움직이길 좋아하여 자신도 모르게 한쪽 다리를 다른 쪽 다리 위에 올려놓은 적이 있다. 스승이 꾸짖었다.

"임금이 되실 분이 어찌 불경한 태도를 보이십니까?"

스승은 선현이 남긴 충고를 되새기며 말했다.

만력황제는 영문을 몰랐다. 그가 쩔쩔매는 것을 본 스승은 융통성 없이 그저 반복해서 꾸짖을 뿐이었다. 만력황제는 자신의 다리가 그렇게 놓여 있다는 것을 알아차리고서 재빨리 자세를 바로잡았다. 그제서야

스승은 태자를 가르쳤다. 이런 생활은 실제로 감옥에 갇힌 죄수나 다름 없었다.

온실 속의 황태자들

일반적으로 봉건황제는 즉위 전에 태자라는 지위를 통해 예비 견습기를 거친다. 태자의 중요한 생활 덕목은 스승의 가르침을 받는 일이다. 성인과 현인이 남긴 유교경전을 힘들게 공부해야 했다. 여기서 그치는 것이 아니라, 마치 미인 선발 대회처럼 궁정의 여러 대신들에게 자신이 배운 것을 몸소 실행에 옮기는 모습을 보여주고 시시콜콜한 평가를 받아야만 했다.

만약 어떤 부분에서 대신들의 요구와 맞지 않는다면 태자의 자격은 위험해질 수 있었다. 이 때문에 태자는 위엄을 드러내며 우쭐거리는 것이 아니라 신중하고 조심스럽게 전전긍긍하며 살았다고 할 수 있다.

황제가 되어도 자유롭지 못한 것은 마찬가지였다. 황제는 매일 여러 의식을 반복하여 치러내야 했다. 겉으로 보기에는 아주 위엄이 있어서, 유방이 한나라 초에 조정 의식을 치른 후 "나는 오늘 황제의 귀함을 알았다"라고 말했다지만, 시간이 지나면 이 일도 너무 번잡스러워 생활이 무미건조해졌다. 게다가 계속 황제의 직무를 보면서 공부에도 전념해야 했다.

태자일 때는 동궁東宮에 나아가 공부하고 황제가 되어도 정사를 살피면서 계속 스승의 가르침을 받아야 했는데, 이것을 경연經筵이라고 하였다. 옛 사람들은 '강의하다' '수업 받다' '연구 토론하다' '공부하다'를 모두 만찬 연회를 뜻하는 연筵이라고 불렀다. 정신적인 양식으로 물질적인 양식을 대체한 의미인데, 오늘날의 인문학자들처럼 정신적인 만찬일 뿐 실질적으로 입에 들어가는 즐거움은 없었다.

이런 학문과 도덕의 압박 속에서 태자에서 황제에 이르기까지의 과정이 편치 않았던 것은 당연한 일이다. 또한 자기의 개성과 장점을 발전시킬 여지가 없는 것은 두말할 필요도 없다.

만력황제는 여유 시간에 취미 생활을 하거나 서예를 좀더 연구하여 서예학회의 이사理事 같은 학술적 직무를 보면서 자신이 조상의 은덕에만 의지하는 것이 아니라, 실제로 능력이 있다는 점을 드러내고 싶어 했다. 그러나 그렇게 할 수 없었다. 대신 장거정이 백성을 위하여 간청하고 나라를 위해 헌신하는 듯한 모습으로 땅에 엎드려 울며 간언했다.

"폐하, 절대로 안 됩니다. 서예나 잡기 같은 것 때문에 나라를 다스리는 큰일을 뒷전으로 할 수는 없습니다."

만력황제는 기분이 나빴지만 어찌할 도리가 없었다.

만력황제는 적장자를 폐위하고, 자신이 가장 사랑하는 어린 왕자를 태자로 삼으려고 했다. 그러자 대신들이 결사적으로 반대하고 조목조목 이유를 대며 황제가 뭐라 반박하지도 못하게 만들었다. 만력황제는 일을 성사시키지 못한데다 기까지 꺾이고 말았다.

이래도 안 되고 저래도 안 되니, 만력황제는 결국 자신이 빈껍데기뿐이라는 것을 알게 되었다. 그렇게 뼈저리게 깨닫게 된 그는 태업이라는 소극적인 방법으로 대신들에게 반항하였다.

사실 만력황제 이전의 정덕正德황제의 경우는 더욱 재미있다. 그는 무엇을 추구했을까? 요샛말로 하면 성취감이라고 할 수 있다.

정덕황제는 태자 시절에 온실 속의 화초처럼 자랐기 때문에 어렸을 때는 놀 줄 몰랐고, 커서도 남이 보살펴줘야 했다. 그는 황제가 된 후 못된 장난을 시작했다. 즉위한 지 2년이 채 안 되었을 때, 그는 궁 밖에 전원의 정취가 물씬 풍기는 별장을 짓고 표방豹房이라고 불렀다. 그곳에는 서재, 사냥을 위한 방 그리고 오락시설이 있었고 환관, 창기와 배우, 라마승, 외국의 술사術士 등이 드나들었다.

그는 사소한 일에 신경 쓰지 않았다. 그는 조모의 장례식을 거행할 때, 땅위로 흙탕물이 누렇게 흐르는 것을 보고는 여러 신하에게 무릎 꿇고 절하게 했다. 이것은 충신들에게도 반감을 일으켰는데, 이것이 자신을 길들이고 속박한 대신들에 대한 반항이었던 것은 아무도 몰랐다.

정덕正德 11년(1517)에 타타르의 소왕자 백안이 5만 기병을 이끌고 명나라를 침략해 왔다. 정덕황제는 이 소식을 듣고는 아주 기뻐하며 장군 노릇을 유감없이 할 수 있겠다고 생각했다. 그는 즉시 정벌에 나섰다. 군신들이 반대했지만 그는 남의 의견을 받아들이지 않고, 자기 고집대로 했다. 결과적으로 적을 물리쳐 이겼지만 스스로 이기기만 하는 것은 재미없다고 생각하면서 자신을 위무대장군威武大將軍에 봉했다.

1년 후, 그는 또다시 장군이 되고 싶어 하는 병이 도져서, 대학사에게 위무대장군은 북쪽 변방지역을 순찰하라는 명령문의 초고를 쓰게 했다. 대학사는 당연히 하지 않으려고 땅에 엎드려 애걸하며 피눈물로 간했다. 그는 사약을 받더라도 이런 불충하고 불의한 일을 할 수 없다고 말했다. 정덕황제는 이에 아랑곳하지 않고 장군 신분으로 순찰에 나섰다. 그는 도중에 자신을 진국공鎭國公으로 봉했고, 나중에는 태사太師로 봉했다. 순찰은 그다지 순조롭지 않았고, 다음 해 봄에 떠난 순찰에서도 아무런 성과도 없이 돌아왔다.

그러자 조정 대신 수십 명이, 나중에는 수백 명이 오문午門 밖에서 무릎 꿇고서 위무대장군이 도대체 누구인지 밝혀달라고 요구했다. 만약 그런 사람이 없다면 이는 임금의 명령을 위조한 것이니, 응당 처결해야 한다고 했다. 정덕황제는 이에 굴복하지 않고 그해 다시 위무대장군이라는 명의로 각 성을 순방하면서 위엄과 권세를 대신들과 백성들에게 보였다.

그러나 여러 신하들이 집단적으로 항의하자 정덕황제는 그들이 너무 간섭한다고 여겨 돌아가라고 권했다. 그럼에도 146명의 대신들이 꿇어앉아 돌아가지 않았다. 정덕황제는 크게 노하여, 가지 않겠다면 매질을 해서라도 보내버리겠다고 호통을 치면서 곤장 20대씩을 치도록 해서 그 중 11명이 죽었다.

청나라의 강희제는 7세의 나이로 제위에 오른 소년 천자였으나, 수많은 업적을 남겨 중국 역사상 가장 뛰어난 황제 가운데 한 사람으로 추앙받고 있다.

물론 무종武宗 정덕황제는 좋은 황제가 아니었다. 그가 태감太監(환관의 우두머리) 유근劉瑾을 총애한 결과, 비밀관원들이 횡행했고 어진 신하들이 살육을 당했으며 조정과 국사는 온통 뒤죽박죽이 되었다. 그러나 우리는 정덕황제의 성공과 실패를 논하기 전에, 자유롭지 못한 생활이 끼친 악영향에 대해 생각해봐야 한다.

보기 드문 소년 황제 깅희

중국 역사상 보기 드문 걸출한 황제는 청나라의 강희제康熙帝다. 강희제가 즉위할 때 7세밖에 되지 않았으니 소년 천자였다고 할 수 있다. 우리는 강희제에게 천성적으로 정치가의 피가 흘렀다는 것을 부인할 수 없다. 그는 청소년 시기를 비교적 자유롭게 보냈다. 자유롭고 건강한 생활이 그에게 좋은 영향을 미쳤다는 것은 의심할 바 없다.

순치順治 18년(1661) 2월 5일, 순치제順治帝가 병사하고, 그의 셋째 아들인 현엽玄燁이 즉위하였으니, 그가 바로 강희황제였다.

강희의 나이가 어린 것을 염려한 순치제는 소닌索尼, 숙사하蘇克薩哈, 에

빌룬遏必隆, 오보이鰲拜 등 네 신하를 접견하고 그들을 고명대신顧命大臣으로 삼았다. 이 네 사람은 순치제 앞에서 "충성으로 협조하고 생사고락을 같이하며 정무를 보좌할 것입니다" "사사로운 원한은 만들지 않으며 다른 사람이나 가족들의 교사敎唆를 듣지 않으며, 불의한 방법으로 부귀를 구하지 않겠습니다"라고 맹세했다. 그러나 오래지 않아 이 네 명의 대신은 자신들의 맹세를 잊었다.

강희제 앞에 펼쳐진 형세는 아주 험난했다. 청나라가 중국을 지배한 지 20여 년이나 되었는데도, 만주족이 세운 나라인지라 한족들의 인심은 아직 돌아오지 않고 있었다. 명나라에 대한 그리움이 여전히 사람들의 마음속에 있었다. 특히 운남을 지키던 평서왕平西王 오삼계吳三桂, 복건을 지키고 있던 정남왕靖南王 경정충耿精忠, 광동을 지키고 있던 평남왕平南王 상가희尙可喜의 세 번진은 세력이 아주 강대하여 여러 해 동안 모반을 준비해왔다. 대만臺灣의 정성공鄭成功의 후손도 호시탐탐 청나라의 동남해안 일대를 노리면서 공격할 시기만 찾고 있었다.

동북방 지역에서는 러시아 군대가 끊임없이 변경에서 소란을 일으켰다. 러시아군은 자주 침략하여 땅을 뺏고 사람들과 재물을 약탈했다. 서쪽의 티베트도 안정되지 않았는데, 서북부의 중가르는 기세가 하늘을 찔러 끊임없이 동쪽으로 쳐들어와 소란을 피웠다. 북방에서는 여러 몽고 부락들이 남하할 기회만 엿보고 있었다.

조정 내부의 형국은 더욱 걱정스러웠다. 네 고명대신 가운데 소닌은 나이가 많아 병사했고, 에빌룬은 오보이와 결탁하여 그의 명령만 따랐으며, 숙사하는 오보이의 적수였다. 얼마 후 숙사하는 오보이의 모함을 받고 죽었다. 이렇게 되자 조정에는 오보이 일당만 남았다. 오보이는 '파도노'巴圖盧(만주어로 용사라는 뜻) 출신으로 만주 제일의 용사라고 불렸다. 성격이 포악하고 용맹하여 굴복시키기가 어려웠던 그는 조정의 대권을 잡은 이후, 자신에 반대하는 사람을 제멋대로 죽였다. 그는 가짜 교서를 내려 산동, 하남의 순무와 총독을 죽였다. 게다가 조정에서 횡포

를 부리고 오만한 기세로 남들을 깔보았으며 황제에게는 조금도 신하의
예를 갖추지 않았다. 그는 강희제를 아무것도 아닌 것처럼 대하며 여러
사람 앞에서 강희와 자주 큰소리로 쟁론하거나 훈계까지 했다. 그러나 그
보다 힘이 약한 강희 쪽에서는 양보하는 수밖에 없었다. 숙사하를 처치할
때 오보이가 그를 능지처참시키려고 하자 강희는 그가 죄가 없다고 여겨
반대했으나, 오보이가 고집을 피웠다. 강희가 여전히 불허하자, 그는 소
매를 걷어붙이고 강희를 때리려고 했다. 강희는 두려워서 숙사하를 죽이
는 데 동의할 수밖에 없었다. 조정 내의 형세가 이 지경까지 이르렀으니
강희를 진정한 황제라고 할 수 없을 정도였다.

빼앗고 싶다면 먼저 주어라

이런 내우외란에 직면한 강희가 태평성대를 이룩하기 위해서는 비범
한 지략과 기백이 있어야 했다.

소년 강희는 일반인과는 다른 담력과 식견을 가지고 있었다. 우선 그
는 오보이를 제거하기로 결심하고, 실권을 장악한 후에 방법을 강구하
기로 했다.

강희가 오보이를 제거한 방식에는 소년다운 특징이 있다. 당시 오보이
가 군권을 장악하고 있었기 때문에, 만약 직접 하명하여 그를 잡으라고
하면 분명히 반란이 일어날 것이었다. 그렇게 되면 강희 자신마저 위험
해지며, 조정의 정직한 대신들과 심지어 태후까지도 속수무책으로 당할
수 있었다.

한번은 오보이가 병을 핑계로 조정에 나오지 않았다. 강희가 몸소 그
에게 문병을 갔는데, 오보이는 그냥 침상에 누워 있었다. 호위병이 그의
안색이 이상한 것을 보고 급히 방 안을 수색하다 이불을 들춰보니 그의
몸 밑에 비수가 숨겨져 있었다. 오보이는 놀라 긴장하였고 호위병도 어
떻게 해야 할지 몰라 허둥대고 있을 때, 강희가 말을 꺼냈다.

"몸에 칼을 지니는 것은 만주족의 풍습이니, 너무 놀라지 마시오."

강희는 차분하게 오보이를 안심시켰다.

1667년, 강희의 나이 14세가 되어 당시 규정에 따라 친정을 할 수 있게 되었지만 오보이가 권력을 장악하고 있어서 제대로 통치를 할 수 없었다. 강희에게는 오보이를 제거하는 것이 급선무였다. 그러나 그를 잡아들이는 것은 불가능하니 어떤 방법이 좋을까? 강희는 결국 한 가지 계책을 생각해내고 차분하게 일에 착수했다.

만주족은 씨름을 좋아했다. 강희는 신체 건장한 귀족 자제들을 선발하여 궁 안에서 씨름을 연습시켰다. 1년여를 연습하니 모두들 기예가 출중해졌고, 강희도 수시로 씨름 연습장에 가서 훈련을 했다. 궁정 안의 왕공대신 및 후비, 태감 등은 모두 강희가 씨름을 좋아해서 그런 줄 알고는 아이다운 생각이라고만 여겼다. 아무도 강희에게 다른 동기가 있다고 의심하지 않았다. 강희의 장난꾸러기 병사들은 훈련을 열심히 했다.

이 기간 동안 강희는 중국의 전통격언인 "빼앗고 싶다면 먼저 주어라"라는 계책에 따라 오보이를 고속 승진시켰다. 오보이 부자는 일등공一等公과 이등공二等公까지 올랐고, 태사와 소사의 봉호가 더해졌다. 강희는 이렇게 함으로써 그를 안심시켰을 뿐 아니라 경계를 느슨하게 만들었다.

강희가 16세 되던 해에 모든 준비는 완료되었다. 그는 우선 장난꾸러기 병사들을 서재 안에 배치했다. 오보이가 혼자 알현하려 왔을 때 이들이 일제히 쏟아져 나왔다. 병사들은 즉시 오보이를 번쩍 들어올렸다가 땅에 메어쳐 붙잡았다. 강희는 장난꾸러기 병사들에게 그를 단단히 묶어서 감옥에 집어넣게 하였다. 이 장난꾸러기 병사들은 큰일을 마무리하였지만, 아무 말도 미리 듣지 못하여 사정을 알 수 없었다. 다만 어린 황제가 소란피우기를 좋아하여 오보이를 잡는 시범을 보이는 것이라고만 여기고 있었다. 그러나 이렇게 해야만 비밀을 지킬 수 있었다. 그렇지 않았다면 오보이의 눈과 귀가 여기저기 있었기 때문에, 사전에 일을 그르쳤을 것이다.

오보이를 잡은 강희는 즉시 그가 저지른 13가지 죄상을 밝히고 조사단을 구성하여 오보이의 패거리들도 일망타진했다. 얼마 후 오보이가 옥에서 죽었다. 이후 강희는 오보이의 박해를 받은 사람들의 누명을 벗겨주고, 그가 빼앗은 백성들의 땅을 돌려주었다. 또한 노예제도를 제한하고, 정부기구를 개혁하였다.

강희는 여러 해 동안 잠자코 있다가 한번에 사람을 깜짝 놀라게 한 것이다. 그는 번개처럼 신속하게 자신의 최대의 적을 제거하여 조정 대신들을 그야말로 아연실색하게 만들었다. 대신들은 강희가 총명한 군주라는 것을 알게 되었다. 이때부터 강희에게 권력이 집중되었고 그는 황제로서 위신을 바로 세울 수 있게 되었다.

강희가 7세부터 16세가 되는 기간 동안 비록 오보이의 전횡으로 인해 견제와 압박을 받았으나, 그의 소년 생활은 기본적으로 자유롭고 정상적이었다. 만주족은 한족의 황족처럼 엄격한 예교 관념을 중시하지 않았다. 또한 한족처럼 엄격하게 규정을 지키는 생활을 하지 않았으니, 강희는 소년시절에 그런대로 일반 가정의 자제들처럼 몸과 마음을 정상적으로 발달시킬 수 있었고, 이전의 수많은 황제들의 유소년 시절처럼 자유롭지 못해 생겨난 기형적인 성격과 비정상적인 행위 따위도 없었다.

일설에 의하면 누르하치 및 그의 수많은 아들들은 낫 놓고 기역자도 몰랐다고 한다. 여덟째 아들인 홍타이지皇太極만이 글을 좀 쓸 줄 알았다. 만주족 사람들은 무武를 중시하고 문文을 경시하였지만 강희 시대에 이르러 예교 관념이 다시 생겼다고 볼 수 있다. 청나라 황제들이 결국 한족 지역에서 생활하였기에 한족 문화가 만주족의 귀족층에 퍼졌고, 만주족 사람들은 홍타이지 때부터 한족의 문화를 중시하기 시작했다. 이 때문에 강희는 유년시절부터 중국의 문화와 접촉하기 시작했고 많은 책들을 섭렵하였다.

여기서 지적할 것은 강희 본인이 학문을 좋아하고 사색하기 좋아하는

「강희남순도」康熙南巡圖. 청나라의 기초를 확립한 강희제가 남쪽 지방을 순행하는 장면을 그렸다. 청나라는 문화정책을 실시하면서 많은 한족 출신 지식인들을 조정에 참여시켰다.

사람이었다는 점이다. 그는 자발적이고 주동적으로 중국의 전통문화를 습득하였다. 전대의 수많은 황제들이 그랬던 것처럼 온종일 간곡한 가르침을 받고 피동적으로 받아들이던 것과는 달랐다. 이 때문에 학문에 대한 강희의 끊임없는 노력은 그의 건전한 성격 형성에 좋은 영향을 끼쳤다. 그는 식견이 높아지고 시야도 넓어졌으며 성현의 말씀이 담겨 있는 고전을 제대로 배웠기에 책의 내용을 정치와 잘 접목시킬 수 있는 훌륭한 황제가 되었다.

정리하자면 강희가 뛰어난 군주가 된 근본 원인은 그가 중국 전통문화를 국가 통치라는 실제적인 필요성 때문에 배웠고 이를 정치에 탄력 있게 적용할 수 있었기 때문이다.

오보이를 제거한 후 강희는 다시 난관에 봉착하게 되었다. 바로 역법 지쟁曆法之爭이었다.

순치제 시기에 서양의 선교사가 중국에 들어왔는데 아담 샬 등의 일부 선교사들은 특별한 대우를 받았다. 이 시기에 아담 샬이 서양의 천문 역법을 중국에 소개했다. 순치는 그를 통현법사通玄法師로 임명하였고, 아울러 흠천감欽天監 감정監正(국가천문대장)으로도 임명하였다.

이 역법은 비교적 정확하였지만, 양광선이라는 사람이 오보이를 등에 업고 조정에 상소를 올렸다. 아담 샬이 『시헌력』時憲曆의 겉표지에 「의서양신법」依西洋新法이라고 썼는데, 이것은 청나라를 서양에 굴복시키려는 음모이고 사교邪敎라는 것이었다. 그러고는 만약 황제로부터 내려오는 중국 전통의 천문 역법을 없앤다면 요순 이래의 예의제도를 모두 없애는 것과 같다고 주장했다.

양광선의 이론을 오늘날의 시각으로 본다면 황당무계한 말이지만, 당시 권력의 중심은 오보이였다. 오보이의 지지하에 양광선은 흠천감 감정을 맡았고, 조정의 수많은 대신들도 서양의 역법을 폐지하고 중국의 옛 역법을 쓰자고 주장하였다. 예부禮部, 형부刑部도 모두 그렇게 결정한 후 조정에서 서양 역법을 쓰자고 주장하는 대신들을 죽였다. 다행히도 태후의 보호 덕분에 아담 샬은 죽음을 면했다. 그러나 이때부터 조정에는 두 역법파가 생겨났다.

강희 본인은 역법에 대하여 잘 알지 못하였으므로 결단을 내릴 수 없었다. 그러나 그는 조상의 잣대로 서양의 선진문물을 억제할 수는 없다는 것을 잘 알고 있었다.

오보이를 제거한 후, 강희는 실사구시의 정신으로 이 문제를 해결했다. 그는 남회인으로 하여금 중국과 서양의 두 가지 역법을 비교하여 계산해보게 했다. 아울러 스스로도 각고의 노력으로 역법을 공부하였다. 강희가 직접 연구하고 사용해보니 양광선의 역법에 착오가 있음을 알 수 있었다. 그래서 그는 중국 전통의 역법을 없애고, 서양의 새로운 역법을 채택하도록 추진했다. 그가 대신들에게 서양 역법의 이치를 설명한 끝에 신구역법의 싸움은 좋게 해결되었다. 강희의 실사구시가 대신들의

예수회 선교사 아담 샬은 서양의 천문 역법을 중국에 소개했다.

지지를 받음으로써 그의 위신이 높아졌으며, 조정의 여러 신하들도 더 이상 그를 어린아이로 대하지 못했다.

삼번의 난에 맞서다

강희에게 가장 어려웠던 문제는 '삼번'三藩을 평정하는 것이었다. 특히 오삼계의 세력이 막강하였다. 오삼계는 조정대신들과 결탁하고 자신의 심복들을 조정 곳곳에 심어놓아 많은 정보를 알고 있었다. 그는 조정의 돈과 양식으로 운남에서 병사를 모으고 말을 사들이면서 모반을 꾀했다.

이에 대한 강희의 태도는 명확했다. 번진을 없애야 했다. 악인에게 관용을 베풀어 사회혼란을 야기하도록 관망만 할 수는 없었다.

강희에게도 나름대로 계획이 있었다. 그는 반란이 하루라도 늦게 일어나는 것이 자신에게 유리하다고 생각했다. 나이로 보면 자신은 하루가 다르게 성장하고 있지만, 오삼계는 하루가 다르게 늙어가고 있었다. 자신은 준비를 충분히 할 것이지만, 오삼계는 점점 더 인심을 얻지 못할 것이기 때문이었다.

강희 12년(1673), 상가희尙可喜는 늙고 병이 들어 번진의 업무를 아들 상지신尙之信에게 넘기려 하였다. 상지신은 권력을 잡은 후 잔인하게 사람을 죽이고 불의한 짓을 많이 저질렀다. 상가희는 아들의 협박을 견디지 못하여, 고향에 돌아가고 싶으니 자신의 아들에게 직위를 넘기게 해 달라는 청을 올렸다. 19세였던 강희는 이때야말로 번진을 철수시킬 수 있는 좋은 기회라고 여기고 상가희뿐 아니라 그 일족 전원을 귀향하도록 명했다.

오삼계의 아들 오응웅吳應熊은 북경에서 이 소식을 듣고 즉시 운남의 오삼계에게 보고하였다. 오삼계는 이를 복건의 경정충耿精忠에게 알렸고, 두 사람은 번진이 폐지될까 봐 당황했다. 막료의 충고를 받아들인 오삼계와 경정충은 이해 10월에 상서를 올려 번진을 철수시켜 달라고 청했다.

"폐하의 자비를 바라건대, 부디 번진을 철수하게 하시어 번진을 안정시키시기 바라옵나이다"라는 말을 했지만, 진짜 의도는 조정의 반응을 탐색해보려는 것이었다. 이 점에 대해서는 청나라 대신들도 눈치를 채고 있었다.

번진을 철수시킬지의 여부를 놓고 조정에서 격렬한 논쟁이 벌어졌다. 대다수의 대신들은 각종 이유를 대며 번진을 철수시키면 안 된다고 하였다. 오삼계가 모반을 할까 봐 두려웠던 것이다. 병부상서 명주明珠, 형부상서 막낙莫洛 등 몇몇 대신들만이 번진 철수를 주장하였다. 여러 차례의 토론을 거쳤지만 대신들은 공론을 모으지 못했다. 이때 강희황제가 과감하게 결단을 내렸다.

"삼번은 대규모 군대를 너무 오랫동안 장악하고 있었고, 음모를 꾸며 온 지 이미 오래되었기 때문에, 지금 철수하면 반란을 일으킬 것이고 철수하지 않는다고 해도 반란을 일으킬 것이니, 하루라도 빨리 철수시키는 것이 좋겠소. 다만 번진을 철수시키면서 아울러 전쟁 준비도 함께 하면 되오."

오삼계. 원래 명나라의 사령관으로서 산해관을 지키며 새로 일어난 청나라와 대치했으나, 전향하여 청나라의 중국 본토 진출에 큰 공을 세웠다. 그러나 자신의 세력이 키운 후 강희제에 대항하여 반란을 일으켰다.

강희는 사자를 보내 삼번을 빨리 철수시키라고 재촉했다. 번진 철수를 윤허하는 조서를 받은 오삼계는 잔재주를 피우려다 일을 망친 꼴이 되었다. 그는 겉으로는 공손히 순종하는 듯 조정의 사자를 접대하며 암암리에 반란 준비를 해나갔다. 조정의 사신은 오삼계가 줄곧 시기를 늦추며 운남을 떠나지 않는 것을 보고, 즉시 돌아가 보고하려고 했다. 오삼계는 더 이상 방법이 없자 사자와 운남의 행정장관인 주국치를 죽이고, 1673년 11월에 드디어 반란을 일으켰다.

오삼계는 스스로 천하부초토병마대원수天下部招討兵馬大元帥라고 칭한 후 상지신, 경정충도 끌어들였다. 반란의 형세는 강희가 예측한 대로였다. 반란군의 처음 기세는 아주 드세었다. 이 반란에 호남·사천·광서 일대의 문무관원들도 호응하였기에 중국의 절반가량이 반란의 전화 속에 빠져들었다. 겁에 질린 조정의 일부 관리들은 오삼계 반군에게 항복해야 한다고 주장하거나 심지어 장강 이남 땅을 반군에게 주어야 한다고 간언했다. 어떤 이는 당초에 번진 철수를 주장한 사람을 죽여야 한다고 하기도 했다.

이러한 상황 속에서 강희는 과감한 결정을 내렸다. 강희는 오삼계가 북경에 인질로 남긴 아들 오응웅, 손자 오세림을 처형했다. 이렇게 하자 조정관원들도 오삼계의 반군과 결사항전을 벌이는 것 외에는 다른 퇴로가 없음을 알게 되었다. 조정의 신하들은 일치단결하여 오삼계에 대항할 각오를 했다. 오삼계 반군도 조정에 대한 협박이 더 이상 먹히지 않는다는 것을 알고는 죽기를 각오하고 싸웠다. 그러나 오삼계 수하의 대다수 장수들의 마음이 이때부터 이반하기 시작했다.

강희는 삼번의 난에 직면하고서도 전혀 당황하지 않았다. 그는 우선 정확한 책략을 세웠다. 삼번의 난은 오삼계를 수장으로 하였지만 다른 장수와 병사들은 협박에 못 이겨 따른 것이므로, 오삼계만 격파하면 다른 반군들은 어렵지 않게 굴복시킬 수 있었다. 강희는 오삼계를 중점적으로 공격하게 하는 한편, 사천·섬서 일대에서 협박에 못 이겨 참가한 반란군들에 대한 설득작업을 해나갔다. 강희의 작전은 적중했고 얼마 되지 않아 오삼계의 군대는 와해되어 호남에서 포위당했다.

1678년이 되자 강희는 유양 등 상湘 땅의 여러 지역을 수복했다. 오삼계는 전세가 불리해진 것을 알고도 황제가 빨리 되고 싶어서, 명나라를 회복하자는 거짓 명분하에 3월 23일 형산衡山에서 하늘에 제사를 지내고 스스로 황제라 칭하였다. 연호는 소무昭武라고 하였으며, 형주衡州를 천부天府라고 개칭했다. 그러나 오삼계는 같은 해 8월에 병으로 죽었다.

오삼계가 죽자 그의 손자 오세번吳世璠이 즉위했으나 조정의 공격을 받고 운남으로 퇴각했다. 후에 곤양성이 공격당하자 오세번은 음독자살했다. 오세번은 머리가 잘려 북경으로 보내졌고, 죽은 오삼계도 묘가 파헤쳐져 부관참시를 당했다. 경정충·상지신도 죽음을 당했고 사천·섬서 등지는 평정되었다. 1681년, 반란이 일어난 지 8년이 되는 해에 10여 개 성에 걸친 삼번의 난은 완전히 평정되었다.

반란을 평정하는 과정에서 나타난 강희의 영웅적인 지혜는 세 가지였다. 하나는 단호하게 반란을 평정하려 했으며, 어떠한 경우에도 놀라 흔들리지 않았다. 둘째는 정확한 전략을 세운 뒤 먼저 오삼계를 공격하고,

나머지는 나누어 개별적으로 항복시켰다. 셋째는 병사를 모아 장수를 파견할 때 지휘 능력을 잘 발휘하였다. 반란을 평정했을 때 이 소년천자는 이미 28세의 성숙한 정치가가 되어 있었다.

소년은 어떻게 명군이 되었나

강희제는 68세로 세상을 떠났는데, 나머지 40여 년 동안 더욱 훌륭한 공적을 세웠다. 중국을 통일한 후 대만을 귀속시키는 데도 그는 대단한 역할을 했다.

1645년, 청나라가 북경을 점령하자 명당왕明唐王 주율건이 복주에서 칭제하고 정성공의 부친 정지용을 건안백建安伯에 봉했다. 한편 명당왕은 정지용의 아들을 접견하고 그에게 상을 내리고 성공成功이라는 이름을 하사했다. 이듬해에 청나라 군대가 명당왕을 사로잡자 정지용은 투항했지만, 아들 정성공은 하문厦門을 근거지로 삼아 명나라의 회복을 준비하며 1659년에 남경을 공격했으나 실패하여 하문으로 되돌아왔다.

1661년, 정성공은 네덜란드인들의 수중에서 대만을 되찾아 청나라에 대항하는 해외 기지로 삼으려고 했다. 그러나 그의 포부가 미처 실현되기도 전에 39세(1662년 강희 원년)의 나이로 병사했다. 정성공의 장자 정경鄭經이 부친의 유지를 받들어 대만을 지켰다.

1683년, 강희는 시랑施琅에게 대만을 공격하게 하여 점령하였다. 그러나 당시 조정에서는 대만을 중시하지 않는 분위기여서, 이곳을 포기할 것인지 지키고 있을 것인지에 대한 논의가 분분했다. 그래서 강희는 공부시랑 소배蘇拜를 파견하여 현지 지방관 시랑과 함께 이 문제를 논의하도록 했다. 지방 총독과 관리들은 땅이 좁고 인구도 적으며 세금도 적은데다 지키는 데 비용이 많이 드니 포기하는 것이 낫다고 하였으나, 시랑만은 대만을 포기하면 다시 외적의 침입을 받아 결국 나라에 큰 위협이 될 것이라고 하면서 포기해서는 안 된다고 진언하였다. 강희는 심사숙고한 끝에 대만을 중국에 편입시키기로 결정했다. 강희는 대만에 하나의 부와 세 현을 설치하였고, 관리를 파견하여 통치했다. 아울러 정성공의 묘를 남경으로 옮기도록 했다.

서북부의 중가르부가 반란을 일으켰을 때는 강희가 수 차례 몸소 정벌에 나섰다. 험난한 전투 끝에 결국 중국의 서북부는 평정되었다.

제정 러시아의 침략에 대항하는 전쟁에서도 강희의 책략은 뛰어났다. 그는 대군을 지휘하여 제정러시아의 군대를 쫓아내고 네르친스크 조약을 체결했다. 이 조약은 중국과 러시아의 경계를 확실히 한 것으로 중국이 많은 영토를 차지하게 되었다.

이 밖에도 강희는 과학 방면에 많은 공헌을 했다. 소년시절에 천문 역법을 공부한 그는 과학을 장려하였으며, 산학관算學館을 설립하여 수학에 뛰어난 인재를 길렀다. 의학 방면에서는 중국 전통의 종두면역법을 확장시켜 좋은 효과를 얻었다. 서방에서 전래된 약인 키니네를 이용하여 학질을 치료하는 방법도 이 시기에 널리 보급되었다. 지리학적으로는 심혈을 기울여 중국 전역을 측정하여 지도를 만들었고, 농업 방면에서는 새로운 품종들을 배양했다.

강희제는 여러 방면에서 중국 역사상 가장 뛰어난 황제였다. 성년이 된 후에 드러난 공헌 외에도 소년 시절에 오보이를 제거하였고, 신구 역법의 다툼을 해결하였으며, 삼번의 난을 평정한 세 가지 일은 그가 뛰어난 인물이었음을 증명하기에 충분하다.

냉정히 말해서 근대 수십 년간의 암흑기를 제외한다면, 청나라가 중국 역사상 가장 나쁜 왕조는 아니었다. 적어도 명나라보다는 훨씬 나았다. 청나라의 몇몇 황제는 확실히 뛰어난 능력을 발휘하였다. 특히 강희제는 중국 역사에서 찾아보기 힘든 걸출한 황제다.

이런 상황은 왜 나타나는 것일까? 무엇보다도 만주족의 청나라가 중원에 들어와 주인이 된 후, 통치방법과 자신들의 능력을 어떻게 정치에 활용할 것인가에 대해 항상 고심한 것과 관련이 있을 것이다. 이런 고민

때문에 청나라 황제들은 이전 왕조보다 신중하게 중국을 다스렸던 것이
다. 혹은 새로 일어선 민족이라서 더욱 활력이 있기 때문이었을까? 이들
은 강희처럼 자유로운 어린 시절을 보냈기 때문에, 엄격한 교육을 받았
던 수많은 전대 황제들에 비해 오히려 능력을 발휘할 수 있었던 것 같다.
그러나 이를 쉽게 단정해서 말할 수는 없다.

중국 역사상 이민족이 중원에 들어와 주인 노릇을 한 것은 두 차례다.
한 번은 몽고인이 원나라를 세운 것이고, 또 하나는 만주족이 청나라를
세운 것이다. 그러나 그들은 모두 많건 적건 한족의 문화를 받아들이지
않으면 중국 전체를 통치할 수 없음을 잘 알고 있었다. 그들은 중원을 점
령한 후 한족 문화에 젖어들었다. 그러나 이렇게 물든 후 자신들의 문화
는 쇠퇴하였으니 이것을 어떻게 해석하면 좋을까?

인구의 수에 있어서 지배층인 이민족보다 피지배층인 한족의 수가 많
았던 것은 사실이다. 통치계층의 관리들을 모두 자기네 사람들로 채울
수는 없었고, 한족을 이용하여 통치하는 방법이 더 수월하였을 것이다.
그런 통치방법으로 전환할 경우 한족의 문화를 이해하지 않을 수 없었
다. 한족 문화는 저항할 수 없는 필요불가결한 요소였고, 빠져나갈 수 없
는 그물과도 같았다.

그러나 이런 점 때문에 중국 문화가 다른 문화보다 우월하다고 여기는
우를 범해서는 안 된다. 우월감을 느끼는 순간 다른 문화를 무시하게 되
고, 언젠가는 무시했던 그 문화에게 다시 짓밟히게 된다.

문화는 상하의 구분이 있는 것이 아니라 차이가 있을 뿐이다. 남녀간
의 차이처럼 말이다. 우리는 좀더 대국적으로 인류의 보편적 가치인 평
등을 깊이 새겨야 한다. 이것이 근대 선각자들이 그토록 바라던 민주의
의미가 아닐까? 이미 중국은 과학기술을 많이 성취하여 미국의 경쟁자
로 떠올랐다. 그러나 민주의 길은 희생과 시간이 필요하며 험난한 인고
의 가시밭길이다.

13 신하에게 시집간 황태후

화친의 책략은 역대로 중시돼왔다. 화친할 방법이
없을 때는 황태후가 몸소 시집을 간 경우도 있는데, 이는
중국 역사상 가장 기이한 예다.

고대 중국에는 '화친'和親의 전통이 있었다. 결혼하는 부부를 축복하는 옛날 표현 가운데 '진秦나라와 진晉나라의 영원한 결합'秦晉之好이란 말이 있다. 이 진秦과 진晉의 우호는 '화친'의 산물이다.

춘추전국 시기에는 각 제후국이 서로 다투어 하루도 편할 날이 없었다. 설사 피로 우의를 맹세했더라도 공격당하지 않는다는 보장이 없었다. 그러던 중 어느 똑똑한 사람이 전쟁을 피하는 방법을 생각해냈다. 군주의 딸을 다른 나라 군주에게 시집보내는 것이었다. 모두가 친척으로 엮어져서, 서로 상대의 치마끈을 단단히 잡고 있으니 싸우지 않게 되었다. 특히 다음 대에 가면 더욱 미묘해진다. 이 나라 군주가 다른 나라의 저 군주를 할아버지라 부르고, 저 나라 군주가 이 나라 군주를 외할아버지라고 부르게 되니 싸울 수가 없었다. 그래서 전쟁으로 나라가 어지러웠던 춘추시대에 인접해 있던 진秦과 진晉 두 나라는 화친을 하여 서로 자매나 딸을 시집보냈다. 상대가 야심을 품고 자기 나라를 침범하지 않도록 화친을 맺은 것이다.

그러나 재미있는 것은 원래 진秦과 진晉 두 나라는 춘추시기에 가장 격렬하게 싸웠던 원수지간이라는 점이다. 두 나라가 전쟁을 벌일 때마다 군주의 아내는 매일 군주 뒤에서 눈물을 흘리며 남동생 혹은 오빠를 살

러달라고 애원했다. 진진지호秦晋之好라는 말은 실제에서는 행복한 남녀
의 결합이 아니라 저주나 다름없었다.

제후국 간의 화친도 믿을 수 없는데, 황제와 대신 간의 화친을 믿을 수
있을까? 나라를 움켜쥔 황제는 딸들을 대신의 집안에 시집 보내 그들을
구슬리는 수단으로 삼았다. 그러나 황제는 여전히 대신들을 믿지 못했
고, 대신들도 여전히 모반을 시도했다. 만약 그렇지 않았다면 중국 역사
상 그렇게 많은 공신 살육은 없었을 것이고, 권신들이 모반을 하지도 않
았을 것이다. 치마끈은 결국 치마끈일 뿐이어서 그 약한 끈으로 권력을
쥐려는 손을 묶으려 해도 잘 묶여지지 않았다.

물론 화친 정책 자체가 쓸모없지는 않았다. 중국역사에서 소군昭君이
변방에 나가고, 문성공주가 서장西藏(티베트)으로 멀리 시집간 일들은 민
족 간의 안정과 문화 교류에 큰 공헌을 하였다. 우리가 논의할 것은 화친
이라는 방식이 지니는 문화적 의의이지, 정치적인 각도에서 단순하게
평가하자는 것은 아니다.

화친이라는 책략은 혼인으로 혈연관계를 맺는 것이고 감정적인 연계
와 유대를 증가시키는 것이며 사실상 물리적으로 인간을 저당 잡히는 것
이다. 많은 경우 화친은 ‘인질’을 만드는 기묘한 방법이었다. 이런 혈연
관계로 만든 특수한 인질은 국제 관계, 민족관계 및 군신관계를 다소 개
선시켰다.

이 때문에 화친의 책략은 역대로 중시돼왔다. 봉건제왕이 특히 그러
했는데, 실제로 화친할 방법이 없게 될 때는 황태후가 몸소 시집을 가서
화친하는 경우도 있었다. 이것은 참으로 중국 역사상 가장 기이한 예 가
운데 하나라고 할 수 있다.

여섯 살 난 황제 순치

숭덕崇德 8년(1643), 뛰어난 재능과 원대한 계략을 가진 청나라 개국황

제 홍타이지(태종)가 중병에 걸렸다. 아버지 누르하치의 대업을 이어 받은 그는 대내적인 정치 개혁과 대외적인 변방 개척으로 번영과 흥성을 이룩하였다. 그러나 그는 52세의 나이로 병들어 일어나지 못했다.

명나라의 세력은 여전히 강대했고, 청 내부에서는 황태자가 일찍 책립되었지만 여러 왕들이 여전히 권력과 이익을 다투어 알력이 끊이지 않았다. 이 때문에 홍타이지는 후일을 위한 원대한 계획을 세웠다.

태자의 모친 길특씨吉特氏의 부친 이름은 새상塞桑, 그의 고모는 홍타이지의 정실황후, 즉 효단황후孝端皇后였다. 길특씨는 자신의 아들이 황제에 즉위한 후 황태후로 봉해졌고 사후에는 '효장인선성헌공의지덕순휘익천계성문황후'孝莊仁宣誠獻恭懿至德純徽翊天啓聖文皇后로 칭해졌다. 일반적으로 장비莊妃 혹은 효장황후孝莊皇后라고 불렀는데, 역사책에서는 장비莊妃라고 칭한다.

장비는 아주 아름답고 영리하고 실천력이 강했으며 견식이 넓었다. 홍타이지는 여러 방면에서 그녀의 도움을 받았다. 그래서 후일을 계획할 때도 장비를 믿고 의지하였다. 홍타이지는 중병으로 일어나지 못하게 되자, 장비를 불러 그녀의 손을 잡고 숨이 넘어가는 소리로 말했다.

"내가 올해 52세니 죽는다고 해도 나라가 망하지는 않겠지만, 아직 중원을 통일하지 못한 것이 한이오. 사랑하는 그대와 천하를 함께 누리지 못하는 것도 유감이오. 내가 죽으면 복림이 즉위하겠지만 아직 나이가 어려 아무것도 모르니 친정을 할 수 없을 것이오. 여러 왕이 섭정을 하는 수밖에 없소."

이어 홍타이지는 친왕 몇 명을 병상으로 불렀다. 그는 지르하란濟爾哈朗과 도르곤多爾袞에게 말했다.

"내 병이 깊어 두 왕과 곧 이별을 할 것이다. 걱정스러운 것은 황태자 복림이 겨우 6세밖에 안 되어 정사를 돌볼 수 없으니 두 왕에게 바라건대 이 혈육을 잘 돌봐주고 보좌해주기 바란다."

두 사람은 이 말을 듣고 무릎을 굽혀 하늘에 맹세하며 말했다.

"폐하의 유언을 어긴다면 하늘이 용서하지 않을 것입니다."

홍타이지는 장비와 복림을 가리키며 말했다.

"저 두 모자가 전적으로 두 왕에 의지하고 있으니 그대들은 부디 식언하지 마시오."

1643년 9월 20일, 홍타이지는 심양의 청녕궁淸寧宮에서 죽었다. 그가 임종 전에 미리 안배해두었지만 왕위 계승을 둘러싼 문제는 여전히 큰 풍파를 일으켰다. 소장파였던 패륵은 홍타이지의 장자 하오거豪格를 세우려 했고 도르곤의 조카와 숙부는 도르곤을 세우려 했다. 당시의 상황으로 보면 도르곤 일파의 힘이 강대했고, 특히 도르곤 본인도 용맹하고 싸움을 잘하여 군대에서 명망이 높았다. 성격 또한 강인하고 과단성 있어서 일부 사람들이 그를 옹립하려고 했다.

그러나 도르곤은 자기가 황제자리에 오르면 내란을 야기하고, 특히 홍타이지의 장자인 하오거 일파의 힘을 제압하기 어렵다고 생각했다. 그래서 그는 복림을 황제로 세우기로 결정했다.

사실 도르곤이 복림을 황제로 세운 의중은 모두가 알고 있었다. 복림이 6세밖에 안 되었으니, 즉위한 후 분명 도르곤이 섭정을 하게 될 터였다. 도르곤은 다른 세력을 하나하나 제거해가면서 상황을 통제하여 적당한 시기에 황제에 등극하려 했다. 이 때문에 아지거阿濟格 친왕은 도르곤에 협조하지 않고 병을 핑계로 손을 뗀 뒤 관여하지 않았다.

이 상황에서 도르곤은 분명한 조치를 취하여 사람들의 마음을 안정시켜야 했다. 그래서 그는 자기를 황제로 옹립하려 했던 조카를 반역죄로 처형하여 자기가 황위를 찬탈하려는 뜻이 없음을 증명하였다. 그의 이런 행동으로 어느 정도 민심이 수습되어 사회가 안정되어갔다.

황태후 장비의 사생활

복림이 즉위하여 순치제가 되었다. 생모인 길특씨는 황태후로 승격됐

청나라의 제3대 황제인 순치제. 어린 나이에 황위에 오른 그는 어머니 장비의 비호 아래 권력을 공고히 했으며, 명나라 말기의 폐단들을 바로잡아 청나라 중흥의 기초를 닦았다.

다. 도르곤은 섭정을 하면서 황부皇父로 높여졌다.

장비는 고아와 과부가 정권을 잡았으니 진심으로 자신들을 보좌하는 사람이 있어야 자리를 보전할 수 있다고 생각했다. 그래서 도르곤에게 특별히 신경을 써서 그를 구슬렸다. 순치가 즉위한 뒤, 도르곤은 몸소 숙부의 모반 사건을 고발, 심문하여 죽이고 그 처자에게도 죄를 뒤집어씌워서 장비를 감동시켰다. 이때부터 장비는 도르곤을 더욱 신뢰하게 되었다.

도르곤도 왕성하게 일하며, 모든 일을 장비에게 보고하였다. 장비도 도르곤에게 수시로 궁정에 출입하게 했다. 굳이 의심을 사지 않으려 애쓸 필요가 없어서 도르곤은 아무 때나 궁전을 출입하였고, 궁중에서 유숙하기도 했다.

도르곤은 훌륭한 인재인데다 신체가 건장했으나 호색한이었다. 장비도 한창 물오른 나이여서 얼마 후 도르곤과 부적절한 관계를 맺게 되었다. 자연히 궁전 내외에서 뒷공론이 생겨났다. 고명대신 지르하란도 이러쿵저러쿵 말이 많았다. 도르곤은 그 사실을 알게 된 후 장비에게 알려주며, 지르하란을 멀리 파견하여 산해관山海關을 공격하게 했다.

장비는 아주 영리한 여자였다. 그녀와 도르곤의 부적절한 관계가 도르곤의 압력 때문이었는지 아니면 장비가 스스로 몸을 바친 것인지, 혹은 두 가지 모두가 이유인지 사료로는 증명할 길이 없다. 사실 이런 일은 오늘날에도 확실히 말하기 어렵다. 그러나 도르곤이 호색한이었고 장비는 젊고 아름다웠으며 지혜로웠으니, 도르곤이 낚시나 사냥을 하듯 색을 탐했으리라는 것은 상상하고도 남을 일이다. 도르곤의 호색무치한 행동은 다른 일로도 증명된다.

한번은 도르곤이 장비의 처소에서 아주 아름다운 부인을 만났다. 장비만큼 미모가 뛰어나 한눈에 들었다. 누구인지 알아보니 홍타이지의 장자인 숙왕肅王 하오거의 복진福晉이었다. 이때부터 도르곤은 복진에게 마음을 뺏겼다. 후에 하오거가 옥에서 죽자 도르곤은 그녀를 자신의 비妃로 삼았다. 그러나 오래지 않아 싫증나 거들떠보지 않게 되었고, 다시 조선의 두 공주에게 마음을 빼앗겼다. 이 일로 복진은 도르곤과 한바탕 다투었고 그 결과 도르곤은 다시는 그녀의 처소를 찾지 않고 신경도 쓰지 않았다. 이런 상황을 종합해볼 때, 도르곤은 전형적인 카사노바형 호색한이었음에 틀림없어 장비에게 적극적으로 접근했을 가능성이 높다.

이런 상황에서 장비의 생각은 어떠했을까? 장비는 영리하였으므로 부적절한 관계가 자신의 신분과 명예에 끼칠 영향을 고려했겠으나, 도르곤의 요구를 거절할 경우 야기될 문제 또한 매우 컸을 것이다. 장비는 분명히 알고 있었다. 도르곤이 뛰어난 재능과 원대한 계략을 가진 사람은 결코 아니며, 호색한이라는 점이 그의 큰 결함이라는 사실을. 그녀는 도르곤에게 부드럽게 대하면 쉽게 그의 마음을 사로잡을 수 있고 권력을 잡을 수 있으며 순치의 황위와 자신의 태후 자리도 안정될 것이라고 생각했다. 장비는 이런 생각 끝에 도르곤과 화친을 맺었다.

물론 장비의 꽃다운 나이, 도르곤의 의젓한 자세와 열정 때문에 부적절한 관계가 생겼을 가능성이 있지만 결국 이것은 부차적인 원인일 뿐이다.

중국 역사상 유일한 여황제 무측천과 그의 딸 태평공주 및 기타 수많은 황후들은 총남龍男을 키웠다. 그러나 근본적으로 권신들과는 어떠한 감정상의 교류도 없었다. 근본 원인은 그녀들의 권력이 이미 안정되었기 때문에 미인계를 써서 통치 지위의 안정을 꾀할 필요가 없었던 점이다. 그녀들은 심지어 권신들을 멀리하였다. 사생활과 비밀을 권신들에게 들켜 그것을 빌미로 공격당하지 않기 위해서였다. 이로써 장비와 도르곤의 관계는 그 근본 원인이 권력을 지키려는 필요성 때문이었다는 것을 알 수 있다.

황제의 어머니와 혼인한 도르곤

도르곤은 훗날 혁혁한 공을 세웠다. 특히 명나라 산해관의 군사를 지휘하는 오삼계의 항복을 받아내고, 이자성李自成의 군대를 공격해 승리한 것은 가장 뛰어난 업적이다.

이자성의 농민군은 북경을 공격한 후, 오삼계의 가산을 몰수하고 그의 애첩 진원원陳圓圓을 빼앗아갔다. 오삼계가 이 사실을 알고 나서 몹시 분노하며 이자성에게 투항하지 않았다. 대시인 오매촌吳梅村은 「원원곡」圓圓曲에서 다음과 같이 썼다.

전 군대가 소복을 입고 대성통곡하였으며,
화가 머리끝까지 나서 얼굴이 붉어졌다.

오삼계는 도르곤의 군대에 찾아가서, 머리를 자르고 정식으로 청나라 군대의 선봉이 되겠다고 맹세했다.

이때 이자성의 군대도 산해관에 도달하여, 산과 바다 사이에 포진하고 오삼계와의 결전을 준비하였다. 도르곤은 오삼계에게 앞장서 싸우게 하고 자신은 말 위에서 관망했다. 오삼계가 몸소 출전하여 이자성의 군대

효장황후(장비)는 몽고 왕족 집안 출신이다. 홍타이지의 첩이었으나 후에 순치제가 되는 왕자 복림을 낳아 권력과 영예를 얻었다.

와 싸우다 후퇴하는 척했다. 바로 이때, 갑자기 광풍이 불었다. 때를 놓치지 않고 도르곤의 군대가 이자성의 군대를 옆에서 협공했다. 이자성은 생각지도 못한 청나라 군대가 참전을 하자 갈팡질팡하다가 자멸하고 말았다. 내친김에 도르곤의 군대는 산해관을 철수하여 북경에 수도를 정했다. 이로써 순치제는 만주족으로 입관한 첫 번째 황제가 되었다.

청나라 군대가 입관한 후 도르곤의 권력은 더욱 커졌다. 농민군을 공격하고 명나라의 잔류 세력을 소멸시키는 과정에서 도르곤은 강력한 지휘력을 발휘했다. 그는 군대를 보내 명나라의 성들을 하나하나 공격하면서 남쪽을 향하여 진격했다. 그 와중에도 도르곤은 매일 하오거의 복진과 아침저녁으로 즐겼다. 복진은 그의 조카며느리였지만 도르곤은 호색한인지라 부끄러운 줄도 모르고 거리낌 없이 행동하였으므로 일순간에 여론이 들끓었다.

이때 병권을 틀어쥐고 있던 누르하치의 아들들이 줄지어 병사하거나 전사하였고, 효단황후도 세상을 떠났다. 장비는 효단황후와 같은 황태후였지만 명분상으로는 차이가 있었으니, 한 사람은 정실이고 다른 한 사람은 후실이었다. 그래서 권력을 혼자 장악하는 데 다소 껄끄러움이 있었다. 다행히도 효단황후가 조정 일에 간섭하지 않자 장비는 마음을 놓았다. 이제 효단황후가 죽자 장비는 거리낄 것이 없어져서 더욱 대담하게 정무를 처리하였다. 이때 도르곤 쪽에 상황 변화가 일어났다.

도르곤의 본부인은 도르곤과 조카며느리의 혼음 소식을 듣고, 자주 그와 다퉜다. 그러나 도르곤은 조금도 변하지 않아 부인을 더욱 화나게 만들었다. 이 일이 오래 계속되자 부인은 결국 화병을 얻어 죽었다. 도르곤은 장례를 치른 후 대담하게도 복진을 정식부인으로 삼았다.

장비는 일이 이렇게 진행된다면 자신과 도르곤의 관계도 보장할 수가 없다는 것을 알았다. 그래서 적절한 시기에 결단을 내리기로 했다. 그녀는 태감을 통해 도르곤을 불러 한참동안 밀담을 나눴다. 그녀를 만난 후 도르곤은 범문정 등 경험 많고 학식 높은 원로대신들을 불러 상의하였다. 그들과 한참 동안 이야기를 나누고 나서야 도르곤의 얼굴에 화색이 돌았다. 범문정은 눈살을 찌푸렸지만, 결국 적절한 방법을 생각해내어 도르곤에게 계책을 올렸다. 도르곤이 크게 기뻐하며 그들 몇 사람에게 일처리를 부탁했다.

그리하여 범문정이 순치제에게 상소를 올렸는데, 이 상소문은 중국 역사상 가장 이상한 내용이었다. 그 내용은 황제의 모친을 시집보내라는 것이었다. 도르곤의 정실부인이 죽어 그가 홀몸이 되었고, 황태후도 과부로 외롭게 지내고 있다. 이는 황제께서 효로 나라를 다스리는 것과는 맞지 않는다. 황부와 황모를 한 궁실에 거처하게 해야 한다. 그래야만 황제께서 효심을 다하는 것이라는 내용이었다.

역사에 드문 이 상소문이 올려지자 즉시 내각에서 격론이 벌어졌다. 그러나 도르곤의 세력이 막강함을 누구나 알고 있었고, 황태후도 동의하니 아무도 반대하지 못하였다. 그래서 대신들 모두가 한 목소리로 좋다고 찬성하였다.

순치 6년(1648) 겨울, 순치가 10세 되던 해에 모친을 시집보내는 성지가 다음과 같이 반포되었다.

짐이 어린 나이에 황제에 올라 중원과 남북 지역을 점령하였다. 황궁 안에서 의지할 사람은 황태후의 보살핌뿐이고 황궁 밖에서 의지할 것은 황부 섭정왕의 지지였다. 중도에 멈춤 없이 선인의 과업을 계승하여야 하는데, 지금 황부와 황태후가 홀로 쓸쓸히 살고 있다. 또 황부는 부인이 죽어, 짐은 자식뻘 된 도리로 극히 면목이 없다. 여러 왕들과 대신들이 일치하여 열렬히 호응해주고, 부모는 따로 떨어져 살 수 없으니 함께 사는 것이 마땅하다. 나도 시간을 정해 문안하겠다. 이렇게 하는 것이 좋다고 생각한다. 황부와 황모의 혼례식을 거행하고, 두 분의 합궁을 청하겠다. 예부에서는 전력을 다해 효도로 세상을 다스리는 뜻을 잘 살려주기 바란다.

조정 내외에서 며칠 동안 바쁘게 준비하였고, 혼례식장에 대신들이 모두 참석하여 하례하고 시끌벅적하니, 청나라가 입관한 이래 가장 큰 행사가 되었다.

결혼한 장비와 도르곤은 금실이 아주 좋았다. 그러나 도르곤은 복진을 잊지 못해 남의 눈을 피해가며 사랑을 나눴다. 이 사실을 안 장비가 끝까지 캐묻자 도르곤도 사실대로 털어놓았다. 이상한 것은 장비가 복진을 후실 복진으로 세우도록 도르곤에게 허락했다는 사실이다. 이러한 장비의 어질고 현명한 면모가 사람들을 감동시켰다.

후에 도르곤은 조선의 두 공주를 총애하여 밖으로 사냥하러 갈 때 자주 데리고 나갔다. 그리고는 오랫동안 궁에 돌아오지 않기 일쑤였다. 후실 복진은 사랑받지 못하게 되자 도르곤과 말다툼을 벌였지만, 그는 천성적으로 새것을 좋아하고 헌것을 싫어했기에 그녀를 다시는 돌아보지 않았다. 도르곤은 궁중의 태감과 시녀들을 잘 단속하여 이러한 소식이 장비의 귀에 들어가지 않게 했다. 도르곤은 계속 여색을 탐하다, 객라성喀喇城에서 사냥을 하던 중 각혈병을 얻어 죽었다.

도르곤이 죽자 평소 그를 미워하던 대신들이 상소를 올려 도르곤을 공

자금성의 태화전. 명나라 영락 18년(1420)에 건립됐다. 이곳 태화전과 천안문 사이의 넓은 광장에서 수많은 대규모 행사들이 거행되었다.

격했으나 장비가 중간에서 조정하는 역할을 했다. 그러나 도르곤이 조선의 공주 두 명을 총애했던 사실을 알게 된 장비는 크게 노했다. 도르곤이 사냥을 갈 때마다 그랬다는 것을 알게 된 장비는 화를 내며 말했다.

"지금 보니 그는 진작 죽었어야 했다."

이렇게 되자 수많은 대신들이 도르곤의 죄상을 열거하기 시작했다. 뇌물 수수, 하오거를 죽인 것, 조카며느리를 유혹한 것, 사사로이 황제의 옷을 만든 것과 황제의 진주를 보관한 것 등이었다. 그러자 순치가 교지를 내려 도르곤의 측근들을 죽이고, 그의 가속들이 얻은 작위를 박탈했다.

권력은 무엇보다 높다

순치는 모친의 비호 아래 황위를 안정시켜나갔다. 그는 성인이 될 때까지 숙부의 권세 아래 전전긍긍하며 소년 시절을 보냈다. 만주족이 보기에 숙부가 조카며느리를 취하는 것이 그다지 대역무도한 일이 아닐지라도 순치는 이를 모욕으로 생각했다. 순치제의 이후 행적과 그가 25세에 불분명한 원인으로 사망한 사실(일각에서는 출가하여 중이 되었다고 한다)은 그의 유소년 시절의 경험과 무관하지 않다.

조정의 안정을 유지하고 순치의 황위를 견고히 만들기 위해 장비가 한 역할은 매우 컸다고 할 수 있다. 그녀는 도르곤의 성격을 잘 알았고, 처음부터 끝까지 그를 손아귀에 단단히 쥐었다. 도르곤이 지나친 방탕으로 인해 죽은 것은 장비가 이미 예견했던 일이다. 그녀는 각자에게 맞는 방법으로 사람을 조정하는 전략에 탁월했다고 할 수 있다.

도르곤이 죽었을 때, 순치는 이미 성인이 되어 있었다. 이후 권력도 다시는 대신 한 명에게 집중되지 않았고, 청나라의 통치 기반은 견고해졌다. 다른 각도에서 본다면, 도르곤이 끝까지 권력을 찬탈하려 하지 않았던 점 또한 청나라가 중국을 통일하게 된 주요 원인 중 하나다.

역대로 화친은 딸을 시집보내는 것이었지만, 장비는 시집보낼 딸이 없었다. 딸이 있었다고 해도 아무런 도움이 되지 않았을 것이다. 그래서 장비가 몸소 실행한 것이다. 황태후의 신분으로 대신에게 시집간 그 공과功過의 속사정은 어떻게 평가될 것인가? 황태후가 도르곤에게 시집간 일은 청나라 사료에는 기록되어 있지 않다. 그러나 이 일은 사실이며, 잘못 전해진 말이 아니다. 청나라 풍속으로 볼 때 이런 일은 이상한 것이 아니었으므로 말을 꺼릴 필요가 없었다. 우리가 알아야 할 것은 전통적으로 중국인들이 권력을 유지하는 방법은 아주 많았고, 기묘했으며, 다양했다는 점이다. 이런 방법에는 중국의 전통 관념인 '권력은 무엇보다 높다'는 의식이 그림자로 드리워져 있는 것 아닐까?

14 개혁가의 종말

개혁의 실패는 통치 집단 내부의 권력다툼에서
주로 시작된다. 개혁은 권력을 필요로 하지만
권력이 개혁의 성공을 보장하는 것은 아니다.

고대 중국사회에서 개혁가는 끝이 좋은 적이 거의 없다.

왜 그럴까? 고대 중국사회를 개혁하기 어려웠던 것은 백성들이 개혁을 원치 않아서였다고 생각하는 사람도 있으나, 사실 이 말은 불공평하다. 고대 중국사회의 개혁은 권력자에 의해 추진되었고, 마찬가지로 권력자에 의해 실패했기 때문이다. 백성들로서는 상명하달식의 이런 개혁을 원하든 원하지 않든 이익을 가져다주었든 그렇지 않았든 간에 피동적으로 받아들일 수밖에 없었다. 물론 좋은 개혁 조치는 백성의 환영을 받았지만, 좋지 않은 개혁은 저항을 받았다. 그러나 어쨌든 백성들의 의견이 통치 집단에 받아들여져 영향을 끼치기는 어려웠다. 개혁의 실패는 통치 집단 내부의 권력다툼에서 주로 시작되었다.

사지가 찢긴 개혁가 상앙

우선 중국 최초의 변법가 상앙商鞅에 대해 이야기해보자. 상앙은 위衛나라 사람으로서 그곳에서 작은 벼슬을 했다. 그런데 위나라 혜왕惠王은 그를 별로 중시하지 않았다. 그래서 상앙은 진秦나라에서 인재를 초청한다는 소식을 듣고 즉시 진나라로 갔다.

상앙은 중국에서 처음으로 변법을 시행한 인물로 유명하다. 법가 일파에 속하는 그는 진秦나라에서 인재를 초빙한다는 소식을 듣고 진나라로 갔고, 진효공은 그에게 변법을 주관하도록 했다.

진나라는 중원에서 멀리 떨어진 서북부에 있었고 원래 아주 작아서 제후국에도 속하지 않았지만, 언제나 다른 나라로부터 인재를 초청하고 등용하여 결국 제후국 가운데 가장 강력한 나라가 되었다. 진나라 역사에서, 중대한 개혁을 진나라 자체의 인재가 추진하고 실행한 적은 한 번도 없었다. 진나라를 통치했던 대신들, 예를 들면 공손연公孫衍 · 장의張儀 · 감무甘茂 · 범수范雎 · 채택蔡澤 · 여불위呂不韋 등은 모두 빈객들이었다. 진나라는 이런 개방적인 태도와 군주의 진취적인 정신 때문에 6국을 삼키고 중국을 통일했다.

그러나 효공孝公 당시에는 아직 진나라가 강대국이 아니었다. 동쪽에 이웃한 위나라가 진나라를 항상 업신여겼고 침략하여 영토를 많이 빼앗았다. 진효공은 진나라가 어서 강대해지기를 바라며, 능력 있는 사람을 고관에 봉하고 토지를 나눠주겠다는 법령을 반포했다.

상앙은 법가法家 일파에 속하는 인물이다. 그는 법치로 나라를 다스려야 진나라를 부강하게 할 수 있고 자신의 재능을 발휘할 수 있으리라 생각하고 진효공에게 달려갔다. 그러나 진효공의 진실한 마음을 알기 전까지는 자신의 생각을 밝힐 수 없었다. 그래서 일단 두 차례 만나서 진효공에게 유가사상의 제왕의 도를 말하였는데, 진효공은 귀찮다는 듯 꾸벅꾸벅 졸기만 하였다. 이 때문에 상앙은 진효공이 법가적 통치로 나라를 흥성하게 하고 싶어 한다는 것을 분명히 깨달았다. 그래서 세 번째 회담에서는 자신의 변법에 대해 밝혔다. 진효공은 상앙의 통치방법에 매혹당하여 피곤도 잊은 채 3일 밤낮 동안 이야기를 나누었다. 진효공은 그를 변법을 주관하는 관원으로 즉시 임명하고 변법을 시행했다.

상앙은 먼저 백성들의 신뢰를 얻기 위해 수완을 발휘했다. 그는 수도 남쪽에 서 있는 큰 나무 한 그루를 가리키며 명했다.

"이 큰 나무를 북문으로 옮기는 자에게 상금으로 50냥을 내리겠다."

그 나무는 보통사람이라도 운반할 수 있는 크기였는데 상금 50냥은 너무 많은 액수였기 때문에 사람들은 사기라고 여기고 아무도 운반하지 않았다. 나중에 우락부락하게 생긴 어떤 사람이 상금이 많은 것을 보고는 나무를 북문으로 옮겨놓았다. 그는 정말로 상금 50냥을 받았다. 이로써 상앙은 백성들에게 위신을 세울 수 있었고, 이후로는 정부가 반포하는 법령을 백성들이 믿고 따랐다.

상앙은 진효공 6년(기원전 356)과 12년(기원전 350) 두 차례에 걸쳐 변법을 실행하였는데, 내용은 다음과 같다.

1. 가구를 묶어 연좌제를 실행했다. 다섯 가구를 오伍라고 하고, 열 가구를 십什이라고 하며, 한 가족이 죄를 지으면 다른 집에서 고발해야 했다. 그렇게 하지 않으면 연좌제로 처벌하였다.

2. 전쟁에서 공을 세우도록 장려하고, 사사로운 싸움은 금했다. 전공이 있는 자는 그 출신의 귀천과 지위고하를 막론하고 진급시켜주고 땅을 하사했다. 각 성읍 간에는 무기를 가지고 싸울 수 없었다. 법을 어긴 자는 사형에 처했다.

3. 경작과 직조를 장려했다. 농업 발전을 꾀하였고 인구 증가를 장려하였다. 수확을 많이 한 자에게는 상금을 주고, 그렇지 못한 자는

집을 몰수하고 관비로 삼았다.

4. 가벼운 죄도 중벌로 다스렸다. 재를 거리에 버리는 사람은 얼굴에 먹물로 글자를 새겼다.

5. 현縣을 설치하여 중앙에 권력을 집중시켰다.

6. 토지 사유를 허가하고 황무지 개간을 장려했다.

7. 도량형을 통일시키고 조세제도를 실행했다.

이러한 변법의 실시로 나타난 가장 중요한 변화는 전공을 따지는 데 등급이 없어져 진나라 군대의 전투력이 크게 향상되었고, 토지의 사유화를 허가한 탓에 경제가 급속히 발전했다는 점이다. 상앙이 변법을 실행한 후 제후국 진나라는 가장 강대한 나라 중 하나가 되었다.

진효공 20년(기원전 342), 진나라는 위나라를 공격했다. 상앙의 계책하에 진나라는 위나라를 크게 이겼고, 황하 서쪽의 잃었던 땅도 되찾았다. 상앙은 상商 땅을 하사받았고 15개 성읍을 다스리게 됐으며 상군商君이라는 호로 불렸다.

상앙의 변법은 처벌이 지나치게 가혹하다는 점을 제외하고는, 기본적으로 백성의 이익에 부합하였기에 백성들도 상앙을 반대하지 않았다. 상앙의 적은 진나라 조정 내부의 권력다툼에 있었다.

변법 실행 초기에 수많은 구귀족들이 상앙의 시책을 격렬하게 반대했다. 원인은 간단하다. 몇몇 조항이 구귀족의 이익을 해쳤기 때문이다. 관건이 되는 것은 두 조항으로 논공행상과 토지사유였다. 그러나 진효공이 상앙을 지지했기 때문에 어쩌지 못했던 구귀족들은 진효공이 죽은 후 진혜문왕秦惠文王이 즉위하자 상앙을 무고하였다. 무고를 믿은 진혜문왕은 상앙을 체포하라고 명령했다.

상앙이 진나라에서 몸을 기댈 데가 없어진 것은 왜일까? 상앙이 제정한 법 규정에 의하면 여관에 머물려면 증명서가 있어야 했는데, 도망자인 상앙에게는 증명서가 없었다. 그는 하는 수 없이 위나라로 달려갔다.

그러나 위나라 사람이 죽이려고 하자 자신의 봉지로 되돌아왔다. 그는 봉지에서 군대를 조직하여, 자신을 체포하러 온 구귀족의 군대에 대항했다. 그러나 결국 중과부적으로 패하고 사로잡혔다. 상앙이 받은 형벌은 사지를 마차에 묶어 산 채로 찢는 것이었다. 그는 자신이 만든 잔혹한 형벌에 의해 무참하게 죽게 된 것이다.

상앙은 비록 죽었지만 그 법은 여전히 남아 있었다. 진나라가 중국을 통일하는 데는 상앙이 제정한 법률이 결정적인 역할을 했다.

변법은 내분 때문에 실패한다

송나라 때 왕안석王安石의 변법은 상앙의 변법만큼 가혹하지 않았으며, 왕안석의 종말 또한 상앙처럼 비참하지는 않았다. 그러나 그 법이 반복되면서 신구 양당의 교체에 따른 관리의 임명과 파직과 같은 심각한 문제가 발생하였다.

왕안석이 신종神宗 때 실시한 변법 조치들은 수확기 전의 대출, 농토 수리시설 확충, 병사의 수를 줄이고 장수들을 전면 배치하는 것과 중앙에 재력을 집중하는 등의 개혁이었다. 이런 조치들은 확실히 동기는 좋았고, 기대한 것만큼은 아니어도 결과적으로 많은 성과를 얻었다. 그러나 조정 내부에서는 신법을 둘러싸고, 변법을 주장하는 왕안석 신당과 변법을 반대하는 사마광司馬光 구당이 형성되어 격렬한 정치투쟁을 벌였다.

이 양당은 몇 차례 회합을 가졌지만 결국 권력과 이익을 다투는 투쟁으로 변해버렸다. 특히 신당의 장돈章惇이 잔인하게 사마광의 구당 일파를 박해하여 수많은 사람들이 유배를 가거나 죽음에 이르렀다. 일이 이 지경이 되자, 신법의 진정한 이해득실에 대하여 아무도 고려해보지 않게 되었다. 신법의 성공과 실패는 당파 간의 권력다툼 외에 아무런 의의가 없었다. 결국 신법은 폐지되었다.

왕안석은 신법이 폐지되기 전에 은둔해버렸다. 그는 그나마 운이 좋아서 큰 박해는 받지 않았고 천수를 누렸다. 그러나 왕안석은 후세사람들로부터 완곡한 비판을 받았다. 명나라의 소설집 『삼언이박』三言二拍에 수록된 「요상공음한반산요」拗相公飮恨半山腰라는 글은 왕안석을 꼴사납다고 모욕하고 있다. 변법에 대해 뼈에 사무치는 원한이 있음을 알 수 있다.

왕안석의 변법으로 인해 야기된 당쟁에서 볼 수 있듯이 중국의 변법이 실패한 이유는 일반 백성에게 악영향을 끼친 것 때문이 아니라 궁정 내부의 권력과 이익을 둘러싼 다툼 때문이다.

꼭두각시 황제 광서제의 야심

우리의 주목을 끄는 개혁은 백일유신百日維新인데, 무술변법戊戌變法이라고도 부른다. 이 개혁이 중국에 끼친 영향은 매우 크기 때문에 현대 중국의 정치와 사회에 대한 개혁이 필요하다면 이 개혁의 실패로부터 교훈을 얻을 수 있을 것이다.

이 개혁의 주인공인 광서光緖황제는 권력이 없는 개혁가였다. 동치同治황제가 19살에 병사한 후 그 모친 자희태후慈禧太后(서태후)는 동치의 아들을 황제로 세우면 자기의 권력을 잃게 될까 봐 순친왕醇親王의 4살 난 아들을 즉위시켰으니, 그가 바로 광서황제였다.

광서의 부친은 자희태후의 남편 함풍咸豊의 동생이었다. 이 때문에 광서는 자희의 조카가 되는데, 광서의 모친은 또 자희의 친동생이었다. 그래서 광서는 자희의 외종질이기도 했다. 즉위 당시 광서는 4살밖에 안 되었기 때문에 대권은 완전히 자희 한 사람에 의해 조종되었다.

자희는 광서에게 두 가지 일만 하면 된다고 가르쳤다. 하나는 자기를 두려워하는 것이고, 다른 하나는 학문 연마에 힘쓰는 것이었다. 자희는 광서에게 교육을 엄하게 시켜 자기에게 순종하는 도구로 길러냈다. 그녀는 광서에게 자신을 태후가 아닌 친아빠라고 부르게 했고, 항상 자신

청나라 말기의 자희태후는 동치제의 생모로서 권력을 전횡했다. 동치제의 뒤를 이은 광서제가 강유위 등의 지식인들과 함께 변법을 펴자 정변을 일으켜 이를 중단시켰다.

의 손아귀에 넣고 마음대로 조종하여 효과적으로 세뇌를 시켰다.

광서는 학업에 몰두했다. 그는 궁중 규율에 관한 과목만 공부한 것이 아니었다. 수업시간에만 열심히 한 것이 아니라 학과 외 시간에도 공부를 열심히 하며 손에서 책을 떼지 않았고 입으로는 경서, 역사서, 제자, 시문집을 외웠다. 어쩌다 자희가 그에게 연극을 보러 가게 하면 겉으로는 그러겠다고 하고, 극장 밖을 한 바퀴 돌고 나서 되돌아와 다시 공부를 했다. 자희태후조차 그를 공부벌레라고 불렀고, 궁정 내외에서도 이구동성으로 칭찬하였다.

옹동화翁同龢의 각별한 지도하에 광서는 경서와 역사서를 쉽게 이해하였고, 좋은 글도 쓸 수 있었다. 광서는 문장표현에 특별한 애착과 의지를 드러냈다. 특히 그의 스승을 놀라게 한 점은 언제나 사려 깊은 견해를 피력할 줄 알았다는 점이다. 이 때문에 옹동화는 광서가 장차 훌륭한 황제가 될 것이라고 단정했다.

1887년, 광서가 16세가 되자 전통에 따라 친정을 하게 되었다. 자희태후도 수렴청정을 거두는 척했다. 그러나 조정의 대권은 여전히 그녀의 손아귀에 있었다.

광서가 친정하였을 때는 마침 제국주의 열강이 중국을 나눠 가지려고 하던 시기였다. 청나라는 주권을 잃고 나라를 욕되게 하는 일련의 불평등조약을 맺었다. 제국주의 열강의 욕망은 한이 없었고, 그 세력은 철저하게 중국을 무너뜨렸다. 특히 청일전쟁의 참패로 인해 중국의 지식인들은 조국과 세계의 현실을 직시하게 되었고, 변법만이 망국의 위기에서 나라를 구할 수 있을 것으로 의견을 모아 변법을 주장하고 나섰다.

유명한 공거상서公車上書 운동은 중국 근대 지식인들이 사회를 변혁하기 위해 벌인 사건 가운데 하나였다. 시모노세키조약은 애국 지식인들의 격렬한 분노를 샀고, 강유위康有爲가 북경에 과거시험을 보러 온 1,200명과 연합하여 상서를 올리고 변법, 화친 거부, 천도遷都 등을 요구하는 공거상서 사건이 일어났다. 이 상서는 청나라 조정의 완고한 대신들을 당황하게 만들었고, 중국을 나눠 가지려는 제국주의 열강은 중국인의 각성을 목도하게 되었다.

그러나 청나라 통치계층의 방해로 상주문은 광서의 손에 전해지지 않았다. 강유위 등은 분개하여 20일 후에 다시 긴 상주문을 올렸다.

우여곡절 끝에 마침내 광서도 그 상주문을 보게 되었다. 광서는 강유위가 제출한 개혁안에 찬성하며 개혁신정을 실행하라는 전교를 내렸다. 물론 이런 전교의 힘은 미약하였다. 개혁에 반대하는 관리를 파직하거나 죽여버렸다면 가능했을지도 모르지만 말이다. 오랜 기간 낡은 봉건 관료 체제에 익숙해진 사회를 개혁하려면 강력한 힘과 과감한 개혁정신으로 무장한 황제의 친정만이 성공의 지름길이었는데 자희태후의 조종을 받는 광서의 처지로서는 지식인들에게 아무 도움도 줄 수 없었다.

강유위는 자신의 상소가 아무 소용이 없다는 것을 알고 광서 23년(1897)에 분노에 찬 글을 올렸다. 이미 8, 9년 전에 강유위가 광서에게 여러 차례 상소를 올린 적이 있으나 줄곧 무소식이었다. 그는 무척 분개하고 있었기에 격한 어조로, 일본의 국회 및 신문이 매일 어떻게 중국을

강유위(왼쪽)와 그의 필적. 강유위는 청나라 말기에 백일유신을 선도한 변법파의 핵심 인물이다. 원래 유학을 공부하였으나, 국가의 위기를 느낀 후 구학문에 회의를 품고 서양 학문도 연구하기 시작했다. 이후 서양의 자본주의 국가를 본받아 중국을 개혁해야 한다고 주장하였다.

나눌까 하는 문제에 대해 토론하고 있으니 중국이 망할 날이 얼마 남지 않았다는 것을 지적했다.

그러나 이 상소문마저 보수파 대신들이 중간에 가로채고 보고하지 않아 광서는 까맣게 모르고 있었다. 후에 상소문이 전해져 여론에 커다란 반향을 일으켰고, 수많은 신문과 잡지에도 소개됐다. 광서도 신문에서 이 상소문을 보게 된 후 깊이 감동을 받고 즉시 강유위를 만나보려고 했다.

그러나 공친왕恭親王 혁기奕訢는 강서가 강유위와 만나는 것을 결사적으로 반대했다. 그는 조상의 예를 인용하면서 황제는 4품 이상 관원이 아니면 아무나 만날 수 없다고 우겼다. 광서는 어쩔 수 없이 옹동화, 이홍장 및 영록 등을 보내 그를 만나보게 했다.

옹동화는 광서의 스승으로서 변법을 주장하는 일파에 속해 있었다. 그는 강유위의 말을 사실대로 광서에게 보고했다. 광서도 강유위의 이론과 태도에 깊이 감동을 받고는 그의 글을 가져오도록 명을 내리고, 직접

청나라의 제11대 황제 광서제. 갈수록 쇠약해지는 나라를 개혁하기 위해 무술변법을 시도했으나 서태후를 비롯한 수구파의 반발로 실패했다.

그의 글을 읽었다. 광서는 이 과정에서 변법에 대한 신념을 확고히 하였다. 황제는 특별히 명을 내려서 강유위의 상소문은 접수하는 대로 즉시 자신에게 올리도록 했다.

광서는 변법 혁신을 빨리 실시하고 싶었다. 그러나 실권이 자희태후에게 있었으므로 광서는 실제로는 허울뿐인 황제였다. 그는 신법을 추진하기 위해서 자희태후에게 여러 차례 권력이양을 요구하였고, 심지어 이런 말까지 하기도 했다.

"태후께서 만약 변법으로 강대국이 될 수 있도록 내게 권력이양을 하지 않는다면, 나는 황제를 하지 않을망정 망국의 군주는 절대로 되지 않을 것입니다."

당시의 형세는 변법을 요구하는 분위기가 최고조에 달했지만, 조정의 수구파는 자희태후 주위에 달라붙어 옛 법을 바꾸려 하지 않았다. 그러나 형국이 급박하게 돌아가자 자희태후는 광서에게 권력을 이양하지 않을 수 없었다. 그녀는 광서가 성공하지 못하면 자신이 다시 수습하겠다며 마치 높은 곳에서 내려다보는 듯한 태도로 권력을 이양했다. 이런 방법은 목숨을 걸고 변법을 저지하는 것보다 고차원적인 것이었다. 그래서 자희태후는 전제조건을 달아놓고 광서의 변법 시행에 동의했다.

그러나 변법론자들은 개혁을 너무 성급하게 추진하여 실패하고 말았다.

광서와 양계초梁啓超 등은 자희태후가 변법에 동의하자 미친 듯이 기뻐하며 마치 변법이 성공이라도 한 것처럼 생각했다. 1898년 6월 10일, 광서황제는 「정국시조」定國是詔를 반포하였다. 이것은 실제로 변법 선언서였다. 보수적인 수구 관료를 질책하면서, 변법으로 국가의 발전을 도모하는 것만이 위기에서 나라를 구할 수 있는 필연적인 길이라는 내용이 담겨 있었다. 또한 완고한 관료들이 탁상공론만으로 나라를 구하려는 것은 아무 소용없는 허세일 뿐이라고 비판하였다.

이 선언서에는 변법 혁신에 대한 광서의 강한 신념이 드러나 있었기에, 자희태후를 보좌하는 보수 세력은 위기의식을 느꼈다. 이때부터 광서가 변혁을 위한 전교를 계속 내려 보내자, 자희태후는 군대를 동원하여 혁신 운동을 무력으로 짓누르려 했다.

광서는 6월 11일에 전교를 내린 후, 16일에는 수구대신들의 저지에도 불구하고 강유위를 만남으로써 황제는 4품 이하의 관원을 만나지 않는다는 관행을 깨뜨렸다. 이들은 3시간 동안 대화를 나눴다. 이 만남 이후 광서의 변법에 대한 신념은 더욱 강해졌다. 이후로 광서는 용좌에 앉아 혁신을 적극적으로 후원하기 위해 계속 교지를 내렸다.

「정국시조」를 반포한 때부터 변법이 철저히 진압당하기까지 백여 일 동안, 광서는 모두 110편의 교지를 내렸다. 어떤 때는 하루에 5, 6편을 내리기도 했다. 그 내용은 학당 설립, 서양학문 학습, 선진국으로의 유학, 과거제도의 개혁, 팔고문八股文의 폐지, 신문사 창립에 대한 장려, 상소제도의 제창, 철도공사 건립, 광업 및 농공상업 장려, 새로운 발명과 저작에 대한 장려, 역참驛站 폐지와 우체국 신설, 관리 감원과 정부기구의 축소, 규정 조례의 개정, 군대 훈련의 개혁, 육해군에 대한 신법 제정, 재정과 예산에 대한 개혁 등이다.

이 조항들은 정치·군사·경제·문화 영역에 대한 전면적인 개혁조치였고, 국력을 증가시키는 데 효과적인 것이었다. 그러나 이 조치들은 봉건수구파의 이익과 어긋났기 때문에 그들을 공황상태에 빠뜨렸고, 위기의식을 느끼게 했다. 그래서 그들은 자희태후를 부추겨 개혁을 저지하도록 하였다.

자희태후도 개혁에 동의하지 않았다. 그녀는 봉건수구파의 대표였으니 근본적으로 개혁에 관한 사상과 자질이 없었다. 더욱 중요한 것은 그녀가 결코 권력을 포기하지 않으려 했다는 점이다. 만약 광서의 개혁이 계속 추진되었다면 분명히 큰 성과를 거두었을 것이다. 광서가 조정과 민간의 인심을 얻게 되면 자신이 조정을 다시 장악하지 못할 거라고 생각한 자희태후는 광서의 변법이 성공하도록 놔두지 않았다.

백일유신에서 많은 수구 대신이 유신조치를 집행하기를 거부했다. 그들은 광서황제에게 간언만 한 것이 아니라 하교가 전달되지 못하게 하거나 상소가 보고되지 못하도록 했다. 화가 난 광서는 수많은 관원을 파직시켰다. 상소가 올라오지 못한 사건을 처리하면서 광서가 한꺼번에 여섯 명의 대신들을 파직시킨 파출육당관罷黜六堂官 사건으로 조정이 떠들썩해지기도 했다.

물론 자희태후는 광서에 대해 경계를 늦추지 않았다. 그녀는 이화원頤和園에 은둔하며 광서의 일거수일투족을 감시하였다. 「정국시조」가 내려졌을 때, 자희태후는 연이어 세 차례 조서를 내렸는데, 옹동화를 파직하여 광서의 날개를 꺾었고, 2품 이상의 대신은 모두 태후 앞에 와서 은혜에 감사하도록 하라고 명을 내림으로써 조정의 인사권을 자신이 쥐고 있음을 신하들에게 확인시켰다. 파출육당관 사건 이후 자희태후는 무력으로 광서를 압박했다.

자희태후는 군대를 장악한 영록에게 북경을 포위하라고 명했다. 영록은 당시 조정의 정예 군사를 북경 주위에 배치시켰다. 그리고 섭사성聶士成의 감군을 천진에 주둔시키고, 동복상의 무의군武毅軍을 장신점에 주둔시켰다. 그녀는 또한 측근 병사들로 하여금 이화원을 삼엄하게 지키도록 했다. 이렇게 자희태후는 주도면밀하게 조정의 권력과 군사를 장악하여 두려울 것이 없었다.

자희태후의 역습

자희태후의 10만 군사와는 상대적으로 광서 편의 개혁가들은 나약한 선비 몇 명뿐이었다. 백일유신 기간 동안 광서는 담사동譚嗣同·유광제劉光第·양예楊銳·임욱林旭 등에게 4품 관직을 주고, 군사와 정치의 중요 사무를 관장하던 조정의 최고기구인 군기처軍機處를 장경章京에게 맡겨 문서 관련 업무를 보게 하였다. 그래서 이들은 군기사경軍機四卿이라 불렸는데, 여기에 강유위, 양계초를 더한다고 해도 6명을 넘지 않았다.

이들은 군사나 정치에 대한 실권이 전혀 없었고, 상소만 올렸을 뿐 광서의 얼굴조차 제대로 보지 못했다.

광서는 어떠했나? 오늘 조서를 내리고, 내일 조령을 하달하였지만 말단 기관에서 변법이 제대로 실시되는지는 아무도 몰랐다. 변법의 사상적, 문화적인 영향이 비록 컸다고는 하지만 제대로 실행에 옮겨지지 않아, 실질적으로는 아이들끼리 대장노릇하며 놀다가 어른 하나가 오자 뿔뿔이 흩어진 것과 다름없었다.

광서는 매일 아침 자희태후를 만나면서 대세가 심상치 않다는 것을 느꼈다. 그래서 광서는 밀교를 써서 강유위를 상해上海 판보관辦報館으로 보냈다. 실제로는 그를 피난시키기 위한 것이었다. 광서는 비밀리에 양예를 궁으로 불러서 긴급한 상황에 대해 설명하며 방법을 찾도록 했다. 양예는 놀라 어쩔 줄 모르며 서생답게 한마디 내뱉었다.

"이것은 폐하의 집안일입니다. 폐하의 집안 사람들과 상의하십시오."

이 말을 들은 광서는 완전히 절망하였다. 그는 화가 났지만 속수무책이었다. 그는 죽음을 기다리는 수밖에 없다는 것을 알았다.

그래도 광서는 여러 모로 애를 썼다. 당시 원세개袁世凱가 북경에 있었다. 광서는 9월 16일 원세개를 만났다. 광서는 그가 유신변법에 대해 일관되게 적극적이라는 것을 알고, 그의 군대를 이용하여 멸망의 형국을 만회하려는 희망을 품었다. 광서는 그를 칭찬하며, 높은 관직으로 승진시켰다. 원세개는 놀라면서도 기뻐하다가, 광서가 자기를 이용하려 한다는 것을 깨달았다.

그는 이리저리 저울질을 해보다가, 즉시 천진天津 주둔지에 돌아가 영록에게 밀고하였다. 영록은 이 정보를 듣고는 그날 밤 기차를 타고 이화원으로 달려가서 자희태후에게 보고했다.

9월 21일, 자희태후가 이화원에서 자금성으로 돌아왔고 광서는 무릎을 꿇고 태후를 맞이했다. 자희태후는 낯빛을 달리하며 큰소리로 광서를 꾸짖더니, 광서의 명의로 광서를 퇴위시키며 자신이 황제 대신 정무를 본다는 조서를 내리게 하고 섭정을 하였다.

자희태후는 광서를 영태瀛台에 감금한 다음, 강광인 · 양심수 · 양예 · 임욱 · 담사동 · 유광제 6명을 붙잡아 북경 채시구菜市口에서 참수하였다. 이들을 무술육군자戊戌六君子라고 부른다.

1898년 6월 11일에 광서가 「정국시조」를 반포한 후 9월 21일에 자희가 다시 집정하게 된 기간이 103일이어서 백일유신이라 부르고, 광서 24년은 무술戊戌년이므로 무술변법이라고도 부른다. 이 유신 변법운동은 철저하게 실패했다.

이 상황을 지켜본 제국주의 열강은 중국의 정치가 부패했다는 것을 알고서 마음놓고 침략하기 시작했다. 한편 반제국주의를 내세운 의화단운동의 기세도 드높았다. 이 두 세력이 협공을 펴니 자희태후 집단도 대응하지 못하였고 열강의 선전포고로 인해 서안西安으로 피난을 갔다. 이때 광서는 비록 죄인 신분으로 있었지만, 시국을 잘 파악하고 있었다. 그는 제국주의 열강의 침입을 틈타서 시간을 번 다음, 나라가 강해지면 다시 좋은 방법을 시도해보고 싶었지만, 결국 자희태후에 의해 이마저도 수포로 돌아갔다.

1900년 8월, 8개국 연합군이 자금성 밑까지 쳐들어오자 자희태후는 급히 도주할 수밖에 없었다. 태후는 도망갈 때 광서를 몰래 데리고 가면서, 광서가 가장 총애하는 진비珍妃를 산 채로 우물에 밀어 넣어 죽였다. 그 이듬해, 자희태후는 광서를 협박하여 서안에서 북경으로 되돌아왔다. 이때 광서는 대혼란을 겪으면서 깨달은 바가 많아 점차 성숙해져갔다. 그는 중국은 변법으로 강대해져야 제국주의 열강에 의해 멸망당할 운명에서 벗어날 수 있다고 굳게 믿었다. 그는 자희태후가 죽으면 다시 대권을 잡아 변법을 시행하겠다고 마음속으로 다짐했다. 그러나 그는 시종 머리를 누르고 있던 자희태후라는 큰 산을 극복하지 못했고, 역사는 그에게 끝까지 기회를 주지 않았다.

자희태후를 죽이려 했던 그는 지나친 근심으로 1908년에 요절하였으니 향년 38세였다.

허약한 지식인들

무술변법은 비록 실패했지만 후세에 막대한 영향을 끼쳤고, 수많은 교훈을 남겼다. 광서는 저명한 황제가 되어 당시 국제적으로 명성을 얻었기 때문에 자희태후는 마음대로 그를 죽이지 못했다.

무술변법의 운용을 본다면, 광서와 강유위 등의 서생들이 글장난만 한 꼴이었다. 그들은 붓으로 천 마디를 써도 마음속에는 한 가지 계책도 없었다. 그들은 왜 변법을 해야 하는지만 알았을 뿐, 어떤 법을 고쳐야 하는지, 어떻게 변법을 해야 하는지를 몰랐다. 특히 위험이 닥쳤을 때는 속수무책이어서, 가슴에 가득 찬 포부와 뜨거운 피를 성현의 개혁 영단에 바치고 제사지내는 수밖에 없었다. 이것은 중국 지식인의 가치였을 뿐만 아니라 고질적인 약점이기도 했다.

개혁의 요구는 밑으로부터 시작되지만 개혁의 실행은 위로부터 시작된다. 광서처럼 유약하고 무력한 개혁가 외에, 제왕의 전폭적인 지지를 받은 상앙과 왕안석의 변법은 어떠했는가?

물론 개혁 때마다 새로운 법을 남기고 어느 정도 영향을 끼쳤지만 개혁가는 일반적으로 끝이 좋지 않았다. 그 원인은 봉건통치 집단 내부의 권력 다툼 때문이다.

백성들에게는 개혁의 실패에 대한 책임이 없다. 역사는 백성들을 무대로 올리지 않기 때문에 그들은 단지 개혁의 요구자인 동시에 수혜자가 될 뿐이다. 권력집단 내부에서 개혁 때문에 어떠한 싸움이 생겨도 그들은 조금도 관여할 수 없었다.

개혁의 선구자는 수구세력의 완고한 반대를 당해낼 수 없다. 그래서 이러한 선각자들은 모두 역사의 순교자가 되었다. 이것이 역대 왕조에서 개혁가가 좋은 결말을 맺기 어려웠던 근본적인 이유다. 개혁은 권력을 필요로 하지만, 권력이 개혁의 성공을 보장하는 것은 아니다. 그렇다면 개혁의 길은 결국 어떤 방향으로 가야 하는가?

제2부 환란과 극복

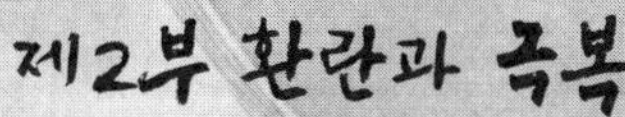

산봉우리같이 노하고 峰巒如怒

파도처럼 군사들이 모여 波濤如聚

산하는 동관의 길을 에워쌌네. 山河表裏潼關路

장안을 바라보며 望西都

옛날을 생각하며 배회하네. 意躊躇

진나라, 한나라 지나간 길은 슬프고 傷心秦漢徑行處

화려했던 궁궐은 이미 흙이 되었도다. 宮闕萬間都做了土

홍해도 백성은 고달프고 興 百姓苦

망해도 백성들은 고통스럽네. 亡 百姓苦

●장양호張養浩의 「동관회고」潼關懷古

미인과 망국

사람들은 여인이 나라를 망하게 했다고 여기지만,
실제로는 망국의 책임은 남자의 무능과 욕망에 있다.

중국 남자들은 국가 환란의 죄를 여자에게 떠넘기기를 좋아한다. 그래서 미인이 재앙의 근원이라는 말은 중국 남자들의 입버릇이 되었다. 큰 재난이 임박했을 때, 중국 남자들은 악귀를 물리치기 위해 제사를 지내기에 열을 올리며 하늘이 어서 도와주기만을 고대한다. 그것도 효력이 없으면 여자들에게 죄를 떠넘기며 시치미를 떼고 말이나 행동을 바꾸어 역사의 공신이 되었다.

상商나라는 주왕의 비 달기 때문에 멸망했다. 주周나라 정권은 포사의 미소 한 번으로 주저앉았다. 명나라가 망한 것은 산해관을 지키던 오삼계가 총애한 기녀 진원원 때문이다. 또한 당나라 현종은 양귀비楊貴妃를 총애했기 때문에 안사安史의 난을 초래했고, 한나라 성제는 조비연 자매를 총애했기 때문에 서한이 쇠퇴하였다. 오랜 중국 역사에서 총애를 받거나 필요에 의해 살해된 여자는 부지기수다.

중국 남자는 정말로 도량이 넓다! 설령 정말로 여자가 나라를 어지럽혔어도 중국 남자들은 당연히 신사적으로 그 여인들을 대신해서 책임을 졌고, 또한 중국 여인들의 '삼종사덕'三從四德*을 헛되게 하지 않았으니, 어찌 국가 환란에 대한 책임이 근본적으로 여자에게 있겠는가. 만약 못 믿는다면 역사적인 사실을 살펴보도록 하자.

양귀비는 서시 · 왕소군 · 초선과 더불어 중국의 4대미인으로 꼽힌다. 원래 당현종 이융기의 아들 이모의 비가 될 예정이었으나, 그녀의 아름다움에 반한 현종이 자신의 비로 삼았다.

한 번의 미소로 나라를 멸망시키다

여자가 나라를 망하게 한 역사는 상나라의 달기부터라고 한다. 원래 상나라 주왕은 어려서부터 총명했고, 신체가 건장하여 힘도 세었으며, 말솜씨도 뛰어난 유능한 군주였다. 하지만 달기를 총애한 후부터 국정을 보살피지 않아 상나라를 멸망시켰다. 타고난 미인은 반드시 국가를 어지럽게 한다는 말은 반박하기 어렵다.

주왕은 도대체 무엇을 했나? 우선, 그는 빈번하게 대외 전쟁을 일으켜서 백성들의 고생이 이만저만이 아니었다. 또한 사치가 극심했고 생활이 방탕하였다. 역사 기록에 의하면, 그는 사구沙丘의 정원에 많은 연못을 파놓고 거기에 술을 채웠으며, 또한 잘 익은 고기를 주위의 나뭇가지에 걸어놓았는데 이것을 주지육림酒池肉林이라고 한다. 그는 발가벗은 남

---

* 삼종: 여인이 지켜야 될 세 가지 도덕. 어렸을 때는 어버이를, 시집가서는 남편을, 남편을 여읜 뒤에는 아들을 따르는 일.

　사덕: 부인이 지켜야 할 네 가지 덕. 언행을 조심하고, 덕행을 행해야 하며, 길쌈 따위의 일을 해야 하고, 옷차림과 몸가짐이 단정해야 하는 것.

자와 여자들이 서로 쫓아다니며 향락의 밤을 지새우게 하는 연회를 자주
베풀었다.

또한 행동이 잔학했고, 끊임없이 참혹한 형벌로 사람들을 함부로 죽
여, 그야말로 인간성을 상실했다. 주왕은 사람을 호랑이에게 잡아먹히
게 하고, 산 채로 심장을 꺼내기도 했으며, 임산부를 죽이기를 좋아했다.
한번은 자신이 추측한 태아의 성별이 맞는지를 알아보기 위해 당장 임산
부의 배를 갈라 영아를 꺼내 검사하도록 했다. 사람의 뼈를 발라내고 무
릎을 도려내어 골수를 파낸 것은 말할 것도 없다.

주왕은 대신들도 마구잡이로 죽였다. 그는 포락炮烙을 만들어 사람을
구리 기둥 위에 묶고 목탄으로 가열하여 천천히 재로 만들었다. 주왕의
죄악은 필설로는 다 표현할 수 없을 정도여서 상나라가 만약 멸망하지
않았다면 이상한 일이 아닐 수 없다.

중국 역사에서 가장 유명한 여인은 포사다. "포사는 한 번의 미소로
주나라를 망하게 했다"는 말은 큰 교훈을 지닌 고사성어가 되었다. 포사
의 미소는 확실히 주나라 멸망과 깊은 관계가 있지만, 미소가 주나라를
멸망시킨 것이 아니라 포사를 미소 짓게 했던 요인이 망국의 진정한 주
범이었다.

포사를 총애한 유왕幽王이 피살되고 그의 아들 평왕平王이 동쪽으로 이
동하여 서주西周가 멸망한 것이지만, 포사의 미소가 주나라를 망하게 했
다는 이야기를 설명하려면 유왕의 아버지 선왕宣王으로 거슬러 올라가야
한다.

선왕宣王 40년(기원전 788)에 헛소문이 나돌았는데, 내용인즉 주나라
는 요사스런 여자의 손에 멸망한다는 것이었다. 실제로 이 헛소문은 사
회적인 요인 때문에 생겨났다. 당시 부패하고 가혹한 통치에 시달린 백
성들은 고통을 견딜 수 없어서 나라가 멸망하길 원했고, 사람들은 전 왕
조인 상나라도 요사쯘런 여자 달기의 손에 멸망했을 것이라고 생각했
다. 그래서 사람들이 당시 사회를 저주하는 이런 헛소문을 만들어냈을

가능성이 높다.

선왕은 당연히 이러한 소문을 통해 백성들의 불만을 알았는데, 그렇다면 자신의 잘못을 깨닫고 백성을 생각했어야 했다. 만약 진정으로 그렇게 했다면, 헛소문은 저절로 없어졌을 것이다.

그러나 선왕은 헛소문에 어리둥절해져서 급히 두백杜伯이라는 대신을 파견하여 요사스런 여자들을 잡아오도록 하고 의심이 가는 여자들을 모두 죽였다. 이렇게 전국이 공포에 휩싸였지만 헛소문은 쉽게 사라지지 않았을 뿐만 아니라, 오히려 더 성행하였다. 헛소문은 본래 거짓이었지만 곧 진실로 나타났다.

그로부터 3년이 지난 기원전 785년, 선왕이 꿈을 꾸었는데 꿈속에서 요사스런 여자가 나와 그의 왕위를 빼앗았다. 그는 두려움에 잠을 깼고, 요사스런 여자를 잡아들인 일과 두백을 시켜 사람들을 죽이게 한 일을 생각했다. 두백은 정직했고 사람 죽이는 것을 원하지 않아서 선왕에게 요사스런 여자가 없다고 거짓으로 보고했다. 만약 선왕이 다시 잡아오라고 명했다면 인심이 더 흉흉해져서 나라가 곧 망했을 것이다. 두백이 거짓말을 했음을 알게 된 선왕은 매우 화가 나서 그를 죽였다. 두백의 친구 좌유左儒도 선왕에게 감히 간언했다는 이유로 하마터면 죽음을 당할 뻔했다. 좌유는 집에 돌아온 후에 분을 참지 못하고 자살했다. 이 두 대신이 죽은 후부터 선왕은 정신이 이상해져서 불안에 떨며 안절부절 못하였다.

한번은 그가 제후들과 함께 사냥을 갔다가 몸이 불편하여 먼저 수레를 타고 돌아왔다. 선왕은 수레 안에서 잠시 졸았는데 꿈속에 두백과 좌유가 나타나 붉은 옷과 모자를 쓰고는 붉은 화살로 자신을 쏘았다. 선왕은 명치에 심한 통증을 느껴 놀라 잠을 깼다. 이때부터 선왕은 병을 얻어 일어나지 못했고 얼마 후에 죽었다.

주나라 선왕은 요사스런 여자를 잡지 못하고 결국 죽었다. 그 사이에 서주의 정치는 이미 극도로 부패하여 멸망할 날이 멀지 않았다. 흥미로

서주 시대에 청동으로 만들어진 대우정大盂鼎. 제사도구로서 역사에 관한 교훈들이 안팎에 새겨져 있다.

운 것은 요사스런 여자가 선왕 재위 중에는 나타나지 않았다가 그의 아들 유왕 시대에 나타났다는 점이다. 포사라는 요사스런 여자의 웃음이 서주를 멸망시켰다. 정말로 헛소문이 효력이 있었던 것일까?

유왕은 자신의 아버지 선왕보다 더하면 더했지 못하지는 않았다. 진정 청출어람이요, 먹고 마시고 노는 점에서는 중국의 봉건군주 가운데 으뜸이었다. 언제나 술과 고기 아니면 여자를 탐했고, 국정에는 전혀 관여하지도 않고 거들떠보지도 않았다. 그는 대신들을 파견하여 천하의 미인들을 찾도록 하여 자신의 육욕을 채웠다. 게다가 사치가 극에 달했다. 이런 상황에서 그는 충신의 간언을 듣지 않았고, 간신들의 아첨하는 말만을 들었다. 그래서 조정과 민간에서 불만의 목소리가 높아져서 서주의 멸망이 가까워졌다.

유왕이 즉위한 지 2년째 되던 해, 도읍지 호경鎬京에 대지진이 일어났다. 『시경』詩經 「10월지교」十月之交에 의하면, 이 지진으로 "모든 하천이 끊겼고, 산이 무너졌으며, 언덕은 골짜기가 되었고, 깊은 골짜기는 구릉이 되었다"고 한다. 설상가상으로 지진이 일어난 후에 큰 가뭄이 들었고 "도읍지 부근의 모든 하천이 말라버렸다."

이런 천재는 백성들의 생활을 더욱 고통스럽게 만들었다. 지진과 가뭄은 자연현상이지만, 백성들은 이를 인간에 대한 하늘의 경고요 징벌이라고 생각했다. 사람들은 자신들의 잘못을 뉘우쳤고, 하늘의 용서와 비호를 받지 못하면 반드시 나라가 망하게 될 것이라고 여겼다.

고대 사회에서는 거의 매년 커다란 천재나 기상이변이 나타났다. 지진, 태풍, 가뭄과 장마, 일식, 혜성 등은 모두 통치자와 백성들에게 공포의 대상이었다. 이런 현상들이 조정 내각대신들의 인책과 사직을 초래한 예는 셀 수 없을 정도로 많다. 호경에 지진이 일어난 후 유왕의 대부 조숙대趙叔帶는 상서를 올려 간언을 했다.

"지진, 홍수, 가뭄 등은 하늘의 징벌이므로 천자는 당연히 근신하고 재능 있는 사람을 찾아 국가의 과실을 바로잡고 하늘에 용서를 구해야 합니다. 이렇게 재난이 잦아 민생이 도탄에 빠져 어려운데 어떻게 사람을 파견하여 미녀를 찾아다니게 할 수 있습니까?"

이 말을 들은 유왕은 조숙대를 관직에서 파직하고 쫓아냈다. 이에 대신 포향襃珦이 분개하여 유왕에게 말했다.

"천자께서는 하늘의 재앙을 무서워하지 않고 국사를 돌보지 않으며 오히려 소인배를 가까이 하시고 현명한 신하는 멀리 하시니 이 나라는 보존하기 어려울 것입니다."

유왕은 즉시 그를 감옥에 가두었다. 이때부터 감히 유왕에게 간언하는 사람이 없었다.

웃지 않는 미인 포사

포향은 감옥에 3년 동안 갇혀 있었는데, 유왕은 그를 까맣게 잊은 듯했다. 포향의 집안사람들은 그를 구하려고 백방으로 애썼다. 그들은 유왕이 미인을 좋아한다는 것을 알고, 온갖 방법을 강구하여 미인 포사를 찾아내고 그녀를 유왕에게 바쳤다. 과연 신통하게도 효과가 있어, 그 즉시 포향의 죄가 사면됐다.

사실 포사 이야기에는 후세 사람들이 억지로 갖다 붙인 전설적인 면이 많다. 포사는 원래 빈곤한 집안 출신이었다. 선왕 때 "뽕나무 활과 화살집이 주나라를 망하게 한다"라는 노래가 유행했다. 뽕나무로 만든 활과, 기箕라는 풀로 만든 화살집이 주나라를 멸망시킨다는 것인데, 이 노래와, 주나라가 요사스런 여자의 손에 멸망한다는 헛소문은 잦은 전쟁에 대한 백성들의 불만을 반영한 것이었다.

어리석은 유왕은 오히려 진짜로 활과 화살집이 주나라를 멸망시킨다고 생각하여, 활과 화살집을 만들고 파는 것을 금하라고 명했다. 그러나 공교롭게도 어느 부부가 이런 금지령이 내려졌는지 모르고 도성 안으로 들어와 활과 화살집을 팔자, 유왕은 그들을 잡아오도록 명했다. 이 가난한 부부는 황급히 도망가다가 성 밖의 길에 버려진 여자아이를 발견하고는 그 아이를 데려와 길렀는데 이 여자아이가 훗날의 포사다. 요사스런 여자가 주나라를 망하게 한다는 것과 뽕나무 활과 기라는 풀로 만든 화살집이 주나라를 망하게 한다는 헛소문이 정말 현실로 나타난 것이다.

포사는 가난한 집안 출신이다. 미인이라 하더라도 천성적으로 노래와 춤은 할 줄 몰랐다. 포향의 집안사람들은 그녀를 찾아내어 비싼 가격에 산 후 포씨 집안사람이 되게 하여 이름도 포사로 바꾸었다. 그리고 군왕을 모시는 방법과 가무를 가르친 후 그녀를 유왕에게 바쳤다. 유왕은 포사를 보자마자 진귀한 보물을 얻은 듯 기뻐했는데 포사의 천성적인 미모와 건강한 몸은 유왕을 유혹하기에 충분했다.

그러나 유일하게 유왕이 아쉽게 생각한 점은 포사가 전혀 웃지를 않는다는 것이었다. 가난한 집안 출신인 포사는 늘 외롭고 슬펐다. 그녀는 비록 호화스러운 생활을 하고는 있었지만 고아였던 과거 때문에 항상 우울한 나날을 보냈다.

유왕은 포사와 하루 종일 같이 지내며, 밤마다 시침을 들게 했다. 그러나 유왕은 슬픔에 찬 미인인 포사가 한 번만이라도 웃는 모습을 보고 싶

포사. 중국 서주의 마지막 왕인 유왕의 총애를 받았으나 한 번도 웃지 않았다고 한다. 유왕이 봉화를 올려 제후들을 희롱함으로써 나라의 멸망을 자초하게 만든 고사로 유명하다.

어서 안달했다. 유왕은 몇 가지 방법을 생각해냈지만 포사를 웃게 하기가 힘들었다. 마지막으로 유왕은 방을 붙여 현상금을 걸었다.

"누구든지 포사를 웃게 하면 천 냥의 황금을 주겠다."

이것이 바로 천금으로 웃음을 산다는 뜻의 '천금매소'千金買笑라는 고사성어의 유래다. 당연히 사람들은 돈을 벌 수 있다는 망상에 사로잡혀 갖가지 계책을 내놓았지만 어떤 방법으로도 결코 포사를 웃게 할 수 없었고, 오히려 그녀를 화나게 했다.

뜻밖에도 천자에게 눈뜨고 볼 수 없을 정도로 아첨을 잘하는 소인배 괵석부虢石父가 방법을 생각해냈다. 그는 유왕에게 봉화대에 불을 붙여 제후들의 병사들이 오게 하고, 그들이 적병이 없는 것을 보면 서로 떠들어대며 어리둥절해할 텐데, 포사가 이런 광경을 보면 반드시 웃을 것이라고 했다.

어리석게도 유왕은 괵석부의 말을 곧이곧대로 믿었지만, 봉화대에 함부로 점화를 할 수는 없는 일이었다. 봉화대는 본래 긴급한 신호를 보내는 군사시설이다. 당시 주나라는 경제적으로나 군사적으로 제후국들의 호위에 의존하고 있어 적이 침입하면 봉화를 피워 올려 신호를 보냈다.

봉화로 제후들을 희롱한 주유왕

당시 서주의 도성인 호경은 지금의 서안에 있었다. 서쪽과 북쪽 모두 이민족들에 근접해 있어서 습격받기가 쉬웠기 때문에, 서주는 여산驪山 위에 봉화대를 설치하였다. 봉烽은 연기이고, 화火는 불빛이다. 일단 점화를 하면 낮에는 짙은 연기가 하늘 높이 치솟았고, 밤에는 불빛이 들판을 비추어 수십 리 밖에서도 볼 수 있었다. 그러면 다음 봉화대에서 이 불빛을 보고 점화하여 신속하게 장안성으로 신호를 보냈다. 그러면 제후들은 즉각 병사들을 이끌고 도성으로 달려와 왕을 구할 수 있었다.

여산에는 20여 개의 봉화대가 있었다. 유왕이 포사를 데리고 여산으로 가던 날, 유왕의 숙부인 정백우가 이를 알고는 혼란이 일어날까 두려워 왕이 가는 길을 가로막았다. 그러나 유왕은 처음부터 그의 말을 듣지도 않고, 오히려 친히 불을 피워 답답한 마음을 풀겠다고 말했다.

이렇게 유왕은 결국 봉화에 불을 붙였다. 인접해 있는 각 제후들은 급히 병사를 이끌고 호경으로 달려왔는데, 왕이 여산에 있다는 얘기를 듣고 또 급히 여산으로 갔다. 그러나 도착해보니 전쟁 상황이 아닌 것 같았고 적의 모습도 보이지 않았다. 유왕은 높은 곳에 서서 소리쳤다.

"모두들 수고했다. 적은 없으니, 돌아가거라!"

제후들은 이렇게 희롱을 당하자 매우 분개하였고, 그들의 병사들도 어쩔 줄을 몰라서 여산 아래에서 우왕좌왕하였다. 각 제후들의 서로 다른 깃발과 군복이 뒤엉켜 아주 우스꽝스럽게 보였다. 포사는 이런 보기 드문 장면을 보고는 삐죽거리며 비웃었다.

"당신이 생각한 방법이 고작 이런 것입니까!"

이것이 중국 역사의 그 유명한 '봉화로 제후들을 희롱했다' 는 고사다. 포사는 유왕에게 아들을 낳아주었는데, 이름을 백복伯服이라 했다. 유왕은 포사를 지극히 총애했기 때문에 그녀를 왕비로 삼고 백복을 태자로 세웠으며, 원래의 왕비와 태자 의구宜日를 폐위시켰다.

왕비로 세워졌다가 폐위되거나 혹은 태자로 세워졌다가 폐위되는 것은 역대로 큰 사건인데, 유왕은 왕비와 태자를 동시에 폐위하여 조정과 재야에 큰 충격을 주었다. 게다가 폐위된 왕비는 신후申侯의 딸이었다. 폐위된 태자 의구는 외조부 집안의 신국申國으로 도망가서 신후에게 울며 고했다. 신후는 자신의 딸이 폐위되자, 의구도 살해당할 것이며 자신 또한 유왕이 죄를 덮어씌울 것이라고 여겨 무섭기도 하고 분하기도 했다. 그는 자신의 지위를 지키기 위하여 이웃 나라인 회국鄫國, 견융犬戎과 은밀히 결탁하여 함께 호경을 공격했다.

견융은 호경을 약탈하고 싶었지만 기회가 없어 고심하던 차에 신국이 약조를 맺자고 제안하자 내심 기뻐했다. 이들은 지난 일 때문에 봉화대에 연기를 피워도 다른 제후국의 군대가 호경에 가서 황제를 구원하지는 않을 것으로 예측하였다.

이들이 성 아래에 왔을 때, 유왕은 급히 괵석부에게 봉화대에 불을 피우라고 했다. 봉화는 며칠 동안 타올랐지만 제후들은 병사 한 명 데리고 오지 않았다. 그들은 당연히 이번에도 왕이 포사를 웃게 하려는 것이라고 생각하고는 군대를 출동하여 헛걸음치고 싶지 않았다.

호경에는 병사가 많지 않았다. 대장 정백우는 병사를 이끌고 적을 막으려 했지만, 결국 포위당해 화살을 맞고 죽었다. 주유왕, 괵석부, 태자 백복이 함께 여산으로 도망을 쳤지만 견융에게 붙잡혀 살해당했으며, 깊숙한 궁에서 웃음 한번 웃지 않던 포사 또한 견융에게 붙잡혔다.

견융에게 죽음을 당한 대장군 정백우는 정국鄭國의 왕인데 그의 아들은 아버지가 전사하였다는 소식을 듣고 대군을 이끌고 와서 복수를 했다. 정국의 군대는 원래 강했고, 억압을 받다가 일어선 군대는 반드시 승리한다는 말처럼 호경에 도착해서는 계속 승리를 거두었다.

신후는 원래 견융의 병사를 이용하여 유왕을 제압하고 자신의 딸과 손자를 복위시킬 계획이었는데, 상황이 이렇게 되리라고는 생각지도 못해서 곧 후회하고는, 몰래 제후들에게 편지를 써서 원조를 부탁했다. 견융은 제후들이 호경으로 몰려오자 주나라의 물품과 보물을 약탈하고 호경을 불태운 뒤 병사들을 철수시켰다.

견융이 철수한 후 신후와 노후魯侯, 허문공許文公은 옛 태자 의구를 왕으로 세우고 평왕平王으로 삼았다. 동시에 괵공虢公이 왕자 여신余臣을 휴왕携王으로 옹립하자, '두 주나라가 나란히 서는' 국면이 나타났다.

평왕은 강한 제후국의 지지를 얻었고, 십여 년 후 진국晉國이 휴왕을 공격하여 죽이니 서주는 다시 통일되었다. 그러나 호경은 견융과 가까워서 습격을 막아낼 수 없었으며 집들이 불타버려 옛 영화를 회복할 방법이 없자, 평왕은 동쪽의 낙읍洛邑(낙양)으로 천도하기로 결정했다. 기원전 770년, 평왕이 제후들의 호위하에 결국 낙양으로 천도하여, 서주는 멸망했고 동주가 건립되었다.

그러나 동주는 스스로의 기반조차도 보전할 수 없었고, 더욱이 제후들을 호령하는 것은 생각지도 못했다. 주나라는 강력한 대국이었지만, 서주가 멸망하기 시작하면서 끝이 났다. 동주가 서면서부터 서주는 중간 제후국으로 몰락했고, 중국 역사는 제후국들이 난립하는 춘추시기로 접어들었다.

군주는 농담을 하지 않는다

서주가 멸망한 주요 원인은 서주 말기 몇몇 통치자들의 생활이 음탕하고 무도했으며 정치적으로도 우둔하여 혼란을 자초했기 때문이다. 잔혹하고 어리석은 통치자가 계속 이어지면서 사회문제가 누적되었고 인심은 뿔뿔이 흩어져 수습할 방법이 없었는데, 이는 고대 중국의 전제군주제도의 필연적인 결과다.

왕조가 세워질 때마다 개국 군주나 초기의 몇몇 군주는 전 왕조의 멸망에서 교훈을 얻거나 행동을 바르게 하여 정치를 잘하고 심혈을 기울여 나라를 다스렸지만, 태평한 날이 오래 지속된 후 나타난 군주들은 자연히 개인의 지나친 욕망을 절제하지 못하고 방탕해지기 시작했다. 그리고 세습되는 전제군주제하에서는 왕을 견제할 수 있는 장치가 없었기 때문에 이들은 제멋대로 행동하여 서슴없이 악행을 저질렀다.

그래서 역대 왕조는 군주의 음탕하고 무도한 폭정 때문에 망했고, 이는 뛰어넘을 수 없는 역사적 규칙이 되었다. 직접적으로 유왕을 패망으로 이끈 도화선은 두 가지인데, 하나는 봉화로 제후들을 희롱한 것이고 또 다른 하나는 신후와 태자를 폐위시킨 것이다.

속담에 군주는 농담을 하지 않는다고 하였다. 군주의 말에 믿음이 없다면 위신을 잃게 된다. 또한 정책과 법령을 어린애 장난처럼 한다면 신하는 누구의 말을 따라야 할지 몰라 자연히 정치는 혼란해진다. 그리하여 조정의 신하와 백성들의 원망과 분노를 초래하게 될 것이다.

유왕이 봉화로 병사들을 모아 장난친 일은 세계 역사에서 찾아볼 수 없는 일이다. 이것은 유왕의 통치가 무책임했을 뿐만 아니라, 국가의 사직을 장난으로 여겼으며 근본적으로 어떻게 나라를 다스릴 것인가를 생각하지도 않았다는 것을 보여준 것이다. 이런 군주가 어찌 강과 산처럼 무사할 수 있겠는가.

그 다음은 왕비와 태자를 폐위한 것이다. 후계자를 세우는 것은 왕이 마땅히 해야 할 중대사로 반드시 신중히 고려해야 할 일이다. 중국 역사에서 후계자를 세우는 일 때문에 얼마나 많은 혼란이 벌어지고 사람들의 목이 떨어졌는지 모른다. 하물며 신후申后는 신후申侯의 딸인데, 서주 왕조 자체가 허약했겠는가?

일반적으로 말해서 왕비를 폐위시키려면 먼저 외척의 세력을 고려해야 한다. 그렇지 않으면 반드시 후환이 끝이 없게 되기 때문이다. 유왕이 신후를 폐위시키고 태자를 죽이려 했지만 오히려 그를 도망가게 했고, 이후 신후에게 죄를 물으려 했지만 오히려 그에게 내부 사정을 들켜서 결국 적의 침략을 당했다. 유왕의 멸망은 하늘의 신일지라도 돌이킬 수 없었을 것이다.

포사는 역사의 속죄양이 되었지만 실제는 무죄다. 그녀는 미천한 신분으로 자신의 운명을 개척할 능력이 없는 깊은 궁 속의 작은 새에 불과했다. 그녀가 눈살을 찌푸리거나 웃는 것은 국가의 흥망성쇠와 아무런 관계가 없었다.

예나 지금이나 사람들은 종종 나라가 망하고 집안이 분열하는 책임을 여자들에게 돌렸는데, 노신은 다음과 같이 말했다.

"나는 흉노와 화친을 지키기 위해 왕소군이 싸움에 나가서 한漢나라를 평안하게 할 수 있었고, 목난이 아버지 대신 병사로 나가 나라를 지킬 수 있었다고 믿지 않는다. 또한 달기가 은나라를 망하게 하고, 서시가 오나라를 망하게 하였으며, 양귀비가 당나라를 혼란에 빠뜨렸다는 옛 말들도 믿지 않는다.

나는 남성 위주의 사회 속에서 여자는 결코 그런 큰 힘이 없었고, 국가 흥망의 책임은 모두 남자들이 져야 한다고 생각한다. 그러나 줄곧 남자들이 패망의 대역죄를 모두 여자들에게 뒤집어씌웠으니 이는 정말로 한 푼의 가치도 없고 장래성이 없는 남자인 것이다."

포사의 웃음으로 주나라가 정권을 잃었다는 고사 속에는 남자들이 반드시 깨달아야 하는 중요한 교훈이 숨어 있는 것이다.

2 원수에게 나라를 맡기다

권력에 모든 것이 있다는 말은 사실 평범한 사람들이 하는 것이다.
인재가 없는 우두머리가 어떻게 자신을 보호하며,
부하가 없는 장수가 어떻게 나라를 지키겠는가?

오직 어질고 능력 있는 인재만을 임용한다는 것은 역대 중국의 통치자들이 표방한 인재등용의 원칙이었다. 그러나 정말로 이렇게 한 제왕은 많지 않았고, 자신과 가까운 사람만 임용하는 경우가 많았다. 그렇지 않았으면 그토록 많은 왕조가, 잠깐 나타났다가 바로 사라져버리는 우담화優曇華처럼 그렇게 짧게 이어지지는 않았을 것이다.

사실 친족을 편애하고 간사한 소인배를 신임하는 것은 보편적인 인지상정으로 봐야 할 것이다. 그러나 역사적으로 치세를 잘한 왕들은 대체로 어질고 능력 있는 인재를 발탁하는 임용 방침을 충실하게 이행했다.

제갈량은 그 유명한 「출사표」出師表에서 한나라 흥망의 원인에 대해 "어진 신하를 가까이 하고 소인배를 멀리 하여 전한이 흥했고, 소인배를 가까이 하고 어진 신하를 멀리 하여 후한이 망했다"라고 지적했다. 이렇게 보면, 인재등용의 원칙은 맑고 깨끗한 정치와 관계가 있을 뿐만 아니라, 국가의 흥망성쇠와도 관련이 깊음을 알 수 있다.

사실 옛사람들은 현명하고 능력 있는 사람을 임용하는 것을 매우 중요시하였다. "밖으로는 적을 가리지 않고, 안으로는 친인척을 가리지 않는다"라는 말이 그 증거 가운데 하나다. 현명하고 유능하다면 출신을 막론하고 모두 임용한다는 말이다.

춘추전국시대 진나라에는 70여 세가 된 기해祁奚라는 중군위中軍尉가 있었다. 그는 군대가 강해진 것을 보고는 그만 고향으로 돌아가려고 했다. 하지만 그의 직위를 대신할 사람이 없어서 진도공晉悼公은 그에게 마땅한 사람을 추천하게 했는데, 기해는 해호解狐를 추천했다.

도공은 매우 놀라며 물었다.

"해호는 당신의 원수가 아니오? 왜 그를 추천했소?"

기해는 이렇게 대답했다.

"공께서는 누가 저의 직위를 대신하는 데 가장 적합하냐고 물으신 것이지, 제 원수가 누구냐고 물으신 것이 아닙니다."

진도공은 기해의 생각에 매우 감탄하며, 즉시 해호를 임용하려고 했지만, 해호는 부임하기 전에 병들어 죽었다. 기해가 새로 추천한 사람은 기오祁午였는데 그는 기해의 아들이었다. 진도공은 더 이상 묻지 않고서 기오에게 중군위의 직무를 맡겼는데, 과연 일을 잘했다.

후에 중군위의 부관 양설직羊舌職이 죽자 기해는 양설직의 아들 양설적羊舌赤을 추천하였고, 진도공은 이에 동의했다. 기해의 추천이 정확했다는 것이 사실로 나타났다.

그러나 국가를 원수에게 부탁하는 선례는 많지 않다. 일반직조차도 마땅한 사람을 선정해야 하는데, 하물며 한 나라의 재상은 어떻겠는가?

관중과 포숙아

제환공齊桓公이 대담하게 관중管仲을 기용하는 데는 초인적인 담력과 식견이 필요했다. 관중은 제나라가 춘추오패 가운데 으뜸을 차지하는 데 큰 공을 세웠을 뿐만 아니라, 당시 각국의 경제, 문화의 발전에 큰 영향을 끼쳤다. 심지어 공자조차도 "만약 관중이 없었다면, 우리는 아마도 머리를 풀어헤치고 천으로 몸을 감으며 원시적으로 살았을 것이다"라고 평했다.

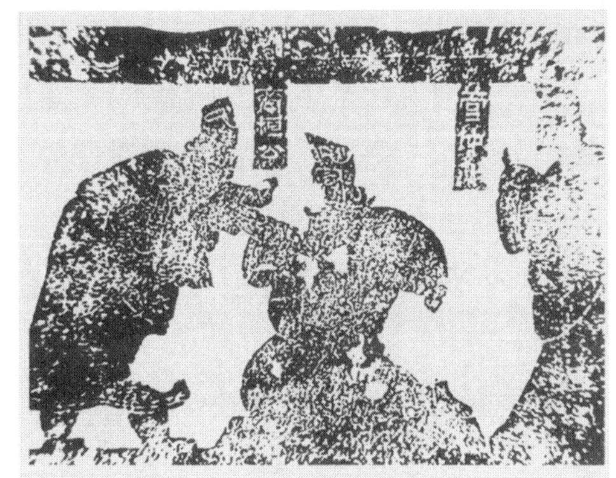

제환공과 관중이 새겨져 있는 화상석. 중국 춘추시대 초기의 정치가인 관중은 제환공을 보좌하며 여러 개혁정책을 펴 제나라를 강한 나라로 만들었다.

관중의 숙부는 연칭連稱과 함께 황음무도한 제양공齊襄公을 죽인 장군 관지부이다. 이 때문인지 관중은 어려서부터 박식하였고 사회와 접촉할 기회가 많았으며 그에 따라 당시의 사회, 정치 문제에 대해 깊은 관심을 보였다. 관중은 집이 가난하여 항상 밖에 나가서 장사를 했다. 그에게 포숙아鮑叔牙라는 절친한 친구가 있었다. 포숙아도 재능이 뛰어났지만, 그는 관중의 재주가 자신보다 뛰어나다고 여겼고, 일이 생기면 항상 관중을 생각했다.

한번은 포숙아가 관중과 함께 장사를 했는데, 포숙아가 관중보다 본전을 더 많이 투자했다. 그런데 장사가 끝나고 나서 계산해보니 포숙아가 차지한 돈은 적었고, 관중이 차지한 돈이 오히려 많았다. 포숙아 수하의 사람들은 관중이 재물을 탐내고 공짜를 좋아한다고 했지만, 포숙아는 오히려 관중을 대신해서 말했다.

"너희들이 알다시피 관중이 어찌 재물을 탐할 사람이냐. 집이 가난하기 때문에 돈을 좀더 가져간 것뿐이지, 결코 자신만을 생각해서가 아니다."

이것이 바로 '관포분금'管鮑分金이라는 고사의 유래다.

또 한번은 전쟁이 일어났는데, 관중은 항상 뒤로 물러났고 앞으로 나아가려 하지 않아서, 사람들은 그가 쥐새끼처럼 담이 작고 목숨을 아낀다고 비웃었다. 그러나 포숙아는 그렇게 생각하지 않았다.

"관중의 집에 노모가 있는데 병약하고 돌볼 사람이 없다. 관중이 어디 목숨을 아끼고 죽음을 두려워할 사람인가. 자기가 죽으면 노모를 돌볼 사람이 없는 것을 걱정한 것이다."

이렇게 포숙아는 관중을 깊이 이해했고, 관중도 포숙아에게 매우 감격해했다.

제양공은 음탕하고 잔악하여 공신들을 마구 죽여서 많은 대신과 친족들이 국외로 도망갔다. 제양공의 두 동생 공자公子 규糾와 공자公子 소백小白도 국내에 있다가는 죽게 될 것 같아서 각각 외가인 노魯나라와 거莒나라로 도망갔다. 관중과 포숙아는 각각 두 공자를 보좌하고 있었기 때문에 그들을 따라갔다. 오래지 않아 대장 연칭과 관지부가 제양공을 죽이고서, 공손무지를 파견하여 관중과 공자 규를 빨리 돌아오게 하였다.

관중은 신중히 형세를 분석했다. 그는 연칭과 관지부의 소행은 반드시 분쟁을 일으킬 것이고 그들은 그런 국면을 해결할 수 없을 것이라 생각하고서 공손무지의 요청을 거절했다. 과연 연칭과 관지부 그리고 공손무지 등은 제나라의 대신들에 의해 죽음을 당했고, 제나라의 정세는 비로소 잠시 안정되었다.

며칠이 지난 후에 제나라가 두 공자에게 사신을 파견하여, 어서 돌아와서 장례를 치르도록 청했다. 더욱 중요한 것은 먼저 제나라에 도착하는 사람이 제왕의 자리에 오르게 된다는 점이었다. 이치대로 말하자면 규가 연장자이므로 당연히 그가 즉위해야 했고, 제나라의 대신들도 그가 먼저 돌아와 즉위할 것이라고 여겨 만반의 준비를 했다.

그러나 거나라가 제나라에 가까워서 소백이 규와 관중보다 먼저 도착할 수도 있었으므로, 그 결과는 단언하기 어려웠다. 이 때문에 노장공魯庄公은 조말曹沫을 대장군으로 삼아 군대를 이끌고 공자 규를 호송해 귀국하도록 하여 제왕 자리를 빼앗기지 않게 할 작정이었다.

군대가 출발할 때 관중이 노장공에게 말했다.

"거나라가 제나라에서 가까우니 만일 공자 소백이 먼저 도착하면 일이 번거로울 것입니다. 제게 경비병들을 데리고 가서 먼저 그를 잡아두게 하는 편이 나을 것입니다."

노장공이 그의 말에 동의했고, 관중은 수십 대의 전차를 이끌고 황급히 달린 끝에 즉묵에 도착했다. 공자 소백의 대열이 막 지나갔다는 소식을 들은 관중은 군대를 이끌고 필사적으로 쫓아가서 곧 그들을 따라잡게 되었다.

드디어 두 군대가 서로 마주치자 관중이 공자 소백에게 고했다.

"공께서 제나라에 돌아가 즉위를 하려는 것은 마땅한 일이 아닙니다. 만약 국력을 회복하고 장례를 치르려 한다면, 그러실 필요가 없습니다. 공의 형님 공자 규께서 계시고, 형님께선 곧 도착하실 것입니다."

포숙아는 매우 화가 났다. 두 사람이 좋은 친구 사이라고 하더라도, 각자 모시는 주군이 따로 있어 충성이 우선이었다. 그는 관중에게 쓸데없는 참견을 한다고 질책했고, 옆의 사병들도 소리치며 거들었다. 관중은 자신이 데리고 온 병사가 매우 적은 것을 보고는 상대방의 많은 병사를 당해낼 수 없을 것 같아 그들과 입씨름을 하지 않고 몰래 공자 소백에게 활을 쏘았다. 이 활이 공자 소백의 허리에 명중했고 소백은 피를 토하며 마차에서 굴러 떨어졌다. 관중은 공자 소백이 쓰러지자마자 황급히 군사를 이끌고 도망갔다.

관중은 공자 규가 있는 곳으로 도망 온 후, 어쨌든 적이 이미 죽었으니 자리 싸움을 할 필요가 없어졌다고 생각하고는 느긋하게 행군을 했다.

사실 관중이 맞춘 곳은 공자 소백의 허리띠 고리였다. 그래서 소백은 죽음을 모면할 수 있었다. 공자 소백은 매우 영리해서 관중을 현혹시키기 위하여, 피를 토하며 마차에서 쓰러진 척했던 것이다. 땅바닥에 쓰러진 공자 소백은 포숙아가 울자 눈을 떴다. 다시 길을 나선 포숙아 일행은 군사를 이끌고 밤낮을 쉬지 않고 지름길을 달려 먼저 제나라의 도성 임치臨淄에 도착했다.

포숙아는 공자 소백을 왕으로 즉위시키려고 하였으나 대신들이 동의하지 않았다. 첫째는 공자 규가 장자이기 때문이고, 둘째는 신하들이 이미 공자 규를 영접하러 사람을 보냈기 때문이었다.

포숙아는 공자 소백을 즉위시켜야 하는 이유를 말하며 그들을 설득했다.

"첫째, 제나라는 이미 두 차례 내란을 겪어서 국고가 텅 비었고 국가는 쇠락했으며 백성은 안심하고 살 수가 없다. 어지러운 세상을 바로 잡고 국가를 통치할 현명하고 능력 있는 군주가 필요하니, 공자 소백이 적임자다.

둘째, 만약 공자 규를 왕으로 즉위시키면 노나라는 반드시 답례를 요구할 것이고, 제나라는 지금 국고가 바닥나서 노나라의 요구를 만족시킬 방법이 없다. 과거 송宋나라는 정鄭나라에 공자公子 돌突을 즉위하게 하였고, 결국 송나라가 매년 조공을 요구하여 정나라는 조공을 바치느라 쇠락하게 되었다. 제나라는 정나라의 전철을 밟으면 안 된다."

제나라 대신들은 그 말이 옳다고 생각하고서 공자 소백을 왕으로 즉위시켰으니, 이 공자가 바로 제환공齊桓公이다.

제환공을 즉위시킨 후, 포숙아는 사람을 파견하여 노나라에 가서 "제나라는 이미 새로운 왕을 세웠으니, 공자 규를 넘겨주기 바란다"고 말하게 하였다.

이에 노장공은 분통을 터뜨렸다. 게다가 노나라의 군대가 이미 제나라 변경에 와 있으니, 어찌 가만히 보고만 있겠는가. 제나라와 노나라는 건시乾時(지금의 임치 부근)에서 전쟁을 시작하였고, 결국 노나라 군대가 대패하여 문양汶陽 등의 국토를 잃었다. 제나라 군대는 멈추지 않고 노나라를 압박하여 공자 규를 죽이고 관중을 넘겨줄 것을 요구했다.

춘추오패의 한 사람인 제환공. 그는 인재를 중
시하여 포숙아와 관중이라는 두 인재를 얻음으
로써 패권을 쥘 수 있었다.

보복은 쉬우나 패업을 이루는 것은 어렵다

원래 포숙아는 제환공에게, 자신은 정치·군사·외교·민정·인화
등 다섯 가지 측면에서 관중에 못 미친다고 여러 차례 설명했다. 또한 관
중이 천하에 얻기 힘든 인재라고 추천하고 그를 재상으로 임명할 것을
권유했다. 환공은 처음에는 말을 귀담아 듣지 않았다. 그는 자신을 활로
쏜 관중은 같은 하늘 아래서 살 수 없는 원수이므로 반드시 죽여야 한다
고 생각했다.

포숙아가 제환공에게 말했다.

"공께서는 한 명의 원수를 죽이려고 하는 것입니까? 아니면 패업을 이
루려는 것입니까? 원수를 죽이기는 쉽습니다만 천하의 패업을 이룩하기
란 어려운 것입니다. 공께서 관중을 죽이신다면, 다시 얻기 어려운 인재
를 잃게 될 뿐입니다. 공께서 관중을 쓰신다면, 나라의 기둥이 생길 뿐만
아니라, 인재 구하기를 목말라한다는 명성을 얻을 수 있을 것이므로 재
주가 뛰어난 사람들이 공께 투항해 올 것입니다. 잘 생각해보시기 바랍
니다."

포숙아가 계속해서 관중을 중용해야 한다고 권하자 제환공은 결국 관중을 불러 자신의 국가 통치를 돕도록 하였다.

노장공은 제나라의 군사적 압력을 견디지 못하고 어쩔 수 없이 공자 규를 죽였고 관중을 넘겨주었다. 노장공의 책사 시백施伯이 말했다.

"관중은 재능이 있는 사람입니다. 우리를 위해 써야지 그렇지 않으면 그를 죽여야 후환이 남지 않습니다."

그러자 제나라의 사신이 노장공을 거짓으로 안심시키려 말했다.

"관중은 제나라 왕의 원수입니다. 제나라 왕께서 친히 그를 죽이려 합니다. 당신들이 죽여서 제나라에 죄를 짓는 것보다는, 제가 제나라 왕께 데리고 가서 죽이도록 하는 편이 나을 것입니다."

노장공은 말없이 사신에게 관중을 데리고 가도록 하였다.

관중은 호송 수레에 앉아서 마음속으로 제환공이 노장공에게 자신을 죽이지 못하게 한 것은 분명 포숙아의 생각이고, 노장공은 며칠 지나지 않아 곧 후회할 것이라고 생각했다. 그는 노래를 지어서 사병들에게 즐겁게 부르게 하여 피로를 풀게 하였다. 그들은 밤낮으로 달려 결국 군사들을 변경을 넘어 제나라에 왔다. 과연 노장공은 후회를 하고서 급히 사람을 파견하여 쫓아가게 했지만 관중은 이미 국경을 통과한 뒤였다.

원수를 등용한 제환공

포숙아는 관중을 호송 수레에서 풀어주고 제나라에 돌아온 것을 환영했다. 환공은 관중에게 존중을 표하기 위하여 그를 접견하기 전에 3일간 심신을 가다듬고 세 번 목욕재계를 하여 관중을 중용한다는 의사를 표시했다. 얼마 뒤에 제환공은 정식으로 관중을 재상에 임명했다.

노장공은 제환공이 관중을 재상으로 임명하였다는 말을 전해 듣고, 모욕과 희롱을 당한 것 같아 전쟁을 일으켜 복수하려고 했다. 제환공은 이 소식을 듣고서 선수를 쳐서 기선을 제압하려고 했다. 관중은 환공이 막

정권을 잡았고, 처리되지 않고 방치된 일들이 많아서 군사를 일으키기가 어려울 것이라 생각했다. 그러나 환공은 젊고 성미가 급하여 능력을 과시하며 사람들을 압도하고 싶어 했다. 제나라 군대는 장작長勺에서 노나라 군대와 싸웠지만, 지휘를 잘못한 탓으로 대패했다. 제환공은 전쟁에서 고통을 맛보고 나서 냉정을 되찾고, 관중의 견해에 따라 국내 정치에 힘썼다.

관중은 우선 경제개혁부터 실행하였다. 그는 사람은 물질적 생활이 풍족해야 예의와 명예를 중시한다고 주장했다. 그래서 주나라 때부터 실행되었던 정전법을 타파하고 사전이나 공전을 막론하고 일률적으로 토지의 좋고 나쁨, 많고 적음에 따라 세금을 나누어 매기고 현물로 세금을 내도록 하였다. 이런 경제개혁은 실제적이고 공평한 정책이었다. 또한 제나라는 바다와 접해 있었기 때문에 소금 생산, 어업과 무역을 장려했다. 이에 따라 상업과 수공업이 발달하였다.

정치행정 개혁으로는 종법제도에 의한 통치를 타파하고 행정구역을 21개 향鄕과 5개 속屬으로 정하고 공향工鄕, 상향商鄕과 사향士鄕으로 나누고, 사농공상士農工商 사민四民의 주거지를 정한 뒤 관리가 관할하도록 하여 통치 역량을 강화했다. 그리고 군사 제도를 개혁하고 군사조직과 행정조직을 통일시켜 평소에는 농사를 짓고 전시에는 전쟁을 수행하도록 하였다. 15개 사향은 동시에 삼군三軍의 군사조직으로 편제하고, 범법자들로 하여금 병기를 만들거나 벌금을 내어 속죄하는게 하는 방법을 채택하여 군사력을 강화하였다.

인재 선발제도도 새로 제정했다. 관리를 임명하기 전에 반드시 세 번 심사를 거치게 하는 삼선법三選法을 실행하였고, 평민에게도 관리가 될 수 있는 기회를 부여하여 정치적 안정과 공평한 사회풍토를 조성했다.

이런 중대한 개혁을 통해 정치와 경제가 급속하게 발전한 제나라는 국력이 날로 강성해졌다. 제환공이 제후국들을 모아 천하를 통일하는 데는 관중의 공로가 결정적이었다. 포숙아는 관중보다 먼저 죽었는데, 관중은 포숙아의 묘지 앞에서 생사를 같이한 진실한 벗을 추모하며 "나를 낳아준 분은 부모님이고, 나를 알아준 사람은 포숙아였다"라고 했다.

포숙아를 부모님과 나란히 놓은 것은 마땅하지 않다. 관포지교管鮑之交는 친구 사이의 우정을 말한다. 관중의 뛰어난 재능과 시대의 폐단을 바로잡고 세상을 구한 책략은 역사에 잊혀질 수 없는 귀중한 업적이다. 또한 제환공이 인재를 중시하고 원대한 계책을 세운 점도 후세 제왕들의 귀감이 되었지만, 더욱 값진 유산은 단점보다는 장점을 깊이 생각하고 유능한 사람을 추천한 포숙아의 넓은 도량이다.

양가죽 다섯 장과 백리해를 맞바꾼 진목공

국가를 원수에게 부탁한 사례는 중국역사에 보기 드물지만, 이는 당시 사람들이 도량이 넓지 않았기 때문이 아니다. 실제 역사에서 시기가 우연히 일치되지 않았기 때문이다. 그러나 어진 인재를 목말라하며 미친 듯이 불러 모으는 일은 많았다. 춘추전국시대의 진목공秦穆公이 대표적인 인물 중 하나다.

진秦나라는 서주 시기에는 원래 작은 지역에 불과해서, 후侯라고도 불릴 수 없을 정도였다. 서주 말년에 이르러 왕실을 위해 충성을 다한 연유로 비로소 주나라 왕에 의해 특별히 후라는 칭호를 받았고, 이후 대대로 여러 왕들의 노력을 거쳐 차츰차츰 발전하기 시작했다. 진목공은 현명하고 유능한 군주였다. 그는 일생동안 인재를 불러 모아 그들을 등용하는 데 각별한 주의를 기울였다.

백리해百里奚는 원래 가난한 농민이었다. 너무 가난하여 오랫동안 유랑하고도 벼슬을 할 기회가 없었고, 처자식들도 어디로 갔는지 모를 정도였다. 그는 후에 친구의 추천을 통해 우虞나라에서 대부大夫가 되었다. 얼마 뒤에 우공虞公은 진晉나라에 길을 빌려주었다가 멸망했고, 백리해는 우공을 따라서 함께 진나라의 포로가 되었다.

백리해는 가난한 농민 출신으로 오랫동안 유랑하고도 벼슬길에 오르지 못했다. 후에 그의 능력을 알아본 진목공이 다섯 장의 양가죽과 백리해를 바꾼 후 그를 기용했다.

진왕은 백리해가 본래 재능이 있다는 것을 알고 그에게 관직을 주려 했는데, 백리해는 끝내 거절했다. 후에 진목공은 공자公子 집縶을 파견하여 진晉나라에 가서 청혼하도록 했고, 백리해는 혼례식에 딸려가는 몸종이 되어 진秦나라로 가게 되었다. 백리해는 진秦나라로 가고 싶지 않아서 도중에 몰래 도망쳐 초楚나라에 갔다. 초나라 사람들은 그를 첩자라고 여겼으나 그가 늙은 것을 보고는 소를 기르는 일을 시켰다. 그가 기른 소가 잘 자라서 세상에 유명해지자, 초성왕楚成王까지도 이 사실을 알게 되었다.

공자 집은 노예가 도망갔다고 생각하고 개의치 않았다. 하루는 그가 진晉나라 땅에서 용모가 뛰어나고 힘이 장사여서 깊고 빠르게 괭이질을 하며 김을 매는 사람을 보았다. 공자 집은 이 사람이 기인이라 생각하여 진나라로 데려갔는데, 이 사람이 바로 후대의 명장 공손지公孫枝였다. 진목공이 혼례식에 몸종으로 딸려온 사람의 명단에 백리해가 빠져 있는 것을 보고서 공손지에게 묻자, 공손지가 그는 능력 있는 사람인데 단지 재능을 발휘할 곳을 찾지 못했을 뿐이라고 말했다.

진목공은 즉각 사방에 사람을 파견해서 알아보게 하여 결국 초나라에서 그를 찾아냈다. 진목공이 의장대를 보내 그를 영접하려 하자, 공손지가 말렸다.

"절대로 그렇게 하면 안 됩니다. 그렇게 노예를 영접한다면 반드시 초나라 사람들이 의심하여 백리해를 놓아주지 않을 것입니다."

진목공은 공손지의 의견에 따라 다섯 장의 양가죽과 백리해를 바꾸었고, 후에 "백리해는 다섯 장의 양가죽이다"라는 말이 생기게 되었다.

백리해를 만난 진목공은 그가 70세 노인인 것을 알고는 실망했다. 그러자 백리해가 말했다.

"귀공께서 제게 호랑이를 잡아오도록 명하신다면 저는 당연히 늙은이에 불과하지만, 제게 국가의 대사를 논하라고 하신다면 아직은 강태공보다 열 살이 적습니다."

진목공은 일리가 있다고 생각하고서 그와 함께 국가 대사에 관해 논의하였는데, 이야기를 나눌수록 서로 의기투합하게 돼서 3일 동안이나 연이어 이야기를 나눴다. 진목공은 그를 재상으로 임명하려 했지만, 백리해는 반대하면서 대신 건숙蹇叔을 추천했다.

공자 집은 어렵게 건숙을 초빙했고, 그의 두 아들 서걸술西乞術과 백을병白乙丙도 함께 오도록 하였다. 진목공은 건숙과 함께 당시 세상의 일들을 논했는데, 밥 먹는 것조차 잊어버릴 정도로 의기투합했다. 며칠이 지나고서 그는 건숙을 우상右相으로, 백리해를 좌상左相으로, 서걸술과 백을병을 대부大夫로 임명했다. 이렇게 진목공은 한 번에 다섯 명의 현명하고 능력 있는 사람을 얻게 되었다. 후에 이들은 진나라를 부강하게 하는 데 큰 공로를 세웠다.

권력에 모든 것이 있다는 말은, 사실 평범한 사람들이 하는 것이다. 이런 생각을 품고 경제계나 정치에 참여했을 때 권력을 얻지 못하면 자격 미달이라고 말할 수밖에 없고, 설령 권력이 있다고 하더라도 오래가지 못할 것이다.

이치는 간단하다. 인재가 없는데, 누가 자신의 권력을 보호해줄 것인가? 부하를 모두 잃은 장군이 되었을 때, 누구에게 명령을 내릴 것인가? 대중들에게 버림을 받았을 때, 권력이 어떻게 실행될 수 있겠는가? 이런 사실을 깨우치지 못한다면, 많은 사람들의 지탄을 받는 폭군이나 다름 없게 되는 것이다.

3 어디서든 벼슬자리를 찾다

많은 중국인들이 그저 관리가 되는 것을 목적으로 삼았다.
죽을 때까지 부귀영화를 누릴 수만 있으면 다른 것은 필요 없었던 것이다.

중국인은 항상 "승패로 영웅을 논하지 않는다"라고 큰소리치지만, 현실 속에서 이를 실천하기란 어려운 것이다. 예로부터 중국인은 자신의 이상과 포부를 펼치기 위해 관리가 되는 것이 아니고, 그저 관리가 되는 것을 목적으로 삼았다.

전국시대 남북을 연합하여 진나라에 대항하자는 합종설合縱說을 주장한 소진蘇秦과 동서를 연합하여 스스로 보호하자는 연횡설連橫說을 주장한 장의張儀는 이런 방면에서 전형적이고 대표적인 인물이다.

권모술수로 관직을 얻으려 한 소진

소진의 가정은 어느 정도 사회적인 지위와 경제적인 능력이 있었지만, 그는 먹고 살 만한 생활에 만족하지 않았고, 남보다 뛰어난 인물이 되고 싶었다. 그래서 그는 당시의 형세에 따라 각종 권모술수를 배우는 데 적극적이었고, 각국의 관계를 잘 분석한 끝에 진秦나라 왕에게 유세하여 관직을 얻으려고 했다.

그는 모피로 만든 화려하고 진귀한 옷을 입고, 백 근의 황금을 가지고 진나라에 와서 진혜왕秦惠王에게 상서를 올렸다.

"폐하의 국가는 서쪽으로 파巴, 촉蜀 그리고 한漢나라가 풍부한 산물로 조공을 바치고 북쪽으로는 호胡와 대代 지역에서 좋은 말을 생산하며 남쪽으로는 무산과 귀주가 장막을 이루며 동쪽으로는 험준한 산과 함곡관이 병풍처럼 적의 공격을 막아주고 있습니다. 진나라는 땅이 기름지고 백성이 많습니다. 수만 대의 전차와 백만의 정예 군사가 있고 비옥한 평야가 천 리나 뻗어 있으며 천연자원이 풍부한 국가입니다. 폐하께서 어질고 현명하므로, 많은 전차와 규율이 엄격한 군대로 제후국들을 병합시키고 천하를 얻어 스스로 황제라 칭하면 전국을 통일할 수 있습니다. 폐하께서 제 의견을 받아주시길 바랍니다."

소진이 이런 계책을 올렸지만, 진혜왕은 아무런 대답도 하지 않았다. 그 이유는 자신이 막 변법가 상앙을 죽인 후여서 남을 그다지 믿고 싶지 않았고, 시기가 적절하지 않다고 판단했기 때문이다. 게다가 소진이 말한 것은 비현실적인 대책이었고 다른 구체적인 실행 방법이 없기 때문이었다.

진혜왕은 소진에게 답장을 썼다.

"짐은 그대의 의견을 반대로 들었소. 깃털이 많지 않으면 멀리 날 수 없는 것이오. 예악제도를 이루지 못했으니 함부로 다른 사람을 징벌할 수 없소. 도덕 수양이 부족하니 다른 사람을 부리거나 가르칠 수 없소. 정치 법령을 바로잡지 못했으니 함부로 대신들에게 폐를 끼칠 수 없는 것이오. 지금 선생께서 나를 가르쳐주었으니 우리 나라에 조건이 구비되면 그대의 의견을 듣겠소."

이렇게 소진은 진왕에게 퇴짜를 맞았다.

소진은 진나라에 1년 정도 머물면서 10여 차례 상서를 올렸지만 진왕은 마음을 열지 않았다. 가져온 여비가 바닥나고 모피로 만든 옷 또한 해지자 소진은 아무런 결실도 없이 진나라를 떠났다. 여행길이 매우 힘들어서 집에 돌아왔을 때는 짚신을 신고 가죽으로 몸을 둘둘 감았으며 책과 행랑을 짊어져서 초췌한 모습이었다.

집에 돌아오자, 가족들은 그가 관직을 얻는 데 실패했다는 것을 알고서 거들떠보지도 않았다. 아내는 그가 빈손으로 돌아온 것을 보고는 베 짜는 일조차 하지 않았고 형수도 그에게 밥을 지어주지 않았으며 부모님은 그와 말도 하지 않았다. 소진은 이렇게 집안사람들로부터도 푸대접을 받아 마음이 괴로웠다.

소진은 큰 자극을 받고 탄식했다.

"부인은 나를 남편으로 보지 않고, 형수는 나를 시동생으로 여기지 않으며, 부모님도 나를 아들 취급하지 않으니, 이것은 모두 진왕 때문이다! 반드시 치욕을 갚을 방법을 생각해야지."

그래서 그날 밤 책을 모두 찾아서 방 안에 쌓아놓고 그중 강태공姜太公의 병법인 『음부』陰符를 펼쳐보니 권모술수에 대해 자세하게 적혀 있었다. 소진은 진귀한 보물을 얻은 듯 밤을 지새우며 외웠다.

소진은 공부를 열심히 했다. 머리를 대들보에 매달고서 졸게 되면 끈이 머리를 잡아당겨 잠이 달아나게 했고, 그래도 안 되면 송곳으로 자신의 허벅지를 찔러서 피를 내기도 했다. 또한 "임금을 보좌하며 나의 포부를 펼칠 수만 있다면, 비단옷을 입고 산해진미를 먹으며 또 재상의 자리를 차지하지 못하겠는가?"라고 스스로에게 훈계하였다.

학문에 전념하여 열심히 공부한 덕분에 소진은 각 방면에 박학다식해졌다. 그는 전보다 훨씬 자신감이 넘쳤으며 언젠가는 자신을 알아주는 임금을 만나 능력을 발휘할 것이라고 마음속으로 다짐했다.

합종책으로 진나라에 대항하다

소진은 동생인 소대, 소려에게 강태공 병법의 이치를 설명해주었는데 그의 뛰어난 분석은 이들을 설득시켰다. 그들은 소진에게 많은 돈을 주었을 뿐만 아니라, 자신들도 병법을 연구하기 시작하여 나중에는 유명한 달변가가 되었다. 병법에 정통해진 소진은 합종책으로 진나라에 대항하리라 결심했다.

그는 먼저 조趙나라에 도착하여, 조숙후趙肅侯의 형제 진양군奏陽君과 친교를 맺으려 했으나, 뜻밖에 시작부터 퇴짜를 맞았다. 그는 결코 낙심하지 않고 연燕나라로 갔다. 그는 연나라에서 1년여를 기다렸지만 연문공燕文公을 만날 수 없었고, 돈도 다 써버려 어쩔 수 없이 주인에게 돈을 꾸어 하루하루를 보냈다. 그러던 어느 날 소진은 외출하고 돌아오는 연문공과 맞닥뜨렸다. 소진은 땅에 엎드려 만나주기를 청했다. 연문공은 그가 예전에 진왕과 이야기를 나눈 소진이라는 말을 듣고 그를 궁으로 데려갔다. 소진은 연왕에게 계책 하나를 말했다.

"연나라는 다른 나라에 비해 큰 나라라고 할 수 없습니다. 토지를 말하자면 2,500리에 불과하고, 군력을 말하자면 600대의 전차와 6,000명의 기병, 10만 정도의 보병밖에 없습니다. 남쪽의 제나라와 서쪽의 조나라는 연나라보다 강하지만, 여러 해 동안 전란이 끊이지 않아서 연나라만이 평안함을 유지하고 있습니다. 왜냐하면 바로 서쪽으로는 조나라가 강한 진나라를 막고 있어서, 진나라가 조나라를 넘어 연나라를 공격할 수 없기 때문입니다.

만약 조나라가 하루아침에 진나라에 투항한다면, 진나라는 바로 연나라를 공격할 것입니다. 왕께서 지금 조나라와 친교를 맺지 않고 진나라와 연맹을 맺는다는 것은 올바른 책략이 아닙니다. 하물며 조나라를 노하게 하면 조나라의 병사들은 아침에 출병하여 저녁에 이곳에 다다를 텐데 왕께선 어찌 이를 막아낼 수 있겠습니까? 올바른 책략은 당연히 진나라와 친교를 끊고, 조나라를 비롯해 모든 제후국들이 함께 연합하여 진나라에 대항하는 것입니다. 이렇게 하면 각국은 스스로를 보호할 수 있을 것입니다."

연문공은 소진의 견해에 동의했지만, 이에 대한 각국의 견해가 일치하지 않을까 걱정이었다. 소진이 적극적으로 각국을 연합시킬 계책이 있다고 설득하자, 연문공은 기뻐서 그에게 많은 군사와 황금 그리고 하인을 주었고 소진은 조나라로 갔다.

조숙후가 반갑게 그를 맞이하자, 소진이 말했다.

"중원에서 제일 강한 나라는 조나라인데 조나라는 한나라, 위나라와 인접해 있습니다. 진나라는 세력을 중원으로 넓혀가려 하고 있어서, 반드시 조나라를 먼저 공격할 것입니다. 지금 진나라가 감히 조나라를 공격하지 못하는 것은 한나라와 위나라가 방패삼아 막고 있기 때문입니다. 그러나 진나라가 분발하여 한나라와 위나라를 공격한다면, 한나라와 위나라에는 높은 산과 큰 강이라는 장애물이 없어서 쉽게 무너질 것입니다. 그렇게 되면 조나라는 제일 먼저 공격을 받거나 재난을 당할 것입니다.

지금 각국은 모두 진나라와 친교를 맺고 있어서 토지를 할양하고 있습니다. 진나라는 한없이 욕심을 부릴 것이므로 제왕의 땅을 반드시 삼키려 할 것입니다. 중원 각국과 초나라까지 연합할 수 있다면, 그 지역은 진나라보다 다섯 배나 크고 병력도 열 배 이상이 되는데, 진나라를 무서워할 것이 뭐가 있습니까? 저는 제후들이 회의를 열어 동맹을 맺고 여섯 나라가 함께 진나라에 대항하길 바랍니다."

당시 젊고 혈기왕성한 청년이었던 조숙후는 소진의 합종 책략을 듣고서 매우 기뻐했다. 그는 즉각 소진에게 100대의 마차와 천 근의 황금, 100쌍의 옥, 천 필의 비단을 주고서 각국의 제후들과 약속을 하라고 청했다.

바로 이때 진나라가 위나라를 치자, 위나라는 열 개의 성을 헌납하고서 화해를 청했다. 조숙후는 이 소식을 듣고서 초조해하며 이번에는 조나라 차례가 될까 두려워 소진에게 이 문제를 논의했다. 소진은 한편으로는 급히 전쟁을 준비하면서, 다른 한편으로는 상대방을 자극하여 분발시키는 격장법激將法을 건의했다. 그리고 장의에게 진나라에 가서 관리가 되게 한 뒤에 진나라를 설득하고 조나라를 공격하지 못하도록 했다. 소진은 조나라를 안정시킨 후 다른 제후들을 설득하기 시작했다.

당시의 상황이 긴박하게 돌아갔기 때문에, 한 · 위 · 제와 초나라 등은 모두 합종하여 진나라에 대항한다는 데 동의했다. 회담이 순조롭게 진행되고 큰 성공을 거두자 소진은 스스로 여섯 동맹국의 재상이 되었다.

소진이 초나라에서 조나라로 돌아오는데 많은 수행원들에게 둘러싸인 위풍당당한 기세는 그야말로 전례가 없는 역사적인 장면이었다. 그가 낙양을 지나갈 때, 그의 부모는 길가로 나와 영접을 했고 그의 형수는 땅바닥에 엎드려 감히 머리를 들지 못했으며 부인은 멀리서 한쪽에 숨어 곁눈질하며 볼 수밖에 없었다. 소진은 형수에게 다가가 말했다.

"형수님께서는 예전에 제게 오만불손하게 대하더니, 지금은 왜 제게 공손하게 대하는 겁니까? 가난할 때는 부모님조차도 나를 아들로 여기지 않더니, 부자가 되니까 이젠 혈육들도 함부로 대하지 못하는군요. 세상을 사는 데는 권력과 부귀가 있어야 한다는 것을 깨달았습니다."

기원전 333년, 연燕·한韓·제齊·위魏·초楚·조趙 여섯 나라는 조나라의 원수洹水에서 형제의 의를 굳게 맹세하고서 힘을 합쳐 진나라에 대항하였다. 또한 소진은 종약장縱約長으로 추대되어 여섯 나라 연합국 재상의 관인을 차고서 합종 업무를 주관했다.

벼슬을 위해 충성을 바치다

소진의 공적에 대해 논한 『전국책』戰國策은 소진의 이런 합종책으로 "각 제후들은 별도로 식량, 병사, 전차를 충당할 필요가 없었고 잃을 것도 없었으며, 서로 친해져서 형제가 되었다"라고 평했다.

그러나 잊지 말아야 할 것은 소진이 제창한 합종의 동기는 자신이 관리가 되기 위한 계략이었을 뿐만 아니라, 여섯 나라를 합종시킨 것 또한 자신의 부귀영화를 위해 잠시 군사동맹을 체결한 것에 불과했다는 점이다.

소진의 활동이 중국 역사상 눈부신 업적이었다고 할 수는 없다. 그의 기발하고 뛰어난 외교적 성취 또한 그렇게 위대했다고 말할 수 없다. 그가 제창한 합종책은 오히려 생각대로 이루어지지 않았다. 사실 이것은 그의 일 처리와 행동 방식 때문이었는데 그의 목적이 바로 벼슬 자체에 있었기 때문이다.

진왕은 여섯 나라가 합종했다는 소식을 듣고 매우 놀랐다. 대신 공손연公孫衍은 조나라가 합종을 발기했으니 먼저 조나라를 공격하자고 주장했다. 이에 장의가 즉시 반대하고 나섰다.

그의 견해는 다음과 같았다. 여섯 나라가 막 합종을 하였으니 만약 어느 한 나라를 공격하면 나머지 다섯 나라가 지원을 할 것이기 때문에 이기기 힘들다. 그러니 먼저 그 중의 몇 나라를 끌어들여 천천히 동맹을 끊게 하는 것이 낫다. 먼저 위나라가 할양한 성 몇 개를 되돌려주면 위나라는 감격할 것이고, 다른 동맹국은 질투할 것이다. 그런 후에 대왕의 딸을 연나라에 시집보내어 연나라와 친교를 맺는다. 이렇게 하면 합종한 나라들의 동맹은 끊어질 것이라는 것이 장의의 생각이었다.

진왕은 장의의 계책이 일리가 있다고 생각해서 그의 계책대로 실행하였고, 연나라와 위나라는 과연 진나라와 친교를 맺었다. 조왕은 조급해져서 소진에게 책임을 묻고 그를 즉시 연나라에 파견하였다. 연왕은 그에게, 제나라가 합종의 맹약을 깨고 연나라의 10여 개 성을 빼앗았기 때문에 진나라와 동맹을 맺었다고 말했다. 연왕이 소진에게 방법을 생각하라고 다그치자, 소진은 할 수 없이 제나라로 갔다. 소진은 제왕에게 말했다.

"왕께서 연나라의 성을 돌려주신다면 연왕이 감격해할 것이고, 연왕 또한 제왕을 신임할 것입니다. 이렇게 하면 왕께서는 천하를 호령하고, 패업을 이룰 수 있을 것입니다"

그 말을 들은 제왕은 연나라의 성을 돌려주었다.

연왕은 매우 기뻤지만, 소진이 자기의 어머니와 사통한 일 때문에 그를 중시하지는 않았다. 소진은 여섯 나라가 합종하는 데 가장 중요한 문제는 세력의 균형이라고 생각했다. 그는 세력의 균형이 제대로 이루어지지 않으면 합종은 오래가지 못한다는 것을 분명히 알고 있었다. 그는

전국시대 말기의 '사공자' 가운데 한 사람인 맹상군은 인재들을 모아 역량을 키웠다. 진나라 왕의 초빙을 받은 후 죽음의 위기에 처했을 때 식객들의 도움으로 위기를 모면한 고사로 유명하다.

연왕이 자신에게 냉담한 것을 보고서 연왕에게 말했다.

"저는 지금 왕에게 별로 쓸모가 없으니, 제나라에 가서 겉으로는 신하가 되고, 속으로는 연나라를 위해 일을 도모하는 것이 낫다고 생각합니다."

마침 연왕은 그가 떠나길 원하고 있었기 때문에 그를 파견하였다.

제선왕齊宣王은 매우 방탕한 인물이었다. 소진은 왕의 환심을 사기 위해 미인을 찾아 바치고, 궁전을 지었으며, 그의 부친을 위해 장례를 직접 주관하여 융숭하게 치렀다. 제선왕은 비록 멍청했지만, 그의 신하 전문田文(그 유명한 맹상군孟嘗君)은 소진이 하는 일은 제나라의 재력을 소모하고, 정치를 어지럽혀 제나라를 무너뜨릴 것이라는 것을 잘 알고 있었다.

전문은 암암리에 사람을 시켜 소진을 암살하도록 했다. 자객은 비수로 소진의 복부를 찌르고 도망갔다. 소진은 죽지는 않았지만 깊은 상처를 입었고, 아픈 몸을 이끌고 제왕에게 가서 나지막한 소리로 말했다.

"제가 죽으면 저의 머리를 저잣거리에 내걸고 현상금을 걸어주십시오. 제가 외국과 사통했다고 하면 비밀을 알고 있는 사람이 와서 폭로할 것입니다. 그럼 저를 죽인 사람을 잡을 수 있을 것입니다."

제왕은 소진의 말대로 했고, 과연 자객을 잡게 되었다.

연횡의 책략가 장의

소진이 죽은 후 합종의 동맹은 급속히 와해되었다. 또한 소진이 연나라를 대신해 제나라를 붕괴시켰다는 소식이 전해지자 제나라와 연나라의 관계가 악화되어 서로 등을 지게 되었다. 이제 합종을 와해시키고 연횡을 하는 것이 진나라의 단기적인 외교 목표가 되었다.

진혜문왕은 즉시 장의를 재상으로 임명하고 그에게 연횡을 하도록 박차를 가했다. 장의는 본래 가난한 집안 출신으로 소진과 함께 공부한 사이였는데, 공명을 꿈꾸는 사람이었다.

벼슬을 하기 전에 그도 떠돌이 생활을 겪었다. 그가 초나라의 객경客卿으로 있을 때, 한번은 초나라의 집정관執政官 소양昭陽이 집안의 가보인 화씨벽和氏璧을 보고 있는데, 갑자기 큰 비가 와서 촛불이 꺼지고 집안이 혼란에 빠지는 통에 화씨벽을 잃어버렸다. 소양의 집 사람들은 옷을 남루하게 입고 있는 장의를 보고 그가 훔쳤다고 단언하고서는 그를 초주검이 되도록 두들겨팼다.

후에 고사인賈舍人이란 상인이 조나라에서 소진이 재상을 하고 있다는 말을 듣고서 그를 만나러 갔다. 장의가 가난하여 궁지에 빠졌을 때, 고사인이 진나라에 와서 그를 위해 금전적으로 큰 도움을 주었고 진나라 조정에 그를 추천하여 객경이 되게 했다. 장의는 고사인에게 무척 고마워했는데 고사인은 떠나기 전에 말했다.

"이 모든 것은 소진 재상이 준비한 것이고, 나도 소진 재상의 문객이오. 재상은 당신이 조나라에서 말단 벼슬을 얻고 만족할까 봐 걱정이 되어서, 게다가 재상인 자신의 재능이 당신에게 못 미친다는 것을 잘 알고 있기 때문에 특별히 당신을 격려하려고 억지를 부린 것이오. 당신을 진나라로 가게 하여 나중에 당신이 진왕에게 조나라를 공격하지 못하도록 권해주길 바라고 계시오.”

장의가 듣고서 감동하여 이때부터 다시는 자기가 소진보다 뛰어나다고 생각하지 않았다. 얼마 후에 장의는 진나라의 재상에 임명되었다.

초회왕楚懷王은 인상여藺相如의 도움으로 화씨벽을 온전히 초나라로 가져왔지만 언제 진나라가 공격해 올지 몰라 두려워하였다. 그래서 먼저 선수를 쳐서 소진의 계책대로 여섯 나라와 동맹을 맺고 함께 진나라를 공격했다. 그러나 계속해서 공격을 하였지만, 각국 군대의 질서가 제대로 잡혀 있지 않았고 전력이 약해서 결국 참패하고 말았다.

진혜문왕이 여섯 나라의 군대를 대파했지만, 제나라와 초나라는 여전히 강했다. 제나라를 공격하려면 먼저 제나라와 초나라의 연맹을 끊어야 했다. 그래서 진왕은 장의에게 많은 예물을 주어 초나라로 파견하였다. 장의는 먼저 보물로 초왕의 총신 근상靳尙을 매수하였고 6백 리의 상어商於 땅을 초나라에 주었으며 감언이설로 사람들을 속였다. 사신을 파견하여 제나라 왕에게 창피를 주고서 절교를 하고 진나라와 수교를 하라는 장의의 요구에 어리석고 욕심 많은 초왕은 동의했다. 그러나 사신으로 간 사람은 1년 후에 겨우 돌아왔고, 결국 장의의 말이 모두 속임수였음이 드러났다.

초왕은 크게 화를 내고 10만 대군을 일으켜 진나라를 공격했으나, 진나라와 제나라 양국의 동맹군에게 협공을 당해 여지없이 패하여, 초나라는 회복 불능의 지경에 빠져 다시 일어설 수 없게 되었다. 후에 초회왕은 검중黔中에서 장의를 손에 넣었지만, 장의의 속임수에 또 넘어갔고 장의는 무사히 진나라로 갔다. 초회왕은 결국 장의의 꾐에 빠져 진나라에서 도망가는 처지에 놓이게 되었다.

장의의 공로가 매우 커서 진왕은 그를 무신군武信君으로 봉하였고, 많은 재물을 주고 여러 나라를 돌아다니며 연횡의 계획을 실행하도록 하였다. 장의는 먼저 제나라에 가서 제선왕에게 말했다.

“초왕이 이미 진왕과 사돈을 맺었고, 한·조·위·연 4개국은 진나라에게 땅을 할양하여 친교를 맺고 있습니다. 왕께서는 지금 고립되어 있는데 합종에 따라 여섯 나라가 제나라를 공격하면 어떻게 하실 것입니까?"

장의는 또한 조나라에 가서 조무령왕趙武靈王에게 이런 말을 하고, 합종의 주도국인 제나라의 명목으로 제후들에게 호소했다. 조무령왕은 뛰어난 재능과 원대한 계획이 있었지만 결국 형세의 압박을 받아 어쩔 수 없이 강화를 청했다. 연나라에 가자, 연나라의 새 왕은 다섯 개의 성을 자진해서 진나라에 헌납하였다.

장의는 큰 수확을 거두고 돌아와 외교적인 사명을 훌륭하게 완수했다고 할 수 있다. 그러나 그가 진나라에 돌아왔을 때 진혜문왕은 이미 죽었고, 진무왕이 즉위한 상태였다. 무왕은 평소 장의를 혐오하고 있던 터여서 장의는 이 위기에서 벗어나야만 했다. 그는 무왕에게 말했다.

"제왕이 제가 자신을 속인 것을 알고 있으니, 뼈에 사무치도록 저를 미워할 것입니다. 제가 위나라에 간다면 제나라는 분명 위나라를 공격할 것입니다. 제나라와 위나라가 전쟁을 할 때 진나라가 이 기회를 틈타 한나라를 공격하면, 주나라도 손에 넣을 수 있어 천하는 대왕의 것이 될 수 있습니다."

무왕은 대단히 기뻐하며 장의를 곧 위나라에 파견하였다. 장의를 만난 위왕이 그를 재상으로 임명하자, 제왕은 즉각 전문을 파견하여 각국과 새로 동맹을 맺고 함께 위나라를 공격하게 하는 한편, 사기꾼 장의를 붙잡는 나라에게 10개의 성을 현상금으로 주겠다고 각국에 통지하였다. 위왕은 매우 초조해했지만, 장의는 오히려 계책을 따로 마련해놓은 터라 마음이 느긋했다. 그는 심복 풍희馮喜를 초나라 사람인 척 꾸미고 제선왕에게 가서 말하게 했다.

"대왕께서 장의를 미워하시는 것은 바로 그를 돕는 것입니다. 저는 진나라에서 왔는데 장의가 진나라를 떠나 위나라로 간 것은 하나의 계책이라고 들었습니다. 대왕께서 위나라를 공격하면 진나라는 한나라를 공격하고 주나라를 차지할 것입니다. 대왕께서 지금 위나라를 공격하시면 술책에 걸려드는 것이 아니겠습니까?"

제왕은 깨달은 바가 있어 즉각 군대를 철수했다.

위왕은 당연히 장의를 더욱 믿게 되었고, 장의 또한 마침내 연횡의 계획을 완수했다. 기원전 309년, 장의는 병들어 죽었고, 이로써 종횡가들의 전성시대는 끝나게 되었다.

이 시기의 역사를 종합해보면 국제정세는 급변한다는 말이 실감이 날 정도로 혼돈의 시대였다. 당시의 중국은 제후국들이 서로 연합을 했다가도 곧 결별하여 각국 간의 관계 또한 매우 미묘하고 복잡하였으며, 변화가 아주 빨랐다. 오늘날의 세계에서조차 그처럼 규칙 없이 변하는 국제관계를 찾아보기가 어렵다.

더욱이 사람들의 주목을 끄는 점은 이런 복잡한 외교관계가 오로지 두 사람의 책략가와 변론가에 의해 좌지우지되었다는 것이다. 먼저 소진의 합종이, 후에는 장의의 연횡이라는 책략에 의해 당시의 중국이 뒤흔들렸던 것이다. 이렇게 두 사람이 전국칠웅을 자신들 마음대로 바둑판 위에 올려놓고 조종한 사실은 인류문명의 기적이고, 세계 역사에도 극히 드문 현상이다. 인류의 고대 역사에서 가장 걸출한 외교가는 아마도 소진과 장의일 것이다.

이들은 동서의 연횡이 좋건 남북의 합종이 좋건, 얼마나 많은 사람이 죽었건 얼마나 많은 피를 흘렸건 간에, 정의든 아니든 간에, 자신의 관직을 보장받아 부귀영화를 죽을 때까지 누릴 수만 있으면 다른 것은 필요 없었다. 이와 같은 책략을 인류의 지혜와 유산으로 생각하며 감탄만 하고 있을 것인지 곰곰이 생각해볼 필요가 있다.

4 역사상 최고의 미인계

남자들은 서시를 천년을 빛낼 인물로 포장했지만,
이는 결국 자신의 비겁함과 허약함을 남김없이 드러낸 것에 불과하다.

중국 역사에서 여성은 항상 정치와 밀접한 관련이 있었다. 이는 여성의 종속적이었던 지위와 그다지 걸맞지 않는 듯하다. 사실 여인이 나라를 어지럽혀서 망하게 했다는 것은 여성이 직접 정치에 참여했기 때문이 아니고, 그저 왕이나 권력을 쥔 대신들의 노리갯감이 된 결과의 부산물이다.

고대중국의 여인들은 권력을 장악한 사람들이 큰일을 도모하는 데 교묘하게 이용당하여 효과적인 수단이 되었다. 중국 역사에는 여인이 나라를 어지럽힌 난국이 아주 많았고, 심지어 여자 때문에 나라가 혼란해져서 망한 사례도 많이 있다.

부차의 와신상담

각양각색의 사례 중에서도 월越나라가 오吳나라를 망하게 하는 데 도움을 준 서시西施가 가장 유명하다. 춘추시대 말기에 공자가 여러 나라를 돌아다닐 때, 소주 일대의 오나라와 회계會稽 일대의 월나라가 전쟁을 하고 있었다.

기원전 496년, 월나라 왕 윤상允常이 죽고, 그의 아들 구천勾踐이 즉위

오나라 왕 부차는 아버지 합려의 원수를 갚겠다
고 맹세하고서, 이를 잊지 않게 부하로 하여금
매일 일깨우도록 했다. 3년이 지나자 부차는 월
나라로 쳐들어가서 구천을 굴복시켰다.

하자, 오나라 왕 합려闔閭는 절호의 기회라고 생각하고 월나라를 공격하
려 했다. 대신 오자서伍子胥는 월나라가 상을 지내고 있는데 공격하면 예
의에 벗어나는 일이라고 하면서 중지할 것을 권했지만, 오왕은 그의 권
고에 아랑곳하지 않았다.

월왕 구천은 직접 대군을 이끌고 전쟁에 나가 취리醉李(지금의 절강성
浙江省 가흥嘉興)에서 싸웠다. 오나라 군대의 빈틈없는 진용을 보고 정면
으로 싸워서는 승산이 없음을 깨달은 월왕은 미리 준비해둔 30여 명의
사형수들을 끌고 나와 그들의 상반신을 드러내게 하고 차례로 오왕의 군
대 앞에 가서 "우리의 왕이 귀국에게 죄를 지었으니, 우리가 왕 대신 속
죄를 하게 해주십시오!"라고 말하고 하나씩 자신의 머리를 잘라 죽게 하
였다. 오나라 군대가 놀라며 의아해하는 사이에 월나라 군대가 갑자기
돌격하자, 오군의 최전방은 혼란에 빠져 미처 대항하지도 못하고 황급
히 도망쳤다. 도주하는 길목에 매복해 있던 월나라 군사들의 공격을 받
은 오나라 군대는 전멸하였고, 오왕 합려도 월나라 장수 영고부靈姑浮에
의해 발가락이 잘리는 중상을 입고 도주하던 중 상처가 깊어져 죽었다.

부차夫差가 왕위를 계승했다. 그는 아버지의 원수를 갚겠다고 맹세하

고서 부하에게 자신이 이를 잊지 않도록 매일 소리치게 했다.

"폐하! 월왕이 아버지를 죽인 것을 잊었습니까?"

부차는 그때마다 눈물을 흘리며 큰소리로 "잊을 수 없다. 잊을 수 없다"라고 대답했다. 이렇게 3년이 지나자 부차는 원수를 갚기 위해 월나라로 출병하였다.

오왕 부차가 친히 전투를 독려하여 태호太湖에서 월나라의 수군을 격파하자 월왕 구천은 어쩔 수 없이 회계산會稽山으로 도망가 숨었다. 오나라 군대는 월나라의 백성들을 죽이고 재물을 강탈하고 농작물을 불태워버린 뒤 회계산을 포위했다. 구천은 아무런 대책이 없어 대부 문종文種과 논의를 하고 전쟁을 종결시키기 위해 오나라와 화해하려고 했다.

문종은 오나라의 내부 상황을 분석하고는 말했다.

"오왕에게는 두 명의 대신이 있는데, 한 명은 오자서라 하고 다른 한 명은 백비伯嚭라 합니다. 백비는 오자서의 공로가 커져 자신의 권세를 억누를까 두려워하여 항상 그를 견제할 방법을 찾고 있습니다.

또한 오왕 부차도 오자서를 두려워하여 그를 만나면 항상 학생이 선생님을 만나는 것처럼 그의 의견에 따를 뿐이지만, 백비와는 마음이 맞습니다. 이 때문에 우리가 먼저 백비와 좋은 관계를 맺으면, 오자서 혼자서 부차를 등에 업은 백비와 월나라와의 화해를 저지하려 해도 불가능할 것입니다."

그래서 구천은 문종을 파견하여 백비를 만나보도록 했다.

문종은 백비를 찾아가서 백옥 20쌍과 금 천 냥을 주었고, 또한 여덟 명의 미인을 보내 백비가 부차 앞에서 편법을 쓰도록 부탁했다. 문종은 백비에게 말했다.

"자고로 전쟁을 하는 것은 다른 나라를 신하의 나라로 굴복시키기 위해서입니다. 만약 공께서 월나라와의 강화를 허락하지 않아 월왕의 5천 병사가 아깝게 죽음을 당하고 월나라 백성들의 집들을 불태우고 보물들을 훼손한다면, 오나라는 아무것도 얻지 못할 것입니다. 보시다시피 저희 월나라는 다른 나라 사람들보다 뛰어나 재주가 많으니 저희와 친분을 맺기를 청합니다."

문종의 부드럽고 예의바른 말은 백비를 설복시켰고, 백비는 그날 저녁 부차를 설득했다. 그러나 다음날 군신들의 회의 때 오자서는 끝까지 이에 반대했다.

"대왕께서 월나라를 멸망시키지 않는 것이 어떻게 선조의 원수를 갚은 것이라 할 수 있겠습니까. 오나라와 월나라는 서로 붙어 있어서 병존할 수 없습니다. 지금 월나라를 멸망시키지 않으면, 월나라는 10년 동안 힘을 축적하고 군사를 훈련시킨 후 반드시 쳐들어와서 오나라를 멸망시킬 것입니다."

그러자 백비가 응수했다.

"월왕이 신하의 나라가 되길 원하고 직접 오나라에 와서 대왕으로 섬기려 하니, 선왕의 원수는 갚은 것입니다. 폐하께서는 이미 아버지와 형의 원수를 갚고서 왜 초나라를 멸하지 않고 반대로 초나라와 화의를 구했습니까? 폐하께선 너그러운 분이신데 항복하는 적을 무참하게 죽이신다면 이웃나라의 비웃음을 살 것이고, 신하들과 백성들은 자신들에게도 언젠가는 그럴 것이라고 생각하여 폐하를 멀리할 것입니다."

이 말을 들은 오자서가 버럭 화를 냈다. 그러나 결국 오나라와 월나라는 강화를 맺었다.

원수의 대변을 맛본 구천

월나라 구천은 국내 정치를 문종에게 맡기고서, 부인과 자녀 그리고 범려范蠡 등 3백 명의 관리들을 이끌고 오나라에 갔다. 오왕은 구천 부부에게 돌집에 살면서 말을 관리하도록 했고, 범려에게는 노예의 일을 하도록 했다. 부차가 길을 나설 때마다 구천은 그의 말을 끌었고, 사람들은 그에게 손가락질을 하며 비웃었다. 그러나 구천은 조금도 불평하지 않

미인 서시는 월나라를 돕기 위하여 오나라로 갔다. 미인계로 오왕을 유혹한 서시는 그로 하여금 국정에서 손을 떼게 만들고, 정치를 혼란스럽게 하여 오나라를 혼란에 빠뜨렸다.

고 무조건 맹종했다.

3년 후 어느 날, 구천은 병이 난 부차를 부축하여 변소에 갔다. 대변을 보고 난 후 돌아온 부차에게 구천이 말했다.

"대왕의 심한 병세는 고비를 넘겼으니 며칠 후에는 좋아질 것입니다."

부차가 그걸 어떻게 알았는지 묻자, 구천이 말했다.

"제가 조금 전에 대왕의 변을 맛보고 냄새를 맡아보니, 대왕의 병의 기운이 이미 빠져나왔음을 알게 되었습니다. 그래서 대왕께 며칠 있으면 좋아질 거라고 말씀드린 것입니다."

부차는 구천의 말을 듣고 크게 감동을 받았는데 공교롭게도 며칠이 지나자 병세가 정말 좋아졌다. 그래서 그는 구천을 풀어주고 귀국하도록 배려했다.

구천은 돌아와서 즉시 문종과 함께 오나라를 멸하기 위한 방법을 상의했다. 문종은 오나라를 멸망시킬 일곱 가지 계책을 건의했다.

첫째, 오나라에 뇌물을 많이 보내어 오나라의 환심을 살 것. 둘째, 오왕에게 미인을 보내 그로 하여금 여색에 빠져 정사를 돌보지 못하게 할 것. 셋째, 오나라의 양식을 빌리거나 사서 그들의 창고를 비게 할 것. 넷째, 오나라에 목재, 기와를 많이 보내 토목공사를 크게 벌이도록 할 것. 다섯째, 염탐꾼을 파견하여 오나라의 신하가 되게 할 것. 여섯째, 대신들을 매수하고 헛소문을 퍼뜨려 충신들이 도망쳐 숨게 할 것. 일곱째, 군량을 많이 쌓아두고 병사들을 많이 불러 모아 군사훈련을 시킬 것.

구천은 "10년 동안 인구를 늘리고 물자를 모으며 백성들을 가르치고 군사를 훈련시켜 나라를 부강하게 한다"는 계획을 실천에 옮겼다. 혼인과 출산에도 명확한 규정을 내렸다.

연장자는 젊은 부인을 얻을 수 없었다. 남자 20세, 여자 17세가 넘도록 결혼을 못한 경우는 부모가 벌을 받았다. 아이를 낳은 여인이 관아에 보고하면 의원을 파견하여 돌봤고, 아이가 살 수 있게 보장했다. 남자아이를 낳으면 상으로 술 한 병과 돼지 한 마리를 주고 여자아이를 낳으면 술 한 병과 새끼돼지 한 마리를 줬다. 아들 둘이 있으면 하나는 국가가 대신 길러주고, 아들 셋이 있으면 둘을 국가가 양육하며 7년간 어떠한 세금도 강요하지 않았다.

월왕 구천은 치욕을 잊지 않기 위해 자신의 방에 풀을 깔아 이불과 요로 사용했고, 문에 쓸개를 걸어놓고 매일 밥을 먹기 전에 맛을 보았다. 이것이 그 유명한 와신상담臥薪嘗膽으로, 복수를 위해 실패를 교훈삼아 분발한다는 뜻이다.

그는 친히 농사를 지었고 부인도 직접 베를 짜서 모범을 보였으며 다른 사람들이 자신에게 시중을 들지 못하게 하였다. 이 때문에 월나라의 백성들은 지위에 관계없이 월왕을 중심으로 일치단결하였다. 얼마 뒤에 오왕은 고소대姑蘇臺의 축조를 준비했고, 월왕은 귀한 목재를 보내주었다. 오왕은 월왕이 보내준 목재로 고소대를 확장했으며, 월왕의 충심에 매우 기뻐했다.

서시의 미인계

월왕은 자신의 첫 번째 계책이 원만하게 성공을 거두자, 두 번째 계책인 미인계를 사용했다. 구천이 범려에게 미인을 구해오도록 명하자, 범려가 대답했다.

"제가 미리 준비해두었습니다. 그 여인은 오나라에 가서 나라를 위해 목숨을 바치길 간절히 원하고 있습니다. 그녀의 이름은 서시이고 무척 아름다울 뿐만 아니라, 총명하고 재주가 많습니다."

그래서 구천은 사람을 시켜 서시와 정단鄭旦을 오나라에 보냈다.

서시의 출신에 대한 기록은 명확하지 않지만, 그녀가 빨래하고 실을 짜는 일에 종사했다는 전설을 미루어보아 빈곤한 집안 출신이었을 것으로 추측된다.

서시는 명치가 아픈 병이 있어서 두 손으로 가슴을 쓸어내리며 눈살을 살짝 찌푸릴 때의 표정이 더욱 예뻤다. 그녀의 이웃 가운데 이름이 동시東施라는 여자가 있었는데 아주 못생겨서 늘 서시의 아름다움을 부러워하였다. 그녀는 서시가 가슴을 쓸어내리는 모습을 보고서, 그것을 배우려고 눈살을 찌푸리고 다녔다. 그녀는 원래 못생긴데다 얼굴까지 찌푸리니 더 못생기고 미워 보여서 동네사람들이 도망쳐버릴 정도였다. 그래서 서시가 속병 때문에 눈살을 찌푸리자 못생긴 동시가 그것을 흉내내어 눈살을 찌푸리니 주위 사람들이 모두 놀라 도망쳤다는 말이 생겼는데 이것을 효빈效顰이라고 한다.

서시는 가난했지만, 매우 총명했다. 범려와 서시는 서로를 사랑했지만, 범려는 월나라가 오나라를 멸하는 것을 돕기 위하여 그녀에게 오나라로 가도록 권했다. 서시가 말했다.

"월왕께서 오나라에 잡혀 있을 때 저는 알았습니다. 국가의 일은 큰일이고, 여자의 사사로운 일은 사소한 것인데, 제가 어찌 저의 보잘것없는 몸을 소중하게 여기며 세상 사람들의 기대를 저버리겠습니까?"

그러나 막상 서시가 범려와 헤어지는 것을 못내 아쉬워하며 주저하자 범려는 그녀에게 권고했다.

"네가 만약 홀가분하게 오나라에 간다면 우리 월나라는 보존될 것이

범려는 춘추시대 월왕 구천 밑에서 20여 년 동안 신하로 지내며 오나라를 멸망시킨 후 상장군에 봉해졌다. 이후 구천의 곁을 떠나 상업에 종사했다.

고, 너와 나도 살아남아 훗날 분명히 재회할 수 있을 것이다. 만약 고집을 부리고 가지 않는다면 월나라는 곧 멸망할 것이고, 너와 나도 함께 물귀신이 될 텐데 어찌 우리가 백년해로할 수 있겠는가?"

오나라에 도착한 서시를 본 오왕은 그녀의 미모에 홀딱 반하여 정신을 잃고 말았다. 서시의 예의바른 몸가짐과 뛰어난 재주 또한 오왕을 감탄시켰다. 요염한 자태로 오왕을 홀린 그녀는 오나라를 멸망시키려면, 첫째는 자신이 오왕의 신임을 얻어야 하고, 둘째는 정치에 참여하여 오나라를 혼란에 빠뜨릴 기회를 찾아야 한다는 사실을 잘 알고 있었다.

하루는 오왕이 그녀와 함께 유쾌하게 놀고 있을 때, 서시가 일부러 뾰로통하게 오왕에게 말했다.

"영웅호걸은 여색에 빠지면 안 되고, 전장에 나가 나라를 위해 영광을 다투어야 합니다. 왕께서 이렇게 온종일 놀고 계시니 어찌 헛되이 시간만 낭비하시고 웅대한 포부를 펼치지 않으십니까?"

오왕이 이 말을 듣고 서시에게 존경을 표하며 물었다.

"그럼 내가 어찌해야 좋으냐?"

서시가 대답했다.

"대왕께서는 지금 천하의 대세를 알고 계십니까? 노나라의 세 대부는 자신의 세력만을 확장하고 있어 근본적으로 나라를 돌보려고 하지 않습니다. 제나라는 안평중晏平仲이 죽은 후부터는 진정으로 나라를 생각하는 어진 충신이 없습니다. 초나라는 우리와의 전쟁에서 패한 후부터 지금까지 회복하지 못했고, 진나라는 문공이 죽은 후부터 패주의 자리를 잃었습니다.

이렇게 보면, 천하의 제후들 가운데는 대왕과 비교할 만한 인물이 없습니다. 대왕이 이 시기를 이용하여 원대한 계획을 펼치지 않고서, 언제까지 기다리실 것입니까?"

이 직언을 들은 오왕은 서시에게 감탄해마지 않았으며, 자신이 천하를 제패하리라 결심했다.

이때 제나라는 노나라가 제도공齊悼公의 매부인 주나라 왕을 잡아가자 오나라에게 함께 출병하여 노나라를 공격할 것을 요청했고 오왕은 즉시 파병하여 도와주었다. 노나라는 제나라와 오나라 두 대국이 공격해 오자 바로 주나라 왕을 풀어주고서 사람을 파견하여 사죄를 했다. 제나라는 목적을 달성하자 더 이상 싸우기 싫어서 오나라에게 퇴군하도록 했다. 오왕은 제나라의 명령을 따르기만 한 것 같아 화가 나서 자신의 위엄을 과시하기 위해 제나라를 직접 공격했다.

노나라는 오나라가 제나라를 공격하자 즉시 사람을 파견하여 오왕에게 선물을 보내면서 함께 제나라를 공격하자고 제안했다. 오나라와 노나라가 연합하여 공격하자 큰 혼란에 빠진 제나라는 제도공을 죽인 후에 오나라에게 강화를 맺겠다고 청하고, 매년 공물을 바치겠다고 했다.

오왕은 한번에 제나라와 노나라 양국을 정벌하리라고는 생각지도 못해 의기양양해졌으며 서시를 더욱 총애하고 신임했다.

월왕 구천은 두 번째 계책으로 큰 성과를 올리자, 세 번째 계책인 오나라의 창고를 비우게 하는 책략을 실행에 옮겼다. 어느 해, 월나라의 수확이 좋지 않자 대부인 문종이 오나라에 가서, 이듬해에 벼가 익으면 갚겠으니 10만 석의 양식을 빌려달라고 요청했다.

오나라 조정에서는 대신들의 의견이 분분했다. 어떤 이는 빌려줬다가 못 받을 것을 걱정했으며, 어떤 이는 월나라 사람들의 속임수라며 걱정했고, 또 어떤 이는 월나라에게 매년 조공을 바치게 하고는 양식도 빌려주지 않으면 인지상정에 어긋난다고 했다. 의견이 결정되지 않자 오왕은 서시에게 가서 이 문제에 대해 물어보았다. 서시가 대답했다.

"대왕께서는 천하의 패왕이 되려고 하면서도, 이런 작은 일조차 결단을 내리지 못하는군요. 잘 모르시겠다면 옛사람들의 모습을 보고 배우시면 됩니다. 옛날 제환공은 규구에서 제후들과 전체회의를 할 때 흉작을 당한 나라를 구하자고 호소했고, 그 다음에 진목공은 많은 양식을 사서 적국의 백성을 구해주었는데, 이미 월나라를 복속시킨 대왕께서는 어떠하십니까? 속담에 '백성은 먹는 것을 하늘로 여긴다'는 말이 있습니다. 왕께서 월나라에게 양식을 빌려주지 않으시면 그들에게 무참하게 굶어죽으라는 말이 아니겠습니까?"

오왕은 서시의 말이 일리가 있다고 생각하고, 기쁜 마음으로 10만 석의 양식을 월나라에 빌려주었다.

이듬해 문종은 양식을 모두 반환했고, 오왕은 월나라가 기일 내에 양식을 모두 갚은 것을 보고 매우 기뻐했다. 오왕은 월나라가 보내 온 벼의 낟알이 굵고 큰 것을 보고서 20만 석의 벼를 심도록 했다. 오나라 사람들이 모종을 했지만 싹이 트지 않았고 모두 땅 속에서 썩어버려서 오나라는 그해에 벼를 거의 수확하지 못했다.

오나라 백성들은 오왕이 토양의 차이를 고려하지 않은 것과 강제로 월나라의 벼를 심게 한 것에 원한을 품게 되었다. 사실 이 벼들은 모두 문종이 일부러 벼들을 삶은 뒤 말린 것이었다. 오나라 창고를 비운다는 오왕의 계획이 성공한 것이다. 월왕은 오나라의 흉작을 보고 파병하여 공격하려고 했다. 문종이 월왕을 저지하며 충고하였다.

"아직 때가 이릅니다. 첫 번째 이유는 오자서가 아직 제거되지 않았고, 두 번째는 오나라의 병력이 여전히 강하며, 군대 또한 모두 국내에 있습니다. 우리는 준비를 더 철저히 하고, 시기를 기다려야 합니다."

오자서를 제거하라

그러나 월나라가 군사를 훈련시킨다는 것을 결국 오왕이 알게 되었고, 분노한 오왕은 다시 한 번 월나라를 정벌하기로 계획했다. 이때 제나라와 노나라는 또 싸움을 하려 했는데, 공자의 제자 자공子貢의 권고로 오나라는 노나라를 도와 제나라를 공격하였고 월나라도 3천의 병사를 지원하여 결국 제나라는 또 패하고 말았다.

승전 축하연에서 오왕은 공을 세운 장수와 군사들에게 상을 주었고, 심지어 월나라에게도 토지를 하사했다. 대신들은 모두 오왕의 상벌이 분명하다고 칭송했지만, 유일하게 오자서만이 충언을 했다.

"대왕께서는 아첨하는 말을 귀 기울여 듣지 마십시오. 멀리 있는 제나라를 대파했지만, 나라에는 큰 도움이 되지 않는 작은 이득일 뿐입니다. 앞으로 월나라가 오나라를 멸한다면 그것이 가장 큰 재앙입니다."

그리고 오자서는 자신의 간언을 오왕이 받아들이지 않는다면 이는 자신을, 왕이 직간을 받아들이지 않자 도망가버린 충신 관용방關龍逢과 비간比干이 되게 하는 것이라고 하였다.

백비는 기회를 놓치고 않고 즉시 끼어들었다.

"당신이 정말 충신이 되려 한다면 무엇 때문에 아들을 우리의 적국인 제나라에 맡겨 기르는 것인가?"

원래 제나라와 오나라가 싸움을 하기 전에, 오왕 부차는 오자서로 하여금 국서를 가지고 제나라에 가게 하였다. 국서의 내용은 제왕에게 모욕을 주는 것으로 그 의미는 제왕을 화내게 하여 오자서를 죽이게 하는 것이었다. 제나라 대부 포식鮑息은 오자서의 친구여서, 그를 대신해 제왕 앞에서 좋은 말을 많이 해주었다. 게다가 제나라 왕은 오나라를 무서워했는데 오자서를 죽인다면 뜻하지 않은 사고가 일어날 것이라 생각하고는 그를 풀어주었다.

오자서는 돌아간 후 자신의 아들 오봉伍封을 포식의 집에 보내 그곳에서 기르게 했다. 오왕이 하는 짓을 보아하니 오나라는 오래 못 갈 것 같았기 때문이다. 백비의 폭로를 들은 오왕은 단단히 노했다.

오왕은 이렇게 말했다.

"당신이 선왕 때 큰 공을 세운 것을 생각해서 난처하게는 안 하겠소. 이제는 나를 부르지 마시오."

오왕은 돌아가서 서시에게 이 일을 얘기했다. 서시는 오자서가 잠시 오왕과 멀어졌다 하더라도, 죽지 않았으므로 언젠가는 재기할 것이란 사실을 잘 알고 있었다. 그녀는 이 기회를 빌려 오자서를 죽이기로 결심했다.

서시는 괴로운 듯 오왕에게 말했다.

"오자서가 어떤 사람입니까? 그는 자신의 국가조차도 멸하려 하고 초평왕의 시신에게조차 채찍질을 했는데, 누구를 두려워하겠습니까? 속담에 사람이 의심스러우면 쓰지 말고, 쓴 후에는 의심하지 말라고 했습니다. 오자서는 월나라를 멸망시키자고 주장하는데, 만약 그를 쓰면 먼저 월나라 사람인 저를 죽일 것입니다. 쓰지 않겠다면서 왜 그를 남겨두는 것입니까? 왕께서 이렇게 우유부단하셔서 어찌 큰일을 하시겠습니까? 제가 왕 때문에 괴롭습니다."

서시가 가슴이 아파서 괴로운 듯이 두 손으로 가슴을 쓸어내리자 그 모습이 애처롭고 가련해 보였다. 오왕은 서시가 부끄러운 듯이 더듬더듬 말하며 애교 부리는 모습을 보고는, 즉시 오자서에게 칼을 주며 자살하라고 했다. 서시는 결국 월나라가 가장 두려워한 인물을 제거했다.

서시는 가장 큰 장애물이 제거된 것을 보고서, 마음 놓고 오왕이 북상하여 천하를 다투고 패권을 쟁취하도록 격려했다. 기원전 486년, 오왕은 많은 농민들을 동원하여 회하淮河로 통하는 운하를 팠다. 기원전 484

춘추시대 초나라의 오자서는 부친과 형이 평왕
에게 피살되자 복수를 맹세하고 오나라로 망명
했다. 오왕 합려를 도와 초나라를 공격하여 격
파한 후 평왕의 묘를 파헤치고 유해에 매질을
하여 사람들의 비난을 샀다.

년, 그는 수로를 통해 제나라를 공격하면서 애릉艾陵(지금의 산동 태안)
을 점령하여 제나라 군사를 물리쳤기 때문에 수군의 힘을 더욱 믿게 되
었다.

오왕은 또다시 많은 농민을 동원하고 무수한 재물을 소모해가면서 장
강長江, 회하淮河, 사수泗水, 기수沂水, 제수濟水 등을 관통시켰기 때문에 오
나라에서 배를 타면 제나라까지 도착할 수 있게 되었다. 그러나 오나라
의 인력, 물력, 재력은 고갈되어갔다.

제국의 멸망과 사라진 미녀

기원전 482년, 오왕은 대군을 이끌고 위나라의 황지黃池에서 제후들을
만나기로 했다. 또한 당시의 패왕 진정공晉定公이 와서 혈맹을 맺자고 했
고, 오나라를 맹주로 추천했다. 이때 월왕은 기회가 왔음을 알고서 범려
를 대장으로 하여 오나라를 공격하게 하였고, 전쟁에서 이겼다. 오왕 부
차는 이 소식을 들은 후 무력으로 진정공 등을 압박하여 자신을 맹주로
추천하게 하고서 급히 회군하였다. 그러나 결국 여정의 피로로 인하여

군대의 사기가 떨어져서 패하였다. 오왕은 백비를 파견하여 화의를 하게 하였고, 범려는 오나라를 멸하기 어렵다는 것을 알고서 잠시 군대를 철수하고 화의에 응했다.

오나라가 싸움에서 실패한 후 서시는 오왕에게 월나라 사람인 자신을 죽여달라고 사죄하는 척했다. 오왕은 그녀에게 말했다.

"인생에는 결국 귀착지가 있는 것이다. 넌 오나라를 공격한 사람도 아니고, 월왕 구천의 혈육도 아닌데 왜 용서를 비는 것이냐?"

이때 이후로 오왕은 기가 죽어서 항상 서시를 데리고 괴로워하며 술을 마셨다.

기원전 478년, 월나라는 재차 군사를 일으켜 오나라를 정벌했는데, 이때의 오나라는 이미 쇠락하여 월나라 군대의 공세를 막기 어려웠다. 오왕은 어쩔 수 없이 고소성姑蘇城으로 물러났다. 성의 벽이 단단하고 두꺼웠기 때문에 월나라는 성을 2년 동안 겹겹이 포위했고, 결국 오나라 병사들은 뿔뿔이 흩어져버렸다.

기원전 473년, 고소성이 파괴되자 오왕 부차는 무리를 이끌고 고소대姑蘇臺로 도망갔고, 왕손웅王孫雄을 사신으로 파견하였다. 그는 월왕 구천 앞에 무릎을 꿇고 사죄했다.

"지난날 오왕이 회계에서 왕께 죄를 지었습니다. 감히 왕과 친교를 맺지 않고, 월왕을 포로로 사로잡은 옛 죄를 씻기를 원합니다."

월왕은 오왕을 죽이고 치욕을 씻고 싶었지만, 오왕의 항복을 받아들일 수밖에 없었다. 그러자 범려가 말했다.

"지난날 하늘이 왕께 월나라를 주셨는데, 왕께서는 천명을 거스르지 않고 받아들였기 때문에 비로소 오늘이 있게 되었습니다. 지금 하늘이 오나라를 우리에게 주었는데 우리가 받아들이지 않는다면, 이는 천리를 거스르는 것입니다."

그러고는 군사들을 진군하게 하자 결국 오나라는 멸망했고 오왕은 자살을 했다.

2천여 년의 전설이 과장되면서 서시는 미인의 대명사가 되었고 아름답고 선량한 미녀의 상징이 되었다. 사람들은 그녀를 '국가를 어지럽게 한 여인'으로 여기지 않는다. 더욱이 그녀를 상나라의 달기, 주나라의 포사와 같은 불우한 여인으로 보고 그녀에 대해 무한한 동정을 하고 있는 것이다.

왜 이렇게 된 것일까? 혹시 사람들이 월나라의 복수를 정의로운 전쟁으로 보는 것일까? 사람들이 오왕 부차를 사악한 폭군의 화신으로 보는 것일까? 서시를 헌신적인 애국자로 보는 것일까? 사람들이 그녀의 운명과 결말을 유감스럽게 생각하거나 심지어는 그녀의 아름다움에 매혹되었기 때문일까? 이러한 추측들 하나하나가 일리가 없는 것은 아니다.

서시에 대한 동정을 나타내기 위하여 사람들은 그녀를 미녀로 만들었는데, 이는 그녀의 슬프고 힘든 애국적 행동에 대한 보상이라 할 수 있다. 월왕 구천이 오나라를 멸망시킨 후 범려는 편지 한 통을 남겨놓고 사라졌다. 편지는 다음과 같이 씌어 있었다고 한다.

"대왕께서 오나라를 멸하였으니 저는 본분을 다하였습니다. 지금 남아 있으면 안 될 두 사람이 있습니다. 한 명은 서시입니다. 그녀는 오왕을 매혹시켜 나라를 망하게 했습니다. 그녀가 남아 있게 된다면 그녀는 대왕을 유혹할 것입니다. 그래서 제가 그녀를 죽였습니다. 또 다른 하나는 제 자신입니다. 제가 만약 살아 있으면 아마도 세력이 커져서 대왕께서 위험해질 것입니다. 그래서 저는 자살을 합니다."

그러나 사실 범려는 서시를 데리고 오호五湖를 누비며 장사를 하여 큰 부자가 되었다.

이 전설에서 우리는 무엇을 보았나? 바로 문종이 자살하기 전에 범려에게 훈계한 것처럼, "교활한 토끼가 죽고 나면 사냥개는 필요 없게 되어 주인에게 삶아 먹힌다. 적을 멸망시키면 책략가는 죽게 된다"는 것이다. 이 말은, 필요할 때는 중용하지만 더 이상 필요가 없게 되면 추방하거나 죽여버린다는 것을 뜻한다.

서시는 오나라가 멸망할 때 강물에 뛰어들어 자살했다지만, 우리는 이를 받아들이기를 원치 않는다. 우리는 이러한 역사적인 사실을 미화하고 희석시켜서 그녀를 '나라를 부흥시키고 멸망시킨 화신'으로 만들었다.

서시는 월나라를 도와 오나라를 멸하게 한 일등공신이니, 이는 역사상 제일의 미인계라 할 만하다. 그런데 우리는 환란을 당할 때마다 여자에게 희망을 걸어야 하는 것일까? 사람들의 의식 속에 이런 전통을 남겨주어야 할 것인가? 남자들은 서시를 천년을 빛낼 인물로 창조하였지만, 결국은 자신의 유전자 속에 있는 비겁함과 허약함을 남김없이 드러낸 것이다.

5 때를 기다려 영웅이 되다

공격을 위한 일보후퇴의 목적은 공격이지 후퇴가 아니다.
중국은 부드러움으로 강인함을 이기는
처세술과 공격을 위한 일보후퇴의 전략을 존중해왔다.

진문공晉文公은 춘추오패 중 가장 독특한 인물이다. 그는 다사다난한 때에 즉위하여 어려운 시기를 겪어야 했지만, 세상 일을 잘 관찰하고 속뜻을 간파해서, 60여 세가 되어 즉위했으나 몇 해 만에 진나라를 강성하게 만들어 유명한 춘추오패의 하나가 되었다.

그가 신속하게 이러한 업적을 이룰 수 있었던 것은 우여곡절이 많은 풍부한 인생 경험 덕분이다. 그가 성공한 비결은 전진을 위한 일보 후퇴를 잘 구사한 데 있다. 첫 번째는 화를 피하기 위하여 19년 동안 국외로 도망가 있던 것으로, 나중에는 결국 국내로 돌아와 왕이 되었다. 두 번째는 초나라와 성복城濮에서 전쟁을 할 때 90리를 후퇴한 것으로, 결국 작전에서 승리하여 제후의 패주가 되었다. 이러한 진격을 위한 일보 후퇴라는 전술에 의지하여 패업을 성취한 사례는 중국 역사에서 보기 드물다. 그러나 이런 전술은 중국에서의 정치운영 방법 중 무시할 수 없는 전통이 되었다.

춘추시대 때 첫 번째 패주이자 동방의 패주였던 제나라는 점점 쇠퇴했고, 패주가 되고자 했던 송양공宋襄公의 단꿈이 철저히 깨져버릴 즈음, 진문공 중이重耳가 진나라의 군주로 등극했고, 오래지 않아 제환공을 이은 두 번째 패주가 되었다. 그러나 진나라는 흥성하기 시작하면서 패업을 이루기까지 길고도 복잡한 과정을 거쳤다.

부인의 말만 들으면 나라가 망한다

진문공의 아버지 진헌공晉獻公 전부터 진나라는 근 70여 년간 전란을 겪었다. 진문공의 할아버지 진무공晉武公이 결국 진나라를 통일시켜 제후국 가운데 으뜸이 되었다. 진헌공도 비교적 유능한 군주였다. 그는 아버지가 반란을 평정하는 과정에 참여하여 각 제후의 공자가 위협을 받는 것을 보았기 때문에, 즉위하자마자 외척 제후국의 많은 공자들을 제거하여 자신의 지위를 공고히 하였으며, 온 힘을 기울여 영토를 넓혔다.

기원전 672년, 진헌공은 여융驪戎을 멸하였고, 기원전 661년에는 상하 양군을 만들어 자신이 상군을 통치하고, 태자 신생申生이 하군을 통치하여 군대의 수를 배로 늘렸다.

이어서 진나라는 괵虢나라와 우虞나라를 멸망시켰다. 이때 진나라의 영토는 지금의 산서성을 중심으로, 서쪽으로는 황하까지 뻗어 진秦나라와 국경을 마주했고, 서남쪽으로 삼협三峽 일대에, 남쪽으로는 하남 경계까지, 동쪽으로는 태행산太行山의 기슭에 이르렀으며, 북쪽으로는 융적戎狄과 닿아서 북방의 대국이 되었다.

진나라가 순조롭게 발전해갔다면, 아무도 막을 수 없는 패주가 되었을 것이다. 그러나 진헌공은 말년에 크나큰 실수를 저질렀다.

"오직 부인의 말만 들으면 나라가 망한다"는 말이 있다. 그가 나라에 가져다준 재난은 엄청났다. 20년의 동란이라는 고통뿐만 아니라, 하마터면 진나라가 붕괴될 뻔했다. 마지막에 중이가 결국 왕이 되어 아버지가 이루지 못한 사업을 계승하였다.

진헌공에게는 5명의 아들이 있었다. 그는 제강齊姜과의 사이에서 태자 신생과 진목공秦穆公의 부인을 낳았고, 후에 융戎을 멸할 때 융의 두 여자를 첩으로 맞았는데 대융자大戎子 호희狐姬가 중이를 낳았고 소융자小戎子

진문공은 19년간 천하를 유랑한 끝에 62세가
되어서야 즉위를 했다. 그 과정에서 정치적 변
화와 세상에 대한 견문을 넓힌 그는 몇해 만에
진나라를 강성하게 만들었다.

가 이오夷吾를 낳았다. 진헌공이 여융을 공격할 때 또 두 여자를 얻었는
데 여희驪姬가 해제奚齊를 낳았고 여희의 동생이 탁자卓子를 낳았다. 말년
의 진헌공은 여희를 매우 총애하여 황후로 세웠다. 여희는 헌공이 총애
하는 신하 양오梁五, 동관폐오東關嬖五 등과 결탁하여 아들 해제를 태자로
세우려고 하였다.

여희는 먼저 변방의 요충지를 지킨다는 명분으로 태자 신생을 곡옥에,
중이를 포蒲에, 이오를 굴屈에 각각 파견하여 수도에서 각지로 몰아냈다.
이렇게 공자들의 힘을 분산시켜 서로 구원하지 못하게 하는 동시에 화친
도 맺지 못하도록 하였다. 그리고 해제와 탁자만을 헌공의 곁에 남겨두
었다.

여희의 두 번째 조치는 바로 왕자들을 제거하는 것이었다. 당연히 그
녀의 잔혹한 수단에 먼저 걸려든 사람은 태자 신생이었다.

여희는 줄곧 기회를 찾고 있었다. 마침 헌공은 신생의 어머니 제강이
꿈에 나타나자 신생에게 제사를 지내도록 하였다. 신생은 제사가 끝난
후, 관습에 따라 제물들을 아버지에게 먼저 보내서 먹게 하였다.

고기를 보냈을 때 진헌공이 사냥을 나가 아직 돌아오지 않아서 여희가

이를 대신 받았다. 6일이 지난 후 헌공이 돌아와 그 고기를 먹으려 하자 여희가 저지했다.

"밖에서 들어온 고기는 바로 먹으면 안 됩니다. 먼저 시험을 해보시죠."

여희가 고기를 개에게 먹이자 개가 독으로 인해 죽었고, 계집종에게 강제로 먹이자 계집종도 독이 퍼져 죽었다. 여희는 헌공에게 울면서 "태자가 모살을 하려 합니다"라고 말했다.

사실 이런 모략은 아주 졸렬하고 한눈에도 간파할 수 있는 것이다. 그러나 태자 신생은 아버지에게 충성을 바쳤지만 매우 유약한 사람이었다. 그는 여희가 자신을 죽이려 한다는 것을 알면서도, 아버지는 나이가 많아 여희의 시중을 받아야 하므로 그녀 곁을 떠날 수 없다는 사실을 잘 알고 있었다. 결국 그는 아버지에게 변명하거나 반항해봐야 소용없다고 생각하고는, 아예 곡옥으로 도망가 자살을 하였다.

신생을 모함하여 죽이기 이전에 여희는 꿀벌을 이용하여 태자를 살해하려 했지만, 시기가 적당하지 않아서 경솔하게 손을 쓸 수가 없었다. 한 번은 여희가 헌공에게 울면서 신생이 자신을 희롱한다고 말했는데 헌공이 믿지 않았다. 당시에는 아들이 아버지의 첩을 희롱하는 것이 흔한 일이었는데, 신생은 매우 충직하고 온순하여 그런 짓을 할 사람이 아니었다.

여희는 헌공이 자신의 말을 믿지를 않자 다음날 정원 입구에서 몰래 살펴보라고 했다. 이튿날 여희는 신생을 불러 아양을 떨며 함께 정원을 거닐었지만, 신생은 다른 생각을 하지 않았고 대답도 하지 않았다.

여희가 자신의 머리에 미리 벌꿀을 바르고서 고의로 신생을 꿀벌들이 있는 곳으로 인도하자, 잠시 후에 많은 꿀벌들이 날아왔다. 여희가 구해달라고 하자 신생이 긴 옷소매로 벌들을 털어주었는데, 그녀가 살짝 피하며 갑자기 놀란 척 소리를 질렀다. 진헌공은 늙어서 눈이 흐릿했으나, 멀리서 그 광경을 보니 정말로 남자가 여자를 희롱하는 것 같았다.

헌공이 당장 그를 처형하려 했으나 여희가 통사정을 하여 그만두었지만, 어찌 되었건 헌공의 인상 속에 신생은 부도덕한 자로 남게 되었다. 그래서 나중에 여희가 신생을 모함하자, 헌공은 조금의 망설임도 없이 믿어버리게 된 것이다.

여희가 신생을 죽이자, 중이와 이오는 이런 흉악한 모략을 피해 황급히 도성을 빠져나와버렸다. 여희가 그들도 이 일에 참여했다고 모함하자, 헌공은 즉시 사람을 보내 아들들을 죽이려고 하였다.

중이를 죽이러 갔던 환관 발제勃鞮는 있는 힘을 다해서 중이를 따라잡았지만 그의 소매만 자를 수 있었고 중이는 필사적으로 도주하여 자신의 외조모 집인 적狄나라로 도망갔다. 공자 이오는 양梁나라로 도망쳤다.

얼마 후에 진헌공이 죽자, 태자인 해제가 즉위하였다. 그러나 대신 이극里克과 비정邳鄭이 11살인 해제를 죽였다. 그러자 대신 순식荀息이 헌공에게 은혜를 보답하기 위하여 탁자를 임금으로 세웠는데, 이극이 또 탁자와 순식을 죽였다. 여희가 심혈을 기울였던 일들이 모두 물거품이 되자, 그녀는 절망하여 자살하였다.

진헌공의 다섯 아들 중에서 세 명이 죽고 두 명이 도망치니, 진나라는 이끄는 사람이 없는 나라가 되었다. 진목공의 부인은 태자 신생의 여동생인데, 부모님의 나라가 멸망할까 봐 매일 진목공에게 진나라에 가서 빨리 새로운 임금을 세워주라고 재촉했다. 진목공은 꿍꿍이가 있어서 이오와 중이 중에서 누가 왕으로 적합한지 떠보려고 공자公子 집熱을 두 공자가 조문하는 장소로 보냈다.

공자 집은 먼저 적나라에 가서 중이를 위문하며 말했다.

"지금 진나라에는 임금이 없으니, 당신이 빨리 돌아가서 즉위를 해야 하오. 늦게 가면 이오에게 빼앗길 것이오."

중이는 눈물을 흘리며 말했다.

"아버지가 돌아가셨습니다. 자식 된 도리로 슬퍼할 여유가 없습니다. 어떻게 선조에게 부끄럽지 않을 수 있겠습니까?"

그는 진나라의 호의를 사절했다.

공자 집은 또 이오를 찾아갔는데 이오는 눈물을 흘리지도 않고 공자 집에게 말했다.

"저의 나라의 대신 이극과 비정이 저를 돕겠다고 했습니다. 일이 성사되면 그들에게 각각 전답 백만 묘畝와 70만 묘를 줄 것입니다. 귀국이 저를 도와주신다면 강 건너 다섯 개의 성으로 사례하겠습니다."

공자 집이 돌아가서 진목공에게 이런 상황을 설명하자 모두들 중이가 어질고 착하다고 생각했고, 이오를 임금으로 세우면 반드시 나라를 망칠 것이라고 생각했다. 그러나 제환공은 이오를 임금으로 세우기를 원했다. 그들 두 나라가 함께 병사를 일으켜 이오를 데리고 와서 즉위시켰으니, 바로 진혜공晉惠公이다.

이오는 과연 교활하고 잔인했다. 그는 먼저 대신 이극을 죽였고 또한 비정 등 10여 명을 죽였다. 내부를 안정시킨 이오는 중이가 국외에 있지만 결국 심복들의 환란이 생길 것이라 여기고는, 중이를 암살하려 했던 환관 발제를 다시 보내 그를 죽이게 하였다.

중이는 적나라에서 12년 동안 살았다. 진나라의 재능 있는 사람들도 그와 함께 적국으로 도망갔는데, 그 중에는 유명한 호모狐毛·호언狐偃·조쇠趙衰·서신胥臣·위주魏犨·호사고狐射姑·선진先軫·개자추介子推·전힐顚頡 등이 있었고, 그들은 대부분 적나라에서 결혼하여 아이들을 낳아서 오래도록 살고자 하였다.

허벅지 살로 만든 고깃국

하루는 호모와 호언이 진나라에서 대신으로 지내고 있는 아버지 호돌의 편지를 받았는데, 지난번 중이를 암살하려고 한 발제가 3일 안에 가서 중이를 죽일 것이라는 내용이었다. 중이가 그 말을 듣고서 황급히 하인에게 짐을 싸서 도망갈 준비를 하라고 명했다.

중이는 부인 계외季隗에게 말했다.

"25년이 지나도 내가 오지 않으면 재혼을 하시오."

계외가 대답했다.

"남자가 원대한 뜻을 품었으니, 어서 가세요. 저는 지금 25살이고, 다시 25년이 지나면 50세가 된 할머니이니, 재혼을 하고 싶어도 못 해요. 걱정할 필요 없으니 마음 놓고 가세요. 기다리고 있을게요."

중이가 막 떠나려고 하는데, 갑자기 발제가 하루 앞당겨 왔다는 보고가 들어왔다. 중이는 매우 놀라서 도망쳤는데, 짐을 맡은 사람들이 물건들을 가지고 도망간 사실을 알게 되었다. 빈털터리가 돼버린 중이 일행은 어쩔 수 없이 여기저기서 구걸을 하게 되었다.

그들은 제나라로 갈 준비를 했지만, 그곳에 가려면 반드시 위나라를 거쳐야 했다. 위나라의 왕은 자신이 어려움을 겪을 때 진나라가 도와주지 않아서 속으로 화가 나 있었고, 게다가 중이는 곤경에 빠진 왕자였으니 도와줄 필요가 없어서, 성문을 지키는 병사들에게 그가 성으로 들어오지 못하게 하라고 명했다. 중이 일행은 어쩔 수 없이 굶주림에 시달리며 성을 돌아가야 했다.

일행이 오록이란 지방을 지날 때, 김을 매던 농부들이 밭에 쪼그리고 앉아서 밥을 먹고 있었다. 그것을 본 중이는 호언을 불러 그들에게 가서 밥을 조금 얻어오라고 했다. 농민들은 하루 종일 굶었다고 말하는 그들에게 흙덩이 열 개를 뭉쳐주었다. 성격이 급한 한 장수가 말채찍으로 농부들을 때리려고 했지만 호언이 황급히 막아서며 말했다.

"백성들이 우리에게 흙을 주는 것은 우리가 앞으로 진나라로 돌아가 국토를 얻는다는 것을 상징하오. 이는 길조가 아니겠소!"

중이가 하도 배가 고파서 머리가 어지럽고 눈이 침침할 즈음, 개자추介子推가 고깃국을 한 그릇 가지고 왔다. 중이는 자초지종도 묻지 않고 허겁지겁 먹어버렸는데, 다 먹은 후에야 자신이 먹은 국이 개자추의 허벅지 살을 잘라 끓인 것임을 알게 되었다. 중이는 감격하여 어떻게 보답해야 할지 몰랐지만, 개자추는 중이가 귀국하여 국가의 위업을 세우길 바랄 뿐이라고 말했다.

중이 일행은 굶주림을 참아내며 제나라에 도착했고, 제환공은 그들을 열렬히 환영했다. 환공은 그들에게 20대의 수레, 80마리의 말과 많은 집을 주었고 편안하게 지내도록 배려해주었으며 자기 집안의 처녀를 중이에게 시집보내서 그들은 제나라에 살게 되었다.

그러나 제환공이 죽은 후, 환공의 다섯 아들들이 왕위 쟁탈전을 벌이자 제나라는 혼란에 빠졌다. 제나라는 패주의 지위를 이때부터 잃게 되었고, 결국 초나라에 귀속되었다. 중이 일행은 본래 제나라의 힘을 빌려 귀국하길 원했지만 희망이 없어지자 제나라를 떠나 다른 나라에 가서 방도를 찾고자 했다.

그러나 중이는 부인인 제강과 떨어질 생각을 하지 않았다. 그래서 중이의 부하들은 중이의 장래를 의심하고서, 사냥 나가는 기회를 틈타 중이를 속여 성 밖으로 강제로 데리고 가기로 했다.

이 말을 제강의 하인이 듣고서 제강에게 보고를 했다. 제강은 중이를 무척 사랑했으나 어쩔 수 없이 그를 보내줘야 한다는 것을 깨닫고 호언을 찾아가서 이 문제를 상의한 후 중이를 술에 취하게 해서 성 밖으로 데리고 가게 했다.

중이는 술이 깨었을 때 자신이 행진하고 있는 마차 위에 누워 있는 것을 발견하고서는 어찌된 일인지 알게 되었지만, 이렇게 된 이상 어쩔 수 없이 부하의 말을 들을 수밖에 없었다. 이렇게 하여 중이는 조曹나라에 오게 되었다.

조나라 왕은 그에게 하루를 묵게 했지만 태도가 매우 무례하였고 심지어 희롱까지 했다. 그런데 조나라 대부 희부기僖負羈는 중이의 수하에 인재들이 많은 것을 보고는 그가 앞으로 반드시 큰일을 하리라 생각하고서 암암리에 음식을 대접하고, 백옥을 선물했다.

중이 일행은 또 송나라에 갔는데, 송양공宋襄公은 패전한 상태이긴 했으나 중이를 열렬히 환영해주었다. 그는 중이 일행 모두에게 말과 수레를 주었지만, 중이가 귀국하는 데 도움을 줄 힘은 없었다.

얼마 후 그들은 초나라에 도착했다. 초성왕楚成王은 중이를 귀빈으로 대접했고, 중이도 초성왕을 매우 존경하여 둘은 친구가 되었다. 당시 초나라 대신 자옥子玉은 중이를 죽여서 후환을 없애려고 했지만, 초왕이 저지했다. 한번은 연회에서 초왕이 웃으며 말했다.

"공자께서 진나라에 돌아가시면 제게 어떤 보답을 할지 모르겠습니다."

중이가 대답했다.

"귀국에는 옥, 비단, 미녀가 많고, 유명한 상아와 진귀한 동물이 생산되어 진나라에까지 수출하는데, 이런 것들은 귀국에서는 흔한 물건들에 불과하니, 어찌 보답을 해야 할지 모르겠군요. 당신 덕분에 진나라에 돌아간 후, 만일 양국의 군대가 불행하게 서로 만난다면 제가 90리를 후퇴하겠습니다. 만약에 그때 당신의 양해를 구하지 못하면 저는 어쩔 수 없이 군대를 이끌고 당신 주위를 맴돌 것입니다."

초성왕이 이와 같이 중이를 대한 것은, 그가 당시 북방 영토를 넓히려고 했기 때문에, 곤경에 빠진 중이와 친분을 맺어놓으면 나중에 유리하리라고 생각했기 때문이다.

얼마 후 진목공은 중이에게 사람을 보내 진나라에 와서 즉위하길 바란다고 전했다. 본래 진秦나라에 여러 번이나 은혜를 입은 진혜공晉惠公은, 진목공이 당초에 허수아비 왕처럼 쉽게 농락하려고 세운 인물이었는데, 결과는 진목공이 원하는 대로 되지 않았다.

진혜공은 즉위한 지 얼마 되지 않아 군사를 일으켜 진秦나라를 공격했다. 그러나 진秦나라의 군대는 강해서 진晉나라를 격파했고, 진혜공을 포로로 사로잡았다. 나중에 진목공은 진혜공을 풀어주었지만, 그의 아들 공자 어圉를 인질로 삼았다.

진목공은 공자 어에게 잘 대해주었고, 자신의 딸을 그에게 시집보냈다. 후일 진秦나라가 양梁나라를 멸망시켰는데, 양나라는 공자 어의 외조부의 나라였다. 공자 어는 자신이 믿고 의지할 나라가 사라지자 부친이 중병에 걸렸을 때 진나라로 도망가 왕이 되었고, 진목공은 매우 화가 나서 중이를 귀국하게 하여 즉위시키기로 결정한 것이다.

진목공은 중이를 매우 중요시했고, 공자 어에게 시집보낸 딸을 중이에게 다시 시집보냈다.

당시 중국사회에서는 시아버지가 며느리를 취하고, 아들이 계모를 취하는 것이 흔한 일이어서 백부가 조카며느리를 취하는 것은 특이한 일도 아니었다. 게다가 중이 일행은 진秦나라와 친분을 맺으려 했으므로 혼사를 주도했다.

이미 즉위를 한 공자 어는 자신의 가장 큰 적은 유랑을 하고 있는 백부 중이라고 생각했다. 그래서 명령을 내려 중이와 수행원들에게 돌아오라는 편지를 쓰게 하면서 3개월이 지나도 오지 않으면 모두 죄를 물어 죽이겠다고 하였다. 호언 · 호모의 아버지인 호돌은 편지를 쓰려고 하지 않아 결국 살해되었다. 공자 어가 이 일로 대신들을 죽이자 인심이 흉흉해졌다. 진목공은 이런 상황을 알고서 매우 화가 났고, 또한 시기가 무르익었다고 생각하고 파병을 하여 중이의 귀국을 호위하도록 했다.

기원전 636년, 진나라의 대군은 진秦나라와 진晉나라의 국경인 황하에 도착했다. 강을 건널 때, 중이의 짐을 부리는 사람들은 과거 어려울 때 쓰던 물건들을 전부 배 위에 옮기려 했는데 중이가 이것을 보고서 그 물건들을 강물에 버리게 하였다.

호언이 이를 보자마자 무릎을 꿇으면서 말했다.

"지금 밖으로는 진나라 군인이 있고 안으로는 대신들이 있으니 우리가 마음을 놓고 있는 것입니다. 굳이 우리처럼 늙은 대신들을 데리고 돌아갈 필요가 없으니, 공자께서 방금 버리신 낡은 옷과 신발처럼 우리를 황하에 머무르게 하십시오!"

중이는 이 말을 듣고 놀라며 즉시 해진 옷과 신발, 그릇 등을 배 위로 옮기게 하였다. 그는 옥을 강에 버리며 강신江神에게 제를 지낸 후 "나 중이는 반드시 어렵고 배고플 때를 잊지 않고, 과거의 대신들을 잊지 않을 것이다”라며 맹세했다. 이렇게 호언 등의 인재들은 그를 따라 강을 건너게 되었다.

그는 황하를 건넌 후 몇 개의 성을 공격했는데, 공자 어는 이미 백성들에게 버림을 받았기 때문에, 진晉나라의 대신들은 저항하지 않고서 중이의 즉위를 환영하였으니, 그가 바로 진문공이다.

19년간 유랑하고 62세에 즉위한 진문공

진문공은 43세 때에 적狄나라로 도망갔고, 55세 때에는 제나라에 갔으며, 61세 때에 진秦나라에 가서 62세가 되어서야 즉위를 하게 되었다. 그는 국외에서 19년 동안 유랑했고, 잠시 안정된 생활을 하긴 했으나 전체적으로 말하자면 남에게 얹혀 살거나 몰락하여 유랑하는 나날을 보냈다.

그는 이 과정에서 세력을 잃었을 때는 세상 사람들에게 버림 받고 득세하였을 때는 너도나도 순종하는 세태를 수없이 겪었고 온갖 고초를 실컷 맛보았으며 정치적 변화와 세상에 대한 견문을 넓히게 되었다. 그러나 이 덕분에 여러 방면의 재능을 갖춘 성숙한 정치가가 될 수 있었다. 진나라는 20여 년 동안의 어려움을 겪고 나서 사회가 안정되었다. 진헌공의 다섯 아들 중에서 살아남은 이는 중이 하나였는데, 그가 이제 명성까지 얻게 되었으니 그가 즉위하는 것은 당연한 일이었다.

중이가 즉위한 후 처음 한 일은 인심을 안정시키는 것이었다. 그는 혜공惠公, 회공懷公 때의 반역자들을 소탕한 후, 지난 일은 추궁하지 않겠다고 공언했지만, 원래부터 혜공과 회공을 지지한 대신들은 여전히 이를 믿지 못했고 밖으로는 유언비어가 성행했다.

그가 이 일을 근심하고 있을 때, 자신의 짐을 몰래 가지고 도망갔던 집사 두수頭須가 돌아와서 알현을 했다. 진문공은 당연히 화가 나서 그에게 욕을 했지만, 두수는 태연하게 말했다.

“저 같은 놈이 와서 왕을 뵙는 것은 생각이 있어서입니다. 항간에는 왕께서 예전의 죄인들을 사면하지 않을 것이라는 소문이 파다합니다. 만약 왕께서 저를 마부로 쓰시고 길에 나가 몇 바퀴 도시면, 모두들 왕을 속인 저 같은 사람조차도 용서를 한 것이라 여길 겁니다.”

진문공이 그의 말대로 하자, 과연 유언비어가 없어지고 인심이 안정되었다.

진문공이 한 두 번째 일은 공신들을 봉하는 것이었다. 그는 자신과 함께 도망다녔던 대신들에게 공로를 표하고 상을 주었다. 유일하게 개자추는 살을 도려내어 고깃국을 만들어준 공로를 말하지 않아서 진문공은 그에게 상 주는 것을 잊었다. 그러나 개자추는 서운해하지 않고 노모와 함께 개산介山으로 들어가 은거했다.

진문공이 한 세 번째 일은 주나라 왕실을 안정시키는 것이었다. 원래 진문공이 정권을 잡은 그해 겨울, 주나라 왕실에 내란이 일어났다. 왕자 대帶는 주양왕의 처 외후隗后와 내통을 한 것이 발각되자 적나라로 도망간 후 그 나라 사람들과 결탁하여 주양왕을 낙읍洛邑으로 몰아내고 자기가 왕이 되었다.

진문공은 진나라 군대를 이끌고 가서 적나라 사람들을 몰아내고, 왕자 대를 죽인 후 주양왕을 맞아들였다. 이로써 진문공은 제후들에게 위신을 세웠으며 또한 천자가 되어 제후들에게 명령을 내릴 수 있게 되었다.

이어서 진문공이 하려 한 일은 제후들을 제패하는 것이었다. 그는 먼저 군대의 편제를 바꾸고, 군사와 정치를 일치시키는 제도를 실시하였으며, 법제에 따르는 군의 선례를 만들었다. 그는 이후 강대한 초나라와 자웅을 겨루려고 했다.

진문공은 먼저 송나라와 연맹을 맺고 초나라의 연맹국인 조나라를 공격하였으며, 제나라, 위나라, 노나라와 친교를 맺어 초나라를 고립시켰다. 진문공은 이런 전략으로 자신에게 은혜를 베풀어준 사람들에게 후한 보답을 했고, 자신에게 모욕을 준 사람들에게는 대가를 치르게 했다. 이것이 바로 구환보시救患報施이다.

이제 나를 방해할 자가 없구나

이제 초나라와 진나라 사이의 전쟁은 피할 수 없는 일이 되었다. 당시 초나라 군대는 대장 자옥子玉이 통솔하고 있었는데 무척 기세가 드높아서, 진나라 군대가 전쟁에서 이긴다고 장담하기 힘든 상황이었다.

근심에 싸인 진문공은 신중하게 움직였다. 그는 초나라 군대의 기세가 매우 드세자, 진나라 군대에게 3사舍를 퇴각하라고 명했다. 당시 매일 30리씩 행군하는 것을 1사라고 했으니, 3사를 퇴각하라는 것은 90리를 물러나는 것이었다. 진나라 군사는 이 명령을 이해하지 못했지만, 호언은 사람을 시켜 진문공이 초왕에게 은혜를 갚아 예전의 약속을 지키기 위한 것이라고 군사들에게 선전하게 했다.

그러나 실제로 이것은 상대를 자극하여 분발하게 하는 방법으로 진나라 군대의 사기를 격려하는 것이었고, 진문공의 명망을 세우는 것이기도 했다.

병법의 측면에서 보면 진나라 군대는 퇴각한 후 초나라 군대를 지치게 하여 예봉을 꺾는 전술을 구사했다. 진문공의 '3사 후퇴'는 전진을 위한 일보 후퇴였으며, 실제로 일거양득의 훌륭한 전략이다. 초나라 군대는 진나라 군대가 전쟁이 두려워 후퇴하는 줄로 알고 성복城濮까지 쫓아갔다.

진晉나라 군대는 이미 진秦, 제 등의 군사대국이 지지하고 있어서 유비무환이라고 할 수 있었다. 게다가 교묘하고 민첩한 전술을 운용하여 먼저 적군을 깊은 곳까지 유인한 후 세력이 비교적 약한 좌우의 부대를 공격하여 무너뜨리니, 이것이 진나라가 승리하고 초나라가 패한 성복전쟁이었다.

초군이 패한 후 자옥은 스스로 목숨을 끊었다. 진문공이 이 소식을 듣고서 마음이 홀가분해져 안도의 한숨을 쉬더니 "나를 방해할 자가 없구나"라고 했다. 이때부터 진문공의 자리가 확고해졌다.

부드러움의 목적은 이기는 데 있다

진나라가 어려움을 극복하는 과정을 보면, 확실히 사람들에게 깊이 생각하게 만드는 것이 많다. 중이가 구사한 두 차례의, 진격을 위한 일보후퇴는 바로 이 역사적인 시기의 정확한 선택이었다. 진나라의 장기적인 혼란은, 진문공에게 권력을 장악하고 패권을 쥐게 하는 조건과 함께 19년 동안 정치 경험을 쌓고 패업을 이룰 수 있는 기반을 만들어주었다. 진문공이 패권을 잡은 것은 결코 우연한 현상이 아니라 여러 요소들이 쌓인 결과다.

중국인들은 부드러움으로 강함을 이기는 처세술과 공격을 위한 일보 후퇴의 전략을 존중해왔다. 객관적인 조건이 성숙되지 않은 상황에서 무모하게 움직인다면 거칠고 경솔한 행동을 일삼게 되어 결과적으로 사서 고생하는 꼴이 된다. 객관적인 사실을 냉정하게 살피고 나서 적절한 책략을 선택한다면 힘을 저축할 수 있는 기회를 갖게 돼 아주 좋은 효과를 얻을 수 있다.

당연히 '부드러움으로 강함을 이기는 것'의 목적은 이기는 데 있는 것이지 부드러운 데 있는 것이 아니다. '공격을 위한 일보 후퇴'의 목적은 공격이지 후퇴가 아니다. 만약 부드러움과 후퇴만을 말한다면, 그것은 도피나 패배주의로 변하게 된다.

중이가 유랑을 하면서도 줄곧 기회를 노리고 성복의 전쟁에서 후퇴하는 방식으로 사병들을 격려하고 여론을 조성하여 적군을 나태하게 한 것은 어려운 상황을 극복하고 승리를 얻기 위한 전술이었다. "지금 그 사람은 없지만 오래도록 사랑은 남는다"는 말처럼, 영웅은 이미 고인이 되었지만 공격을 위한 일보 후퇴의 전술은 사멸한 적이 없었고 지금도 여전히 널리 응용되고 있는 것이다.

6 사지에서 살아 나오는 법

용기는 있지만 권모술수가 없는 사람은 전사일 뿐이고,
권모술수는 있지만 용기가 없는 현인은 책략가일 뿐이다.

'배수진'背水陣, '사지死地에 들어가 살아난다'는 말은 중국의 전통 군사학에서 나온 말이다. 이러한 방법들을 쓰면, 때로 큰 효과를 볼 수가 있었다. 그러나 스스로 퇴로를 끊어버리는 전술은 앞뒤가 정말 분명한 상황에서 실행해야 한다. 언제나 그렇게 한다면 스스로 사지로 들어가 죽게 될 것이다.

중국의 전통적인 정치술에는 '배수진', '사지에 들어간다'라는 개념이 없다. 만약 그렇게 한다면 '사지로 들어가 정말 죽게' 되어 살 길이 없는 것이다. 반대로 중국의 전통적인 정치가들은, 성공을 거두지 못했으면 먼저 패배를 인정하고, 공격을 할 수 없다면 먼저 퇴로를 만들고 일보 후퇴하여 세 번 뒤를 돌아보라고 말했다.

전쟁의 전술과 정치의 책략이 이렇게 다른 것은 왜일까? 그 이유는 군주 집권제도의 성격 때문이다. 국가는 황제의 것이었고 대신이나 장군들은 황제의 집사나 정원을 지키는 병졸에 지나지 않았다. 만약 공로가 큰데도 황제가 상을 주지 않는다면, 매우 위험한 일이라고 할 수 있다. 왜냐하면 황제는 결코 자신의 집을 넘겨주지 않을 것이고 반드시 구실을 찾아 공신들을 제거하려 하기 때문이다. 이것이 소위 공고진주功高震主라고 하는 것이다. 공신의 공이 크면 군주를 뒤흔든다는 뜻이다.

만약 공신의 권력이 커지게 되면 황제가 그를 통제하기 어려워져 권력에 위협이 되므로, 공신은 작게는 좌천되는 것에서부터 크게는 온 집안이 망하게 되기도 한다. 이것이 소위 권대압주權大壓主다. 권력이 크면 왕을 누른다는 뜻이다.

만약 공신의 재능이 많아 뛰어나다면 겸손이란 것을 모르는 황제는 자신이 체통을 잃거나 품위가 없어 보이게 되므로 수단과 방법을 가리지 않고 구실을 찾아 공신을 좌천시킬 것이다. 이러한 상황의 결과는 위의 두 결과보다는 나은데, 이것이 바로 재대기주才大欺主라는 것이다. 재주가 뛰어나면 왕을 업신여긴다는 뜻이다.

이 세 가지는 신하가 지켜야 할 금기이다. 이치는 간단하다. 3대 금기를 범하게 되면, 황제는 결국 자신의 집을 주지 않을 것이므로 위험에 빠지게 된다. 중국의 전통 정치가들은 이런 점을 간파하고서, 무턱대고 나서질 않았고 또한 자신의 퇴로를 남겨두었다.

퇴로를 남겨두는 방법은 여러 가지가 있다. 중국 역사에는 퇴로를 교묘하게 잘 남겨둔 정치가들이 종종 높은 관직을 얻어 자신의 정치적 입지를 안정시킨 적이 있다. 이러한 교활함에는 사실 깊은 뜻이 있다.

퇴로를 만들어 살아남으라

뛰어난 재능과 세상을 구할 책략을 갖춘 관중은 백년에 한번 나올까말까 한 군주 제환공을 만나 재능을 펼쳤다고 할 수 있다. 관중은 내정과 외교, 군사력을 혼자서 장악하지 못했기 때문에 오히려 유종의 미를 거둘 수 있었다. 그렇지 않았으면 개혁과 환공의 "아홉 제후를 합쳐 천하를 다스리는" 사업에 도움을 주지 못했을 뿐만 아니라 일찌감치 참수를 당했을 것이다.

제환공 또한 어리석지 않았다는 것을 역사는 분명히 밝히고 있다. 제환공은 관중을 매우 신뢰했다. 어느 날, 그는 조정에서 대신들에게 말했다.

"나는 관중을 나의 두 번째 아버지인 중부仲父로 세우려 하는데, 대신들의 생각은 어떠한지 모르겠소. 지금 결정을 합시다. 내가 관중을 중부로 추대하는 것에 찬성하는 사람은 들어와서 왼쪽으로 가고, 반대하는 사람은 오른쪽으로 가시오."

그의 말이 끝나자, 대신들은 들어와서 좌우로 각각 나뉘어 섰는데, 유일하게 동곽아東郭牙만이 왼쪽으로도 오른쪽으로도 가지 못하더니 결국 정중앙에 섰다.

환공이 이상하게 생각하고는 동곽아에게 물었다.

"그대는 왜 중간에 서 있소? 설마 내 말을 못 들은 것은 아니겠지?"

동곽아가 물었다.

"관중의 재능으로 천하의 대사를 꾀할 수 있습니까?"

"당연하지."

동곽아가 다시 물었다.

"관중의 결단력으로 대사를 치를 수 있다는 것입니까?"

"당연히 할 수 있지."

그러자 동곽아가 말했다.

"그럼 좋습니다. 관중의 지혜와 결단력이 천하의 대사를 이루는 데 충분하여 왕께서 지금 국가의 대권을 그에게 넘겨주려 하시는데, 만약 그가 자신의 지혜와 계략을 이용하여 왕의 위세로 제나라를 다스린다면, 정권이 위험해지지 않겠습니까?"

제환공은 듣고서 몸이 오싹할 정도로 놀라며 그의 의견에 일리가 있다고 생각했다. 그래서 관중을 중부로 세우지 않고, 모든 대권을 그에게 넘겨주지도 않았으며, 습붕隰朋에게 내정을 맡기고, 관중에게는 외교를 맡게 하여 권력을 공존하게 하였다.

전국시대 때, 자신을 위한 퇴로를 가장 잘 만든 사람은 제나라의 재상인 전문田文, 즉 맹상군이며, 주인을 위해 퇴로를 가장 잘 꾀한 사람은 맹상군의 문객인 풍훤馮諼(풍환)이라 할 수 있다.

제나라 맹상군은 천하의 인재들을 모아 명성과
세력을 얻었다. 제나라와 위나라에서 재상을 지
냈고, 이후 자립하여 제후가 되었다.

전국시대에는 앞 다투어 문객을 두는 것이 권력자들의 풍조였다. 재능
이 뛰어난 사람들은 항상 유명한 귀족에게 의탁하여 그의 문하에서 기식
하였다. 이런 식객을 둔 권세가들은 그들에 의지하여 자신의 명성과 지
위를 향상시켰고 세력을 공고히 하였으며 위급한 재난이 있을 때는 도움
을 받았다. 그들이 문객들을 거두고는 각자 다른 상황에서 뛰어난 책략
과 기발한 생각들을 내놓게 했던 풍토는 오늘날까지도 중요한 연구과제
이다.

천하의 선비들을 이끈 맹상군

전국시대에 선비를 식객으로 둔 귀족들 가운데 가장 유명한 사람은
'전국 사공자'戰國四公子 다. 이들은 제나라의 맹상군, 위나라의 신릉군, 초
나라의 춘신군, 월나라의 평원군이다. 그들은 많은 식객을 부양하여, 어
떤 때는 그 수가 3천여 명에 달하기도 해서 식객삼천食客三千이란 칭호를
얻기도 했다. 이들의 문하에는 각양각색의 사람들이 있었으며, 온갖 학
술 분야의 사람들이 재능을 펼 준비를 하고 있었다. 게다가 사공자는 문

객들을 형제처럼 생각하며 솔직하고 성실하게 대했기 때문에 문객들도 충성을 바쳤다.

한번은 맹상군이 자신의 봉지인 설薛에서 문객들과 함께 식사를 했는데 사람들의 수가 너무 많았다. 비용이 충분하지 못하여 음식이 그리 정성스럽지 못했다. 형편없는 음식을 먹던 어느 문객이, 맛있게 식사하는 맹상군을 보고는 그가 혼자서 맛있는 것을 먹는다고 생각하고 화를 내며 말했다.

"우리는 맹상군이 천하에서 제일 어진 사람이라고 생각했는데, 밥 먹는 것조차 불평등할 거라고는 생각 못했습니다. 우리 그만 일어납시다!"

그러고는 밥그릇을 놓고 자리에서 일어나려고 했다.

맹상군은 다른 사람과 똑같은 자신의 밥그릇을 그에게 보여주었다. 그 문객은 너무 부끄러워서 칼을 뽑아 자살했다. 이때부터 맹상군의 명성은 더욱 커져서 천하의 어진 선비들이 그에게 모여들었다.

맹상군은 문객들과 이야기를 나눌 때 항상 서기를 뒤에 두었다. 문객들이 가정 형편을 이야기할 때마다 서기는 그것을 기록하였고, 이야기가 끝나면 맹상군은 사람을 시켜 문객들의 가족에게 많은 선물을 보냈다. 맹상군은 사람을 끌어모으는 넓은 도량과 인정이 있어서, 귀천에 상관없이 먹고 입고 쓰는 것들을 자신과 같게 했다. 이 때문에 그는 '천하의 선비들을 이끌 수 있는' 사람이 되었다.

맹상군의 명성이 날로 커지자, 진秦나라 소양왕조차도 그를 부러워하며 한편으로는 두려워하기까지 했다. 하루는 진왕이 대부 향수向壽와 이 일을 의논하면서 맹상군을 진나라에 초빙하도록 했다.

향수가 대답했다.

"이 일은 어렵지 않습니다. 만약 왕께서 아들이나 동생을 제나라에 보내 맡겨놓으시면, 맹상군이 오지 않을 수 없을 것입니다. 왕께서 맹상군을 진나라의 승상이 되게 하시면, 제나라에서는 분명히 왕의 아들이나 동생을 승상이 되게 할 것입니다. 그때 진나라와 제나라가 연합하면 제후들을 쉽게 정벌할 수 있을 것입니다."

진왕은 향수의 말을 듣고서 자신의 동생 경양군涇襄君을 제나라에 보냈는데, 얼마 지나지 않아 경양군과 맹상군은 서로 늦게 만난 것을 원망할 정도로 절친한 친구가 되었다. 맹상군이 진나라에 가려 하자 문객들 대부분이 이는 천하의 패권을 쥐려는 진나라의 함정에 빠지는 일이라고 반대했으나, 그는 충고를 듣지 않았다.

얼마 후 소진이 밖에서 돌아와 맹상군을 알현하며 말했다.

"오늘 아침 밖에서 돌아오는데, 토우인土偶人(흙인형)과 목우인木偶人(나무인형)이 서로 싸우는 소리를 들었습니다.

목우인이 토우인에게 '하늘에서 비가 내리면 너는 젖어 부숴져서 진흙이 될 거야'라고 하자, 토우인이 목우인에게 '나는 원래 흙으로 만들어졌어. 내가 흙으로 돌아가는 것은 고향에 가는 것이지만, 너는 나무로 만들어져서 비가 내리면 물에 쓸려 내려가 어디로 갈지 모를 거야'라고 했습니다.

지금 진나라는 여섯 나라를 병합하려고 혈안이 되어 있습니다. 공께서 진나라에 가서 돌아오지 못하면, 토우인에게 조롱을 당한 목우인처럼 되는 것이 아니겠습니까?"

맹상군은 소진의 말을 듣고서 소름끼칠 정도로 놀라 진나라에 가지 않았다. 얼마 뒤 제환공이 죽고 그의 아들이 즉위하였다. 새로운 왕은 진나라를 매우 두려워했기 때문에 맹상군에게 진나라로 갈 것을 재촉했고, 결국 맹상군은 길을 떠났다. 제왕은 이렇게 된 바에야 진왕과 외교를 잘했다고 여기고 인질을 붙잡아 둘 필요가 없다고 생각하여 경양군을 진나라로 돌려보냈다.

도적 덕분에 목숨을 구하다

진나라에 도착한 맹상군은 진왕의 열렬한 환영을 받았다. 맹상군도 귀한 여우가죽으로 만든 옷을 진왕에게 선물로 주었다. 진왕은 맹상군을 승상으로 세우려 했지만, 대신들이 반대했다. 저리질樗里疾이 말을 꺼냈다.

"맹상군은 제나라의 귀족이니 승상이 되면 진나라를 생각하기보다는 제나라를 위한 계획을 먼저 세울 것입니다. 그의 수하에는 사람도 많고 명성도 높으니 실권을 장악한다면 진나라가 위험해지지 않겠습니까?"

진왕은 어쩔 수 없이 그를 보내고 싶었지만, 그가 진나라의 내부 상황을 다 알게 되어 진나라가 불리해질 것을 걱정했다. 그렇다고 그를 죽일 수도 없어 할 수 없이 연금시켰다. 맹상군은 경양군과 사이가 좋았기 때문에 그를 불러 방법을 모색하였다. 경양군은 앞으로 왕위에 올라 각국과 연합하기 위해서라도 맹상군에게 소홀히 할 수 없었다.

그는 진왕이 가장 총애하던 연희를 찾아가, 진왕에게 권하여 맹상군을 풀어주도록 해달라고 부탁했다. 연희는 맹상군이 진왕에게 준 여우가죽 옷을 본 후 매우 탐내고 있었기에 사례로 그것을 원했다. 그러나 여우가죽 옷은 단 한 벌이었기에 맹상군은 손쓸 길이 없었다. 그의 문객 중에 개 울음소리를 잘 내는 사람이 있었는데, 남의 물건을 훔치는 데도 능했다. 그가 용감히 나서서 여우가죽 옷을 가져오겠다고 했다. 그는 먼저 창고지기와 친해진 뒤, 벽에 구멍을 뚫고 창고 속으로 들어가서 옷을 훔쳐올 생각이었다. 그는 구멍을 뚫을 때 소리가 나면 개 짖는 소리를 내며 주위를 속였고, 결국 여우가죽 옷을 훔쳐내어 연희에게 주었다.

연희의 재촉으로 진왕은 결국 맹상군을 풀어주고 귀국하도록 했다. 맹상군 일행은 '그물을 빠져나온 고기'처럼, 진왕의 생각이 바뀔 것을 두려워하며 함곡관으로 사력을 다해 도망쳤다.

그러나 함곡관의 관문은 굳게 닫혀 있었다. 새벽에 닭이 울어야 문을 열었기 때문에 맹상군 일행은 입구에서 기다려야만 했다. 그러나 한밤중에도 닭 울음소리가 나기만 하면 문은 열렸다. 그래서 문객 가운데 닭 울음소리를 잘 내는 사람이 닭 울음소리를 내자 함곡관 내부와 외부의 닭들이 따라서 울었다. 문지기는 날이 밝은 줄 알고 문을 열었다. 또한 문객 중에 문서를 잘 변조하는 자가 있어서 서류상의 이름을 변조해 건네주고는 함곡관을 빠져나가 도망쳤다.

진왕은 맹상군을 풀어준 것을 후회하고, 즉시 병사들을 보내 함곡관으로 쫓아가게 하였다. 함곡관 입구에 도착한 병사들은 문이 열려 있는 것을 보고서, 문서를 조사하였지만 문서에는 맹상군 등의 이름이 없었다. 병사들은 그들이 아직 도착하지 못했다고 생각하고서 마냥 기다렸다. 그들은 맹상군이 이미 진나라를 벗어나 국경을 넘었다는 사실을 나중에 알고는 더 이상 쫓아가지 못했다. 이것이 닭의 울음소리와 개 흉내를 낸다는 뜻을 지닌 그 유명한 계명구도鷄鳴狗盜 고사다.

'의'를 사 온 풍훤

맹상군이 제나라로 도망쳐 오자 제왕은 매우 기뻐했고, 그를 재상으로 세웠다. 맹상군이 실권을 장악하자 문객들도 점점 더 많아졌는데 그 수가 너무 많아 다 먹여 살릴 수가 없게 되자, 그는 어쩔 수 없이 등급을 세 가지로 나누었다. 1등급은 생선과 육류로 된 식사를 제공받고, 외출할 때 마차를 탈 수 있었다. 2등급은 생선과 육류를 제공받았지만, 마차는 탈 수 없었다. 3등급은 마차는 물론 제공되지 않았고, 음식도 변변치 않았다.

3등급의 문객 중 풍훤이라는 사람이 있었다. 그는 식객으로 온 지 며칠 되지도 않았는데 대우가 형편없다고 항상 불평을 하고는 칼집을 두드리며 노래를 불렀다.

"나의 칼아, 돌아가자. 우리는 고기가 없는 식사를 해야 한다!"

맹상군이 이를 알고서 그를 2등급의 문객으로 올렸다. 며칠 지나지 않아서 그는 또 칼을 두드리며 노래를 부르기 시작했다.

"칼아, 우리 돌아가자. 밖으로 나갈 때 마차가 없구나!"

맹상군이 알고서 그를 1등급의 문객으로 올렸다. 모두들 더 이상 그가 노래를 부르지 않을 것이라 여겼지만, 그는 또 노래를 부르며 고향의 노모를 부양할 사람이 없다고 불평했다. 맹상군은 사람을 보내 그의 부모에게 음식과 생활용품을 줘서 사는 데 어려움이 없도록 해주었다. 그러자 풍훤은 더 이상 칼을 두드리며 노래를 부르지 않았다.

얼마 후 맹상군이 설薛 땅에 가서 세금을 거두어들일 사람을 찾고 있었는데, 마침 풍훤이 생각났다. 맹상군은 풍훤을 불러 물었다.

"선생은 무엇을 할 줄 아오?"

풍훤은 그가 세금을 거두어 오게 하려는 것을 알고서 "장부정리를 할 줄 압니다"라고 대답하고는 "수금을 하고 나서 무엇을 사올까요?"하고 물었다. 맹상군은 그가 건방지다고 여겨 말을 내뱉었다.

"선생이 집에 무엇이 부족한지 알아서 사오시오!"

맹상군의 3천 명의 식객들은 설 땅의 세금으로 부양되고 있었다. 그래서 백성들의 부담이 매우 컸다. 풍훤이 그곳에 도착하자 빚을 진 백성들은 감히 밖에 나오지 못했다. 그래서 그는 술과 고기를 사서 백성들을 초대하고 채무자들을 모두 찾아냈다. 그는 채권을 모아 상세히 조사한 후, 상환을 할 수 있는 것과 없는 것 두 가지로 나누고 나서 말했다.

"맹상군은 백성을 자식처럼 사랑하는데, 어떻게 여러분에게 고리대금을 할 수 있겠습니까? 이번 기회를 빌어서 여러분들을 도우려 할 뿐입니다. 맹상군께서 이번에 저를 파견한 것은 여러분을 위로하기 위해서입니다. 갚을 능력이 있는 사람은 천천히 갚고, 갚을 능력이 없는 사람은 지금 채권을 태워버릴 것이니, 영원히 갚을 필요가 없습니다."

말을 마친 그는 거둬들인 채무증서를 태워버렸다. 설 땅의 백성들은 감격하여 눈물을 흘렸고, 이때부터 충성을 다하여 맹상군을 따랐다.

맹상군은 풍훤이 빈손으로 돌아온 것을 보고는 비꼬았다.

"선생은 나를 대신해 무엇을 사오셨소?"

풍훤은 침착하게 대답했다.

"공께서는 제게 집안에 무엇이 부족한지 보고 사오라고 하셨습니다. 제가 보기에 집안에는 부족한 것이 없지만, 단지 '의'義가 부족하여 공을 대신하여 '의'를 사왔습니다."

이어서 맹상군에게 경과를 보고하며 말했다.

"갚을 수 있는 빚은 자연히 갚게 되는 것이고, 갚을 수 없는 빚은 사람들을 괴롭히고 그들을 도망가게 할 뿐입니다. 공께서는 어떻게 하시겠습니까?"

이에 맹상군은 아무 말도 하지 못했다. 맹상군의 명성은 날로 커졌고, 이를 본 진왕은 매우 화가 나서 사람을 보내 헛소문을 퍼뜨리게 했다.

"천하에 맹상군만 알고 제왕이 있는지는 모르니, 맹상군이 곧 나라의 왕이 될 것이다."

그는 또 초나라의 회왕懷王이 죽은 사건을 이용하여 초나라와 연락을 취하고서, 맹상군이 즉위하면 반드시 초나라를 먼저 공격할 것이라는 헛소문을 퍼뜨렸다. 그래서 초나라 도처에서 맹상군을 험담하는 소리가 들렸다. 제왕은 매우 우둔하여 이런 헛소문을 듣고서 맹상군을 의심하게 되어, 그를 재상에서 물러나게 했다.

이것이 소위 세상의 인심은 항상 변하게 마련이라는 뜻의 '인정냉난' 人情冷暖과 세력이 있고 돈이 많을 때는 아첨하고 빌붙다가 세력과 돈이 없어지면 냉담해진다는 뜻의 '세태염량' 世態炎涼이라는 것이다. 맹상군이 득세하였을 때는 그야말로 식객들이 문전성시였다가, 그가 어려움에 처하자 모두 그를 떠났다. 단지 풍훤만이 맹상군을 그림자처럼 따랐고, 그를 위해 마차를 끌고 설 땅으로 갔다.

교활한 토끼는 세 개의 굴을 파놓는다

백성들은 맹상군이 왔다는 소리를 듣고서 음식을 들고 술과 안주를 가지고 나와 길 양쪽에 서서 환영해주었다. 맹상군은 크게 감동했다.

"이것이 바로 선생이 사온 정의情義군요. 내게는 결국 거처할 곳이 생긴 셈입니다!"

그러나 풍훤은 조용히 대답했다.

"이것은 아무것도 아닙니다. 교활한 토끼는 세 개의 굴을 파놓는다는 '교토삼굴'狡兎三窟이란 속담이 있습니다. 공께서 지금 거처할 곳이 한 곳뿐이지만 아직 많이 부족합니다. 저에게 마차를 주시면 진나라에 가서 진왕에게 공을 중용하도록 유세를 하겠습니다. 그렇게 되면 공의 봉지 설薛, 제나라의 도성인 임치臨淄, 진나라의 도성인 함양咸陽 모두가 공께서 거처할 곳이 되는 것입니다. 그러면 공께서는 몸을 숨겨 피할 곳이 많아지는 것입니다."

풍훤은 진나라의 함양에 가서 진왕에게 말했다.

"지금 천하에 재능이 있는 사람이 제나라가 아닌 진나라에 의탁을 하려는 것처럼, 인재가 많은 나라가 강해지는 것입니다. 이제 천하를 제나라가 아닌 진나라가 얻었다는 것을 알 수 있습니다. 제나라가 오늘날처럼 된 것은 맹상군을 믿지 않았기 때문이니 이것이 치국의 방법으로 적합한 것이겠습니까?

제나라 왕은 헛소문만을 믿었고 자기보다 현명하고 능력 있는 사람을 시기하였으며 또한 도량이 적어서, 결국 맹상군의 재상 지위를 박탈하였습니다. 왕께서 제왕을 원망하고 있는 맹상군을 진나라에 오도록 하여 예로써 잘 대한다면, 맹상군은 분명히 진나라를 위해 자신의 능력을 발휘할 것입니다. 왕께서 주저하시고 결정을 내리지 못한다면, 제왕이 후회하고 맹상군을 다시 기용할 것입니다. 그렇게 된다면 후회하셔도 늦을 것입니다."

진왕은 마침 천하의 인재를 찾고 있었는데, 풍훤의 이 말을 듣고서 맹상군을 초빙하였다. 이때 저리질은 이미 죽어서 맹상군을 임용하는 것을 반대하는 사람이 없었다. 그래서 진왕은 사자를 파견하여, 10대의 마차와 황금 100근을 가지고 승상을 맞이하는 의식으로 맹상군을 맞아들이도록 하였다.

풍훤은 즉시 제나라로 돌아갔고, 맹상군에게 이 사실을 보고한 뒤 임치로 달려가 제왕을 알현했다. 그는 제왕에게 말했다.

"인재는 제나라와 진나라 양국이 패권을 차지하는 관건입니다. 인재를 얻는 사람이 천하를 통치하여 제후국을 차지할 수 있을 것입니다. 제가 임치로 오는 길에 진왕이 이미 몰래 사람을 보내 10대의 마차와 황금 100근을 가지고 맹상군을 진나라의 승상으로 맞이할 것이란 말을 들었습니다. 정말 그렇게 된다면 제나라는 위험에 처할 것입니다."

제왕이 듣자마자 걱정이 되어 풍훤에게 어떻게 해야 할지를 물었다.

풍훤은 이렇게 말했다.

"대왕께서 맹상군에게 재상 직위를 회복시켜주고 많은 땅과 재물을 상으로 내리신다면, 맹상군은 감격하여 진나라로 가지 않을 것입니다. 설사 진나라에서 맞이한다 해도, 서둘러서 재상의 자리에 앉힐 수 있겠습니까? 대왕께서 주저하며 결정하신다면 이미 늦게 되는 것입니다."

제왕은 풍훤을 믿지 못하여 사람을 보내 알아보게 하였다. 제왕의 사자는 마침 진나라의 마차가 맞은편에서 오는 것을 보고 밤새 말을 달려 임치로 돌아가 제왕에게 상황을 보고하였다. 제왕은 보고를 듣고서 당황하여 즉시 맹상군의 재상 직위를 회복시키고 천 호千戶의 토지를 상으로 내린 후 그에게 도성에 와서 살라고 명했다. 진왕의 마차와 사자가 설 땅에 도착하였지만 이미 제왕의 명령을 받은 자들이 도착한 것을 보고는 자신들이 서두르지 않아서 한발 늦은 것을 원망했다.

풍훤의 삼굴三窟 정치 덕분에 맹상군은 걱정 없이 잘 지낼 수 있게 되었다. 제나라가 원하지 않으면 진나라에 가면 되고, 진나라가 원하지 않으면 적어도 설 땅에 가서 몸을 숨기면 되었다.

맹상군이 자신의 능력을 국가를 위해 어떻게 발휘할 수 있었는지에 관한 것은 부차적인 문제다. 관건은 맹상군이 자신은 왕이 되고 싶어 하지 않는다는 것을 제왕이 확실히 알게 했다는 점이다. 제왕이 맹상군을 더 이상 의심하지 않자, 맹상군의 정치여정에 잠재하고 있던 위험도 없어지게 되었고 그는 인재를 잘 쓰는 대표적인 인물이 되었다.

사실 이것은 맹상군이 제나라에서 벼슬자리를 확보하기 위해 술수를 쓴 것에 지나지 않는다. 정말로 그를 진나라에 가게 하였다면, 그는 원하지 않았을 것이다. '타향을 고향으로 여기라'는 말은 쉽게 받아들일 수 없는 것이고, 그는 결국 진나라 사람들의 신임을 못 얻게 되었을 것이다. 세 개의 굴을 파서 재난을 피하는 맹상군의 정치경영술에서 제일 오묘한 것은 그가 진나라 사람들의 반대를 이용하여 재상의 권력을 다시 얻고 또한 정치적인 입지를 굳힌 것이었다.

자신만을 위해 퇴로를 준비하는 것은 질이 낮은 권모술수에 속한다. 군사적인 전술에서 쓰는 배수진과 정치적인 권모술수에서 쓰는 천 갈래의 퇴로는 다른 것이다. 군사작전은 용맹으로 승리하고, 정치경영은 권모술수로 승리한다는 특징이 있다. 용기는 있지만 권모술수가 없는 사람은 전사일 뿐이고, 권모술수는 있지만 용기가 없는 현인은 책략가일 뿐이다.

이처럼 중국 역사에 나타난 기묘하지만 자연스러운 현상에서 우리는 한 가지 결론을 내릴 수 있다. 중국의 전통 정치는 권모술수의 부산물이며 각종 정치적 신념이나 강령을 나타내는 것이 아니라는 것이다. 중국의 전통 정치는 진정으로 나라를 생각하는 충신들을 궁지로 몰아넣으며 중상모략을 일삼은 정치가들의 활동무대에 불과했다.

7 교활한 지도자의 인내

속마음이 밖으로 드러나지 않게 하고, 칭송받기 위해 자제하며,
잡아먹기 위해 발톱을 오므리고 날개를 숨겨두는 책략으로
명예와 권력을 쥐는 것이 바로 인내술이다.

중국인의 통치 경험은 세계에서 가장 오래되고 앞선 것이라 할 수 있다. 나라가 들어선 지 오래되었고, 또한 치인治人을 낙으로 여겨서 각 왕조와 각 시대마다 풍부한 역사적 경험을 쌓아서이다. 야사이건 정사이건 치인의 세밀하고 독특한 방법은 다른 민족의 역사에서는 찾아볼 수 없을 정도로 정교함을 알 수 있다.

물론 성공적인 통치가 이루어진 예는 많이 있지만, 허위를 미묘하고 보잘것없는 것에까지 이용한 것을 성공적인 역사의 예라고 할 수 있는지는 모르겠다. 그러나 허위의 술수는 확실히 통치자에게 많은 도움을 주어 명예를 얻게 하고 권력을 공고히 하는 공로를 세웠다.

중국역사의 어느 왕도 공공연하게 인의와 도덕을 반대하거나, 허위를 숭상하는 간사한 깃발을 내세우지 않았다. 간사한 영웅이라 불리는 조조조차도 경솔하게 천자의 자리를 강제로 빼앗지 않았고, 단지 '천자를 등에 업고 제후들에게 명령을 했을' 뿐이다. 또한 그는 도덕과 명분, 여론의 힘을 두려워하였다. 그러나 통치자들은 어쩔 수 없이 자기의 이익을 위하여 윤리도덕에 어긋나는 잔인무도한 짓을 저지르기도 했다. 그래서 허위는 그들의 보배로운 법이 되었다.

아마도 허위의 술수를 이용하여 가장 먼저 성공한 사람은 춘추시대의

정장공鄭庄公일 것이다. 『춘추』春秋에서는 이 사건을 '정백극단어언'鄭伯克段於鄢이라고 기록하고 있다. 정백이 언 땅에서 단을 처단했다는 뜻이다.

정백은 정장공을 가리키고, 단은 정장공의 동생 공자公子 숙단叔段을 뜻하며, 언은 지명이다. 이 말에서 가장 중요한 글자는 '극'克으로 본래 임금이 신하를 죽인다는 뜻이다. 징徵, 벌伐, 토討, 주誅 등의 글자를 써도 되는데, 유일하게 '극' 자를 사용하여 평등하게 대적하는 의미를 나타내는 동시에 그것이 뛰어난 수단이었음을 암시하고 있다.

정장공이 공명정대하게 자신의 동생을 제거할 수 있었지만, 은밀하게 함정을 파놓고 수단과 방법을 가리지 않았던 것을 '극'이라는 글자로 나타내어 당시의 상황을 생생하게 전달하고 있는 것이다. 『춘추』는 종종 역사적 기록을 빗대거나 표 안 나게 해당 인물과 사건을 비난하기도 했는데, 이것이 바로 간단명료하게 표현하지만 심오한 말로 대의를 서술한다는 춘추필법春秋筆法이다.

그러나 춘추시대 주나라 이래로 예악은 파괴되었고, 전통적인 도덕도 땅에 떨어졌다. 『춘추』의 작자는 춘추필법을 창조하여 붕괴된 질서를 만회하려고 심혈을 기울였다. 반드시 지적해야 할 것은, '정백극단어언'이 춘추시대의 유명한 역사적 사건이었다는 것이고, 또한 『좌전』左傳에서 가장 유명한 문장 가운데 하나라는 것이다.

아들을 죽이려 한 어머니

정장공은 유왕幽王을 위해 견융犬戎에 대항하다 전사한 대장 정백우의 손자이고, 병사를 이끌고 아버지의 원수를 갚고서 견융을 물리친 정무공의 아들이다. 장공의 할아버지와 아버지 모두 주나라 천자에게 큰 공로를 세운 셈이다.

정장공의 이름은 오생寤生이고, 동생의 이름은 단段이다. 오생은 태어날 때 난산으로 태어나서 어머니 강씨를 까무러치게 했다. 그래서 그의 어머니는 오생을 싫어했다. 그러나 오생의 동생 단은 총명해서 큰 인재로 자라났고 강씨가 매우 예뻐했다.

강씨는 언제나 남편 정무공 앞에서 작은 아들을 칭찬했고, 작은 아들이 왕이 되기를 원했다. 그래서 오생과 어머니 사이에는 보이지 않는 장벽이 생겼다. 그러나 정무공은 강씨의 요구에 동의하지 않았고, 결국 왕위를 큰아들에게 넘겨주었다. 그리하여 오생이 즉위하여 정장공이 되었고, 아버지를 대신해서 직위를 이어받아 주 황실의 경卿이 되었다.

강씨는 작은 아들이 왕위에 오르지 못하자 마음이 불편하여, 단을 위해 봉지를 내려줄 것을 원했다. 속셈이 있었던 강씨는 장공에게, 제制라는 이름의 성을 단에게 봉지로 주라고 요구했다.

장공은 강씨에게 말했다.

"제 땅은 정鄭나라에서 가장 험준하고 중요한 지역이고 전략적 요충지이며 괵나라의 왕이 죽은 곳입니다. 또한 아버지가 누구에게도 봉지로 주면 안 된다고 말한 곳입니다."

강씨는 장공의 말이 끝나지도 않았는데 경성京城을 단에게 봉지로 줄 것을 요구했다. 경성은 하남의 성고 부근으로 정나라에 매우 중요한 큰 성이었으므로 장공은 주저하며 결정을 내리지 못했다. 그러나 어머니 강씨가 재촉하자 결국 경성을 주었다.

단은 도성을 떠나 봉지로 가기 전에 먼저 어머니에게 작별인사를 고했지만, 앞으로 어찌해야 할지 혼란스러웠다. 강씨는 두 형제의 사이가 좋지 않기 때문에 조만간 싸움이 일어날 것이라고 생각했다. 강씨는 당연히 작은 아들 단을 아꼈으므로, 그에게 미리 준비를 해두라고 일깨워주고자 했다.

그녀는 단에게, 장공이 봉지를 주지 않으려 했지만 자신이 재차 요구하여 얻어냈으며, 봉지가 생겼다고 하더라도 조만간에 큰일이 생길 것이니 반드시 군사들을 훈련시켜 준비를 해놓고, 기회가 생기면 안팎으로 공격해서 장공을 쓰러뜨리고 왕위를 계승하라고 당부했다.

단은 경성에 이르러 경성 태숙太叔이라 불렸다. 단이 경성에 가자 장공의 신하들은 가슴을 졸이며 불안해했는데, 단이 경성에서 벌이는 모든 일들이 그들을 더욱 불안하게 만들었다.

먼저 태숙 단은 군사력을 증강시켜 더욱 엄하게 훈련시키고 사냥을 다녔다. 그 다음 성벽을 두껍고 높게 수리했다. 그러자 정장공의 대신 재중祭仲이 정장공에게 간언했다.

"큰 성의 성벽은 수도 성벽의 3분의 1을 넘으면 안 되고, 중간 정도 성의 성벽은 5분의 1을 넘을 수 없으며, 작은 성의 성벽은 10분의 1을 넘을 수 없습니다. 이것은 선조들께서 남겨놓으신 규정입니다. 그러나 지금 경성 태숙은 자신의 성벽을 확장하여 이 제한을 훨씬 넘어섰으니 나중에 제압하기가 어려울 것입니다. 이는 왕께서 용납해서는 안 되는 일입니다."

정장공은 마음속으로는 그 말에 동의하고 있었지만, 입으로는 별 문제가 아니라는 듯이 말했다.

"태숙은 국가를 위해 군사를 훈련시키고 사업을 벌인 것인데 뭐가 나쁘다는 거요? 하물며 어머니가 그에게 시킨 것이니 관여할 수 없지 않소!"

대신 제족祭足은 성격이 급했다. 대신들은 마음이 조급해져서, 제족으로 하여금 장공에게 직언을 하라고 했다. 제족은 장공에게 간언했다.

"강씨의 욕심은 한이 없으니 미리 대비해두는 편이 좋을 것입니다. 더 이상 태숙이 세력을 키우지 못하게 해야 하는데, 만약 계속 발전해나간다면 수습하기 어려워질 것입니다. 무성한 잡초도 제거하기 힘든데, 왕의 동생은 어떻겠습니까?"

정장공은 결국 속마음을 드러내며 제족에게 말했다.

"도리에 맞지 않는 일을 많이 하면 반드시 스스로 멸망하게 되는 법이오. 안심하고 기다리면 되오."

사실 이 말은 정장공의 성격을 드러내는 말이기도 했다.

얼마 뒤 태숙 단은 서쪽 변경과 북쪽 변경의 성들을 흡수해버렸는데 이곳은 정장공의 관할이었다. 공자 여呂는 이 소식을 듣고 정장공에게 달려갔다.

"국가는 두 부분으로 나눌 수 없고, 임금도 둘이 될 수 없습니다. 왕께서는 태숙을 어떻게 할 겁니까? 만약 태숙에게 나라를 넘기시겠다면 제가 가서 그를 받들 수 있게 허락해주시지요, 그의 신하가 되면 그만입니다. 만약 국가를 태숙에게 넘겨주실 생각이 아니라면, 빨리 그를 제거해서 백성들에게 두 마음이 생기지 않게 하여야 합니다. 백성들이 태숙쪽으로 돌아선다면 일을 처리하기 어렵습니다."

정장공은 침착하게 대답했다.

"쓸데없이 걱정할 필요 없소. 태숙 단은 스스로 주저앉을 것이오."

태숙 단은 노골적으로 서부와 북부 변경의 성들을 자신에게 귀속시켜 세력을 넓혔다. 자봉은 놀라 허둥대며 급히 장공에게 가서 고했다.

"이제 행동할 때가 됐습니다. 만약 그가 다시 성과 땅을 삼키면, 인구가 늘고 세력이 커지게 되어 대처하기 어렵습니다."

장공은 여전히 감정을 얼굴에 드러내지 않으며 대답했다.

"의롭지 못한 일을 하면 백성의 지지를 받을 수 없어서, 땅이 넓어지고 인구가 늘어나는 것만큼 멸망도 빨라진다오."

동생을 자살로 내몬 정장공

태숙 단은 결국 성곽 수리를 마치고, 백성들도 모았으며, 칼과 창 등의 무기를 수리하고, 보병과 전차도 준비해놓았다. 그러나 이때 정장공은 일부러 천자가 있는 주나라에 가서 정나라의 도성에 없었다. 강씨는 이때가 절호의 기회라고 생각하여 태숙에게 편지를 써서 자신이 몰래 성문을 열어놓겠다고 알렸다. 태숙은 강씨의 편지를 받고 답장을 쓴 후 부하들에게 도성으로 갈 것이니 보병과 전차를 출동시키라고 명령했다.

사실 정장공은 만반의 준비를 해둔 상태였다. 그는 주나라 천자를 찾아 간 것이 아니었고, 2백 대의 전차를 지휘하여 몰래 돌아서 경성까지 가 있었다. 정장공은 태숙의 사신이 다니는 길목에 공자 여를 매복시켜, 태숙이 강씨에게 쓴 답장을 탈취했다. 이렇게 정장공은 완전히 주도권을 장악했다.

태숙이 출병을 한 지 이틀이 되었고, 정장공과 공자 여는 경성 밖에 도착했다. 공자 여는 먼저 사병들을 장사꾼으로 변장시켜 성 안으로 들여보내, 기회를 엿보다가 성문 위에 불을 지르게 했다. 불빛을 본 공자 여는 즉시 병사들을 이끌고 성 안으로 들어가 단번에 경성을 함락시켰다.

태숙은 출병한 지 이틀도 되지 않아 경성이 함락되었다는 말을 듣고는 당황하며 밤낮을 가리지 않고 되돌아왔다. 태숙이 왕을 공격하라고 명령하자 군사들은 자기들끼리 웅성거리더니 절반 정도가 도주해버렸다. 태숙은 병사들의 지지를 잃었기 때문에 경성을 탈환할 방법이 없음을 알고서, 어쩔 수 없이 언鄢(지금의 하남河南 언릉鄢陵)의 작은 성으로 도망쳤다. 이곳에서마저 패하자 그는 더 작은 지역인 공성共城으로 도망갔다. 그러나 정장공과 공자 여가 양쪽에서 대군을 이끌고 공격하자 순식간에 공성이 함락되었다. 태숙은 도망갈 길이 없자 어쩔 수 없이 자살했다.

정장공은 동생이 자살했다는 소식을 듣고, 바로 달려가 시체를 끌어안으며 통곡을 했다. 그가 울며불며, 동생이 자살하면 안 됐다고, 자신에게 큰 잘못을 저질렀지만 이해해줄 수 있었다고 말하자 주위 사람들도 눈물을 참지 못해 울었다. 정장공은 다시 한 번 사람들의 지지를 얻게 되었고, 모두들 그를 좋은 형이라고 칭찬했다.

굴 속에서 재회한 모자

정장공은 동생의 몸에서 나온 강씨의 편지를 보더니 화를 내며 제족을 시켜 그 편지를 강씨에게 보내게 하고는 그녀를 귀양보냈으며, 황천길에 갈 때까지 어머니를 만나지 않겠다고 맹세했다.

정장공은 동생을 제거하고 어머니를 쫓아내 자신의 자리를 공고히 하여 마음을 놓을 수 있었다. 그러나 당시 사회에서는 도덕과 인품을 중시하였고 특히 모자지간의 효와 사랑이 가장 중요한 덕목이었다. 강씨가 잘못을 저질렀고 여러 측면에서 장공에게 해를 입혔다 하더라도, 그녀는 결국 장공의 어머니였으므로, 사회의 여론이 완전히 그의 편에 선 것은 아니었다. 사람들은 장공이 불효했다고 비난하여 그를 난처하게 만들었다.

장공은 자신의 일처리에 대해 후회했으나 이미 그의 명예가 손상된 것은 어쩔 수 없는 사실이었다. 그러나 그는 죽기 전에는 어머니를 만나지 않겠다고 맹세했으므로, 여론에 밀려 어머니를 불러들인다면 맹세를 어기게 되어 사람들의 멸시를 당할 뿐만 아니라 군주의 위엄을 잃게 될 것이라고 생각하여 이러지도 저러지도 못하고 있었다.

마침 그때, 변방을 지키는 관리 영고숙穎考叔이 와서 장공에게 새 한 마리를 진상했다. 장공이 무슨 새인지 묻자, 그는 이렇게 말했다.

"올빼미입니다. 이 새는 나쁜 동물입니다. 낮에는 아무것도 보지 못하고 저녁에만 활동하며, 부모가 고생스럽게 키워놓으면 다 자라서 부모를 잡아먹습니다. 모질고 의롭지 못한 새이니 장공께서 처벌해주십시오."

장공은 말 속에 뼈가 있다는 것을 알았지만, 도량이 넓다는 것을 보이기 위해 그를 가만 놔두었다. 마침 식사시간이 되자 장공은 영고숙에게 함께 식사를 하자고 했다. 식사를 할 때 영고숙이 고기 한쪽을 베어내 보자기로 쌌다. 장공은 그에게 무슨 이유라도 있는지 물었다.

영고숙은 자신의 어머니가 뭐든지 다 드셔봤지만, 왕이 준 음식은 드셔보질 못하여 어머니에게 드리려 한다고 대답했다. 장공이 듣고서 감탄했다.

"사람들 모두 어머니에게 효도하는데, 왜 나만 그렇게 못 하는 것인

정장공이 굴 속에서 어머니를 만나고 있다.

가? 나는 비록 제후지만, 당신들 같은 평민처럼 부모에게 효도를 하지 못했다."

영고숙은 답답해하는 척하며 물었다.

"대부인은 잘 살고 계신데 왜 효를 행할 수 없다고 하시는지요?"

장공은 어머니를 귀양 보내고서 맹세한 일을 말해주었다. 영고숙은 이렇게 충언했다.

"어머니를 염려하고 있으니, 그 효를 증명해 보이면 됩니다. 황천에서나 어머니를 만나겠다고 하셨는데, 반드시 죽어야만 만날 수 있는 것은 아닙니다. 지하에 굴을 파 내려가면 바로 황천에 닿게 되는 것인데, 그 굴 속에서 만나면 어느 누가 불효했다고 말할 수 있겠습니까? 또 어느 누가 공이 맹세를 깼다고 할 수 있겠습니까?"

장공은 이 방법이 좋다고 생각하고서, 영고숙을 보내 준비하도록 했다.

영고숙은 사병 5백 명을 시켜 굴을 파게 하고 지하에 집을 지었다. 그리고 강씨를 안으로 들어가게 하고, 다른 쪽으로는 장공을 들어가게 했다.

굴 속에서 마주친 모자는 부둥켜안고 통곡하며 서로를 용서해주었다. 굴 속에서 장공은 「굴 속에서 즐겁고 화목하네」라는 시를 지었고, 굴에서 나온 강씨는 「굴 밖으로 즐거움이 새어 나오네」라는 회답시를 지었다. 이때부터 그들 모자는 아무 일도 없었던 것처럼 화목해졌다. 그러자 장공은 효자라는 명성도 얻게 되었다.

발톱을 숨기며 기다리다

정장공이 정말로 도덕의 본보기인지 아닌지는 그의 두 가지 행적을 보면 명확해진다.

정장공은 일이 바빠서 오랫동안 낙읍洛邑에 가지 못했는데, 갑자기 주평왕周平王이 자신을 조정의 경卿으로 쓰지 않을 것이란 말을 듣고 서둘러 낙읍으로 가서 주평왕에게, 자신은 본래 능력이 없고 단지 조상이 황실에 충성한 덕분에 조정의 관리를 맡게 되었는데 이번에 사직을 하겠으니 허락해달라고 말했다.

주평왕은 괵공虢公 기부忌父를 경에 임명할 계획이었지만 소문이 새나가간 것을 알고는 매우 난처하여 엉겹결에 경을 바꿀 계획이 있다는 사실을 부인했다. 그가 부인을 하면 할수록 정장공은 자신의 능력이 괵공 기부에 못 미친다고 말하여, 주평왕은 하마터면 정장공에게 무릎을 꿇을 뻔했다. 후에 주평왕은 만약 자신이 정장공을 믿지 않는 것이 걱정된다면, 자신의 아들인 태자 호狐를 정나라에 인질로 보내겠다고 말했다. 평왕의 신하들은 태자를 인질로 보내는 것은 불공평하다고 생각했다. 그러나 정장공이 두려워서 평왕과 장공의 아들을 서로 교환하여 인질로 삼자고 제의하자, 정장공도 응하였다.

태자가 인질이 된 것은 중국에서 처음 있는 일이었고, 이는 주나라의 체면을 땅에 떨어뜨렸다. 신하가 군주의 아들을 인질로 잡고 있는 것은 참으로 대역무도한 일이었으니, 이로써 장공의 진면목을 볼 수 있게 되었다.

주평왕이 죽은 후, 태자 호는 정나라에서 낙읍으로 돌아왔다. 그는 본래 허약했고 슬픔으로 나날을 보내다가 곧 죽었기 때문에 태자 호의 아들인 주평왕의 손자가 천자로 추대되어 주환왕周桓王이 되었다. 성품이 강인한 주환왕은 장공의 거만함과 횡포가 눈에 거슬려, 즉위하자마자 그를 경의 자리에서 물러나게 하려고 했다. 장공이 이 일을 알고서 사람을 보내 황제가 먹을 밀을 잘라버리는 등 횡포를 부려 관계가 긴장됐으나, 주환왕이 참았기 때문에 전쟁이 일어나지는 않았다.

몇 년 후 주환왕이 정장공을 경의 자리에서 물러나게 하고, 대신 괵공을 임명하니 장공으로서는 어찌할 도리가 없었다. 그러나 주환왕 또한 욕망이 끝이 없어서, 자기에게 속하지 않은 12개 읍을 정장공의 4개 읍과 바꾸어, 정나라는 4개의 읍을 잃게 되었다.

장공이 더 이상 조정에 가서 주환왕을 알현하지 않았기 때문에, 환왕은 진陳·채蔡·위衛의 군대를 이끌고 토벌하러 갔다. 상나라 이래로 형성된 진법陣法에 따라, 주군周軍은 좌·중·우 3군으로 나눈 후 중군은 주환왕이 인솔하여 주력군이 되었고, 좌우 양군은 엄호하는 역할을 했다.

그러나 정나라의 자지子之는 전통과 다른 새로운 진법을 제시하였다. 그는 주력부대를 좌우로, 즉 좌우의 부대 앞에 배치하고 중군을 양쪽 뒤에 배치하여, 전차부대를 앞쪽으로, 보병을 뒤쪽으로 두게 하였으며, 의도적으로 먼저 적의 좌우 날개를 무너뜨리고, 다시 중군이 포위하도록 하자고 했다. 자지는 또한 주군의 오른쪽 날개인 진군陳軍을 먼저 공격하자고 주장했다. 왜냐하면 진나라는 지금 난리가 나서 사기가 떨어졌으니 분명 맥없이 패할 것이기 때문이었다.

전쟁은 완전히 자지의 예상대로 흘러, 진군은 패하여 후퇴했고 왼쪽 날개인 괵군도 연이어 패하여 도망쳤다. 중군은 단단히 포위되었으며, 정나라의 축담이 활을 쏘아 환왕의 어깨를 맞춰 주군은 대패했다. 축담이 이들을 추격하려 했으나 정장공은 동의하지 않았다.

그날 저녁 정장공은 사람을 보내, 부상을 당한 주환왕과 병사들을 위문하게 했다. 정장공은 주환왕 및 제후들과 화해하기를 원했다. 일이 이 지경에 이르자 '하늘의 천명을 받고', '사방에서 보좌를 받는' 주나라 천

춘추시대의 투구. 춘추시대와 전국시대는 전란이 끊이지 않는 난세였다. 그러나 역설적으로 중국 문명의 바탕이 된 수많은 철학과 문물이 태어난 시기이기도 하다.

자의 체면이 완전히 땅에 떨어졌다. 주나라 천자는 유명무실해졌을 뿐만 아니라, 이제는 그 이름조차 존재하지 않게 되었다.

태자를 인질로 만들고, 활로 천자의 어깨를 쏘아 맞춘 이 두 가지 사건은 모두 장공이 한 짓으로, 대역무도한 일이었다. 그가 저지른 일이 역사적으로 필연적인 것인지 아닌지를 따지지 않는다 하더라도, 당시의 관념으로 보면 확실히 도덕에 맞지 않았다. 정장공이 어질거나 의로운 사람이 아니라는 것은 확실했다.

자신의 동생이 모반을 일으킨 사건에 대처하는 장공의 태도에 대해 깊이 생각해야 할 부분이 있다. 장공은 자신의 어머니와 동생이 다른 마음을 품고 있는 것을 알고 있었다. 그는 먼저 조치를 취하여 이들을 제거할 수도 있었다. 그러나 미리 동생을 제거하지 않아서 그의 마음은 하루도 편안하지 못했다. 엄한 조치를 내리면 어질지 못하다는 악평을 들을까 봐서였다. 이 때문에 장공은 점차 동생이 모반을 하도록 유인하며 때를 기다렸다.

그는 권력을 위해서라면 상황이나 모자의 정에 관계없이 매정하게 동생을 제거하고 어머니를 내쫓아버리는 비정한 형이자 아들이었던 것이다. 그는 속마음을 깊이 숨겨 밖으로 드러나지 않게 하고, 칭송을 받기 위해 스스로 자제했으며, 탄압하기 위해 고의로 풀어주어 '잡아먹기 위해 발톱을 오므리고 날개를 숨겨두는' 음험한 책략을 써서 명예를 얻고 권력을 쥐었으니, 이것이 바로 인내술忍耐術이다.

중국 역사에서는 사람을 죽이는 경우 반드시 명목이 있어야 하고, 죽이는 사람의 이름이 있어야 하며, 죽음을 당하는 자가 원망이 없게 하고, 방관자의 비방이 없게 해야 하는 것이 일반적이었다.

죽이는 사람과 죽는 사람에 대해 진지하게 분석해본다면, 우리는 아마 깊은 곳에서부터 뒤흔들릴 것이다. 권력에 대한 욕망과 인성의 싸움은 얼마나 참혹할 것인가. 어떻게 해야 인간의 권력욕을 억누를 수 있는가, 어떻게 해야 정상적인 인성을 발전시킬 수 있는가 하는 문제는 우리가 생각해봐야 할 과제다.

8 충신이 되려다 집안 단속을 못 하다

대개 충신은 나라의 이익을 위해 일하고 계책을 세울 줄만 알았지,
집안을 잘 다스릴 줄 몰랐다. 충신에게 집안과 국가는 별개였다.

충忠과 간姦은 의미가 뚜렷하고 분명한 개념이다. 그러나 경우에 따라서는 구분하기가 매우 어렵다.

성심성의로 국가의 사직을 위해 목숨을 던지거나 백성을 위해 헌신한다면 충신이라고 할 수 있다. 충신이 권력을 독점하여 신하의 예를 넘어선다면 간신이 되고 말 것이다. 사실 이는 결코 충신으로서의 자질이 부족한 것이 아니라, 주위 환경이 진퇴양난의 곤란한 상황을 만들기 때문인 경우가 많았다.

서한의 무제武帝 · 소제昭帝 · 선제宣帝 시기의 유명한 권신 곽광霍光이 바로 이런 종류의 인물이라고 할 수 있다. 곽광의 일생은 우리들이 역사와 현실을 이해하는 데 도움을 준다.

곽광은 충신이 되고자 했지만 종종 간신 짓을 하기도 했다. 그중 일부는 곽광의 잘못이 아니고 봉건 정치구조와 제도가 그를 이러지도 저러지도 못하는 상황으로 만들었기 때문이다.

당시의 가치관에 의하면 집안과 국가는 같은 것이고, 황제 일가에 충성하는 것은 곧 백성에게 충성하는 것이었다. 그러나 경우에 따라 집안과 국가는 별개다. 곽광의 일생과 사후의 처지는 독특한 면이 있다.

중국 역사에서 진시황, 한무제와 당태종, 송고조는 정치와 무공이 모

두 뛰어난 황제였다. 한무제 유철劉撤은 외적의 침입을 막아내고 영토를 확장하였으며, 유가의 학술을 통치이념으로 삼아 정치를 안정시킨 천자였다. 그러나 한무제는 말년에 불로장생을 갈망하여 전국을 다니며 신선을 만나기를 기대했고, 이 때문에 눈과 귀가 멀었다. 이런 부친의 타락을 참다못한 태자 유거가 반란을 일으켰으나 결국 황후를 자살케 하였고, 자신은 목을 매고 죽었다. 그 때문에 궁정은 물론 백성들도 재난에 휩싸이게 되었다.

무제는 후계자 문제를 제대로 처리하지 못했다. 무제에게는 유거 외에 세 명의 아들이 더 있었는데, 그 중 구익부인이 낳은 막내아들 불릉이 무제의 사랑을 가장 많이 받았다. 불릉의 용모와 성격이 모두 무제를 닮아서 무제는 불릉을 즉위시키려고 했다. 그러나 불릉이 아직 어렸기 때문에 어머니 구익부인이 나중에 정치에 간섭할 거라고 생각한 무제는 유방의 부인 여치가 권력을 독점했던 전철을 밟지 않기 위해 먼저 구익부인을 사형에 처했다. 다음 문제는 어린 군주를 보좌할 고명대신을 선택하는 것이었다.

충직하고 온후한 신하 곽광

무제는 심사숙고한 결과 충성스럽고 믿음직한 두 사람에게 국가의 대사를 부탁하였는데, 봉거도위奉車都尉 곽광과 시중부마도위侍中駙馬都尉 김일제金日磾였다. 무제는 이민족 출신인 김일제가 쉽게 응하지 않을 것 같아서 이 뜻을 먼저 곽광에게 알리는 편이 낫다고 생각했다. 그래서 무제는 소황문小黃門에게 그림을 그리게 했고 이 그림을 곽광에게 하사했다.

곽광은 한나라 때의 유명한 장군인 곽거병霍去病의 동생으로, 낭관郎官이 되었다가 승진하여 봉거도위奉車都尉 광록대부光祿大夫에까지 이르렀다. 조정의 관리로 20여 년 동안 사려 깊고 신중하게 행동해서 어떤 잘못도 범한 적이 없어 무제의 신임이 두터웠다.

곽광은 전한의 정치가로서 어려서부터 무제를 섬기며 권세를 얻은 후 두 황제를 옹립하는 등 큰 권력을 휘둘렀다.

곽광이 황제의 하사품을 받고 집으로 돌아와서 열어보니 「주공부의 도」周公負扆圖였다. 그는 무제가 자신으로 하여금 주나라 때의 어린 군주 성왕成王을 보좌했던 주공周公처럼 장래의 어린 황제를 보좌하게 할 생각이라는 것을 알아챘다. 그는 자신에 대한 황제의 신임이 크다는 것을 알았기에 이를 거절하기가 곤란했고, 또 소문을 낼 수도 없었으므로 묵묵히 받아들이고, 어린 군주가 즉위할 때까지 기다렸다.

무제는 곽광이 그림을 돌려주지 않자 기쁨과 위안을 느꼈다. 1년이 지나고 무제가 오작궁五柞宮을 거닐다가 감기에 걸려 자리에 눕게 되자 곽광이 배알하고 물었다.

"폐하, 만약 뜻밖의 일이 생긴다면 도대체 누구를 후계자로 세우실 겁니까?"

무제가 말했다.

"설마 이전에 내가 그대에게 보낸 그림의 의미를 모른다고 하지는 않겠지? 과인은 막내를 후계자로 세우기로 이미 결정했으니 그대는 곧 한나라의 주공이 되는 것이네!"

그러자 곽광이 말했다.

흉노족의 후손인 김일제는 한나라에 충성을 바쳐 무제의 각별한 신임을 얻었다. 무제는 자신의 죽음을 앞두고, 충성스럽고 믿음직한 두 신하인 곽광과 김일제에게 뒷일을 부탁했다.

"저는 김일제보다 적합하지 않습니다."

이때 바로 옆에 있던 김일제가 즉시 대답했다.

"저는 외국인입니다. 어린 군주를 보좌하는 일은 곽광이 낫습니다!"

무제가 말했다.

"그대 둘은 지금까지 공손하고 신중하며 충직하고 온후해서 믿을 만하니 내 고명을 들으시오!"

무제는 조서를 내려 막내 불릉을 태자로 세웠으며 곽광을 대사마대장군大司馬大將軍으로, 김일제를 거기장군車騎將軍으로, 상관걸을 좌장군左將軍으로 추천하여 승상丞相 전천추田千秋, 어사대부御史大夫 상홍양桑弘羊과 함께 다섯이서 정사를 보좌하도록 했다.

무제는 고명을 전한 다음날 오작궁에서 세상을 떠났다. 이 다섯 명의 고명대신 중에서 상관걸을 제외한 나머지 네 명은 모두 유명한 원로대신이었지만, 상관걸의 입신출세만은 좀 특별했다. 상관걸은 우림기문랑羽林期門郎에서 미앙구령未央廐令으로 진급하여 황제의 말을 사육하고 관리했다. 그는 무제가 항상 마구간에 와서 말을 보살피는 것을 보고는 말이 살지고 힘이 세지도록 각별히 길렀다. 마침 무제가 병이 나서 오랫동안 마구간에 오지 못하자 상관걸은 직무에 태만해졌고, 말은 점점 야위어갔다. 어느 날 무제가 마구간에 와서 말을 보고는 화가 나서 상관걸에게 말했다.

"너는 내가 다시는 말을 안 볼 것이라고 생각했느냐?"

상관걸은 황급히 무제에게 머리를 조아리며 말했다.

"신이 폐하의 옥체가 편안치 않다는 것을 듣고 조석으로 걱정되어 말을 돌볼 겨를이 없었습니다. 죄를 용서해주십시오."

이 말을 들은 무제는 그가 충신이라고 여기고 면죄해주었을 뿐만 아니라 기도위騎都尉로 진급시켰고, 그가 후에 반란자들을 체포하는 데 공을 세우자 태부太仆로 진급시켰다.

무제의 뒤를 이어 불릉이 즉위하니 그가 소제昭帝다. 그러나 소제는 당시 겨우 여덟 살이어서, 조정의 크고 작은 일은 전부 고명대신의 우두머리 곽광이 주관하였다. 곽광도 충성을 바쳐 황제가 사고를 당하지 않도록 거처를 궁전으로 옮기는 등 많은 노력을 기울였기 때문에 나라는 태평했다.

곽광은 한무제의 다른 소실들을 믿을 수 없었다. 그래서 소제의 음식을 다른 사람에게 맡길 수 없어 소제의 큰 누이인 악읍공주鄂邑公主를 궁으로 불러들여 개장공주蓋長公主로 봉하고 소제를 밤낮으로 돌보도록 했다.

어느 날 한밤중에 갑자기 어떤 사람이 곽광에게 뛰어와 궁 안에 괴이한 일이 생겼다고 보고했다. 잠옷을 입고 누워 있던 곽광은 보고를 듣고 급히 어전으로 갔다. 곽광은 어전에 있는 옥새가 가장 중요하다고 생각해서 옥새를 관리하는 상부새랑尙符璽郎에게 옥새를 자신에게 달라고 요구했지만 상부새랑은 주지 않았다. 곽광이 옥새를 빼앗으려 하자 그는 칼을 뽑고 말했다.

"제가 여기를 지키는 한, 죽을지언정 사사로이 드릴 수는 없습니다."

곽광은 궁궐 안의 사람들에게 어전에서 멋대로 고함치는 자는 목을 벨 것이라고 했다. 조정에 나아간 곽광은 조서를 내리고 상부새랑의 봉록을 2등급 올리라고 했다. "네가 이처럼 옥새를 지키고 있는데 내가 무슨 걱정을 하겠는가?"

이때부터 모두들 곽광이 공평무사하다며 그를 존경했다.

그러나 얼마 후 연왕燕王 유단劉旦이 반역을 꾀하였다. 연왕 유단과 광릉왕廣陵王 유서劉胥는 소제의 형이다. 유단은 학문이 깊었지만 지나치게 오만했고, 유서는 용감했으나 사냥을 너무 좋아해서 무제는 그들에게 제위를 물려주지 않았다. 무제가 죽었다는 소식이 유단에게 전해졌을 때, 그는 슬퍼하지도 않고 옆에 있는 사람에게 말했다.

"이 서신이 왜 이리 짧지? 설마 조정에 변고가 있는 것은 아니겠지?"

그래서 한편으로는 조문하면서 다른 한편으로는 조정의 상황을 파악하도록 했다. 유단은 소제에게 사신을 보내서 각 제후국에 무제의 묘를 건설하게 하도록 했다.

곽광은 유단에게 다른 의도가 있음을 알아차리고는 그의 의견에 동의하지 않고 유단, 유서와 개장공주에게만 봉지를 보태주었다. 유단은 오히려 오만하게 말했다.

"장유유서에 따르면 내가 마땅히 천자가 되는데 감히 누가 내게 상을 하사할 수 있는가?"

그리고 중산애왕中山哀王의 아들 유장劉長, 제효왕齊孝王의 손자 유택劉澤과 결탁하여, 무제의 조서를 받았다고 사칭하여 군대를 훈련시켜 뒷일을 모도했다. 얼마 후 그는 곽광이 세운 후계자는 무제의 아들이 아니므로 마땅히 자신이 즉위해야 하고, 세상 사람들이 함께 토벌하기 바란다고 선포했다. 그리고 유택에게 격문의 초안을 잡게 했다.

그러나 격문을 전달하려고 제나라로 간 유택이 청주자사 준불의에게 체포되었고, 누군가가 유택이 반역을 꾀했다고 고발했다. 준불의는 이 소식을 조정에 급히 보고했고 조정에서 이를 수사하자 진상이 밝혀졌다. 유택은 사형에 처해졌고, 유단도 연좌되어 사형에 처하는 게 옳았다. 그러나 곽광은 소제가 막 즉위한지라 황제의 친형님을 죽여서는 안 된다고 생각했다.

지나치게 공정하면 화를 입는다

얼마 후 고명대신 김일제가 병에 걸려 죽었다. 그의 두 아들은 나이가 어렸지만 사리에 밝았기 때문에 소제는 그들을 입궁시켜 같이 지냈는데 사이가 매우 좋았다. 김일제가 죽은 후 한 아들이 부친의 작위를 계승하였다. 소제는 곽광에게 김일제의 다른 아들을 후작으로 봉하라고 명했지만 곽광은 선례가 없다며 거부했다. 소제는 그에게 항의했다.

"관직에 봉하는 것도 그대에게 의지해야 하는가?"

곽광은 정색하면서 말했다.

"고조께서는 일찍이 공이 없는 사람에게 관직을 봉할 수 없다고 말씀하셨습니다."

소제는 아무런 말대꾸도 할 수 없었다. 곽광이 정직한 사람이라는 사실을 여기서 알 수 있다.

다음 해에 곽광은 안육후安陸侯에, 상관걸은 안양후安陽侯에 봉해졌고 곽광의 권세는 점점 더 강해졌다. 이때 어떤 사람이 곽광에게 말했다.

"대장군께서는 고조 때의 여치의 이야기를 들어보지 못하셨는지요? 고조께서 돌아가신 후 여치와 여씨 집안이 권력을 독점하고 유씨 집안사람은 임용하지 않았습니다. 그러나 결국 세상 사람들 앞에서 위엄과 명망을 상실하고 인심을 잃어서 모두 사형당했습니다. 지금 장군은 고명대신의 으뜸으로서 어린 군주 소제를 보좌하시고 지위가 높고 명성과 인망이 높으시며 권세가 강하십니다. 그런데 유독 유씨 종실과는 함께 하지 않으십니다. 유씨 종실 사람이 아닌 자가 나와 천하를 호령한다면 장차 어떻게 그 화를 면할 수 있겠습니까?"

이 말을 들은 곽광은 깨달은 바가 있어, "선생의 지도에 감사드리오. 내 반드시 그리 하겠소"라고 대답했다. 그리고 곧 원왕元王의 손자인 유벽劉辟을 궁정으로 불러들이고 종정宗正에 봉하였다.

소제가 열두 살이 되었을 때 상관걸의 아들 상관안은 여섯 살밖에 안 된 자신의 딸을 입궁시켜 황후로 책봉하고 싶어서 곽광을 찾아가 의논했다. 상관안은 곽광이 자신의 빙부이고 딸이 곽광의 친외손녀이므로 그가 막을 수 없을 거라고 생각했지만, 곽광은 아이가 너무 어려서 입궁하기에 적합하지 않다고 여기고 한마디로 거절했다.

상관안은 자신을 도와줄 사람을 찾을 수밖에 없었다. 그는 바로 개장공주의 식객 정외인丁外人을 찾았다.

원래 개장공주의 남편은 일찍 죽었는데 공주는 과부로 혼자 지내는 것을 견디지 못했다. 식객 정외인은 용모가 수려하고 재능이 많지만, 교활하고 공주의 비위를 잘 맞추었다. 어쩌다 눈이 맞은 두 사람은 사통하게 되었고 남의 이목을 개의치 않았다.

그러나 곽광이 개장공주를 입궁시켜 소제의 시중을 들도록 하자 두 사람은 만날 방법이 없었다. 개장공주는 항상 휴가를 받아 밤에는 집에서 묵고 궁으로 돌아가려고 하지 않았다. 이를 이상하게 여긴 곽광이 사람을 보내 알아보고 나서야 그 이유를 알게 되었다. 곽광은 개장공주가 소제를 돌보는 데 전념하도록 하기 위해 아예 정외인도 입궁시켜 그들을 같이 지내도록 해주었다.

상관안과 밀담을 나눈 정외인은 개장공주에게 가 자초지종을 말했다. 개장공주는 본래 주양후의 딸을 소제와 짝지어줄 계획이었지만 정부의 환심을 사기 위해서는 동의할 수밖에 없었다.

얼마 뒤에 상관안의 딸은 영접을 받으며 입궁했고 첩여婕妤에 봉해진 후 곧이어 황후가 되었다. 조서가 궁에서 나왔기 때문에 곽광도 방법이 없는데다가 어떤 조항에도 위배되지 않는 사안이어서 비록 불만은 있었으나 더 이상 고민하지 않았다.

상관안은 관운이 좋아져 거기장군으로 승진했다. 이때부터 상관안은 정외인에게 고마움을 느꼈고, 곽광에게 정외인을 후작으로 봉하라고 청했으나 곽광은 승낙하지 않았다. 상관안은 어쩔 수 없이 아버지 상관걸에게 부탁하는 수밖에 없었다. 상관걸은 자신이 곽광과 같은 고명대신이고 또 딸의 사돈으로 막역한 사이였으므로 곽광이 승낙하지 않을 것이라고는 상상조차 하지 못했다. 그러나 상관걸의 말을 들은 곽광은 분노하여 말했다.

"정외인은 공적도 없고 덕도 부족한데 어찌 관직을 봉할 수 있는가. 다시는 말도 꺼내지 마시오."

상관걸은 이때부터 곽광을 미워하기 시작했다. 개장공주 역시 정부가 관직을 받지 못했기 때문에 곽광을 원망하였다. 그들은 결탁해서 곽광을 제거하기로 했는데, 곽광은 이 사실을 모른 채 자신의 뜻대로만 일을 처리했다.

얼마 후 소제가 갑자기 조서를 내려 상관안을 상락후桑樂侯에 봉하고 식읍 5천 호를 주었다. 곽광은 사전에 이 일을 알지 못했지만, 상관안이 황제의 빙부인데다 규정에 어긋나는 것이 아니라고 여겨서 더 이상 참견하지 않았다. 그러나 상관안은 갈수록 오만해졌다.

그가 한번은 궁궐에서 연회를 즐긴 뒤 귀가해서 식객에게 과시하며 말했다.

"나는 오늘 사위와 함께 술을 마셔서 아주 기쁘네. 다만 내 사위의 옷은 호화로운데 내 집의 가구와 기물은 어울리지 않게 초라하네!"

그러고는 낡은 가구를 모조리 태워버리려고 했으나 식객이 말려서 그만두었다.

어느 날 태의감太醫監 충국充國이 이유 없이 궁정에 들어온 죄로 법률에 따라 사형에 처해지게 되었다. 충국은 상관안의 외조부가 가장 총애하는 인물이어서 상관걸은 곽광을 찾아가 사정했지만 곽광은 듣지 않았다. 상관걸은 할 수 없이 개장공주에게 찾아가 부탁했고, 개장공주가 20마리의 말을 넘겨주고 충국을 대신해 속죄해서 충국은 간신히 죽음을 면했다. 이때부터 상관걸 부자는 곽광을 더욱 원망하게 되었고, 개장공주에게는 고마운 마음을 품었다.

상관걸 부자는 곽광과 같은 고명대신이었지만 지금은 오히려 매사를 곽광이 관할했으므로 불만을 품었다. 그래서 그들은 궁정의 환관, 대신들과 결탁하여 기회를 틈타 곽광을 제거하려고 했다. 특히 연왕 유단은 원하는 지위를 얻지 못해서 늘 불만을 품고 있었고, 어사대부 상홍양의 자제는 관직을 잃어서 역시 곽광에 대해 원한을 품고 있었다. 게다가 개장공주가 궁중에서 도울 수 있기 때문에 상관걸이 볼 때 만에 하나라도 실수가 없을 것으로 여겼다.

이즈음 곽광이 광명廣明에 가서 우림군羽林軍을 사열했는데, 상관걸은 그 틈을 타서 반란을 일으키려 했다. 그러나 아직 힘이 부족했기 때문에 성공할 수 있을까 주저한 상관걸은 상홍양과 비밀리에 상의한 후 유단의 명의를 도용하여 상소를 올려 곽광을 탄핵했다. 상소에는 이렇게 적혀 있었다.

"제가 듣기로 조정의 대신 곽광이 궁을 나와 우림군을 사열할 때 먼저 관리에게 음식을 준비하도록 명한다고 하니 이것은 천자의 행차를 모방한 것입니다. 또한 공적이 없는 대장군 양창楊昌을 수율도위搜栗都尉로 임명하였고, 함부로 군부의 교위校尉 수를 늘려 제멋대로 권력을 독점하고 있습니다. 저는 그의 비정상적인 행동거지에 의심이 갑니다. 신은 제 옥새를 조정에 돌려드리고 궁으로 들어가 간신의 무리를 척결하여 황제께 해가 미치지 못하도록 하겠습니다. 중요한 일인지라 말을 달려 황제께 전합니다."

상소문을 읽은 소제는 아무 조치도 취하지 않았다. 곽광은 누군가가 자신을 탄핵했다는 말을 듣고 매우 당황하여 그 다음날 임금을 알현하기 위해 조정에 나갔다. 그러나 감히 어전에 들어가지 못하고 주공부의도가 그려져 있는 서쪽 방에 앉아 있었다. 소제는 곽광에게 사람을 보내 그를 어전에 들도록 했고 곽광은 무릎을 꿇고 관을 벗어 사죄했다.

소제가 말했다.

"그대가 죄가 없다는 것을 알고 있으니 관을 쓰고 일어나라. 그대가 광명에 가서 우림군을 사열한 지 겨우 십여 일밖에 지나지 않았는데 연왕 유단이 어떻게 알 수 있으며 또한 어떻게 편지를 써 보낼 수 있겠는가. 하물며 그대가 만약 불충의 마음이 있었다면 교위를 사용할 필요가 있겠는가. 이것은 명백히 누군가 그대를 모해하려 한 것이다. 과인이 어리지만 이를 모르는 것은 아니다."

군신이 듣고 모두 놀라워하며 탄복했다.

소제가 글을 올린 사람을 잡아오라고 명하자, 상홍양은 상관걸의 집으로 몸을 피했다. 범인을 잡아오지 못하자 소제는 계속 재촉했고, 상관걸은 황제를 가까이 모시는 신하에게 소제 옆에서 곽광의 험담을 하게 했다. 그러자 오히려 소제가 화를 내며 말했다.

"선대의 황제가 그에게 나를 보좌하도록 부탁했다. 만약 또 함부로 말한다면 참형에 처할 것이다."

당신은 올해 죽을 것이오

소제는 이때부터 곽광만을 가까이하고, 상관걸은 상대하지 않았다. 근심과 분노가 한꺼번에 겹쳐서 아무런 대책을 낼 수 없었던 상관걸은 아들 상관안과 상의하고 개장공주와 연왕 유단에게 연락했다. 그는 가짜로 유단을 황제로 추대한다고 하면서 곽광을 죽이고 소제를 폐한 후 자신이 직접 황위에 오르려고 생각했다. 개장공주는 상관걸의 계획에 동의했고, 유단도 서신을 받은 후에 매우 기뻐했으며 일이 성사된 후 상관걸과 함께 부귀를 누리고자 했다.

이때 유단의 재상이 간언했다.

"지난번 모의는 일이 누설되어 성사되지 못했습니다. 장군 상관걸은 천성이 경박하고, 거기장군 상관안도 어려서 교만방자하니 아마 일을 이룰 수 없을 것입니다. 다행히 성공한다 하더라도 상관걸 역시 변덕스러워 수시로 변하니 믿을 수 없습니다."

그러나 유단은 이 말을 귀담아 듣지 않고 군대를 일으켰다.

이때 연燕나라 도성에 괴이한 징후가 그치지 않고 나타났다. 하늘에서 갑자기 폭우가 쏟아지고, 무지개가 우물 속에 거꾸로 걸렸고, 우물이 말라버리거나, 하늘에서 까치가 싸우다가 잇달아 연못 속으로 떨어져 죽었다. 쥐 떼들은 궁문에서 시끄럽게 춤을 추고 죽었다. 성문이 까닭 없이 활짝 열렸고, 성 안에서 원인을 알 수 없는 불이 났으며, 바람이 거세게 불어 성루를 부수는 등 기괴한 일이 수없이 발생했다.

유단에게는 점을 잘 보는 식객이 있었는데 그가 유단에게 알려주었다.

"올해 대신이 주살될 것입니다."

유단이 당황하고 있는 사이 갑자기 상관걸의 모반이 누설되어 그가 체포되었다는 급보가 전해졌고 연나라에서 보낸 사신도 붙잡혔다.

원래 개장공주는 주연을 연 후 곽광이 술을 마시다 취하면 그 자리에서 그를 찔러 죽이기로 했다. 상관걸 부자가 만반의 준비를 하고, 모반의 무리들이 이 일을 의논할 때 누군가 상관안에게 물었다.

"일단 소제를 폐하면 장군의 여식 상관황후는 어떡합니까?"

상관안이 화를 내며 말했다.

"서로 쫓고 있는 사슴과 개가 토끼를 돌볼 여유가 있겠는가?"

이 소식은 개장공주의 처소와 상관안의 집에서 누설되어 소문이 돌다가 마침내 곽광도 알게 되었다. 곽광은 먼저 상관걸 부자를 궁 안으로 불러들여 즉시 참살했고, 상홍양을 잡아서 죽였으며 그 나머지 도당들도 모두 체포했다. 두 번째 모반으로 결코 살아남을 수 없다고 여긴 연왕 유단은 조서를 받고 스스로 목을 매 죽었는데 순장한 비가 20여 명이나 되었다. 개장공주도 참변을 듣고 자살했다.

군주답지 않은 군주 유하

소제는 나이 열여덟에 관례를 거행했고, 조정은 곽광이 공정한 정치를 하였기 때문에 태평했다. 그러나 소제가 스물한 살에 병으로 죽자 후사가 없어서 군주를 세우는 것이 큰 문제가 되었다. 곽광은 소제의 형 광릉왕廣陵王을 군주로 세우고 싶지 않았다. 표면적인 이유는 무제가 그를 마음에 들어 하지 않았고 소제의 손아랫사람이 아니었기 때문이지만, 실제로는 광릉왕의 나이가 많아서 황제로 추대한들 조정을 잘 다스리지 못할 것이기 때문이었다.

그래서 무제의 후궁 이씨의 손자 창읍왕昌邑王 유하劉賀가 황제로 결정됐다. 유하는 가무와 주색에 빠진 인물로 사냥에 몰두하여 반나절은 말을 타고 먼 곳까지 돌아다니는 것이 주요일과였다. 어느 날 유하가 목 아래는 사람 같고 엉덩이에 꼬리가 없는 흰 개 한 마리를 보았는데, 좌우에 있는 사람들은 보지 못했다. 공수가 간언했다.

"이것은 좌우에 있는 사람들이 개가 관을 쓰고 있는 것 같음을 암시하니 만약 잘못을 후회하고 뉘우치지 않으면 나라가 곧 망할 것입니다."

얼마 후 유하가 혼자서 큰 백곰이 궁으로 들어가는 것을 보자 공수는 다시 간언했다.

"야생동물이 궁으로 들어가는 것은 무인지경에 들어가는 것과 같아서 궁전이 텅 비게 될 것이니 이것은 흉조입니다."

얼마 후에 유하가 앉은 자리가 피로 물드는 일이 일어났다. 공수는 울면서 말했다.

"피는 불길한 징후고, 불길한 징후가 상승하여 궁전은 곧 텅 빌 것입니다."

장안에서 사신이 오기를 기다리던 유하는 다음날 홀로 말을 타고 길을 떠났고, 가면서 부녀자들을 수없이 희롱했다.

유하는 매우 방탕하고 군주답지 않아서 조정 대신과 재야의 선비들이 걱정했다. 곽광은 신하들의 부탁으로 양창 등과 연락하여 반란을 일으켰다. 그는 상관황후의 명의를 빌려 유하의 죄상을 열거한 뒤 왕위를 빼앗고 식읍 2천 호에 봉하여 창읍에 머물게 했다. 그러나 유하의 졸개들 200여 명은 모두 형장으로 끌려가 참수당했다. 그 중 어떤 사람이 고함을 질렀다.

"우물쭈물하다가 환란을 자초했다!"

애초에 곽광을 죽이지 못한 것을 후회한다는 뜻이었다.

군주를 정하는 일은 큰 문제였다. 무제의 증손 유병이劉病己는 평민으로 살고 있었는데 미풍의美豊儀에 의하면 그는 경학에 능통하고 재능이 있으며 나이는 열여덟이어서 군주로 세울 만하다고 했다.

이 해에 태산泰山에 있는 큰 돌이 우뚝 서고, 상림원上林苑에 있는 큰 버드나무 잎에 벌레가 먹어 문장을 이루었는데 '공손병이립'公孫病已立이란 문구가 새겨져 있었다고 한다. 이것은 황제가 민간에서 나온다는 징조였다. 곽광이 유병이를 군주로 세우니 그가 선제宣帝였다. 곽광은 선제 곁에서 그를 대신하여 수레를 몰고 사당에 가서 제사를 지냈다. 나중에 선제는 그 자리가 바늘방석 같았고, 장안세張安世가 수레를 몰게 된 후에야 안심했다고 당시의 느낌을 회상하며 말했다. 이는 곽광의 권위가 군주보다 높았음을 보여주는데 다른 한편으로는 그의 집안이 몰락하는 전조가 되었다.

선제가 황후를 정하지 않자 많은 사람들이 곽광의 막내딸을 황후로 책봉하려고 했지만 선제는 명을 내려 자신의 고향을 찾아가보라고 했다. 대신들은 선제가 가난하였을 때 사귄 친구를 잊지 못한 것이라고 이해하고, 할 수 없이 선제가 평민이었을 때 결혼한 허씨許氏를 황후로 삼았다. 조정은 전례에 따라 허씨의 아버지를 마땅히 후작으로 봉하려 했지만 곽광은 그가 궁형을 받은 적이 있는 미천한 존재이므로 규정을 위반하면서 후작에 봉할 수는 없다고 했다. 선제는 차마 고집을 부릴 수 없어 그만두었다.

한선제는 한무제의 증손자로서 평민으로 지내
다가 제위에 올랐다. 곽광을 몹시 두려워한 선
제는, 곽씨 가문이 자신을 폐위시키려 하자 즉
시 군사를 보내 곽씨 가문 사람들을 처형했다.

선제가 즉위하고 2년이 지난 후, 곽광은 신중하고 겸손한 선제를 보고
는 안심이 되어 조정에서 물러나겠다고 자청했다. 그러나 황제는 이를
허락하지 않았고, 무슨 일이든지 먼저 곽광에게 주청한 후 다시 자기에
게 통보하도록 했다. 곽광의 아들 곽우霍禹, 큰아버지의 손자 곽운霍云, 곽
산霍山과 외손자 등은 계속 관직을 얻었고, 조정에서 세력을 굳혔다. 선
제는 이들에게 위기감을 느꼈으나 일단 참는 수밖에 없었다.

독살당한 황후

곽광의 후처 곽현霍顯은 표독하고 악랄한 여인이었다. 곽현은 원래 곽
광의 딸의 계집종이었는데, 용모가 아름다워 곽광의 사랑을 받았다. 그
녀가 자식 몇을 낳자 곽광은 그녀를 후처로 앉혔다. 곽현은 자신의 딸을
황후로 만들기 위해 온갖 궁리를 다한 끝에 허황후許皇后를 모함하여 살
해하기로 했다. 때마침 허황후는 막 아이를 낳으려고 해서 몸이 불편하
였고, 선제는 여의사를 궁으로 불러 조석으로 돌보게 하였다. 곽현은 이
기회를 틈타 자신이 알고 지내던 순우연淳于衍을 추천하여 궁으로 불러

들였다.

허황후가 무사히 아이를 낳고 몸을 돌보기 위해 환약을 복용할 때 순우연은 기회를 틈타 부자附子를 넣었다. 부자는 열이 많아 해산한 뒤에 복용해서는 안 되는 약재다. 허황후는 해산 후 몸이 아주 허약해진데다 부자를 먹자 열이 높아져서 결국 죽고 말았다. 크게 노한 선제는 의관들을 체포하라고 명령했는데 그 중에는 순우연도 포함되어 있었다. 곽현은 순우연이 진상을 밝힐까 봐 두려워서 급히 곽광에게 방법을 찾아보라고 했다. 곽광도 몹시 두려웠지만 일이 이 지경에 이르자 선제에게 거짓으로 설명하는 수밖에 없었다.

곽광의 말을 들은 선제는 의관을 모두 풀어줬다. 이후 곽현은 순우연이 소문을 내지 않도록 여러 차례 많은 재물을 주었다. 이때부터 민간에는 곽씨 집안이 허황후를 독살했다는 소문이 나돌기 시작했다.

얼마 후 곽현의 딸이 입궁했고, 이듬해에 황후가 되었다. 선제宣帝 지절地節 2년에 곽광은 천수를 다하고 세상을 떠났다.

곽후霍后가 자식을 낳지 못하자 선제는 허후許后가 낳은 유상劉奭을 태자로 세우려고 했다. 그러자 곽현이 딸에게 말했다.

"그 아이는 황제가 미천할 때 낳은 아이인데 어떻게 태자가 될 수 있단 말이냐. 장차 네가 사내아이를 낳으면 그 아이에게 제약이 있지 않겠니?"

곽현은 딸에게 독약을 건네면서 기회를 보아 태자를 독살하게 했다. 선제는 태자를 걱정하여 사람을 보내 빈틈없이 보호했다. 모든 음식물은 먼저 맛을 본 후에 들였기 때문에 곽후는 손을 쓸 수가 없었다. 그녀는 화가 나서 저주와 악담을 퍼부었고, 점점 태자를 싫어하는 기색을 드러냈다. 이를 알게 된 선제는 곽씨 집안이 허후를 독살했다는 소문에 각별히 주의를 기울였다.

몰살당한 일등공신의 가문

곽씨 일가에는 세 명의 후작이 있었지만 곽현은 만족하지 못했다. 곽현은 태부인太夫人이 되자 예법을 중시하지 않고 제멋대로 곽광의 옛 제도를 확대했고, 더욱 호화롭고 사치스러운 생활에 빠져버렸다. 그리고 준부俊仆 풍은馮殷과 간통하여 사람들 입에 오르내리니 모르는 사람이 없었다. 그녀의 이러한 작태는 백성들의 분노를 일으켰고 많은 사람이 상소를 올려 그녀를 탄핵했다. 그러나 선제는 곽광의 옛 공로를 생각하여 아무런 조치도 취하지 않았다.

그러나 선제는 곽씨 집안의 권세를 염려하여 앞으로 변고가 생기면 곽우의 병권을 제거하기로 마음먹었다. 곽씨 집안은 상황이 불리한 것을 감지했다. 탄핵하는 사람이 갈수록 많아지고, 허후의 독살에 관한 소문도 갈수록 커지자, 곽운과 곽산은 곽현을 찾아 방법을 생각했다. 곽현이 지난번의 독살 사건을 실토하자 그들은 몹시 놀랐다. 이들은 곽씨와 여러 사위에게 연락해서 함께 일을 일으키고, 상관태후의 명의를 빌려 선제를 폐위하는 것이 유일한 길이며 그래야 비로소 걱정이 없을 것이라고 생각했다.

그러나 벽에도 귀가 있을 줄 누가 짐작이나 했겠는가. 누군가가 그들이 의논하는 것을 듣고는 밤중에 다른 사람과 이 일을 얘기했는데 그의 친구가 엿듣게 되었다. 그는 바로 황제에게 달려가서 이 비밀을 고하였다. 곽씨 집안의 계획은 사전에 누설되었다.

선제는 즉시 곽씨 집안 사람을 체포하라는 명령을 내렸다가는 잠시 후 명령을 거두었다. 곽씨 집안도 계획이 누설된 것을 알고 급히 친척들에게 연락해서 거사를 준비하도록 했는데, 살 길을 찾기 위해서라도 모두 이 계획에 동의하였다. 그러나 다행히 왕이 별다른 조치를 취하지 않자, 모두들 안심했다.

그러나 사실 선제는 천천히 움직이고 있었다. 그는 곽씨 집안이 모반을 꾀한 소식이 아직 많은 사람에게 전해지지 않은 것을 염려하여 경솔하게 체포 명령을 내리지 않았다. 곽씨 집안의 음모가 완전히 폭로될 때까지 기다려야만 사람들의 환심을 살 수 있었다. 과연 곽씨 집안의 문제는 갈수록 많아졌고, 평판도 갈수록 나빠졌다. 곽씨 집안은 은밀히 위상魏相을 죽이고, 눈 먼 황제를 내쳐 곽우를 천자로 세우려고 했다. 그러나 또 누군가가 이 소식을 정탐했고, 선제에게 보고했다.

선제는 시기가 무르익었다고 여기고 즉시 군사를 보내 곽씨 종족과 친척을 모두 잡아서 처리했다. 곽산과 곽운은 독약을 먹고 자살했고, 곽현과 곽우는 요참형에 처해졌으며 곽씨의 사위와 외손들도 모조리 사형 당했다.

곽광의 일생을 살펴보면 힘과 성의를 다해 공평하게 조정과 국가를 다스렸다고 할 수 있다. 그처럼 일을 제대로 처리하기란 무척 어렵다.

그러나 곽광은 나라의 이익을 위해 일하고 계획할 줄만 알았지, 집안을 위해 일하고 계획할 줄은 몰랐다. 그는 충분히 자신의 사후에 가족이 멸망할 것을 생각해볼 수 있었다.

첫째, 그는 허황후를 독살하여 화근을 남겼다. 둘째, 20여 년의 집권 동안 원한을 많이 샀고 월권행위 또한 많았다. 셋째, 미천한 출신의 아내 곽현은 욕심이 지나쳤고, 덕이 부족했으며 잔인했다. 넷째, 손자들이 대부분 경망스러웠다. 다섯째, 사위가 조정에 자리를 잡고 세력이 너무 커져서 질시를 받았다. 여섯째, 일의 전후를 점검할 줄을 몰랐다.

이 여섯 가지 중 한 가지만으로도 충분히 가족을 잃을 수 있었는데, 곽광은 어떤 한 가지에 대해서도 구체적으로 대비하지 못했으며 아무런 조치도 취하지 않았다. 설사 선제에게 멸문을 겪지 않았다 하더라도 다른 황제 대에 멸문당했을 것이다. 모반은 신중하게 해야 하고, 결정을 내리면 돌이킬 수 없다. 모반은 패망에 이르는 지름길일 뿐이다.

곽광은 나라의 이익을 위해 일하고 계획할 줄만 알았고, 집안을 잘 다스릴 줄 몰랐기 때문에 중국 전통의 관점에서 보면 최고의 인물이라고 할 수 없다.

9 외척과 환관

봉건 중앙집권제도는 반드시 외척이나 환관의
권력 독점이라는 폐단을 가져왔다.
사람의 양심에는 한계가 있고 권력은 무한히 사람을 타락시키므로
대부분 좋게 시작해서 나쁘게 끝을 맺는다.

"교활한 토끼가 죽고 나면 사냥개는 쓸모가 없어져 주인에게 삶아 먹히게 된다."狡兎死 走狗烹

"높이 나는 새를 잡고 나면 좋은 활이 필요 없다."高鳥盡 良弓藏

"적국이 멸망하면 모략에 능한 신하는 죽는다."敵國滅 謀臣亡

이것은 춘추시대 말기 오왕 부차와 월越나라 대부大夫 문종文種이 한 말이다. 이 말은 이후 수천 년 동안 영원한 역사의 법칙이 되었다.

주마등처럼 갑자기 나타났다 사라지는 단명 왕조를 제외하고, 몇몇 거대한 왕조의 경우를 보자. 한나라의 개국공신들은 철저히 주살되었고, 송나라가 개국한 후 대신들의 관직을 박탈하고 고향에서 농사를 짓도록 한 것은 평화롭게 정권을 안정시키는 수단이었다. 명나라가 개국한 후 주원장이 수없이 많은 대신을 살해한 것은 좋은 예다.

고대 중국의 개국 황제가 혹시 미쳤던 것은 아닐까?

사실 그들은 매우 똑똑했기 때문에 개국 후 공신을 도살했다고 할 수 있다. 이는 나름대로 현명한 행위였다. 이것은 개국 황제들이 한 집안과 한 혈통의 정권을 공고히 하는 조치이자 '자손만대를 위한 책략'이었다.

그렇다면 왜 이런 일이 일어나는가? 이치는 간단하다. 나라를 세운 제왕에게는 반드시 출중한 능력과 혁혁한 전공, 큰 권세를 가진 뛰어난 신

하들이 있었다. 이러한 대신과 장수들이 모두 충직한 것은 아니고, 모든 면에서 다 뜻이 맞는 것은 아니다. 설령 개국 황제가 건재할 때라 할지라도 언제나 고분고분한 것은 아니어서 모반하거나 군대를 일으키는 사례가 많았다. 게다가 이 대신과 장수들의 나이는 일반적으로 개국 황제보다 어리게 마련이니 그들이 천수를 누리고 죽을 때까지 기다릴 수도 없었을 것이다.

많은 대신과 장수를 죽인다 하더라도 몇몇은 남아 있게 마련으로 여전히 안심할 일이 아니었기 때문에, 황제들은 즉위 후 권세가 대단한 개국 공신을 무력으로 제압했다. 유일한 수단은 핑곗거리를 찾아 그들을 제거하는 것이었다. 당연히 가장 좋은 방법은 죽이는 것이었고, 설령 그들의 목숨을 살려둔다 하더라도 다시는 권력을 잡지 못하게 했다.

이것은 사실 너무 잔인한 짓이라 할 수 있다. 이렇게 부도덕한 행위는 사람들의 분노를 일으키고, 또한 명예와 도덕에 대해 깊은 실망을 느끼게 한다.

그러나 사회의 안정과 발전을 위해서는 장점이 많았고 사회의 분열과 전란의 고통에서 벗어날 수 있게 해준 측면도 있다. 만약 몇몇 가문과 혈통이 권력을 장악한다면 곧 그 사회는 동요하고 불안에 휩싸일 것이다. 육조六朝 시기에 수십 년마다 왕조가 교체되었던 역사적 사실은 아주 좋은 예다. 이 시기의 문벌 세족들은 각자 제멋대로였고, 기회만 있으면 반란을 일으켰다. 그래서 왕조 교체가 손바닥 뒤집듯 일어났고, 이로 인해 고통을 받는 사람은 당연히 서민 백성이었다.

이것은 '역사가 진보하기 위해서는 도덕의 대가를 지불해야 한다'는 말에 꼭 들어맞는다. 그러나 예외도 있기 마련인데 동한東漢의 개국 황제 유수가 좋은 예다. 동한의 개국공신은 모두 천수를 누렸고, 토사구팽은 일어나지 않았다. 이것은 유수가 유화정책으로 나라를 다스린 결과였다. 공신을 살육하는 것을 원치 않았던 그는, 대신 그들을 구슬렸다. 만약 관직을 주고 토지를 하사하면 공신의 권세만 점점 커질 것이고 결국

광무제 유수가 신하에게 하사한 도장. 광릉왕새廣陵王璽라는 글자가 새겨져 있으며 거북 모양의 손잡이가 달려 있다.

일이 뜻대로 되지 않을 것이었다. 유일한 방법은 공신과 유씨 정권이 서로 혼인을 맺는 것이었다.

이리를 피하려다 호랑이를 만나다

유씨의 딸들이 많은 공신 가문의 자손에게 시집을 갔고, 유씨 가문의 자손도 공신의 딸들을 황후나 아내로 삼았다. 동한 전체를 살펴보면 황후는 대체로 두융竇融 · 등우鄧禹 · 마원馬援 · 양요梁繞 등의 공신 가문에서 간택되었다. 이렇게 확실하게 정권과 공신이 한통속이 되어 유씨 정권은 견고해진 것 같았다. 그러나 동한 왕조는 이때부터 외척과 환관이 번갈아 권력을 독점하는 악순환이 이어졌다.

황실이 공신과 혼인을 맺으면 반드시 외척의 권력 독점을 초래하게 되었고, 환관에 의지해서 외척을 제거하면 또한 이리를 피하려다 호랑이를 만난 격으로 반드시 환관이 권력을 독점하였다. 동한 왕조는 이 두 개의 기형적인 바퀴 위에서 굴러갔다.

외척이 권력을 독점하는 계기는 쉽고도 간단했다. 그 유일한 조건은 황제가 어리면 된다는 점이다. 동한의 경우, 네 번째 황제 화제和帝(재위 89~105)부터 시작해서 황제의 폐위와 즉위는 기본적으로 외척의 손에 조종되었다. 외척들은 일부러 어린아이를 황제로 세웠다. 장제章帝

장군 마원은 북방에서 목축에 종사하다가, 문객들을 많이 초빙하여 세력을 얻었다. 이후 광무제 유수의 신하로서 태중대부가 되었으며, 여러 이민족들을 토벌하여 많은 칭송을 받았다.

(76~88) 이후로 외척이 세운 황제는 많아야 열일곱 살을 넘지 않았고, 가장 어린 황제는 겨우 한 살이었다. 황제가 어려서 정권을 장악할 힘이 없으면 자연히 황태후가 국정을 맡아 처리했는데 소위 섭정 육후六后는 두竇·등鄧·염閻·양梁·두竇·하何 여섯 황후를 가리킨다. 황후는 또 누구의 권력에 의지하는가? 자연히 친정의 권력이다. 그래서 외척의 권력 독점 현상이 나타나게 된 것이다.

황제를 독살한 정치철새 양기

동한에서 권력 독점이 가장 심했던 외척 중의 하나가 양기梁冀이다. 양기의 고조부인 양요는 일찍이 왕망의 신新 정권에서 주천태수를 맡았으나 왕망이 봉기군에게 살해된 후에 하서 지방에서 두융을 대장군으로, 양요를 무위태수로 삼을 것을 추천했고 하서의 경계를 함께 지켰다. 유수가 농민 봉기군을 쳐부순 후, 양요는 대세가 역전될 수 없다는 것을 알고는 무리를 이끌고 유수에게 투항하였다. 유수는 그를 개국 공신으로 삼고 잇달아 성의후成義侯, 고산후高山侯에 봉하고 태중대부太中大夫에 임명했다.

양요와 두융 모두 유수의 가문과 혼인을 맺었고, 유수는 자신의 딸 오음공주午陰公主와 양요의 아들 양송梁松이 혼인하는 것을 허락했다. 이렇게 양요의 가문은 황후에 간택될 자격을 얻은 것이다. 그러나 양송의 질녀가 장제의 아들을 낳았지만 애석하게도 황후가 아니므로 태자로 옹립하지 못했다. 두융 가문 출신의 두황후竇皇后는 아들을 낳지 못하자 양비梁妃가 낳은 아들을 입양하였고, 양씨 가문은 은근히 기뻐하였다.

두황후는 양씨 가문이 득세할까 염려되어 즉시 양비와 그 부친 양송梁竦을 술책을 써서 살해했고, 그 때문에 양씨 가문은 계속 두씨 가문에게 억압을 당했다. 얼마 후 장제가 승하하고 열 살의 화제가 즉위하자 두태후竇太后가 국정을 맡아 보게 되었다.

그러나 얼마 후 두태후가 죽자 비로소 양씨 가문은 두씨 가문을 고발했고, 화제는 양씨 가문에게 관직을 봉하고 상을 내렸다. 그러나 양씨 가문은 여전히 등·염·두씨 등의 외척으로부터 억압을 받았고, 순제順帝(126~144) 시기에 이르러서야 비로소 실권을 장악할 수 있었다.

순제가 즉위하고 양상梁商의 딸이 황후가 되자 양상은 승씨후乘氏侯에 봉해졌고, 군사정권의 실권을 장악하는 대장군의 직무를 맡았다. 그러나 양상은 아직 함부로 세력을 휘두를 수 없어서 어진 신하들에게 예의를 갖추어 대했고, 근신하며 정치에 힘써 평이 그리 나쁘지 않았다. 이로써 양상은 그의 아들인 양기의 20년간의 권력 독점의 길을 열었다.

순제 영화永和 6년(141) 양상이 죽자 즉시 그 아들인 양기가 아버지의 직책을 계승하여 대장군에 임명됐고, 동생 양불의는 하남윤河南尹이 되었다.

양기는 사람됨이 음흉하고 교활했으며, 놀기를 좋아했다. 기록에 의하면 그는 아주 추하게 생겼는데 승냥이같이 흉악하게 찢어진 두 눈에 마르고 탄탄한 어깨를 으쓱거렸고, 여색·음주·도박 및 닭싸움·개 경주·승마·활쏘기 등의 오락과 유희를 즐겼다고 한다. 그 아버지 양상역시 술수에 능한 사람이어서 양기가 다른 외척 세력에게 억압받지 않도록 그를 단련시켰다.

양기는 정치철새들을 모으는 간교함, 건달의 염치없음과 귀족 자제의 거만함을 두루 갖추고 있어 횡포가 아주 심했다. 그는 20년간 대장군을 지내면서 온갖 나쁜 짓을 다 하였다. 한순제가 스물일곱의 나이에 돌연 사망했는데 그 사인은 지금까지도 고증할 방법이 없다. 이 일은 대권을 손에 쥐려는 양기에게 절호의 기회를 제공했지만 양기의 여동생 양황후梁皇后에게는 자식이 없었다. 양기는 어느 미인이 낳은 아들을 선택해서 즉위시켜 충제沖帝로 삼았다. 양황후가 태후에 책봉되어 수렴청정을 했지만 실상 모든 대권은 양기에게서 나왔다.

충제의 나이는 겨우 두 살이었는데 이 5개월짜리 황제는 어느 날 영문도 모른 채 죽었다. 후계자를 정하는 것이 또다시 큰 문제가 되었고 조정 대신들의 의견이 분분하였지만, 결국 적당한 사람 몇 명이 후보로 선발되었다. 그 중에는 청하왕淸河王 유산劉蒜, 발해효왕勃海孝王 유홍劉鴻의 아들 유찬劉纘이 포함되어 있었다. 태위 이고 등은 평소에 현명하기로 유명한 청하왕 유산을 황제로 세울 것을 주장했다. 그러나 양기는 꼭두각시 황제를 세워서 자신이 대권을 조정할 심산으로 사람들을 모아서 겨우 여덟 살인 유찬을 옹립하였는데, 그가 질제質帝이다.

유찬은 어린 마음에도 결코 양기에게 고마워하지 않았고 정의감이 있었다. 질제는 매우 총명했지만 아직 너무 어렸다. 한번은 그가 양기를 가리키며 낮은 소리로 조정의 모든 신하들에게 말했다.

"이자야말로 발호장군跋扈將軍이다!"

이 말을 들은 양기는 황제가 밉기도 했지만 겁도 났다. 질제가 성장하면 자신을 제거할 것이라고 여긴 양기는 측근에게 명하여 질제가 먹을 전병에 독을 넣게 했다. 전병을 다 먹은 질제는 복통을 참을 수 없었고, 사람을 보내 이고를 급히 입궐하게 했다.

질제가 이고에게 말했다.

"과인이 독이 든 전병을 먹고 복통을 견디기가 어렵소. 물을 마실 수 있다면 목숨을 부지할 수 있겠소만."

이고가 물을 가지러 가려 하자 양기가 옆에서 말했다.

"물을 마시면 안 되오. 물을 마시면 토할 수 있소!"

그러자 감히 물을 가지러 가는 사람이 없었고 질제는 이렇게 양기에게 독살되고 말았다.

이고는 다시는 어린 황제를 세워서 국가 사직의 운명을 가지고 장난을 쳐서는 안 된다고 생각했다. 그는 곧 의기투합한 대신들과 편지를 써서 양기에게 보냈다.

"한 조정에서 1년 사이에 연이어 세 황제를 잃었으니 실로 비정상적이다. 이제 또 황제를 세워야 하니 이것은 국가대사 가운데 가장 중요한 일이므로, 대신들의 의견을 널리 구하고 현명한 군주를 택해서 세워야 한다."

편지를 받은 양기는 유쾌하지는 않았지만 대신들을 소집하여 이 일을 상의하도록 했다. 이고는 청하왕 유산이 현명한데다 이미 성인이 되었고 명성과 덕망이 높으며 또 황실에서 지위가 존귀하고 혈연이 가장 가까운 후손이므로 군주로 세울 수 있다고 생각했다. 그러나 양기의 생각은 달랐다.

양기가 후계자로 세우려고 한 사람은 열다섯 살의 여오후蠡吾侯 유지劉志였다. 유지는 양기의 여동생과 혼인하기로 되어 있었다. 일단 유지가 군주가 되면 양기가 곧 황제의 매부가 되는 것이다. 그러나 이고가 내세운 유산이 황제 후보 가운데 가장 두드러졌다. 이를 기각하기가 쉽지 않았기 때문에 양기는 잠시 회의를 중지할 것을 선포할 수밖에 없었다.

저녁이 되자 조등曹騰이 양기를 만나러 왔다. 중상시中常侍 조등은 상황 판단이 빠르고 일을 잘 처리하였으며, 시기와 형세를 판단할 때 그 한계를 파악할 줄 아는 인물이었다. 그는 양기에게 말했다.

"양 장군은 대대로 황실의 사돈으로서 오랫동안 조정을 장악하셨습니다. 또한 수하에 귀한 식객과 무리가 많아서 통제가 미치지 못한 곳에 의외의 일이 생기고 심지어 죄를 범하는 일까지 생기는 사태를 피할 수가 없습니다. 청하왕 유산은 원래 엄격하고 공정한 것으로 유명한데 만약

환제 유지는 양기의 매부로서 양기의 힘을 업고
황위에 올랐다.
양기 등의 무리가 세력을 독점하자 환제는 자신
이 이전의 황제들처럼 죽을지도 모른다고 걱정
한 끝에 화장실에서 그를 숙청할 계획을 세웠다.

그가 황제가 된다면 장군이 매우 위험하지 않겠습니까? 유지를 세워야
만 오래도록 부귀를 보전하실 수 있습니다!"

이 말은 양기의 의중과 맞아떨어졌다. 다음날 양기는 다시 여러 대신
들을 소집하여 군주를 세우는 일을 상의했다. 이고가 여전히 자신의 주
장을 고집하자 양기는 살기등등한 모습을 보이며 유지를 옹립하는 데 동
의하지 않는 사람은 누구든지 죽이려고 하였다. 결국 정의는 무력을 꺾
을 수 없었고, 모두들 어쩔 수 없이 유지를 황제로 세우니 그가 곧 한환
제漢桓帝이다.

양기는 즉시 황태후의 명의로 명령을 내려 태위 이고를 직위에서 해임하
고, 권력을 빼앗았다. 그는 이고를 죽여야만 마음이 편해질 것 같았다.

서기 147년 환제가 즉위했으나 많은 사람이 복종하지 않자, 남군南郡의
유유劉鮪와 감릉甘陵의 유문劉文이 연합해서 유산을 황제로 옹립하려고 했
다. 양기는 이 사실을 알고는 즉시 진압하였다. 양기는 간사한 기지를 발
휘하여 이고와 두교杜喬가 유산을 옹립하려는 음모에 가담했다고 죄를 뒤
집어씌워 고발했고, 그들을 체포하여 감옥에 집어넣었다.

그러나 양기가 이고를 박해할수록 이고의 명성과 덕망은 높아만 갔다.

이고가 감옥에 들어간 후 이고의 학생인 발해왕 유조는 죄인의 목에 씌우는 칼 대신 나무칼을 목에 차고 나아가 상소를 올렸고, 하내河內 조승趙承 등 수십 명의 사람이 역시 궁문 밖에서 청원하였으며 다른 민중들도 항의할 준비를 했다. 이 일을 들은 양태후는 새로운 군주가 생길까 봐 두려웠고, 상황이 좋아지지 않자 명을 내려 이고를 풀어주었다. 장안의 백성들이 그 소식을 듣고 모두 기뻐 어쩔 줄 몰랐다. 그러나 얼마 후 이고와 두교는 다시 유산을 옹립하려는 음모를 꾸몄다는 죄명으로 주살되었다.

양기는 유지를 옹립한 공이 있었기 때문에 유지는 당연히 그에게 고마워했다. 그에게 내린 하사품은 이전의 어떤 공신에게 내린 하사품보다 많았다. 대권을 손아귀에 쥔 양기는 자신에게 반대하는 자는 학살하고 억압했다. 동한에서 권력을 독점한 외척 가운데 양기가 이 점에서 가장 악랄했다.

천자보다 높은 대장군

당시 양기를 질시하고 증오하지 않는 사람이 없었다. 양기가 하남윤의 벼슬에 있었을 때다. 세력을 믿고 제멋대로 날뛰는 양기가 눈에 거슬렸던 최기崔琦는 「외척잠」外戚箴을 지어 그에게 바치고 충고했다. 양기는 당시 아직 대권을 가지지 못해서 최기에게 별다른 조치를 취하지 못했다. 이후 양기가 권력을 쥐게 되자 최기는 또 「백곡부」白鵠賦를 바치고 그를 비웃었다. 양기는 이번에는 더 참지 못하고 최기에게 물었다.

"그래, 조정에 관리들이 많은데 내가 가장 원망스럽단 말이냐? 너는 왜 항상 나를 심하게 질책하고 비판하느냐?"

최기는 무서워하지 않고 대답했다.

"관중은 제齊나라의 재상으로 자신과 다른 의견을 즐겨 들었고, 소하는 유방을 보좌하여 사람들이 진언하는 것을 격려했습니다. 지금 장군이 누대에 걸쳐 군주를 보좌하는 것은 사실 이윤과 주공의 책임을 지고 있는 것과 같습니다. 그럼에도 어질고 바른 정치를 베풀지 않고 재주 많고 어진 선비를 등용하지 않으며 언로를 열지 않고, 나아가 시비선악을 전도시키고 황제를 기만한다면 그야말로 진시황제의 아들 이세를 농락한 조고의 지록위마指鹿爲馬와 같습니다!"

양기는 화가 나서 온몸이 덜덜 떨렸지만 대답할 말이 없었다. 자연히 그는 최기를 가만두지 않으리라 마음먹었다. 그는 우선 최기를 승급시켜 산동의 임제현臨濟縣의 책임자로 삼았다. 그러나 최기는 분별 있는 사람이어서 양기가 자신에게 속셈이 있다는 것을 알고는 벼슬하러 가지 않고 피할 곳을 찾아 은거했다. 양기는 이 사실을 안 후 자객을 보내 그를 죽이도록 했다. 자객이 최기를 찾았지만, 농사를 지으면서 공부하는 그를 어진 선비라고 생각한 나머지 차마 죽이지 못했다. 자객은 그에게 사실을 알려주고는 자신도 도주해버렸다. 자객의 말을 들은 최기는 즉시 도피했지만, 양기의 도당이 도처에 깔려 있었기 때문에 결국 살해되었다.

원저袁著는 열아홉 살로서 낭중郎中의 낮은 벼슬아치였는데, 양기의 횡포가 마음에 들지 않았다. 그는 대담하게도 황제에게 상소를 올려서 세력은 권신들이 나누었고 대권이 남의 손 안에 들어갔다고 지적했다. 뿐만 아니라 가장 바람직한 것은 양기가 "공을 이루었으니 물러나" 집으로 돌아가 요양이나 하여 "몸을 보전해야 하며" 그렇지 않으면 죽게 될 것이라고 건의했다. 이외에도 원저는 황제에게 "비방하는 말은 제외하고 온 세상 사람의 입을 열게 해야 한다"는 상소를 수없이 올렸다.

양기는 이런 하찮은 인물이 상소를 올려 자신을 모욕하자 놀라고 분해서 사람을 보내 원저를 체포하도록 했다. 원저는 이 소식을 들은 후 이름을 바꾸어 도주했고 병을 빙자하여 거짓으로 죽은 것처럼 꾸몄다. 그는 풀을 관에 채워 넣고 자신의 장례까지 치렀지만 양기의 눈을 피할 수는 없었고, 결국 잡혀서 주살되었다.

이뿐만 아니라 원저의 친한 친구인 이름난 선비 유상劉常 · 호무胡武 ·

학루郝絜도 연루되었다. 특히 학루의 죽음은 매우 희극적이다. 그는 처음에는 도망쳐 살아남으려고 생각했지만 어딜 가든지 양기의 수하들이 있었기 때문에 나중에는 도망칠 곳이 없었다. 그래서 아예 자기의 관을 들고 대장군 양기의 집 앞에 가서 독약을 먹고 죽었고, 결국 한 집안의 생명을 보전했다. 호무의 일가는 60여 명이 연루되어 몰살당했다. 상소 때문에 이와 같이 많은 친구가 연루된 경우는 중국역사에서 많지 않다.

양기가 조정과 재야의 권력을 완전히 장악하여 세상에서는 대장군이 있다는 것만 알고 조정에 천자가 있다는 것은 모를 정도였다. 양기는 크고 작은 권력 모두를 자신의 손안에 움켜쥐고 싶어 하는 권력광이었다. 그는 부하에게 직접 황제를 살피게 해서 황제의 일거수일투족을 알고 있었고, 조정 대신들의 동태까지도 꿰뚫고 있었다. 조정의 일이라면 모두 참견하려 했고, 관리의 영전과 좌천도 직접 처리하며 사리사욕을 꾀하고 자기와 견해가 다른 사람을 제거하였다. 승진하여 임지로 가는 관리는 출발할 때 반드시 그에게 먼저 작별 인사를 해야 했다.

일찍이 양기는 완현宛縣의 현령인 오수吳樹에게 그곳에 있는 자신의 식객을 보살펴주라고 말했는데, 오수는 그 자리에서 단호히 거절하면서 양기가 간신 무리와 작당하여 사리사욕을 채우고, 어질고 재능 있는 선비를 중용하지 않는다며 호되게 비난했다.

양기가 완현에 도착해 보니 과연 오수는 법에 따라 양기의 식객 10여 명을 사형에 처했다. 양기는 그에 대한 원한이 골수에 사무쳤다. 양기는 오수를 진급시켜 형주荊州의 행정 장관으로 명하고는 그를 자신의 집으로 불러 송별연을 베푸는 자리에서 술에 독을 넣어 죽였다.

양기가 20년간 권력을 독점하는 동안 좋은 일은 거의 하지 않고 죄는 산더미 같아서 셀 수가 없을 정도였다. 이러한 온갖 만행은 백성의 분노를 샀다. 사생활에 관한 추문도 가지각색이었다. 기록에 의하면 양기의 아내 손수孫壽는 매우 괴상한 여인으로 생김새를 묘사하기가 어려운데, 가늘고 구불구불한 눈썹과 누런 치아에, 웃으면 마치 얼굴의 근육이 터질 것 같고, 걷는 것은 뒤뚱뒤뚱 불안정해서 쓰러질 듯했다고 한다. 그녀는 눈 아래에 붉은 연지를 바르기를 좋아해서 방금 운 것 같았고, 머리카락을 한쪽으로 둘둘 감아서 머리 위에 큰 종기가 난 것 같았다.

비록 손수의 용모와 기질이 기괴했지만 사람을 길들이는 수완이 아주 뛰어나서 결국 양기는 그녀를 아끼지 않을 수 없었고, 나중에는 여러 면에서 그녀의 말을 들었다.

손수는 양기가 아끼는 남자 총애 진궁秦宮과도 간통했다. 또한 자신의 체면에도 불구하고 양기의 첩을 잡아다가 괴롭혔다. 도성이 온통 와자지껄했고, 흉악한 무리들이 마구 날뛰었다.

한 왕조는 사실상 양씨의 천하였다. 양기의 집안에서 후작 일곱 명, 황후 세 명, 귀인 여섯 명, 대장군 두 명, 작위를 받거나 군君에 책봉된 부인과 딸이 일곱 명, 공주를 아내로 삼은 사람이 세 명, 영관급 장교는 쉰일곱 명이나 나왔다. 그러나 나쁜 짓을 많이 한 양기가 스스로 목숨을 잃게 되는 날은 멀지 않았다.

화장실에서 회의를 연 한환제

환제 건희建熹 2년(159) 양황후와 다른 양비梁妃가 차례로 병사했는데 이때 환제는 스물여덟 살이었다. 언제나 자신이 이전의 황제들처럼 죽을지도 모른다고 걱정한 환제는 양황후가 죽은 후 양씨 일가를 제거할 작정으로 서둘러 행동했다.

그러나 환제가 태감 외에 누구를 찾아갈 수 있겠는가? 한번은 그가 화장실에 있을 때 주위에 사람이 없는 것을 확인하고 태감 당형唐衡을 불러들여 물어보았다.

"태감 가운데 누가 양씨 가문과 마음이 맞지 않는가?"

당형이 말했다.

"단초單超와 좌관左倌 두 사람은 이전에 그 둘의 형제가 대례를 행하지 않았기 때문에 수감되어 하마터면 감옥에서 죽을 뻔했습니다만, 그 두 사람이 선물을 보내 사죄하고 나서야 그들의 형제를 구출할 수 있었습니다. 그 둘은 겉으로는 아무 말이 없었지만 마음속으로는 틀림없이 외척의 권력 독점을 증오할 것입니다."

환제는 은밀하게 단초와 좌관을 불러들이고 낮은 목소리로 그들에게 물었다.

"대장군이 조정을 좌지우지하니 과인은 그를 없애려고 한다. 그러나 조정의 관리들이 대장군의 눈치를 보고 일을 처리하니 어떡해야 하는가?"

단초와 좌관이 이구동성으로 말했다.

"대장군의 권력 독점이 나라를 망치고 있으니 진작 죽여야 했습니다. 저희는 물불을 가리지 않겠습니다. 다만 황제께서 대장군을 제거할 결심을 하지 않으실까 두려울 뿐입니다."

환제가 대답했다.

"과인은 이미 결심하였으므로 망설일 것이 없다."

이어서 환제는 서황과 구원을 불러들인 후 다섯 명의 태감과 굳게 맹세하고 함께 양기를 죽이기로 했다.

양기의 측근도 이 소식을 탐지하고 양기에게 보고하였다. 무슨 일이 일어날까 봐 두려워진 양기는 자신의 심복인 장운을 상서성 숙소에 잠복시켰다. 단초는 양기가 눈치를 챘다는 것을 알고 즉시 결단을 내려서 모반을 획책했다는 죄명으로 장운을 체포하였다. 환제도 친히 군사 출동에 쓰이는 부절과 인장을 전부 상서성으로 모으라고 명하면서 군대를 파견하여 양기를 체포하라는 조서를 내렸다. 구원이 궁궐의 호위병 1천여 명을 인솔하여 양기의 저택을 포위했고, 양기의 대장군 인수印綬를 회수하였다. 양기는 환제가 갑자기 자신을 치리라고는 생각지 못했기 때문에 미처 손도 쓰지 못하고 아내와 함께 자살했다.

양기가 죽은 후 환제는 그의 일가친척을 모두 주살했다. 이에 연루되어 관직이 삭탈된 관리가 300여 명이었고 사형에 처해진 자가 수십 명이었으므로 조정의 각 관아는 거의 텅 비게 되었다. 양기의 가산을 몰수하니 30억 금에 달했는데 이는 그해 전국 조세 수입의 반에 맞먹는 액수였다.

인간의 양심은 한계가 있다

양기가 제거되어 외척의 권력 독점이 잠시 일단락되었지만 이번에는 환관의 권력 독점이 시작되었다. 동한 왕조는 결국 환관과 외척이 이중으로 날뛰어서 멸망했다.

옛날 왕씨, 사씨 집 앞 마당에 날던 제비,
이제는 보통의 백성 집에 날아다닌다.

물론 이 시는 위진남북조 시대 문벌귀족인 세족世族의 번영을 회상한 것이고, 그 번영은 오래가지 않음을 나타낸 것이다. 양기는 백성들에게 화를 입힌 죄 많은 간신에 불과했다. 양씨 일족은 오랫동안 배척되고 억압당했지만, 하루아침에 세력을 얻은 후에는 거만하고 잔학해져서 결국 일장춘몽으로 사라지고 말았다.

우리는 간신의 횡포에 대해 개탄만 할 겨를이 없다. 우리가 생각해야 할 것은 봉건 중앙집권제도는 반드시 외척이나 환관이 권력을 독점하는 폐단을 가져온다는 것이다. 정권이 한 사람에 의해 장악된다면 세상의 이치는 일반 백성이 결정하는 것이 아니고, 단지 한 사람의 입으로부터 나오게 되어 반드시 권력 독점을 초래하게 되는 것이다. 이는 봉건 제도가 해결할 수 없는 난제다. 잘 해결되면 정치가 발전하고 적당한 인재가 등용되고 뛰어난 군주와 포청천 같은 현명한 재상이 나타날 것이다. 그러나 호인주의好人主義, 즉 아무 원칙도 없이 좋은 게 좋다는 생각은 적절하지 않다.

사람의 양심에는 한계가 있고, 권력은 무한히 사람을 타락시키므로 대부분 좋게 시작해서 나쁘게 끝을 맺는다. 과거 중국의 왕조가 정치를 잘했다면 그처럼 정권이 자주 바뀌지는 않았을 것이다.

흥미로운 것은 황제가 나이가 어리고 무지하거나, 나이가 많고 우매한 이 두 가지 상황하에서 외척과 환관이 쉽게 조정의 권력을 장악한다는 것이다.

공신의 경우에도 다루기가 어려워서 죽이지도 못하고 살리지도 못하는 경우가 많았다. 공신을 죽이지 않으면 외척이 권력을 독점하고, 외척을 제거하면 환관에게 의지해야 했다. 외척과 환관의 권력 독점은 봉건 왕조의 숙명이었다.

10 천고에 길이 기억되는 황후

중국 3대 악녀라는 한고조 유방의 부인 여치,
당나라의 무측천과 청나라의 서태후도 있지만, 황후 가운데는
후세 사람들의 마음속에 인성과 자애의 미를
뚜렷하게 새겨놓아 세상에 영원히 남는 여인도 있다.

"집안에 현명한 아내가 있으면, 남자가 나쁜 짓을 하지 않는다."

이것은 백성들 사이에서 오가는 속담이다. 또한 다른 사람의 아내를 칭송할 때 쓰는 일상적인 호칭으로 현모양처라는 말이 있다.

중국 역사에서 여성의 지위는 분명 낮았다. 여성들은 남성중심주의 아래서 대부분 기를 펴지 못했지만, 경우에 따라서는 상당한 존중을 받기도 했다. 특히 가정에서 주부의 잘잘못은 집안의 흥망성쇠에 중요한 영향을 끼쳤다. 평민 가정뿐 아니라 황제의 집안도 예외는 아니었다. 후당後唐 장종莊宗 이존욱李存勖의 유황후劉皇后와 명태조 주원장의 마황후馬皇后는 신분은 똑같이 미천하였지만, 각각 부정적인 예와 긍정적인 예로 명확한 대조를 이룬다.

후당은 이존욱이 후량後梁을 함락시키고 건국한 나라다. 당시 이존욱은 자신이 당나라의 계통을 이어받았다고 생각했기 때문에 후당이라고 일컬었다. 이존욱이 진왕晉王이 되었을 때 유씨劉氏(유황후)에게 반했고, 이존욱의 모친은 그녀를 아들에게 주었다.

유황후는 위주魏州 성안成安(지금의 하북河北 성안成安) 사람으로, 그녀의 부친은 세상을 떠돌아다니면서 점치는 일을 했으며 스스로를 유산인劉山人이라 칭했다고 한다. 턱밑에 누런 수염을 기른 유산인은 세상을 바쁘

게 돌아다녔는데 딸의 점을 친 적은 없었다. 그러나 유산인의 사정을 보면 유황후의 신분이 미천하다는 것을 알 수 있다.

유황후가 아직 어렸을 때 이존욱의 부친인 이극용李克用이 위주의 성안을 공격해서 점령했는데, 부하 장수 원건봉袁建封이 유씨의 고상한 용모를 보고는 끌고 와 이극용에게 바쳤다. 이극용의 처는 그녀가 총명하고 인품도 출중해서 매우 예뻐했고, 그녀에게 가무와 노래를 가르쳤다. 유씨는 빼어나게 아름다운 소녀로 자라났다.

청년 이존욱은 영민하고 용맹스러웠으며 양梁을 멸망시키려는 아버지의 유지를 받들어 결국 후당을 세웠다. 그는 재주가 많았지만 유흥을 아주 좋아해서 청년 시절에 이미 그 조짐을 보였다. 그는 이극용이 가장 총애하고 신임하는 아들이었으므로 자연스레 궁중 액정掖庭을 출입할 수 있었다. 그곳에서 유씨를 보고 첫눈에 반한 이존욱은 진왕으로 봉해진 후 어머니에게 유씨를 달라고 졸랐다. 이존욱의 모친은 원래 유씨를 기생으로 만들 작정이었지만 어쩔 수 없이 그녀를 아들에게 주었다. 이존욱의 환심을 산 유씨는 나중에 아들 이계급李繼岌을 낳았는데, 이존욱은 계급의 용모와 성격이 자신을 닮아서 더욱 유씨를 총애했다.

이존욱은 왕위에 오른 후 정비인 한부인韓夫人을 폐위하려고 했으나 뚜렷한 명분이 서지 않아 망설이면서 결정하지 못했다. 이때 궁정에 권력과 이익을 다투는 분쟁이 일어났다.

추밀사樞密使 곽숭도는 권력이 높고 중요한 지위에 있었지만, 재능과 덕, 공훈과 업적이 낮아서 사람들에게 신망을 얻지 못하고 있었다. 곽숭도는 이때 유씨를 황후로 추대한다면 나중에 그녀가 틀림없이 자신을 중용할 것이고, 자신에게 확실하고 강대한 후원자가 생기게 되니 더이상 관리들의 공격을 두려워하지 않아도 될 것이라고 생각했다. 그래서 그는 "재상과 백관을 거느리고 유부인劉夫人을 중궁으로 책봉함이 마땅하다"고 아뢰었고, 장종 이존욱은 이런 상황에 맞추어 서기 924년에 유씨를 황후로 삼았다.

구양수歐陽修는 「오대영관전서」五代伶官傳序를 저술하여 이존욱이 멸망한 원인을 드러냈다.

이존욱이 후량을 함락했을 때는 뛰어난 재능과 원대한 계략을 갖추고 있었고 자신의 마음을 잘 다스려 욕심이 적었기 때문에 여러 신하와 군사들이 그를 믿고 잘 따랐다. 그러나 황제가 된 후에는 방탕 무도해져서 궁전을 크게 짓고, 미녀들을 간택하여 궁으로 불러들였으며 무절제하게 사냥을 즐겼다. 가장 이상한 것은 그가 연극배우를 총애하고 신임한 것이었다. 장종은 연극광으로, 연극을 보거나 연출하는 것이 생활의 중요한 부분이었다. 이 때문에 배우들도 기회를 틈타 그에게 빌붙어 권력을 농락했다. 이렇게 되자 조정대신이 의심과 시샘, 박해를 받았으며, 후당의 조정은 소란을 피우며 나쁜 짓을 하는 소인배들이 활약하는 무대가 되었다.

뇌물을 장려한 황후

후당 장종 시기의 정치는 극도로 부패했다. 장종은 결국 신하에게 살해되었는데 개국 군주가 방탕해서 신하에게 살해된 경우는 중국 역사상 흔하지 않다. 그렇다면 이존욱이 연극배우를 총애하고 방탕하게 지낼 때 유황후는 무엇을 했는가?

유황후는 미천한 신분이어서 하층 생활의 고통을 잘 알고 궁정에서도 오래 얹혀 살았지만, 소박하고 선량한 품성을 갖추지는 못했다. 천하고 가난한 생활에 익숙했던 그녀는 일단 지위가 오르자 권력과 돈을 탐하는 일에만 열중하여 장종에게 백성을 위해 정사를 펼치라는 충고는 하지 않았다.

『자치통감』資治通鑒에는 악랄하고 부패한 관리들이 득세했던 시기에 유황후도 기회를 얻어 국정에 참여했다고 기록되어 있는데, 권력을 움켜쥐고 부를 축적하기 위해서였다고 한다.

"황후는 미천한 출신이었지만 일단 지위가 높아지자 오로지 재물을 모으는 일에만 힘썼다." "황후가 되니 사방에서 진귀한 물건을 서로 바쳤다."

모든 공물의 반은 황후에게 헌상됐는데 이는 중국 역사에도 드문 일이었다. 또 그녀는 궁중의 하인을 보내 권력을 빙자하여 상품들을 싸게 사고 비싸게 파는 등 폭리를 취했다.

이러한 '관료상인'官商 수법을 애용한 유황후는 뇌물 받는 것을 거절하지 않았고 받지 못하면 직접 가서 거두어들였다. 그녀의 이런 행동 때문에 후당은 뇌물이 성행하였다. 유황후는 장종의 현모양처가 되지 못했을 뿐 아니라, 나쁜 짓을 일삼고 지아비를 사지로 몰아넣었다.

유씨가 황후가 된 다음 해에 하남 지역에서 엄청난 수해가 발생했다. 황하의 제방이 터져 강물이 크게 범람하였는데 무려 75일이나 재난이 계속되었다. 익사하거나 굶어죽은 사람이 아주 많았고, 낙양 일대의 곡물 창고가 텅 비어 식량이 부족했다. 이존욱은 농민의 부담을 경감할 방법은 생각하지 않고 다음 해의 식량을 미리 징수해서 백성의 원망이 들끓었다. 또한 아직 수해가 복구되지도 않았는데 큰 병력을 동원하여 유황후와 사방으로 사냥을 다녀서 백성들이 이를 갈며 증오했다. 부부가 의기투합해서 한패가 되어 나쁜 짓을 한 셈이었고, 백성이 안심하고 생활할 수가 없었으며 관리들도 불안해했다.

후당이 건국되고 3년이 지난 후, 업도鄴都, 형주邢州, 창주滄州 등지에서 잇달아 반란이 일어났다. 이존욱은 이사원李嗣源을 파견하여 반란을 진압하도록 했으나 이사원은 위박魏博에 도착하자마자 자신을 후당 황제라 칭하고 군대를 지휘하여 이존욱을 죽이려고 했다. 결국 이존욱은 난데없이 자신의 측근이 쏜 화살에 맞고 말았다.

유황후는 광적으로 돈을 모았다. 이 위기 상황에서도 그녀는 이존욱의 생사와 조정의 안위는 관심 없었고, 재물을 모을 생각뿐이었다. 유황후는 아예 이존욱을 찾아갈 생각도 하지 않았고, 환관을 보내 이존욱에게 물과 음식만 전해주었다. 얼마 후 이존욱은 상처가 도져서 죽었지만 유황후는 재물을 싸서 도망갈 준비를 하느라 바빴다. 이사원의 기세를 막아낼 수 없고 세상이 뒤숭숭해지자 유황후는 도망쳐서 절로 들어가 비구니가 되었다.

사실 이사원은 유황후 덕분에 황제가 되었다고 할 수 있다. 만약 유황후가 유리한 상황을 이용해서 난을 일으켰다면 이사원이 어떻게 쉽게 군대를 일으켜 성공할 수 있었겠는가?

이사원이 조서를 내리자 유황후는 자살하였다. 사람을 보내 진양晉陽의 절에 있는 그녀를 끌어내자 결국 자살해버린 것이다.

주원장을 개국 황제로 만든 여인 마씨

후당 장종의 유황후와 반대로 주원장의 부인 마씨馬氏는 아주 현명해서 여러 차례 주원장을 도왔다. 마씨의 내조가 없었다면 주원장은 명나라의 개국 황제가 되지 못하고 의지할 곳 없는 외로운 사람이 되었을 것이다.

주원장은 젊은 시절 절에 들어가 잠시 중이 되어 가난한 생활을 하다가 나중에 곽자흥郭子興이 반원反元 반란을 일으키자 이에 가담했다. 곽자흥은 기개가 비범하고 용모가 출중한 주원장을 매우 아꼈다. 지혜와 용기를 겸비한 주원장은 용감하게 싸워 수많은 전투를 승리로 이끌어 큰 신임을 얻었다.

곽자흥이 부인 장씨에게 주원장의 공적에 대해 언급하던 중 장씨가 말했다.

"주원장은 장래에 반드시 큰일을 할 상입니다. 더욱 은혜를 베푸신다면 보답하기 위해 사력을 다할 것입니다."

곽자흥이 대답했다.

"이미 그를 발탁하여 책임자로 삼았소."

명나라의 개국 황제 주원장. 그의 부인 마씨는 인품과 덕성이 뛰어나 지금까지도 이상적인 황후의 모습으로 남아 있다.

장씨가 말했다.

"제 소견에 그것만으로는 부족한 듯합니다. 그의 나이가 스물대여섯이고 아직 장가가지 않았다고 들었는데 왜 딸을 그에게 시집보내지 않으십니까. 주 장군은 성의를 다할 것이고, 딸은 시집갈 곳이 있으니 일거양득인 셈이지요."

좋은 생각이라고 여긴 곽자흥은 기회를 보아 주원장에게 이를 말했고 주원장도 매우 기뻐했다.

마씨는 곽자흥의 친딸이 아니고 그가 맡아 기른 수양딸이었다. 곽자흥은 미천한 신분이었을 때 숙주宿州의 마공馬公과 생사를 같이하는 우정을 맺었다. 마공은 숙주 신풍新豊의 부유하고 권세 있는 사람으로, 기개가 있고 정의로우며 가난한 사람을 도와 재물을 나누어주는 성품이었다. 그러나 세월이 흘러 가업은 쇠락했고, 그의 아내는 딸을 낳고 곧 병사했다. 이 딸은 어려서부터 돌봐주는 사람이 없어 가난하게 자랐다.

그 후 마공은 살인을 저질렀고, 화를 피하기 위해 딸을 곽자흥의 집에 맡겼다. 나중에 마공이 타향에서 객사했다는 말을 들은 곽자흥은 마씨를 양녀로 삼고 정성들여 길렀다. 곽자흥은 그녀에게 글을 가르쳤고, 장씨는 바느질을 가르쳤는데 다행히도 마씨는 총명해서 못하는 것이 없었다. 마씨는 아름다운 열여섯 살 소녀로 자랐고, 학식과 교양을 갖추었을 뿐 아니라 부지런하고 총명했다. 마씨는 이미 주원장의 명성을 알고 있었고, 주원장도 마씨가 곽자흥의 양녀라는 것을 알았다. 두 사람은 서로 사모하였고 결혼 후에도 화목했다.

주원장은 곽자흥의 사위가 되었고, 얼마 후 진급하여 난리를 평정하고 민심을 가라앉혔으며 혁혁한 전공을 세워서 모두 그를 주공자朱公子라고 부르며 칭송했다.

곽자흥은 주원장의 위세가 날로 커져도 별다른 생각을 하지 않았지만, 그의 두 아들은 주원장을 질투했다. 주원장이 자신들에게 호형호제하며 지내자 더욱 불만이 커진 두 형제는 그를 제거하려고 음모를 꾸몄다.

관계가 소원한 사람은 관계가 친밀한 사람들을 이간시킬 수 없다는 속담이 있다. 형제는 거짓말을 꾸며 여러 번 곽자흥 앞에서 주원장을 헐뜯었다. 처음에는 듣지 않던 곽자흥도 계속되는 그들의 비방에 의심이 생겼다. 곽자흥은 도량이 넓지 못하고 편파적이며 사리를 명백히 구별하지 못하고 귀가 얇아서, 주원장이 권력을 마음대로 휘둘러 뒷날 자신에게 위험이 미칠까 두려워하기 시작했다.

곽자흥이 자신을 의심하고 있다는 사실을 몰랐던 주원장은 어느 날 군사회의에서 솔직하게 발언한다는 것이 그만 곽자흥의 의견을 반박하게 되었고, 화가 난 곽자흥은 핑계를 대며 주원장을 감금하였다. 이 소식을 들은 곽자흥의 두 아들은 주원장을 제거할 시기가 되었다고 생각하고, 주원장에게 밥을 보내지 못하게 명령해서 그를 굶겨 죽이려고 했다.

마씨는 곧 이 사실을 알아챘다. 그녀는 몰래 주방으로 숨어들어 주원장에게 먹이기 위해 전병을 만들었고, 막 만들어낸 전병을 가지고 주방을 나서려는데 어머니 장씨와 마주쳤다. 그녀는 어머니가 알아차릴까 두려워 급히 뜨거운 전병을 가슴속에 숨겼는데 그만 전병에 피부를 데어서 참을 수 없이 아팠다. 어머니에게 인사하는 마씨의 눈길은 다른 곳을 보았고, 얼굴에도 부자연스러운 기색이 역력히 나타났다.

어머니는 그녀의 기색이 이상하자 불러 세워 끝까지 캐물었고, 덴 곳이 아파서 더 이상 참을 수 없었던 마씨는 그만 엎드려 크게 울고는 자초지종을 설명했다. 전병을 꺼내고 보니 가슴이 다 데어 문드러져 있었다. 이 상황을 이해한 어머니는 급히 곽자흥을 말렸고, 곽자흥도 주원장을 감금한 것이 심한 일이라고 여겼다.

곽자흥은 주원장을 풀어주었고, 두 아들이 다시 그를 음해하자 이들을 호되게 타일렀다. 주원장은 마씨가 전병을 감추다가 가슴을 덴 일을 알고 크게 감동했다. 특히 어머니와 곽자흥의 마음을 움직여 자신의 목숨을 구하고 복직시킨 것에 대해, 마씨를 존경할 만하다고 생각하며 크게 탄복했다.

서기 1353년, 곽자흥은 팽대彭大 · 조균용趙均用 두 장군에게 탄핵되어 저주滁州를 지키게 되었다. 조균용은 곽자흥을 살해할 생각이었지만 다행히 주원장이 계략을 써서 조균용의 측근을 매수하여 위기에서 그를 구했다. 곽자흥이 저주에 도착하자마자 주원장은 자신의 세력과 함께 그를 저양왕滁陽王으로 추대했고, 그곳의 모든 마차와 말은 주원장이 지휘 통솔하게 되었다.

그러나 한 달이 지나자 곽자흥은 주원장을 점점 푸대접하기 시작했다. 주위 사람 대부분이 곽자흥에게 고용되었고, 주원장의 참모인 이선장李善長마저도 발탁되었지만 주원장만 찬밥 신세였다. 의혹은 풀리지 않았고 주원장은 마음이 점점 무거워졌다.

주원장이 군대를 이끌고 저양滁陽(지금의 안휘安徽 합비合肥 동북쪽)에 주둔하고 있을 때, 주원장을 미워한 누군가가, 그가 대군을 장악하고 있으면서도 세력을 유지하기 위해 출전하려 하지 않고, 출전해도 전력을 다해 싸우지 않는다는 헛소문을 퍼뜨렸다. 성미가 급한 곽자흥은 이 소문을 사실이라 믿고, 전투에 능한 주원장의 장군들을 모두 자신의 부대에 소속시켜 주원장의 병권을 약화시켰다. 그는 주원장을 계속 푸대접

명태조 주원장의 아내 마황후. 곽자흥의 수양딸인 그녀는 주원장의 사람됨을 보고 그와 혼인한 후 명나라의 건국에 크게 기여했다.

했고, 전쟁이 발생해도 주원장과 상의하지 않아서 마침내 두 사람은 서로 의심하고 싫어하게 되었다.

한번은 주원장이 전쟁에서 승리를 거두어 곽자흥에게 보고했지만, 곽자흥은 시큰둥하게 응대했다. 주원장은 매우 낙담하여 집으로 돌아오면서 거듭 한숨만 쉬었다. 이 모습을 본 주원장의 아내가 정답게 물었다.

"전쟁에 이기셨다는 소식을 듣고 서방님께서 기뻐하실 것이라 여겼는데 어찌 그리 울적해하십니까? 무슨 일이라도 있습니까?"

주원장이 대답했다.

"당신이 내 일을 어떻게 아시오?"

마씨가 말했다.

"혹시 제 아버님께서 서방님을 냉대하신 것은 아닙니까?"

아내에게 속내를 들킨 주원장은 걱정하며 말했다.

"당신이 안다고 해도 무슨 소용이 있겠소?"

"아버님께서 서방님을 왜 냉대하시는지 아십니까?"

"이전에는 내가 권력을 독점할까 봐 염려하셔서 내 병권을 약화시키셨소. 지금은 내가 전력을 다하지 않는다고 의심하시지만, 나는 닥치는 대로 적들을 죽이고 있소. 비록 전쟁에서 이기더라도 빙부께서는 여전히 나를 냉대하시는구려. 어느 점이 빙부의 기분을 상하게 했는지 모르겠고, 어떻게 해야 좋을지도 모르겠소."

마씨는 잠시 생각하다가 물었다.

"서방님께서 매번 출정했다가 돌아오셔서 아버님께 선물을 드린 적이 있으신지요?"

주원장이 듣고 놀라서 말했다.

"없소."

마씨가 말했다.

"제가 알기로 다른 장군들은 모두 돌아올 때 아버님께 선물을 드렸다고 하는데, 서방님께서는 왜 다른 사람처럼 하시지 않으십니까?"

주원장이 화를 내며 말했다.

"그들은 약탈자들이오. 나는 출병해서 추호도 백성들의 재물을 빼앗지 않거늘 어찌 선물이 있을 수 있으며, 적지에서 약탈해 온 재물도 부하들에게 나누어주는데 왜 빙부께 드려야 한단 말이오?"

마씨가 말했다.

"민생을 돌보고 장병을 위로하는 것은 마땅한 일입니다. 그러나 아버님께서는 이것을 모르시기에 다른 사람들은 모두 선물이 있는데 서방님만 없으니 오히려 서방님께서 재물을 횡령한다고 의심하시고, 마음이 상하셔서 서방님을 푸대접하신 것입니다. 제게 서방님과 아버님의 악감정을 없앨 묘안이 있습니다."

"당신에게 묘안이 있단 말이오? 어서 말해보시오."

주원장의 물음에 마씨가 말했다.

"제가 모아둔 재물이 좀 있으니 그것을 어머님께 드리고, 아버님께 상황을 설명해주십사 청하십시오. 아버님께서는 분명 기뻐하시고 더 이상 서방님을 난처하게 하지 않으실 것입니다."

주원장이 미안해하며 말했다.

"이렇게 하면 당신에게 너무 미안하지만 당신의 말대로 하겠소!"

다음날 마씨는 모아놓은 귀중품을 양어머니 장씨에게 보내고는 주원장이 인사로 드리는 조그마한 성의라고 말했다. 장씨는 진심으로 기뻐하면서 곽자흥에게 알렸다. 곽자흥도 기쁜 표정으로 말했다.

"이렇게 효심 있는 사위를 내가 오해하여 의심했소."

이후 곽자흥의 의심은 점점 사라졌고, 전쟁이 일어나면 주원장과 상의했다. 장인과 사위의 사이가 좋아지자 저양성도 이때부터 견고해졌다.

남편을 독살로부터 구하다

그러나 곽자흥의 두 아들은 주원장의 권력이 너무 강하고, 명망도 높다고 생각해서 그를 제거할 기회만 노렸다. 얼마 후 그들이 주원장을 초대해서 술을 대접하려고 하자 마씨가 주원장에게 살며시 말했다.

"이 두 사람은 여러 번 서방님을 해치려 했으니 이번에도 마음을 놓을 수 없습니다. 서방님께서는 그들이 주는 술을 절대 마셔서는 안 됩니다."

마씨가 일깨우자 주원장은 한 가지 계책을 생각했다. 그는 곽씨 형제와 함께 길을 절반쯤 가다가 갑자기 말 위에서 휙 뛰어내려 하늘을 향해 중얼거리더니 무슨 소리를 듣는 듯했다. 잠시 후 주원장은 몸을 돌려 말을 타고 되돌아갔다. 곽씨 형제가 뒤에서 큰 소리로 부르면서 쫓아가자 주원장이 돌아와서 외쳤다.

"나는 그대들을 저버리지 않는데 그대들은 왜 나를 해치려고 흉계를 꾸미는가. 방금 천신께서 그대 두 사람이 술에 독을 넣을 것이니 가지 말라고 말씀하셨네."

이 말을 들은 곽씨 형제는 깜짝 놀라서 식은땀을 흘리며 소곤거렸다.

"술에 독을 넣는 것을 누구에게도 말한 적이 없는데 그가 어떻게 알지, 정말 천신이 그를 돕는 것은 아니겠지?"

이후로 두 사람은 더 이상 주원장을 모해하려 하지 않았고, 곽자흥의 앞에서도 주원장을 비방하지 않았다.

후에 곽자흥이 병사하자 주원장이 총사령관이 되었고, 마씨는 주원장의 중요한 참모가 되었다. 주원장은 출병해서 싸울 때마다 군대의 문서를 모두 마씨에게 맡겼다.

역사책에는 "마씨는 어질고 자비로우며 지혜롭게 판단하는 능력이 있고, 문학과 역사를 좋아하였다"라고 기록되어 있다. 주원장이 문서를 맡겼을 때 긴박하고 황급한 와중에도 마씨는 일을 잘 처리했다고 한다.

1355년, 주원장은 병사를 거느리고 화양和陽에서 강을 건너 태평太平을 공략했다. 화양이 텅 비면 원나라 병사들이 와서 병사들의 가족을 위협할 것이라고 예측한 마씨는 지시를 기다리지 않고 가족을 이끌고 장강을 건넜다. 과연 예상한 대로 마씨 일행이 강을 건너자마자 원나라 군사들이 화양으로 진격했다.

1360년, 주원장은 진우량과 남경에서 전투를 벌였다. 당시 진우량의 세력이 주원장의 세력보다 더 강력해서 많은 사람들이 승리하기 어려울 것이라고 생각했다. 도성의 민심은 불안했고, 어떤 사람은 땅에 동굴을 파서 재물을 묻기도 했다. 그러자 마씨는 자신의 금과 비단을 가지고 나와 장병들을 격려하며 사기를 진작시켰다. 결국 주원장이 크게 승리했고 진우량이 세운 대한大漢 정권은 소멸되었다. 1367년, 주원장은 소주를 공격해서 장사성張士誠을 포로로 잡았다. 군웅을 소탕해서 평정한 후 주원장은 1368년 명나라의 개국 황제가 되었고, 마씨를 황후로 책봉했다.

마황후는 주원장을 따라 각지를 전전하며 싸우면서 갖은 위험을 겪었지만, 항상 군사에 참여했고 한가한 시간에도 부녀자들을 데리고 군복을 만들었다. 지혜를 다하고 고생해서 나라를 세운 공이 컸기 때문에 모두들 마황후를 개국 황후로 여겼다. 참으로 기특한 일이지만 가장 힘든 것은 건국 이후의 품행이었다. 마씨가 황후가 된 후에 주원장이 정답게 말했다.

"짐은 평민에서 시작하여 제위에 등극했소. 밖으로는 공신들을 신뢰했고 안으로는 어진 황후를 믿었소. 그대는 과인을 위해 문서를 주관하고, 전쟁에 따라 나섰으며, 친히 병사의 옷과 신발을 꿰매었으니 온갖 고생을 일일이 들 수가 없소. 옛말에 집안에 어진 아내가 있으면, 나라에 어진 재상이 있다고 했거늘 지금 어질고 총명한 황후를 얻었으니 짐의 믿음과 옛 말이 맞는구려.”

그러자 마씨가 말했다.

“부부는 서로 돕기가 쉽지만 군신은 서로 돕기가 어렵다고 들었습니다. 폐하께서는 가난하고 어려울 때 소첩과 함께했다는 것을 잊지 마시고, 임금과 신하가 국난을 함께해야 한다는 것을 잊지 마십시오.”

마황후의 말은 간곡하며 의미심장했고 매우 적절했다.

주원장은 마황후를 당나라 때의 장손황후에 비교했고, 마황후는 황송하다며 겸손함을 보였다. 주원장이 마황후의 친정 식구와 친한 벗들을 조정에 초대해서 작위와 봉록을 내리려고 하자 마황후가 공손히 절하며 말했다.

“작위와 봉록은 어진 사람을 대우할 때 필요한 것입니다. 외가에 사사로이 주셔서는 안 됩니다. 폐하께서는 충신을 아끼시고 사사로운 은혜에 따르지 않으셨으면 합니다.”

그러나 주원장은 마황후에게 감사의 마음을 표현하기 위해, 세상을 떠난 그녀의 부모에게 작위를 내렸고 사당을 세워 계절마다 제사를 지냈다. 마황후의 말은 주원장을 더욱 감동시켰다. 수천 년 중국 역사에서도 흔히 볼 수 없으며 요즘 사람이 들어도 감복할 만한 말이었다.

공신들을 보호하다

마황후는 미천한 신분일 때부터 자신의 본래 모습을 잊지 않았고, 고귀한 황후의 신분이 되어서도 검소한 생활을 했다. 평소 그녀는 화려하지 않은 명주옷을 입었으며 예전의 낡은 옷이나 물건도 손질해서 다시 썼다. 그렇지만 그녀는 인색하지 않았고 여러 면에서 아주 대범했다. 한 번은 주원장이 태학太學을 시찰했는데, 태학의 학생이 수천여 명이라고 들은 마황후가 그들이 생활을 어떻게 꾸리는지 궁금해했다. 태학의 학생들이 국가에서 제공하는 식사로 생활한다는 것을 알게 된 마황후는 주원장에게 말했다.

"태학의 학생들은 굶주림과 추위를 면할 수 있겠지만, 그들 가족의 생계 보장은 불확실합니다. 바라옵건대 가정 형편이 어려운 학생들을 보조해주셔서 그들의 아내와 가족이 굶주리고 헐벗지 않도록 하십시오."

그녀는 특히 태학생들의 가족을 부양하기 위한 홍판창紅板倉을 세울 것을 건의했고, 모은 재물은 학생의 가족에게 보내어 태학의 학생들이 걱정 없이 공부하도록 했다.

주원장이 막 지폐 제조를 시작했을 때, 여러 차례 시험 제작을 했지만 성공하지 못했다. 하루는 꿈에 어떤 사람이 나타나 주원장에게 "만약 지폐를 제조하고 싶다면 반드시 수재의 심장과 간장을 가지고 있어야 한다"고 말했다. 꿈에서 깬 주원장은 생각했다.

"내가 학자를 죽여야 한단 말인가?"

주원장의 꿈 이야기를 들은 마황후가 황제에게 말했다.

"소첩의 생각으로는 수재들이 지은 문장이야말로 그들의 심장과 간장입니다."

이 말을 들은 황제는 기뻐하며 즉시 관할 관청에 명을 내려 수재들이 올린 문장을 찾아오게 했고, 문장을 다듬어 쓰니 과연 지폐 제조가 성공했다.

명나라 건국 첫해에 일어난 승상 호유용의 모반은 역사상 가장 큰 모반 사건으로, 사건에 연루된 사람이 엄청나게 많았다.

저명한 문학가이자 홍무洪武 연간(1368~1398)에 조정의 대학사를 지냈고 태자 주표朱標의 스승이었던 송렴宋濂은 나이가 많아 관직을 사퇴하고 수도에서 멀리 떨어진 곳에서 은거하고 있었다. 그러나 그의 손자 송신宋愼이 호유용의 모반을 알면서도 이를 조정에 보고하지 않았기 때문에 사건에 연루되어 체포된 후 경성으로 이송되었다. 마황후가 이 소식을 듣고 급히 주원장에게 달려가 물었다.

"황상께서 송학사宋學士를 사형에 처하신다고 들었는데 무슨 연유인지요?"

주원장이 말했다.

"송렴의 장손 송신이 사건을 알면서도 보고하지 않았으니 이는 모반과 같고, 대역죄이므로 법에 따라 죽어 마땅하며 구족을 멸해야 하오!"

마황후가 사정하며 말했다.

"송학사는 강가에서 조용히 살면서 정사에는 관여하지 않았습니다. 또 경성에서 천리 먼 곳에 있어서 손자의 일은 전혀 몰랐을 것인데 어찌 그를 사형에 처하려 하십니까?"

주원장은 모반 사건을 아주 증오했기 때문에 마황후의 권고를 듣지 않고, 화가 나서 소매를 뿌리치며 자리를 떴다. 저녁 식사 시간에 계속 눈물을 흘리는 마황후를 본 주원장이 이유를 물었다. 마황후가 말했다.

"황상과 40여 년을 함께한 송학사는 덕과 명망이 높고, 도량이 넓어 예를 갖추고 우러러볼 만한 분입니다. 또한 청렴하고 열성과 진실로 사람을 돌보며 생명의 위험조차 무릅쓰던 분입니다. 그런 분이 나이가 일흔이 넘은 지금 처형되는데, 어찌 산해진미가 목을 넘어가겠습니까?"

마황후의 말에 감동을 받은 주원장은 송렴을 사형에 처하지 않고 무주로 귀양 보냈다.

소위 "교활한 토끼가 죽고 나면 사냥개는 쓸모가 없어져 주인에게 삶아 먹힌다. 높이 나는 새를 잡고 나면 좋은 활이 필요가 없다. 적국이 멸망하면 모략에 능한 신하는 죽는다"는 말은 주원장 시절에 특히 두드러지게 나타났지만, 마황후처럼 살육을 제지하고 공신을 보호한 것 역시 그때까지 누구도 행한 적이 없었다.

건국 초기 명나라는 남경을 도읍으로 정했는데, 성벽이 견고하지 않아서 주원장은 이를 개축하려고 했다. 국고가 부족했기 때문에 그는 민간에서 자금을 모집했다. 오흥吳興 사람 심수沈秀는 강남의 작은 마을에 사는 '부가 한 나라와 견줄 만한' 상인으로, 평소 은둔생활을 했다.

그는 세상 누구보다도 총명했지만, 늙어서 두 가지 큰 과오를 범했다. 첫째, 자발적으로 돈을 기부해서 성벽의 한쪽을 공사하겠다고 청했던 점. 둘째는 그가 공사한 쪽이 주원장이 공사한 쪽보다 사흘 빨리 완공되었다는 점이다.

원래 주원장은 심수에게 성벽의 한쪽을 공사해주기를 청하면서도 마음속으로는 불만을 품고 시기했다. 주원장은 일개 상인이 자신과 동등해지려고 돈을 써서 성벽을 공사한다고 생각했으니, 그야말로 심수 스스로 묘비를 세우고 황제의 위세를 꺾은 꼴이었다. 더구나 주원장보다 앞당겨 완공해서 그를 압도한 것은 '임금을 기만한 죄'에 해당되었다. 질투심이 강하고 냉혹한 주원장은 심수를 용서하지 않고 핑계를 대어 그를 감옥에 가두고 나중에는 죽이려고 했다. 마황후가 이 일을 알고 급히 가서 물으니 주원장이 대답했다.

"백성의 부가 나라에 견줄 만하다면 이는 불길한 것이오."

마황후가 맞서서 말했다.

"국가가 법을 제정했기에 법을 위반하면 죽여야 하지만, 불길하다고 죽여서는 아니 됩니다. 비록 심수의 부가 나라에 견줄 만하다고 하지만 법을 어기지는 않았는데, 왜 그를 사형에 처하려 하십니까?"

말문이 막힌 주원장은 할 수 없이 심수를 운남雲南으로 귀양 보내 변방을 지키게 했고, 결국 심수는 그곳에서 죽었다. 이로부터 강남의 부자들은 이를 교훈삼아 더욱 깊이 숨어서 나타나지 않았다.

서방 정토의 불자들이 마여래를 전송하네

마황후는 황후 자리에 오른 지 15년이 되는 해인 1382년부터 병이 위중해졌는데 여러 치료법을 써봤으나 별 효과가 없었다. 여러 신하들이 백방으로 명의를 찾아다니며 최선을 다하였지만 마황후는 오히려 평안하게 주원장에게 말했다.

"인명은 재천이라 했거늘 신께 제사 드린다고 수명이 연장되겠습니까? 세상의 명의도 죽은 사람을 다시 살릴 수는 없습니다. 약을 먹어도 효과가 없다고 의관을 벌하신다면 소첩의 병은 더욱 심해질 것입니다."

마황후의 침착하고 자비로운 마음은 주원장과 많은 신하들을 감동시켰다. 주원장이 그녀에게 유언을 남기라고 하자 마황후가 말했다.

"소첩은 폐하 덕분에 평민에서 국모가 되었습니다. 이것으로 충분한데 무슨 할 말이 더 있겠습니까! 다만 소첩이 죽은 후 폐하께서 늘 어진 사람을 가까이 하고, 그들의 직언을 받아들이시기 바랄 뿐입니다."

말을 마친 마황후가 세상을 떠나니 그녀의 나이 51세였다.

마황후가 남긴 말은 유언 아닌 유언으로 매우 소박하고 절실했다. 주원장을 비롯한 많은 신하와 백성들이 통곡했다.

그해 9월, 마황후를 효릉孝陵에 매장하려고 하는데 비바람과 천둥, 우박이 크게 쳤다. 주원장은 이를 불길한 징조라 여기고 걱정하였다. 그러자 영구를 매장하는 승려 종륵宗泐이 황제를 알현하여 읊었다.

비가 내리니 하늘이 눈물 흘리고,
천둥 치니 대지가 죽음을 애도하네.
서방 정토의 많은 불자들이 함께 마여래를 전송하네.

주원장은 이 노래를 듣고서야 마음이 놓였다. 마황후가 죽은 후 궁중에서는 마황후를 추모하는 노래가 많이 만들어졌다.

우리 황후는 거룩하고 자애롭다네.
나라를 감화시키고, 우리들을 돌보고 키우셨네.

그분의 덕이 그리워 잊지 못하네.

덕이 그리워 잊지 못하니 부디 올해는 저승이 아닌 푸른 하늘에 유유히 떠 계시기를.

이것은 어느 봉건 황후 개인의 위신과 권위를 높여주려는 것이 아니고, 마황후가 중국 역사에서 확실히 특별한 귀감이 되기 때문이다. 그녀의 특별한 점은 두 가지 면에서 살펴볼 수 있다.

첫째, 인품과 덕성이 뛰어났다. 곽자흥의 양녀이자 주원장의 아내라는 지위와 역할은 아주 미묘했다. 만약 그녀가 사심이 있었거나 일 처리가 부당했다면 곽자흥과 주원장의 관계는 깨졌을 것이다. 실제로 이런 상황이 발생했다면 주원장은 당시 죽어도 몸을 묻을 곳이 없었을 것이고, 곽자흥과 농민 봉기군에게도 아주 큰 손실이었을 것이다. 마황후는 상황이 심각하자 아버지와 남편이 일시적인 시비와 득실을 따지지 않고 인화와 단결을 하도록 온힘을 다했고, 이것이 성공하여 주원장이 농민군 내에서 역량을 발휘하고 싸움에서 승리하는 데 크게 공헌했다.

둘째, 마황후는 주원장의 정권 장악과 건국 이후의 통치를 도왔다. 시종일관 변함없는 그녀의 내조는 더할 나위 없이 소중한 선행이었다. 마황후는 가난하고 미천했을 때 용기를 잃지 않았으며, 부유하고 존귀해졌을 때 교만하지 않았다. 세상 사람들은 그녀를 고난에 처한 사람을 구제하는 마여래라고 찬양했다. 과찬한 면이 좀 있지만 일리 있는 말이다.

중국 역사상 황제는 잔학했고 후궁은 음란했지만, 마황후는 눈부신 빛처럼 캄캄한 밤하늘을 밝게 비추어 후세 사람들의 마음속에 인성과 여성의 미를 뚜렷하게 새겨놓았다. 마황후는 이미 옛사람이 되었지만, 그 훌륭한 인품은 영원히 남을 것이다.

II 네 명의 개국 재상

시작이 좋은 사람은 많지만 끝이 좋은 사람은 드물다.
"시작이 없는 일은 없지만, 마무리가 되는 것은 드물다"는
옛 말은 바로 이런 뜻이다.

역사에는 비슷한 부분이 놀랄 만큼 많다. 수천 년 중국 역사에 나타난 34개의 왕조에는 제왕과 재상, 문신과 장수, 충신과 간신, 재자가인이 가득하다. 얼핏 보면 어지러울 정도로 복잡하고 혼란스러워서 왕조가 자주 바뀌는 이유를 잘 모르겠지만, 곰곰이 생각해보면 쉽게 그 단서를 찾을 수 있다. 복잡한 역사 속에서 서로 빼앗고 빼앗기며 시대가 변하더라도 대부분의 기본 틀은 크게 벗어나지 않아서 다만 각 시기마다 약간씩 다를 뿐이었다.

왕조가 바뀌는 것은 매우 큰 사건이었는데, 그때마다 전쟁이 일어났다. 송태조 조광윤처럼 군대 내부 반란의 방식으로 정권을 빼앗아 나라를 세운 경우는 적었다. 즉 유혈 방식이 대부분이었고, 평화적으로 정권이 바뀌는 경우는 드물었다. 또한 대부분의 유혈 사태에서 처음의 봉기는 실패하고, 그 뒤를 이은 봉기가 성공하는 경우가 많았다.

예를 들자면 진승陣勝과 오광吳廣이 먼저 의병을 일으켰지만, 그 뒤를 이은 유방과 항우가 진을 멸망시키는 데 성공했다. 녹림綠林과 적미赤眉의 반군은 서한을 멸망시키지 못했지만, 신진세력 유수가 반군을 섬멸하고 한 왕조의 계통을 이은 동한을 건립했다. 동한의 멸망은 서한과 유사한데, 황건적의 봉기가 성공하지 못했을 때 황건적을 진압한 조조 ·

유비·손권이 삼국시대를 열고 조위曹魏 정권이 동한을 멸망시켰다.

수 왕조의 이밀李密·두건덕竇建德·두복위杜伏威 등의 반란군이 성공하지 못했을 때, 관롱 귀족 집단의 이당李唐 정권이 반란군을 진압하고 당 왕조를 세웠다. 칭기즈칸成吉思汗은 영민하고 용감했지만, 원元 왕조의 진정한 개국 황제는 손자 쿠빌라이忽必烈였다.

한상동·유복통·곽자흥은 가장 먼저 원에 대항해서 반란을 일으켰지만 성공하지 못했고, 곽자흥의 부하 주원장이 원나라를 멸망시키고 반란군을 섬멸하여 명나라를 건국했다.

청나라의 건국은 원나라와 매우 비슷하다. 누르하치가 빈손으로 집안을 일으켜 세웠지만 그는 청조의 창시자일 뿐이고, 진정한 창업 황제는 손자 홍타이지였다.

작은 왕조도 큰 왕조와 거의 비슷했다. 선임자가 나무를 심으면 그 나무가 자라 잎이 무성해져서 후임자는 그 나무 그늘에서 더위를 식힐 수 있었다. "옛 사람 덕택으로 후세 사람이 이익을 얻는다"라는 말이 왕조가 바뀔 때의 역사법칙이 된 것은 선행자는 난을 당해 죽고 그 뒤를 잇는 사람이 기초를 다졌기 때문이다. 이런 기반을 세우는 과정에 세 가지가 있다.

첫째, 구 왕조를 공격해서 형세를 뒤흔든다. 둘째, 계승자를 위해 경험을 제공하고, 강대한 군사력도 제공한다. 셋째, 계승자는 평민에서 선발하고, 그들을 차차 성숙한 정치인으로 배양한다.

그러나 선행자는 혈기왕성함과 용맹함만 갖추었을 뿐 진정한 정치가로서의 자질은 갖추지 못한 경우가 많았다. 선행자가 공적이 없다고 할 수는 없지만, 대개 계승자를 위한 디딤돌 역할이었다.

건국 방식이 비슷한 것 외에도 개국 황제의 문신과 장수는 비슷한 점이 많다. 예컨대 서한의 유방에게는 문신 소하와 장량이, 당나라 이세민에게는 문신 방현령과 두여회가, 명나라 주원장에게는 문신 이선장과 유기가 있었다. 이 세 왕조는 모두 대규모 전쟁을 치르는 방식으로 정권을 잡았고, 중국 역사에 큰 영향을 주었기 때문에 비교해볼 만한 가치가 있다. 이 문신들을 비교해보면 역대 개국 황제가 필요로 했던 인재가 대체로 같았다는 것을 알 수 있다.

황제의 벗이었던 명재상 소하

소하는 서한의 개국공신이자 한나라 초의 명재상이며, 유방과 고난을 같이 한 벗이다. 유방이 사수의 정장이었을 때 그보다 높은 관직에 있던 소하는 언제나 여러모로 유방을 보살펴주었다.

훗날 유방이 만리장성 축조에 동원될 죄수들을 호송했는데, 도중에 탈주하는 자들이 있었다. 임무 보고를 할 수 없게 된 유방은 아예 동원된 죄수들을 모두 풀어주고, 자신을 따르는 무리와 함께 도망쳐 망탕산에서 산적이 되었다. 얼마 후 진승과 오광이 봉기하여 패현으로 와서 위협하자, 패현 현령은 성이 함락되어 죽음을 당할까 두려웠다. 소하는 현령에게, 유방을 불러들여 그의 무리로 하여금 현의 성을 지키게 하자고 진언했다. 처음에 동의했던 현령은 유방이 현 가까이 도착할 무렵 이를 후회하고는 소하를 죽이려고 했다. 급히 성 밖으로 달아난 소하는 유방과 함께 성을 공격하여 현령을 주살했으며, 유방은 패공沛公으로 추대되었다.

유방이 군사를 일으키는 데 큰 힘이 된 소하는 이때부터 일편단심으로 유방을 보좌했다. 소하는 제도 제정과 물자 조달의 두 방면에서 능력을 발휘하였다. 그는 도착하는 곳마다 법령과 제도 등의 문헌 수집을 중시했고, 다른 장관들처럼 재물을 약탈하는 데 몰두하지 않았다. 소하는 유방이 함양咸陽을 함락시키자 그를 도와 법령과 제도를 제정했고, 유방의 약법삼장約法三章을 완비해서 한중漢中 일대를 안정시켰다.

항우가 유방을 한중왕漢中王으로 분봉하자, 소하는 유방에게 굴욕을 잠시 참고 때를 기다리면서 세력을 모아야 하므로 일시적인 분노 때문에 스스로 죽을 길을 찾아서는 안 된다고 설득했다. 소하의 설득으로 유방은 결국 한중을 안심시키고 군비를 정비해서 항우를 치기 위한 준비를 했다.

4년간의 초한전쟁에서 소하는 한나라 군대의 물자 조달을 원활히 하는 데 공을 세웠다. 유방의 군대가 한중에 있을 때 많은 병사들이 고향으로 돌아가고 싶어 했고, 실제로 도망치는 자들도 많았다. 소하는 다른 장수는 놔두고 유독 한신만을 뒤쫓아 데려와서는 유방에게 한신을 등용하라고 권했다. 소하가 여러 차례 한신을 추천한 끝에 유방은 예를 갖추어 한신을 맞이하고 대장군에 임명했다. 한신은 유방을 위해 많은 전투에서 승리했고 결국 유방이 천하를 얻는 데 큰 공을 세웠다.

유방이 동쪽에서 항우와 격전을 벌일 때 소하는 한중에서 백성을 위로하고, 법령을 반포했다. 또한 전방으로 군량을 끊임없이 공급하여 전쟁 수행에 차질이 없게 하였다. 소하의 업적은 한신의 공에 뒤지지 않았다.

유방이 한나라를 건국한 후 재상이 된 소하는 유혈이 난무했던 서한 초기에 유방을 보위하며 많은 공훈을 세웠다. 소하는 다음의 세 가지 책략을 택했다.

첫째, 토지나 작위 등을 신하에게 주지 않았다. 둘째, 유방과 여후를 도와 군대와 국가의 대사를 처리하되 황제의 뜻을 거스르지 않았다. 그는 유방의 신뢰를 얻는 동시에 안심을 시키기 위해 자기 자식을 인질로 보내어 유방 곁에 두었다. 셋째, 고의로 자신의 명예를 손상시켜 유방에게 자신이 공을 독차지하거나 명망이 높지 않다는 인상을 주도록 애썼다.

이렇게 해서 소하는 유방의 견제로부터 자유로워져서 천수를 누리며 유종의 미를 거둘 수 있었다. 유방은 소하를 "나라를 안정시키고 백성을 보살펴주며 군량과 급료를 제때 주는 등 도리를 다한 인걸"이라고 칭찬하였다.

군막 안의 전략으로 천리 밖에서 승리한 장량

소하 이외의 중요한 문신으로는 장량을 꼽을 수 있다. 유방은 그를

"군막 안에서 전략을 세워 천리 밖에서 승리했다"고 평가했다. 장량은 원래 한韓나라의 귀족이었다. 어려서부터 진秦나라에 대항하는 계책을 세웠던 그는 비록 실패했지만 박랑사에서 진시황 암살을 기도하기도 했다.

일찍이 백여 명의 장정을 거느렸던 장량은 후에 유방의 휘하에 들어갔고, 다시 유방을 따라 항량項梁의 휘하에 들어갔다가 마지막에는 유방을 선택했다. 장량은 용모가 고상하고 빼어나 언뜻 보기에는 아녀자 같았지만, 병법을 깊이 터득했고 담력과 식견도 갖춘 인물이었다. 그는 유방이 전쟁에서 승리하여 패권을 쥐는 데 큰 공헌을 한 중국 고대의 군사전문가였다.

홍문鴻門의 연회에서 장량은 유방을 제거하려는 항우의 계략에 과감히 맞섰고, 아슬아슬한 위기에 놓여 있던 유방을 지체 없이 엄호하여 무사히 위기를 벗어나도록 도왔다.

초한전쟁 초에 유방이 지휘능력이 부족하여 팽성彭城 전투에서 참패하자, 장량은 결정적 순간에 유방에게 대책을 내놓았다. 즉 한신·팽월·영포 세 무리의 힘을 동원해서 통일 전선을 형성하자는 것이었다. 유방은 장량의 건의를 받아들였고, 전세는 역전되어 유방이 점차 초한전쟁의 주도권을 장악하게 되었다.

기원전 204년, 항우가 형양滎陽에서 한왕 유방을 포위하자, 유방은 두려워하며 지원군을 기다리고 있었다. 상황이 불리해지자 유방은 초나라의 기세를 약화시키고자 하였는데 역이기酈食其가 이에 동의하며 계책을 내놓았다.

"육국六國의 후손을 복위시켜 그들 모두에게 대왕의 관인을 받게 하면 대왕과 그 백성들은 한왕의 은덕을 우러러보게 되고 명을 기꺼이 받들 것입니다."

육국에게 분봉해서 위기를 해결하자는 의견에 대해, 장량은 육국을 분봉하면 군대의 사기가 와해되고 일시에 붕괴될 것이라고 주장하며 반대했다.

그 이듬해에 한신이 제齊나라를 평정하고, 유방에게 자신을 가제왕假齊 王으로 책봉해달라고 청하자, 유방이 크게 화를 내었다. 그러나 장량은 유방을 설득하여 한신을 진제왕眞齊王으로 책봉하도록 했다.

"한나라가 지금 불리한 처지에 있고, 한신이 왕이 되는 것을 막을 수 없습니다. 차라리 그를 제왕으로 세워 제나라를 지키게 하는 것이 낫습니다. 그렇게 하지 않으면 변란이 일어날 것입니다."

유방은 장량을 보내 한신을 제왕으로 삼아 그를 진정시켰고 한신의 군대를 징발하여 초나라를 치도록 했다.

유방을 이기지 못한 항우는 팽성의 홍구鴻溝를 경계로 해서 동쪽은 초나라, 서쪽은 한나라로 정하자고 제의했다. 장량은 망설이며 결정을 내리지 못하는 유방에게 결단코 항우와 타협해서는 안 된다고 반대하면서, 승세를 몰아 항우를 추격해서 단숨에 소멸시키자고 주장했다. 한나라 건국 후에 장량은 분봉을 확대해서 여러 장군의 불만과 모반의 가능성을 없애자고 유방에게 건의했다. 또한 지리, 경제, 정치 기반 등을 고려할 때 장안長安이 도읍지로 최적이라고 주장했다.

장량은 은퇴 후 병을 핑계로 집에 머물면서 군사 저작을 위한 연구에 몰두하다가 기원전 186년, 장안에서 병사했다. 장량은 유방이 곤궁에 처할 때마다 늘 공을 세웠는데, 사마천은 이에 대해 장량의 공적은 하늘의 뜻이었다고 하였다. 실제로 유방은 장량에 대해 그는 군영 안에서 계책을 세워 천리 밖의 승부를 결정짓는데, 자신은 그만 못하다고 하였다.

군사 전략을 세워 전쟁에서 승리하고 국사의 혼란한 상황을 다스리는 일에 관여하였으니 장량은 천고의 어질고 능력 있는 신하였다고 할 수 있다. 특히 스스로 때를 알고 용기 있게 물러나 부귀공명을 버린 것은 쉽지 않은 일이다.

역사에는 이처럼 놀랄 만큼 비슷한 부분도 있지만, 그만큼 상반된 부분도 있다.

당나라의 개국 재상 방현령과 명나라 개국 재상 이선장은 많은 점에서 비슷하지만, 또 많은 점에서 다르다. 이렇게 같거나 다른 것은 개인의 성격의 차이가 아니라 의미심장한 이유가 있다.

나라의 멸망을 예견한 방현령

방현령은 20년 가까이 재상을 지냈고, 70세에 병사했다. 그는 매우 충성스럽고 유능한 재상이었으며 맡은 일을 잘 완수했던, 중국 역사에 보기 드문 인물이었다.

그는 북주北周 무제武帝 건덕建德 8년(579), 제주齊州 임치臨淄(지금의 산동 치박淄博)에서 태어났다. 그의 증조부와 조부 모두 북위北魏와 북제北齊에서 벼슬을 지냈다. 아버지 방언겸房彦謙은 저명한 학자로 조정과 재야를 왕래하는 등 재능이 뛰어난 사람이었다. 그는 비록 오랜 기간 수 왕조에서 벼슬을 지냈지만, 예민한 정치적 감각으로 수 왕조가 오래가지 못할 것을 알아차리고는 벼슬을 그만두고 물러났다. 그는 적극적으로 백성의 복리를 꾀하여 백성들의 추대를 받았다.

어릴 때부터 이런 가정 환경의 영향을 받고 자란 방현령은 백성을 위한 정치를 하겠다는 포부를 품었고, 예리한 정치적 통찰력도 키웠다. 수나라 문제文帝 때 대부분의 사람들이 수 왕조의 공덕을 칭송했지만, 조정 내부에 도사리고 있는 위기를 간파한 방현령은 달랐다.

"수 왕조는 본시 다른 사람의 권력과 지위를 탈취하고, 백성에게 어떤 공덕도 베풀지 않아 사람들을 기만한 것에 불과하다. 지금 형제지간에도 황제 자리를 다투고, 귀족들은 향락에 빠졌으며, 조정의 신하들은 옥신각신하며 골육상잔까지 벌이고 있다. 이런 왕조는 머지않아 멸망할 것이다."

훗날의 역사가 증명하듯 방현령의 예측은 정확했다.

방현령 개인의 인품과 덕성도 사람들로부터 큰 칭찬을 받았다. 그는

수문제 양견은 중국을 재통일한 후 널리 유능한 인재들을 불러 모으고 강력한 중앙정부를 건설하는 등 많은 업적을 남겼으나 가정사는 불행했다.

의붓어머니에게도 효성을 다하는 효자였다. 의붓어머니가 병이 나자 그는 의원을 불러 약을 짓게 하고, 매번 의원이 방문할 때마다 흐느끼며 어머니를 돌보았다. 의붓어머니가 돌아가시자 상심한 나머지 음식조차 먹지 않아 몹시 야위어 뼈만 앙상했다. 또한 그의 아버지가 병이 나서 백여 일이 넘게 자리에 누워 있었는데 "병상에 오래 누워 있으면 효자 없다"는 속담과는 달리 시종일관 정성을 다해 아버지를 돌보았다. 방현령의 이런 인품과 덕성은 그가 큰 성취를 이루는 데 중요한 작용을 했다.

당시 수 왕조의 이부시랑吏部侍郎(관리의 인사 선발과 조정을 주관하는 관직) 고효기高孝基는 그에 대해 이렇게 평했다.

"많은 젊은이를 만나봤지만 지금까지 이처럼 훌륭한 사람을 본 적은 없다. 방현령은 분명히 큰 인물이 될 것이다."

이연이 태원太原에서 반란을 일으켰을 때, 방현령은 수나라의 습성隰城(지금의 산서山西 분양汾陽)의 위尉였다. 이연은 아들 이세민에게 군대를 이끌고 가서 위수渭水 이북 지역을 평정하도록 했다.

방현령이 정세를 분석해보니 수나라의 멸망은 시간문제였다. 그는 많은 반란군 중 대의가 분명하여 민심을 얻고 어진 이를 예의와 겸손으로

당태종 이세민의 두터운 신임을 받은 방현령.
현무문 정변의 주모자 가운데 한 사람인 그는
그후 20년 가까이 재상직을 맡았다.

대하는 이당李唐 정권이 장차 천하를 차지할 것이라고 생각했다. 그래서
그는 의연하게 수나라의 관직을 버리고, 먼 길도 마다하지 않고 이세민
을 찾아갔다.

방현령은 이세민을 알현한 후 함께 얘기를 나누고 의기투합했다. 이세
민은 방현령에게 위북도행대기실참군渭北道行臺記室參軍이라는 중임을 맡
겨 자신의 중요한 책사로 예우했다. 이때부터 이세민은 방현령과 뗄 수
없는 인연을 맺었고, 이후 30여 년간 두 사람은 긴밀히 협력하여 이세민
은 현명한 군주가 되었으며 방현령도 명재상이 되었다.

방현령과 이세민은 자주 함께 전투에 참가했다. 수나라의 대장군 왕세
충王世充과 맞선 전투에서 방현령은 적극적으로 계책을 세워 전투를 승리
로 이끌었다. 전투 중에 방현령은 이세민과 함께 왕원지王遠知라는 도사
를 찾아갔다. 그의 도가 매우 심오해서 과거 천년의 역사를 알아맞히고
500년 앞을 내다볼 수 있다고 들은 두 사람의 옷차림은 평민처럼 초라했
다. 그러나 왕원지는 이세민을 한눈에 알아보고 말했다.

"바야흐로 태평 천자가 되리니 원컨대 자신을 소중히 여기시옵소서."

이 말을 들은 방현령은 전심전력으로 이세민을 보좌했고, 이세민이 천

하의 뛰어난 군주가 될 수 있도록 돕기로 결심했다.

이세민은 혁혁한 전공을 세워 진왕秦王에 봉해졌고, 당 왕조가 특별히 만든 천책상장天策上將에 임명되어 권세가 대단했다. 이세민은 인재를 잘 끌어 모았다. 진왕부秦王府에는 18학사라는 인재가 있었는데, 방현령과 두여회는 지모가 뛰어나고 판단이 정확했으며 육덕명陸德明과 공영달孔穎達은 경학에 정통했다. 요사렴姚思廉은 문학과 사학에 뛰어났고 우세남虞世南은 서예로 유명했으며 그 외 10여 명도 당대의 인재들이었다. 이 18학사 가운데 방현령이 으뜸이었다. 진왕부에서 진왕 이세민을 위해 인재를 불러 모으는 일이 방현령의 주요 임무였다.

처음 두여회가 이세민의 병조참군兵曹參軍이 되었을 때, 그의 직책은 지역 병사들의 훈련을 돕는 것으로서 중요한 직위가 아니었다. 후에 진왕부의 사람이 점점 더 많이 각지로 파견되었고, 두여회도 외지로 떠나게 되었다. 이 일을 전해 들은 방현령이 급히 이세민에게 달려가 고했다.

"왕부王府의 출중한 인재들이 점점 더 많이 파견되고 있습니다. 다른 사람은 애석하게 여기지는 않습니다만 두여회만은 보낼 수 없습니다. 그는 대단히 현명하여 대세를 판단할 수 있고, 천하를 안정시킬 큰 인재입니다. 만약 천하를 경영하고자 하신다면 조언을 구해야 하는데 이 사람이 아니면 안 됩니다."

이세민은 이 말을 듣고 매우 감격해서 말했다.

"그대가 나를 일깨우지 않았다면 이 인재를 잃을 뻔했소."

이세민은 곧 이동 명령을 철회하고 두여회를 중용했다. 방현령의 판단이 정확했음은 이후 오랜 세월을 거치면서 증명되었다. 두여회는 큰일을 결정하는 데 식견이 매우 높고 판단력이 뛰어나서 "방현령이 도모하고 두여회가 판단한다"房謀杜斷는 표현까지 생겼다. 두 사람은 긴밀하게 조화를 이루어 당대의 안정과 번영을 위해 중요한 공헌을 했다고 『구당서』舊唐書 「두여회전」杜如晦傳에 기록되어 있다.

이세민의 정벌과 전투에 가담한 방현령은 가는 곳마다 그 지역의 민

두여회. 이세민과 방현령에게 역량을 인정받아 벼슬길에 나아갔다. 이후 당나라의 입안 추진자로서 방현령과 더불어 '정관의 치'를 이룩했다.

정, 습속 및 전대의 문헌 자료를 샅샅이 수집하여 이세민이 정책을 제정할 때 참고자료로 활용하도록 했다. 각지의 반란군을 평정한 이세민은 방현령을 임치후臨淄侯에 봉했고, 진왕부기실秦王府記室로 승진시켰다. 방현령은 모든 군정 문서를 주관했고 필요한 경우 공문서를 직접 작성했는데, 그의 문장은 아름답고 우아할 뿐만 아니라 일사천리로 작성되어 고칠 필요가 없을 정도였다.

후에 태자 이건성이 당고조 이연의 지지 아래 제왕 이원길과 연합해서 공동으로 진왕 이세민과 맞섰다. 한번은 이건성이 이원길을 위한 송별 연회에서 이세민을 죽이려고 음모를 꾸미기도 했다. 형제간의 암투는 이미 서로 화해할 수 없는 지경에 이르렀고, 방현령은 선수를 쳐서 이건성과 이원길을 제거할 것을 강력히 주장했다. 그의 추진 아래 이세민은 진왕부에서 긴급 군사회의를 소집했고, 현무문에 군대를 매복시켜 이건성이 입궐할 때 죽이기로 결정했다. 현무문의 변란으로 이세민은 이건성과 이원길을 살해하고 스스로 태자가 되었으며, 얼마 뒤에 태종 황제가 되었다.

이세민은 황제가 된 후 공적에 따라 상을 내리고 백관에게 선포하게 했다.

"과인은 그대들의 공적에 따라 상을 내렸도다. 합당치 않은 것이 있으면 아뢰도록 하라."

황제의 말에 여러 장수들이 공적을 다투느라 웅성거렸고, 이세민의 숙부 회안왕淮安王 이신통李神通이 말했다.

"신은 관서關西에서 거병하여 봉기에 맨 먼저 가담했습니다. 방현령과 두여회는 붓대만을 놀렸는데도 신보다 더 높은 공적을 인정받았으니, 이에 불복합니다."

황제가 말했다.

"숙부님이 비록 맨 먼저 봉기에 가담했다고는 하나, 화를 면하기 위해서였을 것입니다. 후에 두건덕竇建德이 산동을 점령했을 때 숙부의 전군이 전멸하였고, 유흑달劉黑闥이 다시 반란을 일으켜 공격해 오자 숙부는 곧바로 달아났습니다. 그러나 방현령은 장량처럼 군영 안에서 전략을 세워 조정을 안정시켰으니 당연히 숙부보다 공적이 큽니다. 나라의 가까운 친척인 숙부님을 제가 어찌 홀대할 수 있겠습니까? 단지 사사로운 정에 이끌려 마음대로 상을 내릴 수 없었을 뿐입니다."

비로소 여러 장수들이 이세민의 공정함에 탄복하여 순종했다.

당태종 이세민이 즉위한 지 4년이 되는 해인 서기 630년, 방현령은 상서좌부사尚書左仆射로 승진하여 재상의 직책을 맡게 되었다. 그는 이후 일흔 살에 병사할 때까지 20년 가까이 재상 자리에 있었다.

방현령은 지극히 충성스럽고 부지런했으며 유능한 재상이었다. 사서는 그를 다음과 같이 칭찬하고 있다.

"총백사總百司(정부 산하 관청의 총책임자)를 역임하여 주야로 정성을 다하여 신중하게 여러 문제를 처리했고, 부당하게 처리되는 일이 없도록 전력을 다했다."

인재를 선발하는 일에서도 그는 매우 신중했다. 일찍이 당태종은 이렇게 천명했다.

"관리의 등용은 소홀히 할 수 없는 일이다. 만약 군자를 등용하면 많은 군자들이 그 명성을 부러워하여 찾아올 것이고, 소인을 등용하면 많은 소인들이 권세에 빌붙어 이익을 꾀하고자 찾아올 것이다."

방현령은 사람을 잘 알아보고 적재적소에 임용했으며, 항상 태종에게 적당한 인재를 추천하여 중임을 맡겼다. 태자 이치李治의 휘하에 태자를 보위하는 우위솔右衛率 이대량李大亮이라는 사람이 있었는데, 방현령은 그를 매우 중요시했다. 그는 강직하고, 서한의 충신인 왕릉王陵과 주발周勃의 기개를 겸비했기 때문에 중임을 맡길 만하다고 생각했다. 얼마 후 방현령은 이대량에게 자신을 보좌하는 직책을 맡겼다.

방현령은 사람을 쓸 때 격식에 구애받지 않고 등용했으며 장점을 키우고 단점을 피했다. 그러나 간혹 적당한 인재를 찾지 못하면 부족한 대로 놔둘망정 아무나 마구 쓰지 않았다.

예를 들면 재정을 관리하는 부서에서 오랫동안 사람을 선발하지 못했다. 그러나 방현령은 이 부서가 천하의 이해득실과 깊은 관계가 있고 백성들의 노고와 관련이 있다고 판단하여 적절한 인물이 없을 경우 그 자리가 비어 있을망정 역량이 떨어지는 사람을 쓰지는 않았다.

이러한 일처리 때문에 사람들은 방현령이 권한을 부여하는 일에 인색하다고 험담을 했다. 그러나 그는 나라의 이익을 위할 뿐 개인의 명예를 따지지 않았다. 조정의 자질구레한 일에도 대소를 가리지 않고 관여했는데, 정기적으로 관리의 치적, 사법의 득실과 우열을 심사했을 뿐 아니라 궁궐의 건조나 무기고에 저장된 무기의 수까지도 일일이 확인했다.

사서는 그가 "일의 대소를 가리지 않고, 모든 일에 주의를 기울였다"고 기록하고 있는데, 그가 공무에 충실하여 성실하고 책임감이 아주 강했음을 알 수 있다.

지혜로운 재상은 훌륭한 천자보다 드물다

또한 방현령은 이세민에게 간언을 서슴지 않았다. 비록 위징처럼 황제
가 싫어하는 안색에도 불구하고 계속 간하지는 않았지만, 자신의 뜻은
솔직하게 말했다. 위징 역시 방현령에게 감탄하면서, 몸소 실천하고 작
은 일일지라도 숨김없이 말하는 점은 자신이 방현령만 못하다고 말했다.

한번은 당태종이 갑자기 주위의 대신들에게 물었다.

"옛날부터 건국 초창기의 황제는 제위를 자손에게 넘겨주었다. 그런
데 이들이 전쟁에서 자주 패하는 원인은 무엇인가?"

이에 방현령이 기탄없이 대답했다.

"황제께서 자손을 총애하셨기 때문입니다. 궁전 안에서만 자라 어릴
때부터 부귀영화를 누리신 자손이 사람을 제대로 알아보지 못하고 국가
의 안녕을 지킬 계책과 능력을 연마하지 못한 까닭입니다."

당태종도 치적만 세운 것은 아니다. 예컨대 수양제처럼 무리하게 고구
려를 공격하다가 국가 전체와 백성들에게 막대한 손실을 입혔다. 여러
해에 걸친 전쟁으로 군마만 7, 8할의 손실을 입었다. 정관貞觀 22년 당태
종은 다시 고구려를 침략하려고 했다. 당시 방현령은 중병으로 자리에
누워 있었지만, 이 소식을 듣고는 즉시 태종에게 상소를 올렸다.

"지금 세상이 안정되어 각자 제자리에 있지만, 동쪽의 고구려를 정벌
한다면 반드시 나라의 큰 근심이 될 것입니다. 소인은 머지않아 세상을
뜨겠지만, 알고 있으면서도 말하지 않는다면 한이 되어 죽어도 눈을 감
지 못할 것입니다."

상소를 본 태종이 감동하여 말했다.

"방현령은 위독한 지경에도 나라를 걱정하는구나."

방현령은 열정적이었고 도량이 넓었으며 동료들을 잘 결속시켰다. 또
한 사람들과 잘 어울렸고, 타인의 장점을 이끌어내는 데 탁월했다. 예컨
대 그가 추천한 두여회는 재주가 많은 유능한 인재였다. 사서는 두여회

를 "군사와 국가의 대사를 정확하게 분석하고 판단하니, 때를 만나 뜻을 이룬 사람으로 깊이 탄복할 만한 인물이다"라고 평했다.

방현령은 두여회의 결단력을 잘 활용했다. 당태종과 계책을 세울 때마다 두여회가 먼저 결정을 내리면 방현령이 그 계책을 태종에게 아뢰었기 때문에 "두여회가 아니면 계책을 세울 수 없었다." 또 두여회의 의견은 방현령의 의견과 약속이나 한 듯이 일치할 때가 많았고, "방현령이 도모하고 두여회가 판단하였다"라는 말처럼 상부상조해서 서로의 장점이 더욱 돋보였다. 두 사람의 밀접한 관계는 암투를 벌이는 궁궐의 특성과 선명한 대조를 이루며 미담으로 전해졌다.

어릴 때부터 과거 왕조의 멸망을 교훈삼았던 방현령은 재상의 자리에 있는 동안 각종 서적의 편찬을 주관했고, 『진서』晉書 이하 수나라까지의 육조사六朝史를 집필했다.

정관 22년(648), 방현령이 위독해지자 태종은 계속 사람을 보냈고, 방현령이 임종하기 전 친히 방문하여 그의 손을 붙잡고 작별 인사를 했다. 방현령이 죽자 태종은 눈물을 흘렸고, 군신들도 황제의 슬픔을 이해하며 함께 애통해했다.

방현령이 공무를 잘 완수할 수 있었던 이유는 첫째, 일찍부터 이세민에게 몸을 의탁했기 때문이다. 둘째, 이세민이 충성스럽고 부지런한 방현령과 떨어지지 않았기 때문이다. 셋째, 방현령은 대권을 쥐고 있었지만 절대 이세민에게 위협을 가하지 않고 많은 일들을 공정하게 처리하였으며 이세민의 자문 역할을 하면서 독자적으로 황제 자리를 넘보는 어떠한 권력도 쥐려 하지 않았다. 설령 이 세 가지 요소를 지녔다 하더라도 폭군 걸왕과 주왕의 세상에 태어났다면 목숨을 보전할 수 없었을 텐데, 방현령은 훌륭한 군주를 만나 자신의 뜻을 펼 수 있었던 것이다.

지혜로운 재상이 되기보다는 훌륭한 천자가 되기가 쉬운 편이다. 군주 곁에 있는 것은 호랑이 곁에 있는 것과 같기 때문이다. 그러나 방현령은 20년 동안 훌륭한 재상이었고, 사후에도 역사에 길이 빛나는 영예를 얻었다. 이 또한 중국 역사의 수많은 관리 가운데 보기 드문 예다.

그러나 700년 후, 명나라의 개국재상 이선장은 건국 전에 많은 공을 세웠고 건국 후에 재상에까지 올랐지만 불분명한 일처리 때문에 결국 사사되었다. 소하와 장량, 방현령, 두여회와 유기는 시작과 끝이 비슷했지만, 이선장은 시작만 좋았고 끝이 좋지 않았던 개국재상이다.

권력을 남용한 이선장의 종말

이선장의 자는 백실百室이고, 봉양鳳陽 사람으로 1314년에 태어났다. 그는 중산층 가정 출신으로 젊은 시절에 책을 좀 읽었고, 문장을 잘 쓰지는 못했지만, 혼란한 상황을 다스리는 이치를 깨달았다. 그는 이해타산적이고 수완이 좋아서 명망이 높았는데, 기록에 의하면 어릴 때부터 웅대한 뜻을 품었다고 한다.

명나라를 건립하기 전부터 주원장은 문인의 역할을 중시했다. 특히 동향 사람과 옛 친구에 대해서는 더욱 주의를 기울였다. 1354년 주원장은 자신이 모집한 부대를 인솔해서 저주滁州로 진군하던 중 이선장의 고향을 지나게 되었다. 주원장의 명성을 듣고 그를 흠모하던 이선장이 스스로 찾아오자 주원장은 그를 따뜻하게 받아들였다.

이선장은 주원장이 대업을 달성하는 데 도움을 주려는 포부를 품었다. 이선장은 주원장에게 한고조 유방의 고향과 그의 고향이 그리 멀지 않으니 동향인 셈이고, 평민 신분이란 점도 비슷하지만, 천하의 대세를 정확히 파악하고 있고 도량이 넓기 때문에 천하의 호걸과 현인을 불러 모을 수 있다고 말했다. 또한 유방은 백수건달로 남에게 빌붙어 지냈지만 큰 일을 위해 치욕을 참은 끝에 결국 진나라를 멸망시키고 항우를 물리쳐 한나라를 세울 수 있었다고 덧붙이면서, 주원장이 유방을 귀감으로 삼아 원나라를 대신해서 건국할 수 있도록 격려했다. 분명한 포부가 없었던 주원장은 이선장의 말을 들은 후 눈앞이 환해졌다.

그는 이때부터 황제가 되겠다는 신념을 세웠으며 이선장도 이 때문에 주원장으로부터 두터운 신임을 얻었다. 주원장 군영의 기실장記室長이 된 이선장은 어떤 일이라도 몸소 행했고 전심전력을 다했다.

곽자흥은 양녀를 주원장에게 시집보냈지만, 천성이 모질고 의심이 많은데다 그의 두 아들이 중간에서 아버지와 주원장을 이간시켜 여러 번 주원장을 사지로 내몰았다. 주원장 일행이 저주에 있을 때였다. 출정한 후 재물을 약탈하여 곽자흥에게 바쳤던 다른 장군들과 달리 주원장만 곽자흥에게 재물을 바치지 않았다. 주원장이 재물을 횡령하고 상사를 공경하지 않는다고 의심한 곽자흥은 그를 더욱 푸대접했고, 주원장의 부하들을 뽑아 다른 곳에 배치시켰다.

어느 날 곽자흥이 자신을 다른 곳으로 보내려 한다는 소식을 들은 이선장은 급히 곽자흥에게 달려가 자신은 떠날 수 없다고 단호하게 의사를 밝혔다. 그는 주원장 외에는 아무도 따르지 않을 것이라며 눈물을 흘리면서 하소연했다. 이에 주원장은 깊은 감동을 받았고, 두 사람이 사귄 지는 얼마 되지 않았지만 주원장은 그를 더욱 신뢰했다.

큰일을 이루고자 하면 신망을 얻어야 한다는 것을 알고 있던 이선장은 군대의 규율을 매우 중시했고, 주원장에게 군기를 확립하라고 거듭 권했다. 1356년을 전후하여 주원장의 군대는 여러 지역을 점령했고, 계속 악전고투하며 많은 승리를 거뒀다. 태평부太平府로 진입할 때 주원장은 재물을 약탈하는 자는 참수하라고 명령을 내렸고, 사람을 보내 부대를 순찰하고 감독하여 군대의 규율을 어긴 장병들을 죽였지만, 약탈을 완전히 금지하지는 못했다.

진강鎭江을 점령할 때 군대가 또 약탈하려 한다는 것을 안 이선장은 주원장과 서달徐達을 도와 연극을 꾸몄다. 주원장은 서달의 부하들에게, 약탈하는 일이 있으면 서달을 참형에 처하겠다고 거짓말을 했다. 이선장이 거듭 통사정하자 주원장은 서달을 풀어주었고, 서달에게 공적을 세워 자신의 죄를 보상하라고 명했다. 또 진강을 점령한 후 군대의 규율을 엄수해야 하고, 그렇지 않으면 두 가지 죄로 처벌하겠다고 했다. 과연 이 연극은 효과가 있었다. 서달은 죄를 지은 병사들을 용서하려 하지 않았지만 주원장은 용서해주었고, 백성의 재물을 약탈하는 병사는 더 이상 없게 되었다.

이선장은 문치文治 방면에서 확실히 뛰어났을 뿐만 아니라, 무공 방면에서도 많은 공을 세웠다. 한번은 주원장이 군대를 통솔해서 외지로 나가게 되었는데 이선장으로 하여금 화주성和州城을 지키게 했다. 주원장은 원나라 군대가 습격해오면 성을 굳게 지키고, 싸우지 말라고 분부했다. 원나라가 기병을 보내 급습하리라 예측한 이선장은 성 밖 요충지에 병사를 매복하여 원군이 도착하면 바로 공격해서 죽였고, 싸움에 진 원군은 돌아갔다. 성으로 돌아온 주원장은 매우 기뻐하며 적은 인원으로 많은 적을 죽여 약자가 강자를 이겼다고 크게 칭찬했다.

주원장이 장사성, 진우량 및 원나라 군대와 전쟁을 할 때 이선장은 줄곧 남경에 남아 주원장을 대신하여 성을 지켰다. 응천부는 지세가 매우 험준하고 돌로 세워져, 방어하기는 쉽지만 공격하기는 어려워서 범이 웅크리고 앉은 듯하고 용이 서려 있는 듯하다고 평가받는 곳이었다.

이선장 역시 주원장의 기대를 저버리지 않고 초한전쟁 때 소하가 한중에 남아 지켰던 것처럼 내정을 훌륭하게 관리하여 주원장이 뒷걱정을 하지 않도록 했다. 이선장은 다른 군대의 교훈과 주원장의 충고를 받아들였고, 문무백관들의 관계를 조정하는 데 온 힘을 기울였다.

일반적으로 문관은 궁중에 있고, 무관은 궁 밖에 있었다. 문관의 책사는 전쟁의 성패에 대해 결정적인 역할을 했지만 장병에 대한 험담을 늘어놓는 실수를 저지르곤 했다. 그들은 질투와 의심을 잘하고 장군을 배반하며 장수들이 지키는 전방을 후방의 문신들이 견제하도록 하여 전방에서 쉽게 실리를 취했다.

이런 약점에 주의를 기울인 이선장은 전방의 장군들이 주도권을 쥐고 군사능력을 발휘하여 서로 단결을 잘 하도록 격려했는데, 이선장은 일반적인 통치에서도 이 방식을 잘 이용하여 좋은 효과를 얻었다.

1368년, 주원장은 남경에서 정식으로 황제에 등극하였고 국호를 명明으로 정했다. 이선장이 황제 즉위식을 주관했다. 이제 이선장은 문서를 작성하던 하급 관리에서 개국 공신이 되었고, 한국공韓國公에 봉해졌으며, 사형에 처할 죄인을 두 번 면죄해줄 수 있는 철권鐵券을 하사받았다. 주원장은 이선장의 공로에 대해 다음과 같이 평했다.

"동쪽을 정벌하고 서쪽을 토벌하니 공로가 많아 다 알 수가 없다. 그대는 나라를 지켰고 군량을 각지로 운송했으며 무기를 제때에 공급하여 모자란 적이 없었다. 번잡한 정치에서 잘못된 부분을 고쳤고 군사와 백성을 화목하게 단결시켜 각자 원망이 없게 했다. 옛날 한나라에 소하가 있었지만 그대보다 뛰어나지는 못했다."

이선장은 주원장을 위해 세 가지 큰 공을 세웠다.

첫째, 주원장의 휘하로 들어가 유방의 과업 성취를 말하고 주원장에게 이상적 귀감을 보여주기를 원한다고 격려하면서 그가 천하의 대업을 이룰 결심을 하게 하였다. 둘째, 전심전력으로 후방을 관리했고, 물자의 공급을 보장했다. 셋째, 많은 사람을 조정하여 인심을 틀어쥐어 단결시켰다.

이 세 가지 공적은 지혜와 계책 면에서 그다지 새로운 것은 아니었지만, 명나라 건립에 미친 지대한 공이 인정되어 충분히 칭찬받을 만했다.

그러나 이선장은 끝이 좋지 않았다. 명나라 개국에 대한 공헌은 무척 컸으나, 견문이 넓지 않고 세속에 얽매였기 때문에 결국 목숨을 잃게 되었다는 점에서 이선장은 소하나 장량과 달랐고 유기와도 달랐다.

『명사』明史「이선장전」李善長傳은 이선장의 성격상의 결함을 신랄하게 비판하고 있다. 그의 외모는 너그럽고 온화해 보이지만 마음은 편협하고 성격이 옹졸하다는 등 그에 대해 폄하한 부분이 많다. 이 기록을 전부 믿을 수는 없지만, 이선장이 건국 이후 저지른 일련의 일에서 그에게 결점이 많았던 것을 알 수 있다.

건국 후에 이선장은 승상에 제수되어 권력이 막강했다. 그의 측근인 중서성도사中書省都事 이빈李彬이 횡령죄를 범했는데, 당시 어사중승御史中丞이었던 유기가 이 사건을 조사하자, 이선장이 여러 번 중간에서 부탁하여 방해했다.

결국 유기는 주원장에게 이를 보고하였고, 이빈은 처형되었다. 불만을 품은 이선장은 은밀히 계략을 세워 유기에게 직권남용이라는 죄목을 뒤집어씌워 자신이 직접 황제에게 아뢰고 탄핵했다.

이 일로 유기는 결국 정계에서 은퇴하였다. 모의에 가담했던 이음빙李飮冰과 양희성楊希聖이 무례하게 굴자 이선장은 죄명을 꾸며 두 사람을 잔인하게 죽였다. 또 당파의 권력을 키우기 위해 일개 지현知縣 출신의 호유용을 승상으로 기용했다. 호유용은 불법으로 직권을 남용하여 횡령하고 뇌물을 받아서 조정 신하들의 반감을 샀다. 잔혹한 주원장에게 처형될까 봐 두려웠던 호유용은 은밀히 모반을 꾀하여 주원장을 죽이려고 했다.

결국 모반 사건이 드러나 호유용 일당은 체포되었고, 이 일에 연루되어 처형된 사람이 3만여 명이나 되었다. 호유용의 옛 친구이자 그를 추천하였고 인척 관계인 이선장도 이 사건에 연루되었다. 주원장은 그가 훈구대신인 점을 감안하여 귀양을 보냈지만 결국 사사되었고, 70여 명의 가족도 모두 사사되었다. 이선장의 나이 77세 때였다.

이선장은 처음에는 공을 세웠지만 결국 죄를 지어 사형당한 경우의 대표적인 사례가 되었다. 주원장이 개국공신을 잔인하게 죽였으므로 인자한 황제로 교체해야 했다고 말하지 말라. 이선장처럼 공로가 있다고 자만하여 권력을 남용하고 불의를 행사하면 반드시 자멸하게 마련이다. 옛날부터 시작이 좋은 사람은 많지만 끝이 좋은 사람은 드문데, 자신의 원인도 있지만 그 밖에 다른 원인도 있다. 요컨대 시작과 끝이 모두 좋은 사람은 매우 드물다.

역사에는 놀랄 만큼 비슷한 부분이 많다. 만약 누군가 역사를 이해하지 못한다면 현실을 바라보라. 현실을 직시하고 위를 바라보면 문득 세상의 이치를 깨닫게 될 것이고, 아래를 바라보면 일시에 생각이 트일 것이다.

12 갈기갈기 찢긴 민족의 영웅

명나라 시대, 충신 원숭환이 난도질당하는 것을 보고 백성들은 열광했다.
민중은 장구한 역사를 밝은 눈으로 봐야 하지만,
그들의 눈이 항상 밝았던 것은 아니다.

저명한 소설가 한 분이 문맹 장인의 말을 빌려 역사에 대해 예언자 같은 어투로 감개무량하게 말한 적이 있다.

관직이 없으면 몸이 가벼운데, 권력이 크면 죽음의 화를 입을 수 있다고 했다.

과감하게 용퇴하면 다행히 목숨을 건질 수 있지만, 그렇지 않으면 토사구팽이라!

오자서의 공로는 오왕보다 높았고, 문종은 월왕 구천을 위해 오나라를 멸망시켰으나 월왕의 핍박을 받아 자살하고 말았다.

정말 애석하게도 반역을 꾀하다 목이 베인 한신이여! 자기의 공로를 자랑하지 않았더라면 주나라의 주공이나 강태공과 견줄 수 있는 명예를 얻었으리라.

큰 공로를 세우는 데는 누구도 명나라를 세운 주원장의 일등공신 서달에 미치지 못했고, 신기한 묘책을 세우는 데 유기를 당할 자가 없었다.

명나라 천자가 용상에 앉아 연회를 베풀어 문무공신들을 고향으로 돌려보내니, 공신들은 머리를 숙이고 병권을 내놓아 겨우 목숨을 살렸다.

군주가 공신을 잡아오라고 명을 내리고, 칼을 뽑아 군대를 이끌고 나아가 결박을 하니 모두들 놀라 몸을 떨었다.

원한을 품었어도 반역할 힘이 없어 강물에 투신하거나 우물 속에 뛰어들었다.

후회해도 미치지 못하니 처음에는 죽은 척하거나 이름을 숨기고 속세를 등졌다.

오늘날엔 떠도는 죽은 자의 영혼이 되었지만, 지난날은 만리장성에서 적을 막아냈다!

이것은 역사에 대한 분노인 동시에 유감을 나타내는 탄식이다.

광장에서 난도질당한 원숭환

명나라 숭정崇禎 3년(1630) 어느 날, 북경의 채시구菜市口는 인산인해를 이루었다. 모두들 매국노가 어떻게 생겼는지 보려고 하였고 또 어떻게 처형되는지 궁금해했다. 어떤 사람은 만약 이 매국노의 고기를 한 점이라도 먹을 수 있다면 자신이 진정한 중국인이며 떳떳한 군자라는 것을 나타낼 수 있고, 또한 간담이 작은 병을 고쳐서 요괴 악마를 물리칠 수 있는 힘을 키울 수 있다고 여겼다.

이 매국노는 죄수 수레에 실려 왔다. 그는 능지처참의 형벌을 받았다.

능지凌遲란 원래 산이나 구릉의 완만한 경사를 뜻한다. 가능한 한 느린 속도로 죄수를 갈기갈기 난도질하는 참혹한 형벌을 가리킨다. 형을 집행하는 망나니가 죄수를 한칼에 죽이지 못하면 그도 벌을 받았다. 처음에는 천천히 칼로 죄수의 피부를 벗겨내는데 혈관을 다치면 즉사하므로 건드리지 않았다. 벗겨낸 피부는 군중들이 앞 다투어 돈을 주고 샀다.

사람들은 매국노라고 욕하면서 그것을 먹었는데, 한 점 한 점 베어낸 살점은 부스럼에 효능이 있다고 여겨져 비싼 가격에 약으로 팔렸다. 3일째 되는 날, 최후의 일격으로 매국노의 목을 베어버리고, 내장은 사람들

온몸의 살점을 도려내는 능지형은 대역죄를 저지른 자에게 내려졌던 가장 잔혹한 형벌이었다.

이 다 가져갔다.

이 갈기갈기 찢긴 매국노는 바로 명나라 말에 청나라에 항거했던 유명한 장수이며 민족의 영웅인 원숭환袁崇煥이다.

원숭환이 피살되었기 때문에 청나라 군대는 산해관 앞까지 진격해 들어올 수 있었다. 이후 만주족이 중원으로 들어와 남방까지 진출했고 2백여 년 동안 청나라가 성립될 수 있었다. 이것은 추측에 불과하지만 원숭환의 죽음이 명나라의 동북 변방 수비에 엄청난 타격을 준 것만은 명백한 역사적 사실이다.

만력萬曆 초에 만주족이 동북에서 일어났다. 1583년, 누르하치는 조부가 남긴 군대를 이끌고 20여 년 동안 정벌 전쟁을 벌인 끝에 후금後金 정권을 건립했다. 1618년, 누르하치는 명나라의 만주족에 대한 멸시에 대해 7가지 원한을 제시하며 명나라를 공격하기 시작하여 요동의 무순撫順을 점령하였고, 계속 명나라 군대를 크게 격파했다.

여색과 환락에 빠져 정사를 돌보지 않은 신종神宗은 이에 당황하여 급히 요동경략遼東經略 양호楊鎬에게 10여 만 명의 군사를 거느리고 네 갈래로 나누어 응전하게 하였으나, 결과는 전군의 몰살로 끝났다. 명나라 조정은 이에 웅정필熊廷弼을 파견하여 요동의 군사업무를 관장하도록 하였다.

바로 이때 신종이 죽고, 그의 아들 광종光宗도 한 달 동안 황제 자리에 있다가 약물을 잘못 복용하여 죽었다. 광종의 아들 주유교朱由校가 제위를 계승하여 희종熹宗이 되었으며 연호를 천계天啓라고 하였다.

희종이 황제에 등극하였을 때 그의 나이는 겨우 15세였다. 그는 성격이 너무 유약하여 번잡한 일을 원치 않고 놀기만을 좋아하였는데, 특히 두 가지를 좋아하였다. 하나는 어린 태감들과 술래잡기하는 것이었고 다른 하나는 목각놀이였다. 더욱이 목공 제작에 빠져서 자물쇠나 기기묘묘한 기물을 만드는 솜씨는 수준급이었다. 그는 천성이 목수였다.

이렇다 보니 그는 정사는 돌보지 않았고 국가의 모든 대사는 태자 시절부터 그의 몸종이었던 위충현魏忠賢에게 돌아갔다. 위충현은 전권을 쥐자 많은 악행을 저질렀고 충신들을 마구 죽였으며 사적인 무리를 결성하여 국가를 혼란에 빠뜨리는 등 중국 역사 가운데 가장 큰 엄당閹黨(환관의 무리)을 형성했다. 이러한 조정의 통치하에서 변방 수비가 어떠했는지 충분히 상상할 수 있을 것이다. 웅정필도 요동에서 속수무책이었다.

웅정필은 요동에 도착한 후 지역 통치에 고심하여 민심을 안정시켰지만 오히려 조정의 관리들은 그를 질책하였고 조정도 그를 파직한 뒤 원응태袁應泰로 지휘관을 바꾸었다. 원응태는 수리사업에 전문적인 능력을 갖춘 인재였다. 그러나 군사 업무는 전혀 몰랐기 때문에 경솔하게 출전하여 참패하고 말았다.

조정은 할 수 없이 다시 웅정필을 기용하였다. 그러나 이때 병부상서 장학명은 웅정필과 사이가 나빴기 때문에 웅정필 수하의 장수 왕화정王化貞으로 하여금 그의 말을 듣지 말도록 하였는데 결국은 공을 세우기 좋아하는 왕화정이 잘못하여 명군이 크게 패했다. 조정은 흑백을 분명하게 가리지 않고 왕화정과 웅정필을 함께 체포하고 또한 장학명을 파직하였다.

제가 산해관을 지킬 수 있습니다

이러한 역사적 상황에서 원숭환이 청나라 군대를 격파하는 임무를 띠고 역사무대에 등장하였다.

원숭환은 광동廣東 동완東莞 사람으로서 조상의 본적은 광서廣西 오주梧州 등현藤縣이다. 그는 기개가 있고 용맹하며 책략에 밝았으며 군사에 관한 얘기를 좋아하여 젊었을 때는 변방의 국토방위에 뜻을 두었다. 만력 47년(1619)에 진사에 합격하고, 복건福建 소무邵武에 파견되어 지현知縣이 되었다.

천계天啓 2년(1622)에 그는 북경에 와서 소관 업무를 보고할 때 친구들과 담론을 나누며 요동군사에 관한 긍정적인 의견을 발표하여 어사 후순侯恂의 주목을 끌었다. 후순이 조정에 그를 추천하였고, 조정은 그를 병부 직방사주사兵部職方司主事에 임명하고 변방의 업무를 관장하도록 했다.

명대는 송대와 마찬가지로 문관을 중시하고 무관을 신임하지 않았다. 무관의 권력이 커지면 모반할까 두려워하였기 때문이다. 그래서 문관을 파견하여 군사업무를 관장하게 하면서 무관을 견제하도록 하였지만 이 정책은 종종 실패했다.

원숭환이 병부의 업무를 맡은 지 얼마 되지 않아 왕화정이 패하고 돌아왔다. 조정은 크게 놀랐고, 소문이 사방에서 일어나 북경의 인심이 흉흉하였다. 원숭환은 몰래 말을 타고 혼자서 산해관을 나와 군정을 살폈다. 그는 곧 북경으로 가서 상사에게 산해관 밖의 형세를 자세히 보고하면서 말했다.

"병마와 군량만 있으면 산해관을 지킬 수 있습니다."

이것은 일개 선비의 포부였지만 조정은 그를 병비첨사兵備僉事로 승진시켰다.

원숭환은 산해관을 지켰다. 그는 처음에는 요동경략 왕재진王在晉의 부하로서 관내의 일을 맡았다. 당시에 왕재진은 굳건히 산해관을 지켰다.

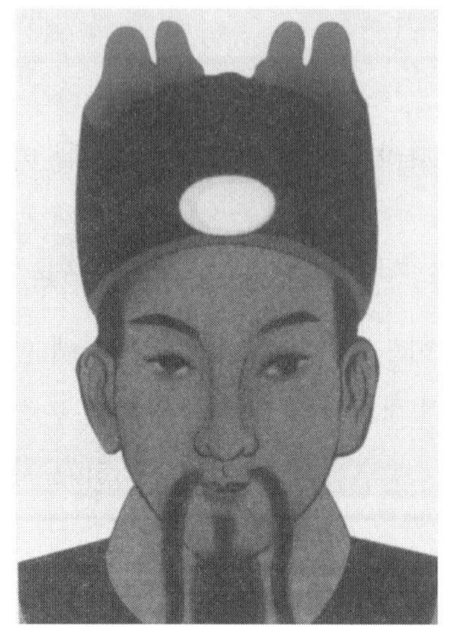

명나라 말기의 명장 원숭환. 문인 출신인 원숭환은 당시 발흥하던 청나라와의 싸움에서 여러 차례 이겨 명성을 누렸다. 그러나 환관들의 권모술수로 누명을 쓰고 죽음을 당했다.

원숭환은 산해관을 잘 지키기 위해서는 마땅히 방어선을 북쪽으로 이동시켜 영원寧遠에 축성을 해야 한다고 생각했다.

조정 대신들 모두가 이에 반대하며 영원은 너무 멀어 지키기가 어렵다고 여겼다. 그러나 이들은 만약 산해관을 국경선으로 정하면 북경을 국경선으로 삼는 것과 다름없으며, 일단 산해관이 뚫리면 주변에 장애물이 없고 북경까지는 평지여서 제대로 방어할 수 없다는 사실을 몰랐다. 만약 영원에 성을 쌓고 방어한다면 산해관으로부터 멀리 방어선을 하나 더 세우는 셈이어서 근거지를 튼튼하게 지킬 수 있었다. 평지에서 청나라 군대와 싸우기보다는 산을 의지해서 방어하는 것이 더 나은 전략이었다.

대학사 손승종孫承宗은 심사숙고한 후에 자신이 직접 산해관 밖을 시찰하고 원숭환을 지원하겠다고 말하였다. 얼마 후에 조정은 손승종을 파견하여 왕재진을 대신하도록 하고 요동 총사령관에 임명하여 원숭환과 부장 만계滿桂로 하여금 영원을 지키도록 했다.

1622년, 영원에 도착한 원숭환은 즉시 축성공사를 했다. 그는 영원이 산해관에서 2백여 리 떨어져 있어 성을 제대로 쌓는다면 산해관을 잘 지켜낼 수 있다고 여겼다. 그는 병사들과 동고동락하였기 때문에 모든 사람들이 축성에 진력을 다했고, 2년째 되는 해에 성은 거의 완공되었다. 영원성은 높고 성벽이 두꺼워서 적의 공격을 효과적으로 방어할 수 있었다. 원숭환은 성을 쌓을 때부터 요동을 20년 동안 방어했는데, 그가 피살되기 이전까지는 청나라 군대가 여러 차례 길을 돌아 북경 근처의 작은 성을 공격한 적은 있었지만 영원성을 함락시키지는 못했다.

원숭환과 손승종이 함께 산해관을 잘 방어하자 명대의 변방 방어 능력이 크게 증강되었다. 명군은 비로소 주도적으로 적을 공격할 수 있게 되어 잃어버린 땅도 수복하였으며, 북쪽 방어선을 수백 리 멀리까지 확대하였다. 원숭환은 공을 세운 덕분에 승진가도를 달렸다.

전선이 점차 공고해졌지만 조정은 오히려 날로 부패해갔다. 위충현의 전횡과 발호는 재야 유림들의 단체인 동림당의 의분을 일으켰다. 이에 동림당은 위충현을 탄핵하는 상서를 올렸지만 위충현은 극단적인 수단을 사용하여 양현楊漣 등 중국 역사에서 '전육군자'前六君子라고 불리는 여섯 명을 살해하고, 청나라에 맞서 큰 공을 세운 웅정필도 죽였다.

반대파를 진압한 위충현은 기세가 등등하여 자칭 '구천세'九千歲라 칭하며 제멋대로 대신들을 협박하여 재물을 강탈하고 뇌물을 받았다. 그는 손승종이 자신의 말을 듣지 않자, 고제高第라는 심복을 파견하여 손승종 대신 요동 총사령관 자리를 맡게 하였다.

아부만 할 줄 알았지 겁이 많고 능력이 없는 고제는 싸우지도 못하고 영원성을 지키지 못해 철수 명령을 내렸다. 원숭환은 이곳에서 철수하면 전선이 일시에 무너진다고 생각해서 명령에 불복했다. 고제는 비록 원숭환의 상관이었지만 어찌할 방도나 담력도 없고 게다가 문관 출신이어서 결국 할 수 없이 금주錦州와 기타 방어 거점의 병마를 산해관으로 철수시켰다. 이렇게 되니 영원성은 마치 황야의 고목처럼 찬바람이 부는 고립된 성이 되고 말았다.

적으로부터 존경을 받은 장군

누르하치가 기다리던 기회가 왔다. 천계 6년(1626) 누르하치는 직접 13만 대군을 이끌고 영원성을 공격했다. 위충현이 파견한 고제는 강 건너 불구경하듯 수수방관만 할 뿐이었다.

그러나 외로운 성안에서 수비병 1만을 거느린 원숭환은 겁도 없이 죽음을 무릅쓰고 방어하였는데 이것이 그 유명한 영원전투였다.

2월에 누르하치의 팔기八旗의 병사들은 금주와 능하凌河, 행산杏山, 연산連山, 탑산塔山의 성을 빼앗은 후 19일 만에 영원성까지 진격하였다. 누르하치가 항복을 요구하자, 원숭환은 죽음으로 성을 지키겠다고 대답했다. 누르하치는 영원성을 에워싼 후 산해관과의 연락을 끊어버려 명군의 지원을 막았다.

고제는 지원병을 보내지 않았지만 원숭환은 두려워하지 않고 만계와 조대수祖大壽에게 병사를 나누어 네 문을 지키도록 하고 성 밖의 사람들을 성안으로 이주시켰으며 거주민과 상인으로 민병을 조직하여 물과 군량을 충당하도록 하였다. 그는 혈서를 써서 사병들의 사기를 진작시켰고 멀리 있는 산서山西의 처자식을 성으로 불러 모아 영원성에서 함께 살도록 하였다. 이처럼 원숭환이 영원성에서 군민을 총동원하여 성을 지키고 있는 상황에서 청나라 군대가 공격을 개시하였다.

청나라 군대는 용맹하고 전투에 능하여, 변발 병사가 쳐들어온다고 하면 전쟁터의 농민과 군인들은 모두 놀라 도망치기 일쑤였다. 철갑을 두른 청나라 병사들은 화살을 두려워하지 않고 용감하게 진격하여 성을 공격했다. 철로 만든 전차가 이들을 엄호하며 성벽을 뚫어 사람이 들어갈 수 있는 구멍을 만들었다.

용맹했던 원숭환의 군대 역시 각종 무기를 동원했는데 서양에서 도입한 대포로 적에게 심각한 타격을 입혔다. 나무로 만든 궤짝 안에 병사를 숨겨 성벽을 기어오르는 적을 활과 창으로 찔러 죽였고 또한 기름과 유

청나라의 주력 군대조직인 팔기군은 인구가 적은 만주족이 중국 전체 인구의 대부분을 차지하던 한족을 무너뜨리고 청나라를 세우는 데 큰 공을 세웠다.

황을 바른 솜이불 등에 불을 붙여 적의 전투장비를 불태워 이들을 물리쳤다.

원숭환은 문인 출신이었지만 제갈량처럼 수레를 타고 직접 진두지휘를 하였다. 그의 최대 장점은 침착하다는 점이었다. 적이 성벽을 공격해도 조금도 당황하지 않고 철갑을 두르고 일반 병사들과 함께 돌을 날라 성벽의 구멍을 메웠다. 그도 이 전투에서 몇 군데 부상을 입었다.

적이 퇴각하자 원숭환은 결사대를 조직하여 성벽까지 쫓아가서 적을 죽였고 화살 10만여 개를 노획했다. 이 전투에서 청나라 측 장수 10여 명이 전사했다.

21일, 청나라 군대가 다시 야음을 틈타 공격해 왔으나 성공하지 못했고 할 수 없이 26일 포위를 풀고 퇴각하였다.

적이 포위를 풀자 원숭환은 유학자의 풍모를 나타내며 사자를 보내 누르하치에게 말하길 "이번 전투에서 당신이 진 것은 하늘의 뜻이오!"라고 하였다. 누르하치도 원숭환에게 말 한 필을 보내며 다음 전투를 기약하자는 편지를 전했다.

누르하치는 대포 때문에 상처를 입어 수레에 누운 채 침울한 표정으로 되돌아갔다. 그는 신하들에게 말했다.

"내가 25세 때 군사를 일으킨 후부터 싸워서 이기지 않은 적이 없었고 공격하여 함락시키지 못한 적이 없었는데 43년 동안 오로지 영원성만은 함락하지 못했다."

누르하치는 영원대첩의 패전으로 마음이 울적했는데, 등에 독창까지 생겨나 전투에서 입은 상처를 더 깊게 하였다. 그는 여러 달 후에 심양瀋陽의 서쪽 40리 밖 애계보曖雞堡에서 세상을 떠났다.

이후 청나라 군대는 원숭환을 두려워하면서 한편으로는 존경하기까지 하였다. 영원대첩 소식이 북경에 전해지자 조정과 재야는 크게 기뻐하였다. 고제는 영원성을 구하지 않았기 때문에 면직되었고 병부상서 왕지신王之臣이 자리를 물려받았다. 원숭환은 승진하여 4품의 첨도어사僉都御史가 되었다. 원숭환은 즉시 출격하여 고제가 잃었던 땅을 수복하였다.

누르하치가 죽은 후 그의 아들 홍타이지가 즉위하여 청나라를 세웠다. 그는 뛰어난 재주와 웅대한 책략을 지닌 인물이었다. 홍타이지는 뛰어난 전술과 책략으로 잠시 영원성을 방치하고 조선을 침공했다. 당시 명나라와 청나라는 훗날을 기약하며 휴식을 취했다. 명나라는 성을 쌓고 군사를 훈련시켰으며, 청나라는 조선을 공략하여 재물을 약탈하고 통치를 공고히 하였다.

이러한 정세에서 원숭환은 홍타이지에게 화의를 제의했고 그도 찬동하였다. 그러나 명 황제와 많은 신하들은 청나라가 이전에 명나라에 복속했던 나라여서 담판할 자격이 없다고 반대하였다.

원숭환이 홍타이지와 담판할 때 청나라는 그 기회를 이용하여 조선을 공격했고, 원숭환도 크고 작은 성을 쌓아 방어를 튼튼히 하였으며 한편으로는 조선을 구하기 위해 출병했으나 조선이 일찍 투항하는 바람에 청군과 충돌하지는 않았다.

조선을 공격하여 승리를 거두고 재물을 충당하여 안정을 꾀한 홍타이지는 원숭환이 축성을 하고 군사를 훈련시켜 세력이 점점 커지는 것을 알고는 바로 공격하지 않으면 나중에 힘들어질 것이라고 생각했다. 화의도 이루어지지 않자 그는 전쟁으로 화의를 얻어내기로 결정했다.

천계 7년(1627), 홍타이지는 대군을 이끌고 요서의 군사진지를 공격하여 능하성을 함락시켰고 즉시 서쪽으로 진군하여 금주를 공격했다. 5월 11일부터 6월 4일까지 장수 조솔교趙率敎가 명군을 이끌고 홍타이지와 격전을 벌였다. 청나라 군대는 금주성을 함락시키지 못하고 크게 패했다.

홍타이지는 금주성이 함락되지 않자 방향을 바꿔 영원성을 공격했다. 원숭환은 성을 굳게 지키고 때를 기다리며 마음속에 계획을 세워놓았다. 두 군대가 접전을 벌이며 이틀을 격렬하게 싸워 서로 손실이 막대하였다. 그러나 홍타이지는 영원성을 함락시키지 못했다.

그는 다시 방향을 바꿔 금주성을 공격했지만 청나라 군사 가운데 사상자가 속출하여 성을 함락시킬 수 없었다. 당시는 무더위가 기승을 부릴 때여서 청나라 군사 가운데 적지 않은 수가 일사병에 걸렸고 사기도 저하되어 홍타이지는 할 수 없이 포위를 풀고 심양으로 되돌아갔다.

영금寧錦전투에서 명군은 승리를 거두었다. 그러나 원숭환은 조정으로부터 큰 상을 받지 못했다. 다만 1계급이 승진되었을 뿐이었다. 이런 일이 생긴 원인은 원숭환이 위충현과 같은 당이 아니었기 때문이다. 원숭환이 진사에 급제할 당시 과거 시험관과 그를 추천하여 요동의 방어업무를 보도록 추천한 사람은 모두 동림당의 우두머리였다.

원숭환은 자신이 영원대첩과 영금전투에서 승리했어도 위충현에게 환심을 사려 하지 않았다. 이때 위충현은 원숭환의 세력이 날로 커지는 것을 보고는 같은 당 사람을 부추겨 홍타이지가 금주를 공격했을 때 영원성에 있던 원숭환이 금주를 구원하러 오지 않았다고 비판하고 공격하도록 사주했다. 원숭환은 할 수 없이 사직하고 고향인 광동으로 돌아갔다.

마지막 황제 숭정의 최후

이해 8월, 희종이 죽었다. 희종은 아들이 없었기 때문에 그의 친동생
주유검朱由檢이 즉위하여 연호를 숭정崇禎으로 바꾸었다.

숭정황제는 당시 겨우 17세로 나이는 비록 어렸지만 총명하고 유능하
여 죽은 형과는 사뭇 달랐다. 그는 감정을 얼굴에 드러내지 않고 위충현
에게 자살하도록 위협하여 교묘하게 조정의 해독이 되는 세력을 말끔히
없애버렸다. 숭정황제는 위충현이 죽은 후 그와 결탁한 신하들을 죽이
거나 군에 보낸 후, 위충현에게 배척당한 원숭환을 다시 기용했다.

숭정 원년(1628) 7월, 원숭환이 북경으로 오자 숭정황제는 그를 만나
요동의 방어에 대해 묻고 국가의 대사를 논의한 후 그의 말을 실천에 옮
겼다. 원숭환이 군량을 제때 보급해줄 것과 국방에 관한 여러 간섭을 억
제할 것을 요구하자 숭정황제는 기꺼이 들어주었다.

구체적인 요동 방어에 관한 책략에서 원숭환은 세 가지 원칙을 고수하
겠다고 밝혔다. 첫째, 요나라 사람은 요나라 영토를 지키고, 요나라 영토
는 요나라 사람을 기른다. 둘째, 방어를 주요 임무로 삼고 기이한 전술을
사용하며 화의는 경우에 따라 채택한다. 셋째, 법을 급하게 적용하지 않
고 실제에 맞게 실행한다. 숭정황제는 대업을 이룰 야심이 있었기에 그
의 이러한 생각에 찬동하였다.

숭정은 원숭환에게 상방보검尚方寶劍을 주어 그에 대한 신임을 표시하
고 지원을 약속하면서 영원성 방어 업무를 총괄하도록 하였다.

그러나 원숭환이 영원에 도착하기도 전에 영원성에서 변란이 일어났
다. 군대에 식량이 부족했기 때문이었다. 당시 조정이 무력했기 때문에
모든 재물을 각급 관리들이 독점하고 있어서 국고는 텅 비어 있었고 군
량을 마련할 돈도 없었다. 원숭환은 황궁의 돈에 해당되는 내노內帑를 쓸
것을 건의하였다. 숭정은 재물을 생명처럼 아끼는 사람인지라 원숭환의
말을 듣고 크게 노하여 이때부터 원숭환을 미워하기 시작하더니 다시는

이전처럼 그를 신임하지 않게 되었다.

얼마 후 원숭환이 피도皮島의 장수 모문룡毛文龍을 죽이자 숭정은 원숭환을 의심하기 시작했다. 피도는 요동반도 남쪽 발해만에 위치한 섬으로서, 북쪽으로는 청나라와 연결되어 있고 동쪽으로는 조선과 통하며 서쪽으로는 교동膠東반도의 봉래蓬萊, 등주登州를 방어할 수 있는 전략적 요충지다. 피도의 수장 모문룡은 일찍이 청나라 군대를 막아내는 공을 세운 적이 있었지만, 후에 위충현의 양자가 되어 교만해지더니 환관들과 결탁하여 군비의 절반을 뇌물로 사용하였다. 모문룡은 또한 청나라와 내통하기도 했는데 홍타이지에게 편지를 보내 말하길 "그대가 산해관을 취하면, 나는 산동을 취하겠소"라고 하였다. 원숭환은 숭정 2년(1623) 7월에 모문룡을 사로잡고 그의 열두 가지 죄상을 선포한 후 황제가 내린 보검을 뽑아 그의 목을 쳤다.

원숭환이 숭정황제에게 모문룡을 죽인 이유를 보고하자 숭정은 크게 놀라 그가 대장군을 죽인 데는 다른 뜻이 있다고 여겼다. 그러나 당시에는 원숭환에 의지하여 청군을 막아야 했기 때문에 책망하지 않았다.

홍타이지는 자신의 역량이 명나라에 미치지 못함을 알고 명나라와 화의할 것을 생각했지만 숭정황제는 오만하여 이를 허락하지 않았다. 원숭환이 중간에서 조정 역할을 했으나 성공하지 못했다. 그 결과 숭정 2년(1629년) 11월에 10여만 명에 이르는 청군이 원숭환이 지키는 영원성의 서쪽을 우회하여 북경을 공격했다. 이들이 만리장성을 넘어 준화遵化로 진격하자 명군은 퇴각하였다. 청군이 준화를 함락시키자 순무 왕원응王元雍은 자살했으며 산해관의 총병 조솔교도 준화성에서 전사했다. 준화성을 함락시킨 청군은 곧바로 북경으로 진격했다.

이때 원숭환은 병사를 이끌고 급히 달려왔고, 연도에 남아 있던 명군도 청군의 퇴로를 차단했다. 원숭환은 11월 10일에 계주薊州에 도착했다. 그러나 청군이 계주의 서쪽으로 우회하여 삼하三河, 향하香河 등의 성을 함락시키자, 원숭환은 급히 북경으로 달려가 광거문廣渠門 밖에 군대를 주둔시켰다.

청군의 맹렬한 공격으로 숭정은 혼비백산하였고 북경은 큰 혼란에 빠졌다. 원숭환이 북경으로 달려오자 그때서야 숭정은 제정신을 찾았고 그의 만반의 수비를 칭찬했다. 원숭환은 군사들이 피로에 지쳤다고 여기고 성에 들어가 휴식을 취하게 하려 하였으나 숭정은 이를 의심하여 핑계를 대며 입성을 허락하지 않았다. 원숭환은 어쩔 수 없이 성 밖에 주둔하려 하였으나 이것도 숭정이 윤허하지 않았다. 숭정은 다만 원숭환이 빨리 청군과 싸워 이기기만을 원하여 그를 독촉했다.

북경을 구하기 위해 먼 길을 주야로 달려온 원숭환은 황제가 청군의 침입을 너무나 두려워했기에 할 수 없이 청군과 접전을 벌여야 했다. 양측이 격렬한 전투를 벌였지만 승부가 나지 않고 지구전으로 양군이 대치하는 상황이 되었다. 원숭환은 홀로 적진에 뛰어들어 싸우다 어깨에 화살을 맞아 부상을 입었다. 이윽고 청군은 끝내 명군을 이기지 못하고 남해자南海子로 퇴각했다.

숭정은 청군이 멀리 퇴각하지 않자 급히 원숭환에게 추격하여 적을 포위하도록 재촉했다. 이때 원숭환은 아직 결전의 시기가 아니라고 생각했다. 만일 성을 나와 싸움을 벌인다면 청군은 사지에 몰려 막다른 골목에 처한 쥐와 같아 죽음을 무릅쓰고 싸울 것이고 이렇게 되면 명군은 큰 손실을 입을 것이라고 생각했다. 만약 그런 상황이 일어난다면 북경은 무너질 것이 분명했다. 원숭환은 성을 지키며 출전하지 않았다.

그러나 숭정황제는 오히려 원숭환을 의심하며, 군대를 보유한 그가 자신을 위협하여 황제 자리를 찬탈하려 한다고 여겼다. 그게 아니라면 적어도 원숭환이 자신에게 청나라와 화의를 하라고 강요한다고 여겼다. 이렇게 생각한 숭정은 고집불통으로 남의 의견을 받아들이지 않아 큰 손실을 입게 되었다.

이때 북경 성 밖에서는 청나라 군대가 사방에 불을 지르고 재물을 약탈하여 백성들에게 큰 피해를 입혔고 숭정 주변의 환관들이 소유한 전답과 재산 대부분이 파괴되었다. 사람들은 이에 대한 원한과 분노의 책임을 원숭환에게 돌렸다. 이들은 원숭환이 청군을 불러들였고, 황제에게 청나라와 화의를 하도록 위협했다고 생각했다. 일순간에 이러한 여론이 세상에 들끓었고 심지어는 원숭환을 매국노라고 욕하는 등 인심이 흉흉해졌다. 어떤 사람이 북경의 성루 위에서 원숭환 군대를 향해 돌을 던지면서 매국노라고 외쳤는데 돌에 머리를 맞은 사병은 즉사했다.

숭정은 이 소식을 듣고는 의심이 더욱 커져서 두렵기까지 하였다. 마침 이때 홍타이지는 『삼국지연의』에 나오는 반간계反間計를 이용하였다. 청군은 명나라 조정이 파견하여 성 밖에서 말을 기르는 일을 맡은 양춘楊春과 왕성덕王成德이라는 환관 두 명을 붙잡은 적이 있다. 철수하던 도중 홍타이지는 장수 고홍중高鴻中·포승선鮑承先·영완성寧完成 등을 파견하여 그들을 감시하도록 했다. 이 세 사람은 청나라에 항복한 한족이었다. 포승선과 영완성은 홍타이지가 지시한 비밀 계획에 따라 귓속말을 하는 척하지만 다 들리도록 이야기를 나누었다.

"이번의 철병은 청군이 패해서가 아니라 황제의 묘책이다. 황제가 혼자 말을 타고 적진으로 갔고 적의 두 장수가 황제를 알현하고 의논한 후에 돌아간 것을 보지 못했는가? 황제와 원숭환이 이미 밀약을 하였으니 큰 일이 성사될 것이다."

두 환관은 옆에서 이 말을 들었다. 이튿날 환관 양춘이 청군이 철수하느라 어수선한 틈을 타 도망쳤고 즉시 숭정황제에게 이 사실을 보고했다.

숭정은 원래 의심이 많은 성격인지라 이 말을 믿었다. 그는 즉시 원숭환을 궁으로 소환하여 하옥시켰다. 원숭환의 부장 조대수는 이를 보고 크게 놀라 때를 기다렸다.

3일 후에 황제의 성지가 도착했는데, 원숭환이 청나라의 홍타이지와 내통하여 모반을 획책한 죄로 체포했는데 원숭환 한 사람에게만 죄를 묻고 나머지 사람들은 불문에 부치기로 했다는 내용이었다. 이 소식을 전해들은 장수들은 대성통곡을 하였고 어떤 장수는 크게 욕하며 그저 발만 동동 구를 뿐이었다.

조대수도 비분강개하여 즉시 군사를 이끌고 금주로 되돌아갔다. 가던 도중 원숭환의 주력부대를 만나 북경의 상황을 알게 된 후에도 그냥 가던 길을 갈 수밖에 없었다.

조대수가 돌아가자 숭정은 크게 놀라 청군이 다시 쳐들어올까 봐 두려워했다. 숭정은 급히 사람을 시켜 원숭환에게 편지를 보내 조대수를 북경으로 불러오게 하였다. 이것은 사실 이상한 논리였는데, 정식으로 조서를 내려 원숭환이 조대수에게 편지를 쓰도록 하는 것이 아니었고, 관리를 파견하여 그렇게 권하도록 했다.

원숭환은 편지를 쓰려 하지 않았는데, 이런 방법이 마음에 들지 않았고, 황제의 조서를 받지도 않았는데 옥에서 편지를 써서 군사를 북경으로 돌아오게 하는 것은 사적인 행위와 다를 바가 없기 때문이었다. 숭정은 어쨌든 자신의 잘못을 인정하려 하지 않았다. 대신들이 원숭환에게 권하여 편지를 보내 조대수가 북경으로 되돌아오게 하였다. 조대수는 본래 원숭환의 사자를 적으로 간주했으나 원숭환의 친서를 확인하고는 지체하며 결정을 하지 못했다. 이때 조대수의 모친이 말했다.

"만약 네가 돌아가지 않으면 원숭환 총병에게 죄를 가중시킬 뿐이다. 네가 가서 적을 무찌르면 혹시 그분이 풀려날 수도 있지 않겠니?"

조대수는 모친의 말을 들은 후 군사를 이끌고 북경으로 돌아가기로 했다. 그는 가는 도중에 청군을 무찌르고 두 개의 성을 빼앗았으며 퇴로를 끊어버렸다.

홍타이지는 원숭환이 옥에 갇혔다는 소식을 듣고는 기대 이상의 성과에 매우 기뻐했다. 북경 남쪽으로부터 20킬로미터 떨어진 지역을 점령하고 있던 그는 즉시 군사를 몰아 노구교蘆溝橋로 향하여 거군車軍을 격파했다. 이윽고 명군 4만을 대파한 후 고위 장수 몇 명을 사로잡거나 죽이자 북경은 큰 혼란에 빠졌다. 그러나 조대수가 군사를 이끌고 회군했다는 소식을 들은 홍타이지는 퇴각하기 시작했고 화의를 제의하면서 산해

자금성의 북쪽에 있는 경산. 이자
성의 농민군이 성안으로 들어오자
명나라의 마지막 황제인 숭정황제
는 경산에서 목을 매 자살했다.

관에서 물러났다.

청군이 일단 퇴각하자 숭정은 마음의 안정을 되찾았다. 이때 조정과
재야에서는 원숭환의 억울한 죄를 사면하라고 요구하는 사람이 점점 많
아졌고 상서들이 올라왔다. 손승종도 시를 지어 "강동에 천고의 영웅이
꿈을 펼쳤지만, 눈물을 흘리는 황룡은 반도 평정하지 못했네"라고 읊었
다. 수많은 사람들의 심정을 대신 말하는 듯했다.

원숭환도 옥중에서 편지를 써서 부하들이 안심하고 적을 쳐부수기를
원했다. 반년 후에 명군은 청군을 만리장성 밖으로 몰아냈다.

이 반년 동안, 숭정은 원숭환이 죄가 있다면 조속히 철저하고 분명하
게 조사하여 결정해야 했는데 그를 죽이지도 살려두지도 못하고 망설이
다가 청군이 퇴각하자 그를 죽였다.

일반적으로 사람들이 알고 있는 원숭환의 고난은 예부상서 겸 동각東
閣대학사 온체인溫體仁이 원숭환의 부하장수 사상문謝尙文을 매수하여, 그
가 적과 내통하였다고 모호했기 때문이었다. 그러나 당시 상황을 자세
히 살펴보면 그렇게 간단하지 않았다. 숭정은 고집불통으로 남의 의견

을 듣지 않았는데 낮은 벼슬아치에 불과한 온체인이 아무리 천성적으로 담이 크다 해도 감히 제멋대로 원숭환을 죽이지는 못했다.

그 근본 원인은 숭정 자신의 성격 때문이었다. 자신의 생각만이 옳다고 여기는 고집쟁이로 자신의 잘못이나 패배를 인정하지 않는 품성 탓이었다. 남의 의견을 받아들이지 못하는 황제의 전형이 바로 숭정이었다.

그는 침식을 잊고 밤낮으로 나랏일에 골몰하였고 얼굴에는 명군의 풍모가 보였다. 그러나 자세히 살펴보면 그가 결단을 내린 일 대부분은 자신의 추측에서 비롯되었을 뿐이었다. 그는 또한 도량이 좁았다. 숭정은 원숭환이 죽은 지 15년 뒤에 북경 자금성 북쪽, 지금의 경산공원의 매산煤山에서 나무에 스스로 목매달아 죽었다. 당시 환관 하나가 그를 따라 죽었으니 정말 외로운 사람이었다고 말할 수 있다.

원숭환이 죽던 날 북경 사람들은 떠들썩하게 그의 살갗과 고기를 먹느라 정신이 없었다. 민중은 장구한 역사를 밝은 눈으로 봐야 하지만, 중생들의 눈이 항상 밝았던가? 오늘날 떠도는 죽은 자의 영혼은 지난날 만리장성을 지키던 이들이다. 만약 원숭환의 영혼이 소멸하지 않는다면 그는 청군, 숭정황제와 온체인, 아니면 민중을 원망할까? 원망할 것도 없고 원망하지 않을 수도 없지 않을까? 역사란 목이 없는 억울한 사람들의 나열이 아닐까?

제3부 충신과 간신

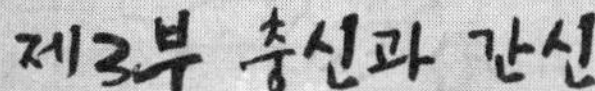

미인은 오강에서 스스로 목을 베고 美人自刎烏江岸

봉홧불은 일찍이 적벽산을 불태웠네. 烽火曾燒赤壁山

장군은 옥문관에서 늙어만 가고 將軍空老玉門關

진나라, 한나라 생각에 슬퍼져 傷心秦漢

백성들은 도탄에 빠졌으니 生靈塗炭

책 읽는 선비는 길게 탄식하네. 讀書人一聲長歎

●장가구張可久의 「매화성회고」賣花聲懷古

| 문인과 협객

중국역사에 나타난 문인과 협객들은 항상 사회현실의 전면에 서서
관리들의 비리와 부패에 맞섰기 때문에 많은 사람들의 동경의 대상이자
존경 받는 본보기가 되었다.

중국 역사에는 협객이라는 대단히 기이한 무리가 있었다. 중국의 문인들은 협객에 대해 우호적이었는데, 문인과 협객이 표면적으로는 거리가 먼 것 같지만 본질적으로 서로 통하기 때문이다. 중국의 문인은 협객을 가장 동경했다. 예컨대 당나라의 시인 가도賈島는 「검객」劍客이란 시에서 다음과 같이 노래했다.

십 년 동안 칼을 갈았지만
예리한 날 아직 써본 적이 없다.
오늘 한번 보여드리고 싶어
억울함 당한 자 누구인가?

이 시는 자신의 재능과 마음에 품은 큰 뜻을 칼에 비유하고 있다. 이는 무모할 정도로 어떠한 권세에도 기상이 꺾이지 않는 것 같아 아주 호방해 보이지만, 실은 고무풍선처럼 마음만 부풀고 일처리 능력이 없어 별 쓸모가 없다. 급하고 어려울 때 이런 사람에게 일을 부탁해서는 안 된다.

문인이 무용지물이라는 사실은 역사상의 문인들이 잘 보여주었다. "백에 하나도 쓸모없는 것이 선비다" "만 마디 말이 한 잔의 물보다 못

하다” “차라리 병졸 몇 사람의 우두머리가 될지언정 선비가 되는 것보다
는 낫다” 등은 폐부를 찌르는 말이다. 국가가 어려움에 처했을 때 붓을
내던지고 전쟁터에 뛰어드는 사람은 소수일 뿐, 대다수는 말로만 뒤에
서 격려했다. 사람들의 존경을 받은 대시인 소식蘇軾은 “보름달처럼 활을
당겨 서북쪽을 향해 천하의 이리 같은 놈들을 쏜다”고 강하게 외쳤다.
이렇게 호언장담한 소식도 평생 전쟁에 직접 참가한 적이 없다.

　물론 일률적으로 논하기는 어렵다. 송나라의 저명한 시인 신기질辛棄疾
은 용감한 장수로 의용군을 조직하여 금나라에 항거했고 많은 땅을 수복
했다. 당나라의 대시인 피일휴皮日休도 황소黃巢 봉기군에 참가했고, 양산
박梁山泊 의용군을 처음 조직한 왕륜王倫도 문인 출신이다. 이렇듯 문인이
유용해지려면 문文을 저버리고 무인이 되거나 정치를 해야 했고, 최소한
글을 읽으면서 무인을 겸하거나 정치를 겸해야 했다.

이상적인 선비 협객

　그러나 문인에게 장군의 일과 협객의 일, 심지어 관리를 대신하도록
요구하는 것은 불합리하다. 문인은 원래 하나의 도덕적 표징이지만 전
통 사회의 현실이 이런 도덕에 희망을 걸고 너무 많은 요구를 했던 것이
다. 마치 사회의 모든 일을 그들이 도맡아 해야 하는 것처럼 여겨서, 잘
해내지 못하면 사회는 곧바로 그들에게 불만을 표시했고, 문인 스스로
도 크게 실망하였다.

　사회는 문인을 사회 전반에 걸친 불공평한 요소들을 제거하는 협객으
로 간주했던 것이다. 문인의 사명은 이처럼 중요했지만, 이들은 수천 년
동안 숨도 제대로 쉬지도 못할 만큼 억압을 받아 위축되었으며 직업까지
바꾸는 일이 허다해서 중국 역사상 순수하게 문文을 업으로 삼은 이는 드
물었다.

　사실 문인의 역할은 관리의 스승에 불과하다. 듣기 좋게 말하면 제왕

의 스승인 셈이다. 권력도 돈도 없는 선생 처지에 학생이 선생의 말을 듣지 않아도 어쩔 도리가 없었다. 협객과 비교해서 아주 다른 부분이다. 협객은 분노하면 적군의 목을 베어 승진할 수 있었지만, 선생이 학생을 화나게 하면 직업을 잃게 되고, 심지어 목숨 걱정까지 해야 했다. 그래서 문인들은 훌륭한 정치적 이상이 있어도 그것을 실현할 대책이 없었기 때문에 필연적으로 협객이 되기를 갈망했다.

막연히 백성을 동정하는 마음만 있고, 정말로 백성에 대한 사랑을 펴나갈 계책은 하나도 없다는 말은 문인이 처한 역사적 현실을 잘 설명해준다. 그러나 문인의 진정한 가치는 여기에 있다. 정치가 부패하고 사회 질서가 문란할 때마다 문인들은 사회를 비판했고 목숨조차 아끼지 않았다. 사회의 불공평에 대해 협객은 칼을 사용했지만, 문인은 혀와 붓을 동원했고 불공평한 문제를 근본적으로 해결했다. 즉 문인도 협객일 뿐만 아니라 더 높은 수준의 정신적 협객인 셈이었다. 언제나 근본적으로 사회의 불공평을 해결하지는 못했지만, 이런 수많은 정신적 협객들이 있었기 때문에 중국이 지속적으로 발전할 수 있었던 것이다.

문인이 할 수 없는 일은 협객이 도와주고, 협객도 문인의 품격을 받아들여야만 수준이 높아질 수 있다. 진정한 문인과 협객은 현실의 비판자이자 개혁자였다. 그들은 원래 서로 통하는 부분이 있어서 수천 년간 이상적인 인격체가 되었다.

선진시대의 묵가墨家 학파는 물론, 오늘날의 협객들도 모두 묵가에서 나왔다. 수신을 통한 정신수양을 중시하는 유가儒家에도 용맹한 인물이 적지 않았는데, 공자가 아꼈던 제자 자로子路는 칼을 잘 다루어 성을 공격하고 땅을 빼앗는 등 무술로 공을 세웠다고 한다.

역대 문인 가운데 조식曹植·도잠陶潛·이백李白·육유陸游처럼 진짜 협객이 되려고 했던 인물이 많았지만, 그 명맥은 거의 끊어졌다. 공자진龔自珍은 협객의 기개가 쇠퇴하는 것을 아쉬워하며 "은혜와 원한을 읊으니 걱정은 쏟아지는데, 강호의 호협한 기개는 이미 많지 않구나"라고 읊었

다. 그러나 그 후 근대에도 담사동譚嗣同, 추근秋謹 및 남사南社 등 많은 시
인들이 진정한 협객이 되려고 결심하여 한동안 협객의 기개는 다시 왕성
해졌다. 이렇듯 선비 협객에 대한 동경은 깊은 전통이었다.

맡은 바 자신의 책무를 다하지 않는 관리와는 달리, 문인과 협객은 항
상 사회 현실의 전면에 서서 관리들의 비리와 부패에 맞서며 비판의 목
소리를 높여 건전한 사회풍조를 조성하는 역할을 했기 때문에 많은 사람
들의 동경의 대상이었고 영원히 존경 받는 본보기가 되었다. 사람들이
관리가 되려 하고 부러워하지만 마음속으로는 관리를 비판하는 이유도
여기에 있다.

특히 문인과 협객을 겸임하면 사람들의 존경을 더욱 많이 받았다. 선
비 협객은 문인의 나약함과 무력함을 극복하고, 협객의 세심하지 못하
고 거친 성격을 보완한 가장 건전한 인격체이기 때문이다. 문인이 유용
하면 협객이 적어지고, 문인이 무용해지면 협객이 많아지는데, 문인과
협객의 증감 관계는 매우 재미있는 역사 현상이다.

춘추전국시대는 중국에서 협객이 범람한 시기로, 예악禮樂이 무너져
문인이 쓸모없어지고 협객의 무력이 크게 흥성했던 시대다.

생선 속의 칼과 암살자 전제

전제專諸는 춘추시대의 유명한 자객이다. 당시 오나라의 공자公子 광光은
오왕 요僚를 암살하려고 했다. 공자 광의 아버지는 오왕 제번諸樊이고, 제
번에게는 동생이 셋 있었는데, 둘째가 여제余祭, 셋째가 이매夷昧, 넷째가
계자찰季子札이었다. 제번은 계자찰이 현명한 것을 알고 그에게 왕위를 물
려주기 위해 자신의 아들인 공자 광을 태자로 세우지 않았다.

제번이 죽은 후 여제가 왕위를 물려받고, 여제가 죽은 후에는 이매가
왕위를 이었다. 이매가 죽은 후 당연히 계자찰이 왕위를 물려받아야 했
지만, 계자찰은 즉위하지 않으려고 달아났다. 그래서 오나라 사람들은

이매의 아들 요를 오왕으로 세웠다.

그러나 제번의 바람이 계자찰에게 왕위를 물려주는 것이었다면 요가 왕이 되는 것은 부당한 처사였고, 마땅히 왕위는 제번의 아들 공자 광에게 돌아가야 했다. 이 때문에 공자 광은 원한을 품고 오왕 요를 암살하려 한 것이다.

공자 광은 대장大將 오자서를 통해 전제를 사귀게 되었고, 그가 용감하고 도의적인 사람이라는 것을 알고 존경하였으며 그의 어머니도 잘 모셨다. 전제는 공자 광이 오랫동안 자신을 대우해주자 크게 감동했고, 자신 같은 사람이 공자 광의 존중을 받게 되어 영광스럽다고 생각했다. 후에 전제가 공자 광에게 자신을 우대한 까닭을 묻자, 공자 광은 그제야 자신이 왕위를 잃게 된 자초지종을 말하면서 잃은 왕위를 되찾으려는 것은 정의로운 일이라고 설명했다.

이 말을 들은 전제는 그를 대신해서 자신이 오왕 요를 죽이겠다고 했다. 공자 광은 감격해서 전제의 몸은 곧 자신의 몸이고, 전제의 자녀는 곧 자신의 자녀라고 말했다. 또 만약 전제가 목숨을 잃게 되면 자신이 제사를 잘 지내주겠다고 덧붙였다.

몇 년 후, 오왕 요가 초楚나라를 공격해서 나라 안은 텅 비고 조정은 혼란에 빠졌다. 공자 광은 이때 오왕 요를 암살하려고 했다. 그는 먼저 무장한 병사를 집안에 매복시키고 오왕 요를 집으로 초청해 술을 마셨다. 오왕 요도 공자 광을 매우 경계하여 호위병을 궁궐에서 공자 광의 집 입구까지 배치했고, 입구에도 오왕 요의 친척이 지키고 서 있었다.

어느 정도 술을 마셨을 때, 공자 광은 거짓으로 발이 아프다고 하고 신을 바꿔 신는다며 지하실로 들어가서, 전제에게 뱃속에 비수를 감춘 생선을 오왕 요에게 올리도록 명했다. 생선요리를 들고 오왕 요 앞에 나아간 전제는 생선을 가르고, 그 속에 든 비수로 오왕 요를 찔러 죽였다. 오왕 요가 숨지자, 왕의 호위병들이 일제히 몰려들어 전제를 죽였다.

공자 광은 매복시켰던 병사들을 나오게 해서 오왕 요의 호위병과 친척

전제가 오왕 요를 암살하고 있다. 춘추시대의 유명한 자객 전제는 생선의 뱃속에
비수를 감춘 후 오왕의 앞에 나아가 그를 찔러 죽였다.

을 모두 없앤 후 왕위에 올랐고 전제의 아들을 대관大官으로 봉했다.

자신을 알아준 이를 위해 죽은 섭정

섭정聶政은 지읍軹邑 심정리深井里 사람이다. 그는 사람을 죽인 후 어머
니, 누이와 함께 제齊나라로 도망가서 백정 일을 하며 살았다.

한양漢陽사람 엄중자嚴仲子는 한애후韓哀侯를 섬겼는데, 한韓나라 재상
협루俠累와 서로 원한을 품게 되어 극심한 박해를 받자 결국 몸을 피했
다. 엄중자는 여러 나라를 돌아다니면서 협루에게 복수해줄 사람을 물
색했다. 그가 제나라에 도착하자, 어떤 사람이 섭정이 대단한 용사라고
알려주었다.

이 말을 들은 엄중자는 섭정의 집을 찾아 여러 번 왕래한 후 술과 음식
을 마련해서 손수 섭정의 어머니에게 드렸다. 어느 날 술자리가 한창 무
르익을 무렵 엄중자는 황금 100일鎰을 받쳐 들고 섭정의 어머니의 생신
을 축하하며 바쳤다. 섭정은 선물이 너무 후해서 이상하게 여기고 단호
히 거절했다. 그래도 엄중자가 고집스레 주려 하자 섭정이 사양하며 말
했다.

"제게는 다행히 노모가 건재하십니다. 집안 형편은 가난하지만, 객지

를 떠돌며 백정 일을 해서 조석으로 따뜻한 음식을 어머니께 드릴 수 있으니, 당신이 주시는 귀한 선물은 감히 받을 수가 없습니다.”

엄중자가 섭정에게 말했다.

“저에게는 원수가 있어서 그 원수를 갚아줄 사람을 찾으려고 여러 나라를 돌아다닌 지 오래되었습니다. 이번에 제나라에 와서 그대가 의리가 있는 분이라는 말을 들었습니다. 황금을 바쳐 노모를 위해 쓰시게 하고 서로 친한 친구로 지내자는 것뿐이지, 다른 욕심은 없습니다.”

“제가 뜻을 굽히고 몸을 욕되게 하며 백정 일을 하는 까닭은 단지 노모를 잘 봉양하기 위해서입니다. 노모가 살아계시는 한 남을 위해 제 목숨을 바칠 수는 없습니다.”

엄중자가 거듭 권했지만, 섭정은 결코 받으려고 하지 않았다. 엄중자는 손님의 예를 다한 후에 섭정의 집을 나왔다.

얼마 후 섭정의 어머니가 세상을 떠났다. 장례를 마치고 상복을 벗은 후 섭정이 중얼거렸다.

“아! 나는 저잣거리에서 칼을 들고 짐승을 도살하는 백정일 뿐이다. 그러나 엄중자는 제후국의 재상으로 천리 길도 마다하지 않고 나를 찾아와서 사귀었거늘, 내가 그를 너무 서운하게 대했다. 그는 아직 아무런 공도 세우지 못한 나를 존중하고 예의를 갖추어 대해주었다. 엄중자는 내 어머니에게 백금을 바쳤다. 내가 비록 받지는 않았지만 그가 이런 성의를 다한 것은 나를 알아주었기 때문이다.

이처럼 어진 자가 원수를 갚기 위해 시골뜨기인 나를 믿고 일부러 찾아주었는데 내가 어찌 가만히 있을 수 있겠는가? 더욱이 지난번 그가 나를 필요로 했을 때 나는 노모가 계시다는 핑계로 사양했다. 지금은 어머니도 세상을 떠나셨으니, 이제 나를 알아주는 사람을 위해 힘을 다할 것이다.”

지난번 섭정이 엄중자의 청을 사양했던 것은 노모가 살아 계셨기 때문이었다. 엄중자를 대신해 복수를 하면, 노모를 모실 수 없어 불효자가 될 것이므로 애당초 섭정은 엄중자의 선물을 받지 않은 것이다. 섭정은 명예를 추구할 뿐, 이익을 추구하는 사람은 아니었다. 섭정은 엄중자를 찾아가서 자신을 알아준 은혜에 보답하려고 했다.

섭정은 한양으로 가서 엄중자를 만나 그에게 말했다.

"일전에 당신의 청을 사양한 까닭은 노모가 살아 계셨기 때문입니다. 이제 노모도 돌아가셨습니다. 당신이 원수를 갚으려는 사람은 누구입니까? 이 일을 제게 맡겨주십시오."

그러자 엄중자는 상세하게 알려주었다.

"제 원수는 한나라 재상 협루입니다. 협루는 한왕의 숙부로 세력이 강하고 거처는 경비가 삼엄하여 제가 몇 번이나 사람을 시켜 그를 죽이려고 했으나 끝내 성공하지 못했습니다. 지금 엄공이 마다하지 않으니, 충분히 도움이 될 만한 수레와 말 그리고 장사를 더 붙여주겠습니다."

섭정이 말했다.

"한과 위 두 나라 사이의 거리는 멀지 않습니다. 이런 상황에서 많은 사람이 갈 필요가 없습니다. 사람이 많으면 오히려 사고가 생기기 쉽고, 비밀이 누설될 것입니다. 일단 비밀이 누설되면 한나라 사람 모두 당신과 적이 될 터이니 어찌 위험하지 않겠습니까!"

그래서 섭정은 조수를 사양하고 엄중자와 헤어져 홀로 떠났다.

섭정은 자신을 알아준 엄중자의 은혜에 보답하기 위해 빈틈없이 준비했다. 그는 칼을 품고 한나라에 이르렀다. 한나라 재상 협루는 관청에 앉아 있었고, 주위에는 호위병들이 많았다. 섭정이 바로 들어가서 단상에 올라가 협루를 찔러 죽이니 좌우에 있던 병사들은 혼란에 빠졌다. 섭정은 큰소리로 외치며 수십 명을 죽인 다음 스스로 얼굴 가죽을 벗기고 눈을 도려내었으며 배를 찔러 창자를 꺼내고는 숨을 거두었다.

한나라 사람들은 섭정의 시체를 저잣거리에 걸어놓고 그가 누군지 아는 사람에게 사례하겠다고 했으나, 그를 아는 사람이 아무도 없었다. 그래서 재상 협루를 죽인 이 범인이 누구인지 말해주는 사람에게 천금의 현상금을 걸었다. 그러나 시간이 지나도 그의 신원을 아는 사람이 나타나지 않았다.

섭정은 협루를 암살한 후 도망칠 수 없다는 것을 알았기 때문에 호위병을 거느리지 않았고, 엄중자와 가족에게 폐를 끼치지 않기 위해 자신의 얼굴을 망가뜨렸다. 이처럼 섭정은 엄중자에 대한 의리와 어머니에 대한 효를 갖춘 사람이었다.

섭정의 누이도 섭정처럼 비범한 여인이었다. 섭정의 누이 섭영聶榮은 한나라의 재상을 죽인 자의 신원이 불분명해서 저잣거리에 시체를 걸어놓고 상금을 내걸었다는 소문을 듣고 울먹였다.

"그는 내 동생일 것이다. 아, 엄중자는 내 동생을 알아주었구나."

그녀는 즉시 한나라로 갔다. 저잣거리에서 죽은 자를 보니 과연 섭정이었다. 그녀는 시체 위에 엎드려 통곡하고 비통해하며 말했다.

"이 사람이 심정리 사람들이 말하는 섭정입니다!"

거리를 오가던 행인들이 말했다.

"이자는 우리의 재상을 잔인하게 살해했소. 임금께서 그의 신원을 알고자 현상금으로 천금을 내놓으셨는데 부인은 이것을 듣지 못했소? 어찌 감히 와서 안다고 하시오?"

그러자 섭영이 그들에게 대답했다.

"그 말은 들었습니다. 동생 섭정이 치욕을 참고 백정으로 입에 풀칠을 한 것은 노모가 건재하시고, 저도 아직 시집을 가지 않았기 때문입니다. 지금은 어머니가 천수를 다하고 돌아가셨고, 저도 시집을 갔습니다. 엄중자는 곤궁하고 천한 처지에 있는 제 동생을 알아보고 예의를 갖추어 존중했으니 베풀어주신 은혜가 얼마나 큽니까?

선비는 자신을 알아준 사람을 위해 죽을 수 있다고 했습니다. 제가 아직 살아 있어서 피해를 입을까 봐 동생이 자신의 얼굴을 망가뜨려 식별할 수 없게 한 것입니다. 제가 어찌 죽음을 두려워하여 동생의 명예로운 이름을 더럽힐 수 있겠습니까?"

섭영의 말에 한나라 사람들은 감동을 받았다. 이때 섭영이 큰소리로 "하늘아!" 하고 외치며 비통해하다가 결국 섭정의 옆에서 숨을 거두었다.

진·초·제·위나라 사람들이 이 소문을 듣고 감탄하여 말했다.

"섭정만 대단한 것이 아니라 그의 누이도 절개 있는 여인이다. 그녀는 죽은 동생의 신분이 밝혀지면 죽게 될지도 모르는 위험한 상태에서도 죽음을 두려워하지 않고 천리 험한 길을 달려와 그의 이름을 널리 알렸다. 그러나 만약 누나도 한나라 저잣거리에서 죽게 될 것을 알았다면 섭정은 엄중자의 청을 들어주지 않았을 것이다. 엄중자는 역시 사람을 보는 안목이 있어 이런 의인을 얻었다."

섭정의 이름이 널리 알려진 까닭은 그가 제후국의 재상을 암살했기 때문이 아니라, 자신을 알아주는 사람에게 은혜를 갚고 결코 다른 사람을 연루시키려 하지 않았던 의협심 때문이다.

전설로 남은 형가

중국역사에서 형가荊軻가 진시황을 살해하려 한 것은 누구나 알고 있는 사건이다.

형가는 위나라 사람이다. 후에 연燕나라로 옮겨가자, 연나라 사람들이 그를 형경荊卿이라고 불렀다. 형가는 독서와 검술을 좋아해서 일찍이 위군衛君에게 글을 올려 나라를 다스리는 방법을 논하였고, 여러 나라를 떠돌아다니며 항상 사람들과 검술을 논하였으나, 줄곧 자신을 알아주는 사람을 만나지 못했다. 형가는 연나라에 온 후 고점리高漸離라는 사람과 친하게 지냈다.

고점리는 개를 잡는 사람으로 축筑이라는 악기를 잘 탔다. 두 사람은 늘 저잣거리에서 술을 마셨는데, 취하면 고점리는 축을 연주하고 형가는 크게 노래를 불렀고, 노래를 마치면 마주 보며 울기도 하는 등 옆에 아무도 없는 것처럼 놀았다. 형가는 비록 술꾼들과 시장을 떠돌았지만,

진시황을 암살하려 하는 형가. 형가는 비록 암살에 실패했으나, 자신을 알아주는 이의 은혜에 보답하려 했던 것과 대의명분을 위해 목숨을 바친 정신 때문에 후세의 칭송을 받았다.

글 읽기를 좋아해서 현인이나 호걸들과 친교를 맺었다. 당시 사람들은 형가를 이해하지 못했지만, 사람을 보는 안목이 뛰어났던 연나라의 처사 전광田光은 그가 보통 사람이 아님을 알고 형가에게 잘 대해주었다.

얼마 후 연나라 태자 단丹이 진나라에서 달아나 연나라로 돌아왔다. 원래 진왕 정政은 조趙나라에서 태어났고, 태자 단과 사이가 아주 좋았다. 후에 정(훗날의 진시황)이 진나라로 돌아갔고, 태자 단은 진나라와 조나라 양국의 우호 관계를 위해 진나라의 인질로 갔다. 그러나 정은 진나라 왕이 되자 태자 단을 제대로 대우하지 않았고, 이에 분개한 태자 단은 기회를 틈타 연나라로 도망쳐 돌아왔다. 이어서 진나라는 연나라 서부에 인접한 여러 나라를 공격하더니 직접적으로 연나라를 위협하였다. 태자 단은 복수를 하고 싶었지만, 나라가 작고 세력이 약해서 아무것도 할 수 없었다.

이때 진나라의 대장 번오기樊於期가 진나라에서 죄를 짓고 연나라로 망명하자, 진왕 정은 그의 일가족을 죽이고 현상금을 걸어 체포하려고 했다. 태자 단은 번오기를 받아들여 머물게 하고 잘 대우해주었다. 진나라가 연나라를 공격할 구실을 찾지 못하고 있는 상황에서, 번오기가 연나라에 있다는 것을 알게 되면 즉시 연나라를 공략할 것이라고 여긴 태부 국무鞠武가 그를 흉노에게 보내자고 건의했다.

그러나 태자 단은 번오기가 곤궁에 처하여 몸을 맡겼는데, 그의 목숨을 잃게 할 수는 없다고 생각했다. 그래서 번오기를 연나라에 머물게 하기로 결정하자, 번오기는 감동했다. 태자 단이 번오기를 쫓아내지 않는 것을 본 국무는 단에게 말했다.

"연나라에 전광이라는 처사가 있는데 지혜가 깊으니 그에게 방법을 구하심이 어떠하십니까?"

태자 단은 국무에게 전광을 소개시켜달라고 했고, 예절을 갖추어 전광을 맞이했다. 태자 단에게 상황을 다 들은 후 전광이 말했다.

"태자께서는 제가 왕성할 때의 이름만 들으시고, 신이 지금 노쇠하여 쓸모가 없다는 것은 모르십니다. 그러나 신이 형가에게 이 일을 부탁하겠습니다."

태자 단이 전광을 문까지 배웅하며 조용히 말했다.

"제가 말씀드린 일이나 선생이 말씀하신 것은 국가의 기밀이오니, 선생께서는 부디 누설하지 마십시오."

전광은 몸을 숙이고 웃으며 알겠다고 대답했다.

전광은 형가를 만나 태자 단의 일을 말하고, 그를 배알하기를 권하며 이렇게 말했다.

"제가 듣기에 나이가 많은 사람이 일을 행함에는 남에게 의심을 품게 하지 않는다고 하였소. 지금 태자가 제게 '선생께서는 누설하지 마십시오'라고 한 것은 태자가 나를 의심하는 것이오. 일을 행할 때 남에게 의심을 받는 것은 절개 있고 의협심 있는 사람이 하는 일이 아니오."

그는 이어 "원컨대 어서 태자 단을 찾아가 전광은 이미 죽었다고 말하고, 비밀을 누설하지 못할 것이라고 알리시오"라고 말하고, 스스로 목을 베어 자살했다.

형가가 즉시 태자 단을 찾아가 전광이 죽은 사실을 전하자, 태자 단은 통곡했다. 두 사람이 상의해보니 연나라는 근본적으로 진나라의 공격을 당해낼 수 없었다. 마침 그때 진나라 장군 왕전王翦이 이웃 나라를 공격하여 땅을 빼앗았다. 진왕을 죽이는 것만이 연나라를 보호할 수 있는 방법이었다. 그래서 형가는 태자 단에게 기꺼이 진왕을 죽이러 가겠다고 대답했다.

태자 단은 형가에게 후한 대우를 해주었다. 매일 형가에게 문안 인사를 했고 금전과 미녀를 끊임없이 보내주었지만, 오랜 시간이 지나도록 형가는 떠날 뜻을 보이지 않았다. 참다못한 태자가 형가에게 물었다.

"지금 진의 장군 왕전이 역수易水를 건너오면, 내가 오랫동안 그대를 모시고 싶어도 그럴 수 없을 것 같소."

형가가 말했다.

"태자께서 말씀하지 않으셔도 신이 찾아뵈려고 했습니다. 제가 빈손으로 간다면 진왕은 믿지 않을 것이나, 번오기의 머리와 연나라에서 가장 비옥한 독항督亢 땅의 지도를 가져가 진왕에게 선물로 바친다면 그는 필시 저를 믿어줄 것입니다. 그렇게 되면 기회를 틈타 진왕을 살해할 수 있을 것입니다."

태자 단은 번오기를 죽이는 것은 인정상 할 수 없는 일이라며 반대했다.

그러자 형가는 직접 번오기를 만나서 말했다.

"진왕이 장군의 일가를 몰살하고, 금 천 근과 만 호의 읍을 상으로 내걸고 장군의 머리를 구하고 있다 합니다. 제게 한 가지 방법이 있으니, 장군의 머리를 빌려 복수하는 것입니다."

이 말을 들은 번오기는 스스로 목을 베어 죽었다. 태자 단은 이 소식을 듣고 달려가서 통곡했지만, 어쩔 수 없이 번오기의 머리를 상자에 넣어 봉하고 독항의 지도를 준비하여 형가에게 주었다.

형가는 태자 단에게 천하에서 가장 예리한 비수를 구하게 했고, 단은 조나라 사람 서부인徐夫人의 비수를 백금을 주고 사들였다. 비수에 독약을 묻혀 사람에게 시험해보니, 칼날에 스치기만 해도 그 자리에서 죽었다. 형가는 진무양秦舞陽을 부사로 삼았다. 진무양은 연나라의 용사로서 열세 살에 살인을 한 인물이어서 연나라 사람들은 감히 그를 쳐다보지도 못했다. 이제 모든 준비를 갖추었고, 출발만 하면 되었다.

형가에게는 함께 가기로 한 사람이 있었는데, 그 사람이 멀리 살고 있어서 아직 도착하지 않았기 때문에 떠나는 날이 늦춰졌다. 태자 단은 형가의 마음이 변한 것은 아닌지 물었다.

"시간이 많지 않은데, 그대는 진나라로 갈 생각이 있으시오? 그럼 진무양을 먼저 보내는 것이 어떻소?"

형가가 화가 나서 말했다.

"어찌 이리 재촉하십니까! 진무양도 가면 돌아오지 못할 것입니다. 하물며 비수 하나를 가지고 무슨 일이 벌어질지 예측할 수 없는 진나라로 들어가는데, 제가 며칠 머무른 까닭은 사람을 기다려 함께 가고자 했기 때문입니다. 지금 태자께서 늦어졌다고 하시니 곧 하직하고 떠나겠습니다."

태자는 이 일을 아는 빈객들에게 모두 흰 옷을 입게 하고 역수까지 가서 배웅했다. 제사를 지내고 고점리가 축을 연주하자 형가가 거기에 맞추어 노래를 불렀는데, 우렁차고 비장한 소리에 사람들이 모두 눈물을 흘렸다. 형가는 앞으로 걸어가면서 크게 노래를 불렀다.

"바람소리 쓸쓸하고 역수는 차가운데, 장사는 한번 가면 다시 오지 않는구나."

고점리가 다시 축을 연주하니 그 소리가 아주 구슬펐다.

길을 떠난 형가는 다시는 뒤를 돌아보지 않았다. 진나라에 도착한 형가는 비수를 지도 안에 숨기고 입궁했다. 번오기의 머리를 바치고 진왕의 신임을 얻은 형가는 진왕이 지도를 펼쳐 보는 틈을 노려 지도에서 비수를 꺼내어 진왕의 소매를 잡고 그를 찔렀다. 그러나 진왕은 몸을 일으켜 피했고, 기둥을 돌며 달아나다가 칼을 뽑아 형가의 다리를 잘랐다. 형가가 진왕을 쫓을 수 없어서 비수를 던졌지만 빗나가 기둥에 맞고 떨어졌다. 여덟 군데나 칼에 찔린 형가는 일이 실패했음을 알고 기둥에 기대어 웃으며 말했다.

"내가 진왕을 죽이려 한 것은 태자 단에게 보답하려 했기 때문이다."

형가가 진왕을 죽이려 했던 사건은 실패했고, 오늘날의 관점에서 볼 때 그다지 큰 의의는 없지만, 당시 사람들은 그의 거사가 정의로운 행동이라고 생각하였다. 특히 형가가 태자 단의 청을 승낙하고 은혜에 보답하려 했던 것과, 자신을 알아주는 사람을 위해 목숨을 바친 정신은 후세 사람들의 칭송을 받았다.

이상향을 꿈꾼 협객들

춘추전국시대에는 암살 사건이 많이 일어났는데, 전제나 형가, 섭정 같은 사람들이 역사에 길이 이름을 남길 수 있었던 근본 원인은 여기에 있다.

중국 고대의 협객, 특히 춘추전국시대의 협객은 낭만적 기질이 강한 사람들이었다. 예악이 무너지고 도덕이 땅에 떨어졌으며 인심이 옛날 같지 않았던 어지러운 세상에서 그들은 전통적 이상을 등에 짊어지고 자신의 수중에 있는 칼로 현실을 구하려는 환상을 가졌다. 그들에게는 개성적 인격과 이상이 찬란하고 눈부시게 빛나고 있었다. 그들은 현실에서 종횡무진 활약하고, 현실 밖으로 초월했기 때문에 사람들은 이들을 동경했다.

천고의 협객들은 유토피아를 꿈꾸었다. "나라를 안정시키려는 헛된 꿈을 품었으나, 결국은 탄식하며 고국을 등졌다"라고 말한 원승지 같은 은거형 협객이나 "나라와 백성을 위해 의롭게 싸우자"고 외친 곽정郭靖처럼 목숨을 바쳐 절개를 지킨 지조형 협객을 막론하고, 그들의 공통적인 희망은 도탄에 빠진 백성을 재난으로부터 구하고 평화와 덕으로 감화하여 유토피아를 건설하는 것이었다.

노자와 장자는 순수하고 순박한 원초적 세계로 돌아가라고 가르쳤고, 공자와 맹자는 아름다운 정치적 이상을 실현하기 위해 제자들을 가르쳤다. 협객과 성인은 같은 일을 했고 천고의 문인과 같은 세계를 추구했지만, 전자는 '검'을 후자는 '붓'을 사용한 것이 다를 뿐이다.

유토피아를 건설하고 이상사회를 만들기 위해 헌신하는 것이 진정한 협객의 정신이다. 협객이 변한 것은 세상이 변하고 원칙이 지켜지지 않으며 역사상의 협객과 사람들 관념 속의 협객에 차이가 있기 때문이지만, 진정한 협객의 정신은 한 가지 원칙으로 모든 일을 꿰뚫는 것이다. 이런 정신을 갖추어야만 진정한 협객이 될 수 있었다. 호기를 부리거나 혈기만 믿고 용감하기만 하며 백성의 고통은 헤아리지 않고 국가와 민족을 생각하지 않는 사람은 무력만 휘둘렀을 뿐이지 영원히 협객의 대열에는 속할 수 없었다.

그러나 협객의 칼이 아무리 예리하다 해도 불공평한 것을 시정하고, 낡은 것을 제거하여 새로운 것을 만들 수는 없었다. 또한 절대적 황권이 존재하고 황제 주변에 빌붙어 기식하는 간신들이 버티고 있어 이상 실현이 불가능할 수도 있었기 때문에 그들이 목숨을 잃거나 산속에 은거하는 것은 필연적인 결과였다. 뜻한 바가 이루어지지 않는 것은 협객의 역사적 숙명이 되었다.

협객은 영원한 진리나, 현실 사회에 구체적으로 존재하지만 소외된 것을 추구했다. 협객들은 항상 현실의 잘못된 질서를 깨뜨리려는 이상 실현을 위해 나타났고, 그 힘을 더 나은 사회를 건설하는 데 쏟았던 것이다. 그러나 역대 봉건 제왕은 떠도는 많은 협객을 근절하거나 살해하는 정책을 폈는데, 협객 정신의 의의도 여기에 있다. 그들은 사람들에게 자신들이 품은 이상적 세계를 강렬하게 나타냈고, 암흑기에도 꺼지지 않는 횃불처럼 순수한 희망을 갖게 했다. 이것이 바로 협객의 영원한 매력이다.

"난세에 협객이 활약한다"라는 말이 있지만, 태평한 세상이라 할지라도 협객 정신에 대한 사람들의 갈망은 항상 존재했다. 다만 감추느냐 드러내느냐의 차이일 뿐이다. 사회적 속박이 심했던 봉건 중국에서 마음속의 생각을 나타내려면 검술을 배워 협객이 되는 것이 빠른 방법이었을 것이다. 설령 협객이 되지 못한다 하더라도 비현실적인 만족감이나마 얻을 수 있었다.

이백은 검술을 배워 사람을 죽인 적이 있고, 육유 역시 평생 "피로 칼을 물들였으며", 공자진의 "시를 지어 노래부르고 칼을 쥐며 평생의 뜻을 담아보았지만, 미치광이 명성만을 15년 동안 누렸다"는 말은 종군하여 변방을 안정시킬 포부를 실현하지 못한 슬픔이라는 순수한 감정을 나타낸 것이다. 오늘날 사람들이 무협소설을 읽으며 대리만족을 얻으려는 것도 협객 정신을 갈구하는 마음에서 비롯되었다.

문인은 스스로 쓸모없다고 여기면서 협객이 되길 바랐고 협객을 창조했지만, 협객의 검으로는 문인을 대신해서 깨끗한 세상을 만들 수 없었다. 문인이 협객의 꿈을 실현하지 못하면 협객도 유토피아의 꿈을 실현하지 못한다. 문인과 협객은 쌍둥이 같아서 누구를 형이라 해야 하고, 누구를 아우라고 해야 할지 모를 정도로 서로 비슷하다. 바로 고난을 같이한 형제처럼 무수히 많은 그들의 희생이 중국역사를 지금까지 이어져 오게 한 것이다.

2 진정한 선비와 정치가

학문을 배울 때는 진정으로 나라와 국민을 걱정하지만,
막상 고위직에 오르면 자신과 가족 걱정에만 급급할 따름인 것은
무엇 때문인가?

중국인은 '공을 이루고 조용히 물러나는 것'을 신봉했고, 전쟁터에서는 '궁지에 몰린 적은 쫓지 않는 것'을 중시하여 중용에 다다를 수 있었다. 중국인의 이런 사고방식은 오랜 경험을 통해 자연스럽게 쌓인 삶의 지혜였다.

불운이 극에 달하면 머지않아 운이 찾아오고, 이와 반대로 한참 흥성하면 곧 불행이 닥치게 마련이다.

인생이 새옹지마라는 것은 관료사회에서 명심해야 할 수칙이다. 관직에 몸담고 있을 때는 늘 사리사욕에 빠지기 쉽다. 탐욕에서 벗어나야 한다는 것을 잘 알고 있지만, 몸은 자신의 생각대로 따라주지 않고 부귀영화를 포기하지 않으려고 한다. 관리가 지위와 명예를 모두 잃은 채 깊은 나락으로 떨어질 수밖에 없는 것은 인성 때문이다.

중국 제일의 대학자이자 권모술수에 능한 정치가였던 이사李斯는 바로 사리사욕에 빠져 몸을 망친 대표적인 사람이다. 그가 진秦나라 승상으로 있으면서 위세가 하늘을 찌를 때, 스승인 순자荀子가 "재물을 기피하면 태평성대를 이룬다"고 자주 충고했던 말이 떠올랐다. 그래서 아들과 함께 고향인 상채上蔡로 돌아가 누렁이를 벗 삼아 유유자적한 삶을 보내려고도 생각했다. 그러나 권세에 대한 욕망이 너무 강했던 그는 스승의 말

을 따르지 않았다. 결국 그는 스승의 진심어린 충고를 뒤로 한 채 사리사욕만을 탐했고, 결국 부자가 요참에 처해지는 파국을 맞이했다.

부귀영화만을 위해 학문을 닦은 이사

이사는 전국시대 말기 초나라 상채에서 태어났다. 소년 시절에는 가정형편이 넉넉하지 못했고, 젊었을 때는 문서를 관리하는 하급관리를 역임했다.

사마천은 『사기』 「이사열전」李斯列傳에서 그에 관한 일화를 소개하면서 그의 성격과 사람됨이 어떠한지를 잘 보여주었다. 이사가 하급관리로 있을 때였다. 어느 날 뒷간에서 일을 보다가 쥐가 인분을 먹는 것을 보았는데 사람과 개가 오자 재빨리 도망쳤다. 얼마 후 그는 나라의 곡식창고에서도 쥐를 보았는데 종일 곡식을 먹어서 포동포동하게 살이 쪘고, 사람이 와도 놀라거나 무서워하지 않은 채 태연히 돌아다녔다. 이것을 본 이사는 탄식하며 말했다. "사람이 잘나고 못난 것이 쥐와 같으니, 그것은 스스로 처한 상황에 달렸을 뿐이다."

즉 사람이 유능하고 무능한 것은 쥐와 같아서 스스로 살 궁리를 모색할 수밖에 없고, 능력이 있으면 곡식창고 안의 쥐가 될 수 있지만, 무능하면 화장실 안의 쥐 처지가 될 수밖에 없다는 것이다. 이 일화는 이사의 가치관과 그의 인생의 결말을 암시한다.

이 일을 계기로 이사는 부귀영화를 누리기 위해 제나라로 갔고, 당시 유학의 대가로 명성이 높았던 순자를 찾아가 제자가 되었다. 순자는 비록 공자의 유학을 계승하여 강의했지만, 유학에 개혁을 단행했다. 그는 "인으로 나라를 다스린다"仁政는 전통 유학의 주장에 법치法治 사상을 많이 가미했는데, 이것이 이사의 구미에 맞았다. 그는 순자에게 제왕의 통치술을 배웠는데, 나라를 통치하는 이론과 관리를 등용하는 방법에 관한 학문이었다. 학업을 끝낸 후, 그는 순자에게 하직 인사를 올리고 진秦

나라로 가려고 했다.

순자가 그에게 진나라로 가는 이유를 묻자 이사가 대답했다.

"사람이 세상에 태어나서 가장 큰 치욕은 미천한 출신이며, 가장 큰 비애는 가난입니다. 남보다 뛰어나고자 한다면 크게 성공해야 합니다. 제나라 왕도 기를 펴지 못하고, 초나라 역시 현실에만 안주하고 있는 상황에서 오직 진왕만이 제와 초를 합쳐 천하를 통일할 야심을 품고 있습니다. 만약 제나라와 초나라만을 중시한다면 머지않아 망국의 백성으로 전락하게 될 것인데, 이런 나라에 어찌 미래가 있다고 하겠습니까? 그래서 저는 진나라로 가서 기회를 찾으려고 합니다."

순자는 이사가 진나라로 가는 것을 허락했으나, 중용을 지키고 성공이 눈앞에 보일 때 "재물을 기피하면 태평성대를 이룰 수 있다"는 말을 깊이 생각하라고 충고했다. 또 앞만 보고 달려서는 안 되고 필요할 때는 언제든지 후퇴할 여지를 남기라고 덧붙였다.

이사는 진나라에 도착한 후 당시 태후의 두터운 신임을 받고 있던 재상 여불위의 식객으로 들어갔고, 자신이 갖고 있던 재능을 발휘하여 곧 여불위의 신임을 얻어 하급 관리가 되었다. 비록 관직은 낮았지만 진왕을 접할 수 있는 기회를 얻었다는 점으로 충분히 만족했다. 이사가 처한 위치에서는 무공이나 정치 책략으로 두각을 나타낼 수밖에 없었다. 그가 곰곰이 생각해보니 자신의 존재를 진왕에게 각인시키는 유일한 방법은 상소를 올리는 것뿐이었다. 그는 진왕의 마음을 헤아리고 당시의 정세를 분석한 후 상소를 올렸다.

"무릇 능력 있고 성공한 사람은 모두 기회를 잘 포착했습니다. 과거 진목공 시대에 나라의 힘이 강성했지만 중국을 통일할 방법이 없었던 까닭은 첫째, 당시 주나라 천자의 세력이 강성한데다 위왕威王이 존재해서 정권을 전복시키기가 쉽지 않았기 때문입니다. 둘째, 진나라와 비교하여 별 차이가 없을 정도로 당시 제후들의 세력은 막강했습니다.

그러나 진효공 이후 주나라 천자의 세력은 급속히 쇠락했고 각 제후들

진시황은 이사 등의 신하를 등용하여 강력한 부국강병책을 추진한 끝에 천하통일의 위업을 달성하였다. 그러나 대규모 토목공사를 벌이고 가혹한 법치정책을 펴서 백성의 고통을 가중시켰다.

간의 세력 다툼이 끊이지 않았는데, 진나라는 이 기회를 틈타 점차 강성해지기 시작했습니다. 지금 나라의 힘은 강성해졌고, 대왕께서는 어질고 덕이 많으시니 이때 육국六國을 평정해야 합니다. 지금이 제왕의 사업을 세우고 천하를 통일할 절호의 기회이니, 대왕께서는 부디 이 기회를 놓치지 마시옵소서."

이것은 진나라와 각 제후국의 실제 상황에 꼭 들어맞는 말이었기 때문에, 진왕은 이사를 장사長史로 발탁했다. 이어서 이사는 국정방침을 제시하고 구체적 방안을 내놓았다. 그는 진왕에게, 뇌물로 육국의 임금과 신하를 포섭하고 그들 간의 불화와 반목을 심화시켜 육국이 합심하지 못하게 한 후에 각 나라를 공격하라고 권했다. 이 계략은 효과적이었고, 공적을 세운 이사는 객경客卿에 봉해졌다.

이사가 승승장구할 무렵, 진나라에서는 식객을 반대하는 운동이 거세었다. 한韓나라에서 첩자를 보내 진나라의 관개수로 공사를 도운 것이 원인이 되었다. 이 공사가 진나라의 국력을 낭비시키려는 한나라의 모략이었음이 밝혀지자, 전부터 식객들이 중용되는 것에 불만이 많았던 진나라 왕족과 대신들은 이 사건을 계기로 노골적으로 불만을 표출했다.

이런 상황 아래 진왕은 진나라에서 봉록을 받고 있는 식객들을 모두 추방해야 한다는 축객령逐客令을 반포했고, 이사도 추방 대상에 포함되었다. 그가 아직 진나라를 떠나지 않고 변경 가까이 있을 때 진왕에게 상소를 올렸는데, 이것이 유명한 「간축객서」諫逐客書다.

이 문장에서 그는 진나라 역사에서 식객의 공헌이 얼마나 컸는지를 사실적이고 이치에 맞게, 간곡하고 진지한 문장으로 논했다. 이것을 읽은 진왕은 크게 감명을 받아 축객령을 철회하고, 대신을 보내 이사를 돌아오게 해서 그를 정위延尉에 봉했다.

사상가 한비가 살해된 이유

진나라에서 이사의 입지가 확고해지고, 진왕도 더욱 이사를 신임하게 되자 그의 권세는 점차 높아졌다. 그러나 이때 마침 동문수학했던 한비韓非가 진나라에 왔는데, 이는 이사에게 크나큰 도전이었다.

한비는 한韓나라 사람으로 한왕의 동족이고 박학다식하며 번뜩이는 사고를 가진 전국시대 말기의 사상가다. 그의 학설은 순자의 법치사상에 신도愼到의 세勢와 상앙의 법法, 신불해의 술術을 합쳐서 발전시킨 것으로 온건한 전제군주론을 주장했다. 한비는 「고분」孤憤, 「오두」五蠹, 「세난」說難 등을 포함한 많은 저작을 남겼다. 역설적인 것은 이 저작들을, 한나라의 힘이 너무 약한 것을 안타깝게 여긴 그가 나라의 위험을 임금에게 알리기 위해 상소를 올려도 왕이 알아주지 않자 분노와 실망감을 느껴 저술했다는 점이다. 한나라의 왕은 그가 올린 상소문을 무시했지만, 진왕은 그가 쓴 글을 보고 극찬을 했다.

"과인이 이자를 만나 사귈 수 있다면 죽어도 여한이 없을 것이다."

훗날 진나라가 한나라를 공격하여 상황이 매우 급박하게 돌아가자 한나라 왕은 그때서야 마지못해 한비를 외교사절단으로 진나라에 보냈다.

이사는 학문적 소양이나 정치 외교적 능력에서 자신이 결코 한비를 앞

설 수 없다는 것을 잘 알고 있었다. 현재로서는 진왕이 한비를 중용할지의 여부가 불확실하지만, 중용을 한다면 자신이 결코 한비보다 두각을 나타내지 못하리란 것은 명백했다. 자신의 입지를 굳히기 위해서는 한비를 제거해야 했던 이사는 진왕에게 아뢰었다.

"한비는 한왕의 친족입니다. 폐하께서 지금 한나라를 치시고자 한다면 한비는 당연히 반대할 것입니다. 한비가 한나라 사람이기 때문에 진나라를 위하지 않을 것은 자명합니다."

이사의 말을 들은 진왕은 한비를 옥에 가두라고 했지만, 그를 제거하는 것이 목적이었던 이사는 다시 한 번 진왕에게 아뢰었다.

"폐하, 한비가 한나라로 돌아간다면 계략을 짜서 우리를 공격할 것이 분명합니다. 이는 진나라에 결코 이롭지 않사오니, 세력이 아직 미비할 때 그를 제거함이 옳을 줄 압니다."

이사의 말이 일리가 있다고 생각한 진왕은 한비에게 사약을 보내 자살하도록 했고, 한비는 이사의 간사함을 뼈저리게 느꼈지만 이미 때가 늦었다. 자신의 정적을 제거한 이사는 더욱 기고만장했다.

생매장당한 학자들

기원전 221년, 진시황은 오랫동안 대립과 분열을 지속한 육국을 차례로 정벌하여 중국 역사상 최초로 천하통일의 대업을 달성했다. 통일을 이룬 후 처음 직면한 과제는 통일 국가를 잘 관리하는 것이었다. 승상 왕관王綰은 통일된 제국이 너무 광활하여 관리하기 어려우니, 주나라처럼 토지를 각 제후들에게 봉하여 다스리는 봉건제를 시행할 것을 주장했다. 이 일에 대해 대신들이 논의하고 있을 때, 박사博士 순우월淳于越이 진시황에게 상소를 올렸다.

"은과 주 왕조가 천여 년이나 통치할 수 있었던 것은 자제와 공신에게 땅을 하사해서 다스리게 했기 때문입니다. 지금 천하가 통일되었지만,

종친과 자제에게는 땅이 없습니다. 만약 반란이 일어나 황실을 위협한다면 이를 제어하고 황실을 보필할 울타리가 없을진대, 어찌 나라를 구할 수 있겠습니까? 옛것을 모범으로 삼지 않고서 오래 지속될 수 있다는 말은 아직까지 들어보지 못했습니다."

그러나 이사는 군현제郡縣制를 통해 나라를 다스릴 것을 주장했다. 그는 주나라 때 봉건제를 실시한 후 각각의 제후들이 서로를 공격하며 원수 대하듯 했고, 주나라 천자는 이를 저지하지 못했다는 점을 강조했다. 천하가 통일된 지금, 다시 봉건제를 실시하여 각지의 제후 세력이 우후죽순처럼 일어난다면 이는 나라가 다시 분열되는 것과 같아 중앙집권 관리체제에 결코 이롭지 않다는 것이었다.

두 신하의 말을 듣고 잠시 고민한 진시황은 결국 이사의 제안을 받아들여 전국을 36개의 군으로 나누고, 그 밑에 현을 세우는 군현제를 실행했다. 그러나 순우월은 여전히 봉건제 시행을 주장해서 진시황의 노여움을 샀다.

이사는 순우월이 옛것만 고집하고 변화를 추구하지 못하는 것은 모두 고서를 읽었기 때문이라고 생각하여 진시황에게 책을 불사를 것을 제안했다. 이사의 규정에 따라 의학, 역학, 농업 관련 서적 이외의 모든 역사서와 박사가 소장한 『시경』詩經, 『서경』書經 그리고 제자백가서 등의 서적들이 불태워졌다. 이들 책들에 대해 논하는 자가 있으면 처형하여 그 시체를 거리 한복판에 내다 걸었다.

또 관리들이 이 사실을 알고도 모른 체하면 같은 처벌을 받았고, 금지령이 하달된 지 한 달이 지나도록 서적을 불사르지 않은 자는 묵형墨刑(이마에 죄인이라는 표시를 먹으로 새기는 형벌)에 처해 장성을 쌓는 죄수로 삼았다. 이 사건이 중국 역사상 유례를 찾아볼 수 없는 문화 말살 작업으로, 이른바 분서焚書 사건이다.

분서 다음 해인 기원전 212년, 진시황은 한 차례 더 큰 규모의 문화적 박해를 가했다. 그는 당시 진나라의 수도 함양에 있던 유생 460여 명을

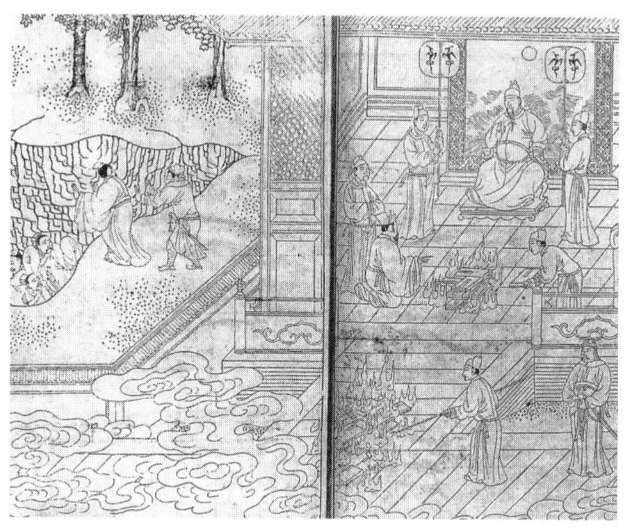

「분서갱유도」. 진시황이 저지른 분서갱유는 중국 역사에서 유례를 찾아보기 힘든 사건으로, 수많은 고전들이 불에 타고 많은 학자들이 죽음으로써 중국문화에 막대한 손실을 초래했다.

산채로 매장했는데, 이것이 바로 갱유坑儒 사건이다.

분서갱유는 중국역사에서 무척 중대한 사건으로서 중국 문화에 막대한 손실을 초래했을 뿐만 아니라, 인류 문명에 대한 모욕이었고, 인간 존엄에 대한 박해였다. 이 사건은 물론 진시황의 폭정과도 관련이 있지만, 이사가 터무니없이 사건을 부풀려 일대 파란을 몰고온 사실도 부인할 수 없다. 이사는 진시황의 환심을 사기 위해 그가 하고자 했던 일을 극단적으로 추진하였고, 경쟁 상대를 철저히 제거하고 자신의 세력을 확장하기 위해 이같이 엄청난 일을 자행했다. 비록 자신이 목적한 바를 이루었지만, 학자 출신인 그가 문화를 배척하고 탄압한 것은 실로 양심을 잃어버린 지식인의 행동이었으니 이런 그를 진정한 학자라고 할 수는 없을 것이다.

날조된 진시황의 유언

기원전 210년, 진시황은 위엄을 드높이고 민심을 어루만지기 위해 남

진시황의 무덤에서 발굴된 병마용. 진시황은 말년에 불로장생의 선약을 구하려 사람들을 파견하는 등 죽음을 피하려 애썼다.

방을 순행했다. 함양에서 출발하여 무관武關을 거쳐 위수渭水를 돌아 한수漢水에서 운몽云夢으로, 다시 장강 동쪽 하류를 거쳐 회계會稽로 가는 머나먼 길이었다. 그는 회계산에 올라 우禹에게 제사를 지낸 후 자신의 위대한 업적을 돌에 새겨 기념하였다. 일정을 끝마치고 수도 함양으로 돌아가는 도중에 진시황은 뜻밖의 중병을 얻어 사구沙丘에서 죽었는데, 당시 이사와 진시황의 작은아들 호해胡亥, 그의 스승 환관 조고趙高가 수행하고 있었다.

진시황은 죽기 직전에 맏아들 부소扶蘇를 태자로 세워 황위를 계승시키라는 조서를 남겼다. 당시의 관행으로 장자가 왕위를 계승하는 것은 당연한 일이었고, 부소 역시 용감무쌍하고 총명하여 민심을 얻고 있었기 때문에 그의 등극은 분명해 보였다.

그러나 조고는 자신이 대권을 장악하기 위해 호해가 황위를 이어받을 수 있도록 추진했고, 결국 호해가 진시황이 맏아들 부소에게 보내는 서신을 빼앗도록 음모를 꾸몄다. 진시황의 갑작스런 죽음으로 천하가 혼란스러워질 것을 두려워한 이사는 진시황의 시체가 썩어 냄새가 나면 사람들에게 들키게 될까 봐 시신에 소금을 잔뜩 집어넣고 진시황이 타는 마차 안에 진시황의 모형을 만들어 백성들이 황제의 죽음을 알지 못하도록 했다. 조고는 이 기회에 이사를 밀어낼 심산으로 기를 꺾어 제압하려고 그를 찾아갔다.

"황제께서 장자 부소께서 왕위를 물려받으라는 유서를 남기셨지만, 그것을 공표하기 전에 붕어하셨다는 것은 그대도 알고 있을 것이오. 그러나 지금 이 서신은 차남 호해 세자의 수중에 있고 황제가 죽은 사실을 아는 사람은 아무도 없으니 왕위 계승 문제는 전적으로 호해 세자와 내게 달려 있소. 자, 어떻소?"

"신하 된 자로서 어찌 그런 망언을 할 수 있단 말이오. 과분한 행동이라 생각지 않으시오?"

"황제의 의사를 따른다 할지라도 내게 해로울 것은 없소만, 그대를 위해 말한 것뿐이오. 그대와 명장 몽염蒙恬을 비교할 때 과연 누가 더 능력이 뛰어날 것 같소?"

"몽염이 더 뛰어나오."

"그럼 좋소, 부소는 용맹한데다 황제께서 명령하신 분서갱유에 반대하였소. 만약 부소가 왕위에 오르게 된다면 그의 심복인 몽염이 재상 자리를 이어받는 것은 당연한 일인데, 그래도 가만히 앉아 보고만 있겠소?"

이사는 잠자코 가만히 있었다. 간사한 조고는 돈과 권력에 집착하는 이사의 심리를 꿰뚫고 있었기에 자신의 말이 먹혀들어갈 것을 알고 있었다. 그래서 이 두 사람은 진시황의 서신을 날조해 부소와 몽염에게 각각 불효자와 역적이라는 누명을 씌워 자결하게 했다. 아버지의 서신을 본 부소는 매우 슬퍼하며 즉시 자결했고, 몽염은 자결하지 않아 감옥에 가두었는데 결국 감옥에서 독약을 마시고 죽었다.

그들이 죽은 후 호해가 즉위했으니 그가 곧 진이세秦二世이다. 이사는 사리사욕을 채우기 위해 양심 따위는 얼마든지 버릴 수 있는 사람이었다.

진이세 호해는 멍청하고 어리석은 인물로서 쾌락만 즐겼을 뿐 국정 운영에는 전혀 관심이 없었다. 이사는 진왕조의 정세가 큰 위험에 휩싸였다는 것을 알았지만, 자신의 안녕을 위해 진이세에게 간언하지 않았다.

한번은 호해가 이사에게 뜻밖의 질문을 던졌다.

"그대의 동문이었던 한비가 쓴 글에 의하면 고대의 제왕은 모두 고되고 힘들다고 하였는데, 그렇다면 제왕이 된다는 것은 죗값을 달게 받기 위해서란 말인가? 만약 군주 자신도 만족하지 못한다면 어떻게 천하를 다스릴 수 있단 말인가? 짐이 보아하니 신하가 무능하면 군주가 피곤해지는 것 같다. 이제 과인이 모든 것을 하고 싶은 대로 하고, 천하도 잘 다스리고 싶은데 좋은 방법이 있으면 일러주시오."

이사는 그에게 진정으로 간언하지 않고, 그저 환심을 얻기 위해 독책술督責術을 그에게 일러주었다. 그는 호해에게 독책술을 잘 활용한다면 신하와 백성들이 자연히 충성을 다할 것이라고 말했다. 독책술이란 군주가 독단적으로 행하는 가혹한 형벌을 말하는 것이다.

이사의 말을 들은 호해는 어린아이를 우롱했다가 달래는 듯한 이 방법이 아주 마음에 들어 즉시 채택했고, 수많은 충신과 인재를 처참하게 죽였다. 그 결과 나라 안팎으로 원성이 높아졌다.

이사의 비참한 말로

조고와 이사는 서로 이해로 얽힌 관계였기 때문에 훗날 암투를 벌여 상대를 제거하는 일은 어찌 보면 피할 수 없는 숙명이었다. 호해가 온종일 향락에 빠져 조정이 어떻게 돌아가는지 몰랐기 때문에 정사는 조고가 좌지우지하는 지경에 이르렀다.

어느 날 조고가 이사를 찾아와 일부러 관동關東에서 일어났던 난동을 언급했고, 두 사람은 함께 한탄했다. 조고가 말했다.

"관동에서는 도적들의 무리가 끊이지 않고 있으나 폐하께서 나랏일은 뒷전인 채 향락만을 즐기고 계시고, 또 아방궁 건설을 위해 인부들을 징발하고 있으니 백성들의 생활은 이루 말할 수 없이 궁핍하오. 궁궐 밖의 백성들은 헐벗고 있는데 궁전 안은 온갖 재물로 넘쳐나니 참으로 개탄할 일이지만, 안타깝게도 폐하께서는 반성하지 않고 계시니 큰일이오. 마음이 타들어가지만, 지위가 낮으면 의견도 경시되니 평소 덕망이 높은 그대가 나서서 진언을 드리는 것이 좋겠소.”

이사가 대답했다.

“간언을 드리지 않겠다는 것이 아니라, 폐하께서 온종일 향락에 정신을 빼앗겨 조정에 나타나지 않으시니 뵐 기회가 없어 못 드리는 것뿐이오.”

이사의 말을 들은 조고는 진이세가 한가한 틈을 타서 진언을 드리라고 했다. 이사는 흔쾌히 그의 제안을 승낙했다.

며칠 후 호해가 한참 놀고 있을 때, 조고가 환관을 시켜 이사를 급히 불러오게 했다. 이사가 의관을 바로하고 궁으로 들어갔는데, 흥이 올라 있던 호해는 뜻밖의 손님이 찾아오자 매우 불쾌하게 여겼다. 호해는 이사를 거들떠보지 않았고, 오히려 훈계하며 물리쳤다. 이런 일이 세 차례나 반복되자 호해는 매번 자신의 흥을 깨는 이사에게 단단히 화가 났다. 조고는 이때를 이용해 호해에게 이사를 비방하는 글을 올렸다.

“폐하를 즉위시키기 위해 조서를 조작하는 일에 이사도 가담했습니다. 자신의 공이 크다고 여긴 그는 폐하께서 작위를 내리고 상을 내리실 것이라고 기대했지만, 뜻대로 되지 않자 이에 앙심을 품고 있습니다. 그가 계속해서 폐하를 뵙고자 청하는 것은 폐하께 불만을 가지고 있음이니, 지금 그를 처치하는 것이 마땅합니다.

또한 그와 그의 장자인 이유李由가 서로 담합하여 폐하를 배반하려는 심상치 않은 기운이 느껴집니다. 관동에서 도적들이 기승을 부리고 있는데 이유가 적극적으로 도적 무리들을 처단하지 않는 것은 바로 그들 부자가 역모를 꾸미는 증거가 아니고 무엇이겠습니까? 부디 폐하께서 명령을 내리시어 그들을 체포해야 합니다. 지체해서는 아니 될 것입니다.”

호해는 어리석었지만 적어도 이 일이 자신에게 얼마나 중대한 일인지는 잘 알고 있었다. 그래서 사람을 보내 이 일에 대해 조사하게 했는데, 이미 조고는 이사에게 불리한 사실을 증언하도록 사람들을 매수해놓은 상태였다. 누군가가 자신과 자신의 아들 이유를 조사한다는 정보를 들은 이사는 그때서야 조고에게 속았다는 것을 깨달았다.

이사는 즉시 상소를 올려 사태를 수습하려고 했지만 때는 이미 늦었다.

"조고는 청렴결백하고 인정 많은 사람이거늘 누가 감히 그를 모함한단 말인가? 제 발 저린 승상 이사가 조고를 모함하고 있구나!"

이사가 올린 상소를 본 호해는 크게 화를 내며 상소문을 던져버렸다.

이사는 호해를 알현하려고 했지만 받아들여지지 않자, 우승상 풍거질馮去疾과 장군 풍겁馮劫에게 연락을 취해 아방궁 건설을 중단할 것과 조고를 비난하는 연명 상소를 올렸다. 호해는 이 상소를 보고 더욱 화가 났다. 그는 천자는 세상의 모든 것을 다 가진 자로서 어떠한 향락을 누려도 마땅하다고 생각했고, 왕을 위해 일하는 신하들이 도적의 반란을 평정하지 않은 채 황제에게 걱정을 끼치는 것 역시 도리가 아니라고 생각했다.

이사가 제시한 대안이었던 독책술이 이제는 그 자신에게 향하게 되었고, 그 옆에는 종용하는 조고가 있었다. 결국 세 사람은 체포되어 감옥에 갇히게 되었다.

억울하게 누명을 쓴 풍거질과 풍겁은 치욕을 참지 못해 자결했지만, 부귀영화를 탐하는 이사는 자결하지 못했고 결국 곤장을 맞고 정신을 잃었다. 이사는 자신의 억울함을 호소하는 상소를 올리려고 했으나 조고가 저지했다. 고문을 참지 못한 이사는 거짓 자백을 할 수밖에 없었다.

이유도 전사해서 증언할 수 없었으므로 조고는 아주 쉽게 사건을 조작했고, 이사를 반역자로 누명을 씌워 감옥에 가둘 수 있었다. 조고가 거짓으로 올린 자료를 본 호해는 조고의 노고를 치하했다.

"다행히 조고 그대가 있었기에 이 사건을 조기에 알 수 있었소. 그렇지 않았더라면 결과가 어떠했을지 가히 짐작하고도 남습니다."

호해는 이사에게 오형五刑을 내렸고, 삼족을 멸했다. 이사의 가족과 친지도 모조리 붙잡혀 시장 한복판에서 참형을 당했다.

이사는 자신의 차남을 바라보며 통한의 눈물을 흘렸다.

"내가 진작 너와 함께 누렁이를 데리고 고향으로 가서 여생을 보냈어야 했는데 교활한 토끼의 꾐에 빠졌으니, 이미 너무 늦었구나."

이사의 얼굴에 먼저 묵형이 가해졌고, 코를 베이고, 다시 좌우 발이 잘려나간 후 머리가 베어졌으며 마지막에는 허리가 잘려나갔다. 그의 육신은 형체를 알아볼 수 없을 정도였다. 남은 가족들 역시 모두 처형당했다. 이것이 바로 중국 제일의 정치가이자 권모술수에 능했던 학자 출신 이사의 비참한 말로였다.

진시황이 중국을 통일하는 데 결정적 역할을 했고, 중앙집권 관리체제인 군현제를 실시하는 데 힘을 쏟았던 이사의 공적을 무시할 수는 없다. 그러나 그가 행한 모든 것이 나라와 백성을 위해서가 아닌, 단지 자신의 권력과 명예를 위해서였다는 데 문제가 있다.

그는 악행으로 얼룩진 인생을 살았다. 순자 밑에서 동문수학한 친구이자 위대한 학자였던 한비를 무참하게 죽이고 권세와 영합한 것은 말할 것도 없거니와 분서갱유를 주도한 것만으로도 세상의 비난으로부터 자유로울 수 없을 것이다. 이사는 권모술수를 통해 부귀영화를 누렸지만, 결국 그로 인해 일족이 몰살당했다. 그러나 우리가 주목해야 할 점은 그의 죽음이 아니라 이 땅에 진정한 선비가 많지 않다는 사실이다.

배움을 구할 때는 진정으로 나라와 백성을 걱정하지만, 막상 벼슬을 하게 되면 자신과 가족 걱정에만 급급할 따름인 것은 무엇 때문인가? 더욱이 자신의 부귀영화를 위해서는 양심도 헌신짝처럼 버리거나 대가를 치를 수 있다는 이사와 같은 벼슬아치들이 도처에 널려 있는 것이다. 관료 사회의 병폐는 인간의 영혼에 악영향을 미치고, 민족정신을 흐리게 한다.

그러나 이사가 학자로서 한 가닥의 양심이 남아 있었던 것은 분명하

다. 그렇지 않았다면 환관 조고의 꾐에 빠져 호해를 설득하는 상소를 올
리지는 않았을 것이다. 이사는 조고에 비해 학문을 닦은 선비 본연의 모
습이 그나마 조금은 남아 있었다.

무릇 진정한 학자는 권모술수가의 경지에 이르지 못하는데, 학자의 마
음 깊은 곳에는 정의와 선량한 인성이 면면히 흐르기 때문이다. 이런 선
량함과 정의감은 그들을 관료사회에서 물러나게 하곤 했다. 이사의 비
양심적인 행동과 비참한 말년을 통해 학자의 진정한 모습은 나라를 위한
학문 연구와 미래를 짊어질 인재를 양성하는 데 있음을 오늘날의 학자들
도 마음에 새겨야 할 것이다.

3 싸우지 않고 이기는 법

진정으로 전쟁을 억제하는 방법은 힘의 우위를 지키기 위한
부국강병의 길이다. 실제 전쟁에서의 승패를 결정하는 근본적인 원인은
군사력 자체에 있는 것이 아니라, 정치에 있다.

어떤 전쟁이 최고로 성공한 전쟁인가? 어떤 것이 전쟁의 최고 경지인가?

2천여 년 전의 대병법가 손자孫子는 이 문제에 대하여 명확하게 논한 적이 있다. 그는 『손자병법』孫子兵法 1권에서 "싸우지 않고 적을 굴복시키는 것이 가장 좋다"라고 했다. 손자가 보기에, 적을 물리치는 것은 실제로는 아무것도 아니고 전쟁의 승리자일 뿐이며 어떤 경지에 오르는 대단한 것도 아니었다. 적을 공격해서 성을 완전히 빼앗고 살상자를 적게 하는 길은 오직 전술 책략을 잘 활용하는 것뿐이다. 전쟁에서의 최고 경지는 총칼을 쓰지 않고도 적을 이기는 것으로 사실상 전쟁을 하지 않는 것이다.

손자는 군사전략가였지만 전쟁을 없애려 했고, 어쩔 수 없다면 적어도 전쟁을 억제하려고 했다. 그는 반전주의자였던 것이다. 손자의 이런 면은 고대 중국의 인문주의 색채가 가득하여 감동적이지만, 진정으로 이런 경지에 도달할 수 있었던 사람이 몇이나 될까?

"싸우지 않고 적을 굴복시키는 것이 가장 좋다"는 말이 의미하는 것은 전쟁을 하지 않아도 외교 수단을 통해서 혹은 나라를 잘 다스려서 국가의 위엄을 세워 다른 국가가 전쟁을 걸어오지 않게 하고 그들이 자발적으로 따라오게 하면 전쟁의 최고 경지에 다다르게 된다는 것을 말한다. 그러나

사실 수천 년의 중국 봉건 역사가 증명하듯, 전쟁의 주동자는 조약체결로 끝을 맺지 않고, 상대방을 자신의 통치하에 두어야 전쟁을 그만두었고, 침입을 당한 자는 도망갈 길이 전혀 없게 될 때만 투항하였다.

손자가 가장 좋다고 주장한 경지는 너무 이상적이어서 실현하기 어려웠다. 그러나 이상이 비록 완전히 실현될 수는 없지만, 이 이상을 현실 전쟁에 이용하면 문제를 해결할 수 있고 사회의 재난을 줄일 수도 있다.

그래서 현실 속의 전쟁은 두 종류로 나뉜다. 첫 번째는 외교를 통하여 전쟁을 소멸시키는 가장 이상적인 방법이다. 두 번째는 국가의 역량을 총동원하고 충분히 준비하여 신속하게 승리를 거두는 방법이다. 그런데 후자의 경우는 대개 진부하게 일을 처리하다가 실패하고 만다. 이런 전쟁은 수많은 인명 피해를 몰고 오기 때문에 배격해야 할 방법이다.

묵자와 공수반의 모의 전투

전국시대에서 상호억제책으로 적을 물리친 사례로 묵자墨子와 공수반公輸般의 공개석상의 교전보다 더 유명한 것은 없다.

기원전 477년부터 431년까지, 초혜왕楚惠王이 분발하여 강대해진 초나라는 진陳나라, 채蔡나라, 기杞나라, 거莒나라를 병탄했다. 분쟁과 몰락을 경험한 후 강해지기 시작한 초나라는 진晉나라와 진秦나라 등의 북방 강국과 대결하려고 했다.

우선 초나라는 송宋나라를 공격하기로 결정했다. 초나라 왕은 당시 최고로 능력 있는 목수였던 노魯나라의 공수반을 임용했다. 공수반은 운제雲梯, 당거撞車, 비석飛石, 연주전連珠箭 등 성을 공략할 수 있는 신식무기들을 만들었다. 이 무기들은 막강한 위력이 있어서 성벽을 공격하거나 방어하는 데 효과가 컸다. 초나라는 무기들을 만드는 한편 이를 널리 세상에 알려 적을 위협하는 여론전술을 폈다. 이 전술이 과연 효력이 있었는지, 위협을 받은 송나라 사람들은 놀라 허둥댔다. 이 소식은 묵가墨家의 창시자인 묵자에게 전해졌다.

그는 재빨리 3백여 명의 제자를 데리고 송나라로 갔다. 묵자가 주장한 것은 겸애兼愛, 비공非攻, 반전反戰이었다. 그래서 송나라가 위기에 처했다는 소식을 듣자, 곧바로 행동을 취하여 제자들을 송나라의 성벽에 배치하고는 초나라로 걸어 갔다. 몇날 며칠 밤을 걷느라 발을 다친 묵자는 발을 천으로 감고 걸어 결국 초나라의 수도인 영도郢都에 도착했다.

그가 초나라에 간 이유는 초나라 왕으로 하여금 송나라를 공격하지 않도록 설득하기 위해서였다. 초나라 왕은 공수반의 무기들이 뛰어나 송나라를 이길 수 있다면서, 묵자의 요구에 동의하지 않았다.

묵자는 초나라 왕에게 말했다.

"초나라가 공격하면 저는 막아낼 수 있습니다. 왕께서는 성공하지 못할 것입니다."

그래서 초나라 왕은 공수반을 불러 모형 무기로 겨루도록 하였다. 묵자가 자신의 몸에 있는 가죽 띠를 풀어 탁자 주위에 성벽을 만들고 나무로 도시를 공격할 무기로 만들자 두 사람은 시범을 보이기 시작했다. 공수반은 공격하고, 묵자는 막았다. 공수반이 땅을 파면, 묵자는 연기를 피웠다. 공수반이 수레 모양의 사다리 수레 당거를 사용하자, 묵자는 나무를 굴리고 돌을 던져 부수었다. 공수반이 운제를 사용하자 묵자는 불화살을 이용했다. 공수반은 계속해서 성을 공격하는 아홉 가지 공격 방식을 실행했다. 그러나 묵자는 그때마다 효력 있는 수비 방법을 선보여 이길 수 있었다. 공수반은 공격 방법을 모두 동원했다. 그러나 묵자의 방어법은 아직 몇 가지가 남아 있었다. 초나라 왕은 공수반이 진 것을 알았다.

그러나 공수반은 오히려 억지를 부리며 버텼다.

"나는 너를 이길 방법을 알고 있지만, 말하지 않겠다."

묵자도 대응하였다.

"네가 나를 이길 수 있는 방법이 무엇인지 알고 있다. 하지만 말하지 않겠다."

묵자. 전국시대 초기의 사상가인 묵자는 겸애와
반전을 사회의 주요윤리로 삼았다.

　초나라 왕은 궁금하여 몰래 묵자를 찾아가 도대체 어떤 방법으로 초나
라를 이기려 하는지 물었다. 묵자는 솔직하게 초나라 왕에게 말했다.

　"공수반의 뜻은 왕께서 저를 죽이도록 하는 것뿐입니다. 그는 제가 죽
으면 자신의 공격을 막아낼 사람이 없을 거라고 생각하지만 사실은 그렇
지 않습니다. 이미 저의 제자 금골리禽滑厘 등 3백 명이 송나라 성을 지키
고 있습니다. 저는 이미 방어하는 방법 모두를 그들에게 가르쳤습니다.
그래서 저를 죽인다 하더라도 쓸데없는 짓이 될 것입니다."

　묵자는 초나라 왕이 자신의 말을 믿는다고 여기고, 솔직담백하게 그에
게 말했다.

　"초나라 땅은 반경이 5천 리나 되어 산물도 많습니다. 왕께서 만약 마
음을 다하여 다스린다면 천하의 부를 얻을 수 있습니다. 그러나 송나라
는 땅이 5백 리도 안 되고 산물도 초나라를 도저히 따라갈 수 없습니다.
저는 왕께서 왜 송나라를 공격하려 하시는지 이해가 되지 않습니다. 설
마 자신의 화려하고 진귀한 수레를 버리면서까지 이웃의 낡은 수레를 훔
쳐 가겠습니까? 자신의 화려한 비단옷을 버려두고 이웃의 낡고 거친 베
옷을 훔치겠습니까?"

초왕은 이 말을 듣고는 송나라를 공격하지 않기로 마음을 먹었다. 묵자는 결국 송나라를 구했다. 그러나 이는 초나라 왕이 갑자기 양심에 가책을 느꼈거나 한순간의 훈계로 자기의 잘못을 깨우쳤기 때문이 아니다. 근본적인 원인은 군사력의 차이를 비교하면서 묵자가 공개적으로 초나라 왕에게 훈계했기 때문이다.

군사력의 억제는 평화의 근본 조건이다. 그러나 묵자의 평화 외교는 송나라의 재난을 잠시 피할 수 있었을 뿐, 결코 초나라의 군사들을 굴복시킨 것은 아니었다. 그는 근본적으로 송나라의 멸망을 막을 수 없었다. 진정으로 전쟁을 억제하는 방법은 힘의 우위를 지키기 위한 부국강병의 길이다.

외교를 통해 인접국가와 인화를 이루고, 정확한 지휘체계와 충분한 군사력을 기반으로 전쟁의 주도권을 장악할 수 있어야 한다. 이는 전쟁에서 늘 쓰는 방식이다. 제대로만 운용한다면, 비교적 높은 수준의 전략이라고 할 수 있다. 이 방면에서는 제나라와 노나라의 장작長勺 싸움에서 노나라가 승리한 것이 좋은 예가 된다.

노장공의 강병책

제환공은 뛰어난 재능과 원대한 계략이 있었다. 그는 관중이 어질고 재능 있는 사람이라는 말을 듣고는 노나라를 속이고 그를 데려와 재상에 임용했다. 노나라 왕이 이를 듣고 자신을 우롱하고 모욕했다고 여기고 제나라와 전쟁할 준비를 하였다. 제환공도 적극적으로 전쟁 준비를 하고 먼저 노나라를 공격하려고 했다. 관중은 제환공이 즉위한 지 얼마 되지 않았고 인심이 아직 안정되지 않아 전쟁을 하는 게 좋지 않다고 여겼다. 그러나 환공은 오히려 직접 나서서 자신의 능력을 과시하며 힘으로 인심을 억누르려고 하였다.

만약 관중의 계책에 따라 국내의 정치를 먼저 안정시킨 다음 전쟁 준비를 한다면 어느 세월에 노나라를 격퇴할 수 있을지 몰랐던 제환공은 이를 참지 못해 초조해하였다. 그래서 그는 포숙아를 대장군에 임명한 후 병사를 이끌고 노나라의 장작長勺(지금의 산동 곡부)을 공격하도록 하였다.

소식을 들은 노장공魯庄公은 화를 내며 제나라와 승부를 겨루기로 결심했다. 장공에게는 시백施伯이라는 대신이 있었다. 신중하고 세심했던 그는 장공에게 초초해하지 말라고 간언한 후, 문무를 겸비한 사람을 장공에게 추천했다. 이 사람의 이름은 조귀로 관직이 없었다. 장공은 시백에게 그를 엄숙한 예의를 갖추어 초청하라고 했다.

시백은 조귀를 찾아가 자신이 온 이유를 설명했다. 그러자 조귀가 말했다.

"전쟁은 국가의 대사입니다. 고기를 먹는 고관대작들은 마음을 졸이며 그저 초조해하기만 하고 우리처럼 신분이 미천한 사람들은 쓰지 않아 저희는 이런 일에 전혀 참여하지 못합니다."

시백은 "그런 고관대작들은 식견이 좁은 사람들이라 계책이 없습니다"라고 하면서 그를 격려하고 함께 노장공을 만나 이야기하기로 했다.

노장공은 조귀에게 어떻게 해야 제나라를 물리칠 수 있느냐고 물었다. 조귀는 전쟁에는 정해진 규칙이 없고 구체적인 상황에 따라 전략을 세워야 한다고 대답했다. 조귀는 오히려 노장공에게 어떻게 준비해서 적을 물리치려는지를 물었다. 노장공이 말했다.

"나는 항상 내가 다 먹을 수 없는 음식과 다 사용하지 못하는 물건을 백성에게 나누어주면, 그들이 내 은덕에 감동하여 나를 따라 제나라와 싸울 수 있을 것이라고 믿는다."

그러자 조귀가 대답했다.

"그것은 작은 은혜일 뿐 큰 정책이나 법령은 아니며, 또한 국가의 시정 강령이나 대책도 아닙니다. 그래서 근본적으로 백성의 신임을 얻을 수는 없다고 생각합니다. 다시 말해, 작은 은혜를 베푸시면 결국 극소수만이 혜택을 입게 되는데 수많은 백성이 어떻게 왕을 대신하여 목숨을 바치길 원하겠습니까?"

장공이 다시 말했다.

"나는 신령과 조상에게 소와 양 그리고 보석 등을 규정에 따라 바쳤고 속이지 않았으므로, 내가 성실하면 백성의 신임을 얻을 수 있을 것이다."

조귀가 되물었다.

"신령과 조상에 제사를 지내는 것은 개인적인 품행에 달린 아주 작은 일인데, 어떻게 백성의 지지와 신임을 얻을 수 있겠습니까?"

장공은 마지막으로 말했다.

"국내의 크고 작은 소송사건 모두를 내가 직접 처리할 수는 없었지만, 늘 실제 상황에 근거하여 공정하게 결단을 내렸다."

그러자 조귀는 고개를 끄덕였다.

"이것이야말로 근본이 되는 것입니다. 왕께서 백성들의 고통에 관심이 많고, 옳고 그른 것을 명확히 밝히기를 원하며, 공명정대하고 청렴결백하게 정치를 펼치시면, 백성의 큰 신뢰와 지지를 얻을 수 있습니다. 저는 이제 제나라와 싸울 수 있습니다."

제나라와 노나라는 장작에서 싸웠다. 제나라는 수적 우세를 이용하여 우선 북을 치고 나팔을 불며 공격했다. 노장공은 감정을 억누르지 못하고 조귀에게 출격하도록 하였지만 조귀는 노나라 군대에게 방어만 하도록 단단히 명을 내린 뒤 때를 기다렸다.

너에게서 나온 것은 너에게로 돌아간다

제나라 군대가 보니 노나라 군대의 진영이 견고하고 깃발과 군사들이 흐트러짐이 없어 돌파하기 어려웠기 때문에 일단 퇴각할 수밖에 없었다. 잠시 후 제나라가 다시 공격을 했는데, 노나라 군대가 여전히 방어만 할 뿐 전혀 공격할 기미가 없자, 제나라 군대는 다시 돌아갈 수밖에 없었다. 제나라 장군은 공을 세우려고 조급해져서 경솔하게 세 번이나 공격했다. 이때 제나라 군사는 해이해지기 시작하더니 두 번째 공격 때보다 사기가 많이 떨어졌다.

그러나 노나라 군대는 흥분된 마음을 가라앉혔다. 이때서야 조귀는 북을 치며 부대를 출동시켜 적을 공격하라고 명령을 내렸다. 노나라 군대는 단번에 제나라 군대를 무너뜨렸다. 제나라 군대는 기세가 꺾이고 저항할 방법도 없자 도망칠 수밖에 없었다. 노나라 장공은 도망가는 제나라 군대를 추격하도록 명령을 내렸다. 그러나 조귀는 매우 신중해서 수레를 타고 높은 곳에 올라 멀리 내다보며 적군의 깃발이 쓰러질 듯하고 수레바퀴 자국이 무질서하여, 확실히 적들이 도망가는 것이지 패한 척하며 적을 유인하는 것이 아니라는 것을 알고서야 추격 명령을 내렸다. 장작에서의 싸움은 노나라의 승리로 끝났다.

조귀는 전쟁의 경험을 종합 정리하여 의견서를 제출했다. 군사 작전을 펼칠 때 종종 처음에는 북을 쳐서 사기가 충천하지만 그 다음엔 쇠하였다가 세 번 정도 되면 전의를 상실한다. 제나라 군대는 세 번이나 출동했지만 힘만 빠져버렸고, 노나라 군대는 오히려 투지가 왕성하여 승리를 확신했다. 게다가 제나라가 병사를 매복시킬 수도 있었으므로 도망가는 제나라 군대가 패한 척하며 유인하는 것이 아님을 확인하고 난 후에야 추격하였다.

장작 전투에서의 승리의 요인은 두 가지였다. 하나는 조귀가 군사의 마음과 정서를 정확하게 파악하고 이용하여 작전의 규율을 장악했으며, 신중하고 과단성 있게 시기를 놓치지 않고 명을 내렸으며, 구체적인 전략 전술로 주도권을 장악했기 때문이다. 다른 하나는 인심을 얻고 싸울 의지가 확실하여 사기가 대단하였기 때문이다. 노나라는 정의를 수호한다는 명분을 내세워 인심을 얻어 수비 위주의 작전을 펼쳤다.

중요한 것은 노나라의 통치자가 겸손하고 현명하며 위엄과 명망이 있었기 때문에 사람들이 그를 대신하여 서로 다투어 싸우려고 했다는 점이다. 이 두 가지 요소가 작용하여 노나라는 승리할 수 있었다. 사실 첫 번째는 구체적인 전술의 활용이었고, 두 번째는 근본적인 요소인데, 민심을 얻을 수 없으면 교묘한 전술도 아무 쓸모없는 것이다.

같은 예가 노나라와 추鄒나라의 전쟁 중에 발생했다. 양국 간의 교전 중 추나라의 군사 33명이 죽었으나 백성은 한 사람도 죽지 않았다. 추목 공鄒穆公은 이해가 되지 않아 맹자에게 물었다.

"백성들은 상관을 위해 목숨을 걸지 않았소. 그런데 이들을 처벌하자니 사람이 너무 많고, 법으로 책임을 물을 수도 없으며, 죽이려 해도 다 죽일 수가 없구려. 자신들을 죽이지만 않는다면 상관의 죽음을 쳐다볼 뿐 구해주지 않을 텐데 어떻게 해야 좋겠소?"

맹자가 대답했다.

"흉년과 기근이 닥친 해에 왕의 백성들은 어떠했습니까? 나이가 많은 사람은 굶어 죽은 후 구덩이에 파묻히고 젊은 사람은 다른 나라로 도망쳐 뿔뿔이 흩어진 사람이 수천 명에 이릅니다. 그런데도 왕의 창고에는 곡식이 가득 차 있고 돈이 산더미처럼 쌓여 있습니다. 왕의 관리들이 왕에게 보고하지 않았으니 왕을 속이고 백성들은 못살게 한 것입니다. 이런 관리들은 마땅히 죽어야 하지 않겠습니까?"

이것은 맹자가 일찍이 "너에게서 나온 것은 너에게로 돌아간다"라고 한 말과 비슷한데, 당신이 어떻게 다른 사람을 대하느냐에 따라 당신의 처지가 달라진다는 뜻이다. 그래서 맹자는 왕에게, 백성들을 탓하지 말고 인정을 베풀면 그들은 자신의 상관과 왕을 위해 목숨을 바칠 것이라고 말했다. 여기에 추나라와 노나라의 차이가 있다.

예의를 중시하여 패망한 송양공

싸우지 않고 승리하는 것이 부국강병을 가리키는 것은 아니다. 각 방면에 준비를 잘하면 특히 백성의 신뢰와 지지를 얻을 수 있고 전쟁의 주도권을 장악할 수 있다. 그러나 단순히 어느 일면만을 강조하거나 혹은 인의仁義를 지나치게 주장하며 무력을 너무 배척하면 스스로 패망하고 말 것이다.

춘추전국시대에는 재주와 지혜가 뛰어난 인재들이 많이 배출되었다. 인의를 크게 행한 송양공宋襄公이 바로 그러한 인물 가운데 하나다.

송양공은 본래 맹주가 되길 바랐으나, 생각지도 못한 제후들의 모임에서 초나라에 체포되는 신세가 되고 말았다. 그는 다행히 공자公子 목이目夷의 도움으로 송나라로 돌아가서 다시 왕위에 오를 수 있었다.

송양공은 귀국 후에 초나라에게 당한 모욕 때문에 분했지만 초나라를 감히 공격하지는 못하고 정鄭나라를 공격하여 화풀이를 하고 싶었다. 왜냐하면 정나라는 제후 모임에서 일찍이 초나라가 먼저 맹주가 되어야 한다고 제안한 바 있었기 때문이다. 공자 목이를 포함한 송나라의 대신들은 송양공이 정나라를 공격하는 것을 반대했다. 그러나 그는 의견을 받아들이지 않고 자기 고집대로 병사를 이끌고 출발했다.

그러자 정나라는 즉시 초나라에게 구원을 청했다. 그래서 송양공은 회군할 수밖에 없었다.

송나라와 초나라 양 군대는 홍수泓水에서 강을 사이에 두고 서로 대치하였다. 공자 목이는 초나라의 군사력이 강하여 송나라 군사가 강경하게 대처해봤자 소용이 없으며, 초나라는 단지 정나라를 구원하러 왔을 뿐이고 송나라 군대는 이미 철수한 상태이니 서로 싸울 필요가 없다고 생각했다.

그런데 송양공은 묘안을 생각해냈다. 그는 초나라 사람은 야만족이며 인의가 부족하기 때문에 인의를 숭상하는 나라를 대적하여 이길 수 없다고 생각했다. 그래서 그는 명을 내려 큰 깃발에 '인의'仁義란 두 글자를 수놓게 했다. 그는 인의로 무력을 타도한다는 망상에 빠졌다. 송양공은 자신을 기만하고 환상에 젖어 있는 것처럼 보였다. 그러나 그가 생각한 것과 달리 야만족들은 전혀 놀라지 않고 과감히 강을 건너왔다.

공자 목이가 송양공에게 말했다.

"초나라 사람이 낮에 강을 건너는 것은 우리들을 무시하기 때문입니다. 그들이 강을 다 건너기 전에 공격하면 이길 수 있습니다."

송양공은 강을 반도 넘지 못한 군대를 공격하는 것은 '인의'에 맞지 않아 체면을 떨어뜨리는 행동이라고 생각했다. 이렇게 해서 송나라 군대는 공격할 수 있는 기회를 놓치고 말았다.

초나라 군대가 강을 다 건넌 후 완전히 대열을 갖추지 않았을 때, 공자 목이는 송양공에게 초나라 군대가 전열을 갖추기 전에 공격하면 승리할 수 있다고 말했다. 송양공은 그렇게 하면 인의를 숭상하는 스승 나라의 체면이 깎인다고 생각했다. 송양공은 공자 목이를 꾸짖었다.

"당신은 정말 도의를 모르는 사람이오. 상대가 아직 대열을 갖추지 못했는데, 어떻게 그들을 공격할 수 있겠는가?"

초나라 군대는 전열을 갖춘 후 즉시 공격을 시작했다. 결국 송나라 군대는 초나라의 공격을 막아낼 방법이 없어서 후퇴해야 했다. 공자 목이는 목숨을 걸고 송양공을 보호했다. 그는 몇 군데에 상처를 입었고, 다리에 화살까지 맞았다. 공자 목이는 송양공이 인의의 스승이 되려 하는 것을 비난했다. 그러나 송양공은 인의를 가르치는 스승을 자처하며 아직도 자신의 잘못을 뉘우치지 못하고 말했다.

"전쟁에서는 덕으로 사람을 설복시켜야 한다. 예를 들어 상처를 입은 사람을 만나면 다시는 상처를 입지 않게 하고, 머리가 희끗희끗한 사람을 보면 포로로 잡지 말아야 한다."

백성을 보호하고 사랑하며 국력을 키우고 군비를 증강하면 싸우지 않고도 승리할 수 있다. 이는 영원히 변치 않는 진리이다. 그러나 실제와 부합되지 않는 명성을 탐낸다거나 어리석은 행동으로 스스로 일을 망치면, 적에게 이기기는커녕 싸워보지도 못하고 패하고 마는 것이다.

민심의 향배, 전쟁의 성격과 정의 여부는 승패를 결정하는 중요한 요인이며, 구체적인 전략전술을 운용하는 것도 전쟁의 승패를 결정짓는

孫子卷上
始計第一
孫子曰兵者國之大事死生之地存亡之道不可不
察也故經之以五事校之以計而索其情一曰道二
曰天三曰地四曰將五曰法道者令民與上同意可
與之死可與之生而不畏危也天者陰陽寒暑時
制也地者遠近險易廣狹死生也將者智信仁勇嚴
也法者曲制官道主用也凡此五者將莫不聞知之
者勝不知者不勝故校之以計而索其情曰主孰有
道將孰有能天地孰得法令孰行兵眾孰彊士卒孰

『손자병법』은 춘추시대 말기의 인물인
손무가 지은 병법서다.

원인이므로 소홀히 할 수 없다. 『손자병법』에는 각종 전쟁의 경험과 교
훈이 기록되어 있다. 그 중 대부분이 전략 전술의 활용에 관한 기록인 것
으로 보아 고대 중국인은 이에 능했음을 알 수 있다.

묵자와 공수반의 대결, 조귀의 능숙한 지휘 능력은 대표적인 예이다.
그러나 송양공 같은 사람도 있었다. 실제와 거리가 먼 헛된 구호만을 외
치는 경우는 흔히 찾아볼 수 있다. 아마도 송양공의 경우처럼 인의를 내
세우는 등의 비현실적인 전쟁과 비슷하지 않았을까? 군사와 정치는 밀
접한 관계가 있는데 중국도 그러하다. 나폴레옹은 엘바 섬에서 『손자병
법』을 읽었다고 한다. 그는 이 책에 감탄하며 자신이 좀더 일찍 이 책을
보았더라면 분명히 전쟁에서 참패하지 않았을 것이라고 말했다고 한다.

그러나 실제 전쟁에서 승패를 결정하는 근본적인 원인은 정치에 있다.
그래서 전쟁에서는 백성이 근본이라는 사상이 중국 전쟁사에서 중요한
요소인 것이다.

4 인자무적

군주가 저지른 사소한 잘못이 쌓여도 백성들로부터
큰 원한을 사게 된다. 군주가 자신의 작은 잘못을 미리 막지 못하면,
백성들에게는 큰 재앙으로 나타난다.

예언자는 실제로 존재하는 것일까?

1972년 4월, 산동성 임기臨沂 서한묘西漢墓에서 병법을 논한 죽간竹簡이 대량으로 발굴되었다. 그 중 대표적인 것이 『오문』吳問이라는 죽간인데, 이 죽간에는 간략하면서도 분명하게 손무孫武와 오나라 왕의 문답이 기록되어 있다.

오나라 왕의 질문은 진晉나라의 육경六卿 가운데 누가 먼저 죽을 것인가였다. 손무는 범씨范氏, 중행씨中行氏가 먼저 죽을 것이라고 말했다. 그 다음은 지씨智氏, 그 다음으로는 한韓, 위魏, 마지막에 조씨趙氏가 진나라를 통일한다고 대답했다.

역사는 손무의 예상대로 흘러갔다. 그렇다면 손무는 성인이나 신선이었을까? 다만 뛰어난 재주로 길흉화복을 예견할 수 있었던 것일까?

사실 손무의 예언은 현실 상황을 잘 분석하여 얻은 결론이다. 범씨와 중행씨는 160평방보를 1묘畝로 정해서 토지 면적은 상대적으로 작았으나 많은 세금을 거둬서 세력을 키운 가신과 무사가 많았다. 그러자 그 두 집안은 점점 사치스럽고 오만해져서 무공 세우기를 희망하여 무력을 남용하고 호전적인 풍습을 장려하다가 백성들의 인심을 잃어 제일 먼저 멸망했다. 지씨의 상황은 범씨, 중행씨보다 조금은 나았지만 본질적으로

손자병법의 지은이로 알려져 있는 군사전략가 손무는, 적과 싸우지 않고 굴복시키는 것이 바로 최고의 병법이라고 주장했다.

는 같았다. 그래서 범씨와 중행씨를 이어 멸망했다.

다음으로, 한과 위의 상황도 지씨와 같아 모두 멸망했다. 그러나 조나라는 세금을 면제해주고 절약을 장려하였으며 무사의 수는 비교적 적었지만, 민심을 얻었기 때문에 온갖 역경을 이겨내고 마지막에 승리할 수 있었다.

백성을 힘으로 다스린 지선자

중국역사에서 인심의 향배는 국가와 정권의 존립이나 멸망을 결정하는 중요한 요소였다. 더욱이 전쟁이 빈번했던 시대에 전쟁을 승리로 이끄는 주요 원인은 전략 결정에 달려 있었다. 춘추전국시대에는 더욱 그러했다. 당시 각 제후국의 땅은 일반적으로 좁았고, 군신의 관계도 직접적이었으며, 군주가 제정한 정책, 법령과 개인적인 행위들은 백성의 생활에 바로 영향을 주었다.

그래서 백성들은 국가와 군주의 관계에 대해 잘 알고 있었다. 잔악한 왕이 있으면 사람들은 노래를 지어 저주하였으며 전쟁터에서는 후퇴하거나 도망치고 심지어 배반하기까지 하였다. 그러나 백성을 소중히 여기는 군주에 대해서는 협조를 아끼지 않았다. 군주를 보호하는 것은 좀 더 나은 생활을 보장해주는 것과 같았기 때문이다. 그래서 어진 정치를 추구하는 사상이 이 시대에 가장 많은 영향을 미쳤다. 이 구호를 내세우면 누구도 인심을 얻을 수 있었고, 국가를 안정시킬 수 있었다. 또한 빈번한 전쟁 속에서도 백성들은 나라의 발전을 위해 죽음을 무릅썼다.

조나라가 다른 나라를 멸망시키고 진나라를 통일한 과정은 길고도 복잡했다. 우리는 이 과정에서 조나라가 '백성을 사랑하는' 통치 이념으로 어진 정치의 이상을 실현했다는 점을 기억해야 한다.

춘추전국시대 중엽 이후로 진나라에서는 대권이 사대부의 수중에 들어가 이들이 권력을 독점하는 소위 가문家門 정치 국면이 나타났다. 당연히 왕이 신하를 통제하지 못하는 상황이 벌어졌다. 변서変書가 진여공晉厲公을 죽이자, 진도공晉悼公이 즉위한 후에도 그를 어찌 하지 못하여 그가 조정에서 중요한 직위를 차지한 것이 좋은 예다.

이런 큰 세력을 쥔 공경대부 가운데 범씨, 중행씨, 지씨, 한씨, 위씨, 조씨 여섯 명이 가장 뛰어났다. 그러나 얼마 뒤에 범씨와 중행씨가 어진 정치를 펼치지 않았기 때문에 조정과 백성들의 원망과 비방을 받고 쫓겨났다. 그래서 남은 네 명은 분열되어 서로 싸우기 시작했다. 역사에서는 이 시기를 전국시대라고 부른다.

이 4경 가운데 지씨의 세력이 가장 강했지만, 그는 거만하여 멋대로 횡포를 부렸다. 조씨의 힘은 비교적 약했지만 열심히 노력하고 근면하였으며 백성들을 소중히 여겼다. 이 네 명은 진나라의 공경대부와 동일한 지위였지만, 개인의 성격은 크게 달랐기 때문에 이후에 벌어질 싸움의 승패는 이미 결정되었다.

우선, 후계자를 세우는 문제에서 그들은 큰 대조를 이뤘다. 후계자를 세우는 일은 국가의 흥망성쇠와 밀접한 관계가 있기 때문에 당연히 신중하게 고려해야 했다. 어진 사람을 임명해야 했지만 지선자智宣子의 움직임은 그 반대였다.

지선자는 자신의 아들 요瑤를 후계자로 세우려고 했다. 그의 동족인 진나라의 대부 지과智果가 이 소식을 듣고 지선자를 설득했다. 지과는 굳은 표정을 지으면서 격한 어조로 요의 결점을 신랄하게 비판했다.

"요와 소宵(지선자의 첩의 자식)를 비교하면 차이가 큽니다. 물론 요는 다른 사람보다 강한 다섯 가지 장점이 있습니다.

첫 번째, 체격이 크고 잘 생겼으며 긴 수염이 멋있습니다. 두 번째, 아주 민첩하고 말을 달리며 활을 잘 쏘아 다른 사람보다 강합니다. 세 번째, 각 방면의 재능이 다른 사람보다 뛰어납니다. 네 번째, 문장 실력이 있고 기지가 넘쳐 변론을 잘하며 다른 사람보다 지혜롭습니다. 다섯 번째, 자세가 의연하고 의지가 굳세며 과감하게 행동하고 용감하며 책임감이 강합니다.

그러나 그의 결점은 어질거나 너그럽지 못하며, 이기적이고 소심하다는 것입니다. 만약 이 다섯 가지 재주로 백성을 다스리고 국가를 통치한다면 잔악하고 어질지 못해 어느 누구도 그를 굴복시킬 수는 없겠지만, 누가 그를 군주로 받들려고 하겠습니까? 요를 후계자로 세우면 안 됩니다. 만약 그를 임명한다면 지씨 집안은 멸망할 것입니다."

그러나 지선자는 지과의 의견을 받아들이지 않았다. 그는 오히려 백성을 다스리는 데는 이런 강한 힘을 가진 사람이 필요하다고 여겼기 때문에 요를 계승자로 결정했다.

지과는 지선자를 도울 수가 없다고 생각했다. 목숨을 지키기 위해 그는 재빨리 호적을 관리하는 태사太史에게 달려가 지씨를 버리고 보씨輔氏로 바꿔달라고 했다. 그가 예상한 대로 지씨가 실패한 후 멸족의 화가 닥쳤으나, 지과는 살아남았다.

관대한 정책으로 미래를 예비한 조간자

조씨가 즉위하자 상황이 완전히 달라졌다. 조간자趙簡子에게는 두 아들이 있었다. 큰 아들은 백노伯魯, 작은 아들은 무휼无恤이라 불렸다. 조간자는 누가 더 현명한지 구별하기 위해 그들을 시험했다. 조간자는 두 죽간에 훈계의 말을 가득 써 넣어, 두 아들에게 하나씩 나누어주었다. 그리고 아들들에게 "이곳에 적힌 말들을 꼭 기억하라"고 일렀다.

3년이 지나자 조간자는 백노에게 죽간의 말을 기억하고 있는지 물었다. 죽간을 보여달라고 하자 백노는 잃어버렸다고 했다. 무휼에게 물으니, 매우 능숙하게 죽간에 있는 말을 다 외웠다. 그에게 죽간을 달라고 하자, 무휼은 소매 안에서 이를 꺼냈다. 그래서 조간자는 무휼이 근면하고 어질며 백노보다 현명하다고 여겨 그를 후계자로 정했다. 이런 후계자 선택 방법은 그다지 좋은 방법은 아니었다. 어쨌든 조간자의 안목이 높았던 것만은 사실이었다.

조간자는 국가를 다스리는 데 탁월했다. 그는 먼저 윤택尹鐸을 보내 진양晉陽(지금의 산서山西 태원太原)을 다스리게 하였다. 출발하기 전에 윤택이 조간자에게 물었다.

"왕께서 저더러 진양을 다스리라고 하셨는데 왕께서는 어떤 방법이 있습니까? 진양을 누에고치라고 여기신다면, 계속 실을 뽑아낼 수 있겠습니까? 그리고 진양이 국가를 지켜낼 수 있겠습니까?"

누에고치에서 실을 계속 뽑아낸다는 말은 백성의 피와 땀을 착취한다는 비유이다. 조간자는 조금의 망설임도 없이 대답했다.

"당연히 국가를 지킬 수 있다."

윤택은 진양에 와서 실제의 인구보다 적게 인구를 책정하여 진양의 세금을 줄였다. 그는 관대하고 여유 있는 정책을 실시해서 백성들의 생산을 격려하고 그들을 보호해주었다.

진양은 윤택의 통치하에 점점 부유해졌고 백성들은 잘 복종하였다. 조간자는 진양의 소식을 알게 된 후 무휼에게 말했다.

"조나라가 만약 재난을 겪게 된다면, 진양에 가서 난을 피해야 한다. 진양의 지세가 편벽하고 성도 협소하며 인구도 많지 않지만 그곳이 조나라의 제일 좋은 방패막이다."

얻으려면 먼저 주어라

이와 반대로 지씨의 통치는 오만하고 포악했다. 지선자가 죽고 난 뒤에 요가 즉위하여 지백智伯이라 불렸다. 그가 후에 받은 시호는 지양자智襄子였다. 한번은 지백과 한강자韓康子, 위항자魏桓子가 남대藍臺의 연회석상에 모인 적이 있다.

연회 도중 지백은 아무 이유 없이 한강자를 희롱하고, 위항자를 모욕하였다. 지국智國이 이 소식을 듣고 지백에게 달려가서 그에게 말했다.

"왕께서는 어서 앞으로 발생할 재난에 대해 대응책을 준비하셔야 합니다. 그렇지 않으면 큰 재난이 닥칠 것입니다."

그러나 지백은 오히려 큰소리쳤다.

"재난은 오직 우리만이 일으킬 수 있다. 내가 일으키지 않으면 일어나지 않는다. 누가 감히 재난을 일으킬 수 있겠는가?"

지국이 그를 질책하며 말했다.

"「하서」夏書에 '사람은 누구나 여러 번 실수를 한다. 사람들이 군주를 원망하는 것은 큰 잘못을 했을 때만이 아니다. 군주가 저지른 사소한 잘못이 쌓여도 큰 원한을 사게 되고, 만약 군주가 작은 잘못을 막지 못하면 큰 과실이 나타난다'라고 하였습니다. 군자는 작은 일이라도 근면 성실하게 일을 처리하면 큰 실수가 없다고 하였습니다.

현재 왕께서는 연회에서 다른 나라의 왕과 재상에게 모욕을 주었는데도 어떠한 준비도 하지 않고 다른 사람이 감히 반란을 일으키지 못한다고 말하셨는데 과연 그럴까요? 파리, 개미, 벌 등 작은 벌레들도 모두 사람에게 해를 끼칠 수 있는데 하물며 나라의 임금이나 재상은 어떻겠습니까?"

지백은 그의 말이 옳다고 생각했지만 받아들이지 않았다.

지씨는 공경대부들이 혼전을 벌이는 가운데 범씨와 중행씨의 땅을 빼앗아 가장 넓은 영토를 확보했고 지·한·조·위 네 명 가운데 군사력도 가장 강했다. 지백은 나머지 세 나라를 병탄할 야심을 품었다. 그러나 지백은 구실을 삼을 만한 명분을 찾지 못하다가 결국 계책을 생각해냈다.

그는 나머지 세 나라에게 말했다.

"진나라는 진작부터 중원의 패주였으나 오나라에게 점령당할 것을 예측하지 못했고, 서주徐州 회담에서 또한 월나라에게 점령을 당했습니다. 이것은 진나라의 치욕입니다. 만약 월나라를 격퇴했다면 진나라는 패왕의 자리를 지킬 수 있었습니다. 저는 각자 백 리의 토지와 호적을 나누어 공동으로 관리하면, 재산을 많이 모을 수 있고, 많은 군대를 키울 수 있어 국력도 강해질 것이라고 생각합니다."

다른 세 사람은 지백이 말하는 공동이란 바로 지백 자신이고, 단지 더 많은 토지를 차지하려는 속셈이란 것을 잘 알고 있었다. 그러나 한·조·위 세 나라는 뜻이 같지 않아 의견 통일을 보지 못하고 조씨에 대항하지 못했다.

마지막으로 지씨는 세 사람에게 토지를 요구했다. 한강자가 영토를 할양하려 하지 않자, 그의 신하가 말했다.

"지백은 이익을 탐내는 고집불통으로 남의 의견을 듣지 않습니다. 만약 토지를 그에게 주지 않는다면 우리들을 토벌할 것입니다. 일단 그에게 토지를 주는 것이 낫습니다. 토지를 얻으면 매우 좋아할 것입니다. 그는 계속 다른 나라의 토지를 원하겠지만 다른 나라는 주지 않으려고 할 것입니다. 그는 군대를 출동시켜 쳐들어갈 것이며 이렇게 되면 우리는 화를 면할 수 있습니다. 우리들은 변화를 기다렸다가 기회를 틈타서 군대를 출동시키면 됩니다."

한강자는 그의 말이 일리가 있다고 여기고 지백의 요구를 들어주었다.
지백은 토지를 얻은 것을 기뻐했고 또 위항자의 토지를 원했다.

위항자가 땅을 주려고 하지 않자, 그의 신하 임장任章이 물었다.

"왜 땅을 주지 않으려고 하십니까?"

위항자가 말했다.

"아무 이유 없이 토지를 줄 수는 없다."

임장이 그를 설득했다.

"우리가 토지를 주면 지백은 반드시 거만해질 것입니다. 지백은 다른 나라를 얕잡아 보게 되어 적을 경시하게 되고, 다른 나라들은 두려워서 서로 가까워지게 될 것입니다. 여러 나라가 이렇게 일치단결하여 지백의 교만한 군대에 대항하면 지백도 오래 살 수 없을 것입니다. 『주서』周書에 보면 '상대와 싸워서 이기고 싶으면 우선 상대에게 이득이 되는 것을 주어라. 그에게서 무언가를 얻고 싶으면 반드시 그에게 먼저 이득을 주어라'라고 하였습니다. 제가 보기엔 우선 토지를 지백에게 주는 것이 나을 것 같습니다. 그를 교만하게 만든 후에 여러 나라들과 연합하면 지씨의 계략을 쳐부술 수 있습니다."

위항자는 그의 의견을 듣고, 지백에게 백리의 토지를 주었다. 지백은 매우 기뻐하고는 다시 조양자에게 채蔡와 고랑皋狼 땅을 요구했다. 그의 욕심은 토지 백리에 그치지 않았다.

입술이 없으면 이가 시린 법

조양자는 조간자의 작은 아들 무휼이다. 그는 백성에게 어질고 너그러웠지만 다른 나라에게는 매우 강경하게 대처했다. 조양자가 지백의 요구를 거절하자, 지백은 벌컥 화를 내며 한과 위의 군사를 이끌고 조나라를 공격했다. 약속한 대로 전쟁에서 승리한 후 세 나라는 조나라의 토지를 나눴다. 조양자는 조나라의 수도를 지킬 방법이 없자 다른 성으로 도망갈 준비를 했다. 그가 신하에게 어디로 가야 하느냐고 묻자, 신하가 대답했다.

"태자의 성이 이곳에서 가깝습니다. 성도 철벽이고 토지도 넓으니, 그곳으로 가시면 됩니다."

조양자는 주저하며 말했다.

"그 지방의 백성들이 온 힘을 다하여 축성했고, 지금도 그들이 목숨을 걸고 성을 지키고 있는데, 누가 나와 같이 하겠는가? 안 가는 것이 좋겠다."

그래서 신하가 말했다.

"한단邯鄲의 곡물 창고에는 식량이 가득하니 그곳으로 가시면 될 것입니다."

조양자는 생각이 달랐다.

"그곳 창고의 곡물은 백성의 피와 땀으로 모은 것이고 지금도 그들은 희생을 치러가며 성을 지키고 있는데, 백성들이 내 말을 듣겠는가? 갈 수 없다. 만약 도망간다면 진양을 선택해야 한다. 진양은 선왕께서 나에게 권한 땅이다. 그리고 윤택이 백성을 아끼는 정책을 실행하는 곳이니, 백성들은 틀림없이 나를 지지할 것이다!"

조양자는 모든 관리들을 거느리고 진양으로 갔다. 조양자가 진양에 오니, 백성들은 예상대로 조양자와 함께 성을 지키길 원했다. 조양자의 가신 동우안董于安이 진양의 성벽을 매우 견고하게 만들고 성안에 많은 궁전을 세웠으며 궁전 벽의 내부는 갈대, 대나무와 목재로 채웠고 기둥은 모두 청동으로 주조하여 수리했다. 그리고 이어서 가신 윤택이 다스렸는데, 그는 하루 종일 어떻게 백성을 편안하게 할 수 있을지 궁리했다.

진양성은 난공불락이었다. 세 나라 군대가 진양성을 포위했지만 어떤 공격을 해도 비 오듯 활을 쏘아대며 방어했기 때문에 2년 동안 함락시키지 못했다. 그러나 진양성은 화살이 바닥나기 시작했다. 화살촉과 화살대를 만들 재료를 구하지 못하자 조양자는 마음이 조급해졌다.

이때 어떤 사람이 권했다.

"듣자하니 동우안이 궁전에 무수히 많은 화살을 숨겨놓았다는데, 가서 찾아보는 것이 낫지 않습니까?"

조양자는 궁벽을 허물고 화살을 만들 재료들을 찾았다. 청동을 녹여 화살촉을 만들고 화살대를 만들 재료를 얻었다. 조양자는 새삼 감탄했다.

"동우안이 없었더라면 어떻게 이렇게 많은 무기가 생겼을 것이며, 윤택이 없었다면 백성들이 어찌 목숨을 걸며 성을 지킬 수 있었겠는가?"

성을 포위한 지 3년째가 된 어느 날, 지백은 지형을 자세히 살펴보다 진수晉水를 생각했다. 그는 병사들에게 진수에 둑을 쌓도록 했다. 그리고 수로를 진양성에 곧장 닿을 수 있도록 팠다. 공교롭게 계속 많은 비가 내려 제방에 물이 고이자, 지백은 제방을 터서 물이 곧장 진양성으로 흘러가게 하였다. 성벽이 침수되지 않은 지역은 거의 없었다. 집들은 모두 물에 잠겼고, 밥그릇이나 주전자, 냄비 등에서 개구리와 두꺼비가 튀어나왔다. 그러나 진양성의 백성들은 성을 지킬 의지가 굳건했으며, 군주와 성주를 배반할 마음도 전혀 없었다.

이때 지백이 물살을 살펴보고 있는데, 위항자가 수레를 몰고 한강자는 수레 오른쪽에 앉아 있었다. 지백이 의기양양하게 말했다.

"나는 강물이 나라를 멸망시킬 수 있다는 것을 오늘에서야 알았다!"

이 말을 들은 위항자와 한강자는 지백이 똑같은 방법으로 자신들의 나라를 공격할 것이라는 것을 알았다. 지백은 분수汾水로 위나라의 도성 안읍安邑을, 강수絳水로 한나라의 도성 평양平陽을 물에 잠기게 할 수 있다고 생각했다. 그래서 이 두 나라는 지씨를 배반하려고 하였다.

치자絺疵가 지백에게, 한나라와 위나라가 반드시 모반을 일으킬 거라고 말했다. 지백이 그 근거가 무엇인지 묻자 치자가 대답했다.

"인정과 세상사로 볼 때 알 수 있습니다. 왕께서는 한나라와 위나라의 군대를 거느리고 조나라를 공격했습니다. 만약 조나라가 멸망하면 이어서 한과 위 두 나라를 공격할 것입니다. 왕께서는 또한 일찍이 한나라, 위나라와 약속하시길 조나라를 멸망시킨 후 그 땅을 셋으로 나누어 가지자고 하셨습니다.

현재 진양성이 물에 잠겨 먹을 것이 부족하여 사람과 말고기를 잡아먹고 있으니 가급적 빠른 시일 내에 성을 공격해야 합니다. 게다가 한, 위 두 나라의 군주는 이를 기쁘게 생각하지 않습니다. 왜냐하면 그들은 이미 자신들의 앞날을 보았기 때문입니다. 왕께서 진양성을 점령한 후 약속을 깨고 자신들을 속일까 봐 지금 배반하려 하는 것입니다."

그 다음날, 지백은 치자의 말을 한강자와 위항자에게 그대로 전했다. 두 사람은 매우 놀라 당황하며 말했다.

"그 사람은 분명 조나라의 유세객입니다. 우리의 관계를 이간질하여 서로 의심하게 하려는 것입니다. 도대체 당신은 왜 아직도 이해하지 못합니까? 우리 두 나라는 곧 조나라의 땅을 나눠 가질 수 있는데, 왜 이로운 일을 하지 않겠습니까? 우리가 왜 그런 위험한 짓을 하겠습니까?"

지백은 그들의 말을 믿었다. 지백과 두 사람이 헤어지는 것을 본 치자는 곧바로 지백에게 와서 말했다.

"왕께서는 제 말을 그 두 사람에게 알려줬습니다. 그렇죠?"

지백이 놀라며 어떻게 그것을 알았느냐고 물었다. 치자가 말했다.

"그 두 사람이 나올 때 안색이 매우 안 좋았고 걸음을 재촉했습니다. 제가 그들의 속사정을 알았기 때문입니다."

치자는 지백이 구제불능이고, 분명히 이 전쟁에서 패할 것이라고 생각하여 화를 피할 궁리를 했다. 그러나 지백은 이를 깨닫지 못했다. 치자는 제나라에 사자로 가기를 지원하여 멀리 도망갔다.

진양성의 상황은 매우 긴박했다. 백성들은 배반할 뜻이 없었지만, 성이 침수되어 먹을 양식이 없는 죽음의 위기가 코앞에 닥친 것이다. 조양자의 집사 장맹담張孟談이 말했다.

"상황은 비록 위험하지만 저는 한, 위 두 나라가 결코 지백에게 토지를 주지 않을 것이라고 생각합니다. 분명히 할 수 없이 그렇게 하겠다고 말만 했을 것입니다. 제가 성을 나가 그들과 얘기를 나눠보겠습니다."

조양자가 허락하자 그는 밤에 몰래 성 밖으로 나갔다. 장맹담은 한강자와 위항자를 만나 말했다.

"제가 듣기로 입술이 없으면 이가 시리다고 했습니다. 현재 지백이 당신들을 이끌고 우리를 공격하는데, 우리가 멸망한 후에는 아마 한나라와 위나라도 멸망당할 것입니다."

그러자 한강자와 위항자는 속을 털어놓았다.

"우리도 알고 있다. 하지만 일이 잘 해결되지 않으면 재난이 닥칠까 두려워 감히 경거망동할 수 없었다."

장맹담이 대답했다.

"계책은 당신 두 사람의 입에서 나온 것으로 들었는데 무엇이 두려우십니까?"

그래서 두 사람과 장맹담은 밀담을 나누며 거사 계획을 세웠다. 약속한 때가 되자, 조양자는 지백의 군대를 수몰시키기 위해 제방을 무너뜨렸다. 지백이 깊이 잠들어 있는 동안, 전군이 물에 잠겼다. 그가 깨어났을 때는 한, 조, 위 세 나라의 군대가 작은 배로 돌격해 오고 있었다. 조나라 군대가 전면을 공격하고, 한나라와 위나라가 측면을 공격하니 지백은 막을 방법이 없어 부하의 도움으로 도망갈 수밖에 없었다.

그러나 잠시 후 지백은 조양자의 복병을 만나 목을 잘렸다. 한, 조, 위 세 나라는 강주絳州에 와서 지씨의 가족 모두를 죽였다. 다만 지과는 지씨에 속하지 않아 살아남을 수 있었다.

천하를 얻는 법은 무엇인가

세 나라는 지백의 땅을 공평하게 나눴다. 그러나 그들은 여기에 만족하지 않았다. 그들은 모두 진나라를 나누어 가지려고 했다. 기원전 438년, 진애공晉哀公이 죽자 새 군주가 즉위하였지만 그는 유약하고 무능했다. 세 나라는 진나라에게 강주絳州와 곡옥曲沃 두 도시를 남겨주고 다른

땅은 평등하게 나눴다. 이것이 중국 역사에서 유명한 삼가분진三家分晉이
다. 중국 역사에서는 이 시기를 전국시대의 시작으로 본다.

삼진三晉 가운데 조나라는 강대국이라 할 수 없었고, 가장 강한 나라는
위나라였다. 위나라 초기의 군주는 매우 현명했다. 조나라는 시작과 마
무리를 잘하여 비교적 어진 정치를 펼쳐서 내정, 외교와 군사 방면에 신
중을 기하여 진시황의 전국 통일을 견제하였다.

조나라의 흥성과 멸망 과정을 살펴보면, 조나라는 진나라의 공경대부
덕분에 흥했다고 할 수 있다. 나라가 흥성할 수 있었던 이유는 두 가지였
다. 하나는 어진 정치를 실시하였고, 다른 하나는 군사 외교 때문이었다.
조씨가 즉위한 후 통치원칙으로 삼은 것은 어질고 현명한 사람을 등용하
는 것이었다. 또한 윤택은 진양을 다스릴 때 백성들에게 좋은 일을 많이
하였으며, 진양 전투에서 군사, 외교의 뛰어난 계책으로 승리를 거둘 수
있었다. 이 세 가지 중 가장 중요한 것은 인심이다. 인심을 따르지 않는
다면 조나라와 같은 작은 나라는 절대 오랫동안 존재하고 발전할 수 없
었을 것이다. 통치자는 만고불변의 명언을 마음에 새겨야 한다.

"인심을 얻은 자가 천하를 얻을 수 있다."

5 황제예술가와 황제정치가

예술가는 천부적인 자질과 깊은 관련이 있어 정치에는 어울리지 않는다.
예술적 재능을 타고난 황제는 제왕의 자질이 부족해서 대개 나라를 망쳤다.
국가가 불행해지면 시인은 행복하다.

정치가와 예술가를 하나로 합할 수 있을까? 정치가와 예술가는 서로를 용납할 수 있을까? 예술가는 좋은 정치가가 될 수 있을까? 이에 대해 수천 년의 중국역사는 부정적인 답을 주었다.

우리는 봉건 황제를 욕하지만, 사실 운명적으로 황제 자리에 앉게 된 사람들은 오히려 황제가 되는 것을 원치 않았으며, 차라리 예술가나 자유로운 보통 사람이 되고 싶어 했다.

중국의 대다수 황제들은 모두 혈연으로 얽매인 천명天命 관계였는데, 황제 옥좌에 억지로 앉게 된 자들 대부분은 개인의 천성적 자질로 볼 때 황제에 부적합했다. 그들은 자연도태된 것이 아니라 정치가로서 자질이 부족했다. 중국의 역사 메커니즘은 이러한 황제들을 무수히 만들어냈다.

이런 구조는 황제 예술가도 만들어냈다. 예술가는 천부적인 자질 때문에 정치와 맞지 않는다. 그러나 중국역사에서는 좋은 교육 조건 덕분에 예술가가 될 수 있었던 황제를 적지 않게 볼 수 있다.

한 예로 위진 남북조 시기의 마지막 황제인 진후주陳后主는 천성적인 음악가로 그가 창작한 「옥수」玉樹, 「후정화」後庭花는 당시 최고의 유행 가곡이었다. 어느 당나라 시인은 "궁녀는 나라가 망해도 원망할 줄 모르고, 강을 마주하고 「후정화」를 노래하네"라고 읊었다. 그러나 훗날 진후

주의 가곡은 망국의 노래가 되었다.

북송의 휘종徽宗도 좋은 황제는 아니었지만 천재적인 화가였다. 그는 궁정 화원의 영향 아래 독자적으로 세필에 충실하고 시적 의미를 강조하는 화풍을 이루었는데, 특히 「청금도」聽琴圖는 예술성이 탁월한 명작이다. 그는 궁 밖을 돌아다니며 야성미 넘치는 미인을 사냥하는 취미가 있었고, 당시의 명기 이사사李師師와의 사랑은 하도 뜨거워서 3천 궁녀는 거들떠보지도 않았다.

나라를 망친 황제 예술가 이욱

중국 역사에 이런 황제 예술가는 매우 많았다. 예를 들자면 한성제, 양원제梁元帝, 수양제, 송영종宋寧宗 등이 그렇다.

그러나 지적해야 할 점이 있다. 위무제魏武帝 조조曹操가 "동쪽으로 갈석碣石에 가서 / 푸른 바다를 바라보고," "늙은 준마가 마구간에 누워 있지만 / 뜻은 천리 밖에 멀리 있다"라고 읊은 것이나, 한고조 유방이 "큰 바람이 일고 구름이 흩날리는데 / 천하에 위세를 떨치고 고향으로 돌아가자 / 어디에서 용사를 얻어 사방을 지키겠는가?"라며 표현한 포부는 예술가가 아무리 애써도 이룰 수 없는 경지이다. 이러한 시작詩作의 출발점은 예술에 있는 것이 아니라 천하통일의 공을 세우려는 웅대한 포부에 있다. 이들은 문학적 재능이 약간 있을 뿐이지, 몸과 마음을 예술에 쏟는 진정한 예술가가 아니다.

황제 예술가는 몸과 마음을 예술에 쏟느라 정치를 돌볼 겨를이 없었다. 그들의 정치는 가면 갈수록 부패해졌고, 황제 예술가는 점점 얼간이로 변했다. 당연한 일이다. 진정한 정치가는 이성적인 사고, 냉철한 판단과 민첩한 행동에 의지하는데, 예술가는 감성의 표현 대상에 완전히 몰두하는 사람이다. 황제 예술가는 보통 사람이 보기에 미친 것처럼 보였다.

그가 조정에 있을 때는 더 말할 필요가 없었다. 온몸에서 예술가의 분

「한희재야연도」韓熙載夜宴圖. 남당의 이욱을 섬기던 궁정화가 고굉중이 그린 작품으로 추정된다.

위기를 발산하는 황제가 조정에 앉으면, 조리 있고 냉정한 이성으로 처리해야 하는 정치를 망칠 수밖에 없었다. 그래서 역사에 일부 얼간이 황제가 생겨난 것이다.

오대五代 시대 때 남당南唐의 황제 이후주가 가장 적절한 예다. 그는 중국 문학사에 큰 업적을 세웠다. 그러나 그는 국가 정치에 도움을 주지 못했고, 조정은 하루가 다르게 부패할 수밖에 없었다. 북송의 군대가 도성을 공격할 때도, 그는 여전히 술을 마시고 시를 읊었다. 이처럼 감상에 사로잡혀 슬픔에 잠긴 시는 재자가인을 감동시키기에 충분했다. 그러나 그는 결국 포로가 되었다.

"국가가 불행해지면 시인은 행복하다"라는 말이 현실이 된 것 같았다. 망국의 임금은 감상적인 필체로 망국을 표현했다. 그는 앞 세대 작가의 작품 경향을 계승하고 발전시킨 진정한 사詞 작가가 되어 국가를 멸망시켰을 뿐만 아니라 그 자신도 비참하게 감옥에 갇혀 사약을 받고 죽었다.

이후주 이욱李煜은 문학, 음악, 서화에 정통했다. 그러나 유독 정무 처리에는 관심이 없었으며, 나날이 강대해지는 북송 정권에 자신을 굽혀 몸을 보존하려 했다. 북송이 건립된 지 10여 년 후 남당이 멸망했고 이욱은 포로로 잡혀 변경汴京의 감옥에 갇혔다. 그는 자신의 도성을 떠나면서 사를 지으며 "마지막으로 만백성의 황제가 종묘를 떠날 때 / 교방에서 이별가를 연주하니 / 궁녀를 보고 눈물을 흘린다"라고 읊었다.

후에 송나라의 대문호 소식은 그에 대해 이렇게 질책했다.

"이후주는 자신의 조상이 건립한 왕조를 잃었음을 뼈저리게 깨닫고 당연히 묘 앞에서 통곡하며 백성에게 사죄해야 했다."

그는 황제로서 당연히 해야 할 일을 하지 않은 자신의 잘못을 뉘우쳤어야 했는데, 그렇게 하지 않았다. 그는 나라가 망하고 있는데도 교방에 가서 악사들이 연주하는 「이별가」를 들었다. 심지어 자신이 다시는 궁녀와 즐길 기회가 없게 된 것을 애석해했다. 이런 국왕이 있는데 남당이 망하지 않는다면 이상한 일이 아니겠는가!

재상 아버지와 환관 어머니를 둔 송휘종

황제 예술가를 보좌하는 대신들은 왕의 성격과 자질을 정확히 알고 있으면서도 대충 정무를 처리하고 속이기까지 하였다. 중국 역사상 이런 사례는 아주 많았다. 송나라 휘종 때의 동관童貫이 대표적인 인물이다.

동관은 환관 중에서도 아주 특이한 인물이었다. 그는 비록 환관이지만 체구가 크고 목소리는 대단히 컸으며 힘이 장사였고, 어찌 된 일인지 입가에는 몇 가닥의 긴 수염도 보였다. 이런 외모가 임금의 비와 궁녀의 환심을 샀다. 게다가 동관은 천성이 호쾌하고 시원시원하여 많은 사람들과 교제하고 재물을 아낌 없이 나누어주었으며, 도량도 넓어서 사소한 일에 시비를 따지지 않았다. 그래서 조정의 모든 사람들이 그를 매우 좋아했다. 그는 사람들과 좋은 인간관계를 맺어놓은 것이다.

동관은 상대방의 말과 안색을 잘 살피고 아첨하는 능력을 휘종에게 발휘했다. 그는 곧 황제의 마음을 얻어 자기 뜻대로 모든 것을 할 수 있었다. 단번에 상대방의 마음을 사로잡을 수 있었던 그는 추밀원樞密院을 맡아 병권을 20년 동안 장악하고, 재상 채경蔡京과 결탁하여 못된 짓을 일삼았다. 권세가 하늘을 찌르니 재상보다 그의 권력이 더 컸다. 채경은 남

북송의 휘종은 뛰어난 화가였지만 예술적 취미에 깊이 빠진 나머지 나라의 정사를 제대로 주관하지 못했다.

자여서 사람들에게 '아버지 재상'이라고 불렸고, 동관은 환관이어서 '어머니 재상'이라고 불렸다.

휘종 조길趙佶은 즉위한 후, 천하에 "황제의 뛰어난 예술적 재능을 능가할" 자가 있어서는 안 된다고 생각하여, 동관으로 하여금 천하의 명화를 수집하게 하고는 이를 감상하며 모방하기도 하고 직접 그림을 그리기도 했다. 당시 서예와 회화 예술이 가장 발달한 지역은 동남 연안지역이었다.

동관이 어느 날 소주蘇州와 항주杭州 일대에 왔다. 동관은 이곳에 서화가 많은 것을 보고 좀처럼 얻기 힘든 좋은 기회라고 생각했다. 휘종이 서예와 회화를 매우 좋아한다는 것을 알고 있는 동관은 황제의 비위를 맞추면 온갖 총애와 신임을 받을 수 있다고 생각했다. 동관은 세상 경험이 풍부하고 노련한 인물이었다. 그는 예술가는 대개 비이성적이고 감정이 통하기만 하면 다른 것들은 뒷전으로 돌린다는 사실을 알았다.

동관은 소주와 항주 일대에서 수집한 전 왕조의 걸작들을 끊임없이 휘종 앞으로 보냈다. 휘종은 자신을 즐겁게 해주는 그에게 매우 감격했다.

번화한 소주의 풍경. 소주는 대운하를 끼고 발달한 강남의 중심 도시로서 당나라 때부터 번영을 누렸으며 송나라 때에는 항주와 함께 상공업의 중심지가 되었다.

서예와 회화에 능한 간신 채경

동관은 항주에서 우연히 채경蔡京을 만났다. 채경은 간사하고 교활한 기회주의자였는데, 신종神宗 때 변법파變法派와 의기투합하여 훗날 사마광이 권력을 장악하고 신법新法을 폐지하려 했을 때 적극적으로 호응하고 신속히 신법을 폐지하여 사마광의 칭찬을 받았다. 그러나 소성紹聖 연간에 철종哲宗이 신법을 회복하고, 신당新黨이 득세하여 정권을 잡자, 이번에는 적극적으로 신법을 지지했다. 상황에 따라 보호색을 바꾸는 카멜레온이었던 그는 휘종이 즉위하자 태후에 의해 조정에서 쫓겨나 항주의 지주知州로 있었다. 채경과 의기투합한 동관은 채경을 조정에 다시 추천했다.

마침 채경은 서예와 회화에 능했다. 북송 때 소황미채蘇黃米蔡라고 불리는 네 명의 서예가가 유명했다. 소식 · 황정견黃庭堅 · 미불米芾 · 채경을 가리키는데, 후세 사람들은 채경이 간신이므로 서예가라는 월계관을 그의 머리에 씌워주고 싶지 않아 다른 사람으로 바꿨다.

동관은 휘종에게 보내는 서화 목록에 항상 채경의 작품을 집어넣었다. 그리고 채경의 상주문도 첨부했다. 휘종은 채경의 서예와 회화 작품을 보며 기뻐하고는 그를 재상에 임명하도록 했다. 때마침 조정에서 신구 양당이 끊임없이 다투자, 휘종은 양당 관계를 조정한다는 명분으로 재상 한언충韓彦忠을 파면하고 1102년 7월 채경을 재상으로 임명했다.

채경은 재상이 된 후, 변법을 실시한다는 구실로 희녕熙寧과 원풍元豊 연간에 집행했던 법령을 회복시켰다. 동시에 구당 일파인 소위 원우元佑 당인黨人을 박해했고, 사마광 등 120명을 간사한 무리들이라고 규정하였으며, 휘종의 친필을 돌에 새겨 황궁의 단예문端禮門에 설치하고 원우당 적비元佑黨籍碑라고 불렀다. 그리고 살아 있던 정적들을 산간지역으로 유배 보냈고, 이미 죽은 자도 관직에서 파면시켰으며, 소식의 문집도 명을 내려 불태우도록 지시했다.

훗날 채경은 원우와 원부元符 연간에 옛 법률을 회복해야 한다고 주장한 309명을 죄인으로 몰았다. 채경에게 죄를 지은 사람은 당인으로 몰렸고, 장돈章惇과 같은 변법 급진파조차 공격을 받았다. 그러자 신종 이래로 격화된 조정의 당쟁은 최악의 사태로 발전하여 송나라의 정치는 나날이 부패하였다.

채경은 동관의 적극적인 추천으로 다시 재상이 될 수 있었다. 채경은 당연히 동관에 대해 감격해마지 않았고, 휘종은 동관을 더욱 총애하였다. 그들은 동심일체가 되어 점점 교활해지기 시작했다. 채경은 원우 당인을 진압하고, 서북 침공을 획책했다.

당시 장군이 되어 전쟁을 수행한다는 것은 매우 위험하고 고된 임무였다. 그러나 환관이 감군監軍이 되어 공을 세우면 군사적 권력을 쥘 수 있었다. 채경은 적극적으로 동관을 감군에 추천하며 황제에게 말하길, 그는 첫째 황제에게 충성을 다할 것이고, 둘째, 지혜와 용기를 겸비했으며,

셋째, 섬서와 감숙의 서북 일대의 상황에 매우 익숙하다고 하였다. 그러자 휘종은 바로 동관을 감군에 임명했다. 그리고 왕후王厚에게 명하여 대장군으로 삼고 10만 명의 병사를 이끌고 출정하도록 하였다.

군대가 황천湟川 부군에 막 도착했을 때, 경성의 궁 안에 갑자기 큰 화재가 발생하자 휘종은 이것을 불길한 징조로 여겨, 사람을 보내 진격을 멈추고 명령을 기다리도록 명했다. 그러나 동관은 공을 세우고 싶은 마음이 간절하여 공격을 멈추고 싶지 않아 천자의 명령서를 군화 속에 집어넣었다. 다른 군관이 무슨 일이냐고 물었으나 동관은 거짓말로 "우리에게 빨리 진군해서 승리를 거두라고 명하셨다"고 하였다.

동관은 결국 4개의 성을 수복하여 공을 세웠다. 그는 경복전사景福殿使 겸 양주관찰사襄州觀察使로 승진했다. 관찰사는 특별한 명예였다. 환관의 신분으로 이 관직을 겸한 사람은 동관이 처음이었다. 얼마 후에 동관은 무강군절도사武康軍節度使로 진급하였다.

휘종은 동관의 아첨에 매우 만족했는데 특히 그가 명화를 수집해준 것을 고맙게 생각했다. 훗날 휘종은 동관에게 개부의동삼사開府儀同三使 지위를 수여하려고 했다. 그러나 재상 채경이 전 왕조에 선례가 없다는 이유로 반대를 표하고 인준을 거절하여 휘종도 별 방법이 없게 되었다.

동관은 이즈음 자만에 빠져 제멋대로 날뛰며 횡포를 부리고 있었다. 그는 조정에서 안하무인격으로 행동하였고, 군관을 제 마음대로 선발하거나 면직시켰다. 그의 권력 독점에 대해 조정의 정직한 대신들이 반감을 나타내기 시작하자, 채경조차도 자신의 권력과 지위에 위협을 느꼈다. 그래서 황제가 동관에게 더 큰 권력을 주려 하자 채경이 가로막고 나선 것이다. 그러나 채경과 조정대신이 아무리 동관에 반대해도 휘종의 동관에 대한 신임과 중용은 막을 수 없었다.

1111년, 휘종은 동관을 검교태위檢校太尉에 임명한 후 거란에 사신으로 파견하려 하였는데, 조정의 모든 대신들이 강하게 반대하고 나섰다. 그 중 어떤 대신이 말했다.

"사신은 국가의 상징인데, 환관을 사신으로 보내면 비웃음을 사지 않겠습니까? 나라 안에 그렇게 사람이 없습니까?"

휘종은 동관을 두둔하며 말했다.

"동관이 서북 일대의 강족羌族을 격파했다는 소식을 들은 거란인들이 매우 탄복하고 있으므로 그를 사신으로 보내는 것이오."

동관은 결국 거란에 파견되어 외교 사명을 완수했다. 동관은 자신이 나라를 위해 큰 공을 세우고 정치적 자질이 있다고 생각하여 더욱 거만해졌다.

휘종은 그를 더욱 총애하여 태위의 신분 외에도 협서·하동·하북의 선무사宣撫使, 개부의동삼사를 겸직하게 했다. 동관은 얼마 후 추밀원을 주관하고 군사요충지를 통제하였으며, 태부太傅와 진국공晉國公에 봉해졌다. 어느덧 그의 관직은 재상과 맞먹었고 권세는 재상보다 높았다. 사람들은 우스갯소리로 그를 어머니 재상이라고 불렀다.

동관은 군대를 장악한 후 공을 세우기 위해 전쟁을 가볍게 생각하고 자주 전쟁터에 나갔으나 항상 패했다. 그러나 농민반란을 진압하는 데는 공을 세웠다.

1120년, 방납方臘이 강소와 절강 일대에서 농민 반란을 일으켰다. 농민들이 당시 부패한 정치와 잔혹한 관리를 견디다 못해 잇달아 반기를 들자, 반란군은 백여만 명으로 늘어나 6개 주 52개 현을 점령했다. 이들이 가는 곳마다 탐관오리를 죽이고 성들이 줄줄이 항복하여 동남 지역이 흔들리고 있었다.

조정 대신들이 이 사실을 휘종에게 알리자 그는 동관에게 반란을 진압하도록 했다. 동관은 우선 휘종에게 화석강花石綱의 부역을 중지시켜 백성의 부담을 경감하도록 권고한 후에, 산서와 협서 일대의 정예 군사 15만 명을 거느리고 황급히 동남으로 갔다. 동관의 잔혹한 진압으로 농민 반란은 결국 소탕되었으며 방납도 잡혀 죽었다.

그러나 동관은 변방의 전쟁에서 여러 차례 패했다. 그는 방납의 반란을 진압한 후 용맹한 병사를 불러 모아 요나라를 공격하였지만 실패했다. 그는 추밀원을 주관한 후 대장군 유법劉法에게 명하여 서하西夏를 공격하도록 했다. 서북 지역의 명장이었던 유법은 당시의 전세를 파악하고 출병이 바람직하지 않다고 생각했지만, 동관은 객관적인 요소를 고려하지 않고 그를 다그쳤다.

"그대는 경성에서 일찍이 황제의 명령을 받았으니 꼭 승리할 텐데 어찌 싸우질 않는 것이오?"

유법은 하는 수 없이 군사를 이끌고 나아갔으나 매복 공격을 받은 끝에 군대는 전멸했고 유법도 전사했다. 유법이 죽자 모든 서북 지역이 크게 흔들렸고, 변방 사람들은 두려움에 떨었다. 그러나 동관은 휘종에게 유법이 승리했다고 보고하여 진상을 숨겼다. 조정의 문무대신들 모두 유법이 참패했다는 사실을 알고 있었지만 동관을 두려워하여 감히 실상을 말하지 못하고 휘종에게 축하를 보냈다.

달도 차면 이지러진다

한편 금나라가 요나라를 멸망시킨 후, 대규모 군대를 이끌고 남하하여 중원으로 진격하였다. 1125년, 금나라와 송나라는 태원太原에서 충돌했다. 광양군왕廣陽郡王에 동관이 임명되었는데, 금나라의 공격 소식을 들은 그는 근본적으로 전쟁할 마음이 없었다.

그는 재빨리 금나라에 사람을 보내 화해를 청했다. 금나라가 이 제의를 받아들이지 않고 동관에게 사신을 보내 땅을 할양하도록 요구하자, 그는 이를 무조건 승낙하였다. 금나라 병사가 태원에 도달했을 때 동관이 몹시 놀라서 도망치려고 하자, 태수 장효순張孝純이 동관에게 충고했다.

"금나라 사람들은 신의를 저버렸고, 공공연히 우리 영토를 위협했습니다. 게다가 왕께서 군사를 이끌고 금나라와 싸우라고 명했습니다. 태원을 포기하면 하동河東도 금나라 사람에게 그냥 넘겨주는 것이나 마찬가지입니다.”

동관은 이 말을 듣고 노발대발했다.

“나는 영토를 지키는 호위병이 아니다. 그대는 내가 태원에 남기만을 바라지만 당신들의 장군들은 무엇을 하는가?”

장효순은 이 말을 듣고 길게 탄식했다.

“저는 늘 그대의 위엄과 명망에 탄복했습니다. 그런데 이제 쥐새끼처럼 겁을 집어먹고는 도망치려고만 하니, 당신이 황제의 얼굴을 뵐 면목이 있겠습니까?”

동관은 살기 위해, 화를 낼 겨를조차 없이 달아나버렸다.

휘종은 적을 막아낼 방법이 없고 그림이 너무 좋아서 황제 자리를 아들 조환趙桓에게 넘겨주고 그를 흠종欽宗으로 삼았다. 흠종은 휘종과 달리 패기가 넘쳐 친히 출정하여 금나라의 침입을 물리치려고 하였다. 출발하기 전에 흠종은 도망쳐서 돌아오는 동관을 보았다. 흠종은 동관과 같이 출정하려 했지만 그가 출정하고 싶지 않다고 하자 경성에 남도록 하였다. 동관은 그것도 모자라서 휘종과 함께 남쪽으로 도망쳤다.

동관이 전쟁터에 나가지 않고 도망을 치자, 조정과 재야가 분노했다. 책임을 회피하고 도망친 행동은 그가 몰락에 이르는 도화선이 되었다. 동관은 자신을 보호하기 위해 서북 일대에서 수만 명의 용사를 모집한 후 이들을 승첩군勝捷軍이라 불렀다. 이들은 사실 군대라기보다는 그의 개인 호위대였다. 동관과 휘종이 같이 도망갈 때, 두 사람의 호위대가 다리 위에서 마찰을 일으켰다. 결국 동관이 자신의 호위대에게 명하여 휘종의 호위대에게 활을 쏘게 하자, 삽시간에 백여 명의 군사가 죽었다.

이 사건은 휘종의 분노를 샀고, 조정의 신하들도 그의 대역무도를 욕했다. 여론의 압력을 받은 흠종은 동관를 우위상장군右衛上將軍으로 강등시켰다. 그러나 대신들은 계속해서 동관을 처벌하라고 요구했다. 흠종은 할 수 없이 그를 소화군제도부사昭化軍節度副使로 낮춘 후에 영주英州 길양군吉陽軍으로 유배시켰다. 후에 흠종은 민심을 얻기 위해 동관의 열 가지 큰 죄상을 열거했고 어사에게 명하여 유배 중이던 그를 죽였다.

예술과 정치의 위험한 만남

황제 휘종에게는 칭찬할 만한 부분이 없었기 때문에 어리석은 군주라는 평판만 남았다. 그러나 예술가로서의 조길朝佶은 문화사에서 가치가 있다.

동관과 채경은 휘종의 예술가적 자질을 알아보고는 의기투합하여 권력으로 파문을 일으켰으니 교활하기 짝이 없는 일이다. 중국역사상 황제의 총애를 얻는 방법은 가지각색이었다. 음모와 속임수로 황제가 가무, 여색, 개 사육, 승마에 몰두하도록 유도하기도 했고, 음탕과 사치에 빠지게 하는 것은 흔한 술수였다.

그러나 동관과 채경은 휘종의 고아한 예술적 취미에 아부하여 총애를 얻었는데 이것은 역사상 보기 드문 일이다. 그들이 그렇게 한 것은 휘종의 예술적 수준을 높이기 위해서가 아니었으며, 또한 휘종을 훌륭한 정치가로 만들기 위해서도 아니었다. 그들은 예술가 조길을 꼭두각시로 만들고 총애를 이용하여 황제 휘종의 어깨를 타고 기어올라 권세를 누렸다.

예술가가 정치가가 되는 것은 참으로 위험한 일이다! 사람이 강호에 있으면 몸이 자기 마음대로 되지 않는 것이다. 휘종은 꼭 황제가 되고 싶지는 않았다. 그러나 황제가 될 수밖에 없었다.

사실 중국 봉건사회의 개인에게는 정해진 위치가 있었다. 개인은 근본적으로 발버둥칠 힘이 없어, 역사가 정해준 역할을 맡을 뿐이었다. 많은 비극이 여기서 초래되었다. 그래서 허락된 자유 안에서 자신의 위치를 선택하는 것은 매우 중요했다.

예로부터 중국의 수많은 정치가 가운데 학자는 드물었고, 문인도 적었으며, 예술가도 적었다. 특히 과학자는 더욱 드물었다. 그 중 황제

정치가와 황제 예술가는 확실히 다르다. 서양인이 보는 것처럼 중국의
정치가는 음모가와 상통하는 점이 많은데, 황제 정치가는 이런 음모가
들을 경계하느라 황제로서의 권모술수를 갖추었지만, 이와 상반된 기
질의 황제 예술가는 이성보다 감정에 몰두하여 간신의 희생양이 된 것
이다.

6 선비와 정치

순수한 본색을 너무 많이 드러내면 희생양이 될 가능성이 높다.
그러므로 선의의 권모술수를 잘 이해하고,
적의 반대도 슬기롭게 헤쳐나갈 수 있는 지혜가 필요하다.

유방이 한나라를 건국한 때부터 무제 대에 이르기까지 황제들이 가장 해결하기 힘들었던 문제 중 하나는 유씨 성을 가진 제후 왕들의 세력이 너무 커서 통제하기 어렵다는 점이었다.

한경제 때의 조조晁錯가 무력과 법령으로 제후들을 억누르려 시도한 적이 있었다. 그러자 오吳, 초楚 등 7개 나라가 연합하여 반란을 일으켰다. 반란을 일으킨 이들은 "간신 조조를 죽이고 황제의 측근 세력을 없애버리자"는 구호 아래 조조를 죽였다. 그런데 반란를 일으킨 제후국들이 군대를 철수하지 않자, 한경제는 제후국들이 반란을 일으킨 이유가 조조를 제거하기 위해서가 아니라 한나라 정권을 빼앗기 위해서였음을 알았다. 결국 한경제는 나라의 모든 힘을 동원하여 강제로 반란을 진압하려고 했다.

한무제 때의 주부언主父偃은 새로운 해결 방안을 제시하여 매우 효과적으로 군벌이 할거하는 문제를 해결할 수 있었다. 한무제는 매우 기뻐하고 그의 의견을 받아들여 추은령推恩令을 공포했다. 그리하여 마침내 건국 이래 남아 있던 문제를 해결할 수 있었다.

추은령이란, 제후 왕이 그동안 장자에게 토지를 물려주던 것을 다른 후손들에게도 나눠주도록 한 것을 말한다. 이렇게 하자 제후국 내부에는 갈등이 생기기 시작하였고, 토지는 산산조각 나서 하나로 합치기 어렵게 되어 제후국의 세력도 자연히 쇠약해졌다. 제후국의 입장에서 볼 때 이 제도는 중앙 집권을 강화하기 위해 자신들의 세력을 약화시키려는 정책이었다. 각 제후국의 자손들 모두가 토지를 얻기 바랐지만, 이 법령에 저항할 방법이 없었다. 주부언이 제의한 이 제도는 고도의 책략이었다.

그렇지만 조조는 그다지 정치 감각이 뛰어난 인물이 아니었다. 그는 원래 정치가가 아니라 선비였다. 그는 선비의 본색을 드러내며 정치에 끼어들었지만 결국 요절하는 비극을 겪었다.

한문제가 죽고 난 후, 태자 계啓가 즉위하여 한경제가 되었다. 유방 때부터 토지를 분봉 받은 유씨 성을 가진 제후국 왕들의 세력은 점점 커지고 있었다. 바닷물로 소금을 만들고 산을 개간하여 밭으로 만드는 등 경제력과 독립된 군사력을 갖추어 세력이 커졌던 것이다.

반면 한나라의 중앙 정권은 갈수록 세력이 약화되었다. 조조는 이런 상황에서 역사 무대에 나타난 것이다. 그러나 조조는 재능과 식견이 남보다 뛰어났지만, 세상사와 인간 세태를 잘 알지 못해서 퇴로를 마련해 놓지 않고 오로지 앞만 보며 전진하다가 결국 망하고 말았다. 이런 성격은 사회 경험이 부족하기 때문에 앉아서 황제만을 쳐다보며 승진을 바라기 때문에 나타난다.

종묘의 담을 뚫은 조조

조조는 본래 태자 집안 사람이다. 한경제는 조조의 책략이 자신의 뜻에 맞자 그를 중대부中大夫에서 경기 지방을 관장하는 내사內史로 승진시켰다. 조조는 한경제의 오랜 친구였기 때문에 유달리 총애와 신임을 받았다. 조조가 한경제와 이런저런 모의를 할 때면 대부분 그의 견해가 받아들여졌으며, 조정의 법령제도도 그에 의해 제정되었다. 조정 대신 모두 한경제가 조조를 총애하고 신임했기 때문에 감히 그에게 반박하지 못

한나라의 제5대 황제인 한경제. 그는 관대한 정치를 폈던 문제 때 땅을 분봉 받은 유씨 제후들의 세력이 갈수록 커지자 이를 억누르려고 했다.

했으나, 일부 신하들은 그를 질투하게 되었다.

재상 신도가申屠嘉는 자신이 냉대를 받고 있다고 생각하여 울분을 느꼈다. 그는 때를 기다렸다가 몰래 조조를 죽이려고 했다. 어느덧 조조는 황제의 신임이 두터운지라 대담하게 자기 뜻대로 행동하기 시작했다. 어느 누구도 조조를 비판하지 못했다.

조조는 제멋대로 태상황의 묘를 둘러싼 담을 뚫어서 문을 만들고 자신의 내사부 측문과 통하도록 길을 내려 했다. 원래 조조의 관사는 태상황 묘 뒤에 있었다. 그래서 관사에서 큰길로 가려면 한참 돌아가야 했다. 태상황 묘의 담을 뚫어 길을 만들면 곧장 큰길로 가기가 편했다.

재상인 신도가는 이 사실을 알게 되자 즉시 관할 관리에게, 조조가 상주문을 올리지도 않고 제멋대로 종묘의 담을 뚫는 것은 태상황을 업신여기는 행위이고 불경죄에 해당하며 법률에 따라 죽어 마땅하다는 상주문을 쓰게 했다. 이 일을 알게 된 사람이 서둘러 조조에게 편지를 보냈다. 조조는 이 말을 듣고 너무 놀란 나머지 혼비백산하였다. 그는 깊은 밤중에 황궁으로 들어와 황제를 알현했다. 조조가 그 일에 관해 상세히 말하자, 한경제는 오히려 괜찮다면서 언제든지 공사를 하라고 했다.

이튿날 한경제는 조회에서 신도가가 상주문을 올려 조조를 죄로 다스리려 했다는 것을 알고 이렇게 말했다.

"조조가 만들려는 길은 종묘의 담이 아니고 종묘 바깥 담의 빈터 쪽이며, 편리함을 위해 그러는 것이오. 그대의 말처럼 종묘의 담을 조금 뚫어 문을 만들어도 묘가 크게 손상을 입는 것이 아니니 승상은 너무 마음에 두지 마시오."

신도가는 조회가 끝난 후 화가 나서 장사長史에게 말했다.

"내가 먼저 그를 죽인 뒤에 황제께 말씀드렸어야 했다. 처형해야 한다고 먼저 청했기 때문에 그 어린 녀석에게 모욕을 당했으니 애당초 내가 잘못했다."

결국 그는 화병으로 피를 토하고 죽었고, 조조는 더욱 명성이 높아졌다.

한경제는 어사대부인 도청陶靑을 승상에 임명했고, 조조를 어사대부로 승진시켰다. 조조는 처벌을 받지도 않았고 오히려 황제의 총애를 더 많이 얻었다. 그는 이후로 다른 것은 생각하지 않고 오로지 황제에게 힘을 다해 충성했다.

조조는 젊고 자신만만하여 세상에 못할 일이 없다고 생각했다. 그래서 이 기회를 이용하여 일을 꾸몄는데 하나는 제후들을 억눌러 복종하게 만드는 것이고, 다른 하나는 황제에게 충성을 다하는 것이었다. 그래서 한경제에게 상서를 올려 우선 오나라부터 세력을 약화시켜야 한다고 청했다. 그가 올린 상서의 내용은 다음과 같다.

"애초에 고조께서 처음으로 천하를 평정하셨을 때, 모든 형제들이 어리고 자식과 조카들도 유약하여 제후의 왕에 봉하셨습니다. 제나라는 70여 개의 성, 오나라는 50여 개의 성, 초나라는 40여 개 성이 있어 천하의 반을 그들에게 나눠주셨습니다.

현재 오나라 왕은 병을 핑계로 조회에 나오지 않으니 법에 따라 주살해야 하나 문제께서는 그에게 곤장을 치라고 하셨습니다. 이것은 가장 두터운 인덕을 베푸신 것입니다.

오왕은 당장 자신의 잘못을 고쳐야 했으나 오히려 무례하게 굴었습니다. 산에 의지해서 무기를 만들고, 바닷물을 끓여서 소금을 만들었으며, 천하의 죄인들을 끌어 모아 반란을 음모하고 있습니다.

지금 오나라와 초나라 등의 세력을 약화시켜도 반란을 일으킬 것이고, 약화시키지 않아도 반란을 일으킬 것입니다. 만약 지금 세력을 약화시키면 그들이 먼저 반란을 일으키도록 자극하는 것이 되겠지만 그들의 준비가 충분하지 않아 그 화가 적을 것입니다. 만약 그 세력을 약화시키지 않으면 그들이 준비를 충분하게 하여 평정하기 어려워질 것입니다.”

한경제는 조조의 상주문을 대신들에게 건네주고 토의하도록 했다. 대신들은 조조의 권세에 겁을 먹고 감히 어떤 이의도 제기하지 않았다. 오직 첨사詹事 두영竇嬰만이 반대했다. 두영은 직위가 그리 높지는 않았지만 두태후竇太后의 조카로 조정 내부에 힘이 있어 조조를 두려워하지 않아 감히 직언할 수 있었다. 두영의 반대로 번진을 없애는 일도 잠시 중지되었다. 조조는 자신의 계책이 받아들여지지 않자 두영을 원망했다.

얼마 후에 두영은 면직됐다. 한경제에게는 동생 양왕梁王 유무劉武가 있었다. 두태후는 자신의 작은 아들 양왕을 특히 좋아했기 때문에 한경제도 그녀의 뜻을 받들어 동생 양왕 유무를 우대했다.

어느 날 모자 세 사람이 모여 음식을 먹고 술을 권하는 자리에서 한경제가 갑자기 자신은 동생 양왕에게 황제자리를 물려주겠다고 말했다. 두태후는 이 말을 듣고 매우 기뻐했고, 양왕도 감히 말은 못 했지만 마음속으로는 기뻐했다. 그런데 두영이 이 소식을 듣자마자 뛰어 들어오며 소리쳤다.

“안 됩니다!”

두영은 한경제에게 말을 거두라고 권했다. 유무와 두태후는 크게 기분이 상했다. 그 다음날, 두영은 면직됐다.

두영이 면직되자, 조조는 번진 세력을 없앨 것을 다시 건의했다. 조정에서 이 문제를 다시 논의하였으나 결정을 못 하고 있을 때, 마침 초나라

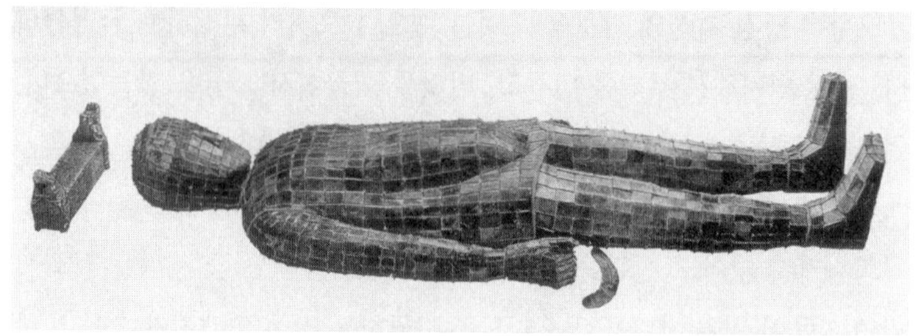

금루옥의金鏤玉衣. 옥돌이 시체의 부식을 막아준다고 믿은 한나라의 황제와 귀족들은 옥돌로 만든 수의를 입고 매장되었다.

왕 유무劉戊가 조정에 들어왔다.

조조는 기회를 틈타 한경제에게 초왕을 비난했다. 초왕이 여색을 밝히고 한문제의 어머니 부태후薄太后 상을 치를 때도 무절제하고 음란하였으므로 법률에 따라 마땅히 죽여서 법을 밝게 하라고 한경제에게 청했다.

유무는 확실히 예의나 법을 지키지 않고 어진 사람을 공경하지 않았으며 부태후의 상을 치를 때도 주색에 빠졌기 때문에 초나라의 목생穆生, 신공申公, 백생白生 등의 어진 신하들이 연이어 초나라를 떠났다. 태부 위맹韋孟이 완곡히 타일러도 듣지 않자 어진 신하들이 떠나버린 것이다.

그러나 지금은 조조가 잡아놓고 있으니 잘못을 인정하지 않을 수 없었다. 한경제는 그가 너그럽게 봐달라고 빌자 차마 처벌할 수가 없었다. 할 수 없이 그에게 속한 동해군東海郡을 귀속시키고 그를 초나라로 돌아가게 했다. 조조는 또한 조왕 유수가 조정에 나오지 않자 조나라의 상산군常山郡을 없앤 후, 교서왕膠西王 유묘劉卬가 매관매직하였다는 사실을 조사하여 그의 영지 중 6개의 현을 없애버렸다. 조조는 제후들이 어떤 저항도 하지 못하자 번진을 없애는 것이 가능하다고 생각하고는 즉시 세력이 강한 오나라를 공격할 준비를 했다.

네 모습을 보니 반란을 일으킬 듯하다

그러던 어느 날, 백발노인 하나가 갑자기 문을 발로 차고 들어와 조조를 보며 말했다.

"당신, 설마 죽고 싶은 것은 아니겠지?"

조조가 그 노인을 보니 자신의 부친이었다. 조조의 부친이 말했다.

"나는 고향에서 그럭저럭 편안하게 살며 한가롭게 지내고 있다. 그런데 근자에 듣자니 네가 정무를 주관하면서 골육지간을 이간질하고 남의 땅을 빼앗아서 사람들의 원성이 도처에 자자하다. 네가 도대체 무슨 생각을 하는지 몰라서 이렇게 찾아온 것이다!"

조조가 말했다.

"만약 번진 세력을 없애지 않으면 제후들이 할거하여 갈수록 세력이 강대해져서 한나라의 천하가 불안정해질 것입니다."

조조의 부친은 한탄을 하며 말했다.

"유씨 정권은 안정을 얻었는데 조씨는 위험하다. 난 이미 늙었고 네게 재앙이 닥치는 것을 차마 눈뜨고 볼 수가 없구나! 이제 애비는 돌아간다."

말을 마친 조조의 부친은 떠나가버렸다.

오나라 왕 유비劉濞는 초나라, 조나라가 봉지를 빼앗겼다는 소식을 듣고 자신도 봉지를 빼앗길까 두려워 군사를 일으켜 반란을 도모했다.

당초 한고조 유방은 유비에게 영지를 주면서 그에게 경고를 했었다. 유방은 형의 아들인 유비를 데리고 진희陳豨를 정벌한 적이 있는데 유비는 용감하고 힘이 세며 싸움을 잘하여 전공이 탁월했다. 진희를 진압한 후, 유방은 유비를 오나라 왕에 봉했다. 상을 내릴 때 유비는 몸을 굽혀 절을 했는데 유방은 유비의 눈에 사악한 기운이 서려 있고 등에 길게 돌출한 반골을 보고, 그가 장차 반란을 일으킬 것이라고 예측하여 말했다.

"네 모습을 보아하니 반란을 일으킬 듯하다."

유비는 너무 놀라서 등에 땀이 흘렀다. 유방은 툭 던지듯 말했다.

"한나라가 건립된 후 50년 동안 동남에는 반란이 있었다. 설마 네 신상에 무슨 일이 있겠는가? 한나라의 대업을 완수하기 위해 반란을 일으켜서는 안 된다!"

그러나 이제 유비는 정말 교서왕 유묘, 초나라 왕 유무, 조나라 왕 유수劉遂와 교동膠東, 치천淄川, 제남濟南 등 여섯 나라와 연합하여 반란을 일으켰다.

오나라와 초나라 등 7국이 군사를 일으킨 지 얼마 되지 않아서, 오나라 왕 유비는 공개적으로 모반을 일으키면 인심을 얻지 못할 것으로 여기고, "조조를 죽이고, 황제의 부패한 측근을 소탕하자!"라는 구실을 내세우자고 제의했다. 황제는 본래 과실이 없고 다만 대신을 잘못 등용한 것뿐이니, 7국이 출병한 것은 반란이라 할 수 없으며 자신들이 힘을 합한 이유는 황제 주위의 간신을 소탕하기 위해서였다는 핑계였다.

황제만 들을 수 있는 계책

한경제는 반란이 일어났다는 소식을 듣고 즉시 군신들과 상의하였는데, 조조는 사태가 긴박한 것을 알아차리고 눈치도 없이 한경제가 친히 출정해야 한다고 간했다. 한경제가 신하들에게 되물었다.

"내가 만약 몸소 출정하면, 누가 남아서 도성을 지키겠는가?"

조조가 대답했다.

"소인이 당연히 남아서 지키겠습니다. 폐하께서는 형양滎陽에 출병하시어 반란군을 막으셔야 합니다. 서동徐僮 일대를 포기하는 척하면, 그들은 자만에 빠지게 될 것입니다. 그때 가서 그들을 평정해도 늦지 않습니다."

한경제는 이 말을 듣지 않았다. 갑자기 문제가 죽기 전에 자신에게 일러줬던 말 한마디가 생각났기 때문이다. "세상에 반란이 생기면 주아부를 대장군에 임명하라”는 말이었다. 한경제가 주아부를 태위로 임명하고 군대를 통솔하여 출정하라고 명하자, 주아부는 거절하지 않고 명령대로 했다.

얼마 후에 제나라 왕이 구원을 청하는 긴급문서를 받은 한경제는 두영이 충성했던 것이 생각나서, 그에게 군대를 동원할 수 있는 호부를 가지고 군사를 모아 출동하도록 했다. 그러나 두영은 이전에 품었던 원한을 기억하고 명을 받아들이지 않았으나, 한경제가 몇 번이나 책임을 추궁하자 겨우 명을 받들고 출정했다.

두영이 막 출병하려는데 갑자기 오랜 친구 원앙袁盎이 찾아왔다, 원앙은 원래 초나라 사람인데 자주 직언을 했기 때문에 오나라의 재상으로 자리를 옮기게 된 적이 있었다.

하루는 어사대부 조조가 번진 세력을 없애자고 제의했을 때, 원앙이 이에 반대했다. 원앙은 남몰래 오나라 왕의 뇌물을 받고 내통하여 오왕의 모반 사실을 숨겼다가 조조에게 고발당했다. 그러자 한경제는 조서를 내려 원앙을 면직시키고 평민이 되게 하였다. 원앙은 이것 때문에 조조에게 원한이 있었다. 그는 두영을 만나 말했다.

“7국이 반란을 일으킨 것은 오나라에서부터 시작된 것인데 조조가 오왕을 부추겼기 때문입니다. 빨리 조조를 참하여 오나라에 사과하면 오나라는 물러날 것입니다. 황제께서 제 말을 받아들이신다면 저 또한 난을 평정할 수 있는 계책이 있습니다.”

두영은 원래 조조와 화목하지 않아서 서로 말을 하지 않고 지냈다. 원앙의 말을 듣고 난 후, 두영은 두말없이 그를 대신해서 황제에게 알리겠다고 약속했다.

원앙은 당시에 평민이었으므로 진나라의 황제를 알현할 수 없었고, 오직 두영을 통해서만 황제를 만날 수 있었다. 한경제는 원앙이 반란을 평정할 묘책이 있다고 하자 즉시 그를 불렀다. 당시 조조도 그 자리에 있었는데, 한경제는 원앙을 보자마자 물었다.

"오나라와 초나라 등 7국의 반란을 평정할 좋은 방법이 있는가?"

원앙은 정중한 태도를 보이지 않고 아무렇게나 말했다.

"폐하, 마음을 놓으십시오. 걱정하실 필요가 없습니다."

한경제는 조급해져서 다시 물었다. 원앙은 한경제의 마음을 사로잡기 위해 계책을 내놓기는커녕 호기심만 불러일으켰다.

"오나라에는 영웅호걸이 없습니다. 도망쳐 온 오합지졸들이 반란을 일으켰으니 걱정하실 필요가 없습니다."

한경제는 화가 나서 다그쳤다.

"그대는 과인에게 쓸데없는 말만 하느냐?"

원앙은 그때서야 말했다.

"신은 반란을 평정할 대책이 있습니다. 다만 남이 들을까 봐 두렵습니다."

한경제는 주위 사람들을 물리쳤다. 그러나 조조는 아직 그 자리에 있었다. 원앙이 만약 조조 앞에서 자신의 계획을 말하면, 조조가 방해할 것이 분명했다. 원앙은 조조를 죽이지 못하면 자신이 조조에게 죽음을 당할 것이라고 생각하여, 한경제에게 다시 한 번 강조했다.

"제 계책은 황상 외에 어떤 사람도 들을 수 없습니다!"

한참을 망설인 한경제는 결국 조조에게 "그대는 나가 있게나!"라고 하였다. 조조는 속으로 대단히 분했지만 할 수 없이 물러났다. 원앙은 이때다 싶어 말했다.

"폐하, 반란을 일으킨 7국의 구호가 뭔지 알고 계신지요? 그것은 '조조를 죽이고 간신들을 척결하자'는 것입니다. 7국이 서로 서신을 왕래하며, 고조 자제들에게 땅을 나눠주고 제후 왕에 임명하여 서로 의지하라고 말씀하지 않으셨습니까? 그런데 생각지도 못한 조조라는 자가 나타나 형제 사이를 멀어지게 하고 시비를 혼탁하게 했습니다. 그들이 연합하여 군사를 이끌고 온 것은 간신을 없애기 위해서가 아니라 봉토를 되찾기 위해서입니다. 폐하께서 만약에 조조를 죽이시고 7국을 사면한 뒤에 옛 땅을 하사하시면, 그들은 반드시 군사를 되돌릴 것입니다. 모든 것이 폐하에게 달려 있습니다."

말을 마친 원앙은 눈을 똑바로 뜨고 황제를 쳐다보았다. 한경제는 나이도 어리고 식견도 좁아 시비를 분별하기 힘들었다.

그는 원앙의 말을 듣고, 조조가 자신에게 친히 출정하라고 한 말이 생각나서 조조가 나쁜 사람이라고 느껴지기 시작했지만 그래도 아직 7국과 내통하지 않았다면 그에게 다른 계책이 있을 것이라고 여겼다. 한경제가 원앙에게 말했다.

"만약 그들이 군사를 되돌린다면, 어찌 한 사람을 아까워하여 천하를 사양하겠는가!"

황제의 말은 조조 같은 일개 신하를 아까워하여 천하를 평정하는 일을 포기하지는 않겠다는 뜻이었다. 원앙은 기뻤지만 한경제가 나중에 가서 흑백을 가리자고 할까 봐 먼저 자신이 한 말을 확실히 해두기 위해 책임을 미루지 못하게 하였다. 원앙은 정중하게 한경제에게 말했다.

"사안이 중대하오니 폐하께서는 심사숙고하신 후에 실행하시기 바랍니다."

한경제는 그를 구경九卿의 중의 하나로 종묘의례를 관장하는 태상太常에 봉하고 비밀리에 그를 오나라로 파견하여 화친을 맺도록 하였다.

원앙이 나가자, 조조가 그때 나타났다. 그는 원앙의 계책이 자신과 관계가 있음을 잘 알고 있었다. 그러나 조조는 지나치게 한경제를 믿었다. 조조는 황제를 만나도 그 일에 관해서는 아무 말도 않고, 오직 군사적 상황만 보고했다.

조조는 한경제가 아직은 원앙의 계책을 따르지 않았다는 것을 알고 있었지만, 한경제의 측근인 승상 도청과 정위廷尉 장구張歐 등이 자신을 탄핵하고 두 동강 낼 준비를 하고 있는 것은 까맣게 모르고 있었다.

어느 날 밤, 누군가가 조조의 집 대문을 두들겼다. 조조가 나가보니, 중위中尉가 궁에 들라는 말을 전했다. 조조가 무슨 일인지 놀라며 물었으나 중위는 들은 척도 하지 않았다. 조조는 급히 대례복을 입고 중위의 수레에 올랐다. 길을 가던 조조가 지금은 궁에 들어갈 때가 아니라고 생각되어 창 밖을 내다보니 어느새 번화가에 들어서 있었다. 의심이 날 때쯤 수레가 멈추었고, 중위가 큰소리로 수레에서 내리라고 명하였다. 조조가 수레에서 내려보니, 바로 죄인을 처단하는 동시東市였다. 조조는 자신에게 재앙이 생긴 것을 그때서야 알았다. 중위는 밀지를 다 읽지도 않고 조조를 참형에 처한다는 문구만을 읽고는 즉시 그를 처형해버렸다.

한경제는 조조의 죄상을 선포하도록 명하여 그의 모친과 아내 그리고 자식들 모두를 장안으로 데려오게 했다. 조조의 부친은 6개월 전에 독약을 먹고 자살해서 데려오지 못했다. 한경제는 이미 죽은 자는 죄를 묻지 않고, 남은 자에게만 벌을 내렸다. 조조의 집안이 멸족을 당한 것이다.

조조가 죽자 한경제는 원앙이 오나라와 화친을 맺어 틀림없이 7국이 철수할 것이라고 여겼다. 그러나 오랫동안 기다렸지만 아무 소식이 없었다. 하루는 주아부 군대의 교위校尉 등공鄧公이 전선에서 달려와 한경제를 알현했다.

한경제는 놀라 물었다.

"그대가 최전선에서 온 것을 보니 오와 초가 군대를 철수한 것이오?"

등공이 대답했다.

"오나라 왕은 이미 수십 년 동안 은밀히 계략을 꾸며 반란을 일으켰습니다. 조조를 죽이기 위해 군사를 일으켰다는 말은 핑계고, 사실은 천하를 얻으려는 속셈이었습니다. 세상에 한 사람을 죽이려고 군대를 동원하는 자가 어디 있겠습니까?

현재 조조를 죽인 일에 대해 천하의 선비들이 모두 입을 다물고 감히 말하지 못하고 있습니다. 조조가 제후왕의 세력을 없애자고 한 것은 중앙권력을 강화시키기 위해 번진 세력을 약화시키려는 의도였고 또한 한나라를 후대에 길이 남기기 위한 계책이었습니다. 지금 조조의 집안을 멸족시킨 것은 잘못이라고 생각합니다."

한경제는 머리를 숙이고 듣고만 있었다.

충성에도 도가 있다

원앙은 오나라와 화친을 맺으려고 하였으나, 오나라 왕은 그를 감옥에 가두었다. 오왕은 차라리 죽을지언정 굴복하고 싶지 않았다. 원앙은 나중에 누군가의 도움을 받아 장안으로 도망쳐 돌아왔다.

결국 오나라와 초나라의 반군을 격파한 황제는 원앙을 초나라의 재상에 임명했다. 원앙은 병으로 벼슬을 그만두고 집으로 돌아와 지냈다. 경제는 때때로 사람을 보내 국정에 관한 그의 의견을 묻곤 하였다. 한경제의 동생 양왕 유무가 한경제의 뒤를 이을 생각을 하였지만 원앙이 진언하여 없던 일이 되고 말았다. 양왕은 이 때문에 사람을 시켜 원앙을 죽이도록 하였다. 원앙은 결국 안릉安陵(섬서 함양 근처) 성문 밖에서 양왕이 보낸 자객에 의해 죽었다.

조조는 희생양에 불과했을 뿐만 아니라, 반란을 평정하고 수습하기 위한 제물이었다. 이 모든 것은 선비의 본질에서 비롯된 것이다. 그의 죽음은 원통하지만, 정치와 군사 그리고 책략 다툼의 희생양이었던 것이다.

봉건 관리사회는 언제나 잔혹하고 비인도적인 투쟁 가운데 있었다. 이들이 기지로 남을 속이고 서로 질투하며 잔혹하게 죽였기 때문에, 정직한 사람들은 종종 악의 손에 가루가 되기도 했다.

조조의 비극도 그의 성격에서 초래된 것이다. 그는 오직 충성만 알았고, 충성에도 도가 있다는 것을 몰랐다. 또한 지나치게 뽐내며 자신을 과시할 줄만 알았지 완곡하게 처신하는 법은 몰랐다. 만약 그가 자신의 성격을 알고 이를 고쳤다면 죽지 않았을 것이고, 오랫동안 한나라 조정에 뿌리를 내릴 수 있었을 것이다. 오직 한 사람에게만 의지하는 한때의 신임은 믿을 것이 못 된다!

이것은 비록 남들과 원만하게 지내고 교활하게 화를 피하며 때로는 날

카로운 가시를 드러내어 살아남을지라도, 모든 일을 할 때 한 각도에서
만 출발했기 때문이다. 변방 제후국들의 세력을 약화시킨 예에서 볼 수
있듯이 반발을 사면서까지 자신의 정치적 주장을 강행하여 변방의 세력
을 없애지 않았다면, 갑자기 봉토를 삭감당한 제후들이 단결하여 황제
에게 맞서 결국 백성들이 고통과 공포를 겪게 되는 일은 없었을 것이다.

조조는 일반적인 의미에서 훌륭한 사람인가? 이를 쉽게 단정하기는
힘들다. 그러나 그가 정직한 사람이었고, 과감하게 행동하고, 그에 책임
을 지는 선비였다는 것은 의심의 여지가 없다. 그리고 이런 사람이 비명
에 죽는 경우는 봉건 역사에서 흔히 볼 수 있다.

7 충성의 예술

중국의 봉건 관리사회는 거대한 염색 항아리와 같아서
한번 빠지게 되면 온 몸이 물들게 마련이었다.
그러나 썩거나 물들지 않는 사람도 있었다.

고대중국에서는 가정과 국가, 군주와 국가를 한 몸이라고 생각했다. 그러나 사실상 전통 사회에서 군주와 국가가 하나라는 관념은 이상이었고, 실제 상황에서 국가는 공적이고 군주는 사적인 것이었다. 국가는 백성의 것이지만, 군주는 권력과 이익을 상징하는 개인이다. 그래서 군주에게 충성하는 것이 반드시 국가를 사랑하는 것은 아니며, 국가를 사랑한다고 해서 반드시 군주에게 충성하는 것은 아니었다.

그래서 충성은 '큰 충성'과 '작은 충성'으로 나뉜다. 큰 충성은 국가에 충성하지만 군주에게는 충성하지 않는 것이고, 일에 충성하는 것이지 사람에게 충성하는 것은 아니다. 작은 충성은 군주에게는 충성하지만 국가에는 충성하지 않고, 사람에게는 충성하지만 일에는 충성하지 않는 것을 말한다. 이 두 가지를 겸한다는 것은 무척 어려운 일이었다.

두 가지를 겸하기 어렵기 때문에, 군주를 받드는 일은 일종의 수준 높은 예술이 되는 것이다. 그래서 성공한 봉건 관료들을 어떤 부류의 정치가라고 부르기보다는 차라리 정치 예술가라고 부르는 것이 더 적합하다.

중국의 봉건 관리사회는 하나의 거대한 염색 항아리와 같아서 한번 빠지게 되면 온몸이 핏물이나 시커먼 흙탕물에 물들어 빠져 나오기 힘들었으나, 썩지 않고 영원히 물들지 않는 정직하고 강직한 사람도 있었다.

사실대로 쓰면 그대를 죽일 것이다

기원전 548년, 제나라의 재상 최저崔杼는 아내인 당강棠姜과 제장공齊庄公이 간통을 하자 병사를 파견하여 제장공을 살해했다. 이는 군주가 황음무도하여 벌을 받아 마땅했기 때문에 죽인 것이다. 그러나 당시의 관념에 따르면, 신하가 어찌됐건 군주를 죽일 수는 없는 일이므로, 최저는 죄를 지은 것이다. 신하가 군주를 죽이거나 혹은 아들이 부친을 죽이는 것을 "살해하다"殺라고 하지 않고, "시해하다"弑라고 불렀다. 살인에도 등급이 있었던 것이다.

최저는 권세가 있어 제장공을 살해한 후에도 잠시 제나라에서 큰 권력을 유지했다. 그는 역사를 기록하는 태사太史 백伯을 불러, 제장공이 사망한 이 사건을 기록하도록 하였다.

"선왕이 병들어 죽었다고 적어라."

"역사는 근거 없이 아무렇게나 쓰면 안 됩니다. 사실을 기록해야 합니다. 이것이 태사의 본분입니다."

"너는 어떻게 쓸 작정이냐?"

"제가 다 쓰고 나면 아실 것입니다."

태사 백은 "5월에 최저가 임금을 시해하였다"라고 썼다.

"다르게 써라. 그렇지 않으면 그대를 죽일 것이다."

"죽으면 죽었지, 다르게 쓸 수는 없습니다."

최저는 태사 백을 죽였다. 당시의 관습에 따르면, 형이 죽으면 동생이 형의 관직을 맡게 되어 있었다. 태사 백의 동생 태사 중仲은 형이 죽었다는 소식을 듣고, 죽간을 품에 안고 형을 대신하여 사관을 맡았다. 최저는 역사 서술이 완성되기를 기다렸는데 내용이 전과 같았다.

"세상에 이렇게 죽음을 두려워하지 않는 사람이 있다니, 그대는 그대의 형이 죽은 것을 모르는가?"

"태사는 오직 기록된 역사가 진실하지 않다는 것만을 두려워할 뿐이며, 죽는 것은 두려워하지 않습니다."

최저는 태사 중을 죽였다. 그 뒤를 이어 태사 중의 동생 태사 숙叔이 왔다. 그 역시 자신의 두 형처럼, 모든 것을 사실대로 기록했다가 살해됐다.

태사 계季는 4형제 중의 막내로서 그전의 기록대로 "5월에 최저가 임금을 시해하였다"라고 적고는 최저에게 말했다.

"당신은 사람을 죽이면 죽일수록 더 잔인하고 포악해집니다. 그래서 제가 쓰지 않아도 세상의 다른 사람이 쓸 수 있습니다. 당신은 태사를 죽일 수 있지만 사실을 바꿀 수는 없을 것입니다."

그는 말을 끝내고는 목을 길게 빼고 죽음을 기다렸다. 최저는 차마 그를 죽이지 못하고 길게 한탄하면서 말했다.

"나는 국가의 사직을 보전하기 위해, 이런 죄를 지으면서까지 책임을 다할 수밖에 없었다. 후세 사람은 나를 이해할 것이다."

말이 끝나자 태사 계는 돌아갔다. 기록이 담긴 죽간을 안고 집으로 가던 태자 계는 죽간을 들고 있는 남사씨南史氏를 만났다. 남사씨가 말했다.

"나는 당신도 죽을 줄 알고 당신을 대신하려 했습니다."

태사 계가 죽간을 그에게 보여주자, 남사씨는 비로소 마음을 놓았다. 두 사람 모두 무사히 집에 돌아갔다.

노골적으로 왕의 지시를 어기면서 그가 분명히 사람을 죽였다고 고집을 피운다면, 황제를 위해 간신을 죽인 충신의 경우에도 사람을 죽였다고 해야 할까? 원래 직언이란 국가나 군주에게 충성을 바치기 위한 것인데 직언하는 기술을 터득하지 못하면 죽게 된다. 한나라 문제와 경제 때의 주아부가 가장 좋은 예다.

굶어죽은 장군 주아부

주아부는, 유방을 도와 천하를 평정하는 데 큰 공을 세운 장군이었고
문제 때 승상에 오른 주발의 아들로서 명장의 후손이라고 할 수 있다. 그
는 병법에 밝았고, 군대를 통솔하는 데 능숙한 시대의 명장이었다. 그러
나 그는 황제의 인척의 뜻을 헤아리지 못해 결국 비참하게 굶어죽었다.

문제 후원後元 2년(기원전 162) 주아부는 조후條侯에 봉해졌는데, 3년
전에는 하내河內 군수로 있었다. 하내 군수 시절, 그는 문무를 겸직하고
민정과 군사의 가장 높은 장관 일을 맡았는데 문무 두 방면 모두에서 상
당한 실적을 올렸다.

기원전 166년, 흉노족 노상선우老上單于가 기마병 14만 명을 이끌고 조
군朝郡과 초관肖關에 침입했다. 이들은 북지北地 군위를 죽이고 곧바로 감
숙甘肅 진원鎭原 동남 지역에 이르렀다. 흉노 정찰병이 장안 밖 2, 3백 리
지역까지 쳐들어오자 한나라 조정은 혼란에 빠졌다.

이런 상황에서 한문제는 민심을 안정시키는 대책을 세워 흉노와 화친
할 준비를 했고, 다른 한편으로는 전쟁에 대비했다. 주아부는 하내에서
관중關中으로 파견되어, 장안을 방어하는 중요한 임무를 맡았다. 그러나
주아부는 군대를 우선 세류細柳에 주둔시켰다.

기원전 158년, 흉노는 두 길로 나누어 침입하여 선봉대가 태원까지 육
박했다. 한문제는 흉노족의 남하를 막기 위해 중대부中大夫 영면令勉을 거
기장군에 임명하고 호구에 주둔하여 지키게 했다. 또한 소의와 장무를
장군에 임명하고 각각 구주와 북지를 지키게 했다. 동시에 장안의 사방
에 병사들을 배치하여 흉노족의 장안 침공을 막도록 했다. 당시 장안의
군사 배치를 보면, 축자후 서여는 위북 극문을 지키고, 종정 유예는 패상
을 지키며, 주아부는 군사를 주둔시켜 세류를 지켰다.

한문제는 신중하고 검소한 황제로 중국 역사에 보기 드문 인물이었다.
그가 몸소 서군과 북군을 시찰하였는데 가는 곳마다 병사들이 환영하며

한문제 유항. 유교를 통치철학으로 채택하고 신중하며 검소한 생활을 하는 등 여러 치적을 세워 명성을 남겼다.

천자를 반겼다. 한문제는 이런 광경을 보고 기뻤지만 한편으로는 흉노족이 기습하면 그들을 어떻게 대적해야 할지 걱정이 앞섰다. 그러나 주야부의 군대가 오자, 상황은 완전히 바뀌었다.

전쟁터에서는 장군의 명령만 들어라

사마천의 『사기』 「강후주발세가」絳侯周勃世家에는 이 일이 상세하게 기술되어 있다. 설명은 다음과 같다.

한문제가 몸소 군사들을 위문하기 위해 수레를 직접 몰고 군영으로 들어가자, 제지하는 사람도 없었으며 장군 아래 각 군관 모두 말을 타고 나와 마중했다.

세류의 군영에 도달하여 그가 본 것은 병사들이 모두 갑옷을 입고 예리한 병기를 들고, 석궁에 화살을 올려놓은 상태였다. 천자가 먼저 군영으로 들어가려고 하자 군사들이 막아섰다. 한문제는 군영의 군사에게 "천자의 수레가 도착했다!"라고 말했다. 그러나 군영의 문을 지키던 도위都尉가 말했다.

"주아부 장군께서 군영에서는 오로지 장군의 명령만 듣고 천자의 명령도 듣지 말라고 엄하게 경고하셨습니다."

잠시 후에 천자의 수레가 도착했다. 그러나 병사들이 여전히 문을 열어주지 않자, 문제는 사람을 보내 천자의 호부虎符를 보여주고 주아부에게 말하길 "짐이 군대를 위문하기 위해 군영에 들어가려고 한다"라고 하였다.

주아부는 그때서야 문을 열도록 명을 내렸다. 이때 군관들이 황제의 시종관에게 말했다.

"장군이 정한 규정에는 군영 안에서는 어떤 사람도 말을 달릴 수가 없습니다. 만약 명을 어기면 죽습니다."

그래서 천자는 말고삐를 잡고 천천히 들어갈 수밖에 없었다. 군영에 이르자 주아부는 문제를 보고도 무릎을 꿇지 않고, 간단히 읍하며 말했다.

"갑옷을 입고 투구를 쓴 무사는 절을 하지 않습니다. 군영의 예의를 갖추어 뵙겠습니다."

문제는 이런 주야부에 감동하여 엄숙한 표정으로 군대에 경의를 표하고는 사람을 보내어 "짐이 정중하게 장군을 치하한다"라고 말하게 하였다.

뒤따르던 대신들은 그 광경을 보고 모두 손에 땀을 쥐었다. 주아부가 비록 국가와 황제를 위해 군대를 다스린다 할지라도 정도에서 벗어나지 말아야 하는데, 다른 군영들이 성대하게 황제를 공경했던 것과는 달리 오만불손하게 굴었기 때문이었다.

한문제가 주아부의 세류 군영을 돌아보고 나서 주아부를 칭찬하리라고는 누구도 예상하지 못했다. 한문제는 주아부를 거론하며 감탄했다.

"아! 그야말로 진정한 장군이다! 패상의 주둔군과 극문의 군대는 어린애 장난에 불과하다. 그곳의 두 장군은 적의 습격을 받으면 쉽게 포로로 잡힐 테지만 주아부 장군이라면 누가 공격하여 사로잡을 수 있겠는가!"

대신들은 문제가 이렇게 주아부를 칭찬하자 마음을 놓았다.

사실 한문제는 주아부가 국가를 위하고 군주에게 충성한다는 것을 알고 있었지만, 가만히 생각해보니 그의 행동이 지나쳐 자신의 존엄이 손상을 입은 듯했다. 한문제는 주아부를 다시 임용하였지만, 주아부를 좋아할 수가 없었다. 이 점은 당연한 것인지도 모른다.

다행히 한문제는 명군이어서 주아부에게 은근히 불쾌한 마음이 있었지만 자제하고 국가대사를 고려하여 겉으로 드러내지 않았다. 심지어 자신이 임종할 때, 태자 유계劉啓(한경제)에게 말했다.

"만약 누군가 반란을 일으키면 주아부에게 중임을 맡겨라."

과연 한경제 초에 오나라, 초나라 등 7개 나라가 연합하여 반란을 일으켰다. 위기에 봉착하자 선왕이 했던 말이 떠오른 한경제는 주아부를 태위에 임명하고 군대를 지휘하여 반란을 평정하도록 했다.

주아부는 확실히 경제의 기대를 저버리지 않았다. 그가 출병 후 여러 차례 적의 계책을 간파하고 뛰어난 전략을 짜서 적의 보급로를 차단하자, 3개월 만에 오나라 왕 유비는 죽었고 반란도 평정되었다.

고깃덩어리로 대신을 희롱한 한경제

큰 공을 세운 주아부를 사람들이 칭송하자 한경제도 다시 그를 등용했다. 한경제 전원前元 7년(기원전 150), 주아부는 승상으로 진급되었다. 승상은 문관의 으뜸으로 천자의 각종 사무를 처리하며, 지위가 높고 권세가 컸다, 하지만 그의 권세는 오래가지 못했다.

우선 주아부를 번거롭게 한 사람은 양효왕梁孝王 유무였다. 유무와 경제는 두태후 소생으로 형제지간이었다. 두태후는 작은 아들 유무를 특히 총애하여 그에게 이루 말할 수 없을 정도로 많은 보물을 주었다. 유무는 종종 한경제와 같은 수레를 타고 다녔고, 사냥할 때도 같은 수레를 타는 경우가 있었다. 유무가 주아부를 미워하기 시작하자 결국 이것이 화근이 되었다.

양왕 유무가 주아부를 원망한 것은 그래도 공적인 일 때문이었다. 당시 주아부가 반란을 평정하기 위해 군대를 이끌고 형양滎陽에 도착했다.

주아부. 유방을 도와 천하를 평정하는 데 큰 공을 세운 장군 주발의 아들로서 승상에까지 이르렀으나 한경제의 의심을 받은 끝에 비참한 최후를 맞았다.

오나라와 초나라 연합군의 정예부대가 전력을 다해 양나라를 공격하였다. 양나라가 위급하게 되자, 양왕 유무는 주아부에게 구원을 요청했다. 주아부는 창읍昌邑에 도착하여 진지를 구축하고 방어했다.

양왕이 매일 사자를 보내 주아부에게 구원을 요청했으나 주아부는 전략상 유리한 곳을 지켜야 한다며 들어주지 않았다. 할 수 없이 양왕은 한경제에게 도움을 청했고, 경제도 주아부에게 양나라를 구원하라고 했다. 그러나 주아부는 황제의 명을 집행하지 않고 계속 진지만 지켰다. 그는 대신 기마병을 파견하여 오나라와 초나라 연합군의 보급로를 차단했다.

이 두 연합군은 식량이 부족하여 기아에 허덕이자 지구전으로는 이길 수 없다고 판단하여 속전속결로 싸움을 끝내려고 여러 차례 선제공격을 하였지만 주아부는 결코 응전하지 않았다. 결국 연합군은 기아에 허덕이고 사기가 크게 떨어져서 철수했다. 주아부는 마침내 반란을 진압했지만, 이 일로 인하여 양나라와는 원수지간이 되었다,

주아부는 국가의 이익을 위하는 것 외에 자신의 몸을 돌볼 줄 몰라 결국 양왕의 원망을 샀다. 그래서 양왕은 매번 조정에 들어갈 때마다 항상

모친 두태후에게 주아부를 모함하였다. 시간이 지나면 거짓말도 참말이 되는 법. 또한 양왕의 말이 거짓이 아니어서 두태후는 양왕의 참언을 믿고 항상 한경제에게 주아부를 나쁘게 말했다.

한경제는 전원前元 4년(기원전 153)에 장자 유영劉榮을 황태자로 세웠지만, 그 모친 율희栗姬가 점점 총애를 잃었기 때문에 태자를 폐위하고, 왕황후王皇后의 아들 유철劉徹(후에 한무제가 되었음)을 태자로 세웠다.

중국의 봉건 사회에서 태자를 세우는 일은 국가의 대사였다. 앞으로 국가사직의 운명이 한 사람의 손 안에 있게 되니 신중하지 않으면 엄청난 재난이 일어날 것인데, 장자를 폐위하고 어린 왕자를 세우는 것은 정상적인 일이 아니었다.

주아부가 보니, 태자는 과실이 없었는데 황제가 마음대로 폐위하면 조정이 시끄러울 것 같았다. 천성이 소탈하고 직설적이어서 제대로 간언하는 기술을 몰랐던 주아부는 황제에게 '고집을 부려' 한경제와 의견 충돌이 발생했다. 한경제는 태자를 폐위하는 것은 집안일이니 다른 사람이 참견할 일이 아니라고 했고, 주아부는 할 수 없이 사직했다.

주아부의 충고는 한경제를 설득하는 데 아무런 효력이 없었고, 오히려 한경제는 주아부가 지나치고 쓸데없이 일을 왜곡하며 자신을 무시한다고 화를 냈다.

중원中元 3년(기원전 147)에 두태후가 한경제에게 왕황후의 오빠 왕신王信을 후侯에 봉해주도록 요구했다. 왕황후는 매우 총명하고 영리한 사람으로 두태후의 비위를 잘 맞추고 환심을 얻어 지위가 확고했다. 외척을 후에 봉하는 것은 선례가 없는 것은 아니었다. 그러나 한경제는 승상 주아부가 동의하지 않을 것이라 짐작하여, 우선 그를 찾아갔다. 과연 주아부는 단호하게 반대했다.

"고조(유방)께서 이미 제후 대신들과 굳게 맹세하셨습니다. 유씨가 아니면 왕이 될 수 없고, 공이 없으면 후에 봉할 수 없다. 이 규정을 어기는 자에게는 천하 사람이 공동으로 그를 공격하라고 규정하셨습니다."

주아부는 유방의 유언을 인용하며 조금도 꺼리지 않고 말했다.

"왕신은 비록 황후의 오빠지만, 공로가 없습니다, 만약 그를 후에 봉한다면, 고조의 규약을 어기는 것입니다."

이 말에 물론 한경제는 화가 났지만, 주아부의 주장이 근거가 있고 흠잡을 데 없어 그저 침묵만 지킬 뿐이었다.

주아부는 왕신이 후에 봉해지는 것을 막았지만, 한경제와의 충돌이 더 심해져 충성심이 오히려 죄로 나타났다. 양왕과 왕신은 은밀히 손을 잡고 안팎으로 주아부를 모함했다.

후에 흉노의 수장 6명이 투항하자, 한경제는 기뻐하며 그들을 모두 열후列侯에 봉하려고 했다. 그 중 한 사람은 전에 흉노족에게 투항한 장군 노관盧綰의 손자 타인它人이었다. 노관은 기회를 노려 남쪽으로 귀순하려 했지만, 결국 뜻을 이루지 못하고 죽었다. 노관의 아들도 몰래 한나라로 잠행하여 한나라에서 병들어 죽었다. 노타인이 기회를 틈타 남쪽으로 돌아올 때 5명의 흉노 왕도 투항했다. 그러나 주아부는 노타인을 후에 봉하면 안 된다며 한경제에게 간언했다.

"그의 선조는 한나라 군주를 배반하고, 흉노에 투항했습니다. 지금은 흉노를 배반하고 폐하께 투항했으니, 폐하가 이런 사람을 후에 봉한다면 국가와 군주에 충성하지 않는 신하를 어떻게 문책할 수 있겠습니까?"

한경제는 단호하게 주아부의 의견을 물리치고 6명을 후에 봉했다. 사실 주아부의 말이 옳다거나 그르다고 말하기 어렵다. 당시의 구체적인 상황에 따라 결정을 해야 하는 것이다.

한경제는 주아부의 말이 전부 옳지 않다고는 하지 않았다. 다만 '모든 일에 네 말만을 들을 순 없다. 내 말을 한번쯤은 들어야 한다'는 것이 황제의 바람이었다. 주아부는 한경제가 자신의 말을 듣지 않자 눈치를 채고 병을 핑계로 퇴직하겠다고 했다. 한경제는 말리지 않았다. 만약 일이 여기에서 끝났다면 그만이지만, 문제는 주아부가 이미 한경제에게 죄를 지었고, 또한 공로와 명망이 있어 한경제로서는 그에 대해 안심할 수가 없었다는 점이다.

한번은 한경제가 따로 주아부를 불러 떠보니 그는 자기 분수를 지키는 사람이 아니었다. 하루는 한경제가 주아부에게 특별히 음식을 상으로 주었다. 당시 주아부는 이미 사직하여 서민이 되어 있었다. 한경제는 궁중에서 주아부를 접견하여 음식을 내렸다. 다른 사람은 없고 오직 황제와 주아부 둘뿐이었다. 주아부 앞에는 술잔만 있을 뿐, 젓가락은 없었다. 반찬은 오직 큰 고기 한 덩어리뿐이어서 먹을 방법이 없었다. 주아부는 한경제가 자신을 희롱하는 것이라고 느껴 속으로 화가 나 어쩔 줄 몰라 했다. 주아부는 연회를 주관하는 관리에게 말했다.

"젓가락 좀 주시오!"

이미 한경제의 분부를 받은 그 관리는 모르는 체하며 꿈쩍도 하지 않았다. 주아부가 다시 말하려고 하자, 한경제가 갑자기 "이 일이 그대는 불만이냐?"라고 하면서 "이 일은 그대의 뜻과 같지 않소?"라고 물었다. 황제의 말뜻은 평소에 주아부가 황제에게 불만을 품은 것이나 지금 주아부가 젓가락이 없다고 불평하는 것이나 같다는 것이다. 주아부는 부끄럽기도 하고 한편으로는 원망스러워 자리에서 일어나 무릎을 꿇고 모자를 벗어 사죄했다.

저승에서 모반할 인물

며칠이 지난 후, 갑자기 사자가 주아부의 집으로 찾아와 법정에서 대부對簿하라고 했다. 대부란 법정에서 죄에 대해 질문을 하고 진실을 밝히며 범죄 행위의 옳고 그름을 확인하는 절차다. 주아부는 자신의 종말을 알았지만, 자신이 무슨 죄를 범했는지 그때까지도 깨닫지 못했다.

주아부가 법정에 당도하자, 법관이 그에게 고발장을 주면서 읽어보라고 하였다. 누군가가 주아부의 아들이 황실용 기물을 황제께 바치지 않고 몰래 구입하였다고 고발한 것이다.

사실은 주아부의 아들이 나이 많은 부친 주아부를 위해 장례식 때 필요한 순장용 갑옷과 방패를 몰래 구입했던 것이다. 그의 아들은 황실에서 사용하는 무기와 진귀한 그릇을 주조하거나 제조하는 상방尙方에서 황실의 순장용 갑옷과 방패 500벌을 구입했다. 갑옷과 방패를 옮겨 온 인부들이 고해바쳤다.

한경제는 이 상소문을 보자 화가 나서 주아부를 심문하도록 명했다. 주아부는 이런 일들이 있었는지 몰랐기 때문에 물어도 대답하지 못했다. 한경제는 이 말을 전해 듣고 그를 정위廷尉에게 넘겨 처벌하도록 했다.

정위가 심문을 했다.

"너는 왜 모반을 하는가?"

주아부가 말했다.

"내 아들이 산 물건들은 순장용으로 쓰일 것인데, 어찌 모반을 일으킬 수 있겠소?"

심문관은 할 말이 없었지만, 황제가 주아부를 죽이기를 원하므로 반드시 핑곗거리를 만들어야 했다.

"설령 당신이 지상에서 모반할 생각이 없더라도, 죽고 난 후에 지하에 가서 모반할 생각이 있을 것이다!"

주아부는 이 말을 듣자, 모두 어떻게 된 일인지 깨달았다. 이들이 일단 마음만 먹으면 무슨 구실이라도 만들 수 있다고 여긴 그는 다시는 아무 말도 하지 않았다. 그는 5일 동안 아무것도 먹지 않아 피를 토하고 죽었다.

명장은 이렇게 비참하게 죽었던 것이다! "지상에서 모반하지 않고, 저승에서 모반한다"라는 말은 인류 역사에 남을 억지였다.

사실 이상하게 생각할 것도 없다. 고대 중국에는 이치에 맞지 않는 두 곳이 있었다. 하나는 기방이고 다른 하나는 궁궐이다. 기방은 가장 낮은 하층 집단 가운데 하나로, 돈만 있으면 모든 일이 다 되었다. 궁궐은 사회의 최고 상층으로, 누구도 관여할 수 없으며 권력만 있으면 모든 일이 순조로웠다. 그러므로 기방과 궁궐은 세상에서 가장 도리가 없는 곳이다. 기방은 퇴폐적이고 컴컴한 세계이고, 궁궐은 흑백이 뒤바뀐 세계이니 사실 따지고 보면 둘 다 똑같은 곳이다.

국가와 군주는 다르다. 봉건사회에서 이론상으론 국가와 군주를 하나로 간주하고 국가를 군주의 집안일로 여기지만, 실제는 그렇지 않다. 만약 당신이 군주의 사사로운 욕심을 막으면서 국가 이익을 도모하면 당신은 반드시 죽었을 것이다. 절개 높은 말과 듣기 좋은 소리도 사실은 사사로운 욕심을 합리화하기 위한 것일 뿐이다. 진정 군주와 국가가 동등했다면, 중국 역사의 왕조가 그토록 자주 바뀌지는 않았을 것이다.

8 지조를 지키는 문인

봉건 통치자들은 문인과 선비를 싫어했다.
선비와 학자들은 이상주의자들이었고 항상 현실 사회에 대한
신랄한 비판자였기 때문이다.

중국 역사에서 굽히지 않는 기개를 지녔던 사람은 몇 명이나 될까? 역사책을 살펴보면 그 사람은 의지가 굳어 굽힐 줄 모르는 문인일 것이다.

그러나 우리 관념 속의 문인은 어떤 꼬락서니인가? 그들은 일은 조금도 하지 않고 세상물정은 전혀 모른다. 농사짓는 힘든 일은 못하고, 오직 엄살만 부리며, 그들이 짓는 문장도 진실한 감정의 표현은 없이 감상조로만 흐를 뿐이다. 게다가 하는 말마다 진부하고 쓸모없는 허황된 이상일 뿐이며 겨우 죽을 때 서적을 짊어지고 간다. 농민들이 피땀 흘린 양식을 빼앗고, 실제로 쓰일 만한 학문은 조금도 없다.

그런 문인들은 종종 스스로 고결한 척 뽐내고 손가락으로 수지타산이나 맞추며 혹은 정이 많은 척 가장하고 구역질날 짓을 일삼는데, 더욱 심하게는 거위 깃털로 만든 부채를 흔들며 통치자 대신 계책을 모의하고 어설픈 제안을 하여 수많은 백성들을 죽음으로 몰아넣었다.

중국 고대 문인의 불행한 경험이 오늘날 중국인들을 망쳐서 벼랑 끝으로 몰아낸 셈이다. 원나라의 몽고인 지배하에 있던 문인들도 나약한 지식인이었으나 오늘날 이처럼 비열하고 천하지는 않았다!

물론 현대 중국의 모든 지식인을 원망하는 것은 아니지만, 오늘날의 지식인에게 문제점이 있는 주요 원인은 근대 이래로 시비를 정확히 가리

지 않았던 비판 운동과 정치 운동 때문에 조성된 것이다. 비판자들에 의하면 문인은 노동자에게는 공공의 적이다. 태어날 때부터 노동자와 다른 사람이고, 더욱이 천성적으로 줏대가 없는 약골이기 때문에 소위 노동자가 주인인 새로운 시대에 지식인들은 더욱 쓸모없는 인간으로 취급된다.

그러나 이런 비판자들은 그들 자신들도 문인이라는 사실을 잊어버린 것이 아닐까? 적어도 일부 진실된 문인들의 혈통이 있지 않을까? 그러나 그들과 진실을 따져볼 방법이 없다.

고대 중국의 문인은 때때로 사회 발전에 방해가 되었지만, 전체적으로 볼 때 그들은 사회의 양심이었고 민족의 기둥이었으며 사회의 암흑기마다 일제히 일어나 불의에 대항했고 망국의 고비에서 나라를 구했다. 문인이 없었다면 중국의 전통문화와 민족이 존재할 수 없었을 것이다.

이것은 중국 고대 문인에 대한 전체적인 인식이지 개개인의 유학자나 작가 혹은 시인을 가리키는 것이 아니다. 품격이 낮은 소인배 유학자의 경우는 제외되어야 한다.

불의에 굽힐 줄 모르는 강직함과, 천하를 먼저 생각하고 과감하게 행동한 점은 고대 중국 문인의 두 가지 특징이다.

당신의 목은 정말 단단하구려

동한 초기, 광무제 유수의 누이 호양공주湖陽公主는 남편을 잃고 수절했다. 유수는 특별히 과부인 누이를 사랑하여 많은 재물을 주었다. 호양공주는 많은 노비를 거느렸는데 이들은 자주 법을 어기고 제멋대로 행동하였다. 한번은 호양공주의 하인이 대낮에 사람을 죽이고는 호양공주의 집으로 돌아와 숨자 지방 관리가 감히 호양공주의 집에 들어가지 못했다.

낙양령洛陽令 동선董宣은 매우 정직한 사람이었다. 그는 공주의 집에 들어가 범인을 잡을 수는 없었으나 얼마 뒤에 방법을 생각해내고는 줄곧 호양공주의 집 밖에서 살인범이 나오기만을 기다렸다.

그가 생각한 대로 며칠이 지나자 그 살인범이 수레를 타고 의기양양하게 공주를 따라 빈둥빈둥 돌아다녔다. 동선이 즉시 공주의 수레 앞을 가로막고 공주에게 살인범을 넘겨줄 것을 요구했다. 호양공주는 화를 내며 동선에게 욕을 했다. 동선은 두려워하지 않고 칼을 뽑아 들고 땅이 갈라질 듯한 큰소리로 공주가 죄인을 숨겼으니 법에 따라 연좌의 죄를 받아야 한다고 말했다. 동선은 하인을 수레에서 내리게 했고, 그 하인은 어쩔 수 없이 수레에서 내려 사죄할 수밖에 없었다. 뜻밖에도 동선은 하인이 도주하면 다시는 잡기 어려울 것이라고 생각하고 바로 하인을 죽인 후에 공주에게 사죄를 했다.

공주는 하인이 이미 죽은 것을 보고는 화가 나서 궁으로 와 유수에게 울면서 하소연을 했다.

유수는 화가 나서 즉시 동선을 궁으로 불러들였다. 유수는 공주를 화나게 한 책임을 물어 동선을 처벌하려고 했다. 동선은 유수에게 머리를 조아리며 말했다.

"폐하께서는 한나라를 중흥시키셨지만, 호양공주의 하인이 사람을 죽였으니 어찌 천하를 잘 다스렸다고 할 수 있겠습니까? 그런데도 저를 처벌하려고 하시니 차라리 스스로 목숨을 끊는 것이 낫겠습니다!"

말을 마친 동선이 자살하기 위해 머리를 기둥에 부딪치자 얼굴에 피가 흘렀다.

유수는 동선의 말이 일리가 있다고 여겨 소황문小黃門에게 동선을 부축하여 더 이상 머리를 부딪치지 못하게 한 뒤, 동선으로 하여금 공주에게 머리를 조아리고 사죄하도록 했다.

그러나 동선이 자신은 죄가 없다고 생각해 사죄하려고 하지 않자, 유수가 소황문에게 동선을 붙들고 머리를 내리누르도록 시켰지만 그는 땅에 양손을 괴고 버텨, 끝까지 머리를 조아리지 않았다.

호양공주가 이런 광경을 보고 유수에게 말했다.

"폐하께서 평민일 때, 집에 죄인을 숨겼어도 관리가 감히 체포하지 못했는데, 지금은 천자가 되셨는데도 어찌 낙양령 하나 정도를 제압하지 못하십니까?"

유수가 웃으며 말하길 "천자와 평민은 다르다"라고 하였다.

유수는 동선이 끝까지 복종하지 않는 것을 보고는 그에게 말했다.

"당신의 목은 정말 단단하구려! 강직한 낙양령은 이제 가거라!"

동선은 결국 호양공주에게 승복하지 않았다. 후에 유수는 그에게 상을 내렸다.

이때부터 동선은 강직한 현령이라는 명예로운 이름을 얻었다.

다섯 환관과 맞선 이응

동한시기에 두 번이나 환관이 황제와 결탁하여 정직한 관리, 특히 문인 관료를 박해한 사건이 발생했는데 역사에서는 당고黨錮의 화禍라고 한다.

한나라 환제는 다섯 명의 환관에게 의지하여, 20여 년 동안 전권을 휘두른 대장군 양기를 제거했다. 양기는 외척으로서 대권을 장악했고, 조정과 재야에 자신의 심복을 심어놓았으며 심지어 황제의 행동조차 모두 파악하고 있었다.

양기를 제거하고 싶었던 환제는 가까운 측근에게 의지하여 뜻을 이룰 수밖에 없었다. 그 과정에서 환관들은 큰 공을 세웠다. 그러나 이는 앞문으로는 전권을 잡은 외척을 보내버리고, 뒷문으로는 전권을 잡을 환관을 불러들이는 결과를 낳았다. 동한은 이런 외척이 아니면 환관이 전권을 잡거나 혹은 외척과 환관이 함께 모든 실권을 조정하는 비정상적이고 고통스러운 역정을 걸었다.

환제는 양기를 제거한 공로가 있는 다섯 환관을 오후五侯라고 했다. 이 다섯 환관들은 모두 후侯에 봉해졌고, 식읍도 1만여 호나 되었으며, 즉시 대권을 잡아 당시 큰 충격과 영향을 끼쳤다. 후세 사람들도 이 일을 중시하여, 당나라 시인 한굉韓翃이 「한식」寒食이라는 시를 지었다.

> 봄날 성안에 꽃이 가득 날리고
> 한식날 동풍에 버들가지 하늘거리네.
> 해질 무렵 궁궐에 촛불 전하고
> 연기는 다섯 제후 저택에 깔린다.

이 다섯 환관들의 가족과 친구도 연달아 관직에 올랐다. 이들은 권력을 독점하고 온갖 나쁜 짓들을 저질렀다. 그들은 아주 교만하고 생활이 사치스럽고 방탕했다. 귀한 융단을 집안 곳곳에 깔아놓고 호화스런 옷을 걸쳤으며 개마저도 금은 장신구를 달고 다녔다. 환관들이 감히 결혼까지 했고 심지어 어떤 사람은 세 명의 처와 네 명의 첩을 두어 시중을 들게 하는 등 온통 난장판을 이뤘다. 외출할 때는 황제의 의장을 이용하고, 행렬 뒤에는 사치스럽게 치장한 하인과 말들이 줄지어 따라갔으며, 가는 곳마다 아무 거리낌 없이 제멋대로 굴었다. 결국 조정의 모든 권력을 그들이 독점하여 소인배들이 조정을 들락거렸고 어진 선비들이 쫓겨나 정치는 부패하고 혼란에 빠졌다.

양기가 권력을 장악했을 때 관료문인은 그와 끊임없이 다퉜는데, 그 과정에서 이고, 두교가 살해당했다. 양기가 이미 제거되었기에 관료문인 집단은 환관 무리에 가담하지 않고 정의 편에 섰다. 그리고 환관 무리들과의 지속적인 투쟁을 시작했다.

초기 투쟁은 이응李膺이 대표적으로 주도했다. 이응의 자는 원예이고, 영천 양성 사람으로 관료지주 집안에서 태어났다. 그는 천성이 거만하고 사람들과 사귀는 것을 싫어했지만 박학다식하고 강직하여 남에게 아첨하지 않았다. 사회적 명성이 매우 컸기 때문에 보통 사람은 그를 만나보기가 어려웠다. 그와 대화를 나눌 수 있었던 사람은 이름이 갑자기 올라가서 당시 사람들은 이응의 집안을 등용문登龍門에 비유했다.

이응. 명문가 출신의 관리이자 학자로서 강직하여 신망이 높았다. 한환제 당시 권력을 전횡하는 환관, 간신들과 대립하다 '당고의 화'를 당했다.

순초荀椒는 이응의 친한 친구였는데, 순초의 여섯 번째 아들 순상荀爽은 부친의 추천이 있었기 때문에 항상 이응을 만나볼 수 있었다. 한번은 순상이 집으로 돌아가다가 아는 사람을 만나 말하길 "나는 오늘 이응의 수레를 대신 몰았다!"라고 기뻐하면서 큰 영광이라도 되는 것처럼 우쭐거렸다. 당시 이응의 명성이 얼마나 컸는지를 알 수 있다.

책을 많이 읽은 이응은 문文은 나라를 평안하게 할 수 있고, 무武는 국가를 안정시킬 수 있다고 생각했다. 그는 제자들을 모아 열심히 가르쳤을 뿐만 아니라 경서, 역사, 철학, 문집 외에 병서도 읽어 병사를 이끌고 싸울 수 있었다. 그는 청주자사靑州刺史와 어양태수漁陽太守를 역임하였고, 이미 오환의 교위로 임명되어 선비족鮮卑族의 침입을 막아낸 적이 있었다. 작전 때는 빗발치는 화살과 돌 속에서도 앞장서서 군대를 지휘하여 병사들로부터 신임을 얻었고 선비족에게는 두려움의 대상이 되었다.

그 후 파직되어 집으로 돌아온 뒤에는 제자들을 가르쳤는데 많을 때는 제자가 1천 명이 넘을 정도였다. 얼마 후에 선비족이 여러 차례 운중雲中을 침입하여 괴롭히니, 환제가 할 수 없이 다시 이응을 등용하고 도요장군度遼將軍에 임명하자, 선비족은 이응의 위엄과 명성에 지레 겁을 먹고 감히 침입하지 못했다.

환제 연희延熹 2년 (159), 이응은 하남윤河南尹에 임명되었다. 그는 강직한 관리 연위延尉 풍곤馮緄, 대사농大司農 유우劉佑 등과 연합하여 함께 환관 세력을 공격했다.

양원군羊元群은 북해北海에서 파직되어 집으로 돌아갈 때 많은 금전과 진귀한 보배를 가지고 갔는데 심지어는 변소의 대소변까지 가지고 갔다. 이응은 환제에게 상서를 올려 법에 따라 양원군을 처벌하도록 간했다. 그러나 양원군은 약탈한 재물로 환관들을 매수하고 오히려 이응·풍곤·유우와 지방 군수들을 체포하도록 종용하였다. 지방군수들이 억울하게 옥사하자, 이응 등 세 사람은 대신 진번과 사례교위 응봉에게 도움을 청하여 사면을 받고 집으로 돌아갈 수 있었다.

훗날 이응은 명성이 더욱 커져서 사례교위로 등용됐다. 사례교위는 수도의 군사와 치안을 맡은 책임자로, 직무상 어떤 세력도 간섭할 수가 없었고, 환관을 처벌할 수도 있었다. 야왕野王의 현령 장삭張朔은 권감 장양張讓의 동생으로 잔악하고 포악하여 제멋대로 행동했으며, 심지어는 부녀자를 죽이면서 쾌락을 느끼기까지 하였다.

이응이 사례교위가 되자, 장삭은 그를 두려워하여 장양의 집으로 도망가 숨어버리고 처벌을 피했다. 이응이 이 소식을 듣고 곧바로 그를 체포하기 위해 군대를 파견하였는데, 장양이 이에 놀라 급히 장삭을 특별히 제작한 속이 빈 기둥에 숨겼다. 이응은 장양의 집안 구석구석을 샅샅이 수색하다 기둥 속에 숨어 있는 장삭을 체포했다. 그는 장삭을 심문하고 사형에 처했다.

장양이 환제에게 달려가 원통하게 울자 환제는 이응을 불러, 지시도 내리지 않았는데 왜 멋대로 사람을 죽였느냐고 추궁했다. 뛰어난 학식과 정치적 경륜을 갖춘 이응은 당시 유행하던 경전의 뜻으로 처벌하였다고 말했다. 그는 『춘추』의 진문공이 위성공衛成公을 처벌한 예를 인용하여 자신이 지나치지 않다는 것을 증명했다.

"공자는 노나라의 사구司寇가 된 지 7일 만에 소정묘少正卯를 죽였습니다, 저는 취임한 지 10여 일이 되어서야 겨우 한 가지 일을 처리했습니다. 제가 나쁜 죄인을 빨리 처벌하지 않으면 황제께서 저를 책망하실 것이라고 여겼는데, 뜻밖에도 마땅히 죽어야 할 사람을 일찍 죽였다고 책망하실 줄은 꿈에도 몰랐습니다. 이제 저는 직무를 잃을 것이라는 것을 알고 있지만, 더 열심히 일할 생각입니다. 폐하께서 다시 5일의 기한을 주신다면, 저는 나쁜 놈들을 모두 죽인 후 그때 다시 와서 폐하의 처분에 복종할 것이며 죽음도 달게 받겠습니다."

환제는 반박할 방법이 없자 뒤를 돌아다보고 장양에게 말했다.

"이것은 모두 그대 동생의 죄다. 사례교위의 말이 맞다."

이때부터 환관들은 이응을 두려워했다.

"지금 당신들은 휴가인데도 왜 집으로 돌아가지 않는 것이오?"라고 이응이 환관들에게 묻자, 모두들 머리를 땅에 조아리고 눈물을 흘리면서 "우리는 이 교위가 두렵소이다!"라고 이구동성으로 애원하였다. 환제는 이때서야 비로소 환관들이 나쁜 짓을 많이 하여 궁궐 밖으로 나가면 모두 체포되어 이응에게 목이 베일 것이라고 생각해서 그렇다는 것을 알게 되었다.

문인과 학생을 체포하라

환관들은 관료문인 집단의 정직한 행동을 받아줄 생각이 없었다. 환관 무리들은 때를 기다려서 대대적으로 반박할 준비를 하고 이응을 제거하려 했을 뿐만 아니라, 공리공담을 일삼고 조정에 간언하는 당인黨人들을 일망타진하려고 하였다. 기회가 점점 다가오고 있었다.

장성張成은 신통력이 큰 사람으로, 환관과 교류하고 법을 지키지 않으며 제멋대로 행동했는데 황제는 그의 말을 다 들어주었다. 그는 환관들에게서 황제가 곧 사면령을 반포할 것이라는 소식을 듣고, 아들을 꼬드겨 죽이고 싶은 사람을 죽이게 했다.

이응이 이를 알고 바로 장성의 아들을 체포했다. 이때 사면령도 반포됐다. 그러나 이응은 장성이 사전에 이것을 알고 있었다는 것을 전해 듣고는 사면령을 준수하지 않고, 장성의 아들을 죽였다.

한번은 환관 무리가 이응의 약점을 억지로 만들어 장성의 제자에게 상서를 올려 이응을 무고하게 하였다. 내용인즉, 이응이 황제의 명령을 준수하지 않았고, 국립학교인 태학의 학생, 각 군의 서생들과 작당하여 사리사욕을 꾀하고 조정을 비난하며 사회기풍을 어지럽혔다는 것이다.

환관들이 부추기고 종용하는 가운데 환제는 그들이 당인이라는 이유만으로 이응 이외에 2백여 명의 관료문인과 태학을 체포하였다. 이응은 옥에 갇혀 모진 고문을 받았다.

이응은 성격이 강직할 뿐만 아니라 책략도 뛰어났다. 그는 자백서에서 많은 환관 자제를 언급했다. 환관들이 심문을 하면 할수록 제 무덤을 파는 식으로 수많은 환관들의 비리가 폭로되었기 때문에 더 이상 그를 심문할 수가 없었다.

당시 태위 진번은 당인들을 체포하고 고문하는 데 적극 반대했다. 그는 환제에게 상서를 올려 준엄하게 간언했다.

"지금 체포되어 옥에 갇힌 모진 고문을 받는 사람들은 모두 천하에 명망이 높은 분들입니다. 그들은 모두 나라를 걱정하는 충신들입니다. 나라에 공이 큰 충신의 자손은 10대까지 후한 대우를 한다 해도 과하다고 할 수 없을진대, 어찌 그들을 마음대로 심문할 수 있겠습니까?"

그는 이응 등을 처결하는 공문서에 서명을 하지 않겠다고 말했다.

황후의 부친 두무竇武는 평소에 태학의 학생들과 교류하는 것을 좋아했다. 그는 이 관료문인들을 위해 대책을 세우고 장인의 신분으로 환제에게 상서를 올렸다. 환제가 받지 않자, 그는 병을 핑계 삼아 관인官印을 넘겨주면서 압박했다. 결국 환제는 이렇게 하다가는 인심을 잃을까 봐 걱정되어 이응 등의 관료문인들을 석방했다. 그러나 규정을 만들어 다시는 관직을 맡을 수 없게 하였다.

이것이 바로 동한의 제1차 '당고의 화'다.

제1차 당고의 화가 끝나고 얼마 지나지 않아 환제가 세상을 떠나고 말았다. 이어 영제靈帝가 즉위했지만 나이가 너무 어려서 두태후가 조정의 정무를 보았다. 당초, 두태후가 환제의 황후가 될 수 있었던 것은 관료문인 집단의 도움 덕분이었다. 두태후는 집권한 후에 진번, 두무를 중용하여 정무에 참여시켰고 이응도 기용했다. 이렇게 진번, 이응과 두태후, 두무는 관료문인과 외척세력을 대표하여 더욱더 긴밀하게 결합되었다.

진번과 두무는 맑고 투명한 정치를 위해 환관의 세력을 뿌리 뽑아야 한다고 주장했고, 대책을 마련하여 뜻을 같이하는 윤훈尹勳을 상서령尚書令, 유유劉瑜를 시중侍中, 풍술馮述을 둔기교위屯騎校尉로 등용하고, 이응 등 19명에게 관직을 주었다.

이듬해 5월, 진번은 두무에게 이렇게 말했다.

"과거에 소망지는 처참하게 환관 석현石顯의 손에 죽었습니다. 이고, 두교도 멸족의 화를 당했습니다. 현재 영제의 유모 조소趙嬈와 궁녀들이 환관과 한통속이 되어 두태후를 미혹하고 있습니다. 저는 대장군께서 조속히 재앙을 없애야 한다고 생각합니다. 절대 주저해서는 안 됩니다."

그래서 두무는 태후에게 간언했다.

"환관은 궁의 잡무를 관리하는 직책으로서 조정에 관여할 권력이 없습니다. 그러나 현재 환관들은 권력을 다시 장악하고 야수의 발톱을 조정과 재야에 널리 뻗치고 있어 천하에 원성이 들끓고 있습니다. 이런 나쁜 짓을 하는 환관들을 모두 없애야 합니다."

그러나 태후는 듣지 않았다.

그러자 진번이 직접 태후에게 간언했다.

"저는 말이 바르지 않은 사람은 행동도 바르지 않기 때문에 위로는 하늘을 속이고, 아래로는 사람들의 기대를 저버린다는 것을 잘 알고 있습니다. 그래서 바른 말을 하지 않을 수 없습니다. 죽음을 무릅쓰고 직언을 해도 반드시 꺼려야 하는 것이 있지만 저는 차라리 죽는 한이 있더라도 천하의 백성들을 감히 저버리지는 않겠습니다.

현재 조정이 이렇게 시끄러운 것은 모두 환관 후현侯賢·조절曹節·왕보王甫와 궁녀 등이 정치를 어지럽혀서 자신들을 따르면 흥하고 자신들에게 반대하면 죽게 될 지경으로 몰아넣기 때문입니다. 황후께서 전에 환관 소강蘇康과 관패管覇를 죽이셨기 때문에 사람들이 모두 축하하였는데 얼마 후에 또 환관 조절을 관대하게 놓아주셨으니, 이것은 너무 위험합니다."

두태후는 이번에도 수긍하지 않았다.

진번과 두무는 할 수 없이 환관을 무력으로 멸할 준비를 하고, 먼저 정삽鄭颯을 체포해 고문하였는데 자백 내용 중에 조절이 연루되자, 두무는 상서를 올려 조절과 왕보를 체포하기를 청했다.

상서를 황제에게 전달하는 일을 주관하는 환관 주우朱瑀는 상주문을 보고 심하게 욕을 퍼부었다.

"나쁜 놈들! 죄가 있는 환관은 마땅히 죽어야 한다고? 우리 같은 사람들을 참수할 수 있을까?"

그는 큰소리로 외쳤다.

"진번과 두무가 태후에게 상서를 올린 것은 황제를 없애고 환관을 모조리 죽여서 반란을 일으키기 위해서다!"

주우는 17명의 건장한 환관들을 소집하였다. 이들은 삽혈로 굳게 맹세하여 죽을 각오를 하고 진번과 두무를 처치하기로 했다. 조절은 이 소식을 듣고, 영제를 속여서 궁 밖으로 보내버린 뒤 궁문을 굳게 닫으라고 명을 내렸다. 그리고 자신은 황제의 관인과 군대를 동원할 수 있는 부절符節을 거두어, 상서성을 협박하여 허위 조서를 꾸미게 하였다.

그들은 정삽을 구출하고 태후를 연금했으며, 옥쇄를 빼앗고 가짜 명령서를 가지고 가서 두무를 체포하려고 했다. 이 소식을 들은 두무가 병영으로 달려가 소리쳤다.

"환관이 반란을 일으켰다! 반란을 평정하는 자를 후侯에 봉하겠다!"

두무는 수천 명의 병사를 규합하여 그를 잡으러 오는 사람을 죽이고 저항할 준비를 했다.

날이 밝자 양쪽 군대가 대치하였는데, 왕보는 거짓으로 황제의 명령을 고하면서 병사들에게 큰소리로 말했다.

"두무가 반란을 일으켰다! 너희들은 황제를 보위하는 금군인데 황제의 지휘를 받을 수 없게 됐다! 누구라도 먼저 투항하면 상을 받을 것이다!"

병사들은 왕보 손에 황제의 명령서가 있는 것을 보자, 평소에도 환관을 두려워하고 있던 터여서 너도나도 뛰어왔다. 아침 식사 때가 되자 두무 수하의 병사들도 모조리 도망쳤다. 두무는 말을 타고 도망쳤지만 궁지에 빠져 결국 자살하였다.

진번은 이 소식을 뒤늦게 알고는 80여 명의 학생과 부하를 불러 모아 손에 무기를 들고 승명문承明門으로 돌진하여 왕보와 충돌했다.

왕보가 진번을 체포하라고 명령했지만, 병사들 누구도 감히 앞에 나서지 못했다. 진번은 이미 70여 세의 고령이었지만 평소 명망이 높았기 때문이다. 마지막으로 왕보는 병사들에게 그를 겹겹이 둘러싸도록 한 후에야 겨우 그를 붙잡을 수 있었고, 그날 바로 죽였다.

두무와 진번의 가족과 학생 그리고 연루된 자 모두가 죽거나 유배당했다. 관료문인 집단을 철저히 제거한 환관 세력은 더욱 맹위를 떨쳤다.

그러나 환관의 관료문인에 대한 박해는 곧 끝을 맺었다. 환관들이 진번과 두무를 죽이기 전에, 조정과 재야의 유명인사가 기개 있는 태학의 학생들과 긴밀하게 연합하여 조정의 정치에 대해 논의하기 시작하여 사회에 큰 영향을 미쳤다.

그들은 이응·순익荀翌·두밀杜密·왕창王暢·유우劉佑·위랑魏朗·조전趙典으로 팔준八俊이라고 불렸다. 이외에 사람들을 덕으로 인도한다는 팔고八顧, 사람들을 추종하도록 한다는 팔극八極, 재물로 사람들을 구제한다는 팔주八廚가 있었다. 이들 가운데 이응의 명성이 가장 컸다. 두무·유숙劉淑·진번 등 삼군三君을 제외하면 이응이 단연 으뜸이었다.

제2차 당고의 화는 주병朱幷이 팔극 가운데 한 사람인 장검張儉을 고발한 사건에서 일어났다.

장검은 산양 고평 사람으로, 독우督郵에 임명됐다. 환관 후람侯覽의 고향은 방동防東이었는데 그는 집안사람들이 법을 지키지 않고 제멋대로 행동하도록 용인했으며 죄를 지어도 처벌을 면하게 했다. 이에 장검이 그는 악독한 자니 주살하라고 요구하는 상서를 올렸다. 후람이 상소문을 숨기고 알리지 않아 조사를 받지 않았지만, 그는 이 때문에 원한을 품었다. 주병은 장검과 같은 고향 사람인데 장검 때문에 파직당한 적이 있었다. 주병은 환관이 관료문인을 죽이고 제멋대로 견해가 다른 사람을 배척하는 것을 보고는, 복수할 기회를 잡고 관직을 다시 얻을 생각을 했다.

그래서 주병은 장검이 고향 사람 24명과 사적인 당파를 결성하고 팔준, 팔고와 함께 음모를 꾸며 국가의 사직을 위기에 빠뜨렸다고 무고했다. 영제는 즉시 모반을 획책한 죄로 장검을 체포하라고 명했다. 환관 조절도 영제를 설득하여 더 많은 사람을 무고하고 대대적으로 체포하도록 종용했다. 이렇게 하여 장검·이응·범방范滂·두미 등은 사형에 처해졌으며, 그 외에 1백여 명의 사람이 옥에서 죽었다. 환관들은 6, 7백 명의 정직한 관료문인 혹은 순수 문인들을 가두었고, 1천여 명의 태학 학생들을 체포했다. 환관들은 정직한 문인이 재기하여 세력을 형성하지 못하도록 끊임없이 추적하고 체포하여 수사했다. 이런 박해는 15년이나 계속됐고 영제 중평中平 원년(184)이 되어서야 멈추었다.

이것이 제2차 당고의 화다. 이 재앙에서 이응·범방·장검 등의 많은 문인이 나타낸 기개는 사람들을 탄복하게 하였고, 그들의 행동은 후세 사람에게 큰 영향을 끼쳤다. 간신들이 정권을 잡고 조정이 부패할 때마다 그들은 후세에 모범을 보여주어 이후로 암흑 세력에 대항하는 힘의 원천이 되었다.

수염 없는 남자는 모두 죽여라

관료문인 집단의 뿌리가 뽑힌 이후로, 환관들은 더욱 방자해져서 거리끼는 것이 없게 되었다. 영제 시기에 장양·조충趙忠을 우두머리로 하는 십상시十常侍가 형성되었다. 십상시는 12명의 환관을 가리킨다. 이들은 조정의 대권을 장악하여 영제도 그들을 무서워하여 항상 말하길 "장상시張常侍는 나의 할아버지고, 조상시趙常侍는 나의 어머니다"라고 하였다. 조정 내외의 관리들이 십상시의 비위를 맞춘 것은 더 말할 필요가 없었다.

부풍扶風 지방에 맹타孟佗라 불리는 사람이 있었다. 집안이 부유했던 그는 관직을 얻기 위해 장양의 하인과 교류를 했다. 어느 날 장양의 하인은 맹타에게 물었다.

"그대는 무슨 어려운 일이 있나요? 우리가 대신 해결하겠습니다!"

맹타가 말했다.

"아무 일 없습니다. 다만 당신이 내게 머리를 한번 조아리기만 하면 됩니다."

그 다음날, 맹타는 장양을 만나기로 했는데 일부러 늦게 갔다. 장양의 집 문 앞에서 장양을 만나보기 위해 기다리는 사람이 최소 1천 명 정도 되었다. 장양의 하인이 멀리서 맹타를 발견하자 다른 하인들을 거느리고 맹타 앞으로 와서 무릎을 꿇고 머리를 조아렸다. 장양을 만나러 온 사람들이 모두 놀라 어리둥절해하며, 맹타를 장양이 아주 중요시하는 사람으로 여겨 모두 맹타 집에 선물을 보냈다. 맹타가 받은 선물의 일부를 장양에게 보내자, 장양이 매우 기뻐하며 그를 양주자사涼州刺史에 임명했다.

훗날 십상시는 정치를 혼란스럽게 만들어 사회여론이 악화됐다. 그래서 하진何進·원소袁紹 등이 모의하여 환관 무리들을 없애려고 했다. 하진은 장양에 의해 살해되었으나, 원소는 병사를 이끌고 궁으로 돌진하여 수염이 없는 남자는 모두 죽었는데 단번에 2천여 명이 되는 사람을 죽였다. 십상시는 이때 모두 강에 뛰어들어 자살했다. 이때부터 동한은 군벌들이 할거하는 혼란한 전쟁 시기로 접어들게 되었다.

학생운동의 전통이 시작되다

관료문인 집단은 비록 환관 무리들의 칼에 죽었지만, 그 의의는 사라지지 않았다.

이들은 첫째, 의지가 강하여 굽힐 줄 몰랐고 정직하였다. 이런 정신으로 무장하였기 때문에 관료문인들은 어두운 시기에도 양심과 방향을 잃지 않았고, 비열한 간신들의 회유와 협박에도 굴하지 않았던 것이다.

둘째, 관료문인과 선비, 학자가 행동을 같이하여 소인배 간신 무리에 대항하였다. 사실 중국의 학생운동은 5·4운동에서 시작된 것이 아니라, 동한시기에 시작된 것이다. 동한 환제 영흥永興 원년(153), 기주자사冀州刺史 주목朱穆은 못된 짓을 하고 백성의 재물을 빼앗는 환관 세력을 엄하게 처벌하려다가, 환관과 집권 세력에 의해 모함을 받고 하옥되었다.

태학의 학생 유도劉陶가 너무 분하여, 도성 및 전국 각처의 태학생 수천 명과 연락하여 궁문 앞에 집결한 후 상서를 올려 주목을 석방하라고 요구했다. 당시 도성의 태학생은 3만여 명이었다. 환제는 분노에 찬 군중이 두려워 주목을 석방시켰다.

이것이 중국 학생운동의 시작이었고, 중간에 두 차례에 걸친 당고의 화를 거쳐 청나라 말경의 공거상서公車上書 운동에 이르렀다. 이렇게 중국의 학생운동은 고대로부터 면면히 이어져 오고 있는 것이다.

진시황제의 분서갱유부터 청나라의 무술변법의 실패에 이르기까지, 중국 역대 봉건 통치자의 관료문인에 대한 박해는 멈추지 않았다. 환관 세력은 물론 외척 세력도 소위 전통의 황제 권력의 일부였고, 관료문인과 선비 학자들을 싫어하였으며, 심지어는 박해를 가하기도 했다. 단지 그 방법이 진시황과 한나라의 환관 무리처럼 노골적이지는 않았지만 더 정교하고 교묘했다. 예를 들면 2천년 동안 문자옥文字獄이 성행한 것은 탄압의 변종 중 가장 대표적인 예다.

왜 관료문인이나 선비, 학자를 봉건 통치자들이 좋아하지 않았을까? 이유는 간단하다. 이들은 지나친 이상주의자들이었고 또한 불만족스러운 요구가 많았기 때문이다. 그들은 사회 현실 앞에서 더 좋은 사회의 출현을 바랐다. 그러므로 어느 시대를 막론하고 그들은 현실 사회에 대한 신랄한 비판자였기 때문에 봉건 통치자들이 좋아하지 않았는데 이는 역사의 필연이었다.

만약 그들이 언제나 현실과 보조를 같이했다면, 그 사회는 발전하지 못하고 사회 동력을 잃어서 낙후되었을 것이다! 관료문인과 선비 학자들은 모두 목을 길게 빼고 사회의 칼에 도전하였다. 바로 그들이 불의에 대항하여 굽힐 줄 모르는 강직한 머리를 곧추 세웠기 때문에, 중국은 계속해서 발전할 수 있었던 것이다!

9 충신의 직언을 받아들인 명군

옛 것을 거울로 삼으면 나라의 흥망성쇠를 알 수 있으며,
사람을 거울로 삼으면 정치의 득실을 알 수 있다.
밝은 군주는 널리 남의 의견을 잘 듣고,
어리석은 군주는 한쪽만을 믿는다.

조설근曹雪芹이 지은 소설 『홍루몽』紅樓夢에 등장하는 가보옥賈寶玉이 "충신이 되려는 선비들은 아주 무료할 것이다"라고 말한 바 있다.

황제가 충신의 의견을 받아들이지 않으면, 충신은 "거친 기운이 위로 뻗쳐 목소리가 커지고" 걸핏하면 자살을 기도하며 "죽음을 무릅쓰고 상서를 올려 직간하였다."

이 말은 한 가지 측면만으로 전체를 개괄한 면이 없지 않지만, 충신들의 허위를 드러내고 있다.

중국 역사에서 소위 충신들 가운데 일부는 제갈량이 말한 것처럼 "붓을 들어 수많은 문장을 지어내지만, 가슴속에는 아무런 계책도 없고" 나라를 구할 실제적인 책략도 없는데도, 사상이 진부하고 온갖 수단을 동원하여 명예만을 추구하기 때문에 "죽음을 무릅쓰고 상서를 올려 직간하는 방법"文死諫을 생각해낸 것이다.

그렇지만 모든 충신이 다 이런 것은 아니다. 어떤 이들은 우직할 정도로 오직 한 마음으로 충성하던 방법을 바꾸어서 교묘하게 충성을 하였다.

위징은 당태종 이세민에게 훌륭한 신하 양신良臣과 충성을 바치는 신하 충신忠臣이 다르다는 것을 알 수 있게 해주었다. 한번은 당태종이 다른 사람의 헐뜯는 말을 곧이듣고, 위징이 자신의 정적이었던 친척을 비

호하였다고 비난했다.

위징이 사려깊게 변론하자, 당태종은 자신이 틀렸다는 것을 알게 되었다. 위징은 기회를 틈타서 말했다.

"저는 폐하께서 저를 양신으로 만들어주시기를 바라지, 충신으로 만들어주시기를 바라지 않습니다."

당태종은 이 말을 듣고 물었다.

"도대체 양신과 충신은 어떤 차이가 있는가?"

"차이는 매우 큽니다. 양신은 훌륭한 이름을 얻을 뿐 아니라 군주에게도 훌륭한 명성을 얻어 자손 대대로 전하며 천고에 이름을 남길 수 있게 합니다. 그러나 충신은 죽음을 당할 수 있고, 군주는 어리석은 악명만을 얻게 되어 나라가 망합니다. 충신이 얻는 것은 오직 헛된 이름뿐인 것입니다."

당태종이 듣고 기뻐하며, 반드시 사직의 근본을 잊지 않을 것이라고 하면서 그에게 비단 5백 필을 상으로 주었다.

충신보다 양신이 되려 한 위징

이는 대의大義와 소의小義를 잘 구분하는 것과 관련이 있다. 사람의 인품, 덕성과 수양을 말하자면 의義라는 것이 중요한데 이것은 일종의 미덕이다. 어찌되었건 약속한 말을 지키고 정의를 수호하는 군자는 수시로 마음을 바꾸고 이익만을 꾀하는 소인보다 훌륭한 사람이다.

그러나 말을 바꿔서, 오로지 의만 위하고 임기응변과 권모술수는 모르며 대의를 위하고 소의를 멀리하는 방법을 모른다면, 이는 취할 바가 아닌 것이다. 그래서 맹자孟子는 "대인大人은 자기가 한 말은 실천해야 하지만 반드시 그럴 필요가 없고, 한번 시작하여 행동에 옮기면 끝까지 해내야 하지만 그렇다고 반드시 끝까지 해낼 필요는 없다"라고 하였다.

맹자가 말하는 뜻은 사람들에게 거짓말을 하라는 것이 아니라 대의를

당나라의 명신 위징. 당태종에게 수나라의 멸망을 거울 삼아 부역을 줄이고 세금을 가볍게 하며, 인재들을 중용하도록 권함으로써 '정관의 치'를 이루는 데 큰 역할을 했다.

위해서는 실천이나 행동을 하지 않아도 된다는 말이다. 속된 말로 표현하면 '병사가 죽는 한이 있더라도 수레만은 보호하면 되고, 기왓장을 버린다 해도 대들보는 썩히지 않겠다'는 것이다. 말과 행동이 의에 합당한지 그렇지 않은지를 잘 살핀 다음에 그에 따를 따름이라는 말이다.

맹자의 관점으로 본다면, 양신은 죽음으로써 군주를 지킬 필요가 없고, 좋은 여자를 고른다고 혼약을 파기하고 다른 여자를 찾아도 된다. 예를 들어보라면, 당대의 명신으로 중국역사에 유명한 위징이 가장 전형적인 인물이다.

위징은 우리에게 시사해주는 바가 아주 많다. 위징의 자는 현성玄成이고, 북주北周시대의 정제靜帝 대상大象 2년(580)에 태어났다. 그 당시는 세상이 혼란하여 그가 태어난 지 얼마 되지 않아, 북주의 정권을 양견楊堅이 빼앗았다. 그는 청소년 시기를 수나라에서 지냈다. 위징 가문은 대대로 학문을 하는 집안이었다. 그의 아버지 위장현魏長賢은 박학다식한 사람이어서 수나라에 출사하여 지방관을 지냈지만 젊었을 때 세상을 떠났다. 위징의 가정생활은 청빈했다. 위징은 큰 뜻을 품고 과업을 이루기 위해 각고의 노력으로 열심히 공부하여, 학문과 정치 능력의 튼튼한 기초를 닦았다.

당시는 수양제가 황음무도한 때였기 때문에, 천하의 영웅호걸들이 잇달아 출병하여 수나라에 반란을 일으켰다. 이들 중에서 이밀의 세력이 제일 컸다. 이밀은 원래 수나라 상주국上柱國 이관李寬의 아들로, 봉건귀족 집안 출신이다. 어릴 때부터 역사책을 숙독하였으며, 탁월한 재능을 갖춘 그는 수나라가 멸망할 조짐을 보이자 조정에 반대하여 군사를 일으켰다.

하루는 다른 봉기군의 수령 원보장元寶藏이 그에게 편지를 보내왔다. 펼쳐보니 심각한 내용의 편지였는데, 힘이 넘치는 필치와 화려한 문체가 매력적이었다. 그는 이 편지는 절대로 원보장이 쓴 것이 아니며 분명 문장력이 뛰어나고 정치적 재능을 갖춘 사람이 썼을 것이라고 생각했다. 이밀이 사람을 파견하여 알아보니, 편지의 초안을 잡은 사람은 원보장의 부관 위징이었다.

원래 무양武陽 군승郡丞 원보장은 군사를 일으켜 수나라에 반란을 일으킨 후에 오래된 친구 위징을 찾아 나섰다. 이때 위징은 천하가 혼잡하고 어수선하였기에 어떻게 해야 좋을지 몰라 우선 집을 나와 도사가 되어 혼란한 세상을 피하고 천하의 대세를 관망하고 있었다. 원보장은 위징에게 세상에 나와 자신의 군대에서 문서를 관장하는 일을 맡아달라고 청했다.

이밀은 위징의 재능을 알아보고 즉시 사람을 보내 군대의 모든 문서와 서신을 맡아달라고 부탁했다. 이때 위징의 나이 38세였다.

이밀의 군대에서 위징의 지위는 매우 낮았기 때문에 중대한 군사 정책을 결정하는 데 어떤 발언권도 없었다. 당시 이밀의 와강군瓦崗郡 세력은 아주 막강했다. 이들은 전국에서 가장 큰 양식창고인 하남의 낙구창洛口倉·회낙창回洛倉과 여양창黎陽倉을 공격하여 점령한 후 창고를 열고 굶주린 백성을 구하여 전성기를 맞았다.

이때 수나라의 대장군 왕세충은 낙양을 지키며 봉기군과 악전고투를 하고 있었다. 봉기군은 신속하게 세력이 확장되자 승리에만 도취하여 속전속결의 전술만을 고집하였다.

위징은 봉기군에 부족한 점이 너무 많다고 생각했지만 직접 이밀에게 진언할 위치도 아니어서 괴로워했다. 위징은 이밀의 장사長史 정연鄭頲을 찾아가 그에게 말했다.

"봉기군은 크게 승리했지만, 사상자가 매우 많습니다. 현재 군대의 비용과 양식이 부족하고, 상벌이 일정치 않으니, 수나라 군대와 정면으로 싸울 때가 아닙니다. 현재 상황에 맞는 계책은 견고한 방어시설을 구축하고 적군의 양식이 떨어져서 적군이 철수할 때를 기다리는 것입니다. 그때 다시 공격하면 큰 승리를 얻을 것입니다."

정연은 위징을 깔보며 "항상 입버릇처럼 말하던 전술"이고 특별한 것이 없다고 일축해버렸다. 이밀은 진지를 구축하지 않은 상태에서 속전속결로 공격하다가 왕세충의 화공火攻으로 기습을 당해 무참하게 패했다. 결과적으로 와강군은 전멸했다.

이밀은 할 수 없이 잔여부대를 이끌고 이연에게 투항하였다. 처음에 이밀은 중용되었으나, 차츰 냉대를 받았다. 이밀은 마음이 달갑지 않아 낙양으로 가서 옛 부하를 규합하고 다시 군사를 일으켜 이연에 대항했다. 그러나 얼마 후에 이밀의 군대는 패하고 말았다.

실패한 영웅, 성공한 신하

당시 위징은 이연의 당 정권이 비교적 전망이 있다고 보았다. 그가 이연에게 이밀의 옛 부하들을 받아들이도록 청하자, 이연은 매우 기뻐하며 그를 국가도서관의 서적 공문서 자료를 관리하는 상서승上書丞에 임명하였다.

당시 이밀의 부하 서세적徐世勣의 세력이 매우 강했는데 위징은 그에게 편지를 써서 말했다.

서세적은 당나라로 귀순한 뒤 이씨 성을 하사받아 '이적'이라는 이름을 얻었다. 수나라 말기에 이밀의 휘하에서 충성을 바쳤고, 그의 인품과 재능을 높이 평가한 당고조 이연에게 중용되었다.

"애초에 이밀이 군사를 일으켜 수나라에 반대했을 때는 사방에서 수십만 명의 사람이 호응하여 수나라의 절반이 그의 천하였다. 그러나 후에 왕세충에게 참패를 당하여 죽었고, 와강군은 다시 재기할 기력조차 잃었다. 이연은 이미 천하를 얻어 정국을 안정시켰다. 현재 당신이 지키고 있는 여양黎陽은 요충지이므로 그대는 조속히 계책을 세워야 한다. 만약 상황을 확실히 이해하지 못한다면, 그때는 후회해도 소용이 없을 것이다."

서세적이 편지를 본 후 좋은 대책을 생각해내지 못했고 이밀이 이미 죽었으니 의지할 곳도 없게 되자, 그는 위징의 권고를 받아들이기로 마음을 정하고 이연에게 투항했다. 이밀의 다른 옛 부하들도 서세적을 따라 이연의 정권에 투항했다.

서세적은 이연의 동의를 구한 뒤, 국장으로 이밀의 장례를 지냈다. 위징은 이밀을 위해 「당고형국공이밀묘지명」唐故邢國公李密墓志銘을 짓고, 그를 해하에서 장렬하게 죽은 항우와 비교하여, 비록 뜻은 실패했지만 그래도 그는 여전히 영웅이라고 평가하였다. 위징은 이렇게 이밀을 높이 평가했고, 이연이 이에 대해 추궁할까 두려워하지 않았다.

위징은 전에 자신이 여러 차례 올린 계책을 이밀이 받아들이지 않았는데도 그것 때문에 기분 나빠하며 그를 낮춰 평가하지 않고, 사실 그대로 이밀의 일생에 대해 적었다. 그의 이런 태도와 정신은 당시 사람들과 후세 사람들의 찬양을 받았다. 그가 이밀을 배반하고 이연에게 투항했다고 지적하는 사람은 없었다.

위징은 이밀의 옛 부하를 이연에게 복종시킨 공이 있었지만, 농민군에 1년 반이나 속해 있었기 때문에 중용되기 어려웠다. 태자 이건성은 위징이 재주가 많은 사람이라는 말을 듣고 그에게 서적을 관리하는 낮은 벼슬인 세마洗馬라는 관직을 주었다.

이때 위징은 비록 문장으로 이름을 날렸지만, 그의 계책이 실제로 채택되어 큰 공을 세우는 데 도움이 된 적은 없었다. 이건성에게 건의하여 일격에 유흑달을 공격하도록 하여 전공을 세운 정도였다.

얼마 후에 이건성의 동생 이세민이 '현무문의 변란'을 일으켜 형인 태자 이건성과 동생 이원길을 죽이고 자신이 태자가 되었다. 이세민은 위징이 이건성의 심복이지만 예사롭지 않은 인물임을 알았기 때문에 즉시 그를 불러서 만나보았다. 이세민이 위징에게 물었다.

"그대는 왜 우리 형제의 일에 참견하는가?"

위징은 솔직히 사리에 맞게 대답했다. 그는 이세민이 듣고 화가 나서 자신을 죽이든 말든 개의치 않았다.

"사람은 각자 자신의 주인을 위합니다. 만약 태자께서 제 의견을 받아들이셨다면, 오늘날과 같은 비극은 없었을 것입니다. 제가 이건성에게 충성을 바친 것이 잘못이 아닙니다. 관중은 제환공의 허리띠를 활로 쏘지 않았습니까?"

관중과 포숙아는 절친한 친구였는데 모시는 주인이 달랐다. 관중이 포숙아의 주인을 활로 쏘았지만 허리끈의 쇠에 맞아 포숙아의 주인은 죽지 않았다. 포숙아의 주인은 나중에 왕이 되었는데 포숙아의 추천으로 원수 관중을 중용하고 재상에 임명하였다. 그리고 관중은 적국이었던 나라를 위해 큰 공을 세웠다.

이세민은 위징의 말이 솔직하고 일리가 있다고 생각했다. 그는 자신에게 제환공이 원수 관중을 중용한 만큼의 도량이 없는 것은 아니라고 하면서 위징을 사면하고 태자의 문서를 관장하는 주부에 임명하였다. 이렇게 하여 위징은 이리저리 돌아다니면서 주인을 바꾸던 생애에 종지부를 찍고, 그의 일생 가운데 진정으로 가치 있고 뜻있는 시대를 맞이하였다.

제왕의 도리를 행하여 제왕이 된 당태종

당태종 이세민은 중국 역사에 보기 드문 명군이다. 그 근본적인 원인 중의 하나가 충고를 잘 받아들였다는 데 있다. 시대의 추세와 당태종 개인의 인품과 재능 덕분에 당나라는 중국 역사 가운데 최고의 전성기를 이룩했다.

이세민이 황제에 즉위한 지 얼마 되지 않아 위징은 간의대부諫議大夫로 승진했는데, 이 관직은 위징의 능력에 잘 어울렸다. 당태종이 남의 의견을 잘 들었기 때문에 위징이 명성을 얻게 되었는지, 아니면 위징이 황제의 안색에 개의치 않고 감히 직간하여 당태종이 충고를 잘 받아들이는 성격을 갖추도록 했는지, 혹은 이 두 가지가 상호작용을 하였는지는 확실치 않지만 위징의 직간直諫과, 직간을 받아들이는 당태종의 납간納諫 모두 세상에 유명해졌다.

간의대부는 전문적으로 황제에게 의견을 제시하는 벼슬이다. 오늘날의 시각으로 보면 정말 특별한 관리였다. 중요하다고 하면 대수롭지 않다고 말하고, 보잘 것 없다고 말하면 아주 중요하다고 말하며, 권력이 있다고 말하면 실제로 손에 쥘 수 있는 권력은 아주 적다고 말하고, 권력이 없다고 말하면 권력이 아주 크다고 말한다. 이 모든 것은 간의대부의 의견을 황제가 받아들이느냐 그렇지 않느냐에 따라 결정되었다.

당태종은 그의 재능을 인정하고 신임하며 존중하였다. 나중에는 위징을 상서승尙書丞으로 승진시켜 자기 곁에서 수시로 자신을 일깨우며 충고하도록 했다.

당태종은 의식적으로 군주와 신하 간의 민주생활을 제창하고, 주위에 있는 대신들에게 자신이 감정에 치우쳐서 극단적인 결정을 내리지 못하게 하고 바로잡도록 일깨웠으며, 조정을 비판하도록 제도화하였다.

그는 이전의 왕조에 없던 새로운 제도를 만들고, 간관諫官과 사관史官이 정사당政事堂회의에 참여하도록 허락했다. 이런 제도는 간관과 사관이 제때에 조정의 내막을 이해하고 적절한 직간과 권고를 할 수 있도록 보장하였을 뿐만 아니라 감찰 기능도 겸할 수 있도록 하여, 재상과 다른 관리들이 감히 정치 업적을 거짓으로 보고하지 못하게 만들었다. 또한 회의에서 황제건 신하건 과실이나 부당한 행위를 저지르면 간관이 직접 심의하도록 규정했다. 사관도 황제와 대신의 실태를 직접 보고 1차사료에 근거하여 해석을 하였는데 황제와 대신들에 대해 일종의 감독관이 되었다.

위징은 이처럼 상대적으로 자유로운 환경 속에서 간관이 되었다. 그가 권고한 내용은 장기간 나라를 안정시키고 태평성세를 이룩하는 부국강병의 원대한 계책에서부터, 황제 개인의 일상 생활까지 다루어서 당태종과 정치에 큰 영향을 끼쳤다.

특히 큰 혼란 이후 어지러운 세상을 바로잡아 정상으로 회복시키는 일에 대해 위징은 자신감이 넘쳤다. 어느 날 당태종이 위징과 정치의 득실에 관해 논했다. 태종이 말했다.

"지금 천하는 큰 혼란을 겪은 뒤니, 급히 서둘러 다스릴 수 없다."

이에 위징이 대답했다.

"그렇지 않습니다. 백성들은 곤란한 일이 닥치면 죽음을 생각하고, 죽음을 근심하면 통치를 생각하게 되며, 통치를 생각하면 교화하기 쉬운 것입니다."

당태종은 나라를 잘 다스리고 싶은 마음이 강했지만, 도대체 어떻게 해야 할지 방법이 없었다.

하루는 당태종이 위징에게 물었다.

"현명한 군주가 나라를 잘 다스리려면 백 년의 노력이 필요하지 않겠는가?"

위징은 그의 생각에 반대했다.

"현명한 사람이 나라를 다스리는 것은 바로 메아리와 같습니다. 1년 내에 그 효과가 나타나 3년이면 너무 늦는데 어찌 백년을 기다려서 잘 다스려지길 원하신단 말입니까?"

그러자 곁에 있던 상서복야尙書僕射 봉덕이封德彝가 말했다.

"예로부터 사람의 마음은 하루가 다르게 바뀌었습니다. 3대가 지나면 경박해지고 거짓이 판을 쳤습니다. 그래서 진나라는 오로지 엄한 형벌로, 한나라는 무력에 의한 패도로 다스렸습니다. 사람의 마음을 교화해서는 성공하지 못합니다. 만약 위징의 말을 믿으신다면 국가가 패망할 것입니다."

위징은 날카롭게 맞섰다.

"혼란 후에 교화하기 쉬운 것은 굶주린 사람이 아무 음식이나 쉽게 먹는 것과 같습니다. 현명한 군주가 교화를 베풀면 상하가 한마음이 되어 백성들이 군주의 말을 잘 따르게 되니 서두르지 않아도 저절로 나라가 잘 다스려질 것입니다. 황제는 황제의 도리를 행함으로써 황제가 되는 것이고, 왕은 왕의 도리를 행함으로써 왕이 되는 것입니다. 문제는 어떤 조치를 취하여 백성을 교화할 수 있느냐에 달려 있는 것입니다."

당태종은 기본적으로 위징의 견해를 받아들이고 적극적으로 효과적인 조치를 실시하여, 위징이 예측한 대로 2, 3년이 지난 후에 정관지치의 태평성세를 이룩하였다.

태종의 정적에 대해서도 위징은 너그러운 회유책으로 귀순시킬 것을 주장했다. 현무문의 변란 이후 태자 이건성에 충성하던 부하들이 전국에 널리 퍼져 있었는데, 이세민이 자신들을 어떻게 할지 몰라 불안했던 사람들이 반란을 일으킬 준비를 하였다.

위징이 이세민에게 건의했다.

"개인적인 원한을 갚으려 하지 않으신다면 그들을 공적으로 처리하시고, 그렇지 않다면 모두 죽이셔야 합니다. 영원히 없앨 수 없는 화근이 될 것입니다."

그의 말에 동의한 이세민은 그를 특사로 파견하여 이건성 추종 세력이 집중되어 있는 하북河北 일대의 인심을 위로하도록 했다. 하북의 자주磁州에 도착한 위징은 장안으로 호송될 수레 안에, 현무문의 변란 중 도망갔던 이치안李治安과 이사행李思行이 갇혀 있는 것을 보았다.

위징은 그들을 압송할 책임자를 찾아가서 말했다.

"내가 장안을 떠나기 전에 조정은 이미 이건성과 이원길의 부하들을 사면시키라고 명했다. 이제 다시 그들을 체포하면 약속을 어기는 일이 될 것이다. 내가 그들을 용서하기 위해 이곳에 왔고, 사람들이 나를 믿지 않을까 걱정되는데 어떻게 그들을 장안으로 압송할 수 있겠는가? 이곳에 오기 전에 황제께서 나에게 권한을 주셨으니 이치안과 이사행을 석방하려 한다. 그들이 나와 함께 장안으로 가서 귀순한다면 반드시 좋은 결과를 얻을 것이다."

위징은 그들을 석방하였으며 당태종에게 보고서를 썼다. 위징은 회유책으로 단시간에 하북 일대의 인심을 위로할 수 있었고, 임무를 훌륭하게 완수했다. 당태종은 위징을 칭찬하였고 갈수록 그를 신임하였다.

위징은 구체적인 치국의 책략으로 부역과 세금을 가볍게 하여 백성들이 쉴 수 있도록 배려했다. 위징은 수나라가 망한 역사를 교훈으로 삼았다. 수나라는 백성들을 너무 괴롭혔고, 세금이 너무 무거웠으며, 부역도 잦았다.

그는 사회를 안정시키면 백성들이 평안할 것이고, 사회가 혼란하면 변란이 일어날 것이라고 생각했기 때문에 부역과 세금을 무겁게 부과하지 않았는데, 이는 정관 연간의 사회 안정과 경제 발전의 기초가 되었다.

법을 집행할 때도, 위징은 관대한 형법의 실시를 주장했다. 그는 진나라처럼 가혹한 형 집행으로 백성들을 고기 자르듯 살육하는 공포 법률에 단호하게 반대했지만, 흑백을 분명히 하는 법률에 근거한 집행을 주장했고 법을 왜곡하는 사적인 개입을 차단했다.

한번은 당태종이 노조상盧祖尙을 교주자사交州刺史로 임명하였는데 노조상이 처음에는 관직을 받았다가 나중에 병을 핑계로 명에 따르지 않았다. 당태종이 노조상을 직접 만나 관직을 받을 것을 권했지만, 그는 여전히 듣지 않고 임지로 내려가지도 않았다.

화가 난 당태종은 자신의 호의를 무시하고 체면을 깎은 그를 바로 죽였다. 노조상을 죽인 후 당태종은 자신의 행동이 너무 지나치다고 느꼈고 법률에 따라 처리하지 않은 것을 후회했다. 위징은 북제北齊의 황제 고양高洋을 예로 들어 당태종을 비판했다.

"고양은 매우 잔혹하여 마구 폭력을 휘둘렀지만, 다른 사람과 토론할 때 자신이 틀렸으면 이를 인정했습니다. 이것이 그의 장점 가운데 하나였습니다."

당태종은 후회를 하며 말했다.

"노조상이 짐에게 복종하지 않은 것은 옳지 못한 일이었지만, 죽어 마땅한 죄는 아니었다. 짐이 화가 나서 그를 죽였는데, 고양도 이렇지는 않았다."

황제께서는 법을 어기셨습니다

복주자사濮州刺史 방상수龐相壽는 당태종의 오랜 부하였는데, 임지에서 뇌물수수로 고발을 당하여 해직 처분이 내려졌다. 방상수는 당태종에게 구원을 청했고, 당태종은 옛정을 생각하여 그에게 백 필의 비단을 주고 자사로 임명하면서 앞으로는 그러지 말라고 일렀다. 위징이 이 사실을

당태종이 서역(투르판)에서 온 사신을 만나고 있는 장면을 그린 「보련도」步輦圖.

알고 당태종에게 간했다.

"황제께서는 법을 어기셨습니다. 방상수는 죄를 범했는데 오히려 그에게 상을 내리고 원래의 관직에 임명하셨습니다. 황제께서는 진왕 시절의 부하가 아주 많습니다. 만약 그들이 모두 방상수처럼 죄를 지으면 어떻게 하시겠습니까?"

그는 당태종에게 간곡하게 권했다.

"상을 주실 때는 소원했던 사람을 잃지 말아야 하고, 벌을 내리실 때는 친척이라고 용서를 하셔서는 안 됩니다. 공평하게 규칙에 따라야 하고 인의에 바탕을 두어 사람들이 진심으로 복종하게 하셔야 합니다. 그것이 제왕의 도리입니다."

위징의 단호한 충고에 당태종은 동의할 수밖에 없었고 법에 따라 처리하도록 했다. 위징은 당태종과 합심하여, 장손무기와 방현령으로 하여금 『무덕률』武德律을 개정하고 『정관률』貞觀律를 제정하여 형벌을 경감하도록 하였다. 이처럼 관대하고 백성을 우대하는 정책을 실시하고 형벌을 덜게 하자 죄인의 수가 크게 감소했다.

위징은 아침에 내린 명을 저녁에 고쳐 백성들이 어느 것을 따라야 할지 몰라 당황하지 않도록 일관된 정책을 실시할 것을 주장했다. 당나라가 원래 제정한 정책은 18세 이상 남자만 군대에 복무하도록 규정하였는데, 한번은 변방을 지킬 병사가 많이 필요하여 당태종이 16세 이상의 남자를 징집하도록 하자 위징이 이에 동의하지 않았다. 당시 규정에 의하면 황제의 명령은 조정의 대신 모두가 서명한 후에야 효력이 발생할 수 있었다. 위징은 이 법령과 이전의 법령이 서로 다르며 너무 가혹하다고 비판하면서 여러 차례 서명하기를 거절했다.

당태종이 크게 화를 내면서 위징에게 왜 자신의 명령을 방해하는지 물었다. 위징이 대답했다.

"연못의 고기를 다 잡아 씨를 말리면 이듬해에는 잡을 고기가 없게 됩니다. 숲을 몽땅 태워버리면, 사냥감을 찾을 수 없게 되고 내년에 사냥할 짐승도 없게 될 것입니다.

병사의 수가 많다고 싸움에서 반드시 이기는 것은 아닙니다. 수가 적더라도 병사들의 용맹함에 따라 승패가 갈립니다. 그러니 병사 숫자를 채울 필요가 없는데 나이도 적은 아이를 군인이 되게 하실 수 있습니까? 이는 백성의 신임을 잃는 것입니다. 이전의 법령은 18세가 되어야 입대한다고 규정하였는데, 지금은 16세로 고쳤으니 백성들이 어떻게 조정을 믿겠습니까?"

당태종이 자신이 백성들에게 신임을 잃은 일이 있었는지를 묻자, 위징은 여러 차례 법령을 바꾸어 신임을 잃었던 구체적인 사례를 열거했다. 말문이 막힌 당태종은 결국 위징의 의견에 동의할 수밖에 없어서 그를 칭찬하며 말했다.

"짐은 원래 그대가 매우 완고하여 사리가 통하지 않는다고 여겼다. 지금 그대의 말을 들어보니 일리가 있다. 법령이 앞뒤가 한결같지 않아 백성들이 따르지 않는 것도 당연하니 어찌 나라를 잘 다스렸다고 할 수 있겠는가?"

인재등용에 관해서도 위징은 전쟁 시기와 평화건설 시기의 등용 기준을 달리했다.

"천하가 아직 평정되지 않았을 때, 인재등용의 기준은 재능의 유무로 삼아야지, 인품과 덕행이 어떠한지는 고려하지 말아야 합니다. 천하를 평정한 후에 인재를 선택할 때는 재능과 덕을 겸비하지 않으면 안 됩니다."

위징의 영향하에 당태종은 안에서는 친척을 피하지 않고, 밖에서는 원수를 피하지 않고 천거하였다. 한번은 당태종이 위징에게 말했다.

"인재를 등용하여 관리로 임용하는 것은 말과 호랑이를 길들이는 것처럼 쉬운 일이 아니다. 그러나 꾸준히 군자를 등용하면 전국의 군자들이 먼 길도 마다 않고 달려올 것이다."

특히 위징은 항상 당태종을 따라다니면서 직접 간하여 황제가 자신의 향락을 위해 궁전을 건설하는 등의 대규모 토목공사를 일으키지 못하도록 하였다. 한번은 당태종이 남산에 사냥하러 가려고 모든 준비를 했지만 결국은 가지 않았다. 위징이 외출했다가 돌아오던 중 이 소식을 듣고, 황제에게 왜 사냥을 가지 않았느냐고 물었다. 당태종이 대답했다.

"짐이 애초에 사냥하러 가려고 했지만 그대가 책망할까 봐 가지 않기로 했소."

황제도 그를 무서워하여 바른 길로 간 것이다.

정관 4년(630), 당태종이 낙양궁을 건설하기로 결정하자, 중모中牟의 현승 황보덕삼이 상서를 올려 신랄한 어조로 황제를 비판했다. 당태종은 크게 화를 내고 황보덕삼을 죄로 다스리려고 하였다. 위징이 급히 한나라의 가의賈誼에 비유하여 황보덕삼을 변호하면서, 원래 상서의 문장이 그렇고 비판적이지 않거나 신랄하지 않으면 군주의 마음을 감동시킬 수 없는 것이라고 하자, 당태종은 황보덕삼의 죄를 덮고 낙양궁 건설도 중지시켰다.

어느 해에 하남과 섬서 일대에 큰비가 내려 피해가 컸다. 이때 당태종이 낙양에 정산궁正山宮을 건설한다는 소식을 들은 위징이 급히 상서를 올렸다.

"수나라가 그렇게 빨리 망한 주요 원인은 백성들이 너무 잦은 부역에 시달려서 이를 참지 못하고 반란을 일으켰기 때문입니다. 지금의 궁전도 살기에는 부족하지 않습니다. 수나라의 멸망을 생각하신다면 너무 큰 궁전은 빨리 허물수록 좋습니다. 만약 천하를 재난과 고통에 빠뜨리고 계속해서 궁전을 세우며 향락을 즐기면서 백성들을 강제노역에 동원하신다면, 수나라처럼 멸망할 것입니다."

당태종은 위징의 견해를 받아들여 궁전 건설을 멈추게 하고, 건축자재들을 재난지역으로 옮기게 하여 재난민의 집을 짓는 데 활용하도록 명했다.

한번은 당태종이 구성궁九成宮으로 가서 수행 궁녀를 위천圍川의 관사에 살게 하였는데, 재상 이정李靖과 왕규王珪도 왔다. 그런데 위천의 현령이 궁녀를 다른 곳으로 옮겨 살게 하고 재상을 관사에 묵게 하였다. 당태종이 이 사실을 알고 화를 내며 추궁했다.

"왜 나의 궁녀를 깔보는가? 도대체 현령이 무슨 권한으로 이렇게 세도를 부리는가?"

그리고 즉시 현령에게 벌을 내리라고 명을 내렸다. 위징이 그를 말렸다.

"이정과 왕규는 조정의 신하고, 궁녀는 후궁에서 일하는 종에 불과합니다. 대신은 지방을 순시하고, 현령은 그들의 지시를 받으면서 공적인 일을 수행합니다. 대신들이 조정으로 돌아가면 황제도 그들에게 백성들의 고통이 무엇인지 묻습니다.

관사는 본래 조정 대신을 접대하는 장소이니 그들을 묵게 하고 궁녀는 잡일을 거드는 것은 이치에 합당한 것입니다. 관사는 절대로 내방하는 손님을 접대하는 곳이 아닙니다. 만약 현령을 처벌하신다면, 천하 사람들의 비판을 받을 것입니다."

이 말을 들은 당태종은 자신이 너무 감정에 치우쳤다고 생각하고 현령을 처벌하지 않았다.

정관 연간 중엽에 대신들이 당태종의 공적이 크다고 생각하여 태산에 가서 봉선封禪의식을 거행하도록 부추기자, 오직 위징만이 상서를 올렸다.

"폐하의 공로는 매우 크지만, 아직은 백성에게 큰 이익이 돌아가지 않았습니다. 지금은 천하가 태평하지만, 백성은 부유하지 못합니다. 전쟁이 끝난 지 겨우 10년밖에 지나지 않아 나라의 원기가 아직 회복되지 않은 상태입니다. 이때 태산에 가서 봉선의식을 거행하고 자신의 공적을 기리는 것은 시기상조이고 낭비가 너무 큽니다.

또한 행사를 준비하느라 동원될 백성의 고통을 줄일 수 없습니다. 헛된 명예를 구하려다 재해를 입으려는 것은 무엇 때문입니까?"

당태종은 결국 태산에 가지 않았다.

물은 배를 띄우지만, 이를 뒤집을 수도 있다

한번은 당태종이 장안을 떠나 낙양의 현인궁顯仁宮에 갔다. 그런데 그 지방에서 공물로 바친 물건들이 좋지 않았다. 당태종은 크게 화를 냈다. 위징은 이런 상황에서는 더 좋은 공물을 거둘 수 없다고 하면서 당태종에게 말했다.

"수양제는 무절제하고 향락만을 추구하다가 망했습니다. 현재 공물이 나쁘다고 화를 내시면 이후로는 위에서 명을 내리고 아래에서 받들 때 폐하를 만족시키기 위해 필사적으로 바칠 것입니다. 공물은 제한되어 있고 사람의 사치욕은 끝이 없습니다. 그렇게 하신다면 수나라의 비극이 재연될 것입니다."

이 말을 들은 당태종은 이후 검소하게 지냈다.

위징은 당태종 개인의 인품과 덕성 수양도 매우 중시했다. 한번은 위징이 조금도 꺼리지 않고 솔직하게 당태종에게 말했다.

"높은 자리에 있는 사람은 자신의 몸을 바르게 해야 명을 내리지 않아도 나라가 잘 다스려집니다. 몸이 바르지 않으면 명을 내려도 백성들이 듣지 않습니다."

위징은 또 순자의 말을 인용하여 당태종에게 말했다.

"군주는 배와 같고 백성은 물과 같아, 물은 배를 띄우기도 하지만 또한 배를 뒤집을 수도 있습니다."

이 말은 당태종에게 큰 충격을 주었다. 당태종은 이 말을 마음에 깊이 새겼으며, 태자에게 들려주어 황제가 되어도 항상 백성을 두려워해야 한다고 훈계하고 평생 잊지 않도록 하였다.

한번은 당태종이 매 한 마리를 얻었다. 그는 아주 기뻐서 매를 어깨에 올려놓고 가지고 놀았다. 그런데 멀리 위징이 오는 것이 보였다. 당태종은 위징이 매를 보거나 지저귀는 소리를 들을까 봐 얼른 매를 품속에 숨겼다. 사실 위징은 이미 당태종이 매를 가지고 노는 것을 보았다. 위징은 평소에 당태종이 여색, 가무, 매사냥, 개나 말 경주 등 오락에 탐닉하여 공무를 게을리할까 걱정되어 이런 잡기로부터 멀리하도록 경계하였다. 위징은 못 본 척 그냥 당태종 곁을 지나쳤다. 위징이 지나가자 당태종은 가슴속에서 매를 꺼냈지만 이미 매는 숨이 막혀 죽어 있었다.

한번은 당태종이 위징에게 어떻게 하면 명군이 될 수 있는지 묻자, 위징은 그에게 수나라의 우세기虞世基를 예로 들었다. 수나라의 우세기는 수양제의 비위를 잘 맞추었고, 그에게 영합하려고 귀에 거슬리는 말은 하지 않았으며, 기쁜 소식만을 알렸고, 근심 걱정할 만한 나쁜 소식을 보고하지 않았다. 그래서 위징은 나중에 인구에 회자되는 유명한 결론을 얻어냈다.

"여러 사람의 의견을 들으면 밝아져서 시비를 잘 구별할 수 있고, 한쪽의 말만 믿으면 사리에 어둡게 됩니다."

당태종이 위징의 권고나 간언을 언제나 유쾌하게 받아들인 것은 아니다. 어떤 때는 원망스럽고 두려워하기까지 하였으며 심지어 그를 정말로 죽이고 싶은 적도 있었다.

한번은 당태종이 조회를 끝내고 돌아오는데 화가 머리끝까지 나서 황후에게 말을 꺼냈다.

"내 그 촌놈을 죽여버리겠소!"

장손황후_{長孫皇后}가 죽일 사람이 누구냐고 묻자 당태종은 말했다.

"위징이오. 그 놈이 조정에서 나에게 모욕을 주었소."

황후가 이 말을 듣고 방으로 들어가 조복으로 갈아입고 공경하며 뜰에서 있었다. 태종이 이를 보고 의아해하자 황후가 그에게 말했다.

"저는 군주가 현명하면 재능이 있고 정직한 신하가 있다고 들었는데 지금 위징의 직언은 모두 폐하가 밝기 때문입니다. 저는 황상께 어떻게 축하를 드려야 할지 모르겠습니다."

이 말을 들은 태종이 매우 기뻐했다.

당태종은 분명 명군이었다. 그도 보통사람처럼 듣기 좋고 아첨하는 말을 좋아하고 귀에 거슬리는 충언을 싫어했지만, 자신의 감정을 자제하고 정신을 맑고 깨끗하게 하였으며 위징을 존중하고 그와 좋은 관계를 유지했다.

명군과 충신의 본보기

어느덧 위징도 나이가 들어 병이 위중해졌다. 당태종은 어의에게 명약을 짓게 하고 그에게 보내 진찰하고 잘 돌봐주도록 하였다. 나중에 당태종은 태자와 같이 위징의 집에 친히 문병을 갔다. 얼마 후에 당태종은 형산공주_{衡山公主}를 위징의 아들 위숙옥_{魏叔玉}과 혼인시켰다. 위징이 세상을 떠나자 태종은 9품 이상의 관리 모두가 조문하도록 명을 내렸고, 친히 비문을 쓰고 돌 위에 새기도록 하였다. 태종은 그를 그리워하면서 좌우의 대신과 신하들에게 다음과 같은 명언을 했다.

사람은 동경을 거울로 삼으면 의관을 바르게 할 수 있고, 옛것을 거울로 삼으면 나라의 흥망성쇠를 알 수 있으며, 사람을 거울로 삼으면 정치의 득실을 알 수 있다. 위징이 죽고 없으니 짐은 거울 하나를 잃었도다!

이것은 아마도 대신이 누릴 수 있는 최대의 조사_{弔詞}인 동시에 영예가 아니겠는가!

사람들이 말하길 "충신은 두 임금을 섬기지 않고, 열녀는 두 번 시집 가지 않는다"라고 하였다. 만약 신하가 군주를 섬기는 것을 열녀가 시집 가는 것에 비유한다면, 위징은 세 번 시집간 것도 아니고 네 번째 시집을 가고서야 겨우 정직한 군주를 찾았으니, 충신도 아니고 열녀라고도 말할 수 없다.

그러나 위징은 천고에 이름을 남겨 명신 중의 명신으로 인정받고 있다. 그와 어깨를 겨룰 만한 명신은 그리 많지 않고 아마 앞으로도 없을 것이다. 그렇다면 그가 그처럼 높은 평가를 받는 이유는 무엇인가? 그 원인은 그가 영민한 충신이자 훌륭한 신하였기 때문이다.

그는 역대로 여러 제왕을 모시면서 오로지 외곬로만 충성하고 한 집안, 하나의 성씨 그리고 오직 한 사람을 위해서 아무 생각 없이 생명을 바친 것이 아니다. 바람 부는 대로 교묘하게 기회를 잡은 것도 아니고 개인의 명예와 이익을 위해서도 아니었으며 남은 목숨을 겨우 부지해가면서 줏대 없이 이쪽저쪽에 아부하거나 빌붙지도 않았다. 그가 마음속에 품은 하나의 원칙은 위로는 군주의 나라를 평안하게 하고, 아래로는 백성들에게 보답한다는 것이었다.

이런 기본 원칙이 있었기에 그는 자신이 군주를 선택하는 기준을 명확히 할 수 있었고 아무 군주나 선택하여 신처럼 받들지 않았다. 역사적 사실로 볼 때, 그는 먼저 원보장을, 후에는 이밀을 모셨고, 이연에게 투항하였다가 다시 두건덕 군대에 들어갔으며, 이어서 황태자 이건성의 부름을 받아 세마가 되었다가 최후에 당태종 이세민의 중용을 받았다. 어느 것 하나 그가 주동이 되어 적극적으로 찾아가거나 의탁하지 않았고 대부분 상황에 따라 피동적으로 움직였다.

그러나 일단 주인 밑으로 들어가면, 그는 적극적인 태도로 주동이 되어서 기회를 찾아 과업을 완수하려고 전력을 다했다. 만약 자신의 의견이 받아들여지지 않거나 기회가 좋지 않을 때는 상대가 자신이 찾는 군주가 아니라고 생각했지만 그를 결코 원망하지 않았다. 충忠이라는 글자로 그의 경력을 개괄한다면 그는 큰 충신大忠이지 작은 충신小忠이 아니었다.

이 점은 그가 예전에 모신 군주에 대한 태도에서 명확히 나타났다. 그는 이밀을 위해 쓴 묘비명에서 결코 개인적인 원망을 드러내지 않았고, 이밀이 자신의 의견을 듣지 않은 것을 원망하지도 않았으며, 이밀의 영웅적인 면을 긍정적으로 보았고, 존중을 표시하며 동정하기까지 하였다.

그가 훌륭한 신하였음은 위징 자신이 한 직언을 살펴보면 알 수 있다. 그는 설사 자신이 명성을 얻었다 하더라도 모든 영광을 군주에게 돌렸으며, 백성들에게도 이익을 가져다주었다. 그는 진언할 때 자신의 실제 이익과 목숨을 고려하지 않았고 자신의 명예도 고려하지 않았다. 실제로 어떤 문제가 있으면 그 문제만을 생각했지 눈앞의 안일이나 수단으로 이용하여 명예를 얻으려는 것과 연관시키지 않았다. 그가 황제에게 올린 직언들은 모두가 나라와 백성들을 위한 것들이었다. 동기와 효과가 일치되어 군주와 신하 모두에게 명성을 얻게 하였고, 백성들의 복이 되게 했기 때문에 당시 사람과 후세 사람이 그를 훌륭한 신하였다고 말하는 것이다.

중국 역사상 당태종은 직언을 널리 받아들인 제왕 중 하나였고, 위징도 감히 직언을 잘한 명신 중 하나였다. 명군과 충신 두 사람은 서로 자극을 주었고 서로 의존하였다. 당태종이 없으면 위징도 없는 것이고, 위징이 없으면 당태종도 없는 것이었다. 당태종과 위징은 군주와 신하의 관계였지만, 두 사람은 두고두고 명군과 충신의 본보기가 되었다.

10 전설로 남은 천고의 시인

소식은 일생동안 지조를 지키며 살았고 권력을 위해
아부하거나 음모를 꾸미지 않았다. 그의 일생은 좌절의 연속이었으나
그는 지금도 이름이 빛나는 명인이 되었다.

중국 역사는 확실히 음모와 선혈로 점철되어 있지만 역사는 그래도 공평하다. 만약 역사가 음모와 모략을 일삼는 자들로만 가득 찼다면 중국 역사는 결코 이어져 내려올 수 없었을 것이다.

송 인종仁宗 경우景佑 2년(1036)에 '산은 높지 않지만 아름답고, 물은 깊지 않지만 맑은' 사천四川 미주眉州의 소씨蘇氏 집안에 한 아기가 태어났다. 아버지 소순蘇洵이 아기를 받아 안은 후 문득 아기의 등에 검은 점이 있는 것을 발견하고는 기쁘기도 하고 놀랍기도 하여 부인에게 말했다.

"이 아이의 등에 있는 검은 점을 보오. 한가운데 있어 마치 우주의 별과 같으니 이는 재능이 뛰어나서 마치 파도치는 강물처럼 탁류를 용납하지 않을 징조가 아니겠소. 훗날 큰 인재로 자라 나라의 기둥이 될 것 같소."

그러나 아기를 돌려 안고 관상을 자세히 관찰하던 소순은 가슴이 덜컥 내려앉았다. 다시 보니 이마가 번듯하고 코가 날카로웠으며 특히 두 눈은 마치 샘솟는 우물마냥 신비롭고 밑바닥이 훤히 보일 만큼 맑았다. 정신이 잠시 나간 소순은 한참 후에야 부인에게 걱정을 털어놓았다.

"이 아이는 성격이 호방하고 시원하나, 융통성이 없어 나중에 다른 사람들의 구설수에 올라 일생에 어려움이 많을 것 같구려."

이는 후세사람들이 지어낸 말일수도 있지만 아무튼 소순의 말은 아들

의 일생을 정확히 예언했다. 이 아이가 바로 북송 시기에 활약했던, 중국 역사에 길이 빛나는 거인 소식蘇軾이다.

쥐를 통해 세상사의 원리를 깨달은 소식

소식은 어릴 때부터 총명하고 박식하여 다재다능할 뿐만 아니라 세상사에 대한 인식이 뛰어났다. 열한 살 때 그는 부친의 가르침에 따라 「할서부」黠鼠賦를 지었는데 설득력이 강한 문장이다.

내가 밤에 앉아 있는데, 쥐가 한창 무언가를 쏠고 있었다. 침대를 두드리자 소리가 멎었고, 중지하면 다시 쏠아, 동자를 시켜 그곳에 촛불을 밝히게 하였다. 텅 빈 쌀자루 속에서 찍찍 짹짹 하고 소리가 났다. 나는 "쉬! 이 쥐는 갇혀 있으니 도망가지 못할 것이다!"라고 말했다. 사방이 조용해지자, 촛불을 들어 살펴보니 쌀자루 안에 죽은 쥐가 들어 있었다. 동자가 놀라며 의아해했다.

"방금 전까지 쥐가 쏠고 있었는데, 갑자기 죽었단 말입니까? 어떻게 소리가 났을까요? 귀신 곡할 노릇이네요."

죽은 쥐를 땅에 내려놓자 그 쥐는 잽싸게 도망가버렸다. 너무 빨라서 손쓸 틈도 없었다. 나는 탄식하며 말했다.

"교활한 쥐로다! 자루 속에 갇혀 있었는데, 자루가 견고해서 구멍이 나지 않자 쏠지 않고도 쏘는 소리를 내어 사람에게 들리게 하였고 죽지 않았는데도 죽은 척하다 달아나 목숨을 구했다.

사람보다 지혜로운 생물체는 없다고 들었는데, 용을 길들이고 교룡을 잡고 거북의 등에 올라 기린을 사냥하며 만물을 주재한다 하더라도 결국은 쥐 한 마리에게 농락을 당할 수 있다. 이 벌레 같은 놈의 속임수에 속아 처녀처럼 깜짝 놀라서 쥐가 달아나게 하였으니 어찌 지혜롭다고 할 수 있겠는가."

눈을 감고 가만히 앉아 그놈을 생각했는데, 나는 공부를 많이 하여 아는 지식은 많지만 득도하지는 못했다. 정신을 집중하지 않으면 바깥 사물에 사로잡히기 때문에 쥐 소리에 속아 넘어간 것이다. 사람이 천 금의 벽옥을 부숴버릴 수는 있어도 밥솥을 부수지는 못하고, 맹호를 포박할 수는 있어도 독이 있는 벌집과 전갈을 건드리지 못하는 것은 정신을 집중하지 않아 마음이 한결같지 않기 때문이다. 나는 이에 깨달은 바가 있었다.

소식의 이런 문장에서 알 수 있듯이 그는 결코 공부만 하는 판에 박힌 선비가 아니었고, 인간의 마음과 세상사의 심오한 원리까지 깊이 알고 있었다. 때문에 소식은 관리가 된 후에도 명예만을 추구하는 자들의 행동을 포함하여 관리들의 미묘한 심리변화까지 똑똑히 알고 있었다. 그러나 그는 나라와 국민을 생각하고 정의를 지키며 권세에 아부하거나 굴복하지 않았다.

과거시험을 본 소식은 「형상충후지지」刑賞忠厚之至란 문장으로 구양수歐陽修 등 주요 시험관들의 높은 평가를 받았다. 이 문장에서 그는 자신의 애국애민의 감정을 충분히 표현하였을 뿐만 아니라 논조가 확실하고 힘이 넘치며 특히 낡은 문장 작성법에 얽매이지 않고 속담 등 비유법을 잘 활용하여 심사위원들로부터 극찬을 받았다.

구양수는 그의 문장력이 너무 뛰어나 1등으로 평하고 싶었지만 이 시험지가 자신의 제자인 증공曾鞏의 시험지인 줄 알고, 그럴 경우 다른 사람들의 눈에 날까 봐 2등으로 채점하였다. 그는 시험지를 공개한 후에야 소식의 것임을 알게 되었다. 예부에서 진행한 구술시험에서 소식은 「춘추대의」春秋對義로 1등을 하였다.

나중에 구양수는 소식이 쓴 감사의 편지를 받은 후 감개무량하여 이렇게 말했다.

"소식의 편지를 읽어본 나는 너무 기뻐서 온몸이 땀투성이가 되었다.

너무 기쁜 일이다! 소식은 근래에 보기 드문 인재다. 나는 당연히 그에게 길을 터주고, 성공할 수 있도록 돕겠다. 모두들 나의 이 말을 기억해주기 바란다. 30년 후 더는 나에 대해 말을 꺼내는 자가 없으리라.”

당시 구양수는 천하에 이름이 널리 알려졌고 세인들의 진퇴를 좌지우지할 수 있는 위치에 있었다. 구양수의 이 말 한 마디로 소식의 이름은 전국에 알려지게 되었으며, 두각을 나타낸다는 뜻의 출인두지出人頭地란 말도 여기서 나왔다.

사마광과 왕안석의 갈등

봉상첨판鳳翔籤判 등 지방관을 몇 번 연임한 소식은 희녕熙寧 2년(1069)에 개봉開封으로 돌아와 여전히 사관史館 근무를 맡았다.

당시 조정은 신종神宗의 지지하에 왕안석이 신법의 실시를 준비하고 있어서 대신들은 신당과 구당의 두 부류로 나뉘어 있었다. 구당은 변법을 반대하였는데 그 대표적인 인물은 사마광司馬光이었다. 사마광은 덕망이 높은 원로대신일 뿐 아니라 대학자였으며 중요한 역사저작인 『자치통감』資治通鑑을 주도하여 편찬한 인물이다.

신당은 굳건하게 변법을 주장하였는데, 그 지도자는 재상인 왕안석이었다. 그 역시 학자이며 시인이었다. 당시 왕안석은 신법을 지지하는 자들을 급히 모으느라 신중하게 선발하지 못했는데, 일부 바람 따라 돛을 달려는 기회주의자들이 왕안석의 신임을 얻으려고 애써 사경온謝景溫 · 여혜경呂惠卿 · 증포인曾布人 등이 급격히 부상하게 되었다. 왕안석이 이렇게 선택의 여지 없이 급하게 사람을 선발하는 통에 소식은 잔혹한 박해를 받았을 뿐만 아니라 변법 실패의 책임까지 떠안고 모함을 받게 되었다.

이 양당을 놓고 볼 때 소식은 개인감정상 편애가 없었다. 그는 사마광과 친분이 깊었으며 관계도 아주 좋았다. 왕안석을 놓고 볼 때 그들은 모두 구양수의 제자로서 아무 말이나 할 수 있는 가까운 사이였다.

명나라의 장로가 그린 「소식회한림원도」蘇軾回翰林院圖의 부분. 북송의 시인이자 정치가인 소식
은 오랜 유배생활을 거치며 고난에 찬 인생을 보냈으나, 그 과정에서 송시를 더욱 발전시켰다.

소식은 양당 세력 사이에서 결코 어느 한쪽으로 치우치지 않았다. 어
느 한쪽에 감정이 있다 하여도 그는 사적인 감정으로 자신의 진실한 관
점을 숨기고 허위를 말하지는 않았다.

신종의 지지하에 왕안석은 신진인사들을 이끌며 기세당당하게 경제,
문화 방면에서 낡은 제도를 개혁하고 신법을 추진하였다. 그러나 소식
은 왕안석의 개혁이 구체적인 절차나 인재 추천 방면에서 부적절한 면이
많고, 사회 안정과 경제발전에 도움이 되지 않으며, 조정의 단결에도 불
리한 점이 있다고 생각하였다.

그래서 왕안석에 대해 반대하는 태도를 취하였다. 소식은 특히 왕안석
이 과거제를 폐지하려 하자 이에 불만을 품고 신종에게 글을 올렸다.

"인재를 선발하려면 먼저 인재를 이해하여야 하며, 인재를 이해하려
면 인재들의 실제 근무 상황을 고찰하여 그들의 언행이 일치하는지를 살
펴봐야 합니다. 원컨대 폐하께서는 너무 먼 일과 큰일만을 고려하여 낡
은 법을 무조건 뜯어고치고, 새롭고 다른 것만을 좋다고 하시지 말며, 실
제 상황을 고려하시길 바라옵나이다."

신종은 소식의 말이 일리가 있다고 생각하여 그를 불러들여 물어보았다.

사마광은 송나라 신종 대의 대학자로서 『자치통감』의 편찬자로 유명하다. 그러나 변법을 주장한 왕안석과 대립함으로써 조정을 양분시켰다.

"오늘날의 정치에 어떤 문제가 있다고 생각하는가. 나의 착오라 하더라도 지적해보오."

이에 소식이 답했다.

"폐하께서는 천하에 둘도 없는 명석한 분이십니다. 문무를 겸비하시어 상황을 제대로 이해 못 하시거나 게으르신 것도 아니고 일 처리에서 결단력이 없으신 것도 아닙니다. 다만 급히 이 나라를 잘 다스리려는 일념에서 조급하게 다른 사람의 말만을 들으시고 관리들을 너무 빨리 등용하여 승진시키셨습니다. 폐하께서 차분한 태도로 인재가 오기를 기다리셨다가 일을 맡겨보신 후에 신중하게 처리하시길 바랍니다."

신종은 당시의 상황을 잘 파악하고 있는 소식의 건의를 받아들여 왕안석의 과거 폐지와 학당 설립을 위한 신법을 통과시키지 않았다.

사마광은 소식의 견해를 알게 된 후에 아주 기뻐하며 그가 자기편이라고 생각하고 이를 높이 평가하였다. 얼마 지나지 않아 왕안석이 경제 방면의 신법을 활발히 진행하자, 사마광은 초조해져서 급히 인력을 모아 왕안석의 신법을 저지하려고 하였다.

어느 날 사마광은 소식을 찾아가서 그의 생각이 어떠한지 물어보지도

송나라의 왕안석은 변법을 단행하여 국가를 부흥시키려 했다. 그러나 조정 내부에서 변법을 반대하는 사마광 신당이 형성되어 정치투쟁을 벌였다.

않고 단도직입적으로 이렇게 말했다.

"왕안석이 감히 자기 맘대로 행동하여 천하에 용서 못할 죄를 지었으니 정말 간이 배 밖으로 나왔소. 우리가 단합하여 대처해야 할 것 같소."

이에 소식이 웃으면서 자신은 어떻게 해야 하는지를 알고 있다고 하자, 사마광은 소식이 왕안석에 반대하는 줄로 알고 기뻐하며 다그쳐 물었다.

"그럼 어떻게 해야지요?"

소식은 아주 엄숙하게 말했다.

"왕안석이 새 법을 실행하려 하는 것은 국민을 위하는 것이지 사적인 이익을 위하여서가 아니므로 넓게 볼 때는 칭찬할 만한 것이지요. 그러나 그의 신법이 확실히 나라와 백성에게 해가 되므로 제가 반대했을 따름입니다. 공께서 고집하시는 '옛 법은 고칠 수 없다'는 신념은 왕안석의 신법과 비교할 때 더욱 나라를 망치고 백성에게 피해를 입히는 것이라고 생각됩니다."

사마광은 소식의 말을 듣고 벌컥 화를 내며 큰소리로 "망할 놈의 개보 介甫(왕안석의 자)네 당!"이라고 욕을 하고는 가버렸다. 그 후부터 사마광도 소식을 미워하였다.

소식은 애국애민의 마음으로, 그리고 황제에 대한 일편단심으로 두 달 사이에 「황제에게 올리는 글」上神宗皇帝書, 「다시 황제에게 올리는 글」再上神宗皇帝書을 지어 왕안석의 신법에 대하여 전면적인 비판을 가하여 조정에 파문을 일으켰다.

소식은 이 개혁을 황제가 어두운 밤에 말을 타고 쏜살같이 달리는 것에 비유하였고, 대신들은 황제를 위하여 길을 밝히는 것이 아니라 뒤에서 말에게 채찍을 가하는 것에 비유했다. 그는 이 같은 위험한 상황에서 황제에게 말에서 내려 좀 쉬고 말을 먹인 후 날이 밝으면 다시 떠나라고 충고하였다. 왕안석의 신당은 이를 알게 된 후 이를 부득부득 갈았다. 왕안석은 그래도 군자라고 할 수 있지만 그의 부하들은 시기를 노려서 소식을 처단할 음모를 꾸미고 있었다.

어느 날, 왕안석은 소식을 초대하고 그와 마주앉아 깊은 얘기를 나누었다. 왕안석이 소식을 꾸짖었다.

"그대는 사마광과 같은 편이 되어서 신법을 질책하고 있으니 무슨 꿍꿍이 수작이냐!"

이에 소식이 화를 냈다.

"어떻게 그렇게 말할 수 있습니까?"

"인종 때 그대는 개혁을 주장하며 옛것을 되풀이하는 것에 반대했으나 지금은 내가 신법을 실행하는데 왜 사마광과 한통속이 되어 나를 반대하는 것이냐?"

소식은 성이 나서 충고했다.

"제가 사마광과 한패가 되었다고 말하시는데 저 또한 사마광의 낡은 관념에 반대하고 있습니다. 당신은 시대의 흐름을 고려하지 않고 명예와 공적만을 얻기 위해 급하게 신법을 추진하려고 하지만 언젠가는 반드시 천하 사람들의 저항과 질책을 받을 것입니다."

이렇게 두 사람의 대화는 결렬되고 말았다.

네 가지 용서할 수 없는 죄

얼마 후 왕안석의 신당 가운데 중요한 일원인 사경온이 소식을 비방하는 글을 올렸다. 그는 소식이 정부의 배로 개인의 소금을 운반하였다고 무고했다. 후에 그런 일이 없었음이 증명되었지만 소식은 파당끼리의 극심한 투쟁을 혐오하여 도성을 떠나 지방관리직을 맡으려 하였다. 이때 신당이 그를 배척하던 차에 항주杭州로 가서 통판通判을 맡게 하였다. 소식은 항주, 서주徐州에서 수년간 근무하면서 치수사업에 힘써 수해를 막는 등 백성들을 위해 좋은 일을 많이 했다.

원풍元豐 2년(1079), 소식은 서주에서 호주湖州로 가게 되었다. 이때 조정의 당쟁은 갈수록 심해졌다. 왕안석이 선발한 자들은 서로를 이용하고 속이고 있었다. 희녕 8년 2월, 왕안석은 신종에게 중용되어 재상으로 임명되었다. 이로 인해 여혜경의 몇 년 동안의 음모가 수포로 돌아가게 되었다.

여혜경은 재상이 되기 위해 자신과 왕안석 사이의 사적인 서신들을 신종에게 보여주었다. 그는 원래 왕안석에게 아첨하여 부재상이 되었기 때문에 두 사람 사이에 오고간 서신이 많았다.

왕안석이 여혜경에게 쓴 편지 중에 "위에 알려서는 안 된다"라는 글귀가 있었다. 이에 신종은 왕안석이 음모를 꾸미고 있다고 생각하여 그를 재상에서 파면하고 영원히 조정에 들지 못하도록 명을 내렸다. 이리하여 과거에 왕안석의 변법을 지지했던 신진 인사들인 여혜경·이정李定·서단舒亶 등이 조정의 권력을 독점하게 되었다.

소식은 호주에 도착한 후, 관례에 따라 임지를 바꾸면 감사의 표시로 황제에게 올리는 글인 사표謝表를 보내려고 하였는데, 조정에서 벌어지고 있는 변란을 생각하니 화가 치밀어 "신이 어리석어 시대의 흐름에 적응하지 못했고 신진 사상을 따라가지도 못하고 있다는 것도 잘 알고 있습니다. 소인이 이미 늙어버려 일을 제대로 할 수는 없지만 그래도 일부 백성들은 먹여 살릴 수 있습니다"라고 썼다.

이정이 이 글을 보고는 소식을 모해할 수 있는 기회가 왔다고 좋아하며, 서단과 결탁하여 소식을 사형에 처할 계략을 꾸몄다.

그러나 소식의 이름이 천하에 이미 널리 알려졌고, 조정의 일부 원로 중신들이 그를 보호해주었으며, 특히 황후가 그에게 호감을 가지고 있었기에 소식을 넘어뜨리는 것은 그리 쉬운 일이 아니었다. 그런데 이정·서단·장도章惇 등은 소식이 재기하면 그를 감당하지 못할 것이므로 반드시 그를 죽여야 한다고 고집을 부렸다.

이튿날 아침, 이정은 소식의 글을 신종에게 바치면서 탄핵했다.

"소식은 '어리석어 시대의 흐름에 적응하지 못했고, 신진 사상을 따라가지도 못하고 있다는 것도 잘 알고 있다'라고 했으니 신법을 반대할 뿐만 아니라 황제에게 불만이 많으며, '자신이 이미 늙어버려 일을 제대로 할 수는 없지만 그래도 일부 백성들은 먹여 살릴 수 있다'라고 말했으니 이는 자신의 직위에 대한 불만이며 황제를 하찮게 여기는 행동입니다."

이정은 또 소식의 네 가지 용서할 수 없는 죄에 대해 말했다. 첫째, 잘못을 저지르고도 결코 후회하는 일이 없어 마음이 사악하다. 둘째, 오만하고 사리에 어긋난 말을 하여 소문이 자자하다. 셋째, 거짓말로 자신을 변호하고 행동으로 가장하였다. 넷째, 황제가 정사를 바르고 밝게 하는데도 황제가 자기를 싫어하여 중용하지 않았다며 불만을 품고 있다.

신종은 소식의 글을 보고 표정이 굳어졌다. 거기에다 이정이 부채질을 하니 더욱 화가 났다. 서단은 절호의 기회를 놓칠세라 소식의 죄를 증명하는 증거를 내놓고 그는 나쁜 심보를 가진 사람이라고 말했다.

"소식이 신법에 반대하고 있다는 증거가 명확합니다. 그는 모든 법령에 대하여 불만을 토로하고, 나쁜 마음을 가지고 황제를 증오하며, 신하의 절개를 갖추지 못한 것도 사실입니다. 폐하께서 관리를 심사하는 신법을 실시하고 계시지만 소식은 '만 권의 책을 읽어도 법률 책은 읽지 않아서 요순堯舜이 될 능력이 없다'고 말했습니다. 폐하께서 사적인 소금

거래를 금지하셨는데 그는 '공자가 순임금이 만든 소악韶樂을 듣고 3개월 동안 고기 맛을 몰랐다고 하였는데, 그렇다고 3개월 동안 소금을 먹지 말라고 했겠느냐'고 말대꾸까지 하였습니다. 폐하께서 잘 조사해보십시오."

서단의 전술은 교묘하고도 악독했다. 소식의 신법에 대한 비판은 신법을 공격하거나 방해하기 위해서가 아니라 신법이 실행된 후 발생한 일부 우려되는 사실들을 묘사한 것뿐이었다. 그러나 서단은 말꼬투리를 잡아 엉뚱하게 시구를 해석하여 소식을 죄인으로 몰아세웠다. 과연 신종은 잠시 망설인 후에 소식을 심문하라고 명을 내렸다.

소식은 호주에서 체포되어 압송되었는데 당시 호주의 백성들이 길에 나와 전송하면서 통곡하였다. 소식은 이미 지역 주민들의 인심을 크게 얻고 있었다.

개봉에 압송된 후 그는 오태烏台 감옥에 갇혔는데 이것이 바로 중국역사에 유명한 문자옥의 하나인 오태시안烏台詩案이다.

소식은 옥에 오랫동안 갇혀 있었는데 소식의 아들은 부친을 구명할 방법을 찾지 못하자, 소식의 동생인 소철蘇轍을 찾아 남경으로 갔다. 소식의 아들은 떠나기 전에 다른 사람에게 부탁하여 옥중에 식사를 들여보낼 때 고기 대신 물고기를 들여보내라고 하였다.

그러나 식사를 나르는 사람이 잘못 알고 고기를 들여보냈다. 소식은 이것을 보고 자신이 곧 처형되는 줄로 알았다. 전에 면회를 온 아들과 얘기를 나눌 때, 별다른 일이 없을 때는 식사에 물고기를 넣고 상황이 급하면 고기를 넣으라고 약속했었던 것이다. 이렇게 약속해두면 내외로 상황 파악이 되니 미리 준비할 수 있었다. 소식은 이정, 서단 등이 자신을 곧 죽이려는 줄 알고 비통해하면서 다음과 같은 시를 남겼다.

황제는 하늘과 같아 만물에게 봄을 가져다주고
소신은 우매하여 자신도 모르게 스스로를 망쳤다.

백년도 채우지 못했는데 지은 죄부터 갚아야 하고
열 명의 가솔들은 집이 없고 남들에게 누를 끼쳤다.
도처에 청산이니 뼈를 묻을 수는 있을 것이나
나중에 어두운 밤비가 내릴 때 홀로 슬퍼하리라.
그대들과 영원토록 좋은 형제로 지낼 것이며
인간세상에서 못다 한 인연을 맺고 싶구나.

소식의 이 시는 동생 소철에게 쓴 것으로 원래는 옥졸에게 부탁하여 동생에게 전달하기로 했다. 그러나 이 시는 이정이 미리 심어놓은 사람에게 발견되어 이정에게 넘겨졌다. 증거를 확보하지 못해 안달하던 이정은 소식이 또 시를 써서 울분을 토로한 것이라고 생각하고, 이 시를 손에 쥔 채 조정으로 달려갔다.

이때 조정 내부에서는 미묘한 변화가 일어나고 있었다. 조태후曹太后가 임종하기 전에 신종과 얘기를 나눈 적이 있다. 그녀는 신종에게 소식은 충직한 대신이고 다재다능하며 청렴한 사람이니 절대 그에게 억울한 죄를 씌우지 말라고 당부하였다.

신종도 소식을 죽일 생각은 없었고, 오직 이정을 포함한 몇몇 대신들이 그를 모함하고 죽이려 할 뿐이었다. 이튿날 조정에서 이정은 소식의 시를 신종에게 바치면서 소식이 또 옥중에서 억울함을 토로했다고 고했다.

시를 읽어본 신종은 이정에게 그 시에서 소식이 무슨 말을 했는지 물어보았다. 이정은 깜짝 놀랐다. 그저 다른 사람을 해칠 것에만 몰두하여 어떤 내용이 적혀 있는지는 깊이 생각해보지도 않았던 것이다. 상황이 갑자기 바뀌었다. 이전에 이정 편이었던 사람들도 신종의 태도가 변하자, 즉시 소식에게 유리한 말을 하였다. 이렇게 증거가 없자 소식은 곧 석방되었다.

오태시안에 대해 또 다른 해석이 있다. 간의대부 원성선생元城先生 유안

세劉安世의 『원성선생어록』元城先生語錄에 기록되어 있다.

소동파가 어사 사경온에게 모함을 당하여 옥에 갇히게 되었다. 당시 장안도張安道는 남경에서 관직을 맡고 있었는데 황제에게 상소하여 그를 구하려고 하였다. 장안도는 남경부에서 보내는 공문에 상소문을 첨부하여 황제에게 보내려고 하였는데 남경부의 관리가 감히 접수를 하지 않았다.

그리하여 장안도는 아들 장서張恕에게 명하여 황제에게 올리는 상서를 심사하는 등문고원登聞鼓院에 가서 서신을 부치라고 하였다. 장서는 곰곰히 생각해보아도 타당한 것 같지 않아 머뭇거리다가 끝내 편지를 보내지 못하였다.

얼마 후, 소식은 출옥하였는데 그 편지를 보고 혀를 내두르며 얼굴이 창백해졌다. 사람들이 이유를 물어보았지만 그는 대답하지 않았다. 나중에 소식의 동생인 소철이 그 편지를 보고 말했다.

"형님이 당연히 혀를 내두를 만하지요. 이번 일은 모두 장서가 도와주었기 때문입니다. 남을 도와준다는 것이 오히려 그 사람을 싫어하는 자에게 이용당하여 오해를 살 수도 있는 법입니다."

이에 다들 까닭을 묻자 소철은 대답했다.

"한나라 때 정창鄭昌이 머리를 조아리며 관요蓋饒를 구하려 했던 일을 기억하지 못합니까? 정창이 상서하여 '위에는 허씨許氏와 사씨史氏뿐이고, 아래는 김씨金氏와 장씨張氏에게만 의탁한다'고 하였습니다. 이 말이 한선제의 분노를 사게 되었죠. 관요가 무슨 죄가 있겠습니까? 다만 허씨와 사씨 무리에게 잘못 보여서 화를 당했지요.

정창이 황제를 찾아와 사적인 일로 관요의 억울함을 호소하면서 황제의 외척들을 들추어내니 분노를 산 거지요. 지금 형님도 아무런 죄가 없지만 그저 명성이 너무 높아 조정대신들에게 미움을 산 것뿐입니다. 장안도가 상서에 소식이 확실히 천하에 둘도 없는 귀한 인재라고 말했으니 당연히 폐하께서 보셨다면 마음이 상하셨을 것입니다."

허씨는 한선제 황후 허씨의 백부 허연수許延壽를, 사씨는 한선제의 조모 사량제史良娣의 동생 사고史高를 가리키는데, 한선제는 외척을 등용하여 그들을 지나치게 존중하고 특별히 대우하였다.

하인이 소철의 말을 듣고 일리가 있다고 생각하고 그럼 소식을 구하려면 어떻게 해야 하는지 물었다. 소철이 말했다.

"이 조정은 아직 사대부를 죽인 적이 없다. 지금 폐하로부터 시작하여 후세 자손들은 반드시 폐하를 본보기로 삼을 것이다. 폐하는 명예를 좋아하여 이 일을 두려워할 것이니 아마 비극이 일어나는 것을 제지하실 것이다."

옛날 사람들이 말하기를 재주가 많아 주인을 압도하면 군주의 질투를 유발할 수 있다고 하였다. 사실 소식은 충성심이 강하고 지조가 굳어 죄를 짓지 않았다. 다시 말해서 자신은 잘못이 없는데 귀중한 것을 지닌 탓에 도리어 화를 불러온 셈이다.

원풍 3년(1080) 2월, 소식은 황주黃州의 단련부사團練副使로 좌천되었다. 여기에서 그는 천하의 명작인 「적벽부」赤壁賦를 지었다. 소식은 동파東坡에서 몸소 땅을 경작하면서 수많은 일화를 남겼다.

시를 읊어 나라를 구하다

원풍 8년(1085), 38세로 신종이 병사하고 나이가 겨우 10세인 철종哲宗이 즉위하였다. 그리하여 고태후高太后가 섭정을 시작했다. 고태후는 원래 왕안석의 신법을 시종일관 반대하였는데, 정권을 잡은 후 첫 번째로 한 일은 바로 서로 결탁하여 고위층에 오른 관리들을 제거하는 것이었다. 그는 왕규王珪를 재상에서 파면하고 사마광을 재상으로 임명했다. 신법에 반대하여 배척당하였던 인물들이 속속 복귀했다. 이렇게 하여 소식은 등주登州의 태수로 임명되었고, 후에 조정에 다시 들어가게 되었다. 이정, 서단 등은 소식이 복직된 것을 보고 겁을 집어먹고 기회를 엿보며 소식을 모해할 궁리를 하였다.

바로 이때 요遼나라에서 송나라에 사신을 파견하여 시 한 구를 내놓으면서 3일 이내에 대구對句를 지어내라고 하였다. 만약 지어내면 종주국으로 대우하고, 그렇지 못하면 종속국으로 취급한다는 것이었다. 요나라 사신이 내놓은 시구는 '삼광일월성'三光日月星(세 가지 빛을 발하는 것은 해와 달과 별이라는 뜻)이었다.

고태후는 즉시 백관들에게 명하여 대구를 지으라고 하였으나 너무 어려워서 백관 중 어느 누구도 지을 수 있는 사람이 없었다. 이정과 서단은 일부러 소식을 추켜세우면서 그의 명성이 천하에 널리 알려졌으니 반드시 지을 수 있을 것이라고 하였다. 만약 지을 수 없으면 세상을 속인 것이고 그의 명성은 도둑질한 것이라고 덧붙였다. 고태후는 그 둘이 소식을 모함하려는 것을 알고 있었지만 소식이 할 수 있다고 확신하고 그 일을 소식에게 맡겼다.

소식은 요나라의 사신을 만난 후 그가 왜 득의양양해하는지 알 수가 없었다. 사신이 자신이 송나라에 온 이유를 말하자 소식은 사신에게 시를 읊으라고 하였고, 이에 사신은 높은 소리로 '삼광일월성'이라는 시구를 내놓았다. 소식은 이 시구를 듣고 웃었다.

"우리나라에선 세 살배기 어린아이도 이런 시를 맞출 수 있소."

사신은 화를 내며 소식이 고의로 이런 말을 하여 자신을 속인다고 여기고 빨리 시를 지으라고 재촉하였다. 소식이 말했다.

"송나라의 어린이들이 『시경』詩經을 읽으니 '사시풍아송'四詩風雅頌을 하면 어떻겠소?"

이렇게 나오자 요나라 사신이 깜짝 놀랐다. 반면에 조정의 대신들은 다들 웃으면서 절묘하다고 칭찬하였다.

소식이 내놓은 대구는 우주를 구성하는 것이 일日·월月·성星 세 가지

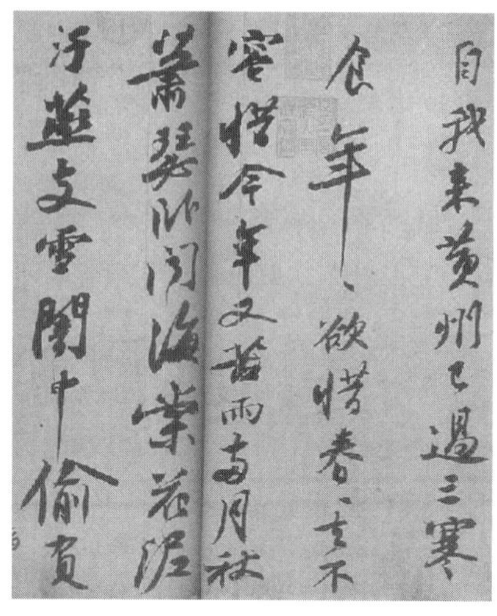

소식의 필적. 소식의 글씨는 채양, 미불, 황정견과 함께 송나라 사대가로 꼽히고 있다.

인 것처럼, 『시경』의 시들을 노래의 내용에 따라 구분 짓는 풍風·아雅·송頌 세 부분으로 구성되어 있다. 이 가운데 아는 대아大雅와 소아小雅로 나뉘어 사시四詩라고 하였는데 이렇게 숫자 4로 뒤 세 글자가 대표하는 세 가지 물건과의 모순을 해결하였다. 대구가 절묘할 뿐만 아니라 사시를 삼광에 비교하는 뜻도 있다.

대구를 짓는 방법은 사물은 사물끼리, 동사는 동사끼리, 숫자는 숫자끼리 서로 상반되게 지어야 하는데, 예를 들면 일一이면 만萬이나 천千 혹은 백百으로 맞추어야 한다. 사四의 경우는 삼三으로 대응하였는데 이것은 사나 삼 뒤에 오는 명사의 성격에 따른 것이다. 시時는 광光으로 맞추었는데 원래 이것의 의미는 빛을 가리키지만 광음光陰은 세월이나 시간을 나타내기 때문이다.

소식은 요나라 사신에게 "귀국의 이 시구에 대해 나는 붓 가는 대로 한 아름 지어낼 수 있소. '일궁청신렴'一宮淸愼廉, '일진풍뢰유'一陣風雷雨, '반통흑도장'牛桶泥塗漿 등등"이라고 말하며 그를 마음껏 놀렸다. 이에 요나라 사신은 머리가 어지럽고 부끄럽기까지 해서 패배를 인정하고 돌아갔다.

뱃속에 들어 있는 대신들

이정과 서단의 음모가 도리어 소식에게 큰 도움이 되었다. 고태후의 지지하에 소식은 1년 안에 세 차례나 승진하여 중서사인中書舍人, 한림학사지제고翰林學士知制誥 겸 시독侍讀으로 임명되어 사실상 직권은 부재상 이상이었다.

사마광은 재상이 되자 신법을 없앤 뒤, 원우元祐 원년(1086) 3월에 정무회의를 소집하여 5품 이상의 조정 관리는 전부 참여하도록 했는데, 중심 과제는 왕안석의 신법을 폐지하는 것이었다. 소식은 이 과정에서 자신의 눈으로 직접 신법이 실시된 이후의 장점을 발견하게 되어 신법 전부를 폐지해서는 안 된다고 주장하면서 반대하고 나섰다.

오늘날 왕안석의 신법을 살펴보면, 당시의 정치, 경제와 사회의 문제점을 개혁하려는 혁신적인 정책이 포함되어 있었다는 사실을 부정할 수 없다. 북송 이후에 관리, 군대와 비용 등에 낭비요소가 많아지자 왕안석은 주로 이 세 가지를 개혁의 목표로 삼아 정부기관을 축소하고 권력을 집중시켜서 통치의 효율성을 높여 이에 따른 경제의 발전을 가속시켰다.

이는 당연한 조처이고 정확한 정책이었다고 할 수 있지만, 당시 왕안석이 사람을 잘못 등용하고 수구세력들이 심하게 반대하는 상황에서 무리하게 추진하다보니 신법을 10여 년 동안 실행한 후에도 뚜렷한 성과가 없었다. 또한 원래 출발 때부터 안고 있던 문제들이 속출하자 사마광은 신법을 폐지하자고 나섰던 것이다.

바로 이 정사당政事堂 회의에서 소식은 첫 포문을 열었다.

"천하를 완벽히 유지하지 못하는 원인은 바로 사람을 잘못 등용한 데 있는 것이지 그 법률 자체에 있는 것이 아닙니다. 오늘날 사마광께서 신법을 완전히 없애려는 것은 큰 잘못입니다!"

사마광뿐만 아니라 정사당 전체 분위기가 갑자기 얼어붙었다. 사마광이 의문이 생겨 물었다.

"당신과 나는 전에 함께 신당을 반대했고 또 신당의 피해를 입었는데 왜 신당의 신법을 위하여 변명하는가?"

"법이란 전부 실제 상황에 의하여 결정됩니다. 이는 관리와 정부를 위하는 것이니 정당 간의 의견 대립이 있어서는 안 되고 개인적인 의견의 충돌도 있어서는 안 됩니다. 과거 왕안석이 급히 신법을 실행하려 한 것은 확실히 부당하나 오늘 신법을 완전히 폐지하자는 것 또한 마치 물에서 돌을 스스로 껴안고 있으면서 목숨을 구해달라고 하는 격으로 타당하지 못합니다."

사마광은 소식의 말을 듣고 분노가 더욱 치밀어 올라 "신법을 폐지하고, 옛 법을 그대로 실행하기로 이미 결정을 내렸으니 더 이상 토론할 여지가 없다!"라고 단정해버리고는 정사당을 나와버렸다.

소식도 분개하여 집으로 돌아온 후 "소같이 미련한 사마광!"이라고 욕을 하였다. 점심을 먹은 후 그는 배를 내밀고 주위 사람들에게 물었다.

"여기에 뭐가 들어 있는 것 같소?"

한 시녀가 대답했다.

"문장이 들어 있어요."

소식은 머리를 흔들었다. 다른 한 시녀가 대답했다.

"정부기관이 가득 들어 있어요."

소식은 또 머리를 흔들었다. 그의 애첩 왕조운王朝雲이 웃으면서 말했다.

"시대에 뒤떨어진 조정의 늙은 대신들이 가득합니다."

소식이 듣고 한숨을 쉬며 "나를 아는 사람은 그래도 조운뿐이구나"라고 했다. 옛 법만을 추종하는 조정의 늙은 대신들에 대한 불만을 그렇게 표한 것이다.

그리하여 소식은 또 한 번 사마광 등의 낡은 세력에게 배척을 받았고 동시에 조정에 남아 있는 신당에게도 배척 받았다. 또한 학술적으로 관점을 달리하는 정이程頤, 정호程顥 형제의 낙당洛黨의 공격도 받게 되어 소식의 입장은 아주 곤란하게 되었다.

그는 자주 한숨을 쉬었다.

"조정에서 주류를 이루는 사람들이 자신을 속이고 위로는 현명한 군주의 기대를 저버렸으며 지조를 버리면서 사실을 알고도 밝히지 않아 남들의 원망을 사게 되었으니 죽지 않았어도 폐인이나 다름없다."

소식이 계속 상서를 올리고 지방관으로 내려가겠다고 청하자 그의 심정을 이해한 고태후는 그를 용도각학사龍圖閣學士로 삼아 항주로 보냈다. 소식은 항주로 내려간 후 1년 동안에 두 번 조정에 불려갔고 두 번이나 임지를 바꾸어 명을 시행하느라 분주히 뛰어다녔다.

그 후 소식은 병부상서 겸 시독에 임명되었고 다시 예부상서 겸 단명전학사端明殿學士로 임명되었으며, 그의 동생 소철은 재상에 임명되었다.

선생은 달콤한 봄잠을 자고 있다

철종哲宗이 열 살이 되자 소식은 그의 스승이 되었다. 철종은 고집이 세고 공 세우기를 좋아하였으며 충성스럽고 노련한 신하를 싫어했다. 또한 일부 정적들의 공격으로 철종은 소식을 멀리하게 되었다.

친정을 시작한 철종이 고태후가 원우 연간에 한 일들을 모두 폐지하고 장돈章惇을 재상에 임명함으로써 여혜경 등 간신들이 재기했다. 이는 소식에게 재난이 닥친다는 것을 의미하였다.

장돈을 비롯한 신당 세력들이 모두 조정에 복귀하여 원우 연간에 집정했던 신하들을 처벌하여 죽이거나 유배를 보내는 등의 보복 조처를 취하였는데 소식도 당연히 재난을 면할 수 없었다. 소식은 과거의 조정을 풍자하고 배척한 죄명으로 직무를 박탈당하여 광동廣東 영주榮州로 유배를 가게 되었다. 그러나 가는 도중에 또 영원군절도부사로 폄적되어 광동 혜주惠州에 주저앉게 되었다. 육순에 가까운 소식은 온 집안 식구들을 거느리고 폭염에 시달리며 같은 해 여름에야 겨우 중국의 최남단 아열대 지역인 혜주에 도착했다.

혜주에서의 생활은 너무나 힘겨웠다. 그러나 소식은 호방하고 소탈한 성격인데다 속세를 초월하는 도가적 정신으로 무장되어 있어 자연을 벗 삼아 이런 척박한 환경을 극복할 수 있었다. 직접 밭을 개간하여 파종하고 수확하여 생활은 그런대로 유지되었다. 이곳에서도 그는 항주, 소주에 있을 때처럼 백성을 위하여 일했으며 문화적으로도 많은 미담을 남겨 놓았다.

어느 날 그는 온 집안 식구가 모이자 흥이 나서 「종필」縱筆(붓 가는 대로)이란 시를 지었다.

백발이 성성하니 서리가 날리는 것 같고
작은 정자 등나무 침대에 누워 병든 얼굴로
선생은 달콤한 봄잠을 자고 있다고 전하니
거리의 사람들은 오경 종을 두드리고 있다.

얼마 후 이 시는 경성에 알려지게 되었고, 장돈은 이 시를 보고는 심한 질투를 느꼈다.

"네가 아름다운 봄날에 잠을 잔다니, 나는 네가 편히 잠잘 수 없도록 할 테다!"

그리하여 소성紹聖 4년(1097) 4월 17일, 조정은 명을 내려 소식으로 하여금 경주별가瓊州別駕의 창화군昌化郡으로 가게 한 뒤 일체의 공무를 보지 못하도록 하였다.

경주는 지금의 해남도海南島로 당시에는 황무지였다. 62세의 소식에게 이런 파견은 일종의 사형이었다. 소식은 이를 알고도 경주에 뼈를 묻기로 하였으나 결국 살아남게 되었다. 당시의 그의 심경은 많은 시들에서 엿볼 수 있다.

소식은 경주에 온 후 강인한 정신과 속세를 벗어난 초월적인 사상 때문에 살아갈 수 있었다. 다른 한편으로는 그곳의 문화발전에 커다란 공헌을 하여 언어, 생활습관 등 여러 방면에서 주민들에게 커다란 영향을 끼쳤다. 소식은 불행하게도 유배를 왔지만 해남도에게는 큰 행운이 아닐 수 없었다.

원부元符 3년(1100), 24세의 철종이 세상을 뜨자, 휘종 조길이 즉위하였다. 그는 신구 양당의 관계를 조정하여 화해시키려고 애썼다. 휘종은 소식이 경주로 유배를 간 지 3년이 지난 후에 다시 그를 조정으로 불러들였다.

조정으로 오는 도중에 소식은 가는 곳마다 많은 문인학사와 백성들의 열렬한 환영을 받았다. 그들은 소식과 친해지려고 하였고, 이 위대한 문화적 거인의 풍채를 엿보고 싶어 했다. 1101년, 소식은 개봉으로 오는 도중에 병으로 세상을 떠났다.

소식은 일생동안 지조를 지키며 권모술수를 부리지 않았다. 이로 인해 그는 끊임없이 좌절을 겪었고 갖은 모함에 시달렸으며 죽을 고비를 여러 차례 넘겼다. 하지만 그는 권모술수를 쓰지 않았기 때문에 다른 사람들은 도저히 이룰 수 없는 천고의 명인이 되었다. 역사는 공정하다는 사실은 그의 삶에서 충분히 증명된다.

소식의 시사詩詞, 산문과 부賦 그리고 서예는 중국문화사에 큰 발자취를 남겼다. 그는 신법과 같은 국가의 중요 시책으로 정치적 논쟁을 벌일 때 절대 자신의 주장을 굽히면서 굴복하지 않았고, 정치적 명예나 부귀영화를 위해 남에게 아첨하지 않았으며, 공명정대한 마음과 백성들을 먼저 생각하는 선비정신으로 맡은 직책을 잘 수행했다.

또한 유배지에서도 초속적인 정신 자세와 도가적 생활태도로 정치적 좌절을 문화수양으로 승화시켜 중국역사와 문화에 커다란 영향을 끼쳤다. 역사는 공평하다. 소식이 일생동안 조정으로부터 배척을 당했다고 해서 그가 편견을 가지고 있었다고 폄하하거나 그의 능력을 무시하는 것은 공평하지 못한 일이다.

냉정하고도 객관적인 관점에서 그의 일생을 평가한다면 그는 무한한 존경과 찬양이 아깝지 않은 인물이다. 그를 박해한 사람들은 작은 벌레

처럼 바람에 날려 없어졌다. 만약 역사가 그들이 남긴 말들을 기억한다
면 이는 소식 때문이고, 단지 그들이 자신들의 정치적 입지와 명예를 지
키기 위해 소식을 박해했기 때문일 뿐이다.

11 기인과 은자

산속에 은거한다고 해서 기인이라고 부를 수는 없다.
기이하다는 것은 세상을 구제하는 가운데 기인과 은자의 본색을
드러내는 데 있다.

저속하고 하찮은 사람은 수없이 많지만 영웅이나 열사, 성인이나 현명한 군자 그리고 기인奇人과 은자隱者는 매우 적다.

특히 기인과 은자는 한 세기에 한 사람이 나올까 말까 하여 봉황의 털이나 기린의 뿔처럼 아주 드물다. 이런 기인과 은자는 나타나기만을 기다릴 수 있을 뿐 찾을 수는 없다. 기인의 기이함은 속세의 구속을 받지 않는다는 데 있다. 기인은 속세에 들어가서는 천하를 다스리고, 속세를 떠나서는 우주만물과 정신적으로 왕래할 수 있다.

기인은 가난을 걱정하지 않고, 세상에 이름을 날려 유명해지는 것을 좋아하지 않는다. 가난과 영달 모두에 개의치 아니하고, 늘 아무런 구속도 없이 소탈하게 행동하니 초월정신을 소유한 진정한 자유인이라고 할 수 있다.

오늘날 세속의 시류를 좇아 변신하는 사람일수록 맑고 깨끗한 척 위장하고, 온몸에서 썩은 똥냄새가 나는 사람일수록 억지로 신사의 멋을 부리는 것을 누가 모르겠는가? 만약 사람들을 수준별로 나누어본다면 이런 사람들은 그저 저속하고 비열한 인간 부류에 속할 뿐만 아니라 그중에서도 하류인생에 속할 것이다. 이런 하류인간들이 기인이나 은자와 친분을 맺으려면 수백 년 동안의 수행이 필요할 것이다. 사실 기인과 은

자야말로 중국 귀족의 전통적 정신을 대표하는 사람들이다.

세상이 몰라본 기인 유기

원말 명초의 유기劉基는 기인이다. 왕조가 교체될 때 그는 큰 몫을 했고, 명나라를 위하여 개국의 길을 열었다. 유기에 대한 전설은 아주 많다. 그는 어떤 일도 능숙하게 처리하고 속셈이 빨라서 세상을 좌지우지할 수 있었는데, 『수호전』에 등장하는 양박산 호걸 가운데 공손승과 비슷했다. 환상적인 색채를 벗겨버리고 그의 면모를 살펴본다면, 유기는 학자이고 군사가이며 정치가일 뿐만 아니라 독자적으로 행동하는 지혜가 무궁한 사람이었음을 알 수 있다.

유기는 자가 백온伯溫이고 절강浙江의 청전靑田 사람으로 1311년에 출생하였고, 전통적인 사대부 집안 출신이다. 절강은 송나라 때부터 문화와 교육이 발달하여 뛰어난 인물들이 많아 수많은 산과 강 그리고 수천 명의 수재를 배출하였다는 명성을 누리고 있었다.

유기의 선조는 원래 풍패豐沛 인씨人氏였고 송나라 때 관리를 하였는데 후에 남송을 따라 강남으로 이주하여 절강의 청전에 정착했다. 유기의 조부는 태학상사太學上舍였는데, 박식하고 지혜로우며 천문지리에 통달하였고 정직하였으며 의리도 있어서 원나라에 대항하는 봉기를 일으킨 적이 있었다.

유기는 이렇게 비교적 명성이 있는 가정에서 태어났기에 어릴 때부터 보고 듣는 것이 많았고 공적을 쌓을 포부를 세웠으며 의협심이 강하고 불의를 참지 못하는 성격을 키우게 되었다. 기록에 따르면 유기는 어릴 때부터 재능이 출중하였을 뿐만 아니라 아는 것이 많고 기억력이 좋아 사람들을 자주 놀라게 하였다고 한다.

유기의 집 부근에 서점이 있었는데 그는 방과 후에 늘 그곳에 머무르곤 하였다. 어느 날 그는 천문학 책을 발견하고 한 번 대충 읽어보았는데, 다음날 다시 왔을 때 전날에 읽었던 책을 줄줄 외울 수 있었다. 서점 주인이 그에게 탄복하여 그 책을 선물로 주려고 하자, 유기는 "책의 내용은 이미 나의 머릿속에 있으니 이 책은 무용지물입니다"라고 하였다. 그가 이렇게 어떤 책이라도 한 번 훑어보면 전부 외울 수 있는 정도였고, 또 이미 배운 문장에 대하여 자기의 견해를 밝힐 수도 있었으니 그의 선생도 그를 매우 중시하였다. 다른 사람이 알지 못하는 이치를 깨닫고, 다른 사람이 들어본 적도 없는 말을 하니 그의 선생은 그가 장차 큰 인재가 될 것이라고 확신했다.

그는 17살 때 부학府學을 떠나 괄창산括蒼山의 석문동石門洞으로 가서 당시의 유명인사인 정복초鄭復初를 스승으로 모시고 정이와 정호의 성리학을 배웠다. 이 기간에 그는 수많은 책을 읽었는데 특히 정통 경사자집經史子集뿐만 아니라 잡가雜家들의 저작들도 배우고 의학·농업·기술·수학·천문과 지리 등에도 많은 관심을 보였다. 이렇게 유기는 젊은 시절 폭넓은 독서로 튼튼한 학문적 기초를 닦아 후에 정치와 군사 영역에서 종횡무진 활약할 수 있는 이론적 토대를 만들었다.

유기의 젊은 시절은 굴곡이 많았다. 그는 1333년에 진사시험에 합격하였고, 강서 고안의 현승으로 임명되었다. 당시 원나라의 정국은 불안정하였다. 통치자들은 백성들로부터 수탈한 세금과 재물로 사치스런 생활을 했고 농민봉기가 곳곳에서 일어났다.

이런 상황에서 지식인들은 기회를 엿보면서 반란을 시도하는가 하면 아예 봉기군에 가담하는 경우가 많아, 원나라 통치자들을 위하여 목숨을 바치는 사람은 극히 적었다. 유기도 그러했다. 그는 현승이라는 낮은 관직을 맡고 있었지만 원나라에 협조적이지는 않았다. 원나라의 관리였기 때문에 당연히 처리해야 할 일들은 그저 공식적으로 처리했으나 지방의 풍토와 세태를 파악하면서 백성들의 동정과 민심을 살피고 있었다. 그는 함부로 형벌을 가하지 않았고 정직한 지식인의 양심으로 맡은 책무를 다하였다.

한번은 고안에서 현승으로 있을 때, 살인사건을 판결하게 되었는데 첫 공판을 맡은 재판관은 권세가 높은 몽고 귀족이었다. 피고인은 재판 결과에 불응하고 계속 항소하였으며 다시 사건을 조사한 결과 유기는 수사에 오류가 있었음을 발견하고는 피고인이 살인자의 누명을 쓴 것이므로 마땅히 그의 억울한 죄를 사면시켜야 한다고 의견을 제기했다. 유기의 끈질긴 노력 끝에 피고인의 원한은 풀리게 되었고 백성들로부터 칭찬을 받았다.

그러나 집권자들은 이 사건의 판결을 받아들이지 못하였고, 얼마 후 유기는 다른 사람의 모함을 받아 지방 관리로 퇴출되었다. 유기는 관리들이 재물을 약탈하고 법을 남용하며 서로 아첨하는 풍조를 혐오하여 관직을 그만두고 낙향하였다. 1340년, 그는 고향 청전으로 돌아가 은거생활을 시작했다.

유기의 학문과 품행은 점차 많은 사람들에게 알려지기 시작했고, 절강행성行省에서는 그에게 유학부제거儒學副提擧 관직을 맡겼다. 유기는 이번 관직이 자신의 특성에 잘 맞는다고 생각하고 맡았는데 알고 보니 부패하기는 마찬가지였다. 그는 자신의 성격을 고칠 수 없어 일부 불법에 대하여 분개하며 질책했다. 그 결과 많은 사람들이 그가 직책을 남용하여 쓸데없는 일에 참견한다고 비난하였다. 이에 유기는 또 한 번 분을 못 참고 사직해버렸다.

1351년, 방국진方國珍 형제가 반란을 일으켰는데 온주溫州·태주台州·경원慶元 등을 점거하고 해상에서도 수시로 나타나자 정부군은 그들을 섬멸하는 데 큰 어려움을 겪었다. 이 반란으로 해안가 주변의 백성들이 엄청난 재난을 입었다.

무능한 원나라 관리들은 유기가 인재라고 생각하여 그를 절동원수부도사浙東元帥府都事로 임명하고 방국진을 타도하라고 하였다. 유기는 두 번이나 관직을 그만둔 후 다시는 탐관오리들과 함께 일하고 싶지 않았지만 백성들을 괴롭히는 반란군을 섬멸해야 한다고 생각하고 이에 응하였다.

명나라 개국의 길을 연 전설적 인물 유기. 대학자이자 주원장의 참모로서 천문·역법·군사 등의 분야에 정통하여 명나라 군정체제 확립에 공헌하였다.

관직에 오른 그는 곧바로 자신의 의견을 제출하였다. 그는 방국진 형제가 반란을 일으킨 목적은 조정을 위협하여 높은 관직을 얻으려는 것이므로 강경하게 대처해서 완전히 소멸시켜야 한다고 주장하였다.

그는 당시의 상황을 상세히 분석한 후 반란군의 군대를 분산시키는 전략을 사용하여, 방국진 형제만 없애고 나머지 사람들은 놓아주겠다고 반란군에게 알렸다. 이 소식이 반란군에게 알려지자 방국진의 진영은 혼란에 휩싸이게 되었다.

방국진은 의리를 지키지 않는 파렴치한 자였다. 그의 부하들 대다수는 그에게 협박당하여 할 수 없이 가담한 이들이었다. 그들은 유기가 제시한 조건을 듣고는 다들 방국진의 휘하에서 떠나려고 했다.

방국진은 당황한 나머지 유기에게 많은 재물을 주고 그에게 책략을 바꾸도록 설득했다. 그러나 유기는 그의 회유를 뿌리쳤다. 방국진이 할 수 없이 조정의 고위관리들에게 뇌물을 바치자 방국진의 부대는 안정을 되찾았다. 방국진은 한편으로는 조정의 대신들에게 유기가 제 맘대로 권리를 남용하여 백성을 사랑하는 대신들의 어진 마음을 상하게 하였다고 질책하도록 시켰다.

유기는 이번엔 정말로 마음이 크게 상하여 원나라에 대한 믿음을 완전
히 잃어버렸고, 백성들을 위하여 좋은 일을 한다 해도 더 이상 벼슬을 하
고 싶지 않았다.

하늘이 나를 낳았으니, 필요한 데가 있으리라

1358년, 그는 세 번째 사직을 하고 고향 청전으로 돌아갔다. 이번에
은거하는 동안 그는 우화집을 지어 더러운 현실에 대한 분노와 인생에
대한 견해를 밝혔다. 그는 이 우화집의 이름을 『욱이자』郁離子라고 지었
는데, 불공평한 일 때문에 마음이 우울해서 이런 것들로부터 멀리하고
자 하는 의미가 들어 있다.

이때 유기는 이미 40여 세였다. 그는 20여 세 때 진사가 된 후, 20여
년간 떠돌이 생활을 했고 수 차례나 은거생활을 했다. 그러나 그의 인생
경력은 여기서 종지부를 찍지 않았다. 몽고인들이 중원을 유린하고 조
정의 높은 관직을 독차지하였으며 한족이 이들에 빌붙어 부귀영화를 누
리고 이름을 날리던 원나라 말기에 원대한 이상과 목표를 실현하려면 원
나라에 대항하는 길밖에 없었다.

소위 "하늘이 나를 낳아주었으니, 반드시 필요한 데가 있으리라"라는
말처럼 끝내 유기에게도 기회가 왔다.

호주에서 빈민 농가 출신의 곽자흥이 원나라에 반기를 들고 일어났다.
곽자흥 휘하의 병졸이 된 주원장은 얼마 되지 않아 자신의 부대를 거느
릴 정도로 두각을 나타냈다. 안휘의 화주和州를 점령한 후에 곽자흥이 병
사하자, 주원장은 곽자흥의 부대를 장악하고 홍건군의 우두머리가 되어
세력을 키웠다.

그는 주승朱升이 건의한 "담벽을 높이 쌓고 양식을 많이 모아두면, 서
두르지 않아도 왕이 될 수 있다"는 계책을 받아들여 몽고의 예봉을 피하
면서 신속하게 세력을 확장하였다. 그는 군대의 규율을 아주 중시하여

위엄과 명성을 얻었는데, 가는 곳마다 그 지역의 유력인사들을 방문하고 인재를 골라 자기 사람으로 쓰곤 했다.

처주處州를 점령한 후, 주원장은 유기가 고향 청전에 은거하고 있다는 소식을 듣고 그를 초청하였다.

유기는 일찍이 주원장의 명성을 들었지만 그에 대해 아는 바가 적고 또한 20여 년간 관직생활에서 당한 갖은 시련 때문에 다시 산에서 나오려고 하지 않았다. 그래서 주원장의 첫 번째 초청을 거절하였다. 주원장은 실망하지 않고 총제總制 손염孫炎을 파견하여 현명한 인재를 간절히 등용하려는 진심을 잘 전달하도록 친서를 보냈다. 손염이 주원장의 무궁한 재능, 웅대한 책략과 원대한 목표를 잘 설명하고 설득하자 결국 유기도 큰 감동을 받았다.

유기가 말했다.

"제가 지난날 사직하고 서호西湖에 은거할 때 서북쪽에 이상한 모양의 구름이 피어오르는 걸 보고 이것은 틀림없이 천자의 기운이며 10년 후에는 천자가 금릉金陵에 나타날 것이라고 생각했습니다. 지금 주원장께서는 창업의 기틀을 마련하였습니다. 공의 뜻이 원대하고 사람들의 인심을 얻었으며 예를 갖추어 부하들을 대하시니 공에게 의탁하는 사람이 많아졌습니다. 이것은 하늘의 뜻에 따르고 백성의 요구를 들어주시는 것이니 장차 큰 성과가 있을 것입니다."

이렇게 하여 유기는 주원장의 초대에 응했다.

강자를 제거한 후 약자를 쳐라

유기는 주원장을 만나기 전에 이미 천하의 대세에 대한 상세한 분석과 연구를 끝낸 상태였다. 그는 주원장을 접견한 후 그에게 시무18책時務十八策을 제출하였다. 주원장은 아주 기뻐하며 유기를 불세출의 인재라고 칭찬하면서 즉시 예현관禮賢館을 건립하게 하여 그를 그곳에 머물도록 하고 귀빈으로 모시며 둘도 없이 친하게 지냈다.

당시 주원장의 동쪽에는 장사성이, 서쪽에는 진우량이 버티고 있었다. 이 두 군대의 세력은 주원장의 군대보다 강하였고, 서로 협력하여 주원장을 공격할 태세를 갖추고 있었다. 비록 주원장의 군대는 사기가 충천했지만 협공을 받는 위험한 상황에 처해 있었다. 따라서 장사성과 진우량에 어떻게 대처해야 하는가가 주원장에게는 시급한 과제였다. 정확한 책략을 발휘하지 못하면 장사성과 진우량의 두 부대에게 잡아먹힐 수도 있었다. 이 문제를 걱정하던 주원장은 허심탄회하게 유기와 상의했다.

주원장이 먼저 물었다.

"내가 천하의 대업을 이루기 위해 선생께 폐를 끼치고 이렇게 찾아왔소이다. 나를 저버리지 마시오. 어떤 건의라도 마음을 비우고 받아들이겠소."

유기가 입을 열었다.

"공께서 금릉을 점령하시어 유리한 지세를 차지하셨지만 동남쪽에 장사성이 있고, 서북쪽에 진우량이 있어 여러 차례 공을 공격하며 위협했습니다. 이런 상황에서 천하를 차지하려면 시급히 이 두 사람을 제거하셔야 합니다."

주원장도 이 문제를 고려하고 있었으나 어려움이 많아 어찌할 바를 몰랐다. 그는 양미간을 찌푸리며 유기에게 말했다.

"이들의 세력이 워낙 강해 어떻게 섬멸해야 할지 모르겠소."

"적을 물리치려면 공격의 강약을 조절하고, 병사를 쓸 때도 전후 순서가 있습니다. 지금은 먼저 진우량을 제거한 후에 장사성을 없애야 합니다."

"장사성의 세력이 약하고 진우량이 강해서 대부분의 장수들은 약자인 장사성을 먼저 없애 진우량의 날개를 잘라버려야 한다고 생각하고 있소. 먼저 약자를 친 뒤에 강자를 제거하는 것이 일반적인 병법인데 선생은 어찌하여 그 반대로 생각하오?"

유기가 대답했다.

"지금 상황에서는 병법에 따라 작전을 써서는 안 됩니다. 장사성은 그저 자신의 목숨만을 보존하는 데 급급한 자에 불과합니다. 그는 가슴에 큰 뜻이 없으며 스스로 편안하기만 하면 만족해하므로 일을 일부러 만들어 곤궁에 빠지거나 많은 일이 생기는 것을 원하지 않습니다. 만약 우리가 진우량을 집중 공격한다 해도 그는 이 틈을 타서 금릉을 공격하지 않을 것이며 경솔하게 행동하지도 않을 것입니다. 그러나 진우량은 주인을 내쫓고 왕이라 칭하면서 한시도 금릉을 잊어본 적이 없는 자입니다. 그는 장강 상류를 점령하고 있어 강을 따라 쉽게 내려올 수 있습니다.

그는 야심이 크고 다른 호걸들을 다 없애려고 작정하고 있으므로 그가 바로 지금 가장 큰 적입니다. 만약 병력을 집중하여 장사성을 공격하면 진우량은 이 허점을 이용하여 쳐들어 올 텐데 공께서는 퇴로가 있겠습니까? 그러나 먼저 진우량을 섬멸하면 장사성의 존망은 우리 손에 달려 있으니 무서울 것이 없습니다.

먼저 진우량을 쳐부순 뒤에 장사성을 없애고, 계속하여 서쪽으로는 섬서를 공략하고 북쪽으로 원나라의 도성 대도大都를 공략하면 천하는 평정될 수 있을 것입니다."

유기의 책략은 제갈량의 융중대에 못지않아 주원장은 크게 기뻐했다. 그 후 주원장은 유기의 책략에 따라 천하를 평정하였으며 결국 명나라를 건립하였다.

구체적인 전략에서도 유기는 여러 차례 공을 세웠다. 유기가 주원장의 진영에 들어온 지 두 달이 채 안 됐을 때, 진우량은 서수회徐壽輝를 협박하여 대군을 이끌고 주원장을 공격하도록 하고, 자신은 장사성과 연합하여 동서로 공격했다. 당시에는 적의 병사들이 많았고 주원장의 세력이 약했으며 주원장 휘하 장수들의 주장도 일치하지 않았다. 싸워야 한다는 의견도 있었으나 도망쳐야 한다는 의견이 대다수였고 심지어 투항해야 한다는 의견도 있었다.

　의견이 분분할 때 유기는 옆에 묵묵히 서 있기만 하였는데 주원장이 나중에 따로 유기의 의견을 물어보았다.

　그는 간결하면서도 강경하게 대답했다.

　"투항하려는 자와 달아나려는 자를 죽여야 승리할 수 있습니다. 진우량이 서수회를 데리고 오는 것은 그 위력을 과시하기 위해서입니다. 달아나도 퇴로가 없고 투항한다 해도 적이 살려주지 않을 것이므로 묻힐 곳도 없으니 이번의 계책은 필사적으로 싸우는 수밖에 없습니다. 진우량이 세력이 강하다 할지라도 의리가 없는 오합지졸들로 이루어졌고 또한 원정을 왔으니 상당히 피로하여 지쳐 있을 것입니다. 우리들은 강토를 지켜야 하니 병사들은 일심협력할 것이며 사기가 높으니 곳곳에 병사들을 매복시키면 반드시 승리할 것입니다. 진우량은 오만하여 함부로 횡포를 부리고 지혜도 부족하니 사기가 떨어진 병사들은 반드시 싸우기도 전에 도망을 칠 것입니다. 맞서 싸우면 반드시 승리할 수 있습니다."

　유기의 판단은 주원장과 다른 장수들에게 필승의 신념을 확고하게 심어주었고 당시의 전세에도 부합되었다.

　진우량이 처음에 공격하였을 때는 세력이 강했으므로 몇 차례 승리를 거두었다. 그는 태평太平을 점령한 후 서수회를 죽이고 왕을 자칭하며 국호를 한漢으로 정하였다. 그 후 주원장의 영역에 깊숙이 들어왔으나, 유기의 전략으로 포위되었으며 손과 발이 묶여서 힘 한 번 쓰지 못하고 여러 전투에서 패한 후 강주江洲로 도망쳤다.

　강주성은 강을 따라 건립되어 성벽이 강 가운데 있어서, 지키기는 쉬우나 공격하기가 어려웠다. 주원장이 몇 번이나 공격했으나 실패한 그야말로 난공불락이었다. 그래서 진우량은 안심하고 침소로 돌아가 두 다리 쭉 펴고 잠자리에 들었다.

　유기는 몰래 성벽의 높이를 측정하고 수많은 사닥다리를 만들어 배에 싣고 어둠을 틈타서 수중에 있는 성벽 아래까지 간 후에 군사들이 순조롭게 성 꼭대기에 오르도록 하고 일시에 공격했다. 진우량은 아내를 데리고 황급히 남창南昌으로 도망쳐버렸다.

그 후 파양호鄱陽湖 전투에서도 유기는 기이한 전술을 많이 생각해내어 주원장을 도와 진우량을 죽였고, 한나라 정권을 완전히 소멸시켰다.

그러나 홍건군의 수령인 소명왕小明王 한임아韓林兒를 모시는 문제에서 유기는 주원장과 의견을 달리했다. 주원장은 한임아의 봉작을 받아들이려고 하였는데 그 목적은 남의 이목을 피하고 원나라 군대의 창끝을 한임아와 진우량에게 겨누게 하여 자신의 세력을 확장시킬 수 있는 시간을 벌려는 것이었다. 그러나 전세가 호전되었기 때문에 한임아를 섬기는 것은 아무 소용이 없었다.

1361년 정월, 주원장이 금릉에서 자리를 마련하여 소명왕을 접견하였는데 유기만이 참석하지 않았다.

주원장이 그 이유를 묻자 유기는 대답했다.

"한임아가 비록 한산동韓山童(홍건군의 우두머리)의 아들이지만 그는 식견이 없고 그저 목동에 불과할 뿐이며 성이 한씨이지 조씨가 아닌데도 조광윤이 세운 송나라의 후손이라고 자칭하고 있습니다. 송나라는 이미 멸망했고 인심을 잃었으니 지난 왕조의 연호를 쓸 필요가 없습니다. 대장부가 과업을 성취하려면 다른 사람의 견제에서 벗어나야 합니다. 계속 그를 존중해준다면 자립할 수 없습니다."

주원장은 자신의 태도를 분명하게 표시하지 않았으나 유기의 생각이 옳다고 생각했다. 그는 후에 한임아를 구하려다 하마터면 진우량에게 허점을 보여 패할 뻔했다. 그리하여 유기의 말을 더욱 믿게 되었고 나중에는 아예 한임아를 죽이고 독립하였다. 이것으로도 유기의 책략이 얼마나 정확했는지를 알 수 있다.

작은 기둥을 쓰면 건물이 무너지는 법

유기가 명나라를 건립하는 과정에서 세운 세 가지 공헌은 다음과 같다. 첫째, 정확한 정세 변화를 예측하고 책략을 세웠다. 주원장이 한임아의 세력권에서 벗어나 독립하고 널리 인심을 모아 천하를 얻을 수 있었던 것도 유기 덕분이었다.

둘째, 정확한 전략을 세워 전투에서 승리할 수 있었다. 주원장의 주요 적 가운데 야심이 크고 세력이 강한 진우량을 먼저 공격하고 약한 장사성을 나중에 손아귀에 넣는 작전을 구사하여 천하를 평정하는 데 기틀을 마련할 수 있었던 것도 유기의, 병법을 뛰어넘는 날카로운 지략과 판단 덕분이었다.

셋째, 여러 전투에서 기이한 계책을 많이 세웠다. 강주로 도망간 진우량의 허점을 간파하고 기습 공격하여 그를 단번에 제거할 수 있었던 것도 유기의 전술 덕분이었다.

더욱 귀한 것은 나라를 건립한 후에도 유기는 자신의 일관된 주장을 견지하고 주원장에게 "어진 정치로 천하를 통치해야 한다"라고 건의하였다는 점이다. 주원장은 황제에 즉위한 후 상처투성이인 세상을 보고 망연자실하여 어떻게 해야 할지 몰라 유기에게 대책을 세우도록 하였다. 유기는 "민생을 살리는 방법은 너그럽고 어진 마음에 달려 있습니다"라고 하였다. 관리들의 부정부패에 대해 큰 걱정을 한 유기는, 부패한 관리는 고하를 막론하고 엄하게 처벌해야 한다고 주원장에게 건의하였다.

불의와 타협할 줄 모르는 강직한 성격인 유기는 한편 문신의 우두머리인 이선장에게도 전혀 양보하지 않고 그의 회유와 위협에도 아랑곳하지 않았다. 또한 어사중승의 신분으로 이선장의 친척이며 뇌물 수수죄를 지은 탐관오리 이빈李彬을 사형에 처하여 조정에 큰 파문을 일으켰다. 그후 그는 이선장의 갖은 모함을 이겨내지 못하여 관직을 그만두고 낙향하였다.

유기는 사람을 알아보는 데 남다른 능력이 있었다. 그는 주원장이 의심이 많고 밖으로는 대범한 척하지만 마음은 급하다는 것을 잘 알고 있었기에 관직은 맡지 않고 되도록 먼 곳에서 고문 역할만 하였다.

한번은 주원장이 이선장 대신 유기를 재상으로 임명하려 하였다. 그러자 그는 "이선장은 공신으로 다른 신하들과 조화를 이룰 수 있습니다"라고 말하며 사양했다.

주원장은 이를 이상하게 여겨 물었다.

"이선장은 여러 번 그대의 단점을 꼬집었는데 그대는 왜 그의 장점만을 얘기하오? 나는 당신을 재상으로 임명하려 하는데 어떻게 생각하오."

"국가의 대사 가운데 재상을 임명하는 일만큼 중요한 일이 없습니다. 재상을 바꾸는 것은 궁전에서 기둥을 바꾸는 것과 같은 것이니 만약 작은 기둥을 쓰신다면 부러지지 않으면 넘어질 것입니다. 제가 바로 이런 작은 기둥이니 어떻게 바꿀 수 있겠습니까?"

"양헌은 어떻소?"

"양헌은 그릇이 작습니다. 재상은 반드시 물과 같이 맑은 마음을 가지고 어느 한쪽으로도 기울지 않아야 하는데 양선은 그렇게 할 수 없습니다."

주원장은 또 물었다.

"그럼 왕광양은 어떻소?"

"왕광양은 속이 좁은 인물입니다."

주원장이 나중에 "호유용은 어떻소?"라고 묻자, 유기는 "그는 절대 안 됩니다. 재상은 말을 모는 것과 같은데 호유용은 말을 제대로 몰 수 없을 뿐만 아니라 수레까지 망가뜨릴 것입니다"라고 대답했다.

그런데도 주원장은 이 가운데 몇 사람을 재상으로 임명하였으니 결과는 어떠했을까? 양헌은 법을 어겨 사형에 처해졌고, 왕광양도 사형을 받았으며, 호유용는 모반을 꾀하여 극형에 처해졌는데 이 대역죄에 연루된 사람이 많아 3만여 명이 처형되었으며, 이선장까지도 연루되어 멸족을 당하였으니, 유기는 그야말로 사람을 볼 줄 아는 선견지명이 높은 위인이었다.

호유용은 유기가 주원장 앞에서 자신을 낮추어 말한 적이 있어서 그에게 원한을 품고 있던 차라 재상이 된 후에 유기의 아들을 헐뜯었고 또 유기가 왕의 기운이 있는 묘지를 차지했다고 모함하였다. 원래 고향에서 은거하며 장기를 두거나 차를 마시는 등 한가롭게 살던 유기는 마침내 경성에 불려가서 심판을 받게 되었다. 비록 나중에는 주원장이 그를 집까지 호위해 돌려보냈으나 그는 울분을 참지 못하고 1375년 65세를 일기로 세상을 떠났다.

원하는 물고기만 낚은 강태공

중국 역사에는 기인과 은자가 많았다. 중국 역사 최초의 기인으로는 무왕武王이 주왕紂王을 정벌할 때의 강자아姜子牙(강태공姜太公)를 손꼽는다.

강자아는 자신이 재능이 많다는 것을 알고 있었지만 때를 만나지 못해 재주를 펼칠 방법이 없어 그저 시기를 기다리는 수밖에 없었다. 그는 매사에 이루는 것이 없어 작은 장사를 해도 운이 따라주지 않았다. 한번은 돈을 빌려 밀가루를 사서 거리에 나가 팔았는데 갑자기 바람이 불어 밀가루가 몽땅 날아가버려 피땀으로 모은 밑천도 건지지 못하였다. 그러나 그는 낙담하지 않고 기회가 오기만을 기다렸다.

한번은 그가 위수 강가에서 물고기를 낚는데 끝이 곧은 바늘로 낚시를 하여 한 마리도 잡지 못했다. 이때 그의 아내가 밥을 갖다 주러 왔다가 그가 곧은 바늘로 낚시를 하는 것을 보고 화가 난 나머지 바늘을 구부려 그가 밥을 먹는 동안 많은 고기를 낚았다.

그는 아내가 잡은 고기를 물속으로 놓아주면서 말했다.

"내가 낚시를 하는 것은 낚시 바늘에 내가 원하는 물고기만 걸리기를 원하는 것이오. 모든 것이 자연스럽게 이루어지도록 하지, 절대 강요하지 않소."

그 후로 그는 아내와도 이혼하였지만 기회가 오기만을 계속 기다렸다.

그가 80여 세가 되었을 때, 주공周公이 위수 강변에 그를 모시러 왔다. 주공이 친히 수레와 말을 가지고 와 그의 곁에서 하루 종일 기다리자 강자아는 주공의 태도에 감동되어 결국 무왕을 도와 폭군 주왕을 주살하였다.

강자아는 지혜롭고 재능이 뛰어났을 뿐만 아니라 도술에 정통하였고 계책이 많았다고 한다. 심지어 바람이 불어오게 하고 비를 내리게 하며 널려 있는 콩깍지로 병사를 만들 수 있어 무왕이 폭군을 제거하는 과정에서 큰 공헌을 하였다. 후에 공신이 되어 제齊 땅에 봉해졌는데, 당시 제 땅은 기름지고 물고기와 쌀의 고장으로 불릴 정도로 경제가 발달한 개발지구였다. 그는 많은 봉록을 받았고 문무백관의 우두머리가 되었으며 태공太公으로 존중을 받아 명예를 얻고 천수를 누렸다.

세상을 피해 흐른 시냇물, 장량과 제갈량

진나라 말엽 한나라 초의 인물인 장량도 기인이라 할 수 있다. 그는 다음 네 가지 점에서 기이했다.

첫째, 한나라에 복수하리라 맹세하고 재산을 들여가면서 자객을 수소문하여 박랑사에서 진시황을 암살하려 하였다. 비록 성공하지는 못했지만 그의 용감하고 강인한 의지는 다른 사람들이 기이하다고 탄복할 만했다.

둘째, 그는 우연한 기회에 병법을 배우게 되었다. 어느 날 장량은 다리 위에서 한 노인을 만나게 되었다. 다리 위에 서 있던 노인은 장량에게 길바닥에 떨어진 자기의 신발을 주워 오라고 했다. 장량은 기분이 나빴으나 꾹 참고 노인의 신발을 주워 왔다. 그러자 노인은 한 술 더 떠서 신발을 자기 발에 신기라고 말했다. 정량은 어처구니가 없었으나 한번 화를 참았으니 또 참기로 하고는 신발을 신겨주었다. 노인은 그를 가만히 쳐다보더니 며칠 후 동틀 무렵에 이곳으로 오면 병법을 가르쳐주겠다고 하였다. 장량은 그곳에 두 번이나 갔으나 모두 노인이 먼저 와 있었다. 노

강태공. 주공은 80여 세의 강태공을 얻기 위해 위수 강변에서 하루 종일 기다렸다고 한다. 강태공은 이에 세상에 나아가 폭군 주왕을 제거했다.

인은 그에게 마지막으로 기회를 주겠다고 하였다. 장량은 아예 저녁부터 여명이 틀 때까지 집에 돌아가지 않고 온종일 기다려 끝내 노인을 만족시켰다. 노인은 그가 참을성이 강하고 약속을 지킬 줄 안다고 여겼다. 노인은 약속대로 그에게 병법을 가르쳤다. 장량은 후에 탁월한 군사전략가가 되었다. 이 "장량이 신을 신기다"는 이야기는 오늘까지도 노인을 존중해야 한다는 말로 젊은이들에게 좋은 교훈이 되고 있다.

셋째, 그는 여러 차례 기이한 계책을 생각하여 유방을 곤경에서 구해내고 항우를 죽여서 공신 대접을 받았다.

넷째, 공을 세우고 관직에서 물러나 명예를 추구하지 않아 목숨을 구했다. 공신들의 세력이 커져 위협을 느낀 유방과 여치가 공신들을 죽였는데, 장량은 처신을 잘하여 이 화를 피할 수 있었고 또한 소하가 받은 굴욕을 면할 수 있었다.

그는 관계에 발을 끊고 몸을 깨끗이 하여 조정에서 멀리 떨어진 산속에서 병법만 연구하였다. 그 모습이 마치 맑은 시냇물이 세상을 피하여 졸졸 흘러내리는 것과 같았다.

동한 말년의 제갈량도 기인이라고 할 수 있다. 그는 융중에서 몸소 밭

유비는 세력을 일으킨 후 제갈량을 삼고초려 끝
에 영입하여 그의 도움으로 군사력을 강화했다.
이후 성도에 수도를 정하고 촉한을 세웠다.

을 경작하면서 시를 짓거나 독서를 즐겼다. 그는 어지러운 세상에서 제
후들에게 영달을 구하지 않았다. 유비가 삼고초려했을 때 비로소 제갈
량은 그가 어질고 믿을 만한 사람이라는 것을 알고 그를 도와 큰일을 도
모하리라 결심하였다.

제갈량은 융중에 있을 때부터 세상이 삼분될 것을 예측했는데, 융중을
나와서는 동쪽으로 손오孫吳와 연합하고 북쪽으로는 조위曹魏에 대항하
면서 적벽赤壁 싸움을 승리로 이끌었으며 성도成都를 점령했다. 결국 삼국
이 성립하리라는 그의 예언은 적중하였다. 그러나 제갈량의 기이함은
여기에 그치지 않는다. 그는 다른 사람들과 비교해서 세상을 보는 통찰
력이 뛰어났고, 할 수 없는 것을 알면서도 그것을 실현하려고 했다.

그는 천하의 대세가 삼국이 정립하여 위나라와 오나라 두 나라와는 뜻
을 같이할 수 없음을 알고, 유비가 한나라 종실을 회복하려는 뜻을 도와
그의 염원을 실현시켜주고 싶었다. 이를 위하여 그는 온갖 고생을 마다
하지 않고 직접 모든 정무를 밤늦도록 처리하면서 온 힘을 다하였으나
피로가 쌓여 병을 앓다가 피를 토하고 죽었다.

산속에 은거하는 것을 기이하다고 할 수는 없다. 기이하다는 것은 세상

을 구제하는 가운데 기인과 은자의 본색을 드러내는 데 있다. 정계의 기인과 은자는 '어지러운 세상을 구제하는 적극적인 면'과 '산속에 들어가 자기 수양을 하는 소극적인 면'을 모두 겸비하였으니 지금도 여전히 사람들의 동경과 존중의 대상인 것이다.

12 겸손과 허위

겸손은 항상 허위와 결탁되어, 경우에 따라서는 어느 것이
겸손이고 허위인지 분간할 수 없다. 진정한 겸손이
허위로 간주되기도 하고, 허위가 겸손으로 보일 때도 있다.

옛날 사람들은 "겸손하면 이익을 보고, 오만하면 손해를 본다"고 했다. 이 말의 뜻은 겸손하고 사양하면 대부분 좋은 결과를 가져오고, 교만하면 재난을 부르게 된다는 것이다.

현대인들은 세상의 인심이 옛날만 못하다면서 도덕 상실에 대하여 불안해한다. 옛날 사람들의 겸손과 미덕은 우리들에게 요즘의 세태를 바로잡을 수 있는 믿음을 가지게 한다.

물론 옛날로 돌아가서 긴 치마와 두루마기를 걸치고 머리에 높은 모자를 쓰고 짚신을 신고 다녀야 하는 것은 아니다. 또한 지난 과거를 높이 평가하고 현재를 낮추거나, 지금 세대가 과거 세대보다 못하다고 생각하여 노신이 말하는 시골노파九斤老太가 되라는 뜻이 아니다. 다만 '거울로 의관을 바로잡듯이 과거를 거울로 삼아 현재의 득실을 밝히라는 것' 뿐이다.

겸손은 허위와 혼동되는 경우가 많아서 때로는 어느 것이 겸손이고 허위인지 분간할 수 없다. 진정한 겸손이 허위로 간주되기도 하고, 허위적인 양보가 진정한 마음에서 우러나오는 겸손으로 보일 때도 있다. 그렇다 할지라도 역사에는 큰일을 위해서든 혹은 개인의 인품에서 출발하였든 진심으로 겸손하거나 남에게 양보하는 사례들이 적지 않으며, 대부

분은 나중에라도 사람들에게 알려져 미담으로 전해진다.

친구에게 재상 자리를 양보하다

춘추전국시대 때의 인물인 포숙아와 관중은 절친한 친구였고 서로를 높이 평가하였다. 후에 두 사람은 각기 제양공의 아들 공자 소백과 공자 규를 보좌하였는데, 제양공이 죽은 후 두 형제들의 권력투쟁이 심각해졌다. 관중은 공자 소백을 몰래 활로 쏜 적이 있는데 다행히 허리띠의 쇠 갈고리를 맞혀 소백은 죽지 않았다.

공자 소백이 등극하여 제환공이 된 후, 포숙아는 관중을 천하에 둘도 없는 인재라 여기고 제환공을 설득하여 관중을 빼앗아왔다. 제환공이 등극하는 과정과 다른 방면에서 공이 많았기 때문에 제환공이 포숙아를 재상에 임명하려 하자 포숙아는 단호히 거절하면서 다음과 같이 말했다.

"저는 다섯 가지 면에서 관중보다 못합니다. 첫째는 백성들에게 너그럽고 온화하며 그들을 위해 생각하고 계획을 세우는 데 관중만 못합니다. 둘째는 나라를 다스리고 대권이 군왕의 한 손에 집중되게 하는 데 관중보다 못합니다. 셋째는 신의를 지켜 백성들로부터 진정한 추대를 받는 것도 관중보다 못합니다. 넷째는 예의제도를 제정하고 천하의 백성들이 모두 법을 준수하게 하는 데 관중보다 못합니다. 다섯째는 싸움터에 나가 북을 치며 진군하는 병사들에게 용기를 북돋아주는 데 관중보다 못합니다.

저와 관중이 이렇게 많은 차이가 있는데 왜 저를 재상으로 임명하려 하십니까? 천하를 제패하시려면 관중을 중용하셔야 합니다."

제환공은 포숙아의 말을 듣고 관중을 중용하여 춘추오패 중의 으뜸이 되었다. 이리하여 포숙아가 친구 관중에게 재상 자리를 기꺼이 양보한 어진 마음은 천고의 미담이 되었다.

한문제 초에 진평은 재상으로 있었다. 진평과 주발은 한고조 유방을

서한의 개국공신인 주발. 여후의 무리를 제거하
고 한문제 유항을 즉위시켰다.

따라 함께 죽음을 무릅쓰고 싸운 장군이지만 진평의 공로가 주발보다 컸
기 때문에 진평이 재상에 오른 것이다. 그러나 후에 주발이 병사를 거느
리고 여후 등 모든 여씨 무리들을 죽이고 한나라 유씨 왕실의 강산을 회
복하여 그 공로가 진평보다 커졌다.

진평은 재상 자리를 주발에게 양보하려고 일부러 병이 난 척하며 조정
에 나가지 않았다. 한문제가 이를 이상하게 여겨 직접 그를 찾아가 묻자
진평은 이렇게 대답했다.

"고조를 따라 천하를 다툴 때는 주발의 공로가 저만 못했지만 현재 주
발은 포악했던 여씨들을 모두 죽이고 한나라 왕실을 보존했으니 저의 공
로가 주발보다 못합니다. 재상직을 주발에게 넘겨주시기를 청합니다."

삼국시대 때 주유周瑜는 젊은 장수였는데 조조가 군대를 이끌고 쳐들어
왔기 때문에 동오東吳의 손권孫權이 예외적으로 그를 육군과 수군의 도독으
로 등용하여 군대를 거느리고 조조를 물리치도록 명하였다. 주유가 나이
가 어리고 경력이 적었기 때문에 일부 노장들은 이를 인정하지 않았다.

특히 정보程普는 여러 차례 주유를 난감하게 하였지만 나라의 대세가
중요하다고 보고, 자신의 신분을 낮추어 다른 장수들을 단결시켰으며

삼국시대 오나라의 명장 주유. 조조가 군사를 이끌고 쳐들어오자 적벽대전에서 조조의 군대를 대파했다.

적벽싸움에서 유비와 연합하여 조조를 물리쳤다.

이와 같은 미담 중에서 가장 유명한 것으로는 염파廉頗와 인상여藺相如의 장상화將相和 이야기가 있다.

진나라 장수 백기白起가 영도郢都를 공격하자 초나라는 수도를 옮겨야 했고, 제나라는 연나라 장수 악의樂毅의 공격을 받아 패망 직전까지 이르렀다. 진나라는 전쟁을 하면 할수록 강대하여 다른 여섯 제후국과 비교했을 때 세력이 월등했다. 조나라를 제외한 나머지 다섯 나라들은 진나라의 상대가 되지 못했다. 다만 조나라만이 대응할 수 있었는데 그 원인 중의 하나는 조나라의 무영왕武靈王이 정치를 개혁하고 새로운 정책을 실행하여 국력을 신장시켜 나라의 기초를 튼튼하게 닦아놓았고, 다른 한편으로는 장군 염파와 재상 인상여가 목숨을 걸고 싸웠기 때문이다.

만약 염파와 인상여의 협력이 없었다면 조나라는 이미 진나라에게 멸망당하고 말았을 것이다. 그래서 사마천은 『사기』에서 별도로 「염파인상여열전」을 지어 그들을 높이 평가했다.

염파는 대장군이 된 후 전투에서 적극적으로 싸운 공으로 상을 받았고 인상여는 두 번의 중대한 외교사명을 완수하였기 때문에 재상이 되었다.

진나라는 끊임없이 조나라를 공격하였지만 여전히 손에 넣을 수 없었는데 특히 대장군 염파는 격파하기 어려웠다. 그리하여 진왕은 다른 방법으로 조나라를 압박하려 하였다.

진나라는 거짓으로 조나라와 우호관계를 맺으면서 조나라를 난처한 입장에 빠뜨렸다. 기원전 283년 조나라가 초나라로부터 천하의 진귀한 보물 화씨벽和氏璧을 얻었다는 소식을 들은 진왕은 조왕에게 사자를 파견하여 15개의 성과 조나라의 화씨벽을 맞바꾸자고 했다. 이리하여 조나라는 곤경에 빠지게 되었다.

이 벽옥이 아까워서가 아니었다. 조나라는 예로부터 신의를 지키지 않았던 진나라에게 사기를 당하고 웃음거리가 되어 명성을 더럽힐까 봐 두려웠다. 또한 만약 진나라에 옥을 주지 않는다면 진나라 군사들이 쳐들어올까 봐 두려워 진퇴양난에 처했다.

이때 환관의 수장인 무현繆賢이 건의했다.

"저희 집에 인상여라는 식객이 있는데 지혜와 용기를 겸비하였으니 그를 한번 만나보시고 방법을 물어보심이 어떠하신지요?"

별다른 계책이 없었던 조왕은 인상여를 만나 물었다.

"진왕이 15개의 성을 화씨벽과 맞바꾸자고 하는데 줘야 할지 주지 말아야 할지 모르겠소."

인상여는 대답했다.

"진나라는 강하고 조나라는 약하니 거절할 수 없습니다."

조왕이 또 물었다.

"만약 진왕이 화씨벽을 얻고 나서 성을 주지 않으면 그때는 어찌 할 것인가?"

"진나라가 청했는데 응하지 않으면 조나라는 도리에 어긋나며, 진나라에서 조나라의 옥을 얻은 후에 성을 주지 않으면 진나라가 도리에 어긋나는 것입니다. 이 두 가지를 비교해볼 때, 차라리 진나라의 말을 들어주어 잘못한 책임을 진나라가 지도록 하는 것이 좋을 것입니다. 만약 대

왕께서 파견할 사람이 없으시면 제가 가겠습니다. 만약 진왕이 성을 저
희에게 넘겨주면 저는 옥을 진나라에 남겨두고 그렇지 않을 경우에는
'옥을 손상 없이 온전하게'完璧 가져오겠습니다."

'완벽'이란 말의 주인공 인상여

조왕은 인상여가 말재주가 뛰어나고 생각이 깊다고 여기고 그를 진나
라에 파견하였다. 진나라 소양왕은 장안 근교의 장대章臺에서 인상여를
접견했다. 진왕이 너무나 기뻐서 조심성 없이 성큼 다가서자, 인상여는
할 수 없이 옥을 들어올렸다. 천하에 둘도 없는 진귀한 벽옥을 건네받은
진왕은 보고 또 보면서 입이 닳도록 칭찬하며 미칠 듯이 좋아했다. 나중
에는 궁녀와 왕비에게 건네주고 보게 하였다. 모두들 만세를 외쳤다.

인상여가 당하에 서 있어도 아는 척하는 사람이 하나도 없었다. 며칠
이 지나도록 진왕이 15개의 성을 준다는 말을 꺼내지 않자, 인상여는 진
왕이 조나라에 성을 줄 마음이 없음을 간파하고는 미리 생각해놓은 계책
에 따라 진왕에게 말했다.

"옥에 작은 흠집이 있습니다. 알려주지 않으면 발견하기 어려우니 제
가 찾아드리겠습니다."

진왕은 아무 생각 없이 벽옥을 인상여에게 넘겨주었다.

인상여는 옥을 받아 쥔 후 재빨리 궁전 기둥에 기대 서서 노기충천한
목소리로 진왕에게 말했다.

"대왕은 이 옥을 얻으려고 사람을 시켜 조왕에게 요구하였으나 조나
라의 대신들은 모두 진왕이 탐욕스럽기 그지없고 신의를 지키지 않으며
그저 강대하다는 것만 믿고 몇 마디 말로 조나라의 옥을 빼앗으려 한다
며 모두들 화씨벽을 주는 것을 반대했습니다.

저는 보통 사람들도 신용을 지키는데 하물며 대왕처럼 큰 나라의 군주
야 말할 것도 없이 약속한 것은 반드시 지킬 것이라고 생각했습니다. 이

전국시대 말기 조나라의 인상여가 화씨벽을 손에 들고 진나라 소양왕과 대치하고 있다. 화씨벽을 탐낸 소양왕의 속셈을 알아챈 인상여가 화씨벽을 아무런 손상 없이 되찾아 온 데서 '완벽'完璧이란 말이 유래했다

따위 쓸모없는 옥 하나를 가지고 진나라와 조나라의 화목한 분위기를 깨뜨리신다면 진나라는 신의를 저버린 나라가 되어 다른 제후국들의 웃음거리가 될 것입니다.

조왕은 저의 말을 믿으시고 5일 동안 목욕재계하신 뒤에 친히 조당에서 국서와 옥을 제게 건네며 진왕에게 전해주라고 하셨으니 얼마나 공경스럽고 예의 바른 일입니까!

그러나 제가 진나라에 와서 옥을 대왕께 바치자, 대왕은 오히려 오만무례하고 태도도 제멋대로였으며 함부로 옥을 궁녀들에게 보여주시니 이는 조나라를 모욕하는 것입니다. 또한 대왕이 성을 주는 것에 대하여 전혀 입 밖에 내지 않으니 이는 성을 줄 의사가 없다는 것입니다. 그래서 제가 옥을 되찾으려 한 것입니다. 옥은 제 손 안에 있습니다. 만약 저를 체포하려 한다면 저는 제 머리와 옥을 이 기둥에 부딪칠 것입니다.”

말을 마친 후 그는 화가 바짝 오른 상태에서 비스듬히 기둥을 노려보면서 옥을 깨뜨리려 하였다.

진왕은 그가 옥을 깨뜨릴까 봐 급히 사과하며 사람을 시켜 지도를 가져오게 하고 여기부터 저기까지의 성 15개를 가리키며 조나라에게 넘겨주라고 명했다.

인상여는 진왕이 진심으로 말한 것이 아니라 잠시 숨을 돌리기 위해 지연 술책을 썼다고 여기고 말했다.

"진왕께서 화씨벽을 좋아하신다면 조나라는 주지 않을 수 없습니다. 다만 조왕이 제게 옥을 주기 전에 5일 동안 목욕재계하여 공경을 표시하였으니 대왕께서도 5일 동안 목욕재계하셔야 화씨벽을 받으실 수 있습니다."

진왕은 할 수 없이 이에 응했다.

인상여는 숙소로 돌아온 후 급히 사람을 시켜 보통 백성으로 가장하여 화씨벽을 가지고 몰래 조나라로 돌아가게 하였다.

5일 후 진왕은 조정에서 정중한 의식을 거행하고 화씨벽을 받을 준비를 했다. 인상여는 진나라 조정에 들어가 두 손을 벌리며 진왕에게 말했다.

"진나라는 진목공 때부터 시작하여 20여 명의 군주가 계셨으나 어느 군주 하나 신의를 지켰다는 말을 들어본 적이 없습니다. 저도 대왕의 속임수에 걸려들 것이 두려워 사람을 시켜 옥을 조나라로 돌려보냈습니다.

조나라는 약한 나라고 진나라는 강국이니 대왕이 진심으로 15개의 성으로 조나라의 화씨벽과 맞바꾸려 하신다면 조나라도 감히 거역할 수 없습니다. 진나라가 조나라에 사신을 보내기만 하면 조나라는 즉시 화씨벽을 보내줄 것입니다. 과거에 맹명시孟明視가 진나라를 속이고 상앙이 위나라를 속였으며 장이張儀가 초나라를 속였습니다. 오늘 저는 대왕께서 조나라를 속였다는 나쁜 소문이 세상에 알려지게 하고 싶지 않아 화씨벽을 조나라에 돌려보냈습니다. 제가 대왕을 속였으니 대왕께서는 저를 큰 솥에 집어넣어 삶아 죽이는 벌을 내리소서!"

진왕과 대신들은 그의 말을 듣고 몹시 분노했지만 인상여가 한 말이 옳았기 때문에 반박할 수가 없었다. 인상여가 무서워하는 기색도 없자 더욱 어찌할 도리가 없었다.

설령 인상여를 죽인다 해도 당장 화씨벽을 손에 넣지는 못할 것이고 조나라와의 우호관계만 끊게 될 뿐만 아니라 세상에 악명만 떨치게 되니 그를 보내주는 수밖에 없었다. 대신들은 차라리 나중을 생각해서라도 인상여를 후하게 대접하여 조나라로 돌려보내는 편이 나을 것이라고 간했다.

이렇게 인상여는 "옥을 손상하지 않고 되돌려와"完璧趙歸 조나라의 옥과 명성을 보존했을 뿐더러 세상에 이름을 날리게 되었다.

연회 중에 일어난 외교전쟁

그러나 진나라는 여섯 제후국을 공격하여 전국을 통일하는 과업을 중단하지 않았다. 2년이 지난 후, 진나라는 조나라로부터 2개의 성을 빼앗았으며 다시 1년 후에 조나라를 공격하였으나 그리 큰 성과는 없었다. 진왕은 전력만 소모되고 별 성과가 없자 아예 조나라와 화친을 맺고 다른 나라들을 멸한 후에 다시 조나라를 공격하는 전략을 세웠다.

기원전 279년, 진나라 소양왕은 사자를 파견하여 조나라 혜문왕惠文王과 승지에서 만나자고 제안했다. 조왕은 자신이 초회왕처럼 진나라의 인질이 될까 봐 감히 가지 못하였다. 염파와 인상여는 만약 왕이 가지 않으면 수세에 몰릴 뿐만 아니라 진왕이 얕잡아 볼 것이라고 생각했다.

결국 조나라 혜문왕은 길을 떠나기로 결정한 뒤 인상여가 따르도록 했다. 염파는 국내에 있으면서 태자를 보좌하였다. 평원군 조승은 "5천의 정예 병사를 파견해야 하며 대군을 30리 밖에 주둔시켜놓고 영접하게 하여야 합니다"라고 말하였다. 조왕은 대장군 이목李牧으로 하여금 5천의 정예 병사를 거느리고 따라오게 하고, 평원군에게는 수십만 대군을 거느리고 그 뒤를 따라오게 하였다.

염파는 그래도 안심할 수가 없어 조왕에게 청했다.

"이번 면담은 길흉을 예측하기 힘듭니다. 승지까지 왕복 20여 일밖에 안 걸리고 2, 3일의 회의가 있다 해도 30일이 걸리지 않으니 만약 30일 후에 돌아오시지 않으시면 제가 초나라 때처럼 태자를 군주로 임명할 수 있겠습니까? 이러면 진나라에서 대왕을 위협하지 않을 것입니다."

조왕은 그 말에 동의하였고 염파는 변경에 군대를 삼엄하게 배치했다.

조왕과 진왕은 승지에서 만났다. 두 사람은 술을 마시면서 세상의 대세를 논하였는데 서로 의기투합하는 듯 분위기가 좋았다. 술이 한참 올라 귀까지 빨개진 진왕은 술을 핑계로 농담 삼아 조왕에게 청했다.

"제가 듣기로는 조왕이 음악에 정통하였다고 들었는데 저를 위하여 거문고를 타주시면 안 되겠습니까?"

조왕은 거절할 수가 없어 분을 참고 거문고를 조금 연주했다. 진왕은 즉시 사관에게 이렇게 적으라고 하였다.

"모년 모월 모일, 진왕과 조왕이 함께 술을 마실 때 조왕이 거문고를 탔다."

조왕은 화가 나 얼굴이 빨개졌다. 조나라가 아직 멸망하지 않았는데 진왕이 조나라를 속국으로 대하며 심지어 왕이 거문고를 탄 것을 역사에 적으라고 하니 정말 큰 치욕이었다. 그러나 조왕은 대처할 방법이 없었다.

이때 인상여가 입구가 좁고 배가 불룩한 질그릇 분부盆缶를 들고 진왕 앞에 가서 강권했다.

"듣자하니 대왕께서 진나라 음악에 능하다고 들었습니다. 조왕께서 진왕을 위해 연주를 하셨으니 진왕께서도 조왕을 위하여 연주하셔야 합니다."

진왕은 노하여 그를 바라보지도 않았다. 진왕의 호위병이 그를 죽이려 하자, 인상여는 앞으로 나와 무릎을 꿇고 큰소리로 진왕에게 말했다.

"대왕의 군대가 비록 많으나 여기서는 쓸 수 없습니다. 신은 대왕과 다섯 걸음밖에 되지 않습니다. 끝까지 두드리지 않으시면, 저는 대왕을 이 분부로 내리쳐서 피를 뿌리게 할 수 있습니다."

진왕은 인상여가 죽일 것 같아 별 수 없이 분부를 두드렸다. 인상여는
조나라 사관에게 명하여 "모년 모월 모일, 진왕이 조왕을 위하여 질그릇
분부를 쳤다"라고 적게 했다.

진나라 대신들은 진왕이 체면을 잃자 만회하기 위해 말했다.

"조왕께서 15개의 성을 바쳐 진왕의 생신을 축하하시오."

인상여도 이에 질세라 맞섰다.

"진왕께서 함양성을 진왕에게 바치고 조왕의 생신을 축하하시오."

연회 중에 쌍방은 격렬한 말싸움으로 외교전쟁을 벌였다. 진나라가 계
속 공격적으로 나왔지만 인상여는 이에는 이로 대처하면서 기지가 넘치
고 총명하게 되받아치고 한 발짝도 물러서지 않았다. 결국 진왕은 아무
런 이익도 얻지 못했고, 조나라에서 이미 변경에 많은 군대를 집결시켜
놓았다는 사실을 알게 되었다. 그래서 진왕은 경거망동할 수가 없었다.

진나라와 조나라의 두 차례 중대한 외교전쟁에서 인상여는 생명의 위
협을 무릅쓰고 조나라의 존엄을 지켰다. 그의 공로에 보답하기 위해 조
왕은 그를 상경上卿에 임명했다. 그리하여 인상여의 지위가 염파보다 높
아졌다.

호랑이끼리 싸우면 둘 다 위험하다

염파는 이에 불만을 느끼고 만나는 사람들에게 불평했다. "나는 조왕
을 위하여 전쟁에 나가 큰 공을 세웠고, 인상여는 입과 혀만 놀렸을 뿐인
데 지위가 나보다 높으니 정말 부끄럽고 참을 수가 없다."

그리고 인상여를 만나면 그에게 모욕을 주겠다고 하였다.

염파는 장수가 칼로 싸우는 것만이 공로라고 생각하고 문관이 죽음을
무릅쓰고 대담하게 설전을 벌이며 기지를 발휘하는 것은 아무것도 아니
라고 생각했다. 그는 또 인상여가 미천한 출신이라고 모욕하였으며 남
들에게 자신은 억울하다고 호소하며 인상여를 모함했다. 이는 인상여가

그냥 참고 지나갈 수 없는 일이었다.

그러나 인상여는 멀리서 염파만 보이면 마주치지 않기 위하여 일찌감치 피했다. 그리고 조회가 있을 때마다 언제나 병을 핑계로 나가지 않았다. 염파와 자리 순서를 놓고 다투기 싫었기 때문이다.

그러자 인상여의 문객들이 억울하고 참을 수가 없어 그에게 말했다.

"우리가 고향을 떠나 천리도 마다하지 않고 여기까지 와서 당신을 따르고 있는 것은 당신이 의롭고 덕망이 높기 때문입니다. 이제 당신의 관직이 염파보다 높은데 그를 무서워하니 왜 그러신지 잘 모르겠습니다. 당신이 이렇게 담이 작고 나약해서 우리도 수치를 느끼니 아예 고향으로 돌아가게 해주십시오."

인상여는 침착하게 문객들에게 물었다.

"당신들은 염 장군과 진왕 중 누가 더 무섭다고 생각합니까?"

다들 의아해하며 "당연히 진왕을 염 장군이 당할 수는 없지요"라고 대답했다.

"맞소. 진왕이 그렇게 강하니 다른 나라들이 호랑이처럼 그를 무서워하는데 나는 다른 사람들 앞에서 감히 그를 욕하였소. 나는 염 장군을 두려워하는 것이 아니오. 강한 진나라가 약한 조나라를 침범하지 못하는 것은 염 장군과 나 두 사람이 합심하여 진나라에 맞서고 있기 때문이오. 그런데 만약 우리 두 호랑이가 싸우게 되면 둘 다 무사할 수가 없는 상황이고, 또한 진나라에게 공격할 기회를 주게 되는 것이오. 나는 나라의 위급함을 먼저 생각하고 개인적인 원한을 개의치 않기 때문에 염 장군을 그렇게 대한 것이오."

이에 문객들이 크게 탄복했다.

인상여의 이 말은 염파의 귀에까지 전해졌다. 염파는 문득 크게 깨달은 바가 있는 듯 감동을 받고 부끄럽기까지 하였다. 염파는 정직하고 성실한 사람이어서 즉시 자기의 잘못을 깨닫고 뉘우쳤다. 그는 자신의 성의를 표시하기 위하여 웃통을 벗어 어깨를 드러내고 가시나무 채찍을 등에 지고서, 자신의 잘못에 대해 벌 받기를 원한다는 의미에서 인상여의 집 앞까지 가서 엎드리고는 눈물을 흘렸다.

"나는 식견이 좁고 능력도 부족한 사람인데 뜻밖에 그대가 나를 너그럽게 용서하니 나를 책망해주시오."

인상여가 크게 감동을 받고 그의 몸을 일으켜 세웠다. 이리하여 두 사람은 화해를 하고 생사고락을 같이 나누는 절친한 사이라는 뜻의 문경지교刎頸之交를 맺었다. 이 두 사람이 있었기에 진나라는 이후 10년 동안 한 번도 조나라를 침범하지 못했다.

인상여는 대외적으로는 강경하면서도 지혜롭게 대응하였고 대내적으로는 관리와 백성들에게 부드럽게 대하고 양보했다. 그는 참으로 어진 재상이었으며 중국 역사상 걸출한 외교가인 동시에 뛰어난 정치가였다.

그가 염파에게 취한 태도는 일종의 권모술수일 뿐만 아니라 개인의 정신적인 수준과 도덕 수양에 의해 형성된 것이다. 인상여는 겸손하게 사양하여 성공한 정치가의 본보기라고 하기에 손색이 없다.

그런데 더 중요한 것은 남에게 겸손하고 양보하여 성공하려면 반드시 조건을 갖추어야 가능하다는 점이다. 겸손한 사람은 반드시 정신이 건강하고 학식이 높으며 남에게 존경을 받을 만큼 뛰어난 인품과 덕을 갖추어야 하며 공정한 판단과 위엄이 뒷받침되어야 한다.

그 다음으로는 대상이 어떤 사람인가를 잘 살펴봐야 한다. 만약 상대방이 욕심이 끝이 없는 사람이거나 완고하기 그지없는 소인이라면 양보하는 것보다 그에게서 달아나는 것이 낫다.

서두에서 말한 바와 같이 양보하는 것은 중국인의 미덕 가운데 하나다. 그러나 어느 것이 진짜이고 가짜인지, 진짜가 어느 정도이고 가짜가 어느 정도인지는 정확히 알 수 없다. 여기서 인상여라는, 양보하여 성공한 인물의 얼굴에 먹칠을 하려는 것은 아니지만, 그가 염파에 대하여 양보한 이유가 오직 그가 말한 것처럼 국가의 대사가 중요하고 개인의 일은 가볍기 때문이었는지는 정확하지 않다.

그는 염파와 다투면 승리하기 쉽지 않다고 판단했기 때문에 화목하게
지내는 것이 더 좋다고 생각했을 수도 있다. 중국역사에서 칼과 무기를
든 장수와 싸워 이길 수 있었던 문인이 몇 명이나 됐겠는가?

13 권력과 부귀영화를 누린 보통사람

증국번은 관직 · 권력 · 명예와 이익을 완벽하게 누린,
전통 중국인의 이상적인 인물상이라고 할 수 있다.
그러나 그는 사실 무척 복잡한 인물이다.

최근 중국 독서계의 증국번曾國藩 열풍은 좀처럼 이해하기 어려운 일이다. 『증국번이 가족에게 보낸 편지』曾國藩家書와 장편소설 『증국번전』曾國藩傳이 세상에 나온 후 영화와 텔레비전에서 다투어 이를 소재로 삼았으며 출판사 역시 증국번에 관한 책을 너나 할 것 없이 쏟아냈다. 10년 동안 출판된 증국번에 관한 서적은 100가지가 넘으며 이런 종류의 책들이 한동안 유행하여 출판시장을 휩쓸었다. 이상한 것은 몇몇 출판사들이 상당한 돈을 벌어들였다는 점이다.

그렇다면 과연 증국번은 어떤 사람이었을까? 그는 중국 봉건역사에서 마지막 학자이자 현명한 재상으로서 모범적인 인물이었다. 증국번 이후로 이런 인물은 찾아보기 힘들다.

현대인들은 왜 증국번에 이렇게 열광할까? 몇 년 전부터 그에 대한 독자의 관심은 식지 않았는데, 이들은 증국번이 태평천국의 농민봉기를 진압한 원흉이라는 것을 잊었단 말인가?

어떤 문제를 정치적인 각도에서 보면 시야가 좁아져서 편견을 갖기가 쉽고, 문화적인 각도에서 보면 다양한 견해를 이끌어낼 수 있다. 증국번 열풍을 파악하려면 먼저 전통 중국인의 이상이 무엇인가를 알아봐야 한다.

전통 중국인의 이상은 두 가지였다. 첫째는 관리를 하는 것이고, 둘째는 이름을 날리는 것이다. 관리는 실제적인 이익이 있고, 이름을 날리면 길이 후세에 남는다. 만약 이 두 가지를 겸한다면 그야말로 금상첨화다. 관리를 하는 것은 중국인들이 꿈꾸는 이상이었다. '부귀영화'라는 네 글자는 관리가 되기를 바라는 이들의 궁극적인 목표였다.

지극히 현실적인 중국인의 경우, 높은 벼슬과 많은 봉록을 얻는다면 일생을 후회하지 않을 것이다. 그래서 중국인은 옛날부터 관리에 대하여 경외하고 숭배하는 감정이 있었는데, 관리를 하면 권력은 있지만 고상한 면은 없다. 만약 관리인데다 현인賢人 심지어 성인聖人의 인품까지 겸한다면 사람들이 우러러보는 완벽한 인물이 될 것이다.

중국인은 예로부터 현인이나 성인을 신비로운 존재로 인식하여 그들에 대해 경외감을 품었다. 그들이 하늘의 도를 대변하는 존재일 뿐만 아니라 천지신명의 상징이라고 생각하였다. 그래서 중국인들은 성인과 현인을 존경했는데, 책 읽는 선비들은 더욱 그러했다. 그들의 가장 큰 희망은 황제가 되는 것이 아니라 황제의 스승이 되는 것이었다.

사실 명예와 이익은 언제나 결합되어 있었다. 그래서 사람들은 관직과 명예를 손에 쥐면 실제적인 이익도 같이 따라온다고 생각했다. 공자처럼 일생을 빈궁하게 살아가고 상갓집 개처럼 불안에 떨며 사는 상황은 아주 드물었고, 큰 벼슬을 하면 잘사는 경우가 보편적이었다.

그래서 중국인은 종종 명예와 이익을 같은 것으로 여긴다. 그러나 둘은 큰 차이가 있다. 돈을 버는 것은 전통 관념 때문에 천하게 여겨져 경시되었고 돈이 많은 상인은 저잣거리의 장사꾼들에게조차 비웃음을 샀다.

관직이 인생의 목표였던 증국번

증국번은 청나라 말기의 통치 집단 가운데 가장 세력이 막강한 실력파였을 뿐만 아니라 천하에 이름을 날린 성스러운 재상이었고 학계의 으뜸

증국번과 그의 글씨. 증국번은 청나라 말의 정치가로서 태평천국운동을 진압하여
나라의 붕괴를 막는 데 공헌했다.

이었으며 황제의 스승이었다. 그래서 그는 관직·권력·명예와 이익을
완벽하게 결합시킨, 전통 중국인의 이상적인 인물이라고 할 수 있다.

확실히 증국번은 명예와 돈을 손아귀에 쥐고 일생을 헛되게 보내지 않
았으며, 먹고 마시고 놀고 즐기면서 부귀영화를 마음껏 누렸다. 권력으
로 세력을 장악하고, 공문서를 위조하여 부정을 저지르고, 집안에서 천
수를 다하고 죽었으니 총체적으로 말하면 모든 것을 향유한 셈이어서 중
국인들의 흠모의 대상이 되었다.

증국번이 100여 년간 침묵한 후 다시 사람들의 열광적인 관심을 불러
일으키는 현상은 이상할 것이 없다. 다만 많은 사람들이 그의 한 면만을
배우기도 쉽지 않은데 전부를 모방하기란 불가능하다.

역사상의 증국번은 어떤 사람인가? 그는 매우 복잡한 인물이어서 평
가가 분분하다. 그는 중국 전통 관료의 모든 특징을 다 갖추었고 일부 문
인의 품격도 섞여 있다고 할 수 있다. 후세의 평가는 "그를 높이 평가하
면 성스러운 재상이 되지만 낮추어 말하면 원흉이 된다"이다. 사실 증국
번은 이런 평가보다 훨씬 더 복잡한 인물이다. 그렇다면 증국번이라는

사람은 도대체 어떤 사람이었나?

증국번은 태평천국太平天國의 난을 진압하고 나서부터 원흉에서 성상으로 변했다. 그렇다면 우리는 그의 원흉의 일면부터 보기로 하자.

증국번은 가경嘉慶 16년(1811)에 출생하여 동치同治 11년(1872)에 죽었다. 호남湖南 상향湘鄉 사람인 증국번은 여러 차례 농사와 면학으로 대를 잇는 것을 자랑으로 여겼다고 말했다. 증국번의 가정은 대지주도 아니었고 문벌귀족도 아니었으며 중국의 전통적인 보통 가정이었다. 논밭이 넉넉했고 옷과 양식도 풍족한 편이었으며 또한 책도 읽고 문장도 짓는 그런 가정이었다.

이런 가정이 중국 문화의 어떤 정신을 실현하였는지는 모르지만 그가 논밭을 경작하는 실제적인 일과 책을 읽는 일을 잘 결합했다는 것만은 의심할 바가 없다. 이런 허와 실이 결합된 가정 구조가 증국번의 허와 실이 결합된 인간 품격을 창조하는 데 커다란 영향을 끼쳤다고 볼 수 있다.

증국번의 할아버지는 글을 읽지는 못했으나 능력이 뛰어나 가업을 일으켰다. 그의 아버지는 편안하게 책을 읽을 수 있었지만 수재밖에 되지 못하여 작은 목적만 이루었다. 이윽고 증국번 대에 이르러 시험마다 순조롭게 통과하였다.

증국번은 6세 때 서당에서 책을 읽기 시작하여 8살 때 오경五經을 배우고, 14세 때 장사長沙에 가서 동자童子 시험을 봤는데 1등을 하였다. 22세 때 수재에 합격하고, 2년 뒤 저명한 악록서원岳麓書院에 입학하였다. 같은 해 경성으로 올라가 회시會試에 응하였지만 낙방했다. 28세에 다시 회시를 보고 진사에 합격하였다. 이때부터 그는 관운이 형통했다.

증국번은 정무에 힘써 조정에서 능력을 인정받으며 고속 승진하였는데 37세 때는 2품 관직에까지 올랐다. 그는 자부심에 들떠서 자랑하곤 했다.

"호남에서 37세에 2품 관리까지 하는 자는 조정에 나 한 사람뿐이다." 여기서 증국번이 관직을 인생의 주요 목표로 삼았음을 알 수 있다. 이 기간 동안 그는 공부工部, 형부刑部와 이부吏部의 시랑 등을 역임하는 등 관

홍수전. 청나라 말 태평천국운동을 이끌었으며 '태평'이라는 국호를 내세우고, 자신을 천왕이라고 불렀다. 대규모 농민봉기인 태평천국운동은 중국사의 흐름을 크게 뒤바꾸어놓았다.

운이 순조로워 마음이 흡족하였다.

그러나 역사가 그에게 특별한 계기를 제공하지 않았다면 그는 현재의 증국번이 될 수 없었을 것이며, 수많은 봉건관료들처럼 이름을 크게 날리지 못하고 묵묵히 일생을 보냈을 것이다. 태평천국 농민봉기군의 출현은 그에게 명예를 얻을 수 있는 더없이 좋은 역사적 무대를 제공했다.

싸울 때는 친형제, 전쟁터에서는 부자지간

1851년, 중국역사상 마지막인 대규모의 농민운동이 일어났다. 홍수전洪秀全의 영도하에 태평천국 봉기군은 광서廣西 계평桂平에서부터 포위를 뚫고 홍수처럼 파죽지세로 북쪽으로 밀고 올라갔다. 이들은 2년이라는 짧은 기간에 남방의 요충지 강녕江寧(남경南京)을 공략하여 천경天京이라고 이름을 고치고 수도로 정했다.

청나라 정부군은 혼비백산하여 붕괴 직전에 이르렀다. 이런 상황에서 청나라 정부는 군대를 조직할 역량이 부족하여 봉기군을 공격할 수 없었다. 조정은 할 수 없이 동한 말에 황건적의 봉기를 진압할 때처럼 각 지

남경 근처의 장강에서 태평천국군과 청나라 군대가 전투를 벌이고 있다.

방 지주들이 자체적으로 무장하도록 했는데 이것을 단련團練이라고 하였다. 이 무장 세력은 해당 지역의 관료와 지주가 연합하여 세웠고, 무장 군대의 모든 지휘권은 단련을 조직한 자가 맡았다.

1853년, 함풍咸豊황제는 장강 남북의 관리와 신사紳士들에게 명을 내려 단련을 조직하도록 하였다. 증국번은 고향이 호남 상향이었기 때문에 이에 적극적으로 호응하여 고향으로 돌아가서 호남의 순무 장량기張亮基와 협동하여 단련을 조직하기로 하였다. 이때부터 증국번의 원흉으로서의 생애가 시작되었다.

증국번은 고향의 유생 나택남羅澤南의 도움을 받아 먼저 수천 명의 군대를 조직하고 점차 확장해나갔다. 그는 청나라 팔기군과 녹영병綠營兵의 부패에 대하여 잘 알고 있었기 때문에 군대를 조직할 때 평민들로부터 병사를 모집했고 관료 자제들은 절대로 입영시키지 않았다. 그 다음으로 그는 종친관계를 중시하여 군대 조직을 혈연의 성격이 강한 조직으로 편성하여 전투력을 강화했다.

증국번 부대와 청나라 정부군 혹은 다른 단련을 비교해볼 때 다음과 같은 특징이 있었다.

첫째, 사병들은 모두 소박하고 건장한 호남 향민이어서 훈련시키기도 쉽고 전쟁에서 용감하게 싸울 수 있었다. 군대 조직을 단결시키기 위하여 절대로 도시민과 늙은 병사들은 받지 않았다. 장교들은 대부분 그의 친구인 선비들로서 "도덕을 수호하고, 군주에 충성하며" 국가에 헌신할 것과 눈앞의 이익에만 급급해하지 말 것을 요구하며 팔기군이나 귀족들의 정권 다툼 같은 내부분열을 철저히 막았다.

둘째, 부자지간, 형제지간 그리고 다른 혈연관계가 있는 사병들을 한 조직 내에 묶어놓아 사병들을 단결시켰고 전투에서 같이 싸우도록 하였다. 그래서 싸움에서 진 경우에는 멸족의 화를 입기도 하였다. 증국번의 이런 전술은 매우 효과적이었으며 단련의 군대조직을 종족의 군대로 바꾸어 소위 "싸울 때도 친형제요, 전쟁터에서도 부자간이었다." 과연 전투력이 크게 향상되었다. 증국번의 이런 독창적인 군대조직은 중국 근대 군벌의 선례가 되었다.

셋째, 증국번은 개별 진영에 속한 병사들은 그 진영의 사령관 한 사람에게만 복종하고, 전군은 증국번 한 사람에게만 복종한다고 규정하였다. 이렇게 하여 조직과 지휘를 분명하게 규정하여 전투력을 강화하였고 그 결과 증국번은 군수 통수권을 쥐게 되었다.

증국번은 전투력에 영향을 끼칠까 봐 만주족이 장교가 되는 데 반대했지만 만주족의 신임도 얻기 위하여 특별히 만주족 출신 탑제포塔齊布를 상군湘軍의 대장군에 임명하고 다륭아多隆阿를 호북湖北의 장군으로 추천하였다. 이렇게 모든 준비를 완료한 후 증국번의 상군은 호남을 나와 태평군과 맞섰다.

인심을 얻기 위한 자살 기도

함풍 4년(1854) 5월, 증국번은 상군을 이끌고 출전하여 악주岳州에서 싸웠는데, 뜻밖에 대패하고 말았다. 증국번의 상군은 원래 1만 명으로 해군과 육군이 각각 5천 명이었고 다른 병사를 합하면 모두 1만 5천 명이었다. 악주 대전에서 해군은 철저히 격파되어 전군이 침몰되었다.

한 번도 실패를 한 적이 없었던 증국번은 이렇게 큰 타격을 받자 충격을 받고는 강물에 뛰어들어 자살을 기도하였다. 다행히 그의 부하가 재빨리 그를 구하였다. 증국번은 부끄럽고 분하였지만 절치부심하며 정신을 가다듬고 상군을 다시 정돈하였다.

그는 3개월 후에 다시 악주에서 전투를 벌이고 6월에 태평군이 장악했던 악주성을 함락하였다. 같은 해 10월, 증국번은 직접 군대를 지휘하여 격렬한 쟁탈전 끝에 무한武漢을 함락시켰다.

1855년, 증국번은 구강九江에 진입했다. 이때부터 태평천국의 봉기군은 증국번을 중시하기 시작했고, 석달개石達開를 총사령관에 임명하여 구강을 구원하도록 했다. 석달개는 지혜롭고 용맹하기로 유명했다. 그는 증국번의 해군을 파양호로 끌어들인 후 호수 입구를 막고 증국번 소속 수군의 배들을 불태워버렸다. 증국번이 애써 가꾼 해군은 물귀신이 되어버렸고 그가 탔던 배도 타버려 그는 목숨만 겨우 구했다.

그는 수치심과 분노가 치밀어 또 한 번 물에 뛰어들어 자살을 기도하였으나 이번에도 다행스럽게 부하들에게 제지를 당했다. 증국번은 두 번 자살을 기도했으나 다행히 죽지 않았다. 그는 사실 그냥 행동만을 보여주었을 뿐, 진정으로 죽기를 원하지는 않았다. 이는 그저 인심을 얻기 위한 속임수였을 가능성이 높다.

석달개가 막강했던 증국번의 부대를 쳐부수자, 태평군 또한 정부군의 향영向榮이 지휘하는 강남대영江南大營과 기선琦善이 지휘하는 강북대영江北大營을 격파하여 만천하에 그 위세를 떨치며 전국을 통일할 태세를 갖추었다.

내분으로 무너진 태평천국군

최대의 적은 외부에 있는 것이 아니라 내부에 있다는 말이 있다. 바로 이때 태평군 내부에 심각한 분열이 발생하였는데 장수들이 더 많은 권세와 이익을 얻으려고 서로를 죽였다. 양수청楊秀淸·위창휘偉昌輝·진일강秦日綱 등의 대장군들이 피살되었고, 2만여 명의 정예 부대도 내부 혼란으로 살육당했다. 이윽고 석달개가 10만의 정예 병사를 거느리고 태평군을 떠나자 태평천국의 전성 시기는 내리막길을 걷게 되었다.

이때 증국번은 기회를 놓칠세라 무한을 다시 공격하였고, 이수성李秀成과 격렬한 전투를 벌인 끝에 안경安慶을 점령하였다. 함풍 11년(1860) 8월, 증국번은 양강兩江 총독總督이 되었고 모든 힘을 기울여 태평군을 평정하게 하였다. 이홍장李鴻章은 회군淮軍을 거느리고 상해로부터 소주를 공격하였다.

증국번은 주력군을 이끌고 천경을 공격했고, 좌종당左宗棠은 절강으로 진군했다. 증국번·이홍장과 좌종당의 협공으로 태평군은 기세가 크게 떨어져 계속 패하고 말았다. 여기에 미국인 워드(F.T. Ward)가 양창대를 조직한 후 중국인을 모집하여 4, 5천 명으로 확대되자 상승군을 편성하여 영국인 고든(C.G. Gordon)이 계속 지휘했는데 전과가 상당히 컸다.

이들은 이런 여세를 몰아 무석·상주·소주 등을 함락시켰다. 증국전曾國筌이 남경을 탈환하였는데, 이때 태평군의 사망자 수는 10여만 명에 달했다.

동치 3년(1864) 6월 3일, 홍수전은 절망하여 자살하였고, 그의 아들과 이수성은 도망쳤으나 모두 포로가 되었다. 이듬해에 복건과 광동의 잔당이 모두 평정되어 태평천국은 마침내 멸망하였다.

증국번의 상군은 천경에 도착한 후, 사람을 닥치는 대로 죽이고 집들을 불살라버렸다. 이리하여 진회하秦淮河에는 엄청나게 많은 시체가 쌓였다. 그들은 또한 어린아이들, 옥과 비단 등을 깡그리 빼앗아갔다.

증국번은 상군을 이끌어 태평천국 봉기군을 탄압하고 수많은 양민을 학살한 원흉의 사명을 완수하였다. 또한 그는 권모술수를 잘 썼기 때문에 조정에서 공을 등에 업고 한발짝씩 현명한 재상의 지위로 다가갔다. 증국번이 태평군을 진압하는 12년 동안의 과정은 바람에 돛단 배 격이 아니었다. 그는 여러 번 전투에서 참패를 당했고, 두 번이나 물에 뛰어들어 자살을 기도했으며, 이수성의 대군의 습격이 무서워 며칠이나 손에 칼을 쥐고 있었다. 그는 조정에 지극히 충성스러웠지만 여러 차례 남들의 시기와 질투를 받았다.

증국번이 무한을 점령했다는 첩보가 북경에 알려지자 함풍황제는 크게 기뻐하며 그를 칭찬했다. 그러나 함풍황제 곁의 재상이 이렇게 말했다. "이런 선비 출신이 외치는 소리에 많은 사람이 응하여 무한을 점령하였으니 나라의 복이라고 보기 어렵습니다."

황제는 이 말을 들은 후 아무 말도 하지 않았다.

이에 증국번은 다른 사람의 의심과 질투를 받게 될까 봐 부친의 문상을 핑계로 상군의 주요 장수인 두 동생을 데리고 고향으로 돌아가 상군의 군사 직무를 그만두었다. 1년 후에 태평군이 쌀과 비단이 많이 생산되는 절강을 점령하자, 당황한 청 조정이 증국번를 다시 불러 병부상서를 맡기니 그는 군정의 실권을 쥐게 되었다.

신임을 얻기 위한 네 가지 계책

얼마 지나지 않아, 자희태후가 정권을 잡게 되었다. 그녀는 만주족이 무능하다고 생각하고 한족을 중용했는데, 이는 증국번이 대권을 잡을 수 있는 중요한 역사적 계기가 되었다.

함풍 12년(1862), 증국번이 양강 총독으로 임명되어 4개 성의 군정을 장악하게 되자 지방 행정장관인 순무 이하 모든 관리는 반드시 그의 명령에 복종해야 했다. 그는 얼마 후 태자태보 관직을 하사받았고, 협력協力과 대학사를 겸했다. 이때부터 증국번은 청나라 조정에서 매우 중요한 지위에 올라 권력이 막강해졌다.

증국번은 고속 출세에도 불구하고 과감히 용퇴하는 방법으로 청 정부의 신임을 얻었고, 대권을 장악하고 태평군에 승리한 후에도 몸조심을 했다.

그러나 증국번의 상군이 태평군의 재물을 강탈하자 "금은보화가 바다와 같고 갖가지 재화가 가득했던" 천경에 사람과 재물이 하나도 남지 않았다고 조정과 재야의 관리들이 비판했고, 이에 좌종당이 황제에게 상서하여 증국번을 탄핵했다.

증국번은 재물을 내놓고 싶지도 않았고 내놓을 수도 없었다. 그는 경성에 들어간 후 급히 네 가지 일을 했다.

첫째, 권력이 너무 커서 황제에게 위협이 될까 봐 일부 권력을 포기하였다. 둘째, 상군의 병사가 너무 많아 의심과 질투를 살까 봐 4만여 상군을 감축하였다. 셋째, 청나라 조정이 남경의 방위를 의심할까 봐 팔기군을 위한 병영을 건립하여 기병을 남경에 머무르게 하고 급료를 지급하였다. 넷째, 과거 시험장인 공원貢院을 지어 강남 인사들을 등용하였다.

이 네 가지 계책을 내놓자 조정은 입을 모아 그를 칭찬하였다. 그는 공손하고 근신하는 태도로 청 정부의 신임을 얻었다. 그리하여 조정에서는 태자태보의 직함을 더해주었으며 1등 관직을 하사하고 자손 대대로 계승하도록 하였다. 이렇게 증국번은 한동안 황제의 총애와 영예를 누렸다.

증국번은 염군捻軍과 싸운 적도 있다. 염군은 회북淮北 지역에서 일어난 무리였다. 당시 이 지역 사람들은 종이 노끈을 꼬아 만든 염지捻紙로 기름에 불을 붙이는 용희龍戲를 거행하며 역병을 쫓곤 했다. 그 후에 무리들이 점점 많아져 도적으로 변해 염자捻子라고 불렸다.

이윽고 태평천국군이 일어나자 안휘 북부의 염자들도 군사를 일으켜 이들과 호응하여 농민 폭동군으로 변했다. 청 조정은 원래 몽고 귀족인 승격임심僧格林沁을 파견하여 진압하려 하였다.

매번 난이 일어날 때마다 증국번을 내세워 진압한 청 조정은 하늘을

찌를 듯 막강한 권력을 쥐고 있는 증국번을 견제하기 위해 승격임심 같
은 이민족 출신 장수를 파견하였으나 그가 조주曹州(산동 하택)에서 염군
에게 패하고 죽자, 할 수 없이 또 증국번을 내보내는 수밖에 없었다.

증국번은 승격임심처럼 염군을 바싹 추격하지 않고 진지를 굳게 지키
고 주위의 건물이나 수목을 적이 이용하지 못하도록 제거하거나 소각하
는 방법을 사용하여 봉쇄하는 작전을 폈다. 그러나 끝내 염군은 포위를
돌파하고 말았다. 그 후 증국번이 물러나고 그의 제자인 이홍장이 출동
하여 결국 염군을 평정하였다.

부귀영화를 누린 '성스러운' 재상

증국번은 양무운동洋務運動의 주요 인물 중 하나다. 그는 태평군의 난
때 서양의 도움을 받았기 때문에 서양 무기의 이점에 대해 시대를 앞선
인식을 하게 되었다. 증국번과 이홍장은 서양의 선진문물을 모방하여
새로운 개혁을 일으키자고 제창했다.

이 개혁은 두 가지였는데, 첫째는 외교와 공업 인재의 배양, 둘째는 서
양의 함선과 대포의 제조법을 배워 군비를 확충하는 것이었다. 이 두 사
람이 시작한 양무운동은 당시 수구대신들의 반대에 부딪혔으나 다행히
집정대신 문상文祥과 공친왕恭親王 혁소奕訴의 도움으로 순조롭게 진행될
수 있었다.

그러나 당시의 수구세력은 서양 학문을 원수처럼 생각했고, 양무운
동에 가담한 사람들도 서양 문명에 대해 충분한 인식이 없었다. 단지
서양의 함선과 대포를 모방하여 만드는 정도에 그쳤고, 극소수만이 서
양의 정치, 교육제도에 주의를 기울여 근본적인 개혁을 하려고 하였
다. 청일전쟁에서 청나라가 일본에게 패하자, 일부 지식인들은 정치
개혁만이 구국의 길이라고 생각하였다. 이런 배경하에 광서光緖 24년
(1898)에 무술정변戊戌政變이 일어나게 되었다.

증국번이 성스러운 재상이라고 불리게 된 이유는 다름 아니라 그가 봉건 성리학의 이론가이자 실천가라는 점에서 '성스러운' 사람이었기 때문이다.

증국번은 성리학을 숭상하여 깊이 연구하였고 새로운 이론을 제출했다. 그는 학문을 배우는 것은 인성을 회복하는 것이고 천지간의 이理와 기氣를 회복하여 바른 기의 결정체인 인간에게 봉건 도덕의 영혼을 심어주는 것이라고 주장했다. 이러한 그의 주장은 성리학의 사상적 맥락과 완전히 일치되는 것이었다.

그는 특별히 선진시대의 내성외왕內聖外王 이론을 숭배했다. 이는 사상과 도덕적으로는 수양을 함양하여 성인聖人에 가까워지는 것이고, 실제 능력에서는 왕의 풍모와 도량을 배워 세상을 구하는 것을 말한다. 과연 증국번은 이 이론을 실행에 옮겨 언행이 일치했다고 할 수 있다.

그는 훈고학 방면에서도 큰 업적을 남겼다. 그의 학술에 대한 깊은 조예와 권위는 당시에 크나큰 영향을 미쳤다. 게다가 직접 많은 학생들을 배양하고 제자들을 배출하였다. 이리하여 당시의 수많은 사람들이 그를 성스러운 재상이라고 추앙하게 된 것이다.

증국번은 자신의 이론을 실행에 옮겨 고향으로 돌아가 단련을 조직하기 전에는 경성에서 관리로 있으면서 자신의 몸을 닦아 수양을 쌓는 것을 무척 중시하였으며 특별히 몸과 마음을 정화하는 데 공을 들였다.

그는 아침 일찍 일어나 명상을 즐기며 기氣를 기르고 몸을 아끼며 책을 읽고 글을 쓰는 등 규칙적으로 살았고, 매일 일기를 썼다. 그는 이렇게 바르고 정직한 군자처럼 행동하였기 때문에 관운이 트여서 높은 직위에 오를 수 있었다.

증국번은 말년에 심지어 군사 행군 중에도 수신을 잊지 않았다. 그는 뜻을 세우고 지식을 탐구하며 남을 공경하고 나라에 충성을 바치고 믿음을 중시하며 반성하고 근신하며 말을 조심하고 지조를 지키며 근검하고 겸손해야 한다고 강조하였다. 그의 목적은 내성외왕의 이론과 같아 수신에서 시작하여 세상을 구하는 것으로 끝을 맺었다.

증국번은 주경야독 생활을 시종일관 유지했다. 이는 허와 실을 결합한 것으로, 앞으로 나아가서는 출세하여 높은 관직에 올랐고, 뒤로 물러서서는 학문에 정진하며 수양을 하는 생활이었다. 그는 이런 생활이 가장 이상적이라고 말하면서 자제들에게 끊임없이 훈계하였다. 논밭의 경작을 근본으로 삼고 글 읽기를 우선시하여 이 두 가지를 잘하면 오랫동안 부유한 생활을 유지할 수 있고 결국 높은 지위에 오를 수 있다고 하였다. 그가 자식들에게 훈계하는 말들은 글로 보존되어 『안씨가훈』顔氏家訓처럼 사람들에게 가정교육의 필독서로 중시되었다.

동치 11년(1872) 2월, 증국번은 산책하다가 몸이 마비되어 아들의 부축으로 집에 돌아와 똑바로 앉아 휴식을 취하면서 아무런 질병도 없이 인생을 마쳤다.

증국번은 자신이 죽은 뒤 100년이 지나 사람들의 엄청난 관심을 불러일으키리라고는 생각지도 못했을 것이다. 왜냐하면 그는 정호, 정이 형제와 주희처럼 후세 사람들에게 거대한 정신적 유산을 남겨놓은 것도 아니고 제갈량처럼 나라를 구하고 백성들을 사랑하여 사람들의 존경을 한 몸에 받는 어진 재상의 전형적인 인물도 아니기 때문이다. 하지만 그는 후세 사람들에게 깊은 생각을 하게 만든다. 중국 봉건사회 말기에 어떻게 이런 인물이 나타나게 되었고 그는 과연 어떤 사람이었나?

정이, 정호 형제와 주희는 사람들에게 성인으로 간주되어 그저 멀리서 바라만 볼 뿐 감히 가까이 접근하거나 이들과 비기며 모방하려는 사람은 아무도 없다. 마치 어떤 황제도 공자와 비교하여 누가 더 높은가를 따지지 않는 것과 같다. 또한 제갈량 같은 성스러운 재상은 절간에 모셔져서 사람들이 향을 피우고 제사를 지내며 신으로 받들어 엎드려 절한다. 그러나 증국번은 이와 다르다. 그는 성현으로 공경을 받거나 신이나 부처님으로 여겨지지도 않는다.

그는 보통 사람이었다. 오늘날 현대인들이 서로 다른 각도에서 과거를

뒤돌아보다가 우연히 이 사람을 발견하게 되었고, 그에 대한 관심과 열
광이 끓어오르게 된 것이리라! 이런 열풍이 좋은 것인지 나쁜 것인지 현
재로서는 평가하기가 이르다.

제4부 명성과 악명

승패는 병가지상사라 알 수 없고 勝敗兵家事不期

수치를 참고 견디는 것이 대장부라. 包羞忍恥是男兒

재주 많은 강동의 젊은이를 江東子弟多才俊

모아도 천하를 얻을지 알 수 없구나. 捲土重來未可知

●두목杜牧의 「제오강정」題烏江亭

| 천하제일의 이간책

추측과 질투 그리고 무력은 인류의 본성이다.
이러한 본성을 이용하여 목적을 이루는 이간책은
옛부터 지금까지 널리 환영받고 있다.

이간책은 일종의 유언비어로 시비를 가리지 못하게 하고 가짜 정보를 제공하는 등의 수단으로 상대방을 혼란스럽게 하여 스스로 방비를 허물게 하는 계책이다.

중국 역사상 이간책을 적극적으로 사용한 사례는 무척 많다. 2천여 년 전에 편찬된 『손자병법』은 이간책에 대해 상술하고 높이 평가하고 있다. 이는 그때도 이간책이 널리 사용되었음을 보여준다.

중국은 오래전부터 수없이 전쟁이 일어났고 세계적으로 권모술수가 가장 발달한 나라다. 세계 어떤 나라도 권모술수에 관한 한 중국을 따라올 수 없을 정도다. 그러나 이처럼 권모술수가 발달한 나라에서도 구체적으로 단 하나의 계책을 이용하여 전쟁의 성패를 결정한 지략은 찾아보기가 어렵다. 다만 이간책만은 확실히 효과가 있었고, 사용한 예가 있다.

권모술수와 지모로 유명한 『삼국지연의』에는 각양각색의 술책이 등장하여 가히 정치·군사·외교·인사 방면의 책략의 백과사전이라고 할 수 있다. 이 가운데 후세에 역사적 전환점이 될 정도로 중요한 영향을 끼친 책략은 바로 주유가 조조의 손을 빌어 채모蔡瑁와 장윤張允을 죽인 이간책이다.

삼국시대에 위나라를 세운 조조. 『삼국지연의』의 주요 인물 가운데 한 명으로서 모략꾼으로 묘사되었으나, 사실은 실제적인 정치가이자 노련한 장군의 면모가 강했다.

편지 한 통으로 두 장수의 목을 벤 주유

동한 말경 위·촉·오 삼국이 성립하는 상황이 일어나기 전에 조조는 천자를 끼고 제후들을 호령하면서 수십만 명의 병사를 백만 대군이라고 자칭하면서 손권孫權과 동오東吳의 정권을 단번에 소멸시키려고 했다. 조조는 형주를 격파한 후, 투항한 채모와 장윤을 수군도독에 임명하여 수군을 훈련시키도록 했다.

조조의 군대는 육군이 많았기 때문에 수전에는 익숙하지 않았다. 만약 채모와 장윤이 수군을 잘 훈련시키면 동오가 군사적 우위를 잃을 수 있는 상황이었다. 동오의 수군도독 주유가 조조의 수군 군영을 염탐해보니 대오가 잘 정돈되어 있어 마음속으로 걱정이 앞섰다. 이때 마침 조조 밑에서 관직 없이 업무를 보좌하던 장간蔣干이 주유를 찾아왔다. 그는 원래 주유와 학창시절 친구였는데, 이번에도 큰소리치며 "세 치 혀를 놀려 오나라를 투항시키겠다"고 떠벌였다.

주유는 장간이 계책이 없고 허풍떨기만 좋아하는 사람이라는 것을 알고 있었기 때문에 그를 이용하여 채모와 장윤을 없애버리기로 했다. 주유는 장간을 극진히 접대하고 함께 술을 마셨다. 주유는 옛정을 생각해서 회포만 풀기로 했으니 조조와 동오의 군사에 관한 일은 절대로 얘기하지 말라고 주위에 명했다. 만약 이를 어기는 자는 목을 베기로 하였다.

장간이 주유를 설득하는 조조의 유세객이 될 빌미를 사전에 차단한 것이다. 장간은 주유를 설득할 기회조차 얻지 못하게 되었다. 그래서 장간은 다른 것이라도 가져가야 빈손으로 돌아왔다는 소리를 조조에게서 듣지 않을 수 있었다. 주유는 장간의 속뜻을 꿰뚫고 있었던 것이다.

서로 잔뜩 취하게 되자 주유는 장간의 의심을 풀기 위해 일부러 장간과 함께 잤다. 그리고 거짓으로 꾸민 편지를 장간이 훔쳐갈 수 있도록 깊이 잠들었다. 과연 장간은 주유의 편지들을 훔쳐보았고, 거기에는 채모와 장윤이 관련된 내용이 있었다. 내용은 다음과 같았다.

"저희가 조조에게 투항한 것은 관직이나 봉록을 위해서가 아니라 긴박한 상황 때문에 부득이해서였습니다. 오늘 북군을 속임수를 써서 요새에 가두었으며 적당한 시기에 조조의 머리를 장군에게 바치겠습니다. 아침 저녁으로 사람을 보내어 수시로 상황을 보고하겠습니다. 비밀을 지켜주시기 바라오며 오늘은 이만 줄입니다."

장간은 보물을 얻은 것처럼 재빨리 조조의 진영으로 달려갔다. 조조는 의심이 많은 사람이라 편지를 본 즉시 두 사람을 불러 물어보았다.

"당신 둘에게 동오를 공격하라고 하면 할 수 있겠소?"

채모와 장윤은 군사들의 훈련이 아직 부족하므로 움직일 수 없다고 하였다. 이 대답은 장간의 편지를 증명해주는 것과 같았다. 조조는 즉시 화를 냈다.

"군사들의 훈련을 다 끝낼 때까지 기다리면 우리는 주유에게 잡아먹히게 되오."

그러고는 두 사람의 목을 베라고 명하였다.

조조는 총명한 사람이었던 만큼 두 사람의 잘린 머리를 보는 순간 갑자기 "내가 속았구나"하고 후회하였다. 그러나 그는 잘못을 인정하려 하지 않고 다른 사람들이 이유를 묻자 사실을 감추고 표정을 바꾸어 "이들이 군법을 지키지 않았기에 내가 죽였다"라고 말했다.

주유는 두 사람이 죽었다는 소식을 접한 후 기뻐하며 말했다.

"내가 걱정하는 자들은 이 두 사람이었다. 나는 이제 두려울 것이 없다."

만약 이 두 사람이 살아 있었다면 서서徐庶의 연환계連環計도 간파를 당하고 적벽 싸움도 실패로 돌아가지 않아 동오의 정권은 조조에 의해 멸망당했을 것이다.

주유가 이간책으로 채모와 장윤을 죽인 사실은 역사적 근거가 없다. 그러나 누르하치 시대에 와서 이것이 진실한 역사로 바뀌었다. 사실 역사를 소재로 한 문학작품에 진실한 역사적 근거가 있는지는 그다지 중요하지 않다. 사람들이 감동하고 얻는 것이 있다면 그것으로 족하다.

누르하치가 만주를 통치하던 시절부터 중국과의 전쟁 때 참고할 필요가 있었기 때문에 『삼국지연의』 같은 서적이 중시되기 시작했다. 청나라의 주요 장수들 모두 『삼국지연의』를 비치해두고 있었던 것을 보면 그 영향력이 얼마나 컸는지를 알 수 있다.

누르하치는 산해관을 향해 진격했는데 그때 만난 강적은 명나라의 유명한 장수 원숭환이었다. 백전백승 천하무적이라 자칭하던 누르하치는 영원 전투에서 패하여 상처를 입고 죽었다. 원숭환이 중국의 북방을 잘 지키자 청나라 병사들은 여러 차례 심한 타격을 받아 진군하기 어려워졌다. 그들은 주유가 이간책으로 채모와 장윤을 죽인 이야기가 생각나서 근거 없는 소문을 퍼뜨렸다. 그 결과 명나라 황제 숭정은 원숭환을 능지처참하였다. 이리하여 누르하치의 중국 침략에 걸림돌이 되었던 원숭환이 제거되자, 명나라 스스로 장성을 무너뜨린 꼴이 되어 청나라는 이때부터 엄청난 기세로 산해관까지 이르게 된 것이다.

『삼국지연의』의 지은이는 후세 사람이 날조한 이간책이 바로 중화민족의 운명을 좌지우지했다는 것을 생각지도 못했을 것이다. 한 권의 책과 권모술수의 영향력이 얼마나 큰지를 알 수 있다.

출전하지 않아 성을 지킨 염파

그러나 진정으로 이간책을 교묘하게 사용하여 성공한 예는 진秦나라
와 조趙나라 사이의 장평長平싸움에서 진나라가 책략으로 조나라의 총사
령관을 바꾸게 하여 조나라가 패하고 조나라 백성 40여만 명이 생매장
을 당한 사건이다. 조나라는 이 사건으로 멸망했고, 진나라는 여러 나라
들을 겸병하는 기틀을 마련했다. 이 이간책은 교묘하고도 성공적이어서
중국 역사에 끼친 영향력 또한 으뜸으로 손꼽힌다.

기원전 270년, 진秦나라의 소양왕은 위나라의 범저를 진나라의 관리
로 임명하고 범저가 제출한 "먼 곳의 나라와는 가까이 지내고, 가까운
나라는 공격한다"遠交近攻는 대외정책을 실시하였다. 이 정책의 건의와
실행은 진나라의 대외정책이 성숙했다는 것을 말해준다. 진나라는 이전
에 계획도 없이 공격하고 아무하고나 싸워 힘만 낭비하고 큰 성과를 거
두지 못했던 외교 상황을 완전히 바꿔버렸다.

이 책략 덕분에 진나라는 멀리 떨어져 있는 제齊나라와 좋은 관계를
맺었고, 가까이 있는 한韓나라 등을 공격하였다. 이렇게 진나라는 제후
국들이 야만국이라고 멸시하던 약소국에서 강대국으로 변모했다. 원교
근공의 대외 정책은 진나라가 육국六國을 통일하는 데 외교적 기초를 닦
아놓았다.

진나라 소양왕은 제나라를 공격하다 실패한 후에 범저의 책략을 완전
히 믿게 되어 국내적으로는 태후를 폐하고 양후穰侯를 쫓아냈으며 대외
적으로는 원교근공책을 실시했다.

기원전 262년, 진왕은 대장군 왕흘王齕을 파견하여 한나라를 공격했
다. 왕흘은 한나라 야왕성野王城을 점령한 후 한나라를 두 쪽으로 나누어
상당군上堂郡과 본토가 완전히 갈라지게 하였다. 한나라는 상당군을 진나

라에 넘겨주고는 철병을 요구하였다. 그러나 상당군의 장수 풍정馮亭은 진나라에 투항하지 않았다. 그는 이렇게 주장했다.

"상당군을 진나라에 주기보다는 조나라에 주는 것이 낫습니다. 조나라가 상당군을 얻으면 분명히 진나라의 공격을 받게 되고 이때 조나라와 한나라가 연합하면 진나라를 물리칠 수 있을 것입니다."

대다수 사람들이 그의 건의를 받아들여 한나라는 사신을 조나라에 파견하여 땅을 바치겠다고 전했다. 조나라 효성왕孝成王은 사리가 밝지 않은 사람이어서 땅을 거저 준다니 기뻐하며 평원군에게 5만 대군을 이끌고 가서 땅을 인수하도록 하였다. 평원군은 상당군에 도착한 후 풍정을 화릉군華陵君으로 봉하고 상당군의 태수로 모셨다. 그러나 풍정은 이를 거절했다. 그는 자신이 나라의 영토를 지키지 못했는데 사적으로 땅을 바치고 부귀를 누린다면 영원히 용서받지 못할 것이라고 생각하여 관직을 받지 않았다.

평원군이 거듭 청하자 풍정은 상당군을 대신 지키겠다고 하고는 평원군에게 조속히 군대를 파견하여 지원해달라고 부탁하였다. 진왕은 한나라의 땅을 조나라에게 빼앗긴 것을 알고 격분해서 왕흘에게 상당군을 즉시 공격하라고 명을 내렸다. 풍정은 세력이 약하여 40여 일간 사수한 끝에 백성들을 데리고 조나라로 도주하다가 장평관長平關에서 조나라의 구원병을 만났다.

조왕은 어리석게도 새 영토를 얻었다고 큰 잔치를 벌여 축하할 뿐 진나라 병사들의 공격이 코앞에 다다른 것은 꿈에도 모르고 있었다. 조왕은 며칠이 지난 후에야 병사를 보내 구원해야 할 것을 생각해내고는 염파를 대장군으로 삼아 20만 군대를 파견하였으나 이미 상당군을 잃어버린 후였다. 염파의 군대는 진나라 군대와 싸워 패했다. 염파는 진나라 군대를 쉽게 이길 수 없다고 생각하고는 진지를 삼엄하게 지키고 참호를 깊게 팠으며 견고하게 군영을 지키면서 공격을 하지 않았다. 그리고 명을 내렸다.

"싸움에서 이기든 지든 출전하는 자는 머리를 벨 것이다."

염파의 의도는 분명했다. 진나라 군사들을 승리에 들뜨게 하여 피곤하게 만들고, 진나라 군대의 양식이 떨어지게 하며, 진나라가 후퇴할 때 추격하는 것이었다.

왕흘은 경험이 풍부한 장수여서 전쟁을 오래 끌수록 불리하다는 것을 잘 알았기에 여러 차례 맹렬히 공격을 퍼부었다. 하지만 염파가 진지를 견고하게 지키고 절대로 출전하지 않았으므로 왕흘의 공격은 성과가 없었다.

왕흘이 진왕에게 보고했다.

"조나라 군대의 총지휘관 염파가 전쟁 경험이 많아 방어하는 방법을 잘 알고 있으니 아군은 그를 섬멸하기 어렵습니다. 싸움을 벌인 지 이미 3년이나 끌어 군량 조달에 어려움을 겪고 있으니 대왕께서 방법을 생각해주길 바랍니다. 아니면 진나라 군대가 돌아가지 못할까 걱정이 되옵니다."

재상 범저가 진왕에게 말했다.

"적들에게 염파와 같은 장군이 있으니 정말 대처하기 어렵습니다. 제가 보기에는 조나라 군대를 이기려면 반드시 조나라 조정이 이 전쟁 방식을 바꾸도록 해야 합니다. 그들의 책략을 바꾸게 하려면 먼저 조나라 군대의 총지휘관을 성격이 급하고 무지한 사람으로 바꾸게 해야 합니다. 제가 보기에 적절한 사람은 조사趙奢의 아들인 조괄趙括입니다."

이리하여 범저는 조나라 관리를 매수하여 유언비어를 퍼뜨리게 했다. 얼마 후 조나라의 조정에서는 의견이 분분해졌다. 대신들은 염파가 나이가 많아 젊을 때의 명석함을 잃어버려 진나라 군대의 공격에 제대로 대응하지 못한다고 주장했다. 이들은 총사령관을 젊고 힘이 센 조괄로 바꾸면 진나라 군대를 즉시 격파할 것이라고 하였다.

조왕은 원래 사리판단을 할 줄 모르는 사람이었다. 그는 염파가 방어만 하고 공격을 하지 않으니 무능하다고 생각하던 터여서 이런 의논을 듣고는 대신들의 뜻에 따라 다른 장군을 보내 전쟁을 끝내라고 재촉했다. 그러나 염파는 조왕의 말에 내색도 하지 않고 명령도 대응하지도 않은 채 계속 방어만 했다. 이런 행동이 조왕을 격분시켰다. 그래서 조왕은 조괄에게 물었다.

"너는 장평長平에 있는 진나라 군대를 격파할 수 있느냐?"

조괄은 승리를 장담했다.

"만약 진나라의 무안군武安君이라면 제가 신중하게 고려해봐야 할 터이지만 왕흘이라면 신중할 필요도 없습니다. 제가 큰소리치는 것이 아니라 만약 진나라 군사들이 저를 만나면 추풍에 낙엽 떨어지듯 패할 것입니다."

조왕이 이 말을 듣고 기뻐하며 즉시 조괄을 파견하여 염파를 대신하게 하고 총지휘관에 임명하였다.

40만 대군을 생매장한 백기

조괄은 조나라의 유명한 장군 조사의 아들이다. 기원전 270년, 진나라 소양왕이 왕흘을 보내 한나라를 지나 조나라의 알여閼與 지역을 공격하라고 하자 조나라 왕은 조사를 파견하였다. 조사는 급히 싸움터로 가지 않고 한단에서 30리 떨어진 곳에 한 달간 주둔하면서 두려워 공격하지 못하는 것처럼 가장했다. 그리고 간첩을 파견하여 진나라 군대에 보고하길 조나라 군사가 겁을 집어먹고 진나라 군대와 감히 싸우지 못한다고 말하도록 했다. 진나라 군대는 조나라 군대가 멀리 머물러 있고 감히 공격해 오지 못하는 것을 봤기 때문에 그 말을 믿었다. 조사는 이 기회를 틈타 이틀간 급히 행군하여 몰래 진나라 군영에 접근하여 유리한 지형을 점령했다. 그러고는 대군을 동원하여 습격하니 진나라 군대는 미처 손도 쓰지 못하고 참패하고 말았다. 이로 인해 진나라 군대는 전에 없던 커다란 손실을 입었다.

조사는 노련하고 신중했으며 풍부한 전쟁 경험과 뛰어난 재주와 깊은 학문을 갖춘 장군이었다. 그러나 그의 아들 조괄은 큰소리만 치는 허풍쟁이였다. 사실 조괄은 어릴 때부터 총명하고 배우기를 좋아하였으며 변론을 즐겼고 부친으로부터 적지 않은 병서를 배웠다. 두 사람은 평소 군사 작전에 대해 변론을 벌였다. 조괄은 말재주가 좋았고 종종 경전 중의 어구나 고사를 인용하여 조사도 그의 상대가 되지 못했다. 그러나 조괄의 말재주는 사실 탁상공론에 불과했다.

조괄은 비록 실전 경험이 없었지만 이론 지식을 배웠기 때문에 오만방자하여 잘난 체하였고 자신을 높이 추켜세웠으며 자신이 천하무적이라고 여겼다. 조괄의 부모는 조괄이 그저 호언장담만 할 뿐 실제 능력이 없다는 것을 너무나 잘 알았다.

당시 조괄의 부친 조사는 이미 세상을 떠난 상태였다. 조괄의 모친은 조왕이 조괄을 총지휘관으로 임명했다는 소식을 듣고 당황하여 즉시 조왕을 찾아가 울면서 말했다.

"제 남편이 죽기 전에 저한테 부탁을 하였는데 대왕께서 절대로 저희 아들을 중용하지 못하게 하라고 하였습니다. 군대를 거느리고 싸운다는 것은 아주 위험한 일이니 신중하게 고려하셔야 합니다. 저희 아들 조괄은 군사에 관해 부친과 토론할 때도 아주 경솔하여 자기 생각대로만 했으니 만약 그에게 병사를 맡겨 싸우게 하신다면 실패할 수밖에 없습니다.

더욱이 조괄은 사병들의 추대도 받지 못했습니다. 그의 부친은 매번 대왕의 은혜를 입어 상을 받으면 절대 집으로 가져오지 않고 장교와 병사들에게 모두 나누어주었고, 일단 명을 받으면 전심전력으로 나라를 위해 싸우고 집안 일에 조금도 관심을 두지 않았습니다. 그러나 조괄은 이와는 반대로 장군이 된 후 기세가 당당하여 대왕께서 하사하신 상을 전부 집으로 가져와 집과 밭을 사고 부하들에게는 전혀 관심이 없습니다. 이런 자가 대장군이 되어 군사를 이끌고 싸울 수 있겠습니까? 대왕께서는 명을 거두어주십시오."

재상 인상여도 강경하게 반대하였으나 조왕은 그의 의견을 받아들이지 않았다. 조괄의 모친은 이를 보고 조왕에게 다시 말했다.

"만약 꼭 조괄을 총지휘관으로 임명하시겠다면 이 후에 그가 잘못을 저지른다 해도 우리 가족을 처벌하지 말아주시기를 빕니다. 문서를 써서 증거로 남겨 우리 가족이 살해당하지 않게 해주시길 바랍니다."

조왕은 사람을 시켜 요구대로 문서를 작성하게 하여 조괄이 성공하든 실패하든 가족에게 해를 끼치지 않겠다고 보장해주었다.

조괄의 모친은 집으로 돌아온 후 조괄이 반드시 실패할 거라 생각하여 재산을 다른 사람들에게 나눠주었다. 조괄은 장군의 인끈을 목에 걸고 장평에 와서 염파를 대신하였고 주요 작전지역을 사수하는 장수들도 교체하여 조나라 군대를 통솔하였다. 그는 염파가 세워놓은 방어벽들을 허물어버리고 다시 군대를 배치하고 진나라 군대를 공략할 준비를 했다.

진나라는 조나라가 과연 이간책에 넘어가 조괄을 보내 염파를 대신한 것을 보고는 백기白起를 대장군으로 삼아 왕흘을 대신하도록 하였고 왕흘을 부장군으로 임명하여 지원군을 증파했다.

풍정 등 전쟁 경험이 많아 노련하고 신중한 조나라 장수들은 조괄이 급히 진군하려는 걸 보고 저지하며 염파의 계책을 설명하면서 그에게 계속 진지를 사수하며 방어할 것을 요구하였다. 그러나 조괄은 호언장담했다.

"염파가 뭘 안다고 그러는가. 나는 40만 대군이 있으니 두려울 것이 없다. 적군을 만나면 정면으로 돌격하여 전멸시킬 것이니 절대로 철수하거나 후퇴하지 않을 것이다."

진나라 백기는 백전노장으로 용병술에 뛰어났다. 그는 먼저 조괄에게 미끼를 던져 병사들을 이끌고 진지에서 나오도록 유인하였다. 백기는 소부대를 편성하여 조나라 성을 공격하게 하고 몇 차례 패한 척 위장하도록 했다. 그것도 모른 채 조괄은 의기양양해져서 그 이튿날 직접 대군을 이끌고 성 밖으로 나왔다. 왕흘은 이번에는 도리어 방어를 하게 되었

전국시대 진나라의 장수 백기. 초나라를 공략하여 영토를 넓히는 등 여러 전투에서 대승을 거두어 명성을 누렸다.

고 조나라 군대는 왕흘을 포위하고 며칠이나 공격을 퍼부었다.

조괄이 이처럼 기세가 등등할 때 한나라 군사가 달려와서 "퇴로가 이미 진나라 군사에 의하여 막혀버렸습니다"라고 말했다. 이어서 다른 한 장수가 "서쪽에 진나라 군사가 가득 배치되어 뚫고 나갈 수가 없고 동쪽으로밖에 갈 수 없습니다"라고 보고하였다. 이미 삼면이 적들로 포위되었고 동쪽이 그래도 비어 있어서 이들은 할 수 없이 동쪽의 장평관으로 철수하였다. 5리쯤 길을 갔을 때 옆에서 진나라 군대가 갑자기 나타났다.

진나라 장수 맹오蒙螯가 큰소리로 외쳤다.

"조괄, 너는 이미 무안군의 계책에 걸려들었다."

조괄은 무안군 백기의 이름을 듣자 머리가 어지러워져서 방향을 잃고 제자리에 주저앉아버렸다. 풍정 등 나이가 많은 장수들은 이렇게 권고하였다.

"비록 사방으로 포위되었지만 아군의 세력이 크니 죽을힘을 다하여 포위를 뚫고 나가면 군영으로 돌아갈 수 있습니다. 이곳에 주둔하면 진나라 군사들이 사방에서 조여들어 와 어디로도 달아날 수가 없습니다."

조괄은 백전노장들의 말을 듣지 않고 자신의 의견을 고집하면서 적으로 둘러싸인 중간에 군대를 주둔시키라고 명했다.

백기가 이 기회를 놓칠세라 사방에서 포위하니 조괄의 군대는 철저하게 고립되었다. 조괄의 군대는 46일간을 버텼으나 구원병도 오지 않고 내부의 양식이 떨어져가자 군사들끼리 서로 잡아먹기 시작했다. 조괄은 할 수 없이 노장들의 건의를 받아들여 포위를 돌파하려 했지만 매번 진나라 군대의 강력한 공격 때문에 실패했고 사상자가 속출하였다. 조괄은 뾰족한 방법이 없자 5천여 정예부대를 이끌고 진나라 포위망을 공격했다. 그는 준마를 타고 달리다가 진나라 장수 왕전王翦과 맹목蒙驁을 보고 놀라 말을 버리고 옆으로 뛰어내리다가 구덩이에 빠졌고 진나라 병사가 쏜 화살에 맞아 죽었다. 조나라 군대는 총지휘관이 죽자 사기가 떨어져 무기를 버리고 투항해버렸다.

백기는 투항한 40만 대군을 10개의 부대로 나누었다. 그날 저녁, 백기는 사람을 시켜 조나라 병사들에게 고기와 술을 상으로 주며 말했다.

"노인·허약자·병자·불구자와 고향에 가고 싶은 자들은 내일 병영을 떠날 수 있다. 진나라 군대에 남을 사람들은 내일 진나라 군대에 편입시켜 무기를 나누어주겠다."

이 말을 들은 조나라 병사들은 안심하고 잠을 잤다.

백기는 한나라의 상당군이 조나라에 투항한 것을 몹시 못마땅하게 여기고 있었다. 그는 조나라 사람들이 쉽사리 항복하지 않을 것이니 깨끗이 없애버려야 후환이 없고 안심할 수 있다고 생각했다. 그는 진나라 병사들에게 흰 천으로 머리를 싸매어 아군을 분별하도록 한 후 투항한 조나라 병사들이 있는 야영지에 가서 그들을 전부 밧줄로 묶게 했다. 그리고 많은 구덩이를 파게 한 후 조나라 병사들을 모두 구덩이에 던져 넣어 생매장하였다. 하룻밤 사이에 조나라 병사 40만 명이 이렇게 살해되었다.

백기는 조나라 병사 240명만을 살려주고 돌려보내 진나라의 위세를 알리도록 하였다. 이 소식을 접한 조나라의 관리와 백성들은 모두 통곡

했다. 그 후 조나라는 다시는 세력을 회복하지 못했고, 진나라는 원교근
공책을 실시한 이래 처음으로 큰 성과를 올리는 대승을 거두었다. 이는
외교·군사 등 여러 방면에서 여섯 제후국을 평정하는 데 튼튼한 기반이
되었다.

이간책의 성공 비결

이간책이 조나라와 진나라의 운명과 전체 중국의 역사를 결정했다고
볼 수 있다. 계책은 아주 중요한 것이다. 위의 일이 천하제일의 이간책으
로 불리게 된 것은 역사의 중요한 전환기 때 이용되었던 까닭도 있지만,
조나라가 전쟁 경험이 적고 행동이 경솔한 장수를 총지휘관으로 삼은 탓
에 전멸했기 때문이다. 그처럼 은밀하고 교묘한 방법을 간접적으로 사
용하여 목적을 달성하는 계책은 직접적인 방법을 사용하는 계책보다 더
수준이 높은 것이다.

춘추전국 시기에는 이와 비슷한 예가 아주 많았다. 기원전 279년, 연
소왕燕昭王이 죽은 후 연혜왕燕惠王이 즉위하였다. 이때 연나라의 대군은
제나라를 5년째 공격하였으나 거읍莒邑과 즉묵卽墨이라는 두 성을 함락하
지 못하고 있었다. 연나라의 총지휘관 악의樂毅는 제나라의 70여 개 성에
군현을 설치하여 연나라의 관할하에 두고 다스렸다.

그러나 연혜왕은 태자 때부터 악의를 좋아하지 않았고 즉위한 다음에
도 그를 배척하였다. 즉묵의 장수 전단田單은 이런 상황을 알고나서 연나
라에 사람을 보내 유언비어를 퍼뜨리게 했다.

"악의가 제나라를 5년 동안 공격하였지만 유독 두 성만은 공략하지
못하고 있는데 그 원인은 악의가 군주와 사이가 벌어진 틈을 타서 병사
들을 모아 제나라에 주둔하게 한 후 왕으로 자립하려 하기 때문이다."

이 이간책은 과연 효과가 있었다. 연혜왕은 악의를 끌어내리고 자기가
신임하는 기겁騎劫을 총지휘관으로 임명하였다. 악의는 전쟁이 임박하였

는데 장수를 바꾸니 왕의 의도가 심상치 않다고 생각하고 죽음을 무릅쓰고 조나라로 달아났다. 그곳에서 악의는 각별한 대우를 받았고 망제군望諸君에 봉해졌다.

한편 기겁은 군 지휘 능력이 악의에 미치지 못했다. 전단은 계책이 성공하자 사람을 시켜 투항하는 척하고 기겁을 안심시킨 후 밤중에 화우진火牛陣을 써서 연군을 격파하고 단숨에 70여 개 성을 빼앗았다. 그리고 제양왕과 함께 도성 임치에 들어와 제나라를 부흥시켰다.

추측·질투·무력과 협박은 인류가 오랫동안 사회에서 살아가면서 형성한 본성이다. 이간책은 인류의 이런 본성을 이용하여 자신의 목적을 이루는 것을 말한다. 이런 계책을 세울 때는 상대를 제대로 잘 알아보고 적절한 시기를 포착한 후 방법을 강구하는 것이 성공과 실패의 관건이다.

예를 들면 장평 싸움에서 이간책의 대상은 조나라 효성왕이었다. 만약 그가 젊어서 혈기왕성하고 남의 의견을 듣지 않는 사람이 아니라 성숙하고 신중한 사람이어서 신하의 충고를 잘 받아들였다면 이간책은 별 효과가 없었을 것이다. 염파가 출전하지 않고 견고하게 수비만 하여 진나라는 곤궁에 빠졌는데, 만약 염파가 출전했다면 진나라는 때를 기다렸다가 약점을 찾아 유언비어를 퍼뜨리지 못했을 것이다.

기겁으로 하여금 악의를 대신하게 한 이간책의 관건은 연혜왕이라는 사람이 아니라, "악의가 제나라에서 왕으로 자칭하려 한다"라는 역대 군주들이 가장 싫어한 모반 혐의였다. 더욱이 연혜왕과 악의는 새로 등극한 군주와 신하 사이의 관계였다. 이간책의 성공 비결은 상대에 대한 정확한 파악에 있는 것이다.

2 위급한 상황에서의 임시변통

때로는 위급한 상황에서 임기응변을 발휘하여 문제를 해결해야 할
때가 있다. 중국사에도 이 수단을 발휘한 대표적 인물들이 있다.

『손자병법』에 이런 말이 있다.

"장군이 외부에 나가 있을 때는 군주의 명령을 듣지 않을 수도 있다."

이 뜻은 멀리 전쟁터에 가 있는 장군은 자기가 처해 있는 상황에 근거
하여 판단하고 행동하며 반드시 군주의 명령에 따라야 하는 것은 아니라
는 말이다. 왜냐하면 멀리 후방에 있는 군주는 변화무쌍한 최전선의 상
황을 제때 파악할 수 없기 때문이다.

위급한 상황에서 군주의 명령을 위반하면서까지 좋은 대책을 실행해
야 하느냐 말아야 하느냐 하는 문제에 대해서는 권모술수를 가르쳐주는
책이나 정사, 야사 모두 논술한 적이 없다.

아무도 공개적으로 나서서 이런 방법을 지지하지 못했고, 더욱이 공개
적으로 남을 속이고 위장하며 무력과 협박의 수단을 대책으로 삼아 실행
하는 사람도 없었다. 군주에게 모든 권력이 집중되어 있어 군주의 명령
으로 모든 것이 결정되었기 때문에 이는 군권에 대한 무례한 도전이었으
며 설사 다수의 견해로 결집된 대책이라도 역모로 취급되었다.

그러나 중국역사에는 여러 위급한 상황에서 임기응변으로 문제를 해
결한 예가 있다. 나라를 위해 혹은 정의를 위해서 종종 군주의 명의를 빌
리거나 심지어 사기나 협박이라는 수단을 동원하기도 했다. 이 수단을

발휘한 이들은 비록 군자라는 말은 듣지 못하지만, 그 행동 속의 합리적인 생각 때문에 후세에 전해 내려오면서 백성들의 찬양을 받고 있다.

소 열두 마리로 나라를 구한 현고

춘추전국 시대의 '현고가 병사들을 소로 위로한 이야기'弦高犒師가 유명한 예다. 기원전 630년, 진문공은 진秦나라 등 여러 제후국들과 연합하여 정鄭나라를 토벌하여 자신이 그곳에서 유랑할 때 억울하게 당했던 치욕을 갚아주려고 하였다. 진秦나라와 진晉나라 등이 정나라를 포위하자 정나라의 촉지무燭之武가 진秦왕을 찾아가 설득했다.

촉지무는 진목공에게 이렇게 말했다.

"왕께서 진晉나라를 도와 정나라를 소멸시킨다 해도 정나라의 토지는 진晉나라에 귀속되므로 진秦나라는 아무 이득이 없습니다. 차라리 정鄭나라를 진秦나라에 귀속시키는 것이 낫습니다. 앞으로는 진秦나라를 도우며 주인으로 모시겠습니다."

진목공은 그 말에 일리가 있다고 생각하고 기자杞子로 하여금 부대를 이끌고 정나라를 도와 성을 지키게 한 후 자신은 철수하였다.

그러나 진晉나라의 정나라에 대한 공격이 성공하자 정나라는 진晉나라로 넘어갔다. 진목공은 희롱을 당했다고 생각하니 화가 치밀어 기원전 628년에 맹명시孟明視·서걸술西乞術·백을병百乙丙에게 300대의 수레를 내주고 정나라를 침략하도록 했다. 이때 진문공이 죽었기 때문에 진晉나라는 그의 장례를 치러야 했으므로 정나라에 군대를 지원할 수 없었다. 정나라는 기자의 군대가 안에서 공격하였기에 저항할 수가 없었다.

기원전 627년 2월, 진나라 군대는 정나라 서쪽에 있는 활滑나라에 도착하였다. 군대가 행군하고 있을 때 어떤 사람이 찾아와 소리쳤다.

"정나라의 사신이 장군을 뵈려고 합니다!"

맹명시는 깜짝 놀라 정나라가 진나라의 출병을 알고 있는지 걱정이 되

진목공. 춘추오패의 한 사람으로서 백리해, 건숙 등을 중용하여 영토를 넓히고 국세를 발전시켰다. 신분과 출신을 따지지 않고 훌륭한 인물들을 받아들인 것으로 유명하다.

었다. 맹명시가 친히 그를 접견하였다.

"선생의 이름은 무엇이오?"

"저는 정나라의 사신 현고弦高라고 합니다."

"선생이 여기까지 온 이유는 무엇이오?"

"저희 왕께서 귀국의 군대가 온다는 소식을 듣고 즉시 저를 파견하여 12마리의 소를 바치라고 하셨습니다. 이건 비록 작은 성의지만 저희 군주의 마음의 표시이니 병사들이 배불리 한 끼 식사로 먹을 수 있을 거라 생각합니다. 저희 군주는 또 귀국에서 병사를 보내어 저희를 도와 북문을 지키게 해주시니 아주 감격하고 계시며 저희들 자신도 각별히 노력할 것이고 절대 게을리 하지 않을 것이니 장군께서는 걱정하지 마시라고 하셨습니다."

이리하여 맹명시는 진나라가 정나라를 습격할 계획이 있다는 사실을 정나라가 이미 알고 있다고 여겼다. 그래서 그는 기습공격을 해봤자 성공할 수 없을 거라고 생각해서 현고에게 말했다.

"우리는 귀국에 가려는 것이 아니니 당신들이 신경을 쓸 필요가 없소. 우리는 활나라에 가는 길이오."

현고는 소를 바친 후 물러갔다. 사실 현고는 정나라의 사신이 아니라 소를 판매하는 상인일 뿐이었다. 그는 소를 파는 도중 진나라 사람을 만나게 되어 얘기를 나누다가 진나라가 정나라를 공격한다는 사실을 알게 되었다. 그는 한편으로 정나라 왕에게 사람을 보내 보고하게 하는 동시에 다른 한편으로는 소를 몰고 진나라 장수를 찾아가 소를 바쳐 병사들을 위로하는 척하여 정나라를 위기에서 구하였다. 저명한 평민이 나라를 구한 사건이 일어나게 된 것이다.

맹명시는 정나라를 기습하는 일이 실패하자, 빈손으로 돌아갈 수 없어 손쉽게 활나라를 공격하고 젊은 남녀와 금은보화를 약탈하여 수백 대의 마차에 싣고 귀국길에 올랐다. 그러나 이들은 진晉나라의 효산崤山을 지날 때 당초에 백리해가 예언했던 것처럼 매복한 진나라 병사들에게 습격을 받아 전멸하였다. 이것은 진秦나라와 진晉나라가 동맹관계를 맺은 후 진秦나라가 당한 가장 큰 치욕 중 하나다.

현고가 소 12마리로 병사들을 위로한 것은 일종의 애국행위였다. 비록 사전에 정나라 군주의 동의를 얻지 않았지만 그의 행위는 분명 군주의 염원과 정나라의 이익에 부합되므로 정나라 조정과 후세사람들로부터 찬양을 받았다.

그러나 공공연히 군주의 명령을 어기고 황제가 보낸 명령이나 문서를 거짓으로 꾸미거나 장수를 살해하고 군대를 발동하였다면 어떠했을까? 이는 쉽게 단정하기 어렵다. 중국 역사에 나타난 이런 종류의 일 가운데 사건이 중대하고 과정이 복잡하며 파문이 컸던 예는 아마도 전국시대에 일어난 '신릉군이 호부를 훔쳐 조나라를 구한 일'일 것이다.

달걀을 쌓아올린 것처럼 위험한 상황

기원전 260년, 진나라 장수 백기는 조나라의 군대를 격파한 후에 상당군을 점령하고 조나라 병사 40만 명을 생매장했다. 백기는 대번에 조나

라를 소멸시키려 했지만 재상인 범수가 그의 공로가 너무 큰 것을 보고
는 진왕을 설득하여 군대를 철수시켰다. 이리하여 진나라는 조나라를
멸망시킬 수 있는 절호의 기회를 잃어버렸다.

2년 후, 진왕은 당시에 조나라를 소멸시키지 못한 것을 후회하여 다시
백기를 보내 조나라를 멸망시키도록 하였다. 그러나 백기는 지난 전투
에서 큰 타격을 받은 조나라가 위기에 봉착하여 철저히 준비를 하고 원
한으로 사무쳐 있기 때문에 죽음을 각오하고 끝까지 진나라에 대항할 것
이므로 승리하기가 힘들 것이라고 판단했다.

백기는 지난번에 강제로 군대를 철수하게 한 일에 불만을 품고 여러
차례 소란을 피웠다. 결국 진왕은 백기에게 칼을 주고 자살하게 하였다.

진왕은 다시 왕릉王陵에게 10만 대군을 이끌고 한단을 포위하도록 하
고, 정안평鄭安平에게 5만의 정예부대를 주고 증원하도록 했다. 그러나
왕릉이 패배를 거듭하자 경험이 많은 대장군 왕흘이 왕릉을 대신하도록
하였다. 준비를 마친 진나라는 단숨에 한단을 공격했다.

조나라의 수도 한단은 매우 위험한 상황에 처하게 되었다. 효성왕孝成
王은 사신을 파견하여 위나라에 파병을 청했다. 위나라의 안희왕安僖王은
어찌 할 바를 몰라 대장군 진비晉鄙에게 10만 병사를 이끌고 가서 조나라
를 구원하도록 하였다.

이때 진왕은 직접 전선에 나가 전쟁을 지휘하였는데 위나라가 병사를
보내 조나라를 구원한다는 소식을 접하고 즉시 사람을 보내 위왕을 위협
하였다.

"누구든지 감히 조나라에 파병하여 원조를 한다면 곧바로 달려가 멸
망시키겠다."

이에 위왕은 진비에게 변방에 가서 상황을 지켜본 후 잠시 진군하지
말라는 명을 내렸다.

조나라는 진비가 진군하지 않자 평원군 위무기魏無忌로 하여금 그에게
진군을 요청하는 편지를 쓰게 했다. 편지를 본 진비는 회신을 보냈다.

"위왕께서 저에게 진군하지 말고 여기에 주둔하고 있으라 하셨기 때문에 저는 마음대로 진군할 수가 없습니다. 만약 진군하려면 위왕의 명령이 있어야 합니다."

평원군은 위왕을 설득할 방법이 생각나지 않자, 위나라 공자 신릉군에게 편지를 보냈다.

"저는 당신과 맺은 친척 관계를 영광으로 생각합니다. 저는 당신이 의협심이 강하고 현명한 장수라고 여기며 존경하고 있습니다. 현재 한단은 달걀을 쌓아올린 것처럼 위험하나 귀국의 대군은 오히려 전진하지 않고 있으니 조나라가 멸망하면 귀국은 그럼 혼자 생존할 수 있다고 생각합니까? 당신의 누나는 온종일 울고 있으며 아무리 달래도 통 듣지를 않습니다. 당신이 조나라를 위하지 않는다 해도 누나를 생각해야 할 것이 아닙니까."

신릉군은 지난번에 위제魏齊가 조나라에서 자신에게 도망쳐 왔을 때 거두어주지 않아 결국 위제가 자살을 하여 위제가 주인으로 모시던 평원군에게 미안하던 터였는데 이번에 구원을 청하며 책망하는 글을 보자 더욱 난처했다. 그는 마음이 조급하여 타들어가는 것 같았지만 위왕을 설득하여 구원병을 보내게 할 명분을 찾지 못했다. 위왕에게 여러 번 빌고 애원했지만 아무 소용이 없었다. 화가 난 신릉군은 직접 1천여 명의 문객을 거느리고 진나라 군대와 결사적으로 싸우려고 했다.

늙은 문지기를 영접한 신릉군

신릉군은 동성문을 지날 때 수레에서 내려 후생侯生과 작별인사를 나누려고 했는데 후생이 그에게 알은체를 하지 않아 화가 났다. 후생은 원래 성문을 지키던 노인으로 70여 살이었으며 생활이 가난했지만 마음씨가 좋았다. 다른 사람들은 그를 가까이하지 않았지만 신릉군은 그가 책략이 있는 인물이라는 것을 알고 그를 자신의 문하에 두었다.

전국시대 위나라의 정치가 신릉군. 수하에 문객 3천 명을 거느렸다고 전해지며, 제나라의 맹상군, 초나라의 춘신군, 조나라의 평창군과 함께 전국사군자로 꼽힌다.

어느 날 신릉군은 직접 20근의 금을 들고 그를 만나러 갔다. 그러나 후생은 금을 거절하며 말했다.

"저는 가난하지만 평생 동안 지조를 지켜 절대로 남의 돈과 재물을 마음대로 받지 않았습니다. 지금은 늙었으니 더욱 이런 생각을 바꾸고 싶지 않습니다."

신릉군은 그가 예물을 받지 않자, 날을 잡아 초청하겠으니 자신의 체면을 세워달라고 부탁하였다. 후생은 그제야 겨우 승낙했다.

약속한 날이 되자 신릉군은 술자리를 준비해놓고 위나라의 모든 고관대작과 문객 중 중요한 인물들을 순서에 따라 모셨다. 신릉군이 동성문에 와서 후생을 수레로 모시자 후생은 사양하지 않고 정좌에 앉고 신릉군이 도리어 채찍을 쥐고 옆 좌석에 앉아 수레를 몰았다. 신릉군이 모는 수레는 잠시 후 위나라의 도성 대량大梁에서 가장 번화한 거리를 지나게 되었다.

그때 후생이 갑자기 물었다.

"제게 돼지를 잡는 친구가 있는데 이름이 주해朱亥라고 합니다. 지금 시장 도살장에 있으니 한번 가보고 싶은데 괜찮을까요?"

신릉군이 허락하고는 수레를 몰고 시장으로 갔다.

시장에 도착한 후생은 수레에서 내리면서 신릉군에게 수레 안에서 기다리라고 하고 주해와 이야기를 나누기 시작했다. 신릉군은 기다리다 못해 다리까지 아팠지만 후생은 이를 아랑곳하지 않고 계속 얘기를 나눴다. 신릉군의 부하들이 화를 죽이지 못하고 후생이 너무 도리가 없다고 불평했으나 신릉군은 오히려 부하들을 저지하였다. 시장 사람들이 갈수록 점점 많이 모여들었고, 공자가 말고삐를 쥐고 있는 것을 보고 어찌된 일인지 알게 되자 후생을 욕했다. 후생은 공자의 안색이 끝까지 변하지 않은 것을 본 후에야 친구와 작별하고 수레에 올랐다.

신릉군의 집에 모인 손님들은 기다리다 못해 짜증이 났으나 누구도 감히 떠날 수 없었다. 왜냐하면 신릉군이 남긴 자리는 제일 중요한 사람이 앉는 자리였기 때문이다. 손님들은 지위가 높은 귀인이 올지도 모르고 혹시 위왕이 친히 왕림할 수도 있다고 추측하였다. 이때 귀한 손님을 모셔왔다고 해서 다들 일어나 공손히 영접하였으나 들어오는 사람은 70여 살이나 되는 허술한 늙은이였다. 모두들 신릉군의 체면을 고려하여 뭐라고 말하지는 못하고 제자리에 앉아 고개를 숙이고 술만 마셨다. 그러나 후생은 전혀 아랑곳하지 않고 상석에 앉았고 도리어 신릉군이 일어나 술을 후생에게 올리면서 장수를 기원하였다. 이 광경을 본 손님들 모두가 놀라는 기색이 역력했다.

이때 후생이 일어나 말했다.

"저는 대량의 동쪽 문인 이문夷門을 지키는 보잘것없는 문지기 후영侯嬴이라고 합니다. 오늘 공자께서 직접 수레를 끌고 저를 맞이하셨습니다. 그런데 제가 공자를 시장에서 오래 기다리게 했으니 제 잘못이 큽니다. 제가 왜 그렇게 했을까요? 다 공자의 명성을 널리 알리기 위해서였습니다.

제가 공자를 마냥 기다리게 했을 때 많은 사람들이 저를 욕했습니다. 저는 한편으로는 공자를 가만히 관찰하였는데 공자께서는 화를 내지 않으시고 온화한 표정으로 더욱 공손하셨습니다. 사람들이 저를 욕할수록, 제가 주제도 모른다고 말할수록, 불평을 할수록, 모두 저를 소인이라고 손가락질을 하였고, 공자는 덕행이 있으면서도 하찮은 인간에게 몸을 낮추는 어진 사람이라고 하였습니다. 그러니 제 행동으로 더욱 공자를 존중하게 된 것이지요. 그리고 제가 고의적으로 늦게 와서 손님들을 초조하게 기다리게 했을 뿐만 아니라 저를 상석에 앉게 하신 것도 같은 이치입니다. 여기에 앉은 손님 모두 속으로는 공자에게 탄복하고 있을 것입니다.”

신릉군은 후생의 말을 듣고 문득 크게 깨달은 바가 있었다. 마음속으로 후생에게 감격하여 그가 재능이 있는 사람임을 알게 되었다. 이후로 후생은 신릉군의 귀빈이 되었다. 나중에 후생은 신릉군에게 주해를 추천하였고 신릉군이 성대한 예의를 갖추고 사신을 보냈으나 그는 후생보다 더 심하여 아예 오지도 않았다.

이번에 신릉군은 1천여 명의 문객을 데리고 동문에서 후생을 만나 작별인사를 나누면서 진나라 군대와 죽음을 각오하고 싸울 것이라고 말했다. 그러나 후생의 반응은 아주 냉담하였으며 아무 말도 하지 않았다. 신릉군은 길을 가면서 고개를 돌려 후생의 태도가 바뀌지 않았나 살펴보았다. 그러나 후생은 여전히 거기에 서서 움직이지 않았다. 신릉군은 한숨을 쉬었다.

“내가 후생을 내 몸처럼 생각하고 부족함 없이 잘 대해주었는데 그가 이렇게 양심이 없는 사람일 줄은 정말 몰랐다.”

문객들은 신릉군에게 더 이상 아무 쓸데도 없는 늙은이는 모르는 체하라고 하였다. 신릉군은 생각을 하면 할수록 불쾌하여 도저히 참을 수가 없어 다시 돌아와 후생을 찾았다. 후생은 웃으며 말했다.

“신은 공자께서 다시 오실 줄 알고 있었습니다.”

“제가 선생한테 잘못한 것이라도 있는지 알아보려고 이렇게 다시 찾아온 것입니다.”

후생은 그때서야 정색하며 말했다.

"공자께서 선비를 좋아하신다는 것은 천하가 다 알고 있습니다. 공자께서는 문객들을 30여 년간 돌봐주었고, 식객이 많을 때는 3천여 명이나 되었습니다. 이제 곤경에 빠져서 아무런 대책도 없이 식객 1천여 명을 이끌고 진나라 군대와 싸우러 들어가고자 하시니, 이것은 달걀로 돌을 부수려는 격이고, 고기를 굶주린 호랑이에게 던져주는 것과 같은 것입니다."

"저도 이것이 아무런 도움이 되지 않을 뿐만 아니라 목숨을 바치러 가는 것과 같다고 생각하지만 달리 무슨 방법이 있겠소? 일이 여기까지 이르렀으니 그저 최선을 다 할 따름입니다."

후생은 다른 방법이 있다고 대답했다. 후생은 신릉군을 집안으로 모시고 들어가 계책을 은밀히 말했다.

"위왕이 가장 총애하는 첩은 바로 여희如姬입니다. 여희의 부친이 다른 사람에게 피살되어 그녀가 3년 동안이나 한을 품고 원수를 찾아 나섰지만 찾지 못했습니다. 그 후 그녀가 공자 앞에서 울며 꼭 원수를 찾아서 죽여달라고 하였습니다. 공자께서는 즉시 문객들을 동원하여 원수를 찾아 목을 베게 한 후 그 머리를 여희에게 보냈습니다."

신릉군이 그랬었다고 했다. 후생은 말을 이었다.

"여희는 이 일 때문에 공자를 위해서 목숨을 바치겠다고 했습니다. 지금 공자께서 여희에게 도움을 청한다면 여희는 반드시 응할 것입니다. 그리하여 위왕의 호부虎符를 훔쳐오도록 청하여 얻으면 공자께서는 이 호부를 가지고 진비의 군대를 움직일 수 있으니 북쪽으로 조나라를 구하고, 서쪽으로 진나라 군대를 물리칠 수 있습니다."

신릉군은 갑자기 눈앞이 확 트여 즉시 여희를 찾아갔다.

고대 중국에서 군대를 움직일 때 사용한 증표를 병부兵符라고 한다. 금이나 구리, 옥이나 철로 주조하여 호랑이 모양으로 만들었기 때문에 호부虎符라고도 하는데, 가운데를 잘라 두 쪽을 낸 후 한쪽은 장군이 가지고 다른 한쪽은 군주가 가지고 있다가, 군대를 동원해야 하는 중대한 일이 있을 때 반드시 군주의 호부 한쪽을 장군의 호부와 합쳐서 맞으면 군사 동원을 할 수 있었다. 장수들이 함부로 단독으로 병사를 움직일 수 없었고, 거짓으로 군사 동원 명령을 내리지 못했음을 알 수 있다. 신릉군이 여희에게 상황을 설명하자, 여희는 과연 거절하지 않고 부탁한 대로 하겠다고 하였다.

그날 저녁에 여희는 술 취한 위왕을 쉬게 한 후, 몰래 그의 호부를 훔쳐 신릉군에게 주었다. 신릉군은 호부를 가지고 후생을 만났다. 후생이 말했다.

"호부를 얻었어도 이렇게 큰 군사 행동에 위왕의 친필 서신이나 허락이 없으면 진비가 아마 의심을 할 것입니다. 제 친구 주해는 천하무적의 용사고 힘이 장사여서 40근이나 되는 철추를 쓸 수 있으니 만약 진비가 출병을 동의하면 그만이지만 동의하지 않거나 위왕에게 다시 알아보겠다고 한다면 주해더러 그를 죽이라고 하십시오."

신릉군은 울음을 참을 수 없었다. 후생이 물었다.

"공자께서는 죽는 것이 두렵습니까?"

"죽음이 두려운 것이 아니라 진비가 분명히 동의하지 않을 것이니 그를 죽여야 하는 까닭에 우는 것입니다."

후생은 말했다.

"한 사람을 죽여 조나라를 보존하고 위나라를 구하는 일은 대의명분이 뚜렷합니다. 큰일을 위해서는 사소한 일에 얽매이지 말아야 합니다."

신릉군은 직접 주해를 찾아갔다. 그의 말을 들은 주해는 이렇게 대답했다.

"제가 공자를 한 번도 만난 적이 없는데 이는 제가 예의를 몰라서가 아니라 그런 세속의 '예의범절'을 싫어하기 때문입니다. 나라가 위급한 상황이니 바로 지금이 제가 목숨을 바쳐서라도 공자께 보답할 시기라고 생각합니다."

말을 마친 그는 철추를 가지고 신릉군을 따라나섰다.

신릉군은 떠나면서 후생과 작별 인사를 나누었다. 후생이 말했다.

"저는 너무 늙어서 같이 갈 수가 없습니다. 저는 공자께서 진비의 군영에 도착하시는 날 북쪽을 향하여 목을 잘라 자결하여 공자께 보답하겠습니다."

신릉군은 진비를 찾아가 거짓으로 말했다.

"위왕께서 장군이 외부에 나가 있은 지 너무 오래되고 지쳤으니 저를 보내어 장군을 대신하도록 명하셨습니다."

진비가 호부를 합해보니 틀림이 없었지만 그래도 의심하며 말했다.

"군중에 여러 가지 복잡한 일들이 많으니 제가 며칠 뒤에 공자께 돌려주겠습니다."

신릉군이 말했다.

"조나라가 위급한 상황이고 병사를 구하는 것이 시급한 일인데 어찌 무작정 기다릴 수 있겠소."

"지금 공자께서 홀로 와서 저를 대신하려고 하는데 어찌 된 일인지 모르겠습니다. 이렇게 중대한 임무는 대왕에게 알아본 다음에 결정해야 할 일입니다. 제가 즉시 군대를 공자께 넘겨주지 못하는 것을 용서하십시오."

진비는 순순히 신릉군의 말을 들으려고 하지 않았다. 이때 옆에 있던 주해가 상황이 어렵게 되자 큰 소리로 외쳤다. "군주의 명을 어겼으니 그대는 대역죄인이다!"

진비가 깜짝 놀라며 어리둥절해하는 사이에 주해가 철추를 꺼내서 그를 쳐죽였다. 신릉군은 진비의 군대를 장악한 후 그들을 향하여 호령했다.

"위왕께서 진비를 대신하라고 명하였는데 진비가 듣지 않아 그를 죽였다. 명령에 복종하여 용감하게 적들을 물리치면 반드시 큰 상을 주겠다."

장수들은 총지휘관 진비가 이미 죽었고 신릉군이 호부를 가지고 있으니 안심하고 그의 지휘를 따랐다.

신릉군은 즉시 대오를 정돈하여 명령을 내렸다.

"아비와 자식이 함께 대오에 있으면 아비는 집으로 돌아가고, 형제가 함께 대오에 있으면 형은 돌아가고, 독자도 돌아가 부모를 봉양하고, 노약자나 신체허약자도 돌아가도 좋다."

이 말을 들은 위나라 병사 10만 명 가운데 2만 명이 집으로 돌아갔다. 신릉군은 나머지 8만 명을 재편성하고 집중적으로 훈련을 시킨 뒤 진나라 군대를 향해 진격하였다. 진나라 군대는 위나라 군대가 습격하리라고는 예측하지 못했기 때문에 한동안 우왕좌왕하였다.

또한 평원군이 조나라 병사를 거느리고 성을 나와 진나라를 공격하니 진나라 군대는 협공을 당해 무너져 반 이상이 부상을 입거나 죽었다. 정안평은 원래 위나라 사람이었는데 2만 명의 진나라 병사를 이끌고 위나라에 투항하였다.

후생은 과연 신릉군이 출병하는 날 북쪽을 향하고는 스스로 목을 찔러 죽었다. 진나라 군대는 원교근공책을 실행한 후 처음으로 큰 패배를 당했다. 이리하여 진나라 군대가 한단의 포위를 풀고 돌아가니 마침내 한단은 안전해졌고 조나라는 위기에서 벗어날 수 있었다. 다만 위나라 공자 신릉군은 호부를 훔치고 장수를 죽였으니 조나라를 위해 큰 공로를 세웠지만 위나라에는 큰 죄를 지었으므로 잠시 조나라에 머무르게 되었다.

정의는 왕권보다 높다

당시 사람들이 보기에 진나라가 조나라를 침공한 것은 명백한 침략행위였고, 신릉군이 호부를 훔쳐 조나라를 구한 것은 정의로운 행위였다. 그가 조나라를 구원한 것은 진나라에 대한 견제이며 위나라에 대한 지지였다. 더욱 중요한 것은 신릉군이 위급한 상황에서 자신의 안전을 고려하지 않고 죽음을 무릅쓴 의협심 많은 사람을 감동시켰다는 점이다.

신릉군이 호부를 훔쳐 조나라를 구하는 과정은 복잡하고 아슬아슬하여 한 편의 드라마와 같아 사람들의 흥미를 불러일으킨다. 그래서 신릉군이 호부를 훔쳐 조나라를 구한 행위는 후세사람들에게 정의롭고 지혜로우며 용감하다고 찬양을 받는 것이다.

그러나 이런 행동은 한편 위나라의 왕권에 대한 멸시이자 도전이어서 위왕에게 큰 분노를 샀으며, 일부 왕권을 옹호하는 부패하고 간교한 대신들의 비판을 받았다. 이것은 해결하기 어려운 모순처럼 보이지만 사실 아주 간단한 것이니, 왕권은 언제 어디서나 항상 정의를 대표하는 것이 아니므로 때로는 정의로운 행동이 왕권을 침해할 수도 있는 것이다.

사람들의 의식 속에 정의는 왕권을 뛰어넘는 불변의 최고 가치로 자리잡고 있기 때문에 신릉군은 극구 찬양받는 것이다.

신릉군은 위급한 상황에서 잠시 왕의 명령을 위반하였으나 그의 의도는 정의롭고 의협적이었다. 계책이 교묘하고 과감하며 대담하였기 때문에 신릉군은 결과적으로 진나라 대군을 섬멸하고 조나라를 보존할 수 있었다. 이는 중국 역사의 특별한 사례이며, 위급한 상황에서 임시 변통하는 계책의 대표적인 본보기인 것이다.

3 정경유착의 CEO

중국에는 인류역사상 가장 큰 '장사'가 있었다.
큰 뜻을 품은 옛 중국인이 생각했던 것은 재산이나 군대가 아니었다.
그는 왕조를 사들였다.

세계에서 어느 민족이 장사를 가장 잘하는가? 어떤 사람들은 유대인이라고 생각할 것이다. 중국인은 전통적으로 농업을 중시하고 상업을 경시하였다. 그래서 장사를 못하는 민족이라고 할 수도 있을 것이다. 그러나 사실은 그렇지 않다.

확실히 중국은 전통적으로 상업이 발달하지 않았고, 상인을 사회에 나쁜 영향을 끼치는 해충이며 사람들을 착취하고 노력도 하지 않고 이익을 얻는 사람이라고 생각했다. 상인들은 비록 재산이 많더라도 청빈한 선비보다 못하며 또한 성인군자의 눈에 들지 못했다. 역사책에 기록되어 공덕비가 세워질 만한 큰 인물들은 모두 밝은 군주, 어진 재상 그리고 열녀나 공신이었으며 상인은 하나도 없다.

그러나 인류 역사상 가장 큰 장사꾼이 중국에 있었다는 사실을 아는 사람은 적다. 옛날 중국 상인이 생각했던 것은 재산도 군대도 아니었다. 바로 나라와 왕조를 건립하려는 것이었는데 이상한 점은 결국 성공했다는 것이다. 어느 민족의 상인이 이에 비길 수 있겠는가? 또 어느 민족의 상인이 정치를 상업으로 경영할 수 있겠는가? 이는 확실히 중국의 특색이다.

그러나 사실 이는 그리 신비한 것도 아니다. 왜냐하면 상업 경영의 기본원리, 즉 저렴한 가격에 사들이고 비싼 가격에 팔아버리는 것과 같기 때문이다. 그러나 보통 상인들과 다른 점은 기민한 두뇌, 기회 포착, 상대에 대한 철저한 정보뿐만 아니라 예민한 정치적 통찰력을 가져야 한다는 것이다. 정치 주식의 가격이 하락할 때는 적당한 시기에 사들여 때를 기다리며 심사숙고하고, 가격이 오를 때 적당한 시기를 포착하여 팔아버려야 한다. 중국의 전통 정치판은 어떠한 의미에서 볼 때 일종의 비즈니스 세계와 같았다.

왕조를 사들인 상인 여불위

정치를 상업적 투기 활동으로 이용하여 가장 성공한 사람은 다름 아닌 전국시대 양책陽翟(지금의 하남 우현)의 상인인 여불위이다. 바로 그가 본전을 적게 들이고 이익을 많이 남겨 한 왕조를 산 거상이 되었다. 이 비즈니스의 전후 과정은 상당히 복잡했다.

전국시대 말에 진秦나라와 조趙나라 양국은 자주 전쟁을 벌였다. 먼저 진나라가 여러 차례 조나라를 공격했다. 그러나 조나라의 대장군 염파가 다른 장수들과 힘을 합쳐 지킨 결과, 진나라의 공격은 큰 성과가 없었다. 그후 진나라는 조나라와 좋은 관계를 맺는 외교적인 수단으로 점차 조나라를 정복하려 하였으며 다른 나라를 먼저 공격하는 시간을 벌었다. 기원전 279년에 진나라 왕은 조나라 왕을 초대하여 민지澠池에서 평화적인 회의를 하였으며 조약도 체결했다. 그리고 당시의 관례대로 서로 침략하지 않는다는 약속으로 각자 왕의 친척을 인질로 교환하였다. 진나라 소양왕은 자기의 손자인 이인異人을 조나라에 보냈다.

그러나 진나라는 여섯 제후국을 통일하는 정책 방안을 이미 세워놓았기 때문에 인질이 조나라에 있다고 해서 공격을 하지 못하는 것은 아니었다. 민지 회의 이후 얼마 지나지 않아 진나라는 조나라를 공격했다. 특히 기원전 260년에는 진나라 장군 백기가 조나라의 장군과 병사 40만 명을 한번에 생매장해버려 조나라와 다른 제후국들의 비난을 샀다. 그 후 2년간 진나라는 왕흘과 정안평을 파견하여 조나라의 수도인 한단을 공격하여 조나라를 전멸시키려 하였다. 당시 조나라는 대단히 위급한 상황이었고 성안에는 양식이 떨어져 사람들이 서로를 잡아먹었다. 다행히 위나라의 공자인 신릉군이 군대를 원조하여 진나라 군대의 공격을 막아 조나라는 간신히 보존되었다.

이인은 이런 상황에서 인질로 있었기 때문에 그의 처지가 난처했음은 가히 상상하고도 남는다. 조나라 효성왕孝成王은 여러 차례 진나라의 모욕을 받았으므로 이인을 죽여 분을 풀고 싶었다. 그러나 평원군이 말렸다.

"진나라 소양왕에게는 많은 자손들이 있고 태자인 안국군安國君만 해도 20여 명의 아들이 있는데 이인(안국군의 둘째 아들)을 죽여도 진나라에 손해가 될 게 없습니다. 더욱이 이인은 그의 손자들 중에서도 별 볼일 없는 인물입니다. 그를 살려두면 이후에 혹시 쓸모가 있거나 퇴로가 될 수도 있습니다."

조왕은 평원군의 권고를 듣고 그를 죽이지 않았다.

그 후부터 조왕은 이인을 봐도 아는 척하지 않고 예우도 하지 않았다. 이인은 집을 나서려 해도 수레가 없었을 뿐만 아니라 하인도 없었고 일상적인 생활이 걱정거리가 됐다. 조나라 관리들도 그를 마음대로 질책하였고 일반 백성들도 멸시했다. 진나라는 다른 나라에게 잔인하고 난폭하기 그지없고 탐욕이 심했기 때문에, 이것이 이인에게 큰 위협이 되어 물질적 생활에서뿐만 아니라 정신적으로도 항상 불안에 떨며 살아야 했고 머리조차 들지 못하고 치욕을 받게 되었던 것이다.

투자할 만한 가치가 있는 사람 이인

상인 여불위는 물건을 사러 갔다가 이인의 신분과 처지를 알게 되었고 그를 불쌍히 여겼다. 그는 평소에 장사를 하면서도 기회를 찾아 큰일을 하고 싶었지만 늘 고생만 하고 성사되는 일이 없었다. 그는 이번에 이인을 알게 된 것이 하늘이 내려준 좋은 기회라고 여기면서 이 진귀한 보물을 사두면 나중에 큰일을 도모하는 데 유용할 거라고 생각했다. 만약에 성공한다면 나라를 사는 것과 같고, 성공하지 못한다 해도 손해될 것이 없다고 생각했다.

집에 돌아온 후 그는 장사 경험이 풍부한 부친을 찾아가 조언을 얻으려 했다. 그의 부친은 영문을 몰라 어리둥절했다.

여불위가 물었다.

"땅을 개간하면 몇 배의 이익을 얻을 수 있습니까?"

부친이 대답했다.

"10배!"

여불위가 또 물었다.

"만약 보석 장사를 하면 몇 배의 이익을 얻을 수 있나요?"

"100배!"

여불위는 마지막으로 물었다.

"그럼 돈을 들여 군주를 세우고 나라를 평정한다면 몇 배의 이익을 얻을 수 있습니까?"

부친이 대답했다.

"그건 말할 수 없다."

여불위는 이인을 사둘 만한 가치가 있는 진기한 물건으로 생각하고 투자 방안을 실행에 옮기기로 하였다. 그러기 위해서는 먼저 이인에게 접근해야 했는데 이것은 아주 쉬운 일이었다. 이인은 가난하고 아무도 관심을 두지 않았기에 여불위가 그에게 관심을 보이자 이인은 즉시 걸려들었다.

여불위가 이인을 만나 말했다.

"저는 당신의 가문을 크게 일으킬 수 있습니다."

이인이 웃으면서 말했다.

여불위는 전국시대 진나라의 상인으로서 진시황의 생부로 알려져 있다. 승상직에 있는 동안 수많은 학자들로 하여금 학문과 역사를 집대성한 『여씨춘추』를 편찬하게 했다.

"그대 집안을 크게 이룬 다음에야 내 가문도 커질 것이다."

"저의 가문은 당신 가문이 크게 번창해야 커집니다."

이인은 그의 말뜻을 알아차리고 밀담을 나눴다. 그 후 여불위는 이인을 귀국시킬 준비를 하였다.

어느 날, 여불위가 이인에게 말했다.

"진나라 소왕이 나이가 많으니 그의 자리는 곧 당신의 부친인 안국군에게 넘어갈 것입니다. 당신의 부친이 즉위하면 태자를 세워야 하는데 부친이 가장 총애하는 화양부인華陽夫人은 아들이 없습니다. 지금 당신의 형제는 20여 명이나 되고 당신은 서열이 두 번째입니다. 당신이 화양부인에게 효도하면 태자가 될 수 있습니다."

이인이 그의 말을 듣고 감정이 상하여 말했다.

"내가 지금 어떻게 그런 생각까지 할 수 있겠소. 그저 이국 타향에서 죽지 않고 진나라에 돌아갈 수만 있다면 그것으로 만족할 뿐이오."

여불위는 기회가 왔다고 생각하고 다그쳐 말했다.

"저한테 방법이 있습니다. 지금 제가 당신을 위해 천금千金을 가지고 진나라에 가서 안국군과 화양부인을 섬겨 당신이 후사로 정해지도록 하겠습니다."

이인은 복이 하늘에서 떨어졌다고 여기며 머리를 숙여 여불위에게 경의를 표했다.

"만약 그렇게만 된다면 나는 당신의 크나큰 은혜와 공덕을 영원히 잊지 않고 진나라를 그대와 함께 나누어 누리도록 하겠소."

여불위는 빈객들과 교류하는 데 쓰라고 이인에게 500금을 주고, 나머지 500금으로 진기한 보물을 구입하여 진나라의 화양부인을 만나러 갔다.

함양에 도착한 여불위는 시기가 아직 무르익지 않아 지금 당장 화양부인을 만나러 가면 다른 사람들의 의심을 살 수 있다고 생각하였다. 그래서 그는 먼저 화양부인의 언니를 만나 예물을 주고 화양부인을 만나게 해달라고 부탁했다. 여불위는 가지고 온 보물들을 모두 바쳤다.

화양부인의 언니는 이인이 조나라에서 죽지도 않았을 뿐만 아니라 비싼 예물까지 보내니 이상하여 물었다.

"이인은 조나라에서 어떻게 지내오?"

여불위가 말했다.

"조왕은 진나라가 여러 번 조나라를 공격하였고 지금 또 조나라의 수도인 한단을 포위하고 있으니 이인을 죽이려고 했습니다. 그러나 조나라의 대신들이 이인을 보호해주고 있기에 다행히 재앙을 면할 수 있었습니다."

화양부인의 언니는 더 이상해서 물었다.

"그럼 조나라가 진나라를 무서워한단 말인가?"

여불위가 즉시 대답했다.

"그건 아닙니다. 만약 조나라가 진나라를 무서워한다면 그렇게 죽음을 무릅쓰고 진나라에 대항하지 않았을 겁니다. 다만 이인은 학문이 높고 인맥관계가 좋으며 또 효자이니 다들 그가 살해되는 것이 아깝다고 생각하고 또 진나라와 조나라가 싸우는 것은 이인과는 아무 상관이 없다고 생각했기 때문입니다. 태자와 부인의 생신 때가 되면 이인은 언제나 향을 피우고 서쪽을 향하여 축하하며 절을 하곤 했습니다. 조나라 사람들은 그가 이런 효자인 것을 알고, 그를 죽이면 불길하다고 생각하고 있습니다. 그리고 이인은 천하의 호걸들과 교류하고 여러 나라의 제후들과 가깝게 지내기 때문에 다들 조왕에게 그를 죽이지 말라고 청합니다. 만약 이인이 다른 사람이었다면 목숨이 100개라도 벌써 다 죽었을 겁니다.”

화양부인의 언니는 그의 말을 들은 후 놀랍기도 하고 기쁘기도 하였다. 더욱 놀라운 것은 이인에게 그런 재능이 있었고, 그가 효자라는 것이었다. 여불위는 그녀의 얼굴이 활짝 핀 것을 보고 말했다.

“부인의 동생인 화양부인이 진왕의 총애를 받고 있으니 더 말할 나위 없이 좋지만 아들이 없으니 장차 누구를 의지하고 사시겠습니까?”

화양부인의 언니가 여불위에게 어찌해야 좋을지를 묻자, 여불위는 대답했다.

“태자 안국군의 많은 아들 가운데 이인보다 더 적합한 사람은 없을 것입니다. 그는 덕과 재능을 겸비하고 조나라에 인질로 있던 경험도 있으며 더욱 중요한 것은 이인이 화양부인을 하늘같이 여기고 밤낮으로 태자와 부인을 흠모하여 눈물을 흘릴 정도로 일편단심이라는 것입니다. 화양부인께서 만약 이인을 아들로 정하신다면 자식이 없던 화양부인은 아들이 있게 되니 훗날 걱정할 것이 뭐가 있겠습니까.”

화양부인의 언니는 여불위의 말이 옳다고 생각했다. 동생이 자식이 없어 태후가 되기 어렵다고 생각하고 있었는데 이인의 생모가 이미 죽었으니 이인을 자식으로 인정하고 태자로 세우면 그보다 더 좋을 수는 없었다. 또한 이인이 그런 효심이 있다니, 그녀는 당장 동생을 설득해보겠다고 말했다.

화양부인의 언니는 동생을 만나 여불위가 보낸 예물을 준 후, 조나라에 인질로 간 이인의 상황을 얘기했다. 화양부인은 기뻐했다. 화양부인은 태자가 한가한 틈을 이용해서 완곡하게 이인은 현명하여 조나라 사람이 그를 칭찬한다고 설명했다. 그러고는 눈물을 흘리며 청했다.

"소첩은 불행하게도 아들이 없으니 이인을 후사로 세워 소첩의 몸을 맡길 수 있게 해주시기 바라옵니다."

그러자 안국군은 이인을 후사로 삼겠다고 약속했다. 안국군은 여불위에게 이인을 잘 보살피도록 부탁하고 이인을 데려오도록 하였다.

화양부인은 여불위에게 안국군이 이인을 적자로 임명하였으나 다른 형제들과 조나라가 알면 일이 복잡해지니 먼저 외부에 말하지 말라고 하였다. 태자는 여불위에게 300금을 주었고 여불위는 그 금을 가지고 조나라로 돌아왔다.

진시황은 나의 아들

여불위는 나라를 세울 생각을 했을 뿐만 아니라 군주가 되려고 하였다. 당시의 상황에서 그런 계책은 절대로 불가능한 일만은 아니었다. 남들은 진실을 모를지라도 자기의 아들이 한 나라의 군주가 되면 자신이 생각한 대로 되는 것이다. 그리하여 그는 교묘한 계책을 세우고 실행에 옮겨 결국 성공하였다.

여불위는 조나라에 돌아온 후 이인에게 그간의 소식을 알려주었고 이인은 그때부터 사지에서 살아난 것처럼 활기를 띠었다. 화양부인은 초나라 사람이었으므로 이인은 자초子楚라고 이름을 고쳤다. 모든 준비가 완료되자 여불위는 자초의 결혼을 서둘렀다.

여불위는 한단의 첩들 중에서 절세미인이며 춤을 잘 추는 여인 조희趙姬을 얻어 동거하였는데, 그녀가 임신하였다. 어느 날 자초가 여불위의 집에서 술을 마시다가 그녀를 보고는 한눈에 반했다. 자초는 집에 돌아온 후 사람을 시켜 그녀를 데려오도록 하였다. 여불위는 처음에는 화가 났으나, 더 많은 이익과 포부 실현을 위한 자신의 계략을 상기하고 마침내 자신의 첩을 바쳤다. 그녀는 임신한 사실을 숨겼다. 자초는 조희를 아내로 맞았으며 1년이 지나지 않아 아들 영정嬴政을 낳았다. 그가 바로 진 시황이다. 사실 조희는 자초에게 시집가기 전에 임신했고 영정은 여불위의 아들이었다.

한편 진나라가 한단을 포위했는데 전세가 다급해지자, 여불위는 조왕이 자초를 죽일까 봐 여러 가지로 달아날 궁리를 하였다. 그는 금 600근으로 자초를 지키는 관리를 매수하여 탈출했다. 또 금 300근으로 한단의 남문을 지키는 장군을 매수하며 속였다.

"나는 양책 사람으로 한단에 장사를 하러 왔다가 지금 온 집안이 성안에 갇히게 되었소. 만약 성을 빠져나오지 못하면 본전을 다 잃을 뿐더러 생명도 지키기 어렵습니다."

이렇게 하여 여불위는 자초와 조희 그리고 2살 난 영정을 데리고 한단을 빠져나와 진나라에 갈 수 있었다.

안국군은 여불위에게 상을 내렸고 자초는 화양부인의 궁에 있게 되었다. 그 다음의 일은 태자로 선택되기를 기다리는 것뿐이었다. 진 소양왕은 즉위한 지 56년 만에 죽었다. 태자인 안국군이 즉위하여 효문왕孝文王이 되었고, 화양부인은 황후가 되었으며, 자초는 태자가 되었다. 효문왕은 즉위한 지 1년 만에 병사하였고, 태자인 자초가 왕위를 이었는데, 이 사람이 장양왕庄襄王이다. 장양왕은 즉위 3년 만에 죽었고, 겨우 13살밖에 안 된 영정이 왕위에 올라 진왕이 되었다.

영정은 여불위를 존중하여 재상이 되게 하고, 그를 숙부라는 뜻의 중부仲父라고 불렀다. 여불위의 아들이 군주가 되었으니 여불위도 한 나라를 거느리게 되어 꿈이 현실이 되었다. 그러나 그의 지위는 점점 위협을 받았다. 진왕인 영정이 나이가 들면서 사리를 분별할 수 있었고, 여불위와 영정의 어머니가 사통한 일도 진나라에서는 이미 비밀이 아니어서 언젠가는 영정의 귀에까지 들어갈 수 있었기 때문이다. 여불위는 아들이 나라의 군주가 되었지만 할 수 없이 숨어 살아야 했다. 그러나 몸을 뺄 수도 없었다. 영정을 피하기는 쉬워도 태후를 피하기는 어려웠다. 태후의 성적 욕구를 만족시켜주기 위해서 여불위는 자기를 대신할 수 있는 사람을 물색해야 했다. 그는 음경이 큰 노애嫪毐라는 사람을 찾아냈다. 여불위는 그를 환관으로 가장하여 왕궁으로 데려왔다. 그러나 노애는 여불위처럼 속셈이 있는 자였다.

원래 예의절차에 따라 남자가 궁에 들어오려면 반드시 생식기관을 약물로 부식시키거나 잘라내어 환관이 된 후에야 가능했다. 이는 임금의 비나 궁녀와 사통하는 것을 막기 위해서였다. 여불위는 태후를 위하여 노애의 생식기를 보존해야 했기에 많은 재물로 궁형宮刑을 주관하는 관리를 매수하여 거짓 증거를 확보하고는 노애의 수염과 눈썹을 뽑고 연지를 찍어 환관으로 가장한 후 태후의 시중을 들게 하였다.

태후는 노애를 매우 총애하였다. 노애는 항상 태후를 따랐고, 황후는 그에게 후한 상을 내리며 장신후長信侯에 봉했다. 그는 어린 영정을 대신해서 섭정하는 황후 곁에 있다 보니 자연히 정치에 간여하게 되었다. 점차 크고 작은 일이 노애에 의해 결정되었다. 그러다보니 벼슬을 얻기 위해 노애의 빈객이 된 자가 1천여 명이나 되었고, 가신도 수천 명에 이르렀다.

태후가 집정하였기 때문에 대권도 점차 노애의 손아귀로 떨어졌다. 시간이 흐르면서 태후는 하루라도 노애와 떨어져 살 수 없는 사이가 되었다. 태후는 임신하게 되자, 남이 알까 봐 두려워서 점을 쳤는데 한동안 거처를 바꾸어야 큰 화를 모면할 수 있다는 점괘가 나왔다. 그래서 몰래 거처를 옹雍 땅으로 옮겨 살았다. 태후는 아들을 둘이나 낳았는데, 노애는 영정이 태후의 아들이며 태자라는 사실 때문에 자기 아들들의 운명을 근심하게 되었다. 정이 너무 깊어진 노애와 태후는 기회를 봐서 영정을 폐하고 자신들의 아들을 군주로 세우려고 하였다.

그런데 이런 음모가 노애의 사소한 실수 하나로 백일하에 드러나게 되고 말았다. 어느 날 노애는 술에 취해 다른 사람과 심하게 싸웠는데 격분한 나머지 큰소리로 외쳤다.

"나는 군주의 가부假夫인데 누가 감히 나와 맞서는가!"

이것은 이미 궁중에 파다하게 퍼져 있는 추문이 사실임을 입증하는 것이었다. 노애와 다툰 사람이 즉시 영정에게 이 사실을 보고하였다. 당시 영정은 21살의 약관으로 조정의 대사를 친정할 수 있는 나이가 되었기 때문에 관리에게 엄명을 내려 조사하도록 하였다. 조사 결과 노애는 환관이 아니고 태후와 자주 사통하여 아들까지 낳았다는 사실이 드러났다. 그러나 태후가 전권을 장악하고 있었기에 영정은 이 일을 뜻대로 처리할 수 없었다.

얼마 후 조정은 나라의 관례에 따라 영정의 황제 즉위식을 거행할 준비를 하였는데, 이 의식 때 태후는 국정에 대한 권한 모두를 군주에게 넘겨주어야 했다. 노애는 이 사실을 알고 영정이 일단 황제에 오르면 살아날 방법이 없다고 판단하고, 진왕과 태후의 옥새를 훔쳐 병사를 동원하여 영정과 싸웠다. 영정은 사전에 철저한 준비를 하고 있었던지라 아주 쉽게 이 반란을 진압했다.

영정은 노애를 죽인 후 그의 삼족을 멸했으며, 그의 가신들의 재산도 몰수하고 촉蜀으로 추방했다. 노애와 함께 반란에 가담했던 12명은 대중 앞에서 수레에 매달려 몸이 찢겨지는 형벌을 받았다. 영정은 또한 태후가 낳은 두 아들을 죽였고, 태후를 함양에서 쫓아내어 옹 땅에 살게 하였다. 가장 큰 손해를 본 사람은 여불위였다. 그는 노애와 태후의 아들을 후사로 삼으려던 사건에 연루되었다. 여불위는 태후의 권력을 이용하여 더 큰 이익을 얻으려고 노애를 불러들였으나 노애가 나중에는 자신처럼 되려고 하여 태후를 등에 업고 전권을 휘둘렀으니 결국 여불위의 실패는 노애 때문이었다. 반란이 평정된 후 여불위의 모든 행위도 들통이 났으며 재상에서 파면되었다.

제나라 사람 모초茅焦가 영정에게 황제의 모친을 외지에 살게 해서는 안 된다고 설득하자, 영정은 태후를 옹 땅으로부터 불러들였고, 또한 여불위를 문신후文信侯에 봉해 하남에 영지를 주었다. 하남으로 내려간 여불위는 주위의 제후들과 친분을 쌓고 빈객들을 불러 모으며 절치부심 재기를 노리며 때를 기다렸다. 그는 자신의 포부가 물거품이 되기는 하였지만 기회는 또 있다고 생각했다. 그러나 제후국의 빈객과 사절들이 길에서 대기하면서까지 여불위를 참배한다는 정보를 접한 영정은 여불위가 변란을 일으킬까 두려워서 그에게 서신을 보냈다.

"그대가 진나라에 무슨 공로가 있다고 그대에게 영지를 주고 10만 호나 되는 식읍을 내렸는가? 그대가 진나라와 무슨 친족관계가 있기에 중부라고 불리는가? 그대는 가족과 함께 촉 땅으로 옮겨 살아라!"

여불위는 그의 부친이 자신이라는 사실을 영정에게 알리고 싶었다. 그러나 이미 때는 여불위 편이 아니었다. 여불위는 할 수 없이 촉 땅으로 갔다. 그는 더 이상 꿈을 실현할 길이 없게 되고 영정의 눈 밖에 나서 참수를 당할까 봐 두려워 독주를 마시고 죽었다.

아침에 저녁의 일을 장담할 수 없다

진시황 영정이 중국을 통일한 후, 승상 왕관은 옛 제도를 그대로 사용하여 황제의 자제들을 분봉하자고 제의하였다. 그러나 형법을 관장하는 이사는 분봉을 반대하면서 군현을 설치하고 관리를 파견하자고 주장하였다.

후세 사람들은 진시황이 분봉을 폐지하고 군현을 세운 것은 시대의 요구에 부합된다고 생각할 것이다. 그러나 이 점에 대해서는 한번쯤 다시 생각해볼 필요가 있다. 앞에서 상술한 그의 가족관계와 생활환경 그리고 성장과정에서 볼 수 있듯이 진짜 아버지도 아닌 부친 아래서 태자의 아들이라는 신분으로 가정의 따뜻한 사랑을 얼마나 받았겠는가? 그가 전통적인 도덕교육을 얼마나 받았겠는가? 그런 그가 자기의 친족과 혈연들을 믿고 사랑하여 그들에게 토지를 나누어줄 수 있었겠는가? 대량

진시황릉에서 발견된 청동전차.

사람으로 오늘날의 국방부장관과 같은 진나라의 국위國尉 요繚가 진왕 영정에게 와서 권했다.

"재물을 아끼지 마시고 대신들에게 주어, 제후들이 연합하여 군사를 모으려는 계획을 혼란스럽게 만든다면, 불과 30만 금으로 제후들을 모두 소탕할 수 있을 것입니다."

진왕은 그의 계략을 따르고 자신과 평등하게 대했으나 요는 이렇게 말하고 도망쳐버렸다.

"진왕은 높은 콧등, 긴 눈, 맹금 같은 가슴, 승냥이 우는 소리 같은 목소리가 가져서 사람됨이 인덕이 부족하고 호랑이와 이리처럼 욕심이 많아 곤궁할 때는 남의 밑에 있지만, 일단 뜻을 얻으면 쉽게 사람을 잡아먹을 것이고 천하의 사람들이 모두 그의 노예가 될 것이다. 그러니 그와 더불어 오래 교제하지 못할 것이다."

이런 그의 예측은 나중에 모두 사실로 증명되었다. 사실 진시황의 난폭한 성격은 그의 성장과정과 관계가 없는 것은 아니다. 예를 들자면 그가 조나라를 멸망시킨 후 한단에 가서 처음 한 일은 일찍이 그의 부모와 외가를 속이고 억압하여 원한이 있던 사람들을 모두 생매장시킨 것이었다. 진나라의 멸망도 진시황의 포악한 성격과 깊은 관계가 있다.

한 사람의 삶의 경력이 나라와 민족의 운명을 결정할 수 있었으니 실로 어처구니없고 놀라울 뿐이다.

중국 역사 가운데 궁궐에서 더럽고 추잡한 일들이 발생하는 것은 일상 사였고 그 추악하고 후안무치한 정도는 보통사람들의 상상을 초월한다. 그러나 여불위, 노애 그리고 진시황의 모친과 같은 궁정의 추문은 그래도 드문 편이다. 특히 여불위는 정치를 상업으로 경영함으로써 중국사에서 정경유착의 첫 발을 떼었고, 그의 공적과 과오는 후세사람들도 어떻다고 평가할 수 없을 정도로 복잡하다. 여불위의 경영 활동을 놓고 보아도 그가 나중에 천하를 얻고 엄청난 이익을 얻었다 할 수 있을까? 결국은 본전도 잃고 목숨도 잃었으며 가산도 모두 몰수되었다. 결국 공자가 말한 바 있는, 명성만 있고 실속이 없는 자가 바로 여불위였다.

여불위가 자초를 대했던 방법은 현대에도 자주 응용되어 이 방법을 '찬 부뚜막을 덥힌다'燒冷灶라고 한다. 관리는 아침에 저녁의 일을 장담할 수 없다. 갑자기 하루아침에 산골짜기로 발령을 받을 수도 있고, 옥에 갇힐 수도 있다. 이런 보잘 것 없는 자가 어떤 사람에게는 출세할 수 있는 절호의 기회가 된다. 이 사람에게 접근하여 관심을 보이고 자신의 명예와 이익을 위해 보호해주며 갖은 사탕발림으로 희망을 갖도록 선동한다. 설령 이렇게 해서 목적을 달성하지 못한다 하더라도 자신에게는 손해 볼 것이 없다고 생각한다.

그들이 다시 태양이 중천에 걸린 것처럼 솟아올라 권력을 장악하면, 마치 뜨거운 불에 달궈진 부뚜막처럼 모두들 모여들어 장작을 더 넣고 있으나 자신은 접근할 수도 없는 것이다.

재가 식고 부뚜막도 식었을 때가 다시 부뚜막을 지피기 좋은 시기여서 잘만 하면 무한한 행운을 누릴 수 있는 것이다. 이 계책은 큰 효과가 있어서 수많은 사람들이 이 방법으로 자신들의 꿈을 이루었다. 효과를 보는 사람은 물론 소수의 정치투기꾼들이지만 말이다.

4 환관의 병폐

환관은 중국에서 가장 특수한 집단이었다.
이들을 연구해보면 중국문화를 이해하는 데 큰 도움이 된다.
환관이 황제를 속이며 전권을 쥔 현상은 세계적으로 유례가 드물다.

당나라는 중국 역사에서 가장 번성한 국가였다. 그러나 그 번영이 멈추자 제도적 결함이 곳곳에서 드러나기 시작했다. 특히 환관 제도는 더욱 그러했다. 안사의 난 이후 당 조정은 환관의 권력 독점 때문에 역사 속으로 사라져갔다. 환관의 권력 독점의 역사를 들춰보고 있노라면 비통함을 금할 수 없다.

중국의 환관 중 오랫동안 권력을 장악하여 궁정을 혼란에 빠뜨리고도 천수를 누렸던 이를 하나 꼽는다면 아마도 당나라 때의 환관 구사량仇士良일 것이다. 역사서에 구사량은 "권모술수가 뛰어났고 은혜를 갚을 줄 알았으며 예의를 차릴 줄도 알았다"라고 하였다. 그런데 이 구사량의 '권모술수'라는 것이 도대체 뭐였을까?

구사량이 나이가 많아 퇴직하여 고향으로 돌아가려 할 때 어린 환관들은 오로지 구사량의 '권모술수'을 터득하기 위해 성대한 송별 연회를 베풀었다. 그들은 부처님께 빌듯이 그에게 궁정에서 살아남을 수 있는 술수를 전수해달라고 부탁했다. 구사량은 어린 환관들이 사람들에게 무시당할 것을 생각하니 불쌍해서 황제를 압박하고 대권을 장악할 수 있는 비결을 알려주었다.

"그대들의 장래를 위해 내가 오랫동안 쌓아온 경험을 말해주겠다. 나의 경험을 황제를 모시면서 써봤는데 매우 효과적이었다. 나중에 그대들도 이 방법대로 하면 틀림없을 것이다.

황제를 섬길 때 주의해야 할 것은 절대로 황제를 한가롭게 내버려둬서는 안 된다는 거야. 황제는 틈만 나면 독서를 하고, 유학자를 접견하여 그들과 천하대사를 논하고, 치국책략에 대해 토론하고 싶어 하지. 만약 그렇게 되면 황제는 지식이 쌓이고 지혜가 많아져 현명해지므로 주의해야 할 것이다. 그러면 황제는 조정 신하들의 의견을 받아들일 것이고, 먹고 마시는 향락생활에 관심을 두지 않을 테니 우리는 더 이상 황제의 신임을 받을 수가 없게 되고 조만간 퇴출되거나 죽은 목숨이 될지도 모르는 운명에 놓이게 되지. 그렇게 되면 우리 같은 환관들이 언제 대권을 잡을 수 있겠나? 그러니까 틈만 나면 그대들은 재산을 긁어모을 방법을 강구해야 한다네. 황제가 돈을 물 쓰듯 낭비하도록 잘 모셔야 하고, 비위를 잘 맞추는 것은 물론이고, 향락에 빠지도록 유도해야 할 것이야. 절대 한가한 틈을 줘서는 안 된다네. 그렇게 해야 황제는 더 이상 학문에 뜻을 두지 않을 것이며, 정사를 돌볼 틈이 없게 되는 것이지. 오히려 우리가 자기에게 충성을 다하는 줄 알고 우리한테 모든 일을 맡기게 된다네. 그러면 우리는 자연스럽게 권력을 장악할 수 있지 않겠는가?"

어린 환관들은 종교의 심오한 뜻을 터득하기라도 한 듯 기뻐했다. 확실히 구사량은 권력을 장악했던 환관 중 탁월한 업적을 남긴 사람이다. 구사량이 입궁해서 40여 년간 환관 생활을 하는 동안 당나라 조정 내외에는 많은 문제들이 복잡하게 얽혀 있었다. 조정과 번진군벌 간의 충돌, 조정 대신들과 환관들의 충돌, 환관과 황제 간의 충돌 등. 특히 조정 대신들과 환관 사이의 반복적인 다툼은 수시로 일어나 예측을 할 수 없을 정도였다.

이 40여 년 동안 웬만한 인물은 승진은 고사하고 목숨을 유지하는 것도 어려웠다. 그러나 구사량은 달랐다. 일개 나이 어린 환관으로 출발하여 사후 양주대도독楊州大都督의 추서에 이르기까지 감군·오방사·좌신책군중위·좌가공덕사·표기대장군·초국공·관군용사·겸좌통·우신책군·지내시성사 등 요직을 두루 역임하며 승승장구했던 그의 경력에서도 알 수 있다. 이것은 오히려 별것 아니다. 그는 두 왕을 살해했고, 후궁 한 명과 재상 네 명을 죽였다. 그런 그가 천수를 누렸다는 것은 역사상 기적이 아닐 수 없다.

태자를 동생으로 둔 고력사

당나라 초에는 환관이 정치에 관여하는 것이 엄격히 금지됐다. 그러나 중종中宗 때에 이르러 환관의 수가 급격히 늘어나 거의 1천 명에 가까워졌다. 중종이 무능하여 위후韋后가 정권을 장악하기 시작하면서 환관 중에 권력을 가진 자들이 정치에 관여하기 시작했다.

현종 개원開元 말년에 궁중의 환관 수는 3천 명을 넘어서고 있었다. 그 중에는 5품 이상의 환관이 1천여 명이나 되었고, 3품 장군의 직위에 오른 사람들도 있었다. 현종 이융기는 지혜롭고 위엄이 있어 현군의 풍모를 지녔으나 말년에 이르러서는 어리석은 군주가 되었다. 그가 양귀비의 미모에 빠져 향락만 일삼고 고력사高力士를 비롯한 환관들이 실권을 장악하면서부터 정치는 날이 갈수록 부패했다. 환관 양사욱楊思勖이 여러 전쟁에서 공을 세워 1품 관직인 표기대장군에 봉해짐으로써 환관은 3품 이상 오를 수 없다는 당나라 초의 규정이 깨져버렸다.

특히 고력사는 어려서부터 현종과 친분이 있었는데 나중에는 현종을 섬겨 두터운 신임과 총애를 받으면서 잠시도 그의 곁을 떠나지 않았다. 이윽고 백관의 상주문은 모두 고력사의 손을 거쳤다. 조정의 사소한 일은 고력사의 선에서 처리되었고, 큰 일만 현종에게 알렸다. 이임보李林甫·안녹산安祿山·고선지高仙芝 등 문무대신의 지위도 역시 고력사의 추천으로 결정되었다. 고력사의 권력은 그야말로 현종의 화신이라고 해도 과언이 아니었다. 태자는 그를 둘째 형이라고 불렀고, 왕공들은 아옹阿翁

당현종 이융기는 젊은 시절 정사에 몰두하여 중국의 흥성을 이끌었다. 그러나 20여 년의 집권을 거치며 정치에 싫증을 느끼고는 사치와 방탕에 빠져 당나라의 급격한 쇠퇴를 초래했다.

이라 불렀으며, 부마는 아야阿爺라고 불렀다. 그의 재산도 엄청났다. 경성 안팎의 노른자위 땅과 도성 전체 건물 중 절반 정도가 고력사의 것이었다. 조정의 대신은 말할 것도 없고 왕자와 제후들도 그와 견줄 수 없었다.

현종은 말년에 군대와 태자를 믿지 못하여 환관들을 감군으로 파견하여 군대의 움직임과 장군들을 감독하게 하였다. 그들은 장군들이 하는 일마다 질책을 일삼고 모든 군대의 움직임을 통제하여 많은 오해를 불러일으켰다. 황제는 한술 더 떠 환관들에게 왕자와 왕손들의 행적을 감시하게 하였다. 그래서 대내외의 모든 권한이 자연히 고력사의 손안에 들어가게 되었다.

고력사가 권력을 장악하자 자연히 그에게 아첨하는 무리들도 줄을 이었다. 그러나 그에게 환심을 사려는 사람들이 너무 많았기 때문에 웬만해서는 고력사의 관심을 끌지 못했다. 그래서 정백헌程伯獻이라는 금오대장군金吾大將軍이 꾀를 내었다. 그는 고력사의 생모가 사망하자 마치 자신의 부모가 돌아가신 것처럼 큰소리로 울부짖으며 애통해하는 척했다. 천지가 감동하였는지 고력사는 갑자기 찾아든 이 효자에게 감격하여 더 높은 관직을 주었다.

　한번은 고력사가 장안성의 내정방來庭坊 보수사寶壽寺를 재건하도록 하였는데 사찰이 매우 웅장하고 화려하였으며 비용도 엄청났다. 그래서 고력사는 투자한 자금을 회수하기 위해 보수사에서 연회를 크게 베풀고 문무백관 모두를 초청했다.

　연회석상에서 그는, 보수사의 큰 종은 새로 주조한 것으로 길조를 상징하며 전에 한 번도 친 적이 없는데 누구든지 한 번 치는 데 10만 냥을 내야 한다고 선포했다. 평소에 비위를 맞추고 싶어도 기회를 찾지 못했던 관료들이 이 말을 듣고 모두들 그 종을 치고 싶어 했다. 그 중 어떤 사람은 놀랍게도 한 번에 20여 차례나 종을 쳤다. 이 한 번의 연회로 고력사는 사찰을 짓는 데 들어간 자금을 회수했을 뿐만 아니라 많은 돈까지 벌어들였다. 부끄러운 말이지만 사람들에게 돈 뜯어내는 방법에 있어서는 옛사람의 총명함을 따라잡을 수 없다. 바자회를 하루 종일 시끌벅적하게 해봐야 겨우 몇 푼 건질 정도인데, 옛사람들은 종 한 번 치면 사찰 하나를 지을 수 있었으니 어찌 오묘한 일이 아니라고 할 수 있겠는가!

　고력사는 환관이었지만 은밀히 아내를 맞아들였다. 어느 날 고력사는 도성의 하급 관리 여현오呂玄晤의 딸이 매우 아름다운 것을 보고 아내로 맞아들일 것을 청했다. 여현오에게 그 말은 하늘이 준 뜻밖의 행운이었다. 고력사의 장인이 된 여현오는 관운이 트이면서 높은 관리로 승진하였고, 그의 아들들도 줄줄이 빛을 발하여 수입이 좋은 요직을 차지하게 되었다. 그러나 오직 그의 딸만이 혼자 모욕과 억압을 받아가며 시들어 갔다. 고력사의 아내는 일찍 죽었다. 그녀의 사망 소식이 전해지자 국모가 세상을 떠난 것처럼 애통해하며 밀어닥치는 추모행렬이 길을 가득 메웠다. 장례식이 거행되던 날 고력사의 집에서 발인지에 이르기까지 거리에는 빈틈이 없을 정도로 사람들로 인산인해를 이루었다. 그야말로 가관이었다.

　그러나 고력사는 현종에 대해서는 확실히 충신이었다. 그는 다른 환관들처럼 황제를 억압하거나 배반하지 않았고 안사의 난 이후까지 현종에게 충성을 바쳤다. 안사의 난을 평정하고 장안으로 돌아온 후 상황의 자리에 앉은 현종은 아들 숙종肅宗과 끊임없는 권력투쟁을 벌였다.

한번은 현종이 궁중을 순시하다가 예무문睿武門에 막 도착했을 때였다. 숙종의 심복 환관 이보국李輔國이 창칼을 든 병사 5백 명과 함께 현종을 가로막았다. 현종은 놀라 아연실색하였는데 고력사가 앞으로 나서며 소리쳤다.

"이쪽은 50년 천하태평을 이룩하신 천자이시다. 이보국 네 이놈, 도대체 어찌할 셈이냐!"

그의 목소리는 여전히 위협적이어서 병사들이 경거망동하지 못했다. 고력사는 겁에 질린 병사들을 보고는 다시 큰소리로 이보국에게 당장 떠나라고 호통을 쳤다. 이보국은 의외의 사태가 발생할 것이라고는 생각도 못하고 있다가 병사들이 자신을 거역하고 주춤거리는 것을 보고 당황해서 구족九族이 멸하는 위기를 벗어나기 위해 일단 현종을 죽이지 않기로 했다. 그래서 이보국은 어쩔 수 없이 말에서 내려 현종 앞으로 다가갔다. 그때 고력사가 때를 놓치지 않고 큰소리로 외쳤다.

"태상황께서 병사들의 안부를 물으셨다!"

병사들은 그 말을 듣고 안심을 했다. 왕이 자신들의 죄를 묻지 않을 것이라는 것을 알았기 때문이다. 그들은 즉시 길가에 무릎을 꿇고 큰소리로 외쳤다.

"태상황 만세, 만세, 만만세!"

이보국은 정세를 제대로 파악하지 않고 일을 처리했다가는 주살당할 수도 있다는 생각이 들었다. 그래서 즉시 옆에 있던 부사령관을 찔러 죽이고 그의 목을 잘라 현종 앞에 바치면서 사죄하였다. 고력사가 다시 이보국에게 태상황의 말을 끌도록 명했다. 이보국은 어쩔 수 없이 한쪽으로 비켜서서 현종의 말을 끌고 고력사와 같이 궁중으로 모시고 갔다.

궁 안으로 들어서자 현종은 고력사의 손을 잡고 말했다.

"만약 오늘 장군이 없었다면 아마도 짐은 반란군의 칼 아래 혼령만 남게 되었을 것이네."

이 사건이 일어난 지 얼마 지나지 않아서 숙종은 고력사를 귀주貴州로 추방했다. 고력사는 귀양지에서도 현종을 그리워했다. 훗날 대종代宗이 즉위하자 고력사를 석방시켜줬는데 그는 장안으로 돌아오는 도중에 현종이 사망했다는 소식을 듣고 장안을 향해 울다가 피를 토하고 죽었다.

고력사는 비록 전횡을 했지만, 황제나 후궁, 태자, 왕손을 억압하거나 살해한 적은 없었다. 고력사 이후부터 당대 후기의 대부분의 황제들은 환관의 손아귀에 들어갔다. 어떤 환관은 제멋대로 황제를 폐위시키고, 심지어 황제를 마음대로 살해하기까지 하였다. 중국 역대 왕조 대부분에서 환관의 전권 현상을 찾아볼 수 있으나 당대 후기처럼 그렇게 집중적이고 지속적으로 환관의 횡포가 극심한 적은 없었다. 현종이 고력사를 총애한 일은 환관이 전권을 쥐는 효시가 되었으며 당나라를 쇠퇴의 길로 치닫게 한 원인 중의 하나가 되었다.

말똥을 치우다 권세를 얻은 이보국

안사의 난 때 양귀비가 자살하고 양국충楊國忠이 마외파馬嵬坡에서 피살되자, 이보국은 때맞춰 태자 이형李亨에게 계책을 올렸다. 그는 이참에 현종에게 병마 일부분을 나눠달라고 요구하여, 반군을 공격하고 장안과 낙양을 수복하겠다는 명분으로 별도의 세력을 키우려 했다. 또한 이보국은 태자가 총애하는 비妃 장양제張良娣와 결탁하고 함께 이형을 설득했다. 결국 이형은 이보국과 장양제 및 건녕왕建寧王 이담李倓의 권유하에 현종과 같이 사천으로 피난을 가지 않고 영무靈武로 떠났다.

얼마 후 이보국은 현종이 멀리 사천으로 피난을 떠났기 때문에 인심을 얻어 반란을 평정하기에는 부족하다고 주장하며 이형에게 즉위할 것을 권유했다. 이형도 즉위하기에 좋은 기회라고 생각하여 즉시 영무에서 황제 즉위식을 거행하니 그가 바로 숙종이다.

숙종의 즉위는 확실히 천하의 민심을 진작시키기에 충분했다. 현종은 이미 백성들에게 신임을 잃었고, 게다가 멀리 사천으로 도피해버렸기 때문에 반란을 진압하기에는 역부족이었다. 그래서 사람들은 천하를 안정시켜줄 모든 희망을 숙종에게 걸었던 것이다.

숙종은 천하병마대원수를 맡을 때부터 이보국을 매우 총애하고 신임하여 그를 태자가령과 판원수부행군사마사에 봉하고 호국護國이라는 이름을 하사했다. 이때부터 이보국은 입신출세 길에 올랐다.

이보국은 어릴 때 입궁하여 환관이 되었다. 처음에는 황제의 마구간에서 말똥을 치우는 일을 맡았다. 그는 얼굴이 추하게 생겼으나 지모가 뛰어나고 글도 쓸 줄 알았다. 이보국은 두각을 나타낼 기회를 찾지 못하고 있다가 고력사에게 아첨을 하여 그의 시종이 되었고, 마흔이 넘어서야 마구간 장부를 정리하는 작은 관리직을 얻었다. 이보국은 인내심이 강하고 맡은 직무에 충실했다. 이보국은 말들을 튼튼하고 힘이 센 말로 잘 키운 공을 인정받아 태자 이형에게 추천되어 그를 모시게 되었고 현재의 위치까지 오르게 되었던 것이다.

그러나 그는 자신의 관직이 아직 높지 않고 사람들을 설득시킬 만큼 명망을 얻지도 못했음을 너무도 잘 알고 있었기 때문에 겸허한 태도로 대신들과 왕래했다. 그렇지 않으면 아무리 황제의 지지를 받고 있다 해도 반란을 평정할 때 확고한 자신의 입지를 굳힐 수 없다는 것을 알고 있었다. 그래서 늘 꼬리를 내리고, 육식을 멀리하였으며, 염불하고 좌선하며 경을 외워, 황제부터 조정 대신들에 이르기까지 모두 그가 어질며 세상과 다툼이 없는 사람으로 믿게 만들었다. 얼마 후 숙종이 봉상鳳翔에 와서 그를 태자의 첨사詹事로 승진시키고 보국이라는 이름을 하사했다. 장안으로 돌아온 지 얼마 안 되어 다시 공작公爵, 개봉의동삼사開封儀同三司에 봉해지니 식읍이 500호에 달했다.

이보국은 자신의 지위가 확고해지자 권력을 행사하기 시작했다. 그는 장황후(장양제)와 결탁하여 차츰 조정을 장악해나갔다. 이보국은 항상 은대문銀臺門에서 황제처럼 조정의 일을 처리하고, 대신들의 상주는 반드시 먼저 자신에게 검열을 받도록 했다. 상주문이 황제까지 올라갔는지는 누구도 알 수가 없었다.

또 그는 황제의 명의를 빌려 명령을 발포하고 마음대로 대신을 처벌하였는데 조금만 자기 뜻대로 되지 않으면 관리들에게 모진 고문을 가했다. 궁 밖을 나갈 때는 매번 수백 명이 그를 호위하도록 하여 암살을 방지하였다.

이렇게 이보국의 권세가 조정과 재야에까지 두루 미치니 문무백관이 두려워 떨며, 황제의 친척조차도 그의 이름을 함부로 부르지 못하고 오랑五郞 또는 오부五父라고 불렀다.

이보국이 권력을 독점하기 시작할 때 가장 어려웠던 상대는 바로 현종과 고력사였다. 현종은 비록 실권자는 아니었지만 어쨌든 태상황으로 50년 동안 천하를 태평하게 통치했던 천자의 위엄과 명망을 지니고 있으니 어쩌지 못했고, 고력사로 말하자면 이보국에게 그야말로 골칫덩이가 아닐 수 없었다. 고력사의 현종에 대한 충성은 한결같아서 빌붙어 아부를 하려고 해도 어쩔 수가 없었고, 언제나 이보국을 무시하여 가는 곳마다 그가 자기 밑에 있을 때 했던 명예롭지 못한 일들을 늘어놓는 바람에 이보국은 그를 미워했다. 마침 숙종도 아버지 현종이 다시 집정할까 봐 걱정하던 터라 이보국을 앞세워 그들을 압박할 방법을 찾도록 하였다.

한번은 검남절도사劍南節度使가 경성에 파견되어 황제에게 상주문을 올리러 가다가 장경루長庚樓를 지나게 되었는데 마침 현종이 누각에서 행인들을 한가하게 바라보고 있는 광경을 보고, 누각으로 올라가 현종께 문안을 올렸다. 그는 현종과 함께 술을 마셨다. 이런 일은 지극히 정상적인 일이었지만 어쩌다가 이보국이 그 광경을 보게 되었다. 그는 계책을 짜내어 현종이 지방 관리들과 도모하여 병력을 경성으로 옮겨 황위를 빼앗으려고 한다고 숙종에게 고자질하고, 비밀리에 직무실과 숙소를 옮길 것을 건의하여 궁중의 분위기가 순식간에 긴장감에 휩싸이기 시작했다.

숙종의 묵인하에 이보국은 병력을 이끌고 현종을 결박하거나 죽일 생각이었으나 고력사가 온몸으로 막고 호통을 치는 바람에 성공하지 못했다. 이 사건 이후로 숙종은 부친을 자주 찾아가지 않았다. 이보국이 계속 부추기자 숙종은 마침내 고력사를 추방하고 현종의 심복을 제거해버렸다. 고력사는 결국 울분이 쌓여 죽고 말았다.

황제께서는 향락이나 즐기시오

이보국은 현종의 날개를 잘라버리는 큰 공을 세우고 갑자기 병부상서로 승진했다. 숙종이 그의 취임을 축하하는 연회를 베풀자, 조정 대신들이 모두 그의 승진을 축하하러 오는 바람에 그의 집은 삽시간에 인산인해를 이루었다. 유황후가 이 소식을 듣고 태자를 찾아가서 말했다.

"이보국이 금군을 손에 쥐고 제멋대로 권력을 휘두르니 그 기세가 하늘을 찌를 듯하오. 할아버지 현종을 협박하여 거처를 옮기게 하는가 하면 항상 황제의 명령을 위조하며 반역을 꾸미려고 마음먹은 지 이미 오래되었습니다. 지금 황제께서 병세가 중하고 세자는 아직 어린데 만약 뜻하지 않은 일이 생기기라도 한다면 그때는 후회해도 늦지 않겠소? 지금 방책을 세워서 이보국을 제거하는 것이 좋을 듯하오."

태자 이예李豫는 성격이 유약한 사람이었다. 그래서 그 말을 듣고 나서 이렇게 말했다.

"폐하께서 병세가 중하신데 지금 만약 그분께서 믿고 의지하시는 대신을 죽인다면 크게 놀라시지 않겠습니까? 어쨌든 나중에 다시 얘기를 하시지요!"

유황후는 장래성이 없는 태자의 말을 듣고, 태자는 큰일을 도모할 인물이 못 된다는 것을 알고 화를 내며 돌아갔다.

이보국의 눈과 귀는 안 보이는 것이 없고 안 들리는 것이 없었다. 그는 곧 유황후의 계획을 알아차렸다. 그는 유황후가 월왕越王 이계李系와 곤왕袞王 이간李澗과 서로 연락을 하고 있다는 것을 알고 먼저 2백 명의 건장한 환관들을 장생전에 매복시키고 자신은 몰래 들어가 그들을 살해하려고 하였다. 또한 정원진程元振을 파견하여 금군을 이동시켜 능소문을 에워싸고 태자를 체포하도록 지시했다.

날이 어두워지자 이보국은 군대를 이끌고 장생전으로 들어가 월왕 이계와 곤왕 이간을 체포하고, 나머지 2백 명의 환관은 한곳으로 몰아넣고 감시를 했다. 이보국이 군사를 이끌고 유황후를 체포하러 들어가자, 유황후는 황급히 황제 앞으로 달려가 목숨을 구해달라고 청했으나 당시 숙종은 이미 병세가 중한데다 놀라서 숨만 헐떡거릴 뿐 말조차 못하는 상태였다. 이보국은 직접 유황후를 숙종의 침실에서 끌어내고 수십 명의 황실 측근들을 구금하였다.

숙종이 사망하자 이보국은 즉시 유황후를 교살하고 인덕전에서 월왕 등 황실 친왕들을 죽이고 더 나아가 황실 측근 세력들을 말끔히 제거해버렸다. 이보국, 정원진 등 환관의 위협 아래 태자 이예가 즉위하니 그가 대종代宗이다. 이보국은 스스로 공신임을 자처하고 멋대로 횡포를 부려 안하무인이었다. 그의 권력 독점과 분수를 모르는 횡포는 대종에게 말할 수 없는 불안감을 주었다. 한번은 이보국이 공개석상에서 대종에게 말했다.

"황상은 궁 안에서 향락이나 즐기시오. 밖의 일은 소인이 알아서 처리하리다."

대종이 그의 말을 듣고 몹시 당황스러웠지만 감히 그와 언쟁을 할 수 없었다. 이보국의 이런 횡포는 정원진의 불만을 샀고, 대종은 그런 불만스런 감정을 이용해서 정원진에게 이보국을 치도록 부추겼다. 대종이 먼저 이보국이 가지고 있는 수많은 감투를 박탈하고, 겸직하고 있던 행군사마行軍司馬직도 철회하였다. 이어 궁 밖으로 나가 살 것을 명하고, 재상을 면직시켰으며, 몇 개의 명예직책만 남겨놓았다. 나중에 이보국은 중서성에도 들어가지 못했다. 그는 분을 이기지 못하고 욕을 했다.

"소인은 이제 천만 번 죽어도 마땅할 죄를 지어 새 황제를 섬길 수가 없게 됐으니 황천에서 옛 황제나 섬겨야겠습니다."

대종이 그의 말을 듣고 조금은 미안한 마음이 들었다. 어째든 그는 자신을 황제로 옹립한 일등 공신이 아닌가? 그래서 사람을 보내 위로하도록 했다.

그러나 정원진은 이보국을 용서하지 않았다. 대종이 이보국을 위로한 지 얼마 지나지 않아 장안에 살인 사건이 일어났다. 이보국이 자기 집에서 토막 난 시체로 발견되었는데 머리와 한쪽 팔이 없었다. 사람들이 찾아보았더니 자객이 그의 머리는 변소에 버리고 한쪽 팔은 현종의 능묘 앞에 가져다놓았다. 대종은 명령을 내려 이보국의 시신을 모아 매장하고 태부 직위를 하사했다.

대를 이어 권력을 휘두른 환관들

이보국이 죽은 후, 금군은 정원진의 수중으로 들어갔다. 정원진은 1품 관직인 표기대장군을 마음대로 맡고 스스로를 공작에 봉했다. 그가 권력을 독점하고 나라를 망친 행위는 이보국과 비교해봐도 조금도 뒤지지 않았다.

우선 정원진은 자신의 권세와 지위를 유지하기 위해서 조정의 충신들을 중상모략하기 시작했다. 예를 들면, 그는 환관 어조은魚朝恩과 결탁하여 황제 앞에서 여러 차례 이광필李光弼을 모함하였다. 대종이 그 진위를 가리기 어려울 정도로 이광필을 나쁜 사람으로 만들자 결국 이광필과 그의 동생 이광의李光義는 파직되었다. 이광필은 안사의 난을 평정하며 큰 공을 세워 곽자의에 버금가는 명성을 얻었고 조정과 재야에 명망이 높았기 때문에 그의 파직은 조정에 큰 충격이었다.

그 다음으로 정원진은 조정에서 자기에게 굴복하지 않는 관리들을 모함하여 많은 관리와 명장들이 파직되거나 사형에 처해졌다. 대신들은 위협을 느꼈고, 변방에서 병력을 쥐고 있는 번진들도 불안에 떨며 모함을 당하고 싶지 않아 궁궐에서 멀리 떨어져 있기를 원했다.

763년, 토번吐蕃이 장안을 침공했다. 대종은 명을 내려 번진에게 도움을 요청하였으나, 번진들은 장안에 들어가면 정원진에게 모함을 당할 수도 있다는 두려움 때문에 감히 병력을 동원하지 못하고 수수방관만 하고 있었다. 상황이 여의치 않자 대종은 서둘러 섬주陝州에 있는 어조은의 군대로 도피하여 결국 장안성을 토번에게 넘겨주고 말았다. 가옥은 불태워지고, 부녀자와 아이들은 유린되었으며, 장정들은 죽음을 당하고, 창고는 몽땅 털려서 장안은 죽음의 도시로 변했다.

장안이 함락된 이유는 결국 정원진이 군주와 신하 사이를 이간시키고, 관리들을 모함했기 때문이다. 그래서 조정과 재야 군신들은 정원진을 파면시키든지 주살할 것을 요구했다. 대종은 어쩔 수 없이 그를 파직하여 백성들의 분노를 가라앉혔다. 장안이 수복된 후 정원진이 몰래 장안으로 돌아와 몇몇 관리들과 비밀리에 내통하여 정변을 꾀하다가 발각되었다. 이에 대종이 반역죄로 그를 진주溱州로 추방했는데 그는 가는 도중에 죽었다.

장안이 수복되자 이번에는 환관 어조은이 전권을 행사하기 시작했다. 어조은은 본래 태자 이형을 섬기던 환관이었는데 간사한 심보로 갖은 아부를 다하여 태자의 신임을 얻었다. 안사의 난을 평정할 때, 숙종은 병권을 쥐고 있던 곽자의 등의 노장들을 믿지 못하여 어조은을 파견하고 관군용사觀軍容使를 맡겨 모든 절도사의 군대를 통솔하도록 했다.

어조은은 원래 싸움을 할 줄 몰랐지만 권력을 농락하는 기술에는 능했다. 매번 자신이 지휘를 잘못해서 패배를 하고는 항상 남에게 실패를 전가했다. 그래서 곽자의도 군권을 박탈당한 적이 있었다. 그러나 어쩌다

당나라의 장군 곽자의. 안녹산의 난이 일어나자 군사를 거느리고 중원의 반란군을 토벌하였다. 이후 변방의 영토를 수복하며 큰 공을 세웠으나 어조은 등의 모략 때문에 실각하기도 했다.

가 한번 작은 승리라도 거두면 자랑을 늘어놓으며 모든 공을 자신에게 돌렸다.

어조은은 안사의 난이 평정된 후 풍익군공馮翊郡公에 봉해졌고 섬주에 군사를 주둔시켰다. 토번이 장안을 침공해 들어왔을 때, 대종이 그의 휘하 부대로 도피해 갔으므로 어쨌든 천자를 보호한 공이 있는 셈이었다.

곽자의가 악전고투 끝에 장안을 수복하자, 어조은은 목에 힘을 주며 병력을 이끌고 장안으로 들어와 대종을 모셔 오고, 10만 대군을 주둔시켜놓고는 돌아가지 않았다. 그는 오만방자하게 설치면서 마음대로 관리들을 파직시키고, 대종과 대신들을 능욕했다. 그래서 재상 원재元載 등 몇몇 대신들이 대종의 승낙하에 치밀한 계획을 세운 다음 비밀리에 복병을 배치하고 어조은이 조회에 들 때 교살하였다. 그리고 어조은 수하의 장수와 병사들을 진정시키고 조정을 안정시켰다.

대종이 죽은 후, 뒤를 이어 덕종德宗이 즉위했다. 덕종은 우둔한데다 고집이 무척 셌다. 그는 즉위 즉시 곽자의의 병권을 박탈하고 재정을 관리하는 유안劉晏을 죽였다. 또 직언하는 신하 육지陸贊를 파면시키고, 간신 노기盧杞를 임용하여 조정을 혼란 속으로 몰아 넣었다. 그러자 번진이

당덕종. 황제 자리에 오르자마자 명장 곽자의
의 병권을 박탈하고, 직언하는 신하들을 파면
하고, 간신 노기를 임용하는 등 조정을 혼란에
빠뜨렸다.

주동하여 모반을 일으키고 장안까지 함락하였다. 봉천지란奉天之難을 겪
은 후 덕종은 더욱 환관들을 믿었기 때문에 환관들의 권력은 날이 갈수
록 커졌다. 환관 구문진俱文珍이 왕숙문王叔文의 개혁세력을 몰아내자, 조
정에는 직언하는 신하가 한 명도 남지 않게 되었다. 덕종 이후 즉위한 순
종順宗 · 헌종憲宗 · 경종敬宗은 모두 환관의 손에 죽었다.

독살당하거나 칼에 찔리기나

헌종 때는 환관 토돌승최吐突承璀가 득세하였다. 그는 헌종이 즉위한 후
내상시, 좌감문장군 및 좌신책군호군중위에 봉해져 금군을 장악하였다.
왕승종王承宗의 반란을 진압하던 중에 그는 여러 차례 전투에서 승리할 수
있는 기회를 놓치고, 지휘에 혼란만 일으켜 난관에 봉착하는 우를 범했
다. 나중에 환관 왕수징王守澄 · 유극명劉克明과 함께 황제를 옹립하는 문제
를 놓고 논쟁을 벌이자, 목종穆宗이 핑계를 만들어 그에게 사약을 내렸다.

왕수징과 유극명의 전횡은 당나라 말기 환관의 전횡 중에서 특히 인상
적인 사건이었다. 왕수징은 헌종의 환관이었는데 섬기기를 잘하여 헌종

의 총애와 신임을 받았다. 토돌승최는 궁밖에서 관군용사를 맡고 있었으므로 힘이 미치지 못하여 궁내의 많은 일들이 모두 왕수징의 손으로 들어가게 되었다.

나중에 헌종이 장생술長生術에 빠져 단약丹藥을 즐겨 복용했는데 왕수징이 호기를 놓치지 않고 중간에서 승려와 도사를 소개하며 부추겼다. 대통大通이라고 하는 승려는 자신이 150세라고 주장했고, 양인주楊仁晝라고 하는 도사는 자신에게 영원히 죽지 않는 비방이 있다고 선전했다. 헌종은 불로장생의 단약에 정신이 팔려 그 두 사람에게 높은 관직을 하사했다. 그리하여 각양각색의 사기꾼들이 모두 도성으로 모여들었고 속임수로 관직을 얻고 싶어 했다. 왕수징은 이 점을 이용하여 황제가 정사에 관여할 틈을 주지 않고, 중간에서 권력을 탈취했다.

그러나 얼마 지나지 않아 헌종은 단약을 과다복용한 탓에 중독이 되어 성질이 포악해지고, 비정상적인 행위를 저질렀으며, 걸핏하면 욕설을 퍼붓고 심지어 마음대로 사람을 죽이기까지 했다. 그래서 왕수징 주위 사람들조차도 마음을 졸이며 행여 자신이 아무런 이유도 없이 처형당하지나 않을까 걱정을 했다.

그즈음 태자 이녕李寧이 병으로 죽었다. 이는 권력을 잡을 수 있는 좋은 기회였다. 왜냐하면 태자를 옹립하는 자가 장차 공신이 되어 대권을 손에 쥘 수 있기 때문이었다.

토돌승최는 외지에서 도성으로 돌아와 태자 옹립 문제를 놓고 왕수징 주변 사람들과 심한 마찰을 빚었다. 왕수징 일파는 수왕遂王 이항李恒을 세우자고 주장하였고, 토돌승최를 비롯한 사람들은 풍왕澧王 이운李惲을 세우자고 주장했다.

그러나 헌종은 이운의 어머니가 천민 출신이라는 이유로 태자로 세울 수 없다고 생각하고 왕수징의 건의를 받아들였다. 왕수징은 비록 목적은 달성했지만 토돌승최가 금군을 장악하고 있다는 사실을 깊이 인식하였으므로 언제 그가 무력으로 이운을 옹립할지 몰라서 서둘러 이항을 황제 자리에 앉힐 계책을 세우고 있었다. 당시 헌종은 정신병이 악화되어 조회마저 열지 못했다. 대신들은 헌종이 오래 살지 못할 것이라고 생각하여 급히 헌종을 모해할 방책을 세웠다. 독약을 준비한 왕수징은 헌종이 단약을 복용할 때 사람을 시켜 몰래 약그릇에 독약을 넣게 하였다. 약을 마신 헌종은 즉사했다. 왕수징이 즉시 태자 이항을 옹립하니 그가 목종穆宗이다.

목종은 옥좌에 앉기도 전에 군대를 보내 토돌승최와 이운을 죽였다. 이어 토돌승최의 잔여 세력을 완전히 제거하고, 토돌승최의 추천으로 올라온 재상과 기타 관리들을 모조리 파면시켰다. 그리하여 조정이 다시 왕수징의 통제 속으로 들어가게 되었다.

왕수징 일파는 목종을 오랫동안 자기들의 수하에 묶어두기 위해 갖은 방법을 썼다. 그리고 목종이 그의 아버지를 본받아 신선을 추구하고 장생불사를 기원하도록 유인했다. 목종도 그 유혹을 뿌리치지 못했고 왕수징이 추천한 강호의 방사들을 믿고 단약을 먹었으며 끊임없이 환락에 빠졌다. 목종은 결국 조정을 돌볼 생각조차 하지 않아 모든 권한이 왕수징 일파의 손아귀에 들어갔다. 즉위한 지 5년이 채 못 되어, 목종은 원기를 잃고 죽었다.

목종의 아들 이잠李湛이 왕위에 오르니 그가 경종敬宗이다. 경종은 신선이나 불로장생의 도에는 관심이 없었으나 조부나 부친에 비해 지나치게 방탕했다. 그는 돌아다니며 노는 것 외에는 할 줄 아는 게 없었고, 정사에 대해서도 전혀 몰랐다. 낮에는 씨름이나 공차기, 사냥 등을 즐기거나 무뢰한 불량배들과 무리를 지어 다니며 허송세월을 했고, 저녁에는 여우사냥을 한다면서 들판으로 뛰어다녔다. 심지어 자기 주변의 환관들에게도 걸핏하면 욕설을 퍼붓고 마음에 들지 않으면 제멋대로 처벌을 하였으며, 아무 이유 없이 사형에 처하기도 했다. 그래서 그를 따라다니는 사람들은 잠시도 마음을 놓지 못했다. 물론 국무 정사에 대해서는 관여할 생각조차 하지 않았으니 부패는 날이 갈수록 심해질 수밖에 없었다. 나중에 대신들이 각자 자신을 보호하기 위해 갖가지 핑계를 대고 사직을 하거나 지방관리로 자청해서 내려가니 조정은 텅 비다시피 하였다.

정직한 대신 몇몇이 더 이상 두고 볼 수가 없어서 힘을 합하여, 환관에 맞서 싸운 배도裵度를 재상으로 추천했다. 배도는 재상직에 오르자마자 환관부터 손을 대기 시작하여 엄정하고 신속하게 환관들을 파직시켰다. 그러자 환관의 우두머리 유극명劉克明이 자신의 세력이 약화될까 봐 정변을 일으키기로 했다. 유극명은 배도의 주변 인물들을 제거하고 왕수징 손아귀의 권력을 되찾아 일거에 두 마리 토끼를 잡겠다는 책략을 세웠다.

하루는 밤늦게 돌아온 경종이 여우사냥의 흥이 다 끝나지 않자 유극명 등 몇몇 환관을 데리고 술을 더 마시고 있었다. 그때 유극명이 환관들과 결탁하여 경종이 화장실에 간 사이에 불을 끄고 칼을 휘둘러 경종을 죽였다. 이들은 허위로 조서를 내려 경종의 조카 이오李悟를 추대하여 즉위시켰다. 그러나 배도와 왕수징이 이에 동의하지 않고 안팎으로 연락하고 군사들을 모아 공격하자 유극명은 우물에 빠져 스스로 목숨을 끊었다. 왕수징 일파의 옹립으로 목종의 아들인 강왕江王 이함李涵이 황제 자리에 오르니 그가 문종文宗이다.

문종이 즉위하자 왕수징은 황제를 옹립한 공신이 되어 표기대장군, 신책군중위 등의 관직에 책봉되었다. 대권을 손에 쥐게 된 왕수징이 천자도 안중에 없이 함부로 권력을 행사하니 문종은 몹시 걱정을 하다가 송신석宋申錫을 보내 조정대신들과 연계하여 비밀리에 왕수징 일당을 제거하기로 도모했다. 그러나 이 계획이 새나가는 바람에 왕수징이 반격하고 나섰다. 송신석이 조정대신들과 결탁하여 장왕漳王을 옹립하려는 음모를 꾸몄다는 것이었다. 왕수징 일당은 무고한 관리들을 체포하여 고문하고 죄를 뒤집어씌웠다.

이리하여 문종도 어느 쪽이 진짜고 어느 쪽이 가짜인지 분간을 못하다가 결국 왕수징에게 현혹되어 송신석의 주변 인물들을 좌천시켰다. 환관을 제거하겠다는 계획은 무산되었고, 오히려 환관에게 더 의지하는 신세가 되고 만 것이다.

환관에 반대한다는 것은 때로 아주 위험할 수도 있었다. 송신석은 원래 문종의 명을 받고 움직였다. 그러나 일단 환관에게 무고를 받으면 입이 백 개라도 변명할 여지조차 없었다. 특히 그가 장왕을 옹립하려 했다는 모함은 문종이 믿기에 충분했다. 장왕은 문종의 동생이었는데 본래부터 명망이 높아 문종이 평소에도 그를 어느 정도 경계하고 있던 터였다. 문종은 마침 왕수징의 말을 듣고는 즉시 사람을 보내 정탐하도록 하였다. 왕수징은 이 기회를 이용하여 2백여 명의 날랜 기마병을 데리고 송신석의 집으로 달려가 송가 일족을 몰살하려 했다. 그러나 다행히도 비룡구사飛龍廐使 마존량馬存亮이 구해주어 피비린내 나는 사건은 일어나지 않았다.

환관과의 싸움에서 때로는 완화한 정책을 취할 필요가 있었다. 834년, 문종이 중풍으로 쓰러져 일어나지 못하자, 왕수징은 의관 정주鄭注와 시강侍講 이훈李訓을 보내 문종을 모시도록 했다. 이 두 사람은 주야로 문종 곁을 떠나지 않고 보살폈다. 이들은 문종이 무의식중에, 심지어 꿈을 꾸면서도 왕수징을 제거하고 부친 헌종의 원수를 갚고 싶어 한다는 것을 알았다. 그 둘은 왕수징 일파였지만 만약 문종을 도와 왕수징을 없앨 수만 있다면 틀림없이 큰 공을 세우는 일이니 후한 대가를 받을 것이라고 생각했다. 그래서 두 사람은 방법을 짜내어 문종에게 자신들의 속마음을 털어놓았다. 문종의 신임을 얻은 정주는 태부경 겸 어사대부에, 이훈은 한림학사와 병부랑중 겸 지제고로 승진했고, 왕수징을 제거할 계획을 실행에 옮기라는 명을 받았다.

환관이 다스린 당나라

중국 역사에서 환관으로 하여금 환관을 다스리게 하는 것은 매우 효과적인 방법이었다. 환관 구사량은 순종 때 입궁하여 다섯 명의 황제를 모셨고, 문종을 옹립할 때 큰 힘이 되었다. 그는 경험이 많고 근엄하며 유능하였으나 언제나 왕수징의 핍박을 받아 두각을 나타내지 못했다.

정주와 이훈은 그를 택하여 왕수징의 권력을 약화시키려 했다. 그들은 먼저 구사량을 신책군중위에 임명하고, 다시 왕수징과의 관계를 일깨워 구사량이 확실하게 왕수징을 제거하도록 했다. 그런 다음 헌종의 약에 독약을 넣은 진홍지陣弘志를 잡아내 왕수징이 반격할 힘을 완전히 잃게 만들었다. 문종은 먼저 왕수징을 해임시킨 다음 독주을 마시게 하여 죽였으며, 각지에 깔려 있는 그의 일당들을 일소했다.

그러나 앞문으로 이리를 쫓아내니 뒷문으로 호랑이가 들어올 줄 누가 상상이나 했겠는가! 왕수징을 내보내고 나니 구사량이 그보다 훨씬 무서운 기세로 달려들었다. 구사량은 왕수징 집단에서 공이 큰 자들을 몰아낸 다음 권력을 잡았다. 문종은 왕수징을 제거했지만 환관을 소멸시키겠다는 목적은 이루지 못했다. 그래서 그는 이훈과 서원여舒元典, 왕애王涯를 재상으로 임명하고, 구사량을 비롯한 잔여 환관의 세력을 제거해버리고 싶었다.

이훈과 정주는 상의 끝에 잠시 지방으로 병력을 이동시켜 왕수징의 장례식 날에 환관들을 섬멸하기로 했다. 정주가 병력을 이동시키느라 임지로 가는 동안 이훈은 앞당겨 환관을 소탕하고 정권을 혼자서 장악하고 싶어 상소를 올리고 금오청에 병사를 매복시킨 다음 구사량과 진홍지를 죽이려 했다.

835년 11월 어느 날, 문종은 자신전紫宸殿에서 조회를 열었다. 문무백관들이 양쪽으로 나열하고 공무를 논의하고 있는데, 금오대장군 한약韓約이 문종 앞으로 달려와 보고를 했다.

"금오청 뒤뜰 석류나무에 이슬이 내렸는데 그것은 틀림없이 하늘이 내린 길조이옵니다. 그렇지 않다면 어떻게 결빙될 시기에 이슬이 내릴 수 있겠사옵니까. 오직 폐하께서 현명하시기 때문에 하늘도 감동하여 이런 성스러운 일이 나타난 줄로 아옵니다.”

말을 마치자 과연 그렇다는 듯이 모든 문무백관들이 손을 모아 축하의 예를 올렸다. 재상 이훈과 서원여舒元興는 눈빛을 마주쳤다. 백관들이 문종에게 친히 가서 볼 것을 권하자, 문종도 기꺼이 이에 동의하고 가마를 타고 함원전含元殿으로 갔다. 문종이 먼저 이훈을 보내 조사하게 했는데 이훈이 한참 후에야 돌아와 하는 말이 이미 잘 알아볼 수 없다는 것이었다. 문종은 그 말을 믿을 수가 없어서 다시 구사량과 진홍지에게 환관들을 인솔하여 가서 확인해보라고 했다. 구사량을 비롯한 환관들이 금오청에 도착해서 우연히 한약을 만났는데 그는 갑자기 긴장하며 무슨 일이 있느냐고 물었다. 마침 바람이 불어서 전각의 장막이 펄럭이는 바람에 병사와 창칼이 드러나 보이자 무슨 일인지 알 수 있었다. 구사량은 급히 함원전으로 달려와 황제 앞에서 소리를 질렀다.

“궁 안에 반란이 발생했사옵니다!”

이훈은 사건이 드러난 걸 알고, 즉시 병사들에게 함원전으로 들어가 구사량을 죽이라고 명했다. 그리고 함원전 안으로 들어가는 자에게는 큰 상을 내리겠다고 했다. 병사들이 함원전으로 올라가고 있는데 구사량이 벌써 명을 내려 문종을 후문으로 끌고 나갔다. 이훈이 황제의 가마를 가로막고 보고할 일이 있다고 말하자 구사량이 주먹을 휘둘렀다. 이훈이 구사량을 넘어뜨리고 비수를 뽑아 죽이려고 하는데 환관들이 이를 가로막았다. 이훈과 금오위사가 쫓지 못하는 바람에 문종은 환관들에게 떠밀려 선정전宣政殿으로 들어가서 문을 굳게 닫았다. 이훈은 환관이 일단 황제를 납치하면 허위로 조서를 내려서 병사를 움직일 것이라는 걸 알았지만 자신에게는 금군에 저항할 군대가 없었으므로 부득이 도망가 숨었다.

점심때 쯤, 좌신책군부사 유태륜劉泰倫이 1천여 명의 금군을 인솔하여 사람을 죽이기 시작했다. 중서성의 1천여 명의 관리들이 이 소식을 듣고 급히 도망을 쳤다. 그들은 반란군 7, 8백 명을 죽였으며 궁궐 문을 잠근

후 보이는 사람은 무조건 죽였다. 근처에 있던 행상조차도 화를 면할 수 없었다. 동시에 기마병 1천여 명이 탈주범들을 붙잡아 조사를 하였다. 재상 서원여, 왕애王涯는 체포되었고, 이훈은 피살되었다. 한밤중에 장안성은 한바탕 혼란에 휩싸였다. 장안의 부랑자, 불량배들까지 금군을 자처하며 사람을 죽이고 약탈을 하여 민심이 흉흉해졌으며 가축들조차도 불안에 떨 정도였다. 환관이 즉시 금군을 보내어 질서를 유지하자 비로소 성안은 안정을 되찾았다.

이튿날 아침, 문종이 조회를 하러 나가보니 조정의 양쪽 관원들 자리가 텅 비어 있었다. 구사량이 왕애의 주변 인물들이 모반을 자백한 고소장을 올렸다. 문종은 일이 실패한 것을 알고 할 수 없이 구사량이 시키는 대로 법에 따라 처리하고, 다른 사람을 뽑아 재상으로 앉혔다.

며칠 후, 구사량이 금군 수천에게 명하여 왕애 · 서원여 · 곽행여郭行余 · 이효본李孝本 등의 죄인들을 호송하여 장안 시내로 끌고 가도록 했다. 그리고 모반한 죄상을 선포하고, 긴 창으로 이훈의 머리를 잘라서 거리에 걸어놓고 사람들이 보도록 했다. 구사량은 이들의 친족들을 모조리 처단했다. 이 사건을 역사에서는 '감로지변'甘露之變이라고 한다.

이때부터 구사량은 천자를 등에 업고 군신을 억압했다. 조정과 재야의 사람들 모두가 그를 질시하였지만 구사량은 일을 잘 처리하여 천하 사람들 모두가 재상들이 모반을 했고 반대로 그는 대란 속에서 황제를 구출한 영웅으로 여기도록 여론을 조성했다. 그는 스스로 우효위대장군을 맡고, 진홍지는 우위상장군 겸 중위를 맡았다. 다른 측근들도 한 등급씩 진급을 했다. 그리고 말을 듣지 않는 조정 관리들은 제멋대로 강등시키고, 심지어 살육도 서슴지 않았다.

사실 구사량도 감로지변을 문종이 주동했다는 것을 알고 있었다. 그래서 그는 문종을 핍박하고, 조금도 자유를 주지 않아 문종은 거의 감금된 상태로 살았다. 한번은 그가 황제를 폐위시키려는 속셈으로 매우 호되게 문종의 과실을 질책했다. 그러나 다행히 그가 아무리 재촉해도 문종은 스스로 물러나겠다는 조서를 기초하지 않았고, 정당하고 엄하게 반박한 끝에 겨우 자리를 보존할 수 있었다.

구사량은 문종이 먹고 마시고 노는 것 외에는 아무것도 하지 못하게 했다. 그리하여 결국 문종은 우울증으로 병이 났다. 한번은 문종이 학사 주지周墀와 이야기를 하다가 이렇게 말했다.

"과거에 주난왕周赧王과 한헌제가 신하의 핍박을 받았는데, 오늘날 짐이 구사량에게 감금을 당하는 신세가 됐으니, 선조에 비해 짐이 나은 게 뭐가 있겠는가!"

얼마 후 문종이 병으로 죽고 구사량과 진홍지가 결탁하여 태자를 죽인 후 영왕穎王 이염李炎을 황제로 옹립하니 그가 무종武宗이다.

구사량은 다시 황제를 옹립한 공신이 되었다. 그러나 무종은 그에게 그다지 좋은 감정을 가지고 있지 않았다. 겉으로는 구사량을 믿고 총애하는 척하였으나 그가 큰 권력을 쥐고 있어서 싸워봐야 이길 수도 없기 때문에 무종은 늘 불만을 밖으로 나타내지 않고 있을 따름이었다. 그렇지만 무종은 계책을 많이 세워놓고 차츰차츰 구사량의 세력을 제거해가기 시작했다. 권력을 쥔 환관이 있는 한, 자신의 황제 자리는 얼마 못 간다는 것을 잘 알고 있었기 때문이다.

무종은 시종일관 환관의 전횡을 반대해온 이덕유李德裕를 재상에 임명했다. 그리고 환관들의 권력을 제한하기 위해 평화적이며 효과적인 계책을 채택했다. 이런 일련의 정책들이 구사량을 불안하게 만들었다. 구사량도 무종과 이덕유를 다른 시각에서 바라보았다. 그리고 몇 차례 저울질을 해봤지만 무종과 다툴 형편이 못 되었다. 이때 구사량은 이미 나이가 많아 퇴직할 때가 되었다는 것을 알고 고향으로 돌아가 노년을 보내겠다고 청했다. 순순히 물러서는 구사량을 보고 무종은 얻기 어려운 기회라고 생각하고 그가 올린 상소를 허락하고 그를 고향으로 보냈다.

구사량은 20여 년 동안 전권을 행하고도 천수를 누리고 자신의 집에서 죽었으며, 사후에도 영예가 남았으니 정말 보기 드문 일이다.

희종僖宗 때는 전령자田令孜라는 자가 전권을 휘둘러 나라를 어지럽혔다. 전령자는 희종이 태자일 때 그를 섬긴 환관이다. 희종이 즉위한 후에도 극진히 모시고 매사에 눈치가 빨라 좌신책군중위에 봉해졌다. 전령자는 희종에게 음탕한 짓과 오락을 즐기게 하였고 희종은 기분이 늘 즐거워 그에게 고마워했다.

희종의 돈 낭비는 어느새 절정에 달했다. 거위 한 마리를 50만 전錢에 사기도 하고, 하루에 가무를 즐기는 데 드는 돈만 해도 수만 전에 달했다. 전령자는 희종이 이런 생활을 그만두도록 말리기는커녕 오히려 부추기기까지 했으며, 자신은 마음껏 재물을 착취했다. 희종은 국정에 대해서는 전혀 아는 바가 없었고, 모든 권력은 전령자가 쥐고 있었다. 전령자의 폭정이 극에 달해 농민과 상인들은 물론 백성들의 원성이 높았고 사회는 날로 혼란스러워졌다.

황소黃巢의 난이 일어나자 전령자는 희종과 같이 장안을 버리고 도주해버렸다. 희종이 죽은 후, 소종昭宗이 즉위하자 전령자는 반란을 꾀하다가 결국 자신도 혼란에 휘말려 죽었다.

소종 때는 환관 양복공楊夏恭이 군권을 장악하고 황제와 싸웠다. 소종은 마지막으로 번진세력의 도움을 빌려 양복공의 군사를 격파했다. 소종은 산서山西 건원현乾元懸에서 양복공을 붙잡고, 양씨의 측근들도 함께 처단했다.

소종이 번진세력의 힘을 빌려 양복공을 소멸시키자, 번진세력이 이 틈을 타고 강력해졌다. 환관 유계술劉季述이 뜻밖에도 다시 금군의 지휘권을 장악하고 양복공을 대신해서 일어섰다. 어느 날 술에 취해 밤늦게 침소로 돌아온 소종이 술김에 환관과 시녀 몇명을 죽이고 말았다. 유계술은 이를 빌미로 정변을 일으켜 소종을 감금하였다. 수감되어 있는 동안 소종은 옷도 없이 지냈으니 얼마나 딱했는지 짐작이 간다. 나중에 대신들이 지방 번진과 연계하여 유계술을 죽인 다음에야 비로소 소종은 복위할 수 있었다. 군권이 주온朱溫의 수중에 잠시 들어갔는데 얼마 후 소종은 주온을 죽였다.

마침내 근 3백 년에 가깝게 환관이 권력을 독점한 당나라 시대가 끝이 나고, 5대10국五代十國이라는 한층 더 혼란한 시기로 접어들고 있었다.

당대의 역사를 종합해보면, 환관의 권력 독점이 지속적으로 조정과 나라를 혼란에 빠뜨려서 그 폐해가 극심하였다. 그러면 당대의 환관 세력은 어떻게 해서 그토록 맹위를 떨칠 수 있었을까? 황제에게 책략이 없으면 대권은 다른 사람 손에 들어가게 마련이다. 환관이 권력을 독점하면 예외 없이 황제가 향락에 빠져 있든가 아니면 어리석고 나약하든가 둘 중 하나였다. 어떤 황제는 그 두 가지를 모두 겸하기도 했다. 이런 상황에서는 황제와 가까운 시종이 쉽게 황제의 신임을 얻게 된다. 황제로서는 정치 업무를 환관에게 처리하게 하면 훨씬 편하고 마음을 놓을 수 있었다. 이런 일이 지속되면 자연스럽게 조정의 권력을 독점하는 환관이 생기게 마련이었다.

둘째, 안사의 난 이후에도 번진의 할거 현상이 소멸되지 않고 계속 이어지면서 지방 관리들이 군대를 보유하여 자주 반란을 일으켜 황제를 위협했다. 그러다 보니 황제는 지방 관리들을 믿지 못하고, 조정대신이나 왕들조차도 믿을 수 없었다. 어쩌면 그들이 지방 관리들과 서로 짜고 황제를 폐위시킬지도 모른다는 생각을 했던 것이다. 그러니 곁에 있는 환관만이 믿을 수 있고, 자신을 보호해줄 거라는 생각을 했다. 그래서 환관은 종종 쉽게 황제의 신임과 총애를 받아 권력도 갈수록 커졌던 것이다.

셋째, 수많은 황제들이 환관에 의해 폐위되었다. 일단 새로 황제를 세우게 되면 옹립한 환관은 바로 공신이 되었다. 동시에 필연적으로 대권도 손에 쥘 수 있었다. 게다가 환관을 제거할 때에는 환관의 세력을 빌려 도움을 받았는데 마치 "폭력으로 폭력을 제거한다"는 것과 같다.

넷째, 많은 황제들이 환관 곁을 떠나려는 결심을 하지 않았다. 바로 구사량이 어린 환관들에게 전수한 내용과 같다. 왜냐하면 환관은 황제의 향락 욕구를 만족시켜 줄 수 있지만, 조정 대신들은 항상 간언만을 하여 황제를 불편하게 하였기 때문이다.

다섯째, 환관은 천성적으로 조정대신들과 적대적인 관계였다. 환관은 거세된 사람이고 지위도 낮아서 모든 조정대신들이 무시하는 경향이 있었다. 그래서 일단 권력을 잡았다하면 필연적으로 조정대신들을 적대시하였다.

환관은 일반적으로 신분이 낮고, 좋은 환경에서 제대로 된 교육을 받은 적이 없었다. 그리고 정상적인 경로를 통해서 선발된 것이 아니었다. 그래서 일반적으로 그들의 인품이나 포부가 그리 높지 않았다. 물론 사회도 환관에게 그들의 포부를 펼칠 토양을 제공해주지 않아 그들의 성격은 괴팍하고 기형적이어서 보통사람들보다 권력에 대한 욕심과 남에게 보복하려는 심리가 더 강했다. 그들은 권력을 독점한 후에는 궁정에서 재난이나 변란을 일으켰다. 환관은 보통 사회적으로 공로나 업적을 세우기가 어려웠기 때문이다.

환관은 중국의 역사가 육성한 특수한 집단이다. 역대 환관에 대해 진지하게 연구한다면 중국 문화를 이해하는 데 많은 도움이 될 것이다. 지난날을 거울삼아서 앞날을 내다볼 수 있다면 우리에게 나쁠 것이 뭐가 있겠는가!

5 관리사회의 오뚝이

중국사에는 어떻게든 벼슬만 하면 상관없다는
후안무치의 무리가 많이 나타났다. 이들은 양심을 버리고 기회를
잘 타야 살아남는다는 것을 몸소 보여줬다.

봉건사회에서 벼슬을 하는 것은 심오한 예술이다. 이 예술이라고 하는 것이 신비해 보이기는 하지만 사실 종이 한 장 차이다. 관리사회에서 넘어지지 않고 살아남는 비결에는 두 가지가 있는데, 첫째는 시비를 따지지 않고 양심을 버리는 것이며, 둘째는 간에 붙었다가 쓸개에 붙을 수 있어서 새 주인을 잘 따르는 것이다.

고대 중국의 역사에는 현명한 군주와 어진 재상들이 존재했는데, 정직한 신하는 백성을 위해 황제에게 직언을 하였고, 수많은 재야의 사대부들이 국가의 안정과 사회의 발전을 위해 심혈을 기울였으며 심지어 죽음도 불사했다.

그러나 부인할 수 없는 점은 시비를 가리지 않고 파렴치하며, 황제가 누구든 벼슬만 하면 상관없다는 식의 후안무치한 무리들도 확실히 있었다는 것이다. 이런 사람들도 때로는 좋은 일을 하기도 했다. 그러나 본질적으로 인성이 악하고 비천하여 본받을 만한 것이 없는 존재들이었다.

그들은 인생의 목표 자체가 벼슬이었다. 벼슬을 위해서 벼슬을 하고, 벼슬을 하는 것 외에는 추구하는 것이 없었다. 국학대사國學大師 전목錢穆 선생은 중국 역사를 연구하고 나서, 중국 고대 역사에서 가장 부끄러운 시대는 바로 '오대'五代라고 지적했다. 오대는 확실히 혼란한 시기였다.

시대가 어지러울 때 사람들은 쉽게 그 본색을 드러내게 된다. 오대 시대 때 악명 높은 꼭두각시 황제 석경당石敬塘이 있었는데, 우리가 눈여겨봐야 할 사람은 관리사회의 오뚝이 풍도馮道다. 이 사람은 실로 중국 관리의 역사 가운데 기적적인 예라고 할 수 있다.

『오대사』五代史 「풍도전」馮道傳이나 『신오대사』新五代史 『자치통감資治通鑑』 등의 관련 부분을 읽어보면, 풍도라는 인물의 오뚝이 형상이 어떤 것인지 생생하게 알 수 있다.

풀 더미 위에서 산 풍도

풍도는 자가 가도可道이고, 영주瀛州 경성景城(지금의 하북 교하) 사람이다. 당나라 희종僖宗 중화中和 2년(882)에 태어났는데, 그의 집안은 중산층이었다. 기록에 따르면 일찍이 농사를 지으면서 공부를 했는데, 집안일에는 그다지 신경을 쓰지 않았다. 풍도는 어려서부터 성격이 온순하고 공부를 좋아했으며 글을 잘 지었다. 옷을 해질 때까지 입었고, 거친 음식 먹는 것을 부끄러워하지 않았다. 그의 집은 명문가문은 아니어서 그의 선조들 현령 이상을 지낸 관리는 한 사람도 찾아볼 수 없다. 풍도는 이런 집안 출신이었기 때문에 정계에 오르기가 상당히 어려웠을 것으로 짐작된다.

당나라 말경에 군벌이 할거하고, 전란이 빈번하였다. 이극용李克用은 진양晉陽에서 세력을 확보하고, 한 지역을 재패했다. 구양수의 「오대령관전서」五代伶官傳書에 보면, 이극용은 뛰어난 재능과 원대한 계략을 지닌 사람이고, 그의 아들 이존욱李存勖도 양梁나라를 멸망시키는 데 공이 컸음을 알 수 있다.

아마도 풍도가 이런 점 때문에 이존욱을 찾아가 앞날을 도모했던 것 같다. 이 일이 있기 전 풍도는 고향집에서 가까운 유주幽州에서 하급관직을 맡고 있었다. 당시 유주 군벌 유수광劉守光은 매우 흉악하여 사람을 쉽게 죽이는 잔인한 성격의 소유자이었다. 그는 자신의 휘하 부하들이 의견을 달리하면 즉시 죽였다. 심지어 사람을 죽인 후 살을 잘라서 날로 먹었다고 말하는 사람도 있었다. 이런 사람과 함께 지낸다는 것은 위험하기 짝이 없는 일이었다.

한번은 유수광이 이주易州와 정주定州를 공격하려고 하자, 풍도가 감히 공격을 그만둘 것을 권했다. 그는 하마터면 유수광에게 피살될 뻔했다가 결국 감옥에 갇히는 신세가 되었다. 이 일로 비추어 봤을 때, 당시 풍도는 그래도 비교적 정직했던 것 같다. 풍도는 다른 사람의 도움으로 감옥을 빠져나와 태원太原으로 도망을 가서, 진대장晉大將 장승업張承業에게 몸을 의탁했다. 장승업의 추천으로 풍도는 이존욱의 휘하에 들어갔다. 이때부터 풍도는 벼슬길에 올랐고 이존욱의 총애를 받았다.

풍도는 처음에 진왕부晉王府의 서기를 맡아서 정부의 각종 명령문서나 군사서신을 관장했다. 얼마 후 이존욱은 내온이 세운 후량後梁 정권이 부패한 것을 보고 후량을 멸하기로 마음을 먹었다. 진왕과 후량의 군대는 황하를 사이에 두고 치열한 전투를 벌였다. 풍도는 이존욱의 측근이었지만 검소한 생활을 하여 다른 사람들의 모범이 되었다. 역사 기록에 의하면, 그는 "조그마한 초가집을 지어놓고 침대도 없이 그냥 마른 풀 위에서 잠을 잤다"고 한다.

풍도는 군신 간의 분규도 잘 처리했다. 후량의 군대를 공격할 때 군대 보급품이 매우 부족했는데 이는 이존욱 주변에서 기식하는 장교들이 너무 많기 때문이었다. 상황이 매우 어려웠으므로 대장 곽숭도가 이존욱에게 "군량 공급이 부족하니 장교 몇 명을 줄이는 게 어떻겠습니까?"라고 물었더니, 이존욱이 버럭 화를 냈다.

"나 대신 목숨을 바치는 사람들에게 밥도 주지 않으면서 어떻게 내가 그들의 사령관이 될 수 있겠소."

곽숭도는 더 이상 입을 열지 못했다. 그러자 풍도가 한마디했다.

"곽숭도가 한 말은 사실입니다. 그가 그렇게 말하는 것도 어쩌면 대왕에 대한 충성심일 수도 있습니다."

그러자 비로소 풍파가 잠잠해졌다.

이존욱은 후량을 멸하고 후당後唐을 세운 뒤, 명문귀족 출신들만 중시했고 풍도처럼 출신이 미천한 사람은 절대 요직에 앉히지 않았다. 당시 풍도는 자신이 어떤 관직에 있든지 조금도 중요하게 생각하지 않았다. 풍도는 부친이 사망했다는 소식을 듣고 걸어서 집으로 돌아가야 했다. 지위가 낮은 벼슬아치라 마차도 없이 걸어 가야 했으니 조급한 마음에 갈 길도 멀었으므로 얼마나 힘들고 어려웠을까 짐작하고도 남는다. 장종莊宗이 이존욱에게 피살된 후 명종明宗이 즉위하고 나서야 그는 다시 부름을 받았다. 명종은 지난 교훈을 감안하여 문인을 요직에 등용하여 나라를 다스렸다. 풍도는 그때 비로소 재상에 임명되어 진정한 뜻을 이루었다.

풍도는 재상으로 있던 7년간 좋은 일을 많이 했다. 어느 날 명종이 신하에게 금년 작황이 어떠냐고 물었다. 그랬더니 신하들이 사실을 은폐하고 태평한 것처럼 대답을 했다. 그러나 풍도는 명종에게 이런 이야기를 들려주었다.

"소인이 진왕부에 있던 해에 명을 받고 하북 중산으로 공무를 보러 가는데, 중간에 정형井陘을 지나게 되었사옵니다. 소인이 일찍이 정형은 길이 매우 험하다는 말을 들은 적이 있는데, 인마가 넘어져 다치는 일이 자주 발생했습니다. 그래서 소인은 조심조심 말을 몰아간 덕분에 무사히 정형을 지나갈 수 있었사옵니다. 그런데 어찌된 일인지 정형을 지나 평지에 도달했을 때 갑자기 말에서 떨어져 죽을 뻔했습니다.

그때 소인은 언제 어디서든지 신중하고 조심해야 된다는 것을 깨달았습니다. 극히 사소한 것에 지나지 않지만, 더 큰 일로 비유를 할 수도 있습니다. 폐하께서는 오곡이 풍성하고 천하가 태평하니 걱정 없이 침소에 들어도 된다는 생각은 하지 마십시오. 신중하게 일을 처리하셔야지, 향락이나 즐기며 방종하시면 아니 되옵니다. 이것이 바로 저희 신하들이 바라는 바입니다."

또 한번은 명종이 풍도에게 물었다.

"요즘 백성들의 생활이 어떠하오?"

풍도는 좋은 기회라고 생각하고 이렇게 말했다.

"곡식 값이 비싸면 농민이 굶주리고, 곡식 값이 싸면 농민들의 마음이 아픈 것은 당연한 이치가 아니겠습니까! 당나라 때 섭이중聶夷中이라는 시인이 있었는데 「상전시」傷田詩를 지어 '2월에 비단을 팔고, 5월에 곡식을 내다 판다. 눈앞의 상처를 고치려고 속살을 파낸다. 군주의 마음이 밝은 빛이 되어 호화스런 잔치를 비추지 않고, 가난한 농민 집을 비추기를 원한다'라고 읊었습니다."

이 말을 들은 명종은 사람을 시켜 시를 받아 적게 하고는 늘 외우고 다녔다.

복수를 하기 위한 벼슬

그러나 풍도가 비록 재상이기는 했지만 당시 사람들의 의식 속에는 문벌 사대부에 대한 관념이 여전히 남아 있어서 늘 무시를 당했다. 그가 천민 출신이라는 이유 때문이었다.

어느 날, 풍도가 퇴궐하여 집으로 가고 있는데 뒤에서 사대부 가문의 공부시랑이 따라오면서 놀려댔다.

"재상, 걸음이 너무 빠르지 않소. 그 허리춤에서 『토원책』兎園策을 빼내 버리시는 게 어떻겠소!"

『토원책』은 향교에서 유학자들이 농민을 교화하는 데 쓰는 필독서였다. 풍도는 자신의 미천한 출신에 대해 풍자한 말이라는 것을 알고 있었다. 일개 공부시랑이 감히 재상을 놀리다니, 신분차별이 엄했던 봉건사회에서는 상상도 못할 일이다. 이 일을 놓고 생각해보면 당시 풍도가 처했던 상황이 어떠했는지 알 수 있다.

후당의 명종이 죽고 그의 아들 이종후李從厚가 즉위하니 그가 민제閔帝
다. 이때부터 풍도는 완전히 탈바꿈하여 정직한 마음이 사라지고, 미천
한 출신이라고 받았던 수모와 멸시가 원한이 되어 지위 높은 대신과 귀
족들에게 복수하기 위해 벼슬과 권력의 노예가 되었다. 그는 오로지 벼
슬을 하기 위해 벼슬을 하게 되었다.

민제가 즉위한 지 넉 달이 채 안 됐을 때, 이종가李從珂가 왕위를 빼앗
으려고 병사를 일으켜 쳐들어왔다. 소식을 들은 문종은 신하들에게 알
릴 틈도 없이 황급히 이모부 석경당의 군대로 도망을 갔다.

이튿날 아침 풍도를 비롯한 여러 대신들이 조정에 들어와 보니 황제가
자리에 없자, 비로소 이종가가 반란을 일으켰다는 것을 알고 급히 병사
를 이끌고 경성으로 달려갔다. 풍도는 그때 평소와는 달리 예상 밖의 일
을 저질렀다.

그는 원래 명종이 출신이 미천한 자신을 재상에 앉혔기 때문에 그에
대한 보답으로 충성을 다하였지만 지금은 상황이 그때와 사뭇 다르다고
생각했다. 이종가가 군사를 일으킨 것은 명백한 반역이고 그가 고집이
세고 난폭하지만 군대를 가지고 있는 반면에, 이종후는 아직 어린아이
에 불과하고 즉위 후 한번도 실권을 장악해보지 못했으며 또 지나치게
너그럽고 관대할 뿐이라고 여겼다. 이해득실을 따져본 그는 백관을 인
솔하고 이종가를 맞이하기로 결정했다.

풍도는 재상의 신분으로 모든 관리들의 우두머리였고, 또 일부 관리들
은 그가 친히 임명한 사람들이어서, 그가 제의하는 일에 대부분 반대하
지 않았다. 그러나 정직한 관리들 가운데는 그를 질책하는 사람도 있었
다. 중서사인中書舍人 노도盧導가 먼저 항의를 했다.

"천자께서 밖에 계시는데 어떻게 다른 사람을 불러다 황제로 모실 수
가 있습니까? 빨리 천자를 모시러 가야 하지 않겠소?"

승상 이우李愚 등도 뜻을 같이했다. 그러나 풍도는 소수의견을 무시하고
대다수 사람들이 인정하는 당면한 상황에 따라 일을 처리하였다. 대신들

석경당. 후당의 명종을 보필하며 최고의 세력가
가 되었으나, 이후 명종의 후계자와 갈등하게
되자 거란에 대하여 신하를 자청하고 원조를 받
아 반란을 일으켰다.

모두가 어쩔 수 없이 풍도와 같이 낙양의 교외로 가서 이종가를 맞이했
다. 그리고 이종가에게 황제로 등극해줄 것을 간청하는 글을 올렸다.

이렇게 해서 풍도는 전 왕조의 중신에서 갑자기 모습을 바꾸어 새 왕
조의 개국공신이 되었다. 그런데 이종가는 사실 풍도를 믿지 않았다. 그
래서 그에게 중책을 맡기지 않고 지방관리로 임명했다. 그러나 나중에
미안한 마음이 들어서 다시 수도로 불러 그다지 실권이 없는 명예직에
임명했다.

얼마 후 석경당과 이종가 사이에 충돌이 생겼다. 석경당은 명종을 회
복시킨다는 명목으로 이종가를 공격하려고 했지만 병력이 너무 약해서
이종가에게는 역부족이었다. 석경당은 제위를 찬탈하기 위해서 물불을
가리지 않고 온갖 방법을 강구하였다.

그래서 그는 거란에 사신을 보내 거란의 족장 야율덕광耶律德光에게 구
원을 요청했다. 그리고 다음과 같은 세 가지 조건을 제시했다.

일이 잘 성사되면 첫째, 거란의 신하가 된다. 둘째, 석경당은 야율덕광
의 아들이 된다. 셋째, 안문관雁門關 이북 땅을 전부 거란에게 준다.

야율덕광은 마침 중원을 탐내고 있던 참에 석경당이 스스로 구원을 요

청하니 그의 제의를 받아들였다. 그래서 추석이 지난 다음에 구원하러 가기로 약속했다. 이로써 거란인들의 지지하에 석경당이 이종가를 물리치고 중국 역사상 악명 높은 꼭두각시 황제가 되었다.

석경당은 명종의 명예를 회복한다는 명분으로 황제가 된 후 명종 당시에 벼슬을 했던 관리들을 대부분 복직시켰다. 그때 풍도도 다시 재상에 임명되었다. 아마도 풍도가 이종가에게 높은 자리를 받지 못해 마음에 품었던 불만을 석경당에게 털어놓으면서 충성을 바치겠다고 맹세라도 한 덕분이 아닐까. 아니면 풍도를 살려주면 이를 미끼로 이용할 가치가 있을 것이라고 생각한 석경당의 포석 때문이었을까. 어쨌든 석경당이 과거의 잘못을 묻지 않아 풍도는 벼슬을 할 수 있었다.

살아남으려면 천천히 가라

석경당이 황제 자리에 오른 후 첫 번째로 해야 할 큰일은 바로 야율덕광에게 맹세했던 것을 실천하는 일이었다. 만약 지키지 않았다가는 왕조가 쓰러지는 위험에 처할 수도 있었다. 특히 스스로 아들 황제라고 칭하고, 거란의 황제와 황후에게 존대를 해야 하는 것은 그야말로 입에 올리기도 부끄러운 일이 아닐 수 없다. 이 조서를 쓴 관리가 당시 "안색이 바뀌면서 손이 떨리고" 심지어 "눈물을 흘렸다"는 기록으로 볼 때 이것은 엄청난 치욕이 아닐 수 없었다. 결국 거란에 사람을 보내는 일은 치욕을 참아가며 목숨까지 걸고 완수해야 하는 중대한 임무였다.

석경당은 재상 풍도를 보내고 싶었다. 왜냐하면 풍도는 무척 신중한데다 말을 노련하게 잘했기 때문이었다. 그러나 석경당은 풍도가 거절할지도 모른다는 생각이 들어 걱정을 많이 했다. 그런데 뜻밖에도 풍도가 흔쾌히 응하자 석경당은 기뻐했다.

사실 석경당이 어떻게 풍도의 고충을 알겠는가? 풍도는 야율덕광과 친교를 잘 맺어야만 석경당에게서 받은 지위를 잘 보존할 수 있다는 것을 너무도 잘 알고 있었다. 그는 아버지 황제를 잘 구슬리고, 이 아들 황제에게도 잘 대했다. 이런 점에서 볼 때 풍도는 오랫동안 부귀영화를 누릴 만한 도량과 식견을 확실히 갖춘 셈이다. 풍도는 원만하게 외교 임무를 완수했다. 그는 거란에 두 달 넘게 억류되어 있으면서 여러 차례 시련을 겪었다. 나중에 야율덕광은 풍도가 충성스럽고 믿을 만한 사람이라고 생각하여 그를 돌려보내기로 결정했다. 그러나 뜻밖에도 풍도는 그때까지 돌아갈 생각을 전혀 하고 있지 않았다.

그는 몇 번이나 야율덕광에게 충성을 표시하고, 거란에 더 머물고 싶다는 글을 올렸다. 그럴수록 야율덕광은 그를 돌려보내서 석경당 옆에 두고 자신을 위해 일하도록 해야겠다는 생각을 했다. 몇 차례에 걸쳐 야율덕광이 돌아가라고 설득을 하자 그때서야 비로소 풍도는 마지못해 돌아갈 준비를 했다.

준비한 지 한 달이 지난 후에야 그는 길에 올랐다. 풍도 일행은 가는 도중에도 조금 가다가 쉬고, 또 조금 가다가 쉬어서 두 달이 지난 후에야 겨우 거란의 국경을 빠져나올 수 있었다.

몸종이 풍도에게 물었다.

"살아서 돌아가게 되었으니 빨리 가는 것도 시원찮은데, 왜 이렇게 천천히 가시는 것이옵니까?"

풍도가 대답했다.

"걸음을 빨리하면 도망가는 꼴이 되고, 도망간다는 것이 드러나게 되면 아무리 빨리 가도 거란의 준마가 금방 따라올 텐데 그러면 무슨 소용이 있겠느냐? 그럴 바에야 차라리 천천히 가는 게 낫지!"

몸종들이 그때서야 풍도의 주도면밀하고 원대한 생각에 감탄했다.

거란에 사신으로 다녀온 일은 풍도에게 엄청난 영광을 가져다주었다. 심지어 석경당조차도 그의 비위를 맞추려고 애를 썼다. 석경당은 그에게 병권을 쥐어주면서 말했다.

"일의 대소에 관계없이 모두 그대에게 맡기겠소."

그리고 얼마 후 풍도를 노국공魯國公에 임명하였다. 석경당의 풍도에 대한 총애는 그 누구와도 비교가 안 될 정도였다.

석경당의 후진後晉 정권은 10여 년을 지탱하다가 결국 무너지고 말았다. 후진 개원 3년 만에 야율덕광이 30만 군대를 이끌고 남하하여 변경汴京(하남 개봉)을 점령했다. 풍도는 거란인들이 중원의 강산을 거뜬히 차지할 수 있을 거라는 생각을 하고, 양등襄鄧에서 야율덕광에게로 달려왔다. 풍도는 야율덕광이 자신을 열렬히 환영할 것이라 생각했는데, 뜻밖에도 그는 풍도를 보자마자 그의 정책이 틀렸음을 지적하며 책망하기 시작했다.

이에 놀란 풍도는 비굴한 웃음을 지으며 표정을 바꾸어 조심스럽게 그를 살폈다. 야율덕광이 물었다.

"그대는 어찌하여 짐에게로 달려왔는고?"

풍도가 대답했다.

"소인은 군사도 없고, 지킬 성도 없는데, 어찌 오지 않을 수가 있겠습니까?"

"도대체 그대는 어떤 사람이오?"

"이 늙은이는 어리석고 재능도 없으며 덕도 없는 쓸모없는 노인이옵죠!"

풍도는 마치 오랜 친구라도 만난 것처럼 편하게 일부러 멍청한 척 겸손하게 말을 했다. 그러자 야율덕광은 더 이상 그를 난처하게 대하지 않았다.

얼마 후에 야율덕광은 중원의 백성들이 도탄에 빠진 것을 보고 풍도에게 물었다.

"어떻게 해야 백성들을 구할 수 있겠소?"

호기를 놓칠 리가 없는 풍도가 진실을 숨기며 대답했다.

"지금은 부처님이 세상에 와도 이곳의 재난을 구할 수 없나이다. 이 난국을 구할 분은 오직 폐하 한 분뿐이십니다."

모두들 아부하는 자를 경계하지만, 아부를 싫어하는 자는 이 세상에 없다. 아부를 좋아하는 것이 인간의 본성이다. 야율덕광은 차츰 풍도를 믿고 그를 좋아하기 시작했다. 그리하여 그를 요遼나라의 태부太傅에 봉했다. 어떤 사람이 그가 일찍이 거란에 대항한 적이 있다고 고발해도 야율덕광은 오히려 그를 감쌌다.

"그는 믿을 만한 사람이오. 쓸데없는 일을 좋아하지 않아서 역모를 꾸밀 리 없소. 그러니 함부로 연루시키지 않기를 바라오."

당시 거란인들은 잔악한 짓을 조금도 서슴지 않았다. 기록에 의하면 "날뛰는 오랑캐 말이 사방을 짓밟았고, 말을 기른다는 명분으로 풀을 베는 척하며 재물을 닥치는 대로 약탈하였다. 젊은이는 베어 죽이고, 노약자는 골짜기에 내다버렸다. 수도와 경기지역, 정주鄭州, 활주滑州, 조주曹州, 복주濮州 등의 가옥과 가축들이 거의 사라졌다." 거란의 30만 대군은 정상적인 군수품 공급로가 없이 그저 약탈에 의지해 생활을 했다. 그러다보니 자연히 백성들로부터 강한 반발을 샀다.

풍도도 거란인들이 이대로 계속 중원 땅을 짓밟는다면 오래 버티지 못할 것으로 여기고, 자신의 진로를 위해 방법을 강구했다. 그래서 거란에 투항한 한족 마을을 통치하면서 자신의 퇴로를 남겨놓았다. 그의 이런 주도면밀한 행동에 대해 구양수도 '거란이 죽이지 않은 중국인은 풍도의 말을 믿었던 사람들이다'라고 생각했다.

민중들의 거센 반항으로 거란인들은 철수를 시작했고, 풍도도 거란 병사들을 따라 항주로 철수했다가 거란이 물러가는 틈을 타 다시 돌아왔다.

이때 석경당의 대장 유지원劉知遠이 정권을 찬탈하여 후한後漢을 세웠다. 유지원은 민심을 안정시키고 힘 있는 세력을 잘 구슬렸으며, 백성들을 보호해 칭찬을 받은 풍도를 태사太師로 봉했다.

내게서 생존의 법칙을 배우라

오대 시기의 정권교체는 아주 빠르게 진행되었다. 유지원의 후한 정권

석경당의 휘하 장수였던 유지원. 거란이 후진으로 쳐들어오자 정권을 찬탈하여 후한을 세웠으나 곧 병사했다.

이 건립된 지 4년이 되던 해에 곽위郭威가 반역의 깃발을 세우고 병력을 이끌며 변경으로 진입해 들어왔다. 이때 풍도는 다시 상투적인 방법으로 백관을 이끌고 곽위를 맞이할 준비를 했다. 그가 후당 명종 시기에 7년간 재상을 지낸 일도 문제가 되지 않았는데, 4년이 채 안 되는 후한의 관직 생활은 더욱더 거론할 만한 일이 못 되었다.

풍도는 곽위를 맞이하러 변경으로 들어가 곽위가 세운 후주後周 정권의 재상을 맡게 되었다. 그리고 즉시 종군을 지원하여 유지원 일파인 유숭劉崇, 유윤劉贇 등 대군을 맡고 있는 군관을 항복시켰다. 유윤은 풍도를 믿었다. 2, 30년 된 오랜 친구가 절대 자신을 속일 리 없다고 생각했던 것이다. 그러나 뜻밖에도 종주宗州에 도착하자마자 유윤은 곽위의 군대에 의해 무장이 해제되었다. 풍도는 자신이 후한의 기반을 세우는 데 큰 공을 세웠다고 생각했다.

그러나 몇 년이 안 되어 곽위는 병으로 죽고, 곽위의 수양아들 시영柴榮이 왕위를 계승하여 후주의 세종世宗이 되었다. 그때 후한의 잔여 세력인 유숭이 거란을 끌어들여 후주 정권을 무너뜨리기로 도모를 했다. 풍도의 반세기에 걸친 경험에 의하면 후주는 이제 더 이상 지탱할 수 없었다.

시영. 후주를 세운 곽위가 병으로 죽자 그의 수양아들이었던 시영이 왕위를 계승하여 세종이 되었다.

다시 왕조가 바뀔 것 같다는 판단이 서자 자신이 비록 살아갈 날이 얼마 남지는 않았지만 그래도 관직과 봉록은 유지해야 했다.

시영은 당시 서른넷의 젊은이였지만 담력이 있고 식견이 넓었다. 유숭과 거란의 연합군이 쳐들어왔을 때, 대부분의 대신들은 당황하여 우왕좌왕했지만 시영은 오히려 친히 출정하려고 하였다. 다른 사람들도 시영의 뜻이 확고한 것을 보고 두 말 하지 않고 기꺼이 따라나섰으나 풍도는 한편에서 온갖 차가운 조소와 비난을 받아가며 '단호히' 앉아 있었다.

시영이 말했다.

"과거 당태종께서도 친히 출정하여 싸웠소. 설마 짐이라고 그분을 따라 하지 말라는 법이 있겠소?"

"폐하께서 당태종이신지 몰랐사옵니다."

"짐의 병력이 강하니 유숭과 거란 연합군을 치는 것은 바위로 계란을 내리누르는 것과 같지 않겠소. 그런데 어찌 승리를 못 하리오."

"폐하께서 산이 될 수 있사옵니까?"

이 묘한 대화가 시영의 화를 부추겼다. 그는 수하인들에게 말했다.

"풍도가 짐을 무시하고 있구나!"

사실 풍도는 시영을 무시한 것이 결코 아니었다. 오히려 다가올 새 왕조에서 살아남기 위해 새 주인에게 빌붙으려는 속셈이었다.

뜻밖에도 시영은 전혀 두려워하지 않고 친히 군대를 이끌고 고평高平전쟁에서 유승과 거란의 연합군을 대패시켰다. 이 소식은 사실 풍도에게 큰 충격이었다. 시영이 개선할 때 풍도는 다음 왕조에서 벼슬할 희망이 없어진 것 같아 맥이 빠졌다. 아마도 자신의 판단이 틀려서 마음이 상했을 수도 있었겠지만, 어째든 시영의 고평전쟁 승리는 결국 풍도의 목숨을 빼앗아갔다. 풍도는 자신의 집에서 숨을 거두었다. 아무도 그를 돌보지 않아 그의 마지막 가는 모습은 너무도 처량했다. 그의 사후에 어떠한 영예도 남지 않았다.

풍도는 73년간 생을 누리고 954년에 사망했다. 그는 험난한 봉건사회에서 오뚝이로 장수했다. 후한의 재상으로 있을 때, 풍도는 「장락노자서」長樂老自叙라는 문장을 지었다. 이 글은 중국 봉건 관리사회에서 후안무치의 표본 격이다. 이 글에서 풍도는 자신의 이력서에 아주 분명하고 떳떳하게 자신이 맡았던 관직과 호봉에 대해 나열해놓았다. 심지어 거란 정권이 그에게 수여한 괴뢰정부의 관직까지도 포함했는데, 그야말로 실사구시의 정신에 충실하여 벼슬과 권력에 눈이 먼 자의 소행이라고 할 수 있다.

송나라 때 학자이자 정치가였던 구양수는 풍도를 호되게 비난했다.
"파렴치한이라고밖에 할 수 없군!"

풍도는 확실히 장락노였다. 중국 속담에 "자기 분수를 아는 자는 항상 즐겁다"는 말이 있다. 풍도는 관직에 올라 오랫동안 안락하고 즐거운 생활을 누렸다. 또 중국 속담에 "관직이 없으면 홀가분하고, 자식이 있는 자는 만사가 풍족하다"는 말이 있다. 풍도는 관직이 없이는 하루도 살아갈 수가 없었는데 왕조가 바뀔 때마다 변신을 잘하여 항상 관직이 있었으니 만사가 형통했다.

풍도의 일생이 곧 벼슬이었다. 그 사람 자체가 관리사회에서 승승장구한 살아 있는 교재다. 풍도의 삶의 의의는 사람들에게 어떻게 하면 벼슬을 할 수 있는지를 가르쳐주는 것인지도 모른다. 그는 평생 동안 관리사회에서 살아남는 비결, 즉 양심을 버리고 기회를 잘 타야 한다는 것을 사람들 앞에서 실천한 것이다.

6 진회의 간신술

난세에 영웅이 나온다는 말이 있는데, 난세에는 간신도 나오는 법이다.
그들의 술책은 너무 교묘해서 어느 것이 충성이고 어느 것이 간사한 것인지
구분하기 힘들다.

옛날부터 충신과 간신에 대한 구분이 있었다. 보통사람들의 시선으로 볼 때 제갈량은 충신이고, 조조는 간신임에 틀림없다. 수천 년 동안 사람들은 그렇게 들어왔고, 스스로도 그렇게 말을 한다. 그러나 사실 그들이 어떤 점에서 충신이고 어떤 점에서 간신인지 깊이 생각해본 사람은 거의 없는 것 같다.

조조가 간신 동탁董卓을 몰아냈지만 간신이 간신으로 바뀌었기 때문에 동탁을 제거한 후에도 조조는 사람들에게 간신으로 비춰졌던 것이다. 동탁을 제거할 당시만 해도 그는 한나라의 충신이자 의사義士였다. 동탁을 멸한 후, 그는 권력을 남용하여 천자를 등에 업고 여러 신하들을 협박했다. 그의 간사함은 동탁보다 더하면 더했지 못하지 않았다. 게다가 그의 아들 조비曹丕는 자칭 황제라 칭했고, 한나라 대신 위나라를 세웠으며 조조 자신은 위무제魏武帝라 하였다.

그에 반해 제갈량은 충신이었다. 유비는 한나라 왕실의 종친이며 인덕을 겸하고 있어서 천하가 그를 따랐다. 조비가 황제를 칭한 후, 유비도 촉한蜀漢의 황제가 되어 한나라 왕실의 후계자를 자칭하였다. 유비에게 충성하는 것이 곧 한나라에 충성하는 것이니 어떤 면에서 보더라도 제갈량이 충신이라는 데는 반론의 여지가 없지 않겠는가!

그런데 사실 사람들에게는 이해할 수 없는 면이 있다. 조조는 한나라 왕실에 충성을 하지 않아서 간신이 되었다. 그러면 상상商湯이 하夏나라에 반역했으니 간신이라고 해야 할 것인가? 주나라 무왕武王이 은나라를 배반하였으니 그도 간신이라고 해야 할 것인지? 당고조 이연이 병사를 일으켜 수나라를 멸한 것도 간신의 소행이라고 해야 하지 않겠는가? 조광윤이 후주의 어린 황제의 정권을 빼앗았는데 그 또한 간신이 아닌가? 이렇게 보면 중국 역사에서 반이 넘는 왕조가 신하가 주인의 손에서 정권을 빼앗아 세운 것인데 이들도 간신이 아닐까? 여태까지 한번도 이 문제에 대해서 심각하게 생각해본 사람이 있었다는 말을 들어본 적이 없다.

조조와 제갈량의 차이

이렇듯 왕조가 바뀌고 세대가 변하는 것은 지극히 정상적인 현상이다. 맹자는 주나라 무왕이 은나라 주왕紂王을 살해했을 때 "주씨가 죽었다는 말은 들었어도, 왕을 시해했다는 이야기는 듣지 못했다"라고 평했다. 맹자는 주왕이 포악한 독재자여서 그의 신하가 그를 죽였으며, 단지 죄인 하나를 죽였을 뿐 하극상의 반란은 아니라고 보았다.

『삼국지연의』에 보면, 조조는 군벌이 난립하는 혼란한 국면을 종결짓고 중국을 통일했다. 그런데 그게 뭐가 잘못이라는 말인가? 사람들은 그가 천자를 안중에 두지 않았다고 말을 하는데, 천자가 힘이 없어 신하를 제대로 이끌지 못해서 바꾸는 것은 당연하지 않겠는가? 그리고 그가 신하를 능멸했다고 하는데, 신하들 중에 누가 능력이 있고 뜻이 원대하여 중국을 통일할 수 있었겠는가?

『삼국지연의』는 한헌제漢獻帝와 군신을 약자라고 묘사하고 있는데, 약자를 동정하는 우리들의 심리가 그들 편을 들도록 만들었고, 조조를 증오하게 만든 것이다. 사실은 자신 스스로 현실을 직시하지 못하도록 만든 것

삼국시대 촉한의 전략가 제갈량. 벼슬을 하지 않고 초야에 묻혀 있던 그는 유비가 삼고초려의 예로 초빙하자 세상으로 나아가 수많은 전공을 세웠다.

이며, 자신도 모르는 사이에 스스로를 약자로 만들어 민족정신도 여기서부터 약해지기 시작했다. 이런 현상의 배후에는 나약한 정신이 깔려 있어, 발전적인 사고와 확실한 신념이 결여되어 있고 남에게서 값싼 동정만을 바란다.

천하에 주인은 없다. 오직 덕을 지닌 자만이 주인이 될 수 있는 것이다. 조조는 늘 덕이 없는 사람으로 묘사되어 왔다. 그런데 이해할 수 없는 것은 조조가 덕이 없는데 어떻게 수하에 책략가가 그렇게 많고, 맹장들이 구름같이 몰려들었을까? 천하의 영웅이 현실을 직시하고 세상의 이치를 설명하여 그들을 깨우쳤던 것은 아닐까? 다시 말해서 조조가 덕이 없는 것이 아니라 우리가 조조의 '모략'을 싫어할 뿐이다.

이런 점에서 볼 때, 조조와 제갈량을 비교하는 작업은 흥미진진할 수밖에 없다. 제갈량은 문무를 겸비하고 있어서 조조에 비해 여러 면에서 훨씬 앞선다고 할 수 있다. 다만 조조에게는 사람이 있었고, 제갈량에게는 사람이 없었다. 제갈량은 어떤 일이라도 반드시 몸소 행하고, 전쟁이 있을 때마다 반드시 참전했다. 친히 계책을 세워서 전쟁에 나가지 않으면 패배할 위험이 있다고 생각했기 때문이다. 제갈량의 수하에 기량을 갖춘 안물은 오호대장五虎大將뿐이었지만, 조조의 수하에는 한몫 단단히 할 수 있는 장수가 수십 명이나 되었다. 장수와 인재의 수적인 차이가 현저하게 드러나는 점만으로도 충분히 두 인물을 비교할 수 있다.

제갈량 이후에 강유姜維가 있었는데 강유 역시 위나라를 배신한 장군이었다. 그는 충성을 바치고 지혜를 짜냈지만 손바닥도 마주쳐야 소리가 나는 법인데 혼자서는 일을 할 수 없었으니 소위 "촉나라에는 대장이 없고 선봉에 설 장군이 드물다"고 한 말 속에 이런 점이 잘 드러나 있다.

조조 후에는 사마의司馬懿가 있었는데 그의 재능이나 지혜는 결코 조조에 뒤지지 않았다. 그래서 후대의 손에서 촉나라를 멸하고, 오나라를 삼켜 중국을 통일한 것이다. 이런 점에서 볼 때 사람을 얻는 능력에 있어서는 제갈량이 조조보다 훨씬 못했다고 말할 수 있다.

조조가 간사하다고 하지만 그가 진짜 간사해서 간사한 것이 아니다. 그 간사함에는 나름대로의 이유가 있고 또한 권모술수가 있으며 책략이 있었다고 말할 수 있다. 그를 영웅이라고 해도 좋고, 간웅奸雄이라고 해도 그만이다. 조조가 사람들에게 주는 느낌은 '두려움'과 '복종'이다. 그러나 그를 '증오'하는 사람은 거의 없다.

진정한 간신은 사람들에게 증오와 고통을 주며, 그 간사함의 본질은 아무도 변화시키지 못한다. 송나라 때의 진회秦檜가 대표적인 인물 가운데 하나다.

난세의 간신 진회

소위 난세에 영웅이 나온다는 말이 있는데, 난세에는 간신도 나오는 법이다. 진회는 남송南宋이 금金나라와 대치하고 전쟁을 하던 시기에 출현한 간신이다.

진회는 자가 회지會之이고, 철종哲宗 원우元祐 5년(1090)에 태어났으며, 강녕江寧 사람이다. 그의 부친은 7품의 현령이었다. 그는 출신성분이 낮은 탓에 어려서부터 매우 어렵게 생활했다. 일찍이 향촌에서 교사 생활을 했는데, 그는 이 직업에 대해 매우 불만스러워했다. 그래서 "만약 내게 3백 묘의 논만 있어도 이 골목대장 노릇은 안 할 것이다"라고 불평을 털어놓곤 했다. 휘종徽宗과 흠종欽宗 두 황제가 금나라로 사로잡혀갈 때, 그는 이미 경사중승卿史中丞의 관직에 올라 있어 상당한 권력을 지닌 신분이었다.

1126년, 흠종이 즉위하여 권력을 잡은 지 얼마 되지 않아 금나라 군대 부원수 알불이斡不离가 병사를 이끌고 송나라의 수도 변경(지금의 개봉開封)을 포위했다. 흠종은 황급히 마차를 준비하고 도망가려고 했다. 주전파主戰派 이강李綱 등이 이를 보고 급히 가로막으며, 남아서 민심 안정에 주력해야 한다고 간언했다. 흠종은 그들의 권유대로 변경에 남았지만 그는 너무도 나약하여 주화파主和派 쪽으로 기울고 말았다. 그 결과 알불이는 다음과 같은 조건을 제시했다.

첫째, 금 5백만 냥, 은 5천만 냥, 우마 1만 두, 비단 백만 필을 바칠 것.

둘째, 금나라 황제에게 백부라고 존칭하고, 흠종은 조카 황제가 될 것.

셋째, 중산中山·태원太原·하간河間의 삼진三鎭을 분할할 것.

금나라의 조건이 너무 지나치자 북송 조정 내부에서 격렬한 논쟁이 벌어졌다. 특히 땅을 나눠주는 문제는 국방과 관계되기 때문에 매우 민감하였다. 당시 진회는 아직 매국노의 모습은 드러내지 않고, 연산燕山 일대는 줘도 되지만 나머지 땅은 할양할 수 없다는 주장만 폈다.

사신으로서 금나라와 담판을 짓는 과정에서도 진회는 기존의 의견을 그대로 견지하고, 북송으로 돌아온 다음 다시 전중시어사殿中侍御史와 좌사간左司諫으로 승진했다.

1127년, 점한粘罕과 알불이가 동경東京에서 합류하자, 흠종이 사방의 병력을 두루 모아 동경을 구하려고 했으나 병력이 약하고 장수가 부족하였으며 또 먼 곳의 물로는 당장의 갈증을 해소할 수도 없어 결국 동경성은 금나라의 공격으로 파괴되고 휘종과 흠종 두 황제는 사로잡혀 가는 신세가 되고 말았다.

1127년 3월 7일, 금나라는 신하 장방창張邦昌을 대초大楚 황제로 세우고 북송 정권을 대신 통치하도록 하였다.

이때까지만 해도 진회는 정직하게 행동했다. 그는 만약 장방창이 황제에 오르면 도성의 시민은 따를 수 있어도 천하의 모든 백성들이 다 따르지는 않을 것이고, 동경의 덕망이 높은 자는 멸할 수 있어도 천하의 모든 덕을 갖춘 자를 멸할 수는 없을 것이라고 생각했다.

천하의 영웅이 곳곳에서 일어나 금나라에 대항하니, 장방창의 권력도 오래가지 못했다. 진회가 장방창을 황제로 옹립하는 것에 반대하였지만 금나라는 그의 말을 듣지 않았다. 오히려 진회는 그 일로 인해 점한과 알불이에게 잡혀갔다.

금나라에 잡혀간 첫 해에 진회는 휘종과 흠종 두 황제를 모시면서 아무런 악행도 저지르지 않았다. 얼마 후 휘종은 강왕康王 조구趙枸가 즉위했다는 소식을 듣고 금나라 세종世宗과 강화를 맺으려고 진회를 보냈다. 금나라 세종은 진회를 자신의 동생 달라撻懶에게 보냈다. 이때부터 진회는 귀신에게 홀린 듯 달라의 뒤를 따라다니며 충실한 하인이 되었다. 달라가 피살된 후에도 여전히 그는 금나라에 충성을 하고 자신의 안일을 위해서 남송을 배신했다.

1130년, 달라가 병력을 이끌고 남송의 북방 요충지 정양正陽(강소江蘇 회안淮安)을 공격했다. 당시 달라는 진회를 앞세웠는데, 이는 진회를 남송으로 돌려보내려는 뜻이었다. 그때 어떤 사람이 달라에게 왜 진회를 돌려보내려 하느냐고 물었다. 그러자 달라는 이렇게 말했다.

"내가 일찍이 몇 번 진회를 군대 앞에 세워놓고 시험을 해봤는데, 겉으로 보기에는 순종하지 않는 것 같으나 사실은 자기 의견을 굽혀 일을 성사시켰다. 일을 처리하는 게 내 마음에 꼭 든단 말이야. 지금 남송을 치려면 무력에만 의지해서는 부족하지. 반드시 안팎에서 협공을 해야만 한다. 진회가 남송 조정에서 일을 잘 꾸며주기만 하면 우리가 남송을 삼키는 것은 식은 죽 먹기가 아니겠는가.”

그의 말은 모든 사람들을 설득시키기에 충분했다.

진회는 부인 왕씨와 함께 도망쳐 남송으로 돌아왔다. 그들은 연수漣水를 지날 때 남송 수채통령水寨統領 정사丁祀에게 붙잡혀서 죽을 뻔했다. 진회가 황망히 말했다.

“나는 전 조정의 어사중승 진회요. 그대들은 나를 알고 있을 것이다.”

이때 배에 있던 한 선비가 올라와 중간에 끼어들며 반갑게 소리를 질렀다.

“중승, 돌아오셨군요! 그동안 많이 힘드셨죠?”

그러고는 진회와 다정하게 얘기를 나눴다. 정사는 진회를 조정으로 돌려보냈다. 그래서 진회는 무사히 남송으로 돌아왔다.

그의 귀향에 대해 대부분의 사람들은 의심스런 눈초리로 쳐다봤다. 왜냐하면 진회는 자신이 감시요원을 죽이고 2천 리나 되는 거리를 도망쳐 남송으로 돌아왔다고 말했기 때문이었다. 그러나 조정의 대신들은 그 말을 믿지 않았다. 금나라 군인들이 길을 삼엄하게 지키고 있는데 어떻게 한족 부부가 자유롭게 왕래를 할 수 있단 말인가? 그래서 다시 포로가 된 상황을 물으니 진회는 대답을 제대로 하지 못하고 얼버무렸는데 말의 앞뒤가 제대로 맞지 않았다. 그러나 진회와 내통하고 있던 재상 범종윤范宗尹과 이회李回가 적극적으로 그를 변호하자, 고종 조구는 송나라 때 그에게 남아 있던 비교적 좋은 인상 때문에 그를 믿게 되었다.

송나라 고종 조구의 정부가 탄생하자마자 역사는 그에게 매우 난처한 결정을 내릴 운명에 처하게 했다.

첫째, 당시 북송이 멸망하자 남송이 매우 위험하게 되었다. 그래서 조정과 재야에서는 금에 항거해야 한다는 분위기가 점점 고조되었다. 민심을 한데 모으기 위해서 고종은 금에 항거할 뜻을 밝히고 대항할 준비를 했다.

둘째, 고종은 금나라와의 전쟁을 원치 않았다. 그 이유는 간단했다. 만

남송의 황제 고종은 영토를 빼앗기고 간신 진회를 중용하는 등의 실정으로 중국역사에서 아둔한 군주로 평가받고 있다.

약 금나라와 싸워서 이기게 된다면 휘종과 흠종 두 황제가 조정으로 돌아올 것이고, 그렇게 되면 그는 황제 자리에 계속 앉아 있을 수 없게 되기 때문이었다.

셋째, 송나라 조정은 문文을 중시하고 무武를 경시했다. 그래서 만약 금에 대항을 한다면 많은 장수들이 그 틈을 타서 세력을 키울 것이고, 그렇게 되면 꼬리가 너무 커져 잘라낼 수가 없을 것이며 어쩌면 금나라보다 그들이 더 무서운 존재가 될 수도 있었다. 이런 상황에서 고종의 남송 왕조는 먼저 금에 항거하는 태세를 취하였다가 나중에 다시 투항하기로 타협을 보았다.

진회가 남송으로 돌아왔을 때, 고종은 이미 상갓집 개처럼 의지할 곳 없는 신세가 되어 있었다. 묘부苗傅, 유정언劉正彦 두 장군이 군사를 이끌고 궁으로 쳐들어와 사람을 죽이고 위협하면서 고종에게 왕위를 태자에게 양보할 것과 태후가 섭정할 수 있도록 요구했다. 나중에 다행히 장준張浚 등이 다시 군사를 일으켜 그들을 토벌하여 비로소 왕위가 회복되었다.

금나라 군사가 다시 양주揚州를 공격하자 고종은 급히 진강鎭江으로 피

신했다. 그리고 나중에 임안臨安으로 도피했다가 다시 명주明州와 월주越
州로 피신했다. 이때 진회도 아내와 시종들을 데리고 월주로 갔다가 고
종을 만났다. 진회는 휘종과 흠종 두 황제의 금나라 생활을 이야기해주
면서 일찍이 준비해두었던 편지 「달라에게 강화를 청하며」與撻懶求和書를
바쳤다.

고종은 금군에게 쫓기면서 발붙일 곳이 없었는데 마침 진회를 만나니
지푸라기라도 잡은 심정이었다. 게다가 진회는 여러 해 동안 달라를 따
라다녀 그의 천성을 잘 알고 있었고, 서신이 도착하기만 하면 반드시 담
판이 성공할 것이라고 허풍을 떨었다. 진회를 만난 지 얼마 지나지 않아
고종은 갑자기 사람들에게 이런 말을 했다.

"진회는 참으로 충성스런 사람이오. 그와 이야기를 하고 나니 너무 좋
아서 잠도 오지 않았소."

진회는 예부상서, 참지정사에 오른 후, 고종의 뜻을 알아차리고는 그
의 마음에 흡족하도록 일을 처리했다. 1131년, 그는 다시 재상으로 승진
했다. 이때 진회는 "남쪽 사람은 남쪽으로 돌아가고, 북쪽 사람은 북쪽
으로 돌아가라"는 시책을 제시했다. 이 시책대로라면 북방의 토지는 순
순히 금나라에게 줘야 했다.

당시 남송 군대의 군관들은 주로 하북과 산동 등지의 군인들로 조직되
어 있었다. 그런데 이 지역 출신 사람들은 금군의 통치를 받고 싶어 하지
않았다. 그래서 진회의 이번 시책에 대해 거세게 항의하였다. 그러자 진
회는 이 문제를 해결하기 위해서 다시 구체적인 두 가지 책략을 내놓았
다. 즉, 남송의 화북華北 출신 사람들은 금나라에 귀속되고, 중원 사람들
은 유예劉豫(금나라가 세운 괴뢰 정권)로 보낸다는 것이었다.

그의 이런 책략은 조정과 재야를 뒤흔들어놓아 조정대신과 백성들이
반기를 들고 일어섰다. 여론의 강한 압박 때문에 고종은 할 수 없이 금나
라와 강화를 주장하며 전권을 휘둘렀다는 죄명으로 진회를 재상에서 파
면시켰다. 나중에 금나라 사절이 남송에 와서 제기한 강화 내용이 뜻밖

에도 진회가 제기한 방법과 같아서 일찍이 진회가 금나라와 내통하고 있었음이 드러났다.

진회는 재상에서 파면된 후 상황을 냉정하게 관망하며 때를 기다렸다. 그는 금나라가 남송을 멸망시키려는 계획은 절대로 바뀌지 않을 것이고, 남송은 조만간에 금나라와 강화할 것이며, 그러면 자신도 다시 등용될 것임을 잘 알고 있었다.

과연 1135년에 금의 족장 점한이 죽고, 그의 동생 달라가 세력을 잡게 되었다. 몇 년 후, 달라가 다시 군사를 일으켜 남송을 위협했다. 금나라의 재공격 때문에 놀란 고종은 다시 진회를 재상으로 기용하고 금나라와의 강화를 주관하도록 하였다. 진회를 다시 재상으로 임명한 것에 대해 나라의 앞날이 걱정된 조정의 많은 충신들이 상소문을 올려 막으려고 했지만, 고종은 진회가 두 나라 사이를 왕래하면서 남송 조정을 구해주기를 바랐다.

고종 소흥 8년(1138) 5월, 금나라는 다시 사신을 보내 그전에 몇 차례 제기했던 강화 조건을 밀어붙이며 거듭 강하게 천명했다. 진회는 고종의 태도가 분명한 것을 보고는 상황을 차츰 자기에게 유리한 쪽으로 진행시켰다. 그는 여러 대신들의 의견은 상관하지 않고, 오직 고종 한 사람만 잡고 강화정책을 밀고나갔다. 진회는 다시 고종을 찾아가서 재삼 금나라와 평화회담을 하도록 촉구했다. 몇 차례 조회가 있은 후에 진회는 고종과 단 둘이 밀담을 나누었다. 첫 번째 밀담에서 진회가 말했다.

"조정의 관료들은 모두 겁쟁이들이라서 그들과 대사를 논하기에는 부족하옵니다. 하오니 협상하는 일만큼은 폐하와 저 둘이 상의해서 결정하고, 다른 사람들은 관여하지 못하도록 하는 것이 옳을 듯하옵니다."

고종이 말했다.

"짐은 그대 혼자서 이번 일을 주관해주길 바라오."

진회가 말했다.

"소인은 이 일에 대해 자신이 있사옵니다만, 단지 폐하께서 마음의 결정을 하셨는지 궁금하옵니다. 폐하, 소인이 일을 처리하는 데 혹 실수를 할 수 있사오니, 사흘 정도 깊이 생각해보시고 결정을 내리시지요.”

사흘이 지나고, 그들은 두 번째 밀담을 했다. 고종이 말했다.

“짐은 이미 생각을 굳혔소!”

진회가 대답했다.

“소인의 생각에는 아직도 뭔가 생각하지 못하신 부분이 있는 듯하옵니다. 다른 면에서 더 고려해야 할 것이 있는지 다시 사흘 정도 생각을 하시지요.”

다시 사흘이 흘렀다. 세 번째 밀담이 끝난 후, 진회는 고종의 믿음이 더 이상 흔들리지 않는 것을 보고 금나라에 대한 투항 방침을 확고히 실행에 옮겼다.

진회는 먼저 자신이 준비한 강화 방안을 꺼내 고종에게 서명하도록 했다. 그런 뒤 혼자서 협상을 주관하고 다른 대신들이 간여하지 못하도록 했다.

금나라에서 유강남사諭江南使와 명위장군明威將軍이 협상 국서를 가지고 왔다. 그들은 고종에게 자신들에게 엎드려서 절을 하라고 요구했다. 그렇지 않으면 협상을 할 수 없다는 것이었다. 난처한 입장에 빠진 가운데 조정 대신 중 한 사람이 경전 구절을 인용하면서 설득을 했다. 말인즉, 고종은 상을 당한 지 아직 3년이 못 돼서 국가대사를 처리할 수 없고, 이 것을 지키지 않는다는 것은 불효일 뿐 아니라 불길하다는 것이었다.

금나라 사신이 그때서야 간신히 허락을 하고 진회에게 황제의 직권을 대신하여 사신 앞에 무릎을 꿇게 하고 강화조약에 서명을 하게 했다.

금나라 조정 내부의 갈등도 매우 첨예했다. 점한이 정적의 손에 피살되고, 달라도 정적 김올술金兀術의 손에 죽었다. 김올술은 ‘송과 교통하여 토지 할양을 발의했다’는 이유로 달라를 처형했다. 금나라 조정은 남송에 대한 강화정책을 철회하고, 파죽지세로 밀고 들어와 남송을 멸망시킬 계획을 세웠다.

그래서 진회가 강화조약을 체결한 지 1년 만에 김올술은 병력을 이끌고 남쪽으로 내려와 하남과 섬서를 탈취하고, 잇달아 여러 주를 삼켰다. 이 일은 깊은 잠에 빠져 있던 고종을 깨웠을 뿐 아니라, 진회도 몹시 놀라게 했다. 금나라가 조약을 파기하자 진회의 담판은 무효가 되었으며, 그는 해임될 처지에 놓이게 되었다. 그는 김올술의 침입에 대한 고종의 생각이 어떤지를 알아보기 위해 심복 한 사람을 먼저 고종에게 보냈다.

진회의 심복이 고종을 만나 슬쩍 떠보았다.

"금군이 공격하여 여러 주를 함락했사옵니다. 장준이 비록 여러 주를 잃어버린 책임은 있지만 충성스럽고 용감한 장군임에는 틀림없습니다. 다시 중임을 맡기시어 그에게 금나라에 대항하도록 하심이 옳을 듯합니다."

고종이 이 말을 듣고 펄쩍 뛰었다.

"나라를 버렸으면 버렸지 그놈은 절대 쓰지 않겠소!"

진회는 이 소식을 듣고 마음을 접었다. 원래 장준은 금나라에 대한 저항 의식이 확고한 장군이었다. 섬서 등 여러 주가 함락된 것은 금의 병력이 강하고 고종이 장준을 쓰지 않았기 때문이지 장준의 책임이 아니었다. 고종의 속셈은 금에 대항해 싸우는 것보다는 오히려 강화를 바랐던 것이다.

명장 악비의 죽음

바로 그때 금나라에 대항하여 끝까지 싸워야 한다고 늘 주장하던 명장 악비岳飛가 하남 일대에서 금나라 군대를 크게 무찌르며 대활약을 하고 있었다. 유기劉錡의 협조 아래 1140년 5월과 6월 사이에 악비의 군대와 금군 사이에 몇 차례 대전이 벌어졌다. 그 결과 금군의 10만 군사 가운데 사상자가 반을 넘었고, 악비는 채주·정주·낙양 등지를 수복했다.

김올술은 악비의 군대가 온다는 이야기를 듣고 놀라 후퇴하였고, 악비

남송의 명장 악비. 재상 진회와의 갈등 끝에 누명을 쓰고 투옥된 뒤 살해당했다. 진회가 죽은 후 명예를 회복했으며, 중국인의 영웅으로 추앙받고 있다.

의 이름을 듣기만 해도 간담이 서늘해진 많은 금나라 장군들이 송나라에 투항하려고 하였다. 이런 상황 아래 악비는 승세를 몰아 금군을 추격할 태세를 갖추었다. 그는 과감하게 여러 장수들 앞에서 말했다. "곧 황룡부黃龍府(금나라의 도읍으로 지금의 길림 농안)로 쳐들어가 그대들과 승전 축하주를 마시게 될 것이오!"

전쟁의 승리는 오히려 진회와 고종을 놀라게 했다. 진회는 김올술이 문책할 것이 두려웠고, 고종은 묘부와 유정언의 반란을 겪은 후 당시의 공포가 마음속에 남아 있었다. 이들은 악비가 금나라를 물리친 여세를 몰아 칼끝을 자신에게 겨눌지도 모른다고 생각하자, 장수에 대한 두려움에서 벗어나지 못하여 악비가 계속 북상하는 것을 원치 않았다.

악비가 기세를 떨치며 대대적으로 진격할 준비를 하고 있던 그때, 진회가 고종의 명의로 유기와 악비에게 "전세가 유리할 때 군대를 철수시키고 경솔하게 공격하지 말라"는 명을 내렸다.

얼마 후 악비는 다시 주선진朱仙鎭에서 김올술을 대패시키고 황하를 건너 추격할 준비를 하고 있었다. 진회는 몸이 달아 악비에게 급히 12개의 금패를 하사하고 빨리 철군하도록 촉구하기 위해 영패令牌를 동원했다.

영패는 황금 글자를 칠한 목패로서, 사자가 이를 들고 맨 앞에서 말을 달리면 사람들은 모두 비켜야 했다. 얼마나 상황이 다급했는지 상상할 수 있다. 악비는 어쩔 수 없이 하늘만 바라보며 탄식했다. 악비가 10년 동안 세운 공이 하루아침에 무너지고 말았다.

고종 소흥 11년(1141) 4월, 진회는 겉으로는 관직을 승격시켜주는 척하면서 악비의 병권을 빼앗았다. 또 한세충韓世忠과 악비, 장준을 불러 논공행상을 하여 한세충과 장준을 추밀사樞密使에 임명하고, 악비는 추밀부사樞密副使에 임명하고는 그들의 병권을 박탈하였다.

김올술은 송나라가 스스로를 막아줄 만리장성을 무너뜨렸다는 소식을 들은 후 너무 좋아서 당장 군마를 재정비하고 남송을 공격할 태세를 갖추었다. 그리고 회하 이북 땅을 전부 금나라에 증여하고, 금나라에 가장 거세게 대항했던 군관들을 단칼에 죽여버리겠다고 협박을 했다.

그래서 진회는 악비 주변 인물들을 죽이기로 치밀하게 계획을 세웠다. 그는 간관諫官 묵기설万俟卨을 파견하여 위증 자료를 수집하도록 했다. 그리고 악비의 군사 중에서 요직에 있는 군관 장헌張憲의 부장 왕귀王貴와 왕준王俊 등을 포섭하고, 이들에게 장헌과 악비의 아들 악운岳雲을 무고하게 하여 결국 그들을 감옥에 가두었다.

진회가 고종에게 보낸 '증거자료' 중에 편지가 한 통 들어 있었는데, 거기에는 악비가 장헌에게 군사 반란을 일으키도록 촉구하는 내용이 씌어 있었다. 고종이 그 서신을 보고 놀라움을 금치 못하고 즉시 악비를 체포하도록 했다.

악비는 아무것도 모른 채 진회에게 속아서 사법부에 해당되는 대리사大理寺로 들어갔다. 거기서 그는 악운과 장헌이 상처투성이가 되어 있는 것을 보고 치솟는 화를 억제할 수 없었다. 갑자기 악비가 웃통을 벗어젖히고 어머니가 새겨준 정충보국精忠報國이라는 네 글자를 드러내 보이자 거기에 있던 모든 사람들이 놀라움을 금치 못했다. 문초관 하주何鑄가 자료를 심사할 때 보고 내용이 사실이 아님을 발견하고, 진회에게 그 사안을 취소할 것을 요구했다. 진회는 단호히 거절하고는, 사력을 다해 자신에게 충성을 바치는 도당 묵기설에게 사건을 넘겨 심사하도록 하였다. 그러나 악비와 함께 했던 사람들은 모진 고문을 받으면서도 거짓 자백을 한 마디도 발설하지 않았다.

악비를 박해하는 과정에서 진회는 남송의 대표로서 김올술과 강화조약을 체결했다. 강화 내용은 두 나라는 회수淮水를 국경으로 하고, 송은 당주와 등주와 섬서를 할양하고 해마다 25만 냥과 비단 25필을 공물로 바치고, 북방사람인데 임시로 강남에 와서 살고 있는 사람은 살던 곳으로 돌아가도록 허가한다는 것이었다.

체결 조건이 뜻밖인데도 고종은 두 말 없이 수긍했을 뿐만 아니라 심지어 감격스러워하며 얼른 체결에 동의했다. 이것이 바로 송과 금의 역사상 두 번째 조약인 소흥紹興강화조약이다.

악비가 억류된 지 두 달이 넘었지만 진회 일당은 여전히 충분한 증거 자료를 찾지 못하고 있었다. 악비는 강제로 서명을 할 때, "천일소소 천일소소"天日昭昭 天日昭昭(하늘의 태양이 환히 비추고 있다)라는 여덟 글자만을 썼다.

진회는 부인 왕씨가 종용하자 은밀히 지시를 내려 결국 악비와 장헌, 악운 등을 참형시켰다. 처형할 때도 혹시라도 누가 사형장을 급습할지 몰라서 방어 시설을 설치하여 미리 불미스러운 일을 방지하였다. 진회는 또한 악비의 오랜 친구들도 억류하고 결국 사형시키는 등 극도로 잔인한 짓을 했다.

악비 사건은 많은 사람들의 분노를 불러일으켰다. 한세충은 당시 이미 파직된 후였지만 진회의 면전에서 따지고 물었다.

"악비가 도대체 무슨 죄를 졌소? 무슨 증거라도 있소?"

진회가 대답했다. "막수유"莫須有.

막수유라는 말은 송나라 때의 구어로서 혹 있을지도 모른다는 뜻이다. 한세충이 듣고 버럭 화를 내며 말했다. " '막수유'라는 세 글자로 어떻게 천하 백성들을 설득할 수 있단 말이오!"

이렇게 해서 진회는 용서받을 수 없는 간신이 되었다.

악명은 사라지지 않는다

우선, 진회는 모든 방면에 걸쳐 금의 강한 면과 송의 약한 부분을 잘 파악하고 남송의 부진한 국면과 조정 내 금나라와의 강화를 주장하는 주화파들의 정세를 이용하여 금나라를 위하여 전력을 다하였다. 또 그는 고종이 휘종과 흠종이 돌아오는 것을 몹시 두려워하고 있다는 것과 금나라 조정이 흠종을 인질로 잡아 고종을 견제하고 있다는 사실을 고종에게 깊이 인식시켜놓고 고종이 얌전히 자기를 따라오도록 만들었다. 설사 일시적으로 어려움이 있다 하더라도 그는 다시 기회가 오기를 기다리며 헛된 야망을 꿈꾸었다.

그는 가혹하게 정적을 박해하였는데 반드시 상대를 사지에 몰아넣은 후에야 마음을 놓았다. 예를 들면 대학자 호전胡銓이 추밀원편수樞密院編修에 임명된 후, 진회의 투항 행위에 관하여 고종에게 상소를 올려 진회를 제거하여 천하 사람들에게 사죄하라고 요구했다. 그러자 즉시 진회가 그를 소주로 좌천시켜버렸다.

나중에 진강陣綱이 호전을 두둔하는 글을 올렸다가 역시 진회에게 꼬투리를 잡혀 당시 '죽음의 땅'이라고 불리던 안원安遠으로 좌천되어 결국 그곳에서 죽음을 맞이하였다.

소융昭隆은 진회가 '소흥강화조약'을 체결한 것에 대해 매우 불만스러워했는데, 이를 알게 된 진회는 그를 유배시킨 후 독살해버렸다. 진회는 자기에게 반대하는 사람을 절대 용서하지 않았다. 그에게 피살된 사람이 셀 수 없을 정도였다.

진회는 기회를 잘 이용하였고, 헛소문을 퍼뜨려 사람들 사이를 이간시켰으며, 군신 간의 갈등을 조성하여 자기의 세력으로 끌어들였다.

장준은 원래 조정趙鼎과 매우 가까운 사이로 일찍이 그를 재상으로 추천한 적이 있다. 그러나 진회의 이간질로 조정은 장준과 서로 반목하는 원수지간이 되어 진회를 도우면서 장준을 배척했다. 그러나 나중에 조정도 진회에게 배척을 당하는 신세가 되었다. 둘은 말년에 유배지에서 만나 전후 사정을 이야기하다가 비로소 진회에게 속았다는 것을 깨달았다. 이렇듯 진회는 온갖 악질적인 짓을 일삼으며 조정을 완전히 장악했다.

진회는 말을 아끼는 사람이었고, 말을 했다 하면 반드시 이치에 맞게 했다. 그는 사람들과 어떤 문제에 대해 토론을 할 때, 일단 상대방이 자기에게 반대한다 싶으면 더 이상 말을 하지 않고 상대방의 말이 끝나기를 기다렸다가 결점을 찾기만 하면 바로 공격을 가했다.

예를 들면, 대신 이광李光이 정사에 대해 논의하다 진회의 의견에 강하게 반박했다. 진회는 잠자코 침묵을 지키고 있다가 이광의 말이 끝나자 천천히 말했다.

"그대는 대신으로서의 예법을 갖추지 못하고 있는 것 같소."

그 결과 이광은 고종의 미움을 받게 되었다. 진회의 이런 방법은 매우 간단해 보이지만 사실 그 경지에 오르기란 결코 쉽지 않다.

그는 자신의 명예를 훼손당하지 않도록 하기 위해 엄한 방비체계를 갖추고 있었다. 한번은 진회가 자신의 집에서 연회를 베풀고 극단의 배우들을 불러 공연을 했다. 연극의 한 장면에서 배우의 머리에 꽂은 장식이 바닥에 떨어졌는데 줍지 않았다. 그러자 다른 배우가 물었다.

"그게 무슨 장식이냐?"

"응, 이건 이승환二勝環(휘종과 흠종 두 황제가 환궁하라는 의미의 '이성환'二聖環과 동음이의어)이라는 거야."

다른 배우가 또 물었다.

"너는 왜 편안한 등받이 의자에 앉아서 '이승환'을 던져버렸지?"

마당을 가득 채운 관객들은 모두 어쩔 줄 몰라했다. 연극이 끝나자 진회는 그 배우를 불러 엄하게 질책하고 다시는 그 연극을 공연하지 못하도록 했다. 다른 시문이나 부賦의 경우에도 그와 관련되기만 하면 즉각 대대적인 문자옥文字獄에 처해졌다. 또 진회는 말년에 자신을 비방한 죄로 수많은 대신들을 주살하였는데, 이에 연루된 지식인들만 해도 5, 60명에 달했다.

고종 소흥 25년(1155), 진회는 병으로 사망했다. 그는 19년 동안 두 차례나 재상에 올랐다. 그가 살아 있을 때 저지른 매국행위와 간사한 모습은 사람들에게 매우 깊은 인상을 주었다. 한번은 시전施全이라고 하는 군인이 큰 칼을 손에 들고 진회가 입궐하는 길에 잠복해 있다가 진회가 나타나자 목을 베려고 하였는데 불행히도 다리 난간만 자르고 진회에게 잡혀 죽음을 당했다.

진회가 죽은 후, 무수한 '명예와 비애'가 남게 되었다. "훌륭한 명성은 만세까지 들리지 않아도, 악명은 후세에 오래도록 남는다"라는 말의 적절한 예가 된 것이다.

중국 역사상 어떤 간신도 진회만큼 후세 사람들을 비통하게 한 이는 없었다. 현재 항주 서호의 악비묘岳飛墓와 악왕岳王 사당에는 진회와 묵기설의 추악한 동상이 있다. 두 매국노는 두 손이 뒤로 묶이고 사죄하듯 고개를 숙인 채 무릎을 꿇고 철장 속에 갇혀 있는데, 지금도 중국인들은 이 두 사람의 동상에 침을 뱉는다.

전하는 말에 의하면 현재 중국인들이 즐겨 먹는 유조油條(밀가루 반죽을 30센티미터 정도 길이로 잘라 기름에 튀긴 빵)도 송나라 사람들이 만들어 먹던 유작회油炸檜가 변해서 된 것이라고 한다. 송나라 사람들은 밀가루 반죽으로 진회의 형상을 만들어 기름에 튀겨 그의 살을 씹는다고 생각하며 먹었는데, 나중에 간단히 두 다리(진회와 묵기설 두 사람을 상징)만 만들어서 튀긴 것이 바로 지금의 '유조'의 모양이라고 한다.

청나라 때는 진회가 악비를 모함하는 연극을 할 때 많은 관중들이 무대로 뛰어올라 와 진회 역을 맡은 배우를 때린 사건이 있었다고 한다. 민

악비의 묘에 있는 진회상(오른쪽). 진회에게 죽은 명장 악비가
중국인의 영웅으로 칭송받는 데 반하여, 그는 간신으로서의 악명이 전하고 있다.

간에서 전하는 말들 중에도 이 두 매국노와 관련된 것들이 많이 있다. 요즘도 중국인들은 어떤 사람이 좀 간사스럽고 미운 짓을 한다싶으면 "하는 짓이 꼭 진회 같아"라고 말한다. 또한 명나라 때 어떤 사람이 항주의 한 도살장에서 돼지를 잡고 털을 깎은 뒤 돼지의 뱃가죽에 "진회의 10대 손의 모습"秦檜十世身이라는 글자를 썼다고 전한다.

또 "쇠 채찍이 진회를 때렸다"는 이야기는 아주 유명하다. 악비의 친구가 꿈에 악비의 사당에 가서 그와 환담을 나눈 후 사당 뒤에 있는 숲을 지나는데 갑자기 도움을 청하는 애절한 소리가 들려서 돌아봤더니 마부가 온 힘을 다해 진회를 때리고 있었다. 진회가 애걸했다.

"악비가 매일 사람을 보내 하루에 백 대씩 나를 때린다오. 당신은 악비와 친한 친구 사이니 오늘 내가 맞을 백 대를 면하게 해달라고 부탁 좀 해줄 수 있겠소?"

악비의 친구가 그에게 가서 사정을 얘기했더니 악비가 나무라며 말했다.

"나는 진회에게 모함을 당하여 죽었다네. 그런데 자네는 무슨 연고로 그를 대신해서 부탁을 하는가? 얼른 돌아가게. 무덤 위를 보아라. 고인들이 자네한테 화를 내고 있지 않는가!"

악비의 친구가 부끄러워하며 숲을 지나는데 한 사람이 더 늘어난 것이 보였다. 그래서 물어보았더니 진회가 다른 사람에게 도움을 청했기에 악비가 화가 나서 백 대를 더 때리도록 했다는 것이다. 그 말을 듣고 악비의 친구가 놀라 잠에서 깨어났다. 다음날 그는 머리에 열이 나고 가슴이 뛰는 것 같아 급히 악비의 사당으로 가서 용서를 빌었다. 그랬더니 증세가 말끔히 나았다는 것이다.

진회는 한 시대의 간신이고, 간신으로서의 술책도 있었다. 술책이 있었으니 천고의 간신이 된 것이다. 그는 영원히 중국역사 속의 부끄러운 인물로 각인되어 있다. 이것이 바로 중국인이 내린 가장 공정한 판단이다. 중국인은 비록 온갖 고생을 다 겪었지만 어리석은 군주와 간사한 재상이 정권을 잡았던 때에도 그들의 정의감만은 끝내 소멸되지 않았다. 바로 이 소멸되지 않는 정의감이 중국을 지탱시켜주었다.

옛날부터 충신과 간신은 구별이 된다. 충성스런 자는 스스로 충성을 하고, 간사한 자는 스스로 간사하게 군다. 우리는 때때로 겉으로 드러나는 모습에 미혹되어 어느 것이 충성이고 어느 것이 간사함인지 구분하지 못할 때가 있다. 그러나 이것은 그다지 중요하지 않다. 정의감과 시비를 가릴 수 있는 마음만 있다면 충신과 간신을 구분할 수 있으며, 역사에 대해서뿐만 아니라 현실에 대해서도 스스로 깨닫는 바가 많을 것이다.

7 살아남기 위해 칩거하는 영웅

호랑이도 평지에서는 개에게 물릴 때가 있다.
영웅도 가끔은 온갖 치욕을 견뎌내며 때를 기다려야 했다.

옛말에 "자벌레가 몸을 구부리는 것은 뻗기 위함이요. 용이 칩거하는 것은 살아남기 위해서다"라는 말이 있다. 그렇다면 여기에 "미친 척하는 것은 화를 피하기 위해서다"라고 덧붙이면 어떨까.

들어오는 복은 막을 수 없고 환란은 닥치면 피할 수 없다는 말도 있듯이, 중국인들은 운명과 인과응보, 윤회를 믿는다. 그러나 어느 한쪽의 사실 때문에 다른 한쪽의 사실을 말살시킬 수는 없다. 그런가 하면 중국인들은 운명과 인과응보보다 인간의 주관적이고 능동적인 활동을 강조하기도 한다. 소위 "하늘이 준 기회만 있는 것이 아니라, 인간의 지혜도 필요하다"라는 말이 이를 잘 나타내고 있다.

요즘 『주역』周易으로 운명을 점치는 철학관들이 여기저기서 성업하고 있다. 『주역』에 반대되는 것이 바로 '운명'이지만, 동시에 이 운명이 『주역』의 대의인 것이다. 인간의 삶에 대한 예측의 각도에서 보면, 교육은 바로 길한 것은 얻고 흉한 것은 피하는 삶의 지혜를 가르치는 것이다. 인위적으로 길한 것을 얻을 수 있고 흉한 것을 피할 수 있다면 인간에게 무슨 운명이라는 것이 있을까?

그렇다면 중국인들은 운명과 인간사를 어떻게 생각하고 있는가? 한두 마디 말로 이를 단정하기에는 무리가 있겠지만 "일을 도모하는 것은 인간이지만, 그 일을 성사시키는 것은 하늘이다"라는 말로 정리해보면 어떨까.

중국인들은 인간의 능력을 믿으며, 노력을 통해서 운명을 바꿀 수 있다고 생각한다. 그들은 재물을 쌓기 위해 애를 쓰고, 권력과 이익을 얻기 위해 서로 다툰다. 동시에 화를 피하고 자신을 보호하는 일에도 많은 기적을 일으킨다. 나아가서는 공을 세우고, 물러나서는 몸을 숨긴다. 중국인들은 자신의 운명을 자기 손에 쥐고 있다.

하늘에는 예측할 수 없는 재난이 있고, 인간에게는 아침저녁으로 화복이 뒤바뀐다. 특히 벼슬길은 여행길의 고생보다 훨씬 많은 어려움이 따랐다. 봉건시대의 관리사회는 곡식을 까불러 겉겨를 날려버리는 키와 같았다. 곡식을 높이 까불러서 키 안에 흩어놓고, 다시 까불러서 껍데기를 날려버리면 나중에는 옹골진 알곡만 남게 된다. 물론 봉건 관리사회가 이처럼 단순할 리 없었다. 종종 알곡은 까불려 날아가고 껍질만 남는 수가 있다. 그래서 스스로를 잘 보존하는 것은 '교활한 자만이 살아남는다'는 약육강식의 관리사회에서 살아남기 위한 필수 요소였다.

호랑이도 평지에서는 개에게 물린다

전국시대의 손빈孫臏은 지모가 뛰어난 사람이었다. 그는 손무의 후손으로서 군사 전략가였다. 손무가 쓴 『손자병법』은 오늘까지도 매우 중시되는 군사경전이다. 그러나 용도 얕은 물에 갇히면 새우에게 놀림을 당하는 수가 있고, 호랑이도 평지에서는 개들에게 물릴 때가 있듯이 손빈도 정세가 급박해지면 어쩔 수 없이 미친 척하면서 화를 모면했다. 그가 겪은 온갖 고생을 후세 사람들이 어떻게 따라할 수 있겠는가.

진晉나라가 한韓·조趙·위魏씨 셋으로 나뉜 후 위나라의 세력이 가장 강대했다. 위혜왕魏惠王은 대단한 야심가로서 진秦나라가 인재 모으는 것을 보고는, 위앙衛鞅과 같은 인물을 찾아서 자신을 대신해 나라를 다스리게 하려고 했다. 그래서 현인을 구하는 데 목말라하면서 많은 돈을 뿌리며 어진 선비를 찾아다녔다.

지성이면 감천이라고 결국 방연龐涓이라고 하는 자가 찾아와서 자신은 당시 종횡가이던 귀곡자鬼谷子의 학생이며, 소진·장의·손빈과 동창이라고 주장하고는, 대장군 자리를 맡겨주면 다른 어떤 나라도 넘보지 못하게 할 자신이 있다고 말했다. 그러자 위왕은 그의 말을 믿고 그를 대장군에 앉혔다. 그리고 그의 아들 방영龐英과 조카 방총龐蔥, 방모龐茅 등도 모두 대장군에 임명했다. 방연은 확실히 최선을 다했다. 그는 군사를 잘 훈련시킨 뒤 위·송·노나라를 공격하여 승전고를 울리고 삼국을 승복시켰다. 동방의 대국 제齊나라도 공격을 해왔으나 방연의 군대에게 크게 패하고 돌아갔다. 이때부터 위왕은 더욱 그를 믿게 되었다.

방연과 같이 공부를 한 손빈은 재능과 덕망을 겸비한 보기 드문 인재였다. 특히 스승인 귀곡자 밑에서 선조인 손자의 병법을 배워 더욱 지모가 뛰어났다. 한번은 묵자의 문하생 금골리禽滑厘가 귀곡자를 찾아왔다가 손빈을 만나보고 그의 재능과 덕망에 감탄하여, 세상으로 나와 여러 나라의 왕을 도와서 세상을 구하고 전쟁을 줄이는 데 일조하라고 권했다. 그러자 손빈이 말했다.

"내 친구 방연이 벌써 세상으로 나갔소. 그 친구가 나한테 연락을 하기로 했습니다."

그러자 금골리가 말했다.

"방연은 이미 위나라에서 높은 관직에 오른 걸로 알고 있소. 그런데 왜 아직까지 그대에게 소식을 안 전했는지 모르겠소. 내가 위나라에 가면 대신 한번 알아보겠습니다."

묵자는 당시에 저명한 인물이었다. 그는 전쟁을 단호하게 반대하며 겸애를 주장한 것으로 유명하다. 그에게는 많은 제자가 있었는데 모두 재능이 뛰어날 뿐만 아니라 전쟁에 반대하는 사람들이었다. 그러다보니 묵자는 당시 사회에 매우 큰 영향을 미쳤다.

전국시대의 병법가 손빈은 『손자병법』을 쓴 손무의 후손이다. 친구 방연의 음모에 의해 불구가 되었으나 좌절하지 않고 살아남아 후에 제나라 왕의 군사참모가 되었다.

그는 일찍이 자신의 방어술을 초나라 왕 앞에서 시연하여 강대한 초나라가 작은 송나라를 감히 공격하지 못하게 하였다. 그래서 가는 나라마다 국왕들이 그를 귀빈으로 예우했다.

금골리가 위나라에 도착하여 국왕을 만난 자리에서 손빈과 방연의 일을 이야기했다. 위왕이 듣자마자 즉시 방연을 찾아 왜 손빈을 초빙하지 않았느냐고 물었다. 그러자 방연이 대답했다.

"손빈은 제나라 사람인데 저희는 지금 제나라와 적대관계에 있사옵니다. 만약 그가 온다면 당연히 먼저 제나라를 위할 것이라 생각해서 오라는 연락을 하지 못했습니다."

위왕이 말했다.

"그렇다면 외국인은 쓸 수가 없다는 소린가?"

방연은 어쩔 수 없이 손빈에게 서신을 보내 위나라로 오라고 했다. 손빈이 위나라에 오자 위왕은 그가 재능이 뛰어난 인물이라는 것을 알아보고, 부군사副軍師를 맡기면서 방연의 일을 도와줄 것을 부탁했다. 방연이 그 말을 듣자마자 즉시 말했다.

"손빈은 소인의 형님이시고 재능 또한 소인을 능가하는데 어찌 그를 소인의 수하에 둘 수가 있겠습니까? 먼저 그에게 객경客卿을 맡기시고 나중에 공을 세우면 소인이 그에게 자리를 내어주겠습니다.”

당시 객경은 실권은 없지만 지위가 높았다. 손빈은 그때까지만 해도 방연의 말이 진심인 줄 알고 몹시 감격했다.

방연은 손빈의 일가족이 모두 제나라에 있어서 그가 위나라에서 오래 머물 수 없을 거라는 생각을 하고 슬쩍 손빈을 떠보았다.

“형님은 왜 식구들을 데려와서 같이 살지 않으십니까?”

그러자 손빈이 대답했다.

“식구들이 모두 제나라 왕에게 피살되었다네. 살아남은 식구들도 모두 흩어져서 어디로 갔는지 알 수가 없는데 데려올 식구가 어디 있단 말인가?”

방연이 듣고 깜짝 놀랐다. 만약 손빈이 위나라에 계속 머물게 된다면 정말 자신의 자리를 내줘야 했던 것이다.

반년 뒤, 한 제나라 사람이 손빈에게 편지를 전해주었다. 편지는 그의 형님이 보낸 것이었는데 대략적인 내용은 제나라도 군의 위세를 다시 한 번 떨치려고 하니, 돌아와서 손씨 집안끼리 다시 제나라에 모여 살아보자는 것이었다. 손빈은 편지를 가지고 온 사람에게 말했다.

“나는 이미 위나라에서 객경을 맡고 있어 마음대로 돌아갈 수가 없습니다.”

손빈은 형님에게 편지를 써서 그 사람 편에 보냈다. 그런데 공교롭게도 그 편지가 위나라 사람에게 발각되어 위나라 왕에게 전해지게 되었다. 위왕이 방연을 불러 말했다.

“손빈이 제나라를 그리워하고 있는 것 같은데 어떻게 하면 좋겠소?”

방연이 이때다 싶어 즉시 위왕에게 말했다.

“손빈은 재능이 많은 사람입니다. 그런데 만약 그가 제나라로 돌아간다면 위나라는 매우 불리하게 될 것입니다. 소인이 먼저 권해보고 만약 그가 위나라에 계속 남아 있고자 하면 그만이고, 혹시라도 떠나고자 한다면 그는 소인이 추천한 사람이오니 소인에게 맡겨주시는 것이 어떠할지요."

이에 위왕이 흔쾌히 허락했다. 방연은 당연히 손빈에게 아무런 권고도 하지 않고 물었다.

"형님께서 고향에서 보내 온 서신을 받았다고 들었는데, 어째서 가보지 않으십니까?"

손빈이 대답했다.

"내 형님께서 나를 보고 싶다고 오라고 하시는데 내 생각에는 옳지 않은 것 같아서 가지 않았다네."

"고향을 떠나신 지 꽤 오래 됐는데도 한번도 가족들과 연락이 없었습니다. 이번에 형님께서 다행히 연락처를 알고 소식을 전해 왔는데, 고향에 내려가서 친척들도 만나보고, 조상님 산소에 가서 성묘도 하고 오시면 서로가 좋지 않겠습니까?"

그렇게 해서 손빈은 고향에 내려가 보려고 마음을 먹었으나 위왕이 허락을 하지 않을까 봐 걱정을 했다. 마침 방연이 애써 일을 성사시켜 주는 바람에 손빈은 방연에게 더없이 고마움을 느꼈다.

다음날 손빈은 위왕에게 두 달간의 휴가를 청했다. 그가 돌아가려 한다는 말을 들은 위왕은 손빈이 제나라와 내통을 하고 있다며 즉시 체포하고 방연에게 심문을 하도록 했다. 방연은 손빈이 그럴 리가 없다고 놀란 척하면서 우선 손빈을 풀어준 다음 다시 위왕에게 달려가 사정을 했다. 한참이 지난 뒤 방연이 당황한 기색으로 황급히 돌아와서 손빈에게 말했다.

"대왕께서 진노하여 형님을 죽이려고 하셨는데 제가 간청을 드리자 조금 진정을 하셨습니다. 저의 체면을 봐서 형님의 목숨은 살려주되 묵형과 빈형臏刑(무릎의 뼈를 도려내어 도망가지 못하게 하는 형벌)에 처할 거라고 하셨습니다."

그 말을 들은 손빈은 끓어오르는 분노를 참을 수 없었지만 한편으로는 그래도 방연이 자신을 위해 애써주는 것이 그저 고맙게만 느껴졌다.

결국 손빈의 이마에 글자를 새기고 무릎 뼈를 도려내자 그때부터 그는 기어다녀야 하는 불구의 몸이 되었다. 그러자 방연은 오히려 그전보다 더 손빈의 생활에 신경을 썼다. 손빈은 자신이 방연 덕에 사는 것 같아서 어떻게든 그에게 보답을 하고 싶었다. 어느 날 손빈이 방연에게 뭐 도와줄 일이 없느냐고 물었다. 그러자 방연이 대답했다.

"형님 댁에 조상 대대로 전해 내려오는 '병법'을 열람할 수 있으면 우리가 함께 잘 다듬어 후세에 전할 수 있어서 좋을 텐데요."

손빈이 잠시 생각해보고는 할 수 없이 승낙을 했다.

돼지 똥을 먹으며 살아남은 손빈

손빈이 할 수 있는 것은 누워서 칼로 한 글자 한 글자씩 죽간에 새기는 일뿐이었다. 그는 병법을 완벽하게 외우고 있었지만 막상 쓰려고 하니 쉽지가 않았다. 게다가 자신이 받은 형벌에 대해서 생각할수록 분노가 끓어올랐다. 그래서 하루에 열 자만 새겼다. 방연은 성질을 못 참고 조바심을 내다가 수하에 있던 성아라는 사내아이를 보내 손빈에게 방법을 빨리 쓰도록 재촉하게 했다. 성아는 손빈을 보고 너무 불쌍해서 손빈의 시종에게 이해할 수 없다는 듯이 물었다.

"방 군사가 왜 그렇게 손 선생에게 병법을 빨리 쓰라고 재촉하는 거죠?"

시종이 대답했다.

"아직 그것도 몰라요? 방 군사가 손 선생의 목숨을 살려준 것은 선생이 병법을 쓰도록 하기 위해서입니다. 병법을 다 쓰고 나면 선생의 목숨도 그날로 끝입니다."

손빈이 그의 말을 듣고 놀라 곰곰이 생각했다. 그러고는 뭔가 깨달은 바가 있다는 듯이 갑자기 고래고래 소리를 지르더니 기절을 했다. 다른 사람들이 와서 그를 깨웠을 때 그는 이미 제 정신이 아니었다. 그는 가슴을 치며 발광을 하다가, 멍하니 하늘을 쳐다보는가 하면, 갑자기 옆에 있는 물건들을 집어던지고, 써놓았던 병법을 불에 태웠으며, 땅을 파고 지저분한 것들을 입에 넣었다. 시종이 놀라서 급히 방연에게 알렸다.

"나으리, 손 선생이 미쳤습니다."

방연이 급히 달려와 보니 손빈이 땅바닥에 엎드려 웃다가 쳐다보더니 갑자기 울었다. 그는 방연이 이름을 부르자 머리를 조아리며 연이어 소리를 질렀다.

"귀곡 선생님, 살려주세요! 귀곡 선생님, 살려주세요!"

방연은 그가 정신이 온전하지 못한 것을 보기는 했지만 그가 정말 미쳤는지 아니면 미친 척하는지 몰라서 그를 돼지우리에 가두어버렸다. 손빈은 여전히 울다가 웃다가 지치면 돼지우리에 엎드려 잠을 잤다. 한참을 지나도 손빈의 증세는 여전했다. 방연은 그래도 마음을 놓을 수가 없어서 사람을 보내 살펴보게 했다. 하루는 밥을 넣어주는 사람이 술과 안주를 가지고 와서 나지막한 소리로 말했다.

"나는 당신이 치욕을 당한 것을 알고 있소. 내가 몰래 술과 안주를 가지고 왔소. 내게 당신을 구해줄 방법이 있는데 어떻소."

그는 말을 마치고 눈물까지 흘렸다. 손빈은 미묘한 표정을 지으면서 말했다.

"누가 그딴 썩은 고기를 먹겠대? 내가 만든 게 훨씬 맛있어."

손빈은 술과 안주를 바닥에 엎어버렸다. 그러고는 돼지 똥을 한 줌 퍼서 입에 넣었다. 밥을 넣어주는 사람은 방연에게 이 모든 것을 보고했다. 방연은 손빈이 형벌을 받은 후에 성질을 못 이겨서 정말 미쳤다고 생각했다. 그래서 이때부터 사람을 보내 감시하도록 했을 뿐 더 이상 관심을 두지 않았다.

미친 손씨는 낮에는 길에 누워 있고, 저녁에는 다시 돼지우리로 기어갔다. 때때로 길 가던 행인들이 그에게 먹을 것을 던져주면 그는 웃다가 알아듣지도 못할 말을 혼자 중얼거리곤 했다. 이렇게 세월이 흘러가자 위나라의 도성인 대량 사람들 모두가 이 미친 손씨를 알게 되었다. 아무도 더 이상 그를 의심하지 않았다.

방연은 매일 보고를 받으면서 손빈이 이제는 더 이상 자신과 경쟁할 상대가 아니라고 여기고 그를 죽이겠다는 생각을 버렸다. 그리하여 손빈은 어렵게 살아남을 수 있었다.

어느 날 저녁, 옷차림새가 남루한 사람이 손빈 옆에 앉았다. 잠시 후 그 사람은 손빈의 옷을 잡아당기며 말을 걸었다.

"나는 금골리요. 선생, 나를 기억하겠소?"

손빈이 깜짝 놀라 자세히 훑어보고 금골리임을 확인하고 나서야 비로소 눈물을 비 오듯 쏟으며 말했다.

"나는 조만간에 여기서 죽을 거라고 생각하고 있었소. 그런데 뜻밖에 그대를 오늘 여기서 만났군요. 몸조심해야 할 거요. 방연이 매일 사람을 보내 나를 감시하고 있소."

금골리가 말했다.

"내가 이미 그대의 억울함을 제나라 왕에게 알렸소. 그래서 제나라 왕이 순우곤淳于髡을 위나라에 사절로 보냈습니다. 우리는 이미 모든 준비를 해놓았소. 그대는 순우곤의 수레 안에 숨어 있다가 먼저 제나라를 떠나시오. 그러면 나는 다른 사람에게 당신의 옷을 입혀 여기에 며칠 있게 할 테니. 나는 그대가 위나라를 떠날 때까지 기다렸다가 도망치겠소."

금골리는 급히 손빈의 옷을 벗겨 자기 수하에 있던 손빈과 비슷하게 생긴 사람에게 입혀서 위장한 후 손빈을 수레 안에 숨겼다.

이튿날 위나라 왕이 방연을 불러 제나라 사절 순우곤을 국경지대까지 호위하라고 했다. 며칠 뒤, 길에 누워 있던 미친 손씨가 갑자기 보이지 않았다. 방연이 급히 사람을 보내 손빈을 찾도록 했다. 우물과 강을 다 뒤졌지만 그림자도 보이지 않았다. 방연은 위왕이 조사할까 두려워 손빈이 익사했다고 거짓말을 했다.

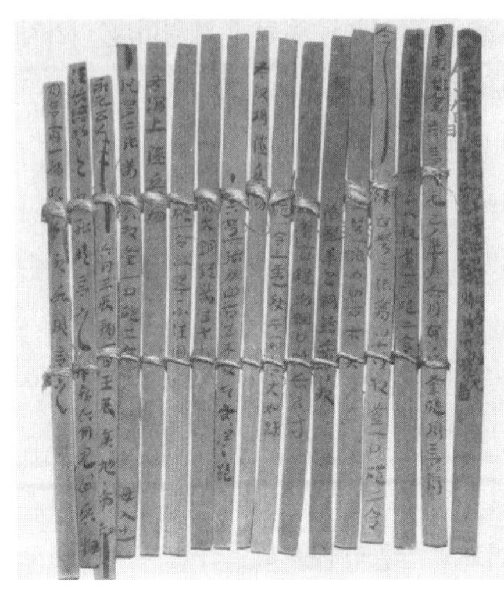

손빈의 병법이 기록되어 있는 죽간.
1972년 산동성의 전한시대 1·2호
고분에서 출토됐다.

손빈이 제나라에 도착하자 제나라 위왕威王은 마치 진귀한 보물을 얻은 듯이 그 자리에서 바로 그에게 군사軍師를 부탁했다. 그러자 손빈이 말했다.

"방연이 만약 소인이 제나라에 있는 줄 알면 틀림없이 시샘을 할 것이옵니다. 소인이 할 수 있는 일을 찾은 후에 세상에 나아가도 늦지 않을 듯하옵니다."

왕도 그의 말에 기꺼이 동의했다. 나중에 손빈이 자신에게 편지를 보낸 몇몇 사촌형들의 소식을 물어보았지만, 아무도 소식을 알 수가 없었다. 손빈은 그때서야 원래 편지를 가지고 왔던 사람도 역시 방연이 보낸 자라는 것을 알았다. 그 일의 전말이 모두 방연 한 사람에 의해서 꾸며진 것이었다.

나중에 방연이 병사를 이끌고 송·위·조나라를 연이어 침공하자 제나라는 전기田忌를 대장으로 삼고 손빈을 군사에 임명하여 대항하였으나 방연의 군사에게 연거푸 패배하였다. 손빈은 마지막으로 감조법減竈法을 이용해서 먼저 복병을 곳곳에 숨겨놓고, 방연을 유인한 뒤 마릉馬陵에서 그를 죽였다. 위나라는 이때부터 쇠퇴하기 시작하였고 제나라에 공물을 바쳤다. 방연을 죽인 후 손빈은 관직을 사퇴하고 산속으로 들어가 은둔 생활을 하며 병법 연구에만 몰두했다.

질투는 엄청난 파괴력을 지니고 있어서 다른 사람을 망가뜨릴 뿐 아니라 자신도 파멸시킨다. 손빈이 미친 척하여 화를 면한 방법은 중국 역사에서 하나의 전형이 되었다.

꾀병으로 정권을 잡은 사마의

미친 척하면 화를 면할 수 있고, 아픈 척해도 화를 면할 수 있다. 미친 사람이 일을 성사시킬 수 없는 것은 당연하고, 목숨을 겨우 부지하고 있는 환자가 더 이상 누구와 권력을 다툴 수 있겠는가. 이것으로 볼 때 어떤 상황에서는 꾀병을 부리는 것이 효과적일 뿐만 아니라, 미친 척하는 것보다 훨씬 쉬운 일이다. 동한東漢 이후 조위曹魏 시기의 사마의가 병든 척하여 화를 면하고, 결국 대권을 잡게 된 것이 좋은 예다.

위나라의 왕 조예曹睿가 병사하고 조방曹芳이 즉위하자, 사마의는 조방의 종실인 조상曹爽과 함께 고명대신으로서 집정을 했다. 그러나 조상은 나이가 어리고 왕실 가문에서 자란 탓에 모든 일을 경험이 많고 지모가 뛰어난 사마의에게 맡겨 처리하도록 했다. 조상은 잡기와 사교에 능하여 언제나 친구들이 문전성시를 이뤘다.

어느 날 대학자 하안何晏이 조상에게 말했다.

"위나라는 조씨 가문의 천하이옵니다. 외부 사람을 너무 믿지 마시옵소서."

그러자 조상이 이렇게 말했다.

"선왕께서 어린 저에게 사마의와 함께 나라를 다스리라고 부탁하셨습니다. 저는 당연히 그의 명을 따라야 한다고 생각합니다."

그 말을 듣고 하안이 비웃으며 말했다.

"예전에 노장군(조상의 부친 조진曹眞)께서 사마의와 같이 촉나라에 대

사마의는 삼국시대 위나라의 대신이다. 조조의
아들 조비가 위나라를 세운 후 세 명의 황제를
섬기며 많은 권세를 누렸다.

항해 싸울 때 그에게 그토록 심하게 시달리지만 않았어도 그렇게 빨리
돌아가시지는 않았을 것입니다.”

사마의에 대해 잘 알지 못한 사실을 전해 들은 조상은 크게 화가 났고
심복과 함께 사마의를 제거하기로 했다.

조상은 조방을 만나 사마의의 공로가 크니 태부太傅에 봉해야 된다고
했다. 그러자 그때까지 어린아이에 불과했던 조방은 내막도 모른 채 조
상이 시키는 대로 사마의를 불러 태부에 봉했다. 전혀 무방비 상태로 있
던 사마의는 뜻밖의 소식에 너무도 놀랐지만 항명할 상황도 못 되는 터
라 어쩔 수 없이 출병할 수 있는 인신印信을 내주어야 했다. 이때부터 병
권은 조상의 손으로 들어갔다. 조상은 그제야 두 다리를 뻗고 잘 수 있게
되었다.

그는 자주 식객들을 데리고 교외로 나가 사냥을 하곤 했는데, 어떤 때
는 며칠 동안 성으로 돌아오지 않을 때도 있었다. 그의 동생과 식객들은
며칠씩이나 성을 비우면 병란이 일어날지도 모른다고 걱정을 했다. 그
러나 조상은 웃으며 말했다.

“병권이 내 손안에 있고, 사마의는 병석에 누워 있는데 무서울 게 뭐

가 있소?"

그러자 조상의 동생 조희曹羲가 대사농大司農 환범桓范에게 조상을 설득
해달라고 부탁을 했다. 환범의 말을 들은 조상은 그나마 조금 주의를 하
게 되었다. 마침 그때 이승李勝이 청주 자사로 승진하여 임명을 받고 작
별 인사를 하러 왔는데 조상이 기발한 생각을 해냈다. 조상은 이승에게
명의를 빌려주면서 태부의 관청에 가서 작별인사를 하고 그때 사마의의
동정을 한번 살펴보라고 했다.

이승이 태부 관청에 와서 보니 사마의는 초췌한 몰골로 침상에 누워
있다가 두 시녀의 부축을 받고서야 겨우 몸을 일으켰다.

이승이 말했다.

"소인이 청주로 발령을 받고 내려가게 되어 이렇게 작별 인사를 드리
러 왔습니다."

사마의가 좀 모호하게 말했다.

"병주幷州는 흉노에 가까우니 방비를 잘 해야 할 것이오."

이승이 말했다. "청주이옵니다."

사마의가 물었다. "그대는 병주에서 오지 않았소?"

이승이 대답했다. "아니옵니다. 산동의 청주이옵니다."

사마의가 크게 웃으면서 물었다. "그대는 지금 막 병주에서 온 게 아
니오?"

이승이 결국 붓과 먹을 가져다가 사마의에게 정확하게 써주었다. 사마
의는 한참을 보고 나서야 이렇게 대답했다.

"청주였구나. 나는 요즘 귀가 시원찮아서 잘 안 들린다네. 자사도 몸
조심하게나."

말을 마치고 사마의가 손가락으로 입을 가리키자 시녀가 와서 물을 올
렸다. 사마의는 시녀의 손에 있는 물을 마시느라 앞섶이 다 젖었다. 나중
에 그는 눈물까지 글썽이며 이승에게 말했다.

"나는 이제 늙고 병들었으니 오래 못 살 것 같소. 내게 아들이 둘 있는

데 조 대장군께 잘 보살펴달라고 부탁을 해야겠소. 미안하지만 이 자사께서 조 장군에게 말 좀 잘 해주시오.”

말을 마친 사마의가 두 아들을 가리켰다.

이승이 떠난 후 사마의는 정색을 하며 옷을 걸치고 일어나 두 아들 사마사司馬師와 사마소司馬昭에게 말했다.

“이승이 돌아가면 틀림없이 조상에게 모든 것을 다 이야기할 것이다. 그가 더 이상 나를 의심하지 않고 다시 사냥을 하러 나가면 그때 움직일 것이다.”

이승은 자신이 본 사마의의 모습을 낱낱이 조상에게 알렸다. 조상은 크게 웃으면서 말했다.

“그 늙은이만 죽으면 나는 무서울 게 없다.”

며칠 뒤 그는 위왕 조방을 데리고 약간의 근위군과 함께 조상에 제사를 올린다는 핑계를 대고 성 밖으로 사냥을 하러 나갔다.

사마의가 그 틈을 타서 아들과 장군들을 데리고 궁으로 달려가 곽태후郭太后에게, 조상은 간사하고 나라를 어지럽히니 파직시키고 엄벌에 처하는 것이 마땅하다는 명을 내리라고 협박했다. 태후는 어쩔 수 없이 명을 내리고 말았다. 사마의는 성안에 있는 병영을 점령하고 성문을 굳게 닫아버렸다.

이때부터 조정의 대권이 사마의 가문에게로 넘어갔다. 사마의는 병든 척하여 상대를 속여넘겨 대권을 잡고, 조위曹魏를 대신하여 사마씨의 정권을 세웠다. 꾀병으로 공을 세운 것이다.

때를 기다려 황제가 된 주체

명나라 성조成祖 주체朱棣는 중국 역사상 유명한 황제다. 그가 황제 자리에 오를 수 있었던 것도 역시 때를 잘 기다렸기 때문이다. 그는 본래 연왕燕王이었는데, 미친 척하면서 시간을 벌고 결국 반란을 일으켜서 건문제를 물리치고 황제에 등극했다.

명나라 개국 황제인 주원장에게는 많은 아들이 있었는데, 그 중에서도 넷째 아들 주체는 성격이 침착하고 용맹스러워 주원장을 닮았다. 태자 주표가 병사한 뒤 주원장은 주체를 태자로 삼고 싶었으나 많은 대신들이 반대했다. 그 이유는 두 가지였는데, 첫째는 만약 주체를 태자로 삼게 되면 주체의 형제들에게 해명할 방법이 없고, 둘째는 정통 관습에 어긋난다는 것이었다. 그리하여 주원장은 어쩔 수 없이 주표의 아들 주윤문朱允炆을 황태자로 세웠다. 주원장이 죽은 후 이 황태자가 즉위하니 그가 혜제惠帝다.

혜제는 나이가 어릴 뿐만 아니라 선천적으로 나약했다. 그의 숙부들이 각자 한 지역을 차지하고 있으면서 황제는 안중에도 없었다. 원래 주원장은 자신의 아들들을 각지에 보내놓고 친왕親王이라고 불렀는데, 그들에게 각지에서 군대를 거느리고 있는 장군들의 동정을 감시하여 반란을 일으키지 못하도록 하고, 나중에 아들들에게 땅을 분봉하여 번왕藩王이 되도록 하기 위해서였다. 그래서 많은 번왕들이 대군을 보유하게 되었는데, 영왕寧王 같은 경우는 8만 정예부대를 보유하였고, 연왕燕王 주체의 군대는 그보다 훨씬 많고 강했다.

제태齊泰·황자징黃子澄 등 일부 대신들과 대유학자 방효유方孝孺는 번왕들이 장차 혜제에게 크게 위협이 될 것이라고 간언했다. 그래서 혜제는 이들과 함께 번진의 세력을 제거하기 시작했다. 그 과정에서 많은 친왕이 죽었는데, 그 중에는 억울하게 죽은 자들도 있었다. 연왕 주체는 그 소식을 듣고 놀라 마음이 조급해지기 시작했다. 마침 연왕은 당시의 도성이었던 금릉金陵(지금의 남경)에서 매우 먼 곳인 연燕 땅(지금의 북경 일대)을 분봉 받게 되어 땅과 병사가 많았다.

승려 도연道衍은 주체의 책사였는데, 어느 날 주체에게 말했다.

"소인이 연왕을 뵈었을 때 곧 천자가 되실 거라는 것을 첫눈에 알아봤습니다."

상사相士 원공袁珙도 주체에게 말했다.

"연왕께서 금년에 이미 불혹을 바라보고 있사온데, 마흔을 넘기시면 반드시 천자 자리에 오르게 되실 것이옵니다. 혹시라도 제 말이 틀리면 소인의 두 눈을 뽑아도 원망하지 않겠습니다."

이들의 종용으로 주체는 더욱 더 병마를 훈련시키는 데 힘을 쏟았다.

도연은 병사를 훈련시키는 것이 누설될까 봐 궁 안에 후원으로 통하는 지하도를 파면서 따로 지하실을 만들어 이중으로 벽을 두르고 병기를 제조했다. 벽 바깥쪽 방에는 수많은 거위와 오리를 키웠는데 조석으로 울어대는 새들의 울음소리가 마치 밀물이 밀려오는 것 같아 안에서 하는 일이 밖에 들리지 않도록 했다.

그러나 비밀은 없는 법, 소문은 어느새 조정에까지 퍼져 나갔다. 대신 제태와 황자징 두 사람이 특히 이 일에 세심한 주의를 기울였다. 황자징은 즉시 연왕을 치자고 주장했지만 제태는 병마부터 배치하여 일당들을 제거한 뒤에 군사를 일으켜 연왕을 타도하는 것이 낫다고 생각했다.

혜제가 제태의 의견에 따라 공부시랑 장병張昺을 북평포정사에, 도지휘사귀謝貴와 장신張信에게 북평도사사를 장악하도록 했다. 또 도독 송충宋忠은 개평開平에 군사를 주둔시켰으며 각지에 있는 병마는 산해관을 지키고 금릉을 보위하도록 명령을 내렸다. 이렇게 군사를 배치해놓은 혜제는 다시 여러 왕에게 토지를 분봉했다.

주체는 혜제가 이미 자신을 의심하고 있다는 것을 알고 그의 의심을 없애기 위해 자신의 세 아들 주고치朱高熾와 주고후朱高煦·주고수朱高燧를 금릉으로 보내 세상을 떠난 태조 주원장을 추모하도록 했다. 혜제는 의혹을 떨쳐버리지 못하고 있던 터에 갑자기 세 사람이 온다는 소식을 듣고 즉시 그들을 불렀다. 그들을 만나보니 주고후가 좀 거만하게 군다는 것 외에 다른 두 사람은 몹시 예의 바른 것 같아 혜제는 차츰 안심이 되었다.

주원장에 대한 추모 제사가 끝나자 혜제는 이들 삼형제를 인질로 잡아

영락제가 된 주체. 명나라의 개국 황제인 주원장의 넷째 아들인 그는 때를 기다린 끝에 건문제를 누르고 황제로 등극했다.

두려는 생각을 하면서 망설이고 있었다. 주체가 미리 낌새를 알아차리고는 병이 위급하니 세 아들은 빨리 돌아오라는 전갈을 보냈다. 그리하여 혜제는 어쩔 수 없이 삼형제를 놓아주게 되었다. 위국공 서휘조徐輝祖가 이 말을 듣고 급히 달려와 혜제에게 주고후를 돌려보내지 말라고 했다.

원래 서휘조는 서달徐達의 아들로서 주체의 세 아들에게는 친숙부가 되었다. 그는 혜제에게 간언했다.

"신에게 생질이 셋 있사온데 고후 녀석이 유난히 용맹스럽고 무뢰한 행동을 하옵니다. 충성을 안 하는 것은 고사하고, 장차 부친을 배반할 것이며 틀림없이 후환의 불씨가 될 것 같으니 경성에 붙잡아두고 함부로 행동하지 못하도록 하는 것이 나을 듯합니다."

그러나 혜제는 여전히 결정을 내리지 못하고 다른 사람에게 의견을 물었다. 사람들이 모두 주고후를 보증하는 바람에 혜제는 그들을 놓아주기로 결정을 내렸다. 주고후는 혜제가 마음을 바꿀까 봐 몹시 걱정을 하다가 출발 시간이 임박하자 서휘조의 명마를 훔쳐 타고 도망을 갔다. 그는 도중에 많은 역승驛丞 관리를 죽이고 연왕부燕王府로 돌아와 주체를 만났다.

주체는 고후가 돌아온 것을 보고 매우 기뻐하며 말했다.

"오늘 우리 사부자四父子가 다시 만나게 된 것은 하늘이 도우셔서다!"

며칠 후 혜제의 성지가 도착했다. 주고후가 도중에 사람을 죽인 것을 호되게 질책하면서 주체가 책임지고 잡아서 심문해줄 것을 요구하는 내용이었다. 그러나 주체는 신경을 쓰지 않았다.

다시 며칠이 지난 뒤, 주체의 유능한 교위 우량于諒과 주탁周鐸이 혜제가 주체를 감시하라고 파견한 관리들에게 속아서 경성으로 보내진 뒤 참형을 당했다. 두 사람이 처형된 뒤, 혜제는 주체가 사병을 양성하여 반역을 도모하고 있다고 엄하게 책망을 했다. 주체는 사태가 긴박함을 깨닫고 군사를 일으킬 준비를 하였으나, 아직 세력이 미흡한 터라 할 수 없이 완병지계緩兵之計(미친 척하면서 적의 공격을 늦추는 계책)를 생각해냈다.

주체는 머리를 풀어헤치고 길에서 헛소리를 고래고래 지르며 미친 듯이 뛰어다녔다. 어떤 때는 길에 앉았다가 다른 사람의 음식을 훔쳐 게걸스럽게 먹기도 하고, 또 때로는 멍청하게 길가의 도랑에 누워서 며칠이고 일어나지 않았다.

북평도사사 사귀와 몇몇 사람들이 주체가 미쳤다는 말을 듣고 살펴보러 갔다. 그야말로 숨이 콱콱 막힐 정도의 삼복더위였지만 연왕부 안에는 화롯불이 이글이글 타고 있고, 그 옆에는 주체가 양가죽 저고리를 입고 앉아서 신음소리를 내며 덜덜 떨고 앉아 있었다. 이야기를 할 때 주체는 되는 대로 지껄여 무슨 소린지 알 수가 없었다. 사귀 등은 서로 눈만 한 차례 마주치고는 작별을 했다.

사귀는 모든 상황을 조정에 보고했다. 혜제는 어느 정도 안심했다. 그래서 더 이상 하루 종일 연왕에 어떻게 대응해야 할 것인지 생각하며 진을 빼지 않아도 되었다.

주체의 장사長史 갈성葛誠은 사귀·장병 두 사람과 가까운 사이였다. 그래서 연왕 주체가 고의로 미친 척하고 있다는 것을 그들에게 알리며 조심하라고 했지만 두 사람은 믿지 않았다.

한참 뒤 연왕 주체가 정용鄭庸이라는 신하를 조정에 보내 시정을 보고

하도록 했는데, 대신 제태가 그를 붙잡아 심한 고문을 가하자 정용은 혹형을 견디지 못하고 주체가 모반을 도모한 일을 모조리 말해버렸다. 놀란 혜제는 즉시 사자를 파견하여 주체의 관리를 체포하고 사귀 등에게 그를 잡아들일 방법을 강구하라고 밀령을 내렸다. 그리고 원래 주체의 측근이었던 북평도지휘인 장신에게 그를 체포하도록 명했다.

장신이 망설이며 결정을 내리지 못하다가 집에 돌아가 어머니한테 이야기를 했다. 그러자 그의 어머니가 말했다.

"절대 해서는 안 될 일이야. 내가 듣기로 연왕이 마땅히 천하를 얻어야 한다고 하더라. 왕이 될 인물은 죽지 않는 법이야. 설마 너 혼자서 체포할 수 있다고 생각하는 것은 아니겠지?"

장신은 더 이상 주체를 체포하겠다는 생각을 하지 않았다. 그러나 속히 일을 처리하라는 조정의 밀지가 다시 내려왔다. 주저하며 결정을 내리지 못한 장신은 주체를 만나서 결말을 짓고 싶었다. 그러나 주체는 병을 핑계 삼아 그를 만나지 않았다. 장신이 그를 몇 번이나 불렀으나 계속 거절했다. 장신은 할 수 없이 평상복 차림으로 가서 비밀리에 상의할 일이 있다고 하여 겨우 주체를 만날 수 있었다. 그는 연왕부에 들어가서 주체가 침대에 누워 있는 것을 보고 절을 했다. 주체는 손으로 입을 가리키며 뭐라고 중얼거렸는데 한 마디도 알아들을 수가 없었다. 장신이 말했다.

"대왕, 그리실 필요 없습니다. 무슨 일이 있으면 신에게 모두 말씀하소서."

주체가 "너 뭐라고 했냐?"라고 물었다.

장신이 말했다.

"신은 대왕께 충성을 바치고 싶은데 대왕께서는 오히려 신을 속이고 계시니 정말 이해할 수가 없습니다. 사실대로 고하자면 조정에서 신에게 대왕을 체포하여 경성으로 압송하라는 밀지가 왔습니다. 혹 대왕께서 정말로 병이 나셨다면 신은 대왕을 체포하여 경성으로 보낼 것입니다. 그러면 황제께서도 더 이상 대왕을 어찌지 못할 것이옵니다. 하오나

행여 대왕께서 병도 없으면서 아픈 척을 하신다면 좀더 생각을 해봐야겠습니다.”

주체가 그의 말을 듣고 벌떡 일어났다.

“고맙소! 고맙소! 우리 집안이 살아남을 수 있을지 없을지는 모두 그대에게 달려 있소.”

주체가 일부러 꾀병을 부리고 있었다는 것을 알게 된 장신은 너무 기뻐서 그와 비밀리에 상의를 했다.

주체는 더 이상 지체할 수 없다고 생각하고 도연과 왕공 등을 불러 대사를 도모한 끝에, 조정을 어지럽히는 제태와 황자징을 제거한다는 명분으로 정난靖難의 변을 일으키기로 결정했다. 이때 갑자기 큰 바람이 일더니 폭우가 쏟아지기 시작했다. 대궐 처마 끝의 기와 한 조각이 바람에 떨어지자 주체가 매우 기분 나쁜 표정을 지었다. 그러자 도연이 설명했다.

“이것은 하늘이 길조인데 전하께서는 왜 언짢아하십니까?”

주체가 질책하듯 말했다.

“거짓말 마라! 비바람에 폭우가 쏟아지는데도 길조란 말이더냐?”

도연이 웃으며 대답했다.

“비룡이 하늘에 있는데 어떻게 비바람이 없을 수가 있겠습니까? 처마의 기와가 떨어진 것은 장차 황실이 바뀔 징조이온데 어찌 길조가 아니겠습니까?”

그때서야 주체는 화가 풀렸다. 그리하여 주체는 북평을 관할하는 장병과 사귀 두 사람을 죽이고 지휘사 팽이彭二의 군대를 격파한 뒤 북평성을 평정하였다.

홍무洪武 31년(1398)에 태조 주원장이 죽고, 그의 손자 주윤문이 즉위하여 혜제가 되었다. 혜제는 연호를 홍무에서 건문建文으로 바꿔 건문제建文帝라고도 불리는데, 건문제가 제왕들을 하나둘씩 죽이자 위협을 느낀 연왕 주체가 건문 원년(1399)에 한 발 앞서 반란을 일으킨 것이다. 주체는 3년간 건문제와 고전을 치른 후, 경성을 함락시켜 마침내 건문제를 밀어내고 왕위에 올라 성조成祖가 되었다. 연호를 영락永樂으로 바꿨기 때문에 영락제永樂帝라고도 불린다. 북평北平이라는 지명을 북경北京으로 고치고, 영락 19년(1403)에 북경으로 천도한 주체는 중국 역사에 영향력이 큰 황제 가운데 하나가 되었다.

중국인들은 예로부터 시운時運을 매우 중시했다. 때가 오지 않으면 호랑이도 평지에서는 개들에게 물리고, 용도 곤경에 빠지면 새우에게 놀림을 당하며, 일단 때가 왔다 싶으면 호랑이는 깊은 산속으로 들어가고 용은 높은 하늘로 승천한다는 식이었다.

그러나 중국인들은 덮어놓고 때가 오기를 기다리는가 하면, 적극적으로 호기의 조건을 만들거나 때를 맞을 준비를 해놓기도 한다. 수주대토守株待兔의 방법은 예로부터 중국인들의 웃음거리였다. 이는 완전히 피동적인 자세로서 운명을 우연한 기회에 맡기는 게으름뱅이들의 방법이기 때문이다.

확실히 중국인들은 할 수 없다는 것을 알고도 하거나, 무익한 것을 알고도 억지로 하는 정신이 있지만, 인내심이 강하고 강한 생존력과 자기보호능력이 있다. 그들은 어려운 환경에서도 기회를 잘 찾아내 발전시킨다. 굳이 성어로 예를 들자면 '견인불발'堅忍不拔(참고 견뎌서 마음이 흔들리지 않다)일 것이다. 앞에서 거론한 미친 척하는 것이나 아픈 척하는 것은 생존하기 위한 방법의 좋은 본보기다. 그러다 보니 우아한 색채는 줄어들었지만 성공이라는 관점에서 말하자면 매우 실질적인 가치가 있다.

그것이 어떤 실질적인 가치를 지니고 있느냐고 묻는다면, 기회는 준비하는 사람에게 주어지고 성공은 자기보호를 잘하는 사람에게 주어진다고 답할 수 있을 것이다.

8 밀고로 권력을 잡다

옛 중국인들은 밀고를 통해 경쟁자를 제거하고 공을 세웠다.
밀고는 차라리 중국의 전통문화 중 하나라고도 할 수 있다.

중국의 봉건사회는 밀고자의 천국이었다. 각 왕조마다 밀고하여 입신출세한 사람들이 많았고 억울하게 죄를 뒤집어쓰고 비참하게 죽은 사람들도 수없이 많았다. 그런데 흥미로운 점은 밀고하여 소기의 목적을 달성한 사람들이, 떳떳하게 직간하여 일을 이룬 사람보다 훨씬 많았다는 것이다.

백주대낮의 세계는 위축되어도 시궁창 사업은 발달하였던 점 또한 중국의 특색 중 하나다. 어떻게 그럴 수가 있었을까? 아무래도 모든 권력이 한 사람에게만 집중되어 있었기 때문이 아닐까. 제왕 한 사람이 전권을 갖고 있기에 권력이라는 것은 공개될 수 없다. 권력이 비공개적인 이상 그 안팎을 이어주는 비밀통로가 있게 마련이다. 밀고와 밀고자가 독버섯처럼 자라나고, 특무와 특무통치도 바로 여기서부터 자생하게 되는 것이다.

사실 중국에는 역대로 언제나 특무와 특무통치가 있었다. 다만 그 정도가 얼마나 많았고, 얼마나 심했으며, 또 어떤 형태였느냐의 차이가 있었다. 역사가 발전함에 따라 특무통치의 수법도 점점 발달했고 명나라에 이르러서는 이미 성숙한 단계로 접어들었다. 중국의 전통문화는 이런 시궁창 특무문화가 보태져서 그야말로 "풍성하고 찬란하다"고 표현

금의위의 인장. 금의위는 명나라를 세운 주원장이
관리들의 동정을 감시하기 위해 만든 기관이다.

할 수 있다.

명나라 특무통치의 발전은 상당히 길고 복잡한 경로를 거쳤다. 굳이
그 원류를 따지자면 명나라의 개국 황제 주원장으로 거슬러 올라가야 할
것 같다.

밀고는 중국의 전통문화

주원장이 각지를 전전하며 싸워 일개 평민에서 황제 자리에 오르는 과
정은 결코 쉽지 않았다. 주원장이 성장해온 환경도 그가 남을 믿지 못하
는 성격 형성에 많은 영향을 미쳤다.

주원장은 맨 처음 곽자흥에게 충성했다. 주원장은 매우 용감했고 곧
두각을 나타내어 곽자흥의 사위가 되었다. 곽자흥의 수양딸 마씨가 주
원장에게 시집을 가서 주원장이 황제가 된 후에는 황후에 책봉되었다.

그러나 곽자흥은 늘 주원장을 의심하고 시기하여 여러 번 그의 병권을
빼앗고 심지어는 목숨까지 노리기도 했다. 특히 곽자흥의 두 아들은 몇
번이나 주원장을 사지로 몰아넣었다. 주원장은 이때 받은 고통의 영향
으로, 인간은 복잡하고 사악한 존재라고 여겨 남을 잘 믿지 않게 된 듯하
다. 그는 황제 자리에 오른 뒤에도 사람을 경계하는 데 깊은 주의를 기울
였다.

명나라 초기의 정치는 매우 혼란스러웠다. 이런 혼란을 속히 안정시키기 위해 주원장은 관료 제도를 개혁하여 권력을 자신에게 집중시켰으며, 형법을 엄하게 시행하여 자신에게 반대하는 자들을 잔혹하게 살육했다. 그 외에 특히 주목할 만한 점은 신하들이 반란을 도모하지 못하도록 황제 직속의 비밀 정보기관인 금의위錦衣衛를 설치하여 직접 통솔했다는 것이다. 온 나라와 성안이 주원장이 보낸 금의위로 가득 찼다. 큰일은 말할 것도 없고, 대신들이 아침부터 저녁까지 누구를 초대하는지, 무엇을 먹는지, 무슨 시를 쓰는지, 무슨 불평을 하는지, 왜 화를 내는지 등 일거수일투족을 낱낱이 보고하게 하여 주원장은 관리들에 대해 모르는 게 없었다. 그래서 다음날 아침에 주원장을 조정에서 만난 군신들은 놀라지 않을 수가 없었다.

그렇지만 이런 삼엄한 통치 아래서도 승상 호유용이 조정 안팎으로 모반을 모의하여 하마터면 주원장이 목숨을 잃을 뻔했다. 호유용의 모반에 연루되어 목숨을 잃은 사람이 3만 명이 넘었고, 나중에 흥람興藍(남옥藍玉)의 옥사獄事로 1만 5천여 명이 또 목숨을 잃었다. 두 번에 걸쳐 수만 명을 죽이고 나니 조정의 공신과 원로대신들이 거의 소탕되다시피 했다. 그리하여 주씨 정권은 대략 뿌리를 내렸다.

이는 주원장의 가천하家天下 사상에서 비롯된 조처였다. 이전 왕조의 환관·외척·군벌의 폐해가 컸음을 잘 알았기 때문에 이들이 조정에서 정치에 관여하거나 태후가 섭정하는 것을 엄금하고 문신이 무관의 군사 정무를 맡게 하여 사전에 황제 이외의 세력이 권력을 잡지 못하도록 한 것이다.

주원장이 죽은 후 그의 손자 주윤문이 즉위하니 그가 바로 건문제(혜제)다. 그런데 주원장의 아들 주체가 이에 복종하지 않고 반란을 일으켜 건문제를 몰아내고 왕위에 오르니 그가 성조다. 주체는 반란을 일으키는 과정에서 환관들의 지지를 받았고, 이때부터 주체는 환관을 매우 신임하게 되었다. 이리하여 명나라 환관의 발흥이 이때부터 시작되었다.

주원장이 조직한 금의위의 관할 지역은 17개소였는데, 인원이 거의 5, 6만여 명에 달했다. 반면 일반 위衛는 겨우 5개소에 지나지 않았으며, 많은 곳도 5천 명을 넘지 못했다. 주목할 점은 금의위가 어떤 관리나 법률에도 구애를 받지 않았고, 모든 사람들의 정보를 직접 황제의 손바닥에 쥐여주었다는 것이다.

주체는 정권을 잡은 후 금의위가 이용하기에 적절하지 않다는 생각을 했다. 특히 금의위는 지방관리여서 정세를 파악하기에 어려움이 있었다. 게다가 환관의 권력이 갈수록 커져 어떤 기구로도 제약할 수 없게 되었다. 그래서 그는 주변에 있는 환관을 뽑아 동창東廠을 설립했다. 동창은 금의위의 직능을 수행할 수 있을 뿐만 아니라 금의위의 동태를 감시하고 통제했다. 동창 덕분에 성조 주체는 어느 정도 마음을 놓을 수 있게 되었다.

금의위와 동창 이 두 특무기구는 헌종憲宗 주견심朱見深의 손에 의해 더욱 보완되어, 소위 중국 특무통치의 최고봉에 달했다. 헌종 시기의 정치는 태조와 성조 때보다 혼란스러웠다. 헌종의 부친 영종英宗은 토목보土木堡에서 이민족에게 참패하고 포로로 잡혀 북방에서 1년간 머물게 되었다. 당시에는 주견심이 태자였는데, 그의 숙부이자 영종의 동생인 주기옥朱祁鈺이 경제로 즉위하자 주견심의 태자 지위는 자연히 파기되고 말았다. 그 후 경제 주기옥은 자신의 아들 주견제朱見濟를 태자로 삼았으나 그는 곧 병사하고 말았다. 주기옥의 병세가 깊어지자 대신들이 변란을 일으켜 영종을 환궁시키고 동생의 손에서 왕위를 탈환했다. 영종이 죽은 후 주견심이 비로소 헌종으로 즉위하였다.

이런 복잡한 정치적 상황은 주견심이 정세를 파악하는 것을 어렵게 했고, 사회는 날이 갈수록 혼란에 빠졌다. 이런 상황 아래 헌종은 조상의 전통을 이어받아 특무 통치를 발전시키는 데 전력을 기울였다.

명나라 헌종 주견심. 복잡한 정치적 상황 속에
서 황제가 된 헌종은 금의위와 동창을 더욱 강
화하여 특무정치를 폈다.

천자의 수레를 타고 다닌 왕직

이리하여 특무 수령 환관 왕직汪直이 시대의 요구에 따라 출현했다. 왕
직은 대등협大藤峽(지금의 광서 계평) 사람으로 요족瑤族 출신이다. 그는
헌종이 남방을 평정할 때 포로로 잡혀 입궁하여 초기에는 헌종의 총애
만귀비万貴妃를 섬겼다. 왕직은 총명하고 영리했으며 사람의 마음을 잘
헤아렸기 때문에 만귀비의 환심을 얻었다. 특히 그는 전심전력을 다해
만귀비 대신 뇌물을 받아 재물을 긁어모아주었다. 그래서 결국 만귀비
는 그에게 보답을 해야겠다는 마음을 먹기에 이르렀고, 그녀는 헌종에
게 왕직을 적극 추천했다. 헌종은 귓가에 스치는 달콤한 말에 유혹되어
그를 어마감御馬監을 관장하는 태감 자리에 임명했다.

왕직이 금의위가 된 것은 우연한 인연에서 시작되었다. 이자룡李子龍이
라는 점술과 천문에 정통한 술사가 있었는데, 자신이 비바람을 부를 수
있고 악귀를 몰아내고 신을 부를 수 있으며 인간 세상의 화복을 예측할
수도 있다고 주장했다. 내시 포석鮑石과 정충鄭忠 등이 이 말을 믿고는 즉
시 그를 헌종에게 추천하였다.

이자룡은 대궐을 출입하면서 헌종과 같이 산에 가거나 나들이도 하면
서 사기술로 농간을 부렸다. 시간이 흐르자 이자룡은 몇몇 내시들과 결탁

하여 헌종을 모해할 계책을 세웠다. 그러나 비밀은 없는 법이어서 금의위의 정찰에 의해 계획이 들통나서 모두 체포되어 참수되고 말았다.

당시의 음모가 비록 성공하지는 못했지만 헌종이 받은 충격은 이루 말할 수 없을 정도로 컸다. 그래서 헌종은 방비체계를 엄중하게 강화했다. 그리고 왕직에게 금의위 군복을 입히고는 금의위를 데리고 거리로 나가 단속하도록 하였다. 왕직은 이 기회를 이용해서 책무에 충실하다는 인상을 주도록 최대한 황제의 비위를 맞췄다.

그는 항상 평복 차림으로 활동하면서 항간에 떠도는 소문이나 관민들의 거동을 낱낱이 헌종에게 보고했다. 당시 헌종은 늘 마음이 불안했으며 자신을 진정으로 도와줄 심복이 없다는 생각을 하고 있었다. 그러던 차에 왕직이 충직하게 행동하자 공허하던 헌종의 마음이 흡족해졌다. 헌종은 금의위와 동창은 모두 선조들이 설립한 근위대여서 인원 파악을 정확하게 할 수 없으니, 자신이 직접 군대를 조직하여 다른 근위대를 통제하는 것이 낫다고 생각했다. 그래서 서창西廠을 설립하라고 명을 내렸다. 서창을 총체적으로 감독할 사람으로 왕직 외에 뽑힐 자가 없었다.

왕직이 서창 총감독을 맡은 후 그의 위신은 치솟았고, 권세도 놀랄 만큼 상승했다. 그렇지만 그는 어리석은 자가 아니었다. 그는 영향력을 더 확대하고 싶어서 살 수만 있다면 돈을 주고 사는 한이 있더라도 갖은 수단을 동원하여 명예를 얻으려고 애썼다. 그리고 호시탐탐 기회만을 엿보고 있었다.

마침내 때가 왔다. 남경 진감鎭監 담력붕覃力朋은 거만하고 제멋대로 횡포를 부리며 매우 탐욕스러운 사람이었다. 그는 조정에 뇌물을 한 번 바치고는, 100척의 관청 배에 밀매 소금을 실어 목에 힘을 주며 당당하게 운송하여 하남에 하역했다. 원래 명나라의 법률에는 개인이 소금과 강철을 불법으로 수송할 경우 사형에 처한다고 명시되어 있었다. 그러나 담력붕은 권력이 있고 성격도 흉악하여 감히 누구도 건드리지 못했다. 한번은 무성武城에 이르렀을 때 한 관리가 갑자기 배를 조사하겠다고 하자 담력붕이 눈을 부라리며 그 자리에서 주먹을 휘둘러 그의 앞니 두 개를 부러뜨려버렸다. 또 홧김에 그 옆에 있는 사람을 창으로 찔러 죽였다.

왕직은 이 사건을 접하고 즉각 사방에 연락하여 여론을 모아 담력붕을 체포하여 조사했다. 왕직이 이 사건을 황제에게 고하니 황제는 단호하게 담력붕을 사형에 처하라고 명했다.

헌종은 결국 담력붕을 죽이지는 않았지만, 왕직이 공평하게 법을 집행하고 충성을 다한다고 생각하여 그에 대한 신임이 한층 더 깊어졌다. 일반 관민들도 왕직은 강직하고 아첨을 하지 않는 사람이라고 생각했다. 그리하여 그의 명성이 날로 높아지기 시작했다.

왕직은 자신의 권세가 이미 견고해진 것을 알고 특무수단을 이용해서 공포 분위기를 조성했다. 조정 관리들을 마구 잡아 가두고 살육하는가 하면 일반 민중에게도 함부로 권력을 휘둘렀다. 서창은 법적인 절차도 거치지 않고 사람을 체포하여 처벌할 수 있었고, 황제에게 나중에 알리기만 하면 되었기 때문에 점점 무리하게 억지를 부리는 악마의 소굴로 변해갔다. 왕직은 많은 안건을 황제에게 알리지도 않고 속이며 제멋대로 처리하였다.

이로 인하여 민간에서 닭싸움과 사냥개 달리기로 노름을 하거나, 말다툼을 하다가 흉기를 가지고 싸움을 한 혐의만으로도 왕왕 중형이나 극형에 처해져 많은 사람들이 서창에서 죽어갔다.

예를 들면, 건영지휘사 양화楊譁와 그의 부친 양태楊泰는 원수 집안에게 무고를 당해 경성으로 도망을 가서 매형 동여董璵의 집에 숨어 있었는데 동여가 대신 위영韋瑛에게 도움을 청했다. 위영은 서창의 금의백호錦衣百戶이고 왕직의 심복이었다. 그래서 위영은 겉으로는 동여의 말을 들어주는 척하다가 공을 가로채려고 즉시 왕직에게 알렸다. 왕직은 그 말을 듣고 다시 명예를 얻을 수 있는 호기가 왔다는 것을 감지하고 즉시 양태 부자를 체포하여 모진 고문을 가했다. 양화는 고문을 견디지 못하고, 뭉칫돈을 병부를 주관하는 양사위楊士偉의 집에 맡겨 둔 것과, 뇌물

수수를 자백해버렸다. 진술을 얻어낸 왕직은 더 이상 조사를 하지도 않고 즉각 양사위를 체포했다. 그 결과 양화는 중형을 받고 감옥에서 죽었고, 양태는 참수를 당했으며, 양사위는 파직되었다. 이 사건이 경성에 퍼지자 백관들의 인심이 흉흉해져 오로지 양가네 집안사람처럼 될까 봐 두려워했다.

왕직에게 말단관리들은 안중에도 없었다. 당시 조정의 1, 2품 대관들도 그를 보고도 못 본 척할 정도였다. 한번은 병부상서 항충項忠이 외출을 하다가 왕직과 마주쳤다. 왕직은 항충이 자신에게 서둘러 길을 비켜주지 않는다고 크게 화를 내면서 그 자리에서 욕설을 퍼부으며 모욕을 주었다. 그리고 허물을 찾아서 처벌을 하겠다고 큰 소리를 쳤다. 그는 매번 외출을 할 때마다 천자의 수레를 타고 호위 수행을 했는데, 그 때마다 거리를 오가던 행인들은 뿔뿔이 흩어져 감히 그와 부딪히기를 원하지 않았다.

이런 실정 아래 조정의 수많은 대신들이 억울하게 체포되어 감방 신세를 져야 했다. 조정 대신들은 자신을 보호하지 않으면 안 되었다. 그래서 정직한 대신들은 끊임없이 왕직을 파면하고 처벌할 것을 요구했다.

중국 역사에는 재미있는 현상이 또 하나 있었는데, 간사하고 아첨하는 무리에 반대하는 장수는 결코 없었고, 문신 중에서도 나서는 사람이 적었다는 점이다. 반면 대학사 신분의 문인학자들이 늘 모난 돌이 되었다고 한다. 다음은 상로商路라고 하는 대학사가 솔선해서 올린 글이다.

"근래에 비밀 정찰이 너무 많아졌습니다. 조정의 명령과 법령 시행이 너무도 급박하며 형이 무겁고 비밀리에 행해지고 있어 사람들마다 당황스럽고 두려워 불안에 떨고 있습니다. 이것은 모두 폐하께서 왕직에게 사안들을 처리하도록 위임하셨고, 왕직은 그 사안들을 소인배에게 건네주었기 때문에 일어났습니다. 지금 궁정 안팎이 불안으로 술렁이고 있으니 어찌 불미스러운 일이 발생하지 않는다고 보장할 수 있겠사옵니까? 과거에 조흠曹欽이 모반을 일으킨 것도 간신배가 그를 격분시켰기 때문이옵니다. 일단 환란이 일어나기 시작하면 한번에 진압하기가 어렵습니다. 바라옵건대 폐하께서는 군왕의 마음으로 결단하시어 서창을 폐기하시고 왕직을 파면하셔야 하며, 위영葦瑛은 벌을 받아 마땅하니 주살하신다면 신은 폐하께 충심으로 기쁘게 심복할 것이오며, 폐하께서는 매사가 형통할 것으로 사료되옵니다. 그렇지 않으면 천하는 매우 위급한 상황에 빠져 그야말로 한치 앞도 예측하기 어렵게 되옵니다."

이와 같이 간절하고 진지하며 사실에 근거한 상소문을 훑어본 헌종은 어리석게도 사람들 앞에서 이렇게 말했다.

"짐은 일개 환관을 하나 두었을 뿐인데, 무슨 천하를 혼란에 빠뜨렸다는 말인가!"

이것도 부족해서 헌종은 일부러 사람을 보내 상로를 질책했다. 회은懷恩이 상로를 만나러 갔다. 그러나 상로는 전혀 당황하는 기색 없이 왕직이 저지른 세 가지 대죄를 고했다.

첫째, 함부로 3품 이상의 조정관리를 잡아 가둔 죄. 둘째, 대동大同과 선부宣府 등 변방 요충지를 수비하는 지휘관을 많게는 두세 명까지 함부로 체포 구금하여 변방을 위급하게 한 죄. 셋째, 황제의 근본인 남경까지 함부로 수색하여 사람들을 체포한 죄.

회은은 그 말을 듣고 놀라 혀를 내두르며 즉시 돌아가 황제에게 보고를 했다.

이때 마침 병부상서 항충도 구경을 인솔하여 함께 왕직을 탄핵하려고 상소문을 올려놓고 있던 참이어서 헌종은 몹시 여론의 압력을 받고 있었다. 결국 헌종도 압력을 견디지 못하고 어쩔 수 없이 성화成化 18년(1482)에 서창을 폐지하고 왕직을 질책하여 어마감으로 돌려보냈다.

그러나 이는 일시적인 현상에 지나지 않았다. 헌종은 왕직을 계속 총애했으며, 서창도 기회만 오면 다시 세울 작정이었다.

결국 기회는 오고야 말았다. 어사 대진戴縉이 9년이 지나도록 자신이 승진을 하지 못하자 몹시 우울해하며 오랫동안 고민을 하고 있었는데,

갑자기 묘한 계책이 떠올랐다. 그는 왕이 여전히 왕직을 총애하는 것을 보고, 아예 그 뜻에 영합하여 비위를 맞추어주기로 작정했다. 그러자 그역시 승승장구하여 졸지에 벼락출셋길에 오르게 되었다. 그래서 그는 상소를 올려 왕직이 국가를 위해 어떤 충성을 했는지, 서창에서 무슨 공로를 세웠는지를 열거하고, 즉시 서창을 재건할 것과 간사한 무리들을 제거하여 나라를 안정시키고, 금일법今日法뿐만 아니라 만세법萬世法도 제정하자는 등의 글을 올렸다. 헌종이 이를 보고는 마음이 흡족하여 즉각 조서를 내려 서창을 다시 열고, 왕직을 복직시켰다.

왕직은 복귀한 후 더 이상 거리낄 것이 없었다. 그가 첫 번째로 한 일은 항충을 모략하는 것이었다. 그는 동창의 교위校尉에게 항충을 무고하도록 지시했다. 헌종은 영문도 모르고 항충을 체포하자는 데 동의를 하고, 관리에게 넘겨 심문을 하도록 했다. 일을 맡은 관리는 이 모든 것이 왕직의 생각이라는 것을 알고 있었다. 아무리 심문을 해도 꼬투리를 잡아내지 못했지만 항충에게 죄를 뒤집어씌웠고, 항충과 같이 왕직을 탄핵한 6부 9경까지도 연루되어 관직이 폄하되는 처벌을 받게 되었다. 우선 왕직을 탄핵하라는 상소문을 올린 대학자 상로부터 파면을 당했다. 그때부터 조정에서는 누구도 감히 왕직과 쟁론을 벌이지 않았다.

왕직은 자신에 반대하는 사람들을 색출하고, 곳곳에 자신과 가까운 사람들을 심어놓았다. 그의 심복 가운데 왕월王越과 진월陳鉞 두 사람의 경우를 통해 헌종 당시 조정의 부패상을 엿볼 수 있다.

왕월은 원래 아주 비굴한 소인배였다. 그는 왕직과 항충 두 세력이 양립할 수 없다는 것을 파악하고 어느 한쪽에 빌붙을 기회를 엿보았다. 그는 늘 항충을 이를 부득부득 갈 정도로 미워했다. 그래서 항충을 모함하는 과정에서 왕월도 큰 공을 세웠다. 항충이 관직을 박탈당하고 평민으로 돌아간 뒤 왕월은 뜻밖에도 왕직의 추천을 받았다는 이유로 병부상서로 승진을 했다.

성화 15년(1479), 왕직이 명을 받고 순찰을 나서자 변방 관리가 호랑이를 본듯이 두려워하며 정성껏 예의를 갖추었다. 그런데 요동을 지키고 있던 병부시랑 마문승馬文升이 왕직의 행동에 불만을 느끼고 분노를 표시하자, 왕직은 진월陳鉞과 모의한 끝에 진월이 변경을 교란시킨 죄과를 모두 마문승에게 전가해버렸다. 원래 진월이 함부로 사람을 죽이고 변방 주민들의 공로를 제 것으로 하는 바람에 민중 봉기가 일어났는데, 마문승이 직접 그들을 위로하자 겨우 진압이 되었다. 그러나 왕직의 이간질로 인하여 마문승은 변경으로 좌천되고 말았다.

진월은 왕직의 심리를 잘 알고 있었다. 진월이 그때까지 전공을 세운 적이 없다는 사실을 알게 된 왕직은 그에게 변경에서 공을 세울 수 있는 기회를 주기 위해, 외적이 국경을 침입했다는 허위 보고를 했다. 헌종은 주녕朱寧에게 군대를 통솔하게 하고, 왕직에게는 감군을 맡겨 변경을 한 바퀴 돌아보고 개선하라고 명을 내렸다.

그 결과는 두 가지였다. 첫째는 죄 없는 수많은 변경 주민들이 죽었고, 수많은 재물이 약탈당했다. 둘째, 주녕은 보국공에 임명되고 진월은 우도어사로 승진했으며 왕직은 봉록이 높아졌다.

왕월은 진월이 뇌물수수죄를 지었음에도 수월하게 승진하고 재산을 모으는 것을 보고 시기심이 끓어올라, 앞의 사건을 모방하여 변방 관문에 외적이 침입했다고 허위 보고를 했다. 헌종은 사실인지 물어보지도 않고 되는 대로 명령을 내려, 또다시 주녕에게 군대를 통솔하게 하고 왕월이 보좌하도록 하였으며 왕직에게는 감군을 통솔하도록 했다. 그들이 개선한 후, 모두에게 상이 내려졌다. 왕월은 소원대로 위령백에 임명되었다.

왕월과 진월은 왕직의 심복이 되었다. 당시 사람들은 그 두 사람을 '두 개의 월鉞'(도끼의 일종)에 비유를 하며 두려워했다.

연극공연에서 폭로된 간신의 실체

그러나 결국 연극을 잘하는 젊은 환관 아축阿丑이 그들의 소행을 차마 눈뜨고 볼 수 없어 헌종 앞에서 왕직과 '두 도끼'의 불법행위를 폭로하고 말았다. 그 말을 들은 헌종이 놀라 크게 화를 냈다.

하루는 아축이 헌종 앞에서 술에 취한 사람으로 분장을 하고 길가에 앉아서 마구 욕설을 해대며 허튼소리를 하자, 헌종이 재미있다는 듯이 박장대소를 했다. 그때 한 젊은 환관이 지나가는 행인으로 분장을 하고 큰소리로 외쳤다.

"ㅇㅇ장관님 출두요!"

아축은 꿈쩍도 하지 않고 비웃고 있었다. 잠시 후 다시 환관이 올라와 큰소리로 외쳤다.

"황제 수레 납십니다!"

아축은 여전히 개의치 않았다. 마지막으로 젊은 환관이 급히 뛰어올라와 소리를 질렀다.

"왕 태감 출두요!"

그러자 아축이 황급히 일어나 서둘러 도망을 쳤다. 달려온 환관이 일부러 큰소리로 아축에게 물었다.

"황제께서 납시었다고 해도 꿈쩍 않더니, 어떻게 왕 태감은 그렇게 무서워하는 거요?"

아축이 대답했다.

"나는 왕 태감만 알지, 황제는 모른다오. 그런데 왕 태감은 대하기가 아주 어렵습니다!"

헌종은 그들이 하는 말을 듣고 뭔가 석연찮은 생각이 들었다.

아축은 진작부터 헌종을 유심히 관찰하고 있었다. 그의 마음이 움직이고 있는 것을 보자 연극은 절정에 이르렀다. 아축은 왕직의 의관 차림을 하고 큰 도끼 두 자루를 쥐고 나왔다. 옆에 있던 광대가 물었다.

"이 도끼로 뭘 하려고 하오?"

아축이 대답했다.

"이것은 '월'이지, '도끼'가 아니라오!"

다시 왜 '월'을 가지고 있느냐고 물었더니 아축이 대답했다.

"이 '월'은 보통 것과는 다르오. 병사를 뽑고 장수를 파견하는 등의 모든 일들이 바로 이 '두 월'에 의해 정해진다오."

옆에 있던 배우가 어째서 월이 이렇게 위력이 있느냐고 묻자, 아축이 웃으면서 말했다.

"과연 네가 나무를 깎아 만든 얼빠진 새라는 것을 왕월과 진월조차 모르더라!"

헌종이 이 말을 듣고 빙그레 미소를 지었다. 그러면서 왕직에 대해 꺼림칙한 무언가를 느꼈다. 마침 그 무렵 어사 서용徐鏞이 다시 왕직을 탄핵해야 한다는 상소를 올렸다.

그 내용은 다음과 같았다.

"왕직이 왕월·진월과 안팎으로 긴밀한 관계를 맺고, 공문서를 위조하면서 남에게 무고한 죄를 씌우는가 하면, 마음대로 상을 내리기도 하옵니다. 서북에 전란이 일고 동남에 환란이 일어나 전쟁으로 인한 폐해가 끊임없이 이어지고 있습니다. 천하 백성들은 서창은 알되 조정은 알지 못하고, 왕직만 두려워할 줄 알았지 폐하는 두려워할 줄 모릅니다. 날이 갈수록 그들의 무리가 늘어만 가니 한심할 따름입니다. 바라옵건대, 부디 폐하께서 국법에 따라 그들을 극형에 처하시어, 권력을 믿고 함부로 행동하는 간악한 무리들에게 일침을 가하소서!"

엎친 데 덮친다는 말처럼 왕직 도당 내부에서도 권력과 이익 싸움으로 알력이 끊이지 않았다. 그러자 왕직의 불법행위가 낱낱이 헌종에게 보고되었다. 마침내 헌종은 서창을 처리하기로 결정을 내렸다. 헌종은 먼저 서창을 철폐하고, 왕직의 심복인 왕월·대진戴緒 등을 몰아냈다. 위영과 진월은 이 일이 있기 전에 죄를 지어 사형되었기 때문에 더 이상 추궁할 것이 없었다.

그러나 헌종은 왕직만은 철저하게 처벌을 가하지 않았다. 단지 파직시켜 내보냈을 뿐, 목숨은 살려주었다. 비록 서창이 철거되고 왕직 등이 쫓겨나기는 했지만 동창은 여전히 존재하였고 금의위도 건재하였으며 명나라의 특무 통치는 존속하였다.

왕직이 두 번이나 권력을 잡을 수 있었던 것은 그가 아첨을 잘하고 왕을 가까이에서 모시는 신하였다는 일반적인 이유 외에, 밀고를 잘했기 때문이다. 일반 하급 관리뿐만 아니라 대관이나 금의위 또는 동창에 이르기까지 모두가 그의 밀고 대상이었다. 밀고는 명나라가 개국한 이래 일관된 황제의 통치 전통에 부합하였고, 신하들도 그런 심리에 영합했다. 특히 살아남기 위한 생존본능과 신분상승에 대한 욕구가 강한 이들에게는 이런 책략이 잘 맞았다.

밀고자는 밀고를 원하는 상급자를 위해 각별한 충성심을 나타내기 때문에 상급자에게 존중을 받고, 충신이라는 좋은 평가를 받았다. 설령 밀고한 내용이 사실에 부합되는 것이든 밀고자가 따로 속셈이 있었든, 밀고하는 사람은 그러한 느낌을 받을 수 있다. 특히 외롭고, 무력하며, 자신감이 없는 사람의 경우는 더욱 그렇다.

특무 통치는 일종의 비밀 통치다. 비밀 통치는 1인 전권에서 필연적으로 파생된 결과이기도 하다. 그러므로 봉건 관리사회에서 벼슬을 하기 위해 공부를 할 때, 지면의 절반에 써놓는 두 글자가 있었다. 그것은 '밀고'다.

9 실권을 장악한 황제 환관

현실을 중시한 전통 중국인들은 실제적인 권력을 숭배했다.
"권력은 있을 때 써야 한다"라는 말은 그날 얻은 권력은
그날 써야 한다는 중국인들의 생각을 잘 나타낸다.

옛 중국인들은 "남의 권세를 빌어 위세를 부린다"는 말을 만들어냈다. 여우가 호랑이의 위세를 빌려서 호언장담한다는 '호가호위'狐假虎威에서 유래한 말이다.

그런데 현대 중국인들은 "장관이 현장 공무원만 못하다"는 말도 만들어냈다. 이 말의 뜻은 그 사람의 신분이 무엇이고 어떤 방식으로 일을 처리하든 간에 그 일을 맡은 사람이 알아서 하면 그것으로 그만이라는 것이다. 이런 점에서 볼 때 옛 선조들과 현대인들은 인정받지 않은 일에 대해서는 감히 이러쿵저러쿵 말하지 않지만, 인정해준 일은 확실히 일을 맡은 사람의 소관으로 여긴다. 이런 면은 지금이나 옛날이나 같다.

군자는 문지기를 하지 않는다. 왜냐하면 그의 권력이 너무 작기도 하고 또 때로는 너무 크기도 하기 때문이다. 만약 누군가가 문 밖이나 문입구에 서 있을 때, 문지기는 당연히 간섭을 할 수 없다. 그럴 때 문지기의 권한은 너무 작다. 그러나 만약 그 문을 드나들려고 한다면 문지기는 상당한 권력을 발휘하게 된다. 문을 통과하려는 사람이 누구든 간에 불러 세우고 심문을 하거나 훈계를 하여 위엄과 권력이 무엇이라는 걸 확인시켜준다. 이런 상황을 만났을 때 문을 통과할 수 있는 요령은 한 가지다. 최대한 바짝 움츠리고 고개를 낮추면서 문지기의 허영심과 권위를

만족시켜주어라. 무료한 기분을 달래주고 그가 이 세상에서 가장 중요한 사람이라는 것을 느끼게 해주어라. 그러면 더 빨리 지나갈 수 있을 테니까. 대문을 지키는 사람이 이럴진대, 하물며 옥새를 지키는 사람의 경우는 어땠겠는가.

이 세상에 살고 있는 이상, 누가 그 문을 출입하지 않을 수 있겠는가! 이 '출입문을 통과할 수 있는 학문'에서 한두 가지를 통달하지 않을 수 없다.

권력의 효능은 참으로 크다. 중국인들이 장사를 할 때 "음식은 식기 전에 먹어라"라는 말을 많이 하는데, 이는 상술을 배우면 현장에서 바로 써먹어야 한다는 뜻이다. 관리사회에서도 마찬가지로 "권력은 있을 때 써야지, 기한이 지나면 무효가 된다"는 말을 많이 한다. 일단 기술이 낙후돼버리면 물어보는 사람조차 없기 때문이다. 실권을 행사할 때는 더욱 그렇다. 그날 얻은 권력은 그날 써야 한다. 예나 지금이나 중국인들은 실권을 매우 숭배한다.

음란한 황제 명무종

명나라 환관 유근劉瑾은 실권을 잡고 있다는 이유로 입지황제立地皇帝로 불렸다. 실제의 황제가 아닌 실권황제 또는 집행황제라는 뜻이다. 모든 사람들이 그를 호랑이처럼 두려워하였기 때문에 그가 마음만 먹었다면 진정한 황제의 자리에 오르더라도 아무도 뭐라고 하지 못했을 것이다. 천하를 다스리는 인물이라고 해도 어리석은 황제는 있게 마련이다. 황제라고 해서 벼룩 같은 자손을 낳지 않는다고 누가 보장할 수 있겠는가? 알토란 같은 좋은 종자에서 누런 떡잎이 나올 리 없겠지만 황제 후손이 어떻든 간에 사람들이 황제의 머리에 올라앉아 똥을 눈다면 억울하지 않겠는가! 명나라 무종武宗이 그 좋은 예다.

무종의 부왕 효종孝宗은 지혜롭고 어진 왕이었다. 그러나 효종은 36세

명나라 효종은 탁월한 유학자로서 내각대학사의 충언에 귀를 기울여 정사를 잘 처리했으며 외적과의 관계도 원만히 처리함으로써 명왕조 중흥의 영주라 불렸다.

의 젊은 나이에 세상을 떠나고 말았다. 그는 임종을 앞두고 내각대신인 유건劉健·이동양李東陽·사천謝遷 등을 불러놓고 말했다.

"짐이 선왕의 두터운 은혜를 입고 장씨張氏를 황후로 맞이하여 주후조朱厚照를 낳아 태자로 세웠노라. 이제 태자의 나이가 열다섯이 되었지만, 아직까지 가례를 올리지 못하여 예부에 명하고 전례대로 예를 올릴 수는 있으나 태자의 나이가 너무 어릴 뿐만 아니라 음란한 행동을 즐겨하니 여러 대신들에게 부탁하겠소. 태자가 정도를 걷는 군주가 되도록 힘써주기 바라오. 아쉽게도 태자의 모습을 이제 더 이상 볼 수 없게 되었구나!"

그 아비만큼 아들을 잘 아는 이가 또 있겠는가. 효종의 시체에서 아직 온기가 식지도 않았는데, 무종은 음란하고 방종한 생활을 하기 시작했다.

무종은 유근·마영성馬永成·곡대용谷大用·위빈魏彬·장영張永·구취邱聚·고봉高鳳·나상羅祥 등 여덟 명의 태감들을 신임하고 총애했다. 그 중에서도 특히 유근은 지략과 문장이 뛰어나고 전 왕조의 연혁에 대한 지식도 잘 갖추고 있어 단연 우두머리였다. 이 여덟 명이 무종 시대에 횡포를 일삼고 국가와 백성들에게 재앙을 가져왔다. 그래서 당시 사람들은

명무종 주후조의 행차. 간신들의 꾐에 말려 주색에 빠져 환관들의 전횡을 불러일으킴으로써 역사에 오명을 남겼다.

그들을 팔호八虎라고 불렀다.

유근은 본래 성이 담談이고, 섬서 흥평 사람이다. 그는 어려서부터 성격이 악랄하고 교활했다. 부귀를 얻기 위해 자진해서 거세를 한 뒤에 유씨 성을 가진 태감 밑으로 들어갔다. 성을 유씨로 바꾸고 궁중으로 섞여 들어간 그는 태자 주후조의 시종을 들게 되었다. 그는 태자의 비위를 잘 맞추어 신임과 총애를 받았으며, 태자가 즉위한 후에 더욱 중용되었다.

무종은 본래 놀기를 좋아하였는데, 유근은 그런 무종의 뜻을 알아차리고 정성을 다해 황제를 음란하고 방탕한 길로 유인했다. 가희나 무희들과 놀고 닭싸움이나 사냥개 경주를 즐길 뿐만 아니라 성 밖으로 나가 사냥을 하도록 유인하여 무종의 마음을 아주 편하게 해주었다. 그리하여 유근은 금위군 총독으로 승진했고, 궁정 근위대의 지휘권을 장악하게 되었다.

유근은 강제로 백성들의 땅을 빼앗고 부역을 시켜 무종을 위한 궁전을 건립했다. 또 다방면에서 교묘한 수단과 무력으로 재물을 긁어모아 무종이 즐길 수 있도록 하고, 대신들을 위협하고 능욕하여 조정과 재야를 혼란에 빠뜨렸다. 그래서 효종 때 잠시 호전되었던 정치 국면이 다시 급

명나라의 환관 유근. 방탕한 황제 무종이 그에게
전권을 맡김으로써 입지황제立地皇帝로 불렸다.

속도로 냉각되었다. 조정의 정직한 인사들이 유근을 탄핵해야 한다고
상주하고, 무종에게 현명한 신하를 가까이 하고 소인배를 멀리 할 것을
요구했다.

그러나 무종은 이 요구에 대해 아무런 반응도 보이지 않고, 그대로 방
치해버렸다. 그러자 대학사 유건, 병부상서 유대하劉大夏, 사부상서 마문
승馬文升 등이 상소를 올렸다. 그러나 역시 아무런 대답이 없었다. 그래서
세 사람은 사직하겠다고 압박을 가했다. 그러자 뜻밖에도 무종은 응답
을 했다.

얼마 후 많은 조정 신하들이 상서에 이름을 올리고, 유근의 죄상을 낱
낱이 열거했다. 마침내 황제의 회답이 내려왔는데, 뜻밖에도 "문지"聞知
라는 두 글자만 적혀 있었다. 호부상서 한문韓文, 낭중 이몽양李夢陽 등이
다시 여러 신하들과 함께 상소를 올렸다. 상주문은 이몽양이 초안을 작
성했는데, 그는 유명한 문학가였다. 얼마 후 초안이 완성되고, 한문이 수
정을 하였다. 상소문의 내용은 매우 진지하고 간절했다.

"엎드려 감히 바라보건대 조정에는 날이 갈수록 악행이 더해가고 있
사옵니다. 태감 마영성 · 곡대용 · 장영 · 나상 · 위빈 · 구취 · 유근 · 고

봉 등은 허위를 조작하고 음란하고 방탕한 생활에 빠져 있으며, 말을 타고 산을 돌며 매를 놓아주고 개를 쫓으며 잡극을 즐기고, 심지어 수만 대의 수레에 재물을 가득 실어 외지인들과 교역하기까지 하였습니다. 또한 스스럼없이 음란한 행위를 하며 예의를 갖추지 않고 하루 종일 놀고도 부족하여 다음날까지 이어가니 정신이 해이해졌으며, 절개와 덕망을 잃어버렸으니, 이 소인배들은 술잔 외에는 안중에 없고 천자의 운명은 생각하지도 않으며 선조의 대업을 모두 폐하 한 분께만 맡겨놓고 있사옵니다. 만일 놀이에만 정신을 빼앗기고 절제를 잃게 되어 잘게 부순 가루같이 된다면 어떻게 이 일을 보충할 수 있겠사옵니까.

옛날 환관들이 나라를 망친 것을 보면 그 재앙이 엄청났음을 알 수 있습니다. 한나라 때 십상시, 당나라 때 감로의 변란이 그 좋은 예입니다. 지금 마영성 등의 죄가 분명히 드러났는데도 그 방자함을 다스리지 않으신다면 앞으로도 그들은 꺼릴 것이 없게 되어 반드시 사직에 화가 미칠 것이옵니다.

오로지 폐하께서 기강을 바로잡아 사사로운 총애를 제거하시고 조정의 대신들에게 알리시어 법을 바로 세워서 환란을 방지하고, 영원히 보위를 보존하셔야 국가와 백성들이 행복할 수 있사옵니다.”

상주문은 조정 내에서 반수가 넘는 대신들이 서명을 하여 무종에게 전해졌다. 무종은 유근 등이 조정의 대신과 백성들의 분노를 일으키게 한 사실을 알고 이제 더 이상 마음대로 할 수 없다고 생각했다. 그래서 퇴궐 후에 근심스러운 마음에 훌쩍훌쩍 울기 시작했다. 게다가 왕악王岳 등 유근에 대해 불만을 품고 있던 태감들이 무종에게 유근을 처벌하라고 압박을 가했다. 무종은 하는 수 없이 유근을 천진天津으로 좌천시키기로 결정을 했다. 그러나 군신들이 이 결정에 대해 강하게 항의를 했다. 이유는 처벌이 너무 가벼우며 유근 등을 사형에 처해야 한다는 것이었다. 그래서 무종은 어쩔 수 없이 이튿날 유근 등을 참형에 처하기로 했다.

황제의 결정이 나기 직전에 유근은 이미 그 소식을 들어 알고 있었다.

모든 태감들이 놀라 당황하고 있었지만 유근은 오히려 당당하게 환관들을 이끌고 무종 앞으로 달려와 머리를 바닥에 쿵쿵 부딪치면서 울며불며 하소연을 했다.

"지방 관리들이 뭉쳐서 소신들을 탄핵하려는 것은 모두 태감 왕악 한 사람이 일을 꾸며서 그리된 것이옵니다. 왕악이 지방 관리들과 결탁한 의도는 폐하를 압박하여 소신의 하찮은 일을 들추어 떠들썩하게 하려는 것일 뿐이옵니다. 단지 이 일을 빌미로 폐하를 견제하고 나아가 폐위하려는 것에 지나지 않습니다. 생각해보소서. 소신이 사냥을 좀 했다고 해서 그게 무슨 국사에 큰 손실이 되었겠습니까? 게다가 소인들을 제거하신다면 폐하께서는 누구를 신임할 수 있겠습니까?"

이 말을 들은 무종은 머리가 혼란스러워 뭐가 뭔지 알 수가 없었다. 그는 천성적으로 노는 것을 좋아했기 때문에 놀이에 제약을 받는 일은 죽기보다 싫었다. 유근 일당을 제외하면 심복이라고 할 만한 사람도 없었다. 여기까지 생각이 미치자 무종은 급히 방향을 바꾸었다. 그는 유근에게는 사례감司禮監을 맡기고, 마영성은 동창을, 곡대용은 서창을 맡아서 즉시 왕악 등을 체포하여 남경에 구금시키도록 명을 내렸다.

유건·이동양 등의 대신들은 본래 목숨을 걸고 유근 일당을 제거하기로 계획을 세워놓고 있었다. 그런데 무종이 이튿날 아침 유근 일당을 죽이라는 명을 내렸다가, 하룻밤 사이에 뒤바꿀 줄 누가 상상이나 했겠는가. 이튿날 아침 조회가 시작되면서 성지를 내리자 대신들은 어안이 벙벙하여 입을 다물지 못했다. 유건·이동양은 이미 일이 돌이킬 수 없다는 것을 알고 그 자리에서 사직할 뜻을 비쳤다. 무종이 이동양을 겨우 붙잡았으나, 유건은 고향으로 내려갔다.

나라를 주무른 환관 유근

유건 등이 사직한 것은 유근의 바람에 딱 들어맞았다. 유근은 이 기회를 틈타 자신의 심복들을 조정 곳곳에 배치하고, 이부상서 초방焦芳을 궁으로 불러 근무하게 했다. 그리하여 유근은 행정과 특무대권을 통제할 수 있게 되었다. 이후 그는 관리를 마음대로 발탁하여 자신의 세력으로 키웠는데, 훗날 조정의 절대다수의 주요 관리들이 유근의 수하에서 배출되었다. 그는 한번에 장수 1,560명을 발탁한 적도 있는데, 금의위의 군관도 대부분 그의 심복들이었다.

유근은 아침저녁으로 무종과 만나면서 그의 성격을 잘 파악하고 있었다. 그래서 충성하는 척하면서 한편으로는 그를 모해할 방법을 모색했다. 무종은 워낙 놀기를 좋아한 탓에 누가 유흥을 깨기라도 하면 아주 싫어했다. 그런데 유근이 그때 마침 상주를 올리고 있었다. 무종은 귀찮다는 듯이 말했다.

"짐은 무슨 일인가 했소. 이런 사소한 일로 짐을 성가시게 하지 말고, 알아서 처리하시오!"

유근은 무종이 이런 말을 하기를 간절히 바라고 있었다. 그는 곧장 밖으로 나가 우쭐대며 세도를 부리고 다녔다.

병부상서 임한林翰 등은 일찍이 유근의 횡포에 불만을 품고 그를 탄핵하자는 상서를 지지했다. 유근은 이 사실을 알게 된 후 앙심을 품고 상주문에 그들의 말을 나열했다. 마침 무종이 공을 치면서 흥겨워하고 있을 때 유근이 상주문을 올렸다. 무종이 한번 보더니 아주 귀찮아하면서 말했다.

"짐은 이런 엉터리 같은 말은 읽고 싶지 않소. 알아서 처리하시오."

유근이 고대하던 기회가 왔다. 그는 즉시 궁을 나와 왕명을 전하고, 자신을 반대하는 이들을 모두 끌어내어 모질게 곤장을 치고 감옥에 가두거나 좌천시켜버렸다.

기록에 따르면 남경어사 장흠蔣欽이 유근을 탄핵하려 한 일을 남경 급사중 대선戴銑이라는 자가 밀고했다. 장흠은 곤장을 맞은 뒤에 풀려나 파직을 당하고 평민이 되었다. 감옥에서 나온 지 며칠 안 되어 장흠이 다시 탄핵 상주문을 올렸다. 장흠은 다시 감옥으로 잡혀 들어가 곤장 30대를 맞았다. 피로 뒤범벅이 된 장흠은 기절을 했다가 다시 깨어났다. 옥관이 물었다.

"또 허튼 소리를 할 테냐?"

장흠이 대답했다.

"하루를 살아도 말에 책임을 져야 한다."

금의위는 다시 모질게 그를 때렸다. 3일 동안 정신을 잃었다가 다시 깨어난 그는 생각할수록 화가 나서 옥관에게 사정하여 종이와 붓을 빌려 다시 유근을 탄핵하는 상주문을 썼다. 그런데 겨우 몇 글자밖에 안 썼을 때, 갑자기 벽 사이에서 처량한 소리가 들렸다. 마치 귀신 소리 같았다. 장흠이 자신도 모르게 붓을 내려놓으면 귀신 소리가 들리지 않았다. 장흠이 다시 쓰면 귀신 소리도 다시 시작되었다. 더군다나 탁자 위의 가물거리는 등불은 꺼질 듯 말 듯하여 너무도 무서웠다. 장흠이 한참을 생각하다가 벽을 보고 빌었다.

"이 상소문이 올려지면 필시 죽음에 이르는 재앙을 받게 될 것 같은데, 조상의 신령이 혹시 내가 상주문을 쓰지 않기를 원하신다면 청컨대 큰소리로 표시를 해주옵소서."

빌기를 마치자 과연 귀신소리가 났다. 장흠은 맥이 빠져 상주문을 태워버렸다. 그러나 다시 잠시 생각을 하고 나서는 뜻을 바꾸었다. 그는 큰소리로 말했다.

"기왕 군주를 섬기기로 몸을 맡겼는데, 이 한 몸을 아낀다면 조상님들 앞에 부끄럽게 될 것입니다. 죽음으로써 대란을 막을 수 있다면 이 상주문을 올려야 합니다."

말을 마치자 귀신소리도 멈추었다. 장흠은 옥관에게 상주문을 건네주었다. 그 결과 다시 곤장 30대를 맞고 죽었다.

유근에게 화를 당하여 죽은 자, 형을 받은 자, 좌천된 자, 파면당한 자, 이름을 숨기고 그의 화를 피하여 귀향한 자 등은 그 수를 헤아릴 수 없었다. 유근의 권위는 날이 갈수록 높아졌고 원한을 품은 사람도 갈수록 많아졌으며 조정과 재야 그리고 백성들의 의심하는 마음도 갈수록 깊어졌다.

그는 금의위, 동창, 서창 위에 별도로 내창內廠을 세우고 자신이 직접 관리했다. 내창은 그 권세가 양창과 금의위보다 훨씬 강할 뿐 아니라, 이들을 지휘할 수도 있었다. 또한 천자 이하 모든 사람들의 행적을 정탐할 권한도 가지고 있어 명나라 최대의 특무기관이 되었다. 내창의 형법은 다른 동창과 서창에 비해 터무니없이 잔혹했다. 예를 들면, 내창의 규정은 강 이쪽의 사람이 법을 어기면 강 저쪽의 사람들도 연좌되었다. 형벌 도구도 놀랄 정도로 끔찍했다. 죄인의 목에 씌우는 나무칼은 그 무게가 150근이나 되었고, 형벌은 능지처참보다 잔혹하게 집행했다. 수 년 동안에 사형당한 관리와 백성이 수천 명에 달했다. 사람들은 내창의 본질이 바뀌어 인간세상의 무시무시한 염라국으로 변했다고 입을 모았다.

그대의 관직은 어디서 왔소?

유근뿐만 아니라 그 도당들의 권위도 하늘까지 치솟아 그 누구도 감히 다스리지 못했다.

도어사 유우劉宇가 일찍이 다른 사람보다 많은 돈을 유근에게 뇌물로 바쳤다. 그러자 유근이 기분이 좋아서 어쩔 줄을 모르며 말했다.

"유 선생의 우의가 매우 두텁구려!"

그 일이 있은 지 얼마 안 되어 유우는 병부상서로 승진했다. 그 직책은 수입이 매우 좋은 관직이었다. 무관들은 뇌물을 많이 갖다 바쳤는데, 유우는 수입의 절반을 떼어 유근에게 나누어주고 나머지는 자신이 챙겼다. 얼마 후 유우는 다시 이부상서로 승진했다. 그런데 관직은 높아졌으나 뇌물은 오히려 줄어들었다. 그래서 유우는 유근의 심복 장채張彩를 협박하였으나 아무리 생각해도 이득이 없는 것 같아 참지 못하고 불평을 털어놓았다.

"병부가 얼마나 좋은데, 왜 하필이면 이부야."

유근이 이를 듣고 유우를 불러 술을 마시면서 말했다.

"듣자하니 선생께서 이부를 맡기 꺼려 한다는데 내각으로 이동하는 게 어떻겠소?"

그 말을 들은 유우는 크게 기뻐했다. 그러나 기쁨이 너무 크면 자신의 도리를 잊어버리는 법. 그는 깜박하고 유근에게 예물 보내는 것을 잊어버렸다.

다음날 유우는 번지르르하게 차려 입고 먼저 유근에게 가서 예를 갖추고 감사의 절을 올렸다. 그러나 의외로 유근은 가볍게 비웃으며 말했다.

"그대는 진정 내각에 들어오려 하는 거요? 이 내각이라는 데가 그리 수월하게 들어올 수 있는 곳이던가?"

유우는 부끄러워 몸 둘 바를 몰랐다. 그는 더 이상 유근의 환심을 얻지 못할 것을 알고 어쩔 수 없이 사직서를 올렸다.

유우가 떠나자 장채가 그 자리를 차지하게 되었다. 장채는 뇌물수수와 매관매직을 멋대로 자행했다. 유주지부柳州知府 유개劉介는 장채의 손에 의해 단번에 태상소경太常少卿으로 등용되었다. 유개는 경성에서 몹시 아름다운 아내를 맞이했다. 장채는 워낙 여색을 좋아하는 터라, 그 소식을 듣고 유개의 집으로 순시를 나갔다. 유개는 장채를 정성껏 대접했다. 술이 얼큰하게 달아오르자 장채는 갑자기 유개의 아내를 만나보고 싶다고 제의했다. 유개는 그의 청을 거스르지 못하고, 새로 맞은 아내를 가마에 태워 나오게 했다. 그녀를 본 장채는 첫눈에 넋을 잃어 술잔을 엎질렀다. 한참이 지난 후에야 장채는 비로소 정신을 차리고 유개에게 물었다.

"그대의 부귀와 관직이 어디에서 왔소?"

유개가 대답했다.

"모두가 어르신의 은덕으로 이루어진 것이옵니다."

장채가 다시 물었다.

"그렇다면 무엇으로 보답할 작정이오?"

유개는 조금도 망설임 없이 대답했다.

"이 한 몸 외에 모두가 공의 은덕이옵니다."

그러자 장채가 몸을 일으키며 말했다.

"그대가 그렇게 말을 하는데 내가 어찌 따르지 않을 수가 있겠소?"

집으로 돌아가면서 장채는 하수인에게 은밀히 당부를 했다. 그러자 장채의 하수인이 느닷없이 방 안으로 뛰어들어 유개의 아내를 안아다가 장채의 마차에 태웠다. 유개는 눈을 휘둥그렇게 뜬 채로 그저 멍하니 바라볼 뿐이었다. 장채는 공손히 인사를 하며 말했다.

"폐를 많이 끼쳤소. 수고하셨소."

말을 마치기가 무섭게 그는 마차에 비집고 들어가 유개의 아내를 데리고 집으로 갔다.

얼마 후 장채는 평양지부平陽知府 장서張恕에게 아리따운 아내가 있다는 얘기를 듣고 빼앗아 오려고 했으나 장서가 뜻대로 하지 않자 그를 감옥에 가두어버렸다. 장채는 그가 감옥에서 풀려나기를 기다렸다가 다시 중재인을 보냈다. 그제야 장서가 알아차리고 어쩔 수 없이 얌전하게 아내를 보냈다.

유근 일당의 전횡과 후안무치한 행동은 사람들의 분노를 샀다. 그러나 유근은 고압정책을 실시하여, 법을 거스르기만 하면 엄중한 처벌을 가했다. 한번은 우연히 한 상주문에서 유근의 이름을 훼손하는 일이 있었다. 유근이 명하여 힐문하자 도어사가 놀라서 급히 13도 어사를 인솔하여 유근의 저택으로 와서 사죄를 했다. 유근이 욕을 한마디 하면 모든 관리들은 머리를 바닥에 부딪치면서 큰 절을 올렸다. 그 후 유근은 조정신하가 상주문을 올릴 때 같은 상주문이라도 붉은색과 흰색으로 표시한 두 장을 준비하게 했다. 그런 다음 자신에게 먼저 붉은색 상주문을 올렸다가 자신이 동의하면 다시 조정으로 흰색 상주문을 올리게 했다.

유근은 대신들이 복종하지 않으면 아예 황제의 명의를 빌려 성지를 써서 대신들을 호되게 질책하고, 자신과 맞지 않는 사람들은 성지에 이름을 나열한 후 이부에 재촉하여 그 죄를 조사하도록 하였다. 그리고 또 이 방문榜文을 대궐에 내걸고, 이름이 적힌 사람을 금수교金水橋라는 다리 남쪽에 무릎을 꿇게 하여 황제의 명을 듣지 않는 자들에게 경고했다. 이렇게 하여 방에 이름이 적힌 사람들은 대부분 사직을 원했는데, 유근은 모두 허락했다. 사직을 원하지 않는 사람은 나중에 좌천되거나 옥에 갇혔다. 그리하여 조정에는 선량하고 충직한 인사가 자취를 감춰 다시는 찾아볼 수가 없게 되었다.

정덕正德 3년(1508), 중국 역사상 유일무이한 사건이 발생했다. 무종이 퇴궐하는 길에 익명의 벽보를 한 장 주웠는데, 유근의 죄상을 폭로하는 내용이었다. 무종은 그 내용에 관해 알아보지도 않고 유근에게 벽보를 전해주었다. 유근은 벌컥 화를 내며 분명히 대신들의 소행이라고 생각했다. 그래서 즉시 허위로 성지를 내리고 조정 대신들에게 명하여 모두 봉천문奉天門 앞에서 무릎을 꿇게 했다. 첫 번째 줄에 무릎을 꿇은 사람은 한림관 관리들이었는데 그들은 모두 유근의 측근들이었다. 유근이 "너희들이 나를 무고했느냐?"하고 묻자, 한림관원들이 앞 다투어 땅에 엎드려 울었다.

"유공공(공공公公은 환관의 존칭)께서 소신들을 특별히 사랑하시어 감사하게 생각하고 있는데, 어떻게 모해할 수가 있겠사옵니까?"

유근이 듣고 그들을 풀어주었다. 두 번째 줄은 어사관이었다. 그들은 앞에서 한림관원들이 어려움에서 벗어나는 것을 보고 그들이 한 대로 따라 했다.

"저희 대어사의 관리들은 조정의 법도를 잘 알고 있사온데, 어찌 감히 선량한 분을 모해할 수 있겠사옵니까?"

유근이 흉물스럽게 웃으며 말했다.

"너희들은 모두 선량한 사람이고 나만 간신인 것 같다. 기왕 미워했으면 당당하게 나서서 할 일이지 그렇게 슬며시 꼬리를 뺄 게 뭐 있느냐."

말을 마치기가 무섭게 유근은 궁 안으로 들어가버렸다.

태양이 작열하는 한여름에 전체 관리들은 오랫동안 그곳에 꿇어앉아 있었다. 늙고 체력이 약한 관리들은 더위를 먹고 쓰러졌다. 300여 명의 각 부서 관리들은 감히 꼼짝도 못하고 무릎을 꿇고 앉아 있어야 했다. 태감 이영李榮이 차마 볼 수가 없어 어린 환관에게 시원한 과일을 가지고 오라고 시켜 그들에게 갈증도 덜고 더위도 식히라고 나눠주었다. 그리고 그들에게 말했다.

"유공공이 안으로 들어간 지 오래되었소. 그러니 허리를 좀 펴도 무방합니다."

사람들이 일제히 일어나 자세를 바꾸고, 과일을 먹으면서 목을 축였다. 그런데 과일을 다 먹기도 전에 유근이 갑자기 나타났다. 모두들 유근을 보자 손에 들고 있던 과일을 얼른 버리고 가지런히 무릎을 꿇고 앉았지만 태감 황위黃偉는 제대로 복종을 하지 않고 불평 섞인 말을 몇 마디 했다. 그 결과 이영과 황위는 그 다음날로 관직을 잃었다.

전체 관리들이 꼬박 하루 동안 무릎을 꿇고 나서 다시 금의위 감옥에 투옥되었다. 환자가 200여 명, 사망자가 세 명이나 되었다. 대학자 이동양이 관리들을 구할 대책으로 상소를 올렸다. 유근도 그 벽보는 환관이 썼다는 것을 잘 알고 있었으므로, 겨우 인정을 베푸는 척 관리들을 풀어주었다.

유근이 경성에서 함부로 못된 짓을 하자, 그의 심복 도당들도 전국 각지에서 불법행위를 마구 저지르고 다니는 바람에 백성들의 원성을 샀다. 정덕 5년(1510) 여름, 명나라 종실의 안화왕安化王이 유근 도당의 압력에 시달리다가 그 도당들을 죽이고 군사들을 모아 반란을 일으켰다. 그리고 유근을 규탄하는 격문을 발표했다.

무종은 도어사 양일청楊一淸에게 반란을 진압하도록 하고, 장영張永을 감군에 임명했다. 장영은 환관 무리에 속해 있었으나 유근의 전횡에 대해 날이 갈수록 불만을 느끼고 있었다. 반란을 진압한 후 장영은 양일청의 손을 잡아끌며 물었다.

"이번 진압은 모두 그대의 덕망과 위엄으로 이루어낸 것이오. 만약 내란이 일어나면 그때는 어떻게 할 거요?"

그 말에 양일청이 주저하며 대답을 못하자, 장영이 손바닥에 '근'瑾이라는 글자를 써주었다. 양일청은 그 뜻을 알아차렸다. 두 사람은 뜻이 통했던 것이다.

한편 어떤 관상가가 유근의 종손들 중 몇 명에게 제왕의 상이 있다고 아부하자, 귀가 솔깃해진 유근은 모반을 일으킬 준비를 했다. 장영은 이 사실을 들었으나 무종에게 알릴 길이 없었다. 군대를 철수하고 조정으로 돌아갈 때 무종이 양일청과 장영을 위해 축하 연회를 베풀었다. 모두 모여 한밤중까지 술을 마시다가 유근이 볼 일이 있어서 먼저 돌아가고 나자, 장영이 그 틈에 무종에게 유근의 17가지 죄상과 모반 시기를 아뢰었다. 그러나 무종은 개의치 않고 곤드레만드레 술에 취하여 말했다.

"오늘은 아무 일 없을 테니, 내일 일은 내일 다시 얘기하면 되지 않겠소!"

장영이 황제를 다그쳤다.

"내일은 소인들만 콩가루가 되는 게 아니라 폐하께서도 그렇게 되옵니다."

그래도 무종은 개의치 않았다. 바로 그때 태감이 달려 들어와 큰소리로 보고를 했다.

"큰일 났사옵니다. 유근이 모반을 하려 하고 있습니다. 다른 사람들은 이미 거의 다 알고 있사온데 오직 폐하께서만 모르고 계셨습니다."

무종이 놀라 정신을 차리고 급히 장영에게 금군을 인솔하여 유근을 체포하라고 명령했다.

천자가 되고 나면 신선이 되고 싶어지는 법

장영이 즉시 금군을 이끌고 동화문으로 나가 유근의 집을 포위하고, 황제의 급한 조서라고 속이고 유근을 체포하여 왕 앞으로 끌고 갔다. 다음날, 무종은 그의 머리를 잘라야겠다는 생각까지는 하지 않고, 단지 그를 봉양鳳陽으로 내려 보내려 했다.

그런데 가산을 차압할 때 발견된 것을 보니 어리석은 무종도 놀랄 수밖에 없었다. 재산을 몰수하니 금 24만 괴, 5만 7천8백 냥, 옥 5백만 괴, 은 158만 3천6백 냥, 보석 두 덩어리 등 진귀한 보물이 이루 셀 수 없을 정도로 많았다. 그것은 그래도 약과였다. 더 기가 막힌 것은 가짜 옥새가 하나, 다리가 여덟 개 달린 용이 그려져 있는 용포가 4벌, 망포 47벌, 갑옷이 1천여 벌, 석궁 5백 개가 있었다. 또 유근이 늘 손에 쥐고 다니던 부채의 손잡이에는 비수가 숨겨져 있었다.

그때서야 무종은 전신에 진땀을 흘리며 유근이 모반을 일으켰다는 것을 알아차리게 되었다. 유근은 능지처참에 처해졌고, 친족 15명이 연루되어 주살되었다. 앞잡이였던 장채와 초방 등도 극형에 처해졌다. 이렇게 되자 입지황제였던 그도 저승사자 황제가 되고 말았다.

옛날 강남에 전해지는 노래가 있는데, 그다지 감동적이지는 않지만, 비교적 생동감이 있다.

종일 분주하게 돌아다녀도 굶고
겨우 먹을 것을 얻으면 옷 걱정
비단 옷으로 몸을 휘감아도
머리를 들면 방이 좁다고 불평
높은 누각과 저택을 지어도
침상에 미인이 없다고 불만
교태 부리는 미녀를 멋대로 취해도
밖에 나갈 말이 없다고 걱정
황금 장식한 말안장 있어도
말을 끌며 수행할 하인 없어 불평
하인 수십 명 돈은 가득한데

권력 없어 사기를 당해 한스럽고
때를 잘 만나 운 좋아 관직 얻어도
벼슬자리 너무 낮다 원망하고
상서성 고관을 한 노인 알아도
아침저녁으로 모시며 뇌물 주고
남쪽을 바라보며 천자가 되어도
동분서주하며 오랑캐 물리쳐
사방의 모든 나라를 항복시키고도
신선과 바둑을 두고 싶어라.

"인간의 탐욕은 뱀이 코끼리를 삼키는 것과 같다"라는 말처럼 부귀와 권세에 대한 욕심은 끝이 없다. 그 또한 인간의 약점 중의 하나는 아닐까? 물론 강남의 노래를 비즈니스에 대한 끝없는 도전으로 본다면 당연히 발전적인 의미가 있겠지만, 문제는 그 둘이 전혀 상관이 없다는 것이다. 유근의 일생이야말로 이 노래의 좋은 주석이 될 수 있다. 중국의 봉건 관리사회도 아주 좋은 주석이 된다. 그러나 소수의 뛰어난 인물이, 의식이 변변치 못한 인간들의 지옥을 행복하고 아름다운 인간 천당으로 변화시키려고 노력하지 않았는가?

권력을 손에 쥐고 있으면 하고 싶은 일을 할 수 있다. 권력을 누릴 수 있다는 것은 결코 가볍게 볼 수 있는 일이 아니다. 현실을 아주 중요시하는 중국 사람들의 경우, 권력을 숭배하고 쟁취한 후 휘두르는 것은 그들의 중요한 인생 신조 가운데 하나였다. 권력이 없는 자는 권력을 잡고 싶어 하고, 권력이 있는 자는 그것을 유지하려고 한다. 그리하여 과거 봉건사회의 역사는 권력이라는 글자를 둘러싸고 무수한 참극을 연출했던 것이다.

권權이란 무엇인가? 권이란 손잡이다. 손에 쥐는 자루라면 몽둥이나 칼자루가 될 수도 있다. 권력의 손잡이는 진정 역사를 움직이는 몽둥이일까?

10 아부의 극치를 보여준 간신

중국 속담에 "천만 번 꿰뚫어도 아첨은 꿰뚫을 수 없다"는 말이 있다.
생각해보면 일리가 있는 말이다. 어느 누가 아부를 싫어할 것인가?

요즘 중국에 『후흑학』厚黑學이라는 책이 유행하고 있다. 이름 그대로 얼굴이 두껍고 마음이 검어야 한다는 책이다.

이 책은 사람들에게 두꺼운 얼굴에 시커먼 마음만 먹으면 이루지 못할 일이 없다는 것을 알려준다. 민국民國 시기의 관리사회를 배경으로 이야기를 전개하고 있지만, 사실 한 시대에만 국한되는 것은 아니다. 청나라 말경의 견책소설譴責小說 『관장현형기』官場現形記와 『이십년목도지괴현장』二十年目睹之怪現狀도 봉건 관리사회를 적나라하게 파헤치고 있다.

사실 그 당당한 중국의 정사正史인 『이십사사』二十四史를 펼치더라도, 제왕, 문무 대신들과 작가들의 족보에서 말하는 거짓말은 믿지 말아야 한다. 노신은 식인食人이라는 두 글자로 이들의 행위를 표현했는데, 오늘날 우리가 어떻게 후흑厚黑이라는 두 글자를 모르겠는가? 봉건 사회에서 탁월한 관리가 될 수 있는 경전은 바로 한 권의 『후흑학』이라고 말할 수 있다.

후흑학에 대한 예문을 든다면 이루 다 열거할 수 없을 정도로 수두룩하지만 그래도 하나 고르는 것이 설명하기 편할 것 같다.

명나라의 엄숭嚴嵩은 대단히 유명한 신하였다고 할 수 있다. 그런데 그는 어떻게 유명한 신하가 되었을까? 그에게는 공로나 업적이 없었으며,

학문에 대한 재능도 없고, 군사적인 책략도 없었다. 그러나 그에게는 권력에 영합하는 권모술수와 남을 기만하는 간신의 도가 있었다.

영합과 기만의 도를 터득한 엄숭

엄숭은 명나라 세종의 성격에 맞추어 구체적인 상황에 따라 구체적인 분석을 잘했으며, 세종의 비위를 잘 맞추어 입각한 후 20년 동안 관리생활을 하고 20년 동안 권력을 장악하다 87세의 고령에 병사하였다. 그는 결국 마지막에 파직을 당하기는 했지만 전체적으로 볼 때 성공한 관리사회의 경영자였다.

엄숭은 헌종憲宗 성화成化 16년(1480)에 태어났다. 자는 유중惟中이고, 분의分宜(강서 분의) 사람이다. 1505년에 진사에 합격하여, 먼저 서길사庶吉士의 자격으로 한림원편수에 임명되었고, 나중에 남경 한림원 국자감 제주에 올랐다. 60여 세에 이르렀을 때 세종이 즉위하는 행운을 얻게 되어 그는 곱절로 총애를 받고 승승장구하기 시작했다.

세종은 그의 사촌형인 무종의 왕위를 이어받았다. 무종은 주색에 빠져 중년의 나이에 사망했는데, 자식이 없고 다른 형제들도 없었다. 그래서 황태후와 대신들이 상의한 끝에 세종을 옹립했다. 세종은 즉위 초에는 세상 일에 어두운 소년에 불과했으므로 조정 일은 정직한 대신들에게 위임하여 큰 과오 없이 정무를 처리하도록 하였다. 그러나 그는 나이가 들면서 점점 우매한 본색을 드러내기 시작했다.

세종은 사촌형인 무종의 왕위를 물려받았기 때문에 무종의 부친인 효종이 황고皇考(황제의 부친)가 아니었다. 봉건 정통관념에 따르면 황고는 바뀔 수가 없는 것이다. 세종은 어쩔 수 없이 효종의 계승자라는 명목을 갖추어야 했다. 그런데 세종은 즉위하기 전에 계승 의식을 하지도 않았고, 효종이 자신의 황고라는 것을 인정하려 하지 않았다. 그리고 자신의 생부인 흥헌왕興獻王을 황고로 받들고 흥헌제興獻帝라고 칭했다. 그의 이

명나라의 대표적인 간신 엄숭. 권력을 전횡한 그는 결국 황제로부터 버림받고 빈곤 속에서 삶을 마쳤다.

런 행동은 조정의 대신들을 당황하게 만들었다. 대신들은 앞 다투어 간언을 하며 세종의 행동을 저지했다.

이때 엄숭도 세종을 반대하는 대열에 섰다. 반대하는 세력이 워낙 강했기 때문에 세종은 결국 뜻을 이룰 수 없었다. 1년 후, 세종의 정권은 안정이 되었고, 세종의 심리를 잘 파악하는 대신들이 다시 이 문제를 제기하고 나섰다. 그들은 특별히 「명당혹문」明堂或問를 써서 모든 대신들에게 읽도록 했다. 그리고 황고를 바꾸자는 의견을 강하게 저지하고 나섰던 이부시랑 당주唐冑를 체포하여 하옥시켰다. 엄숭은 한눈에 역풍이 불고 있음을 감지하고, 즉시 방향을 바꾸어 세종이 황고를 개칭하는 것을 적극 지지하기로 결심하였다.

그는 근거를 찾기 위해 경전의 어구나 고사를 인용하면서 세종의 황고 개칭의 정당성을 증명하는 데 전력을 기울였다. 만약 이 정도에서 그쳤다면 그는 결코 세종의 특별한 관심을 끌지 못했을 것이다. 그는 세종의 생부 흥헌왕의 위패를 왕실 종묘로 모시는 의식을 기획하고 실행에 옮기기까지 모든 것을 주관했다. 그리고 흥헌왕을 종묘로 모신 후 예종睿宗이라고 칭했다. 이 의식은 격식에 잘 맞추어 실시되었다. 세종은 엄숭에 대해 특별히 호감을 나타내고, 상금으로 많은 돈과 비단을 하사했다. 더 중요한 것은 세종이 이때부터 그를 주목하기 시작했다는 점이다.

이것이 바로 명나라 역사에서 유명한 대례의大禮儀 사건이다. 이 사건은 오늘날의 시선으로 보면 매우 황당하고 웃기는 일이지만 당시에는 큰 뜻이 내포되어 있었다. 세종의 입장에서 말하자면, 이 일을 통하여 황제에게 잘 보이기 위해 조정 대신들이 총애를 구하는 바람에 날개에 바람이 잔뜩 들어가게 되었다고 할 수 있다.

엄숭은 자신이 승승장구하려면 한 번의 아부로는 부족하고, 더 많은 기회를 포착하여 계속 충성을 바치면서 모든 일을 세심하게 살피고 신중해야 한다는 것을 잘 알고 있었다.

당시 엄숭은 이미 예부상서에 올라 있었다. 그는 위패를 종묘로 옮긴 후, 특별히 「경운부」慶云賦와 「대례고성송」大禮告成頌을 지었다. 이 두 편의 글은 확실히 웅장하고 화려했다. 게다가 엄숭은 세종에게 군신들의 축하를 받도록 청했다. 세종은 입으로는 엄숭이 지은 찬미가를 읽으며 귀로는 아부로 가득한 문장을 들으니 자연히 몸과 마음이 편할 수밖에 없었다. 이듬해 엄숭은 바로 태자를 보좌하는 태보太保 자리에 올라 후한 상을 하사받았다.

사실 그전부터 엄숭의 아첨은 시작되고 있었다. 단지 성과가 없어 겉으로 드러나지 않고, 눈에 띄지 않았을 뿐이다. 세종 가정嘉靖 7년(1528), 엄숭은 예부시랑의 신분으로 세종의 생부의 장지인 현릉顯陵으로 가서 제사를 올린 후 돌아와 세종에게 아뢰었다.

"신이 명을 받들어 현릉으로 가서 제사를 올릴 때, 때에 맞추어 비가 내리더니, 다시 때가 되니 맑아졌사옵니다. 대리석이 나는 조양棗陽에 무수한 황새들이 빙빙 맴돌았습니다. 비석을 운반하여 한수漢水에 넣었을 때는 강물이 갑자기 불어났습니다. 이 모든 것은 하늘이 폐하를 돌보신다는 징조이오니 폐하께서 내각 대신들에게 명하여 이 일들을 기록하도록 하소서."

명나라의 제11대 황제 세종. 잔인하기로 유명했던 그는 자신에게 간언하는 신하들을 사정없이 고문하거나 죽였다. 만년에는 도술에 심취하여 불로선약을 만드는 데 나라의 자원을 낭비함으로써 명나라의 쇠퇴를 불러왔다.

엄숭의 아부가 박자에 딱 들어맞아 세종은 아주 기뻐했고 엄숭을 다시 승진시켰다.

도술에 현혹된 명세종

엄숭이 진정으로 세종의 신임과 호감을 받게 된 계기는 세종이 도교를 맹신하는 것에 영합하면서부터였다. 세종은 열렬히 도교를 신봉했다. 세종의 이런 광신은 중국 봉건 황제들 가운데서도 보기 드문 현상이었다. 세종은 제단에서 제사를 드리지 않고 방사의 말만 믿었으며 단약을 먹고, 중년 이후에는 조정에서 대사를 논하지 않고 오로지 불로장생만을 빌었다. 한순간에 조정 안팎으로 도교를 신봉하는 바람이 강하게 불어 닥쳤다. 세종은 변방을 지키는 장수들을 돌볼 생각은 조금도 하지 않고, 변방이 평온한 것은 도사가 기도해준 덕이라면서 제사를 주관한 도사를 승급시켜주었다.

그리하여 한림원의 문관들도 성현들의 책을 읽는 것이 아니라 『도장』道藏을 연구하는 데 힘을 쏟으며, 후세에 길이 남는 좋은 글이 아니라 기묘하고 현학적인 문장을 쓰기 시작했다. 일단 왕의 눈에 띄기만 하면 머지않아 승진을 할 수 있었다. 그래서 많은 조정 대신들이 본업을 버리고 도교를 위해 헌신하는 일에 추천되고 임용되기를 갈구했다. 삽시간에 경성은 거대한 도장道場이 되어버렸다. 이런 현실을 바라보면서도 엄숭은 세종에게 전혀 간언하지 않았고 단지 시대의 흐름에 부응하면서 아첨을 일삼으며 황제의 비위에만 영합하였다.

명대의 관冠 제도에서 황제와 황태자는 관례에 따라 당대의 익선관翼善冠인 오사모烏紗帽를 써야 했다. 그러나 세종은 도교를 신봉했기 때문에 보통 황제들이 쓰는 관을 쓰지 않고, 향엽도관香葉道冠을 썼다. 그리고 스스로 도사같이 분장을 하고 다녔다. 또 세종은 오정심수향관五頂深水香冠을 제작하도록 하여 하언夏言, 엄숭 등 다섯 명의 대신들에게 쓰도록 했다.

하언은 내각의 재상이었고, 정직한 사람이었으므로 옳지 않은 것을 받들지 않았다. 그래서 그는 세종이 보낸 관을 쓰지 않았다. 제도에 어긋난다는 것이었다. 군신들이 모두 이런 모자를 쓰고 조정에서 정무를 본다면 체면이 서지 않으며, 조정이 도사들의 도장으로 바뀌지 않겠느냐는 것이었다. 그래서 하언은 세종에게 도교를 조금 멀리하는 게 어떻겠느냐는 간언을 했다.

하언의 말을 들은 세종은 당연히 기분이 언짢았다. 그에 비해 엄숭은 세종을 알현하는 자리에서 언제나 하사받은 관을 썼을 뿐만 아니라 관 바깥쪽을 고급 천으로 덮어 씌워 아주 소중히 다루었다. 세종이 이를 보고 엄숭이 아주 충성스럽고 자신을 위한다고 여겨 크게 기뻐했다.

엄숭은 하언이 점점 신임을 잃고 있는 것을 보고, 하언의 자리를 빼앗을 방안을 치밀하게 세웠다. 그는 먼저 하언을 매우 존중하는 것처럼 행동했다. 어떤 경우에도 그는 하언을 비판하지 않았다. 한번은 그가 하언에게 식사 초대를 했는데, 하언은 이를 거절했다. 그러자 엄숭은 원망하기는커녕 하언 앞에 무릎을 꿇고 엎드려 절을 했다. 하언은 많은 감동을 받고, 엄숭이 진심으로 자신을 존중하는 줄 알고 더 이상 엄숭을 경계하지 않았다. 이리하여 하엄은 엄숭에게 틈을 엿볼 기회를 제공하게 되었다.

황제가 파견한 사자를 대우하는 태도에서도 엄숭과 하언은 완전히 달랐다. 세종은 내관들을 대신들의 집으로 칙령을 전하러 보냈는데, 하언은 늘 벼슬아치 티를 내면서 그들을 노예 대하듯 했다. 그러나 엄숭은 그렇지 않았다. 그는 언제나 내관들을 매우 공손한 태도로 대했을 뿐만 아니라 매번 옷소매에 금덩이를 숨겼다가 슬쩍 주머니에 넣어주면서 그들의 비위를 맞추었다. 그래서 내관들은 늘 세종 앞에서 엄숭을 칭찬하고 하언을 헐뜯었다.

세종은 신하들을 점점 의심하기 시작했다. 세종은 전대 황제들처럼 특무통치나 공포정치는 하지 않았지만 그래도 군신들을 믿지 못하고 늘 내관들을 대신들의 집으로 보내 알게 모르게 동정을 살피게 했다.

엄숭은 세종의 사자가 올 때쯤에는 늘 책상 앞에 앉아서 책을 읽거나 청사靑詞를 썼다. '청사'란 도사의 제문을 말하는 것인데, 청등지靑藤紙에 주홍색 글씨로 쓰기 때문에 청사라고 했다. 게다가 그는 늘 태감들의 보고를 받았다. 어떤 사람이 감시를 하러 오면, 그는 세종의 청사 원고를 교정하면서 밤늦도록 쉬지도 않고 일에 매달렸다.

그러나 하언 측은 그렇지 않았다. 그는 나이가 너무 많았고, 도교에 흥미가 없었다. 그래서 엄숭이 세종을 위해 청사를 짓느라 피땀을 흘리는 동안 하언은 깊은 잠에 빠져 있었다.

이런 상황이 세종에게 보고가 되었으니 세종은 당연히 누가 게으르고 누가 부지런한지, 누가 유능하고 누가 무능한지, 누가 충신이고 누가 간신인지를 분별할 수 있었다.

세종은 청사를 매우 중시했는데, 엄숭이 쓴 청사가 때때로 독창적이고 새로운 양식을 창출해내어 세종의 환심을 얻었다. 그러나 하언은 나태하고 무심하여 언제나 아랫사람들에게 대신 쓰도록 하고, 다 쓴 원고는 고치지도 않고 건네주었다. 그리하여 졸속한 허점이 여러 군데 반복적

으로 세종의 눈에 발견되면서 하언에 대한 세종의 불만은 한층 더 깊어
졌다.

물 흐르듯 자연스러운 간계

엄숭은 손쓸 시기가 무르익었음을 감지하고는 하언의 원수이며 금의
위 도독인 육병陸炳을 찾아내 그로 하여금 하언에게 죄를 뒤집어씌워 세
종에게 상주하게 했다. 물이 흐르면 당연히 도랑이 생기는 것처럼, 이게
모든 과정은 너무도 자연스럽게 진행되었다. 구체적인 과정은 자세히
설명할 필요도 없겠지만 어쨌든 세종은 잘잘못을 따질 것도 없이 하언을
파직시켜버렸다. 세종은 진작부터 그를 곱지 않은 시선으로 봤기 때문
이었다. 나중에 하언은 다시 활동을 재개했지만 결국은 엄숭의 모함에
말려들어 죽음을 당하고 말았다. 엄숭은 하언의 자리를 대신 맡았고, 이
때부터 혼자 대권을 잡고 20여 년 동안 전권을 휘둘렀다.

엄숭은 예부상서로 무영전대학사武英殿大學士를 겸하고 국가의 기밀 업
무를 관장했다. 이때 그의 나이 이미 예순을 넘고 있었다. 그러나 그는
건강이 매우 좋은 편이어서 한창때같이 보였다. 아침저녁으로 세종의
옆에 앉아 시중을 드니, 세종이 감동하여 더욱 더 그를 믿고 총애하였다.
세종은 그가 공손하며 부지런한 보기 드문 충신이라고 극찬을 했다.

엄숭은 자기와 의견을 달리하는 사람을 배척하고, 사적인 도당을 조직
하는 데 남달리 뛰어난 면이 있었다. 좀더 설명을 하자면, 하언은 엄숭의
벼슬길에 크나큰 장애물이었다. 그래서 그는 하언을 제거할 계획을 세
웠다. 우선 그는 하언의 신임을 얻었다. 그런 다음 사람을 시켜 모함하
여, 결국 하언이 파직되기에 이르렀다. 그러나 내각 대신 몇 명을 사형시
킨 세종은 다시 하언을 입각시켜 엄숭보다 높은 자리에 앉혔다. 엄숭은
자신이 하언보다 지위가 낮고 승진을 빨리 할 수도 없게 되자 기발한 계
책을 생각해냈다.

당시 타타르족이 하투河套지역을 점령했는데, 섬서 지역의 군사 총책임자 증선曾銑이 하언의 지지하에 하투지역을 수복하자는 제의를 했다. 하투를 수복하자는 전략은 분명히 옳은 일이었으나 엄숭이 입을 열자 일순간에 범죄 행위로 돌변했다.

그때 마침 황후가 죽고 궁궐에 화재가 나자, 도교를 숭배하던 세종은 이를 하늘의 경고로 생각하여 어찌할 바를 몰라 했다. 엄숭은 마침 세종이 타타르족을 두려워하는 심리를 이용하였다. 엄숭은 하언과 증선이 하투를 수복하려는 것은 무력을 남용하여 전쟁을 일삼는 것이며, 다른 사람이 세운 변방지역의 공을 가로채려는 불법행위라고 모함을 했다. 또한 도교를 신봉하는 세종의 비위를 맞추기 위해 이는 "생명을 아끼고 사랑하여 함부로 살생하지 않는다"는 하늘의 뜻에 어긋난다고 간했다. 세종은 이 말을 듣고 즉시 증선과 하언을 잡아들이라는 명을 내렸다.

그때 마침 타타르인들이 섬서 지방의 연안延安과 영하寧夏의 은천銀川을 공격해 들어왔다. 세종이 놀라자 엄숭은 기회를 놓치지 않고, 증선이 하투를 수복하려는 바람에 타타르인들이 분노하여 복수를 하려는 것이라고 말했다. 세종은 즉시 증선을 사형시켰다.

엄숭은 다시 하언이 전에 증선의 뇌물을 받았다고 무고했다. 그러자 세종은 하언도 죽이라는 명을 내렸다. 엄숭은 가장 큰 적수를 제거한 후 도당을 널리 조직했다. 엄숭의 아들 엄세번嚴世藩은 똑똑하고 능력이 있어서 아버지와 함께 도당의 우두머리가 되었다. 엄숭은 남을 믿지 못하여 자연히 자신의 수족에 의지하기 위해 인재를 많이 모아들인 후 그 가운데 믿을 만한 자를 골라 수양아들로 삼았는데 그 수가 열 명이 넘었다.

조정의 각 주요 부문의 관리 대부분이 이들 중에서 뽑혔다. 이부와 병부는 관리 선발과 국방사무를 맡은 기관이었는데 엄숭은 측근 두 명을 배치해두고 두 기관의 공문서를 황제에게 올리지 않고 임의대로 처리하였다. 이 두 부서는 거의 엄숭의 자택 후원에서 일했고, 업무를 주관하는 사람들은 그의 개인 집사 역할을 했다. 하나는 문文이고, 하나는 무武였

기 때문에 당시 사람들은 '문무 두 부서를 집안처럼 관할한다'文武二管家
고 했다. 그리하여 명나라 변방은 말할 수 없이 어수선해졌다. 서북쪽에
는 몽고인들이 버티고 있었고 동남쪽에는 왜구가 들끓었다.

엄숭은 권력을 장악하는 데는 뛰어났지만, 변방 통치에 관해서는 아무
재간이 없었다. 당시 변방의 모든 장수들도 엄숭이 권력을 잡고 있다는
것을 알고 있었으므로 많은 재물과 군수품들을 엄숭 부자에게 뇌물로 바
쳤다. 엄숭 부자는 '대승상', '소승상'이라고 불렸는데, 이 두 승상을 매
수하기만 하면 적에게 패하여 국토를 잃어도 관운이 형통하였다. 뇌물
을 바치지 않으면 아무리 전투에서 승리한 장군이라고 해도 배척을 당하
였다. 그리하여 변방은 타락하였고, 병사들은 굶주림에 시달려 타타르
인의 공격을 막을 길이 없었다.

가정嘉靖 29년(1550), 타타르족의 엄답한俺答汗이 병사를 이끌고 파죽
지세로 쳐들어와 순식간에 북경까지 이르러 경성이 매우 위급한 상황에
처해졌다. 조정의 재상인 엄숭은 반격할 생각은 하지도 않고, 모든 대신
들에게 이 소식을 황제에게 알리지 말라고 위협했다. 그리고 엄숭은 병
부상서 정여기丁汝夔에게 "변방이 뚫려 경성을 잃게 되면 그 잘못이 누구
에게 있는가?"라고 묻고, 자신의 책임을 병부상서에게 돌렸다. 그래서
병부는 각 군에 함부로 출정을 하지 못하도록 명을 내렸다.

각지의 근왕勤王 대군이 경성에 도착하자 엄숭은 다시 그의 측근인 구란
仇鸞을 추천하여 전권을 위임하고 각지의 병마를 지휘 통솔하도록 했다.
명나라 대군은 성 아래에 있는 타타르 병사들이 백성들의 집을 불태워 죽
이고 노략질하는 것을 보며 그저 수수방관할 뿐, 안일하게 대처했다.

엄숭은 적이 경성을 유린하고 있는데도 여러 장군들에게, 타타르인들
은 재물을 노략질할 뿐이며, 빼앗을 만큼 빼앗으면 틀림없이 스스로 물러
갈 것이라고 했다. 과연 타타르인들은 얼마 지나지 않아 아이들과 비단,
옥을 가득 싣고 돌아갔다. 이때 구란은 대군을 파견하여 적을 뒤쫓도록
하였는데 오히려 수십 명의 백성을 죽이고 재물을 약탈한 뒤에 돌아왔다.

세종은 비록 적이 물러났지만 이 일 때문에 괴로워하며 분풀이할 사람을 찾고 있었다. 세종은 병부상서 정여기를 체포하여 하옥시켰다. 그러자 엄숭은 그가 자신의 치부를 폭로할까 봐 급히 정여기를 찾아가 세종이 절대 죽이지 못하도록 해주겠다고 약속했다. 그러나 엄숭은 정작 세종이 노하여 정여기를 죽이려고 할 때 그를 살리기 위해 봐달라는 사정을 한마디도 하지 않았다. 결국 정여기는 죽음을 당했는데, 형이 집행되기 전에 그는 "엄숭이 나를 망쳤다!"라고 큰소리로 울부짖었다.

동남 해안일대의 왜구에 대처하는 일도 엄숭 때문에 엉망이 되었다. 왜구에 대항하여 유명해진 명장 유대유俞大猷는 정직하고 깨끗한 장군이었다. 그는 조정에 들어간 후에도 엄숭에게 아부하는 법이 없었다. 그래서 엄숭 부자는 은근히 화가 나서 핑곗거리를 찾아 그를 옥에 가두었다. 유대유는 사실 엄숭에게 바칠 돈이 없었다. 그래서 보다 못한 조정 신하들이 그를 위해 돈을 모아 엄숭에게 전달하자, 유대유는 겨우 출옥하여 목숨을 보존할 수 있었다.

당시 절강 일대에서 왜구의 횡포가 극심하였는데, 군대의 선박은 원래 정부에서 정한 척수의 10~20퍼센트밖에 되지 않았다. 그래서 가정 31년을 전후한 3, 4년 동안에 연해의 군민들 중 피살된 사람이 놀랍게도 수십만 명에 달하였다. 엄숭은 반격할 생각은 하지도 않고 오히려 왜구와 싸우는 사령관들을 박해했다. 장수 장경張經은 일찍이 왜구를 대패시키고 2천여 명을 참수하여 왜구와의 전투 역사상 초유의 대승을 거두었다. 그러나 엄숭에게 뇌물을 바치지 않았기 때문에 남의 공로를 제 것으로 돌렸다는 모함을 받아 죽었다.

엄숭 부자는 교만과 사치가 지나칠 정도로 심하였으며 매관매직을 일삼았고 포악하여 제멋대로 폭력을 휘둘렀다. 조정의 관리들이 그들에게 대대적으로 뇌물을 바치는 것은 당연하였고, 지방 관리들도 승진하고 싶으면 반드시 뇌물을 바쳐야 했다. 그래서 내외 관리들의 승진이 그들의 능력에 의해 정해지는 것이 아니라 뇌물의 많고 적음에 따라 결정되었다. 매일 엄숭의 저택으로 가는 뇌물이 수레에 실려 그 행렬이 끊임없이 이어졌다.

감숙의 총병 구란은 재물에 욕심을 내는 바람에 파직되었는데 나중에 엄숭에게 뇌물을 두둑하게 바친 후 다시 수양아들로 회복되어 경성의 관리에 임명되었다가 타타르족의 북경 침공 후 다시 승진 발탁되었다. 조문화趙文華는 강남에서 경성으로 돌아온 후, 엄숭의 아들 엄세번의 첩 27명에게 각각 보석으로 된 쪽을 보냈는데, 금실막이 한 층뿐이어서 엄세번은 기분이 상해 그를 파직시켰다.

엄씨 부자가 북경과 남경 등지에 점유한 땅과 장원은 150여 곳에 달했다. 백성의 논과 밭을 점유한 것이 대부분이었는데, 더욱 놀라운 것은 원주袁州의 백성의 땅 가운데 약 6, 70퍼센트가 엄씨의 소유였다.

가장 흥미로운 점은 엄세번의 조정양불여朝廷兩不如론이다. 그의 저택은 화려하고 웅장하며 내부는 온통 금은보화로 둘러싸여 있었다. 그렇다 보니 일찍이 엄세번이 자랑하며 한 말이 있다.

"왕실이 우리 집만 못하군."朝廷不如我富

그리고 그는 아리땁고 귀여운 첩들을 양쪽에 세워놓고 가무와 개싸움을 보면서 만족스럽게 말했다.

"왕실의 재미가 나만 못하지."朝廷不如我樂

주술로 흥하고 주술로 망하다

엄씨 부자의 못된 짓은 정직한 대신들의 분노를 사기에 충분했다. 그중에서 가장 유명한 것으로 심련沈鍊과 양계성樣繼盛의 탄핵 상주를 꼽을 수 있다.

가정 30년(1551), 심련은 세종에게 올린 글을 통해, 엄숭의 10대 죄상을 열거했는데 그 내용을 요약해보면, 변방을 문란하게 한 죄, 매관매직한 죄, 충신을 모함한 죄 등이 포함되어 있고, 엄숭을 죽여 천하에 보답

양계성. 명나라 세종 때의 간신 엄숭이 정사를 어지럽히자 상소를 올려 엄숭 일파를 처단할 것을 요구했다. 양계성은 이에 앙심을 품은 엄숭에 의해 살해당했다.

할 것을 요구했다.

가정 32년(1553), 병부시랑 양계성이 또 세종에게 상소를 올렸다. 그는 엄숭의 5간 10대죄를 나열했다. 5간奸이란 내관들에게 뇌물을 주어 그들이 간첩이 되게 하고 상대측에 기밀을 누설하게 한 것, 또 상소문을 관장하는 부문을 강압적으로 장악하여 황제를 속인 것, 창廠·위衛와 결탁하여 그들을 자신의 앞잡이가 되게 하여 언관言官을 농락한 것, 관료들을 끌어모아 그들을 자신의 신복으로 만든 것 등이었다. 또 10대죄는 스스로 승상이라고 자처하여 선조들의 실정법을 그르친 것, 성지를 날조하여 전달한 것, 전공戰功을 사칭한 것, 뇌물을 받아 사리를 꾀한 것, 간사한 자들을 임용한 것, 변방 수비를 문란하게 한 것 등이었다.

이들 탄핵 상소문을 대한 엄숭은 오히려 대처할 방도를 찾아냈다. 매번 탄핵 상소문이 올려질 때마다 엄숭은 두려운 척하고 가련한 기색을 내비쳤다. 세종은 도교를 숭배했기 때문에 정사는 신하들에게 맡겼다. 그러나 우연히 정무를 처리하게 될 경우에는 매우 영특해서 종종 일을 잘 처리하였다. 특히 의심 많고 고집스러운 성격 때문에 일을 판단할 때 간신들과 다른 의견을 잘 내세워 그들을 두려워 떨게 하곤 했다. 엄숭은 세종의 이런 특성을 꿰뚫고 있었다. 그래서 자신을 탄핵하려는 상소문이 올라오면 그는 세종 앞에 무릎을 꿇고 앉아 스스로 죄가 있음을 인정하면서도 직무를 다하지 않은 신하가 죄를 지으면 파직시킬 것을 청했다. 그럴수록 세종은 그를 옹호했다.

"엄숭은 짐에게 몸을 굽히고 조심하며 가까이에서 받들었소. 그는 나의 공로가 보잘것없고 조정의 신하들에게 죄를 지어도 찬양하였으니, 비록 그가 죄를 지었지만 짐은 그를 마땅히 보호할 것이오."

이 말은 탄핵 상소를 올린 사람을 난처하게 만들었다. 심련은 보안保安 땅으로 유배를 가게 되었다. 그러나 그는 결코 굴복하지 않았다. 그리고 당대의 간신 이임보, 송대의 간신 진회, 명대의 간신 엄숭을 상징하는 세 개의 허수아비를 만들어놓고 활을 쏘면서 한을 풀었다. 엄숭은 이를 알고서 즉시 그를 죽였다.

양계성도 파문을 일으켰다. 그는 만약 누군가 상소를 올린다면 틀림없이 죽게 되거나 아니면 의연하게 자결해야 한다는 것을 잘 알고 있었다. 엄숭은 양계성도 무고하여 죽였다. 그 외에도 그에게 박해를 당한 관리는 이루 헤아릴 수 없을 정도였다.

엄숭은 세종이 신봉하는 도교를 따라 믿었다가 성공했고, 또한 도교 때문에 실패했다. 난도행蘭道行이라는 방사가 길흉을 점치는 점술의 일종인 부계扶乩 점을 잘 쳤는데 세종은 그를 매우 신임했다. 한번은 세종이 조정에서 제일가는 간신이 누구인지를 물었다. 그런데 난도행의 점괘에는 뜻밖에도 엄숭으로 나왔다. 세종은 당연히 믿지 않을 수가 없었다. 이때 엄숭의 부인이 병사하여 엄세번은 집에서 모친의 상을 지키고 있어야 했으므로 조정에 나와 정무를 볼 수가 없었다. 과거에는 긴급한 상소가 있을 때마다 늘 엄숭이 엄세번에게 건네주어 자세히 살펴보도록 한 다음 다시 엄숭에게 보내졌다. 보통 이런 일들에 대해 세종은 흡족해했다. 그러나 지금은 엄세번이 자리에 없으니 엄숭이 직접 써야만 했다. 그러나 엄숭은 눈이 침침하여 잘 볼 수 없었을 뿐만 아니라 여러 번 뜻에 어긋나는 언행을 하는 바람에 세종이 엄숭을 미워하기 시작했다.

이때, 어사 추응용鄒應龍이 엄숭을 탄핵하는 상소를 올렸다. 이를 본 세종이 즉시 엄숭을 파직하고 엄세번도 서북 변방을 지키도록 좌천시켰다. 그러나 엄세번은 대담하게도 중간에 다시 경성으로 돌아와 여자를 강제로 끌어가고, 재물을 약탈했다. 심지어 왜구들과도 내통을 하였다. 그러니 어사의 탄핵을 당하는 것은 당연했다. 세종은 상소문을 읽고 크게 노하여 그를 사형에 처하도록 명을 내렸다. 형을 집행할 때 경성의 백성들은 명절을 즐기듯 좋아했다. 술을 마시는 하객들과 구경꾼들이 거리와 골목마다 넘쳐났다. 2년 후(1567), 엄숭이 병사하니 그의 나이 87세였다.

엄숭이 벼슬하는 방법에는 확실히 독특한 면이 있었다.

영합과 기만은 봉건 관리사회의 두 가지 불변의 보배였다. 옛말에 "천만 번 꿰뚫어도 아첨은 꿰뚫을 수 없다"라는 말이 있다. 자세히 생각해보면 사실 일리가 있는 말이다. 이 보배는 언제 어디서나 신기한 효력을 나타낸다. 만약 능력이 부족하다면 이 보배는 신통력이 없으므로 다른 사람을 탓할 수는 없다.

이야기 한 토막. 옥황상제가 마침 어전회의를 시작할 때, 관우關羽가 칼을 들고 문을 지키고 있었다. 그는 긴 수염을 날리면서 정의롭고 늠름한 표정으로 서 있어, 보기만 해도 두려움을 느낄 정도였다. 그런데 갑자기 어떤 사람이 다가와서 절을 했다. 관우가 "그대는 어디 사람이오?"라고 묻자, 그가 대답하길 "소인은 아첨꾼입니다"라고 하였다.

관우가 또 "그대는 무슨 일로 왔소?"라고 묻자, 아첨꾼이 대답하길 "천당의 신선들에게 아부가 먹히는지 보려고 일부러 왔습니다"라고 하였다.

그러자 관우가 화를 냈다.

"천당의 신선은 속세의 사람들과는 다르오. 그대는 어찌하여 아부를 팔려고 하는가. 어서 빨리 돌아가시오. 내가 화를 내면 그대는 단칼에 없어질 것이오."

아첨꾼이 말했다.

"관운장께서는 의로운 사람 중에서도 성인이십니다. 아부를 받지 않으시니 말입니다. 다른 사람들에게도 관우처럼 아부가 먹히지 않는 것이옵니까? 공께서는 꾀 많은 조조도 풀어주셨으니, 소인도 들어가게 해주소서. 시험 삼아 해보려는 것이지 무슨 다른 뜻이 있겠습니까?"

관우가 들어보니 일리가 있는 것 같아 그를 들여보냈다.

잠시 후에 아첨꾼이 나오자 관우가 물었다.

"그대는 누구에게 아부를 했소?"

아첨꾼이 대답하길 "하늘 위에서는 오직 한 사람에게만 아부를 했습니다!"

관우가 그게 누구냐고 물었다. 그러자 아첨꾼이 웃으면서 말했다.

"오직 한 분뿐이십니다."

관우가 듣고 놀라 말문이 막혔다.

아! 성인에게도 아부가 먹히다니. 공자가 말하기를 "군자는 사기를 치는 데도 방법이 있다"라고 하였다. 오늘날에는 "군자는 아부를 하는 데도 방법이 있다"로 바꿔야 한다.

공자만큼 성스러운 환관

공자와 맹자는 살아 있을 때 많은 고생을 했지만 죽은 후
더욱 존숭받고 있다. 그런데 살아서 그들과 똑같은 대접을 받고
사당까지 세워진 환관이 있다.

공자와 맹자는 중국 역사상 최대의 성인이라 할 수 있다. 청나라 때 공자의 칭호는 '대성지성문선왕'大成至聖文宣王이었다. 그 지위와 명망 그리고 공덕의 존중은 이처럼 후세에 절정에 이르렀지만, 공자와 맹자는 생전에 불안하고 가련한 나날을 보내서 어떤 때는 상갓집 개처럼 의지할 곳이 없었다. 이들은 노년에 이르러서야 비로소 깨달음을 얻고 집으로 돌아가 책을 써서 자기 자리를 찾았다. 그리고 사후에 더욱 훌륭해져서 마치 골동품처럼 오래 지날수록 이름이 존귀해졌다.

옛사람에게 제사를 지내는 것은 당연히 이상한 일이 아니다. 아마도 후세 사람들은 고인의 가치를 발견하고, 그가 더 이상 잘못을 저지르거나 쟁론이 생기지 않고, 더욱 중요한 것은 고인을 숭배해도 자신의 지위와 명예에 손해가 없기 때문에 제사를 지낼 것이다.

그러나 살아 있는 사람에게는 제사를 지내지 않는다. 왜일까?

첫 번째로, 산 사람은 아직 죽지 않았으므로 누구도 그에게 잘못을 했다 안 했다 평가할 수 없기 때문이다. 오늘 제사를 지냈는데 내일 잘못을 저지르면 어떻게 하겠는가? 그런 얘기는 관 뚜껑을 덮은 후에 하는 편이 좋을 것이다.

두 번째로, 가까운 사람 중 산 사람을 볼 수 없다 하여 제사를 지낸다

면 어찌 황당하지 않겠는가?

세 번째로, 산 사람에게 제사를 지내는 것은 그를 모욕하거나 질투를 하는 것이므로 제사를 지내서는 안 된다. 그래서 사람들은 어느 모범적인 인물을 흠모하더라도 그가 죽은 후에 제사를 지낸다.

당연히 제일 좋은 것은 고인이나 산 사람 모두 제사를 지내지 않는 '나래주의'拿來主義(전통시대의 문화유산을 그대로 받아들이지 않고 자신의 입장에서 취사 선택하여 수용, 계승하려는 사고방식. 저명한 소설가이자 사상가인 노신이 주장했다)를 취하는 것이다. 그러나 이 글은 고대와 오늘날의 성현들을 대우할 방법을 토론하는 것이 아니라, 중국 고대의 전통을 발굴하려는 것이다.

중국의 전통은 실로 복잡해서 수많은 일화가 있다. 중국 전통 역사에서 살아 있는 사람에게 제사를 지낸 예가 없다고 주장한다면 어느 누구라도 당연히 위충현魏忠賢에게 뺨을 맞을 것이다.

도박 빚을 갚기 위해 환관이 된 위충현

위충현은 어떤 사람인가? 명나라 희종 때의 태감인 그는 중국 역사상 최악의 태감 가운데 한 사람으로서 최대의 엄당을 조직했다. 그가 살아 있을 때 전국의 많은 지방에서 그를 위해 사당을 짓고 금으로 동상을 만들었으며 향을 피워 제사를 지냈고 소위 생사당生祠堂이라는 것을 세웠다. 사당은 본래 망령을 위해 짓는 것인데, 위충현은 감히 생사당을 지었고 도리어 이를 사상의 해방이라고 여겼다.

심지어 염치없이 문인들에게 자신의 사당과 공맹의 사당을 한 곳에 건립하여 함께 향을 피우고 제사를 지내게 하는 것을 제의하였다. 이처럼 중국인은 참으로 상상력이 풍부했다.

위충현은 어떻게 자신의 사당을 지을 수 있었을까? 여기에는 복잡하고도 간단한 과정이 있다.

위충현은 희종의 신임을 얻은 후 동림당의 관리들을 탄압하고, 수도와 지방에 사병을 배치하는 등 공포정치를 펼침으로써 명나라의 쇠퇴를 가져왔다.

위충현은 하간河間 숙녕肅寧(지금의 하북) 사람으로, 목종 융경 2년(1568)에 태어났다. 위충현은 어려서부터 무뢰한이었고, 한번도 정당한 직업에 종사하지 않았으며 빈둥거리며 일을 하지 않았고 말을 타고 활을 쏘며 내키는 대로 살았는데 그 중 제일 잘하는 것은 바로 도박이었다.

나이 들어 마馬씨 여자를 얻고 딸을 낳았지만, 지난날과 다름없이 살았고 잘못을 뉘우치지도 않았다. 한번은 그가 어떤 이와 도박을 했는데 운이 좋지 않았다. 평상시 그는 지는 것보다 이기는 편이 많았는데, 이번에는 지기만 하고 이기지 못하였을 뿐만 아니라, 가지고 있던 돈까지 모두 잃고 빚을 지게 되었다. 그러자 옆에서 지켜보던 사람이 비웃으며 빈정댔다.

위충현은 빚 독촉까지 받자 분통이 터졌다. 그는 이리저리 생각을 해봤다. 자신의 처지가 보잘 것 없다고 생각한 그는 남보다 크게 출세해보고 싶었는데, 일단은 빚을 갚는 것이 급선무였다. 위충현은 자신의 영리함과 능력에 의지해야겠다고 마음먹고서, 궁에 들어가 천자와 공주, 왕비들을 모신다면 출세할 수 있을 것이라 생각했다. 그는 스스로 거세하고는 궁에 들어가 성이 같은 태감 위조魏朝의 문하에 들어갔다.

위충현은 원대한 뜻을 품고 궁에 들어갔으니, 자연히 모든 일에 심혈을 기울였다. 그는 온 힘을 쏟아 위조와 의형제를 맺어 환심을 얻었다. 얼마 후 위조는 그를 왕재인王才人의 처소에 보내 식사를 주관하게 하였다. 왕재인은 신종의 비妃로 희종의 어머니여서, 그는 식사를 주관하는 기회를 이용하여 될 수 있는 대로 희종에게 다가갔다.

희종은 작은 물건들을 가지고 놀기를 좋아하는 사람이었다. 위충현은 그가 천성적으로 장난을 좋아하는 것을 보고서, 부지런히 장난감을 만들거나 수집하여 바쳤고, 오락을 권유하여 그야말로 희종과 자신이 떨어질 수 없게 하였다.

희종이 즉위한 후 위충현은 당연히 태감이 되었다. 바로 이때 그는 장애물을 만났는데, 그가 처음에 의지했던 위조였다.

위조는 희종의 유모 객씨客氏와 관계가 밀접했다. 객씨는 젊어서 과부로 수절을 하였고, 후에 궁에 들어와 희종을 길렀다. 희종이 자란 이후에도 객씨는 궁 안에서 살았다. 객씨는 용모가 예뻤고 젊음을 유지하고 있었다. 사례감에 예속된 태감 위조는 기회를 포착하고 곧 객씨를 유혹하였다. 위조는 비밀스런 기술이 있어서 자신의 거세한 생식기를 다시 자라게 하여 객씨와 성교를 했고, 두 사람은 이때부터 한패가 되어 음탕한 짓을 했다. 위조가 생식기를 소생시켰다는 말은 신빙성이 없지만, 그가 객씨와 '대식자'對食者가 된 것은 사실이다.

대식이라는 것은 고대 궁궐 안에서 태감과 궁녀가 함께할 수 있는 방식의 일종이다. 태감들은 거세한 이후에 비록 남자 구실을 못한다 하더라도 여전히 가까이 있는 여자를 좋아했다. 총애를 받는 태감은 궁녀와 사귈 수 있었으며, 그녀에게 의식주의 보살핌을 받거나 황제에게 특별히 하사를 받아서 가정을 이룰 수 있었다. 사실 이는 진정한 부부라 할 수 없기에 상대방을 '대식자'라고 부른다. 위조는 희종의 총애를 받았기 때문에 객씨와의 대식을 특별히 허락받았다.

객씨는 당시 궁궐 안에서 매우 큰 권력을 쥐고 있었다. 객씨는 비위를

객씨는 명나라 희종 주유교의 유모였다. 환관 위충현과 부부가 된 후 국가의 정사를 어지럽힘으로써 악명을 날렸다.

잘 맞추어 태후가 자신을 매우 좋아하게 하였기 때문에, 18세에 입궁한 지 2년 후 남편이 병으로 죽은 후에도 오래도록 궁궐 안에 머물렀다. 그녀는 희종과의 사이가 매우 좋아서, 희종이 즉위한 후에 봉성부인奉聖夫人으로 봉해졌고, 아들 후국흥侯國興과 동생 객광선客光先도 금의위의 천호千戶로 봉해졌다.

만약 객씨를 사로잡는다면 위충현은 더 높은 단계로 오를 수 있을 것이었다. 그래서 그는 목숨을 걸고 객씨에게 아부를 했다. 야사의 기록에 의하면, 위충현이 위조에게 그 비밀스런 기술을 얻은 때부터 자신의 생식기를 다시 자라게 하였고, 객씨와 성교를 한 후 그녀의 특별한 보살핌을 받았다고 하는데 이는 믿을 만한 내용이 못 된다. 그러나 위충현이 위조보다 크고 건강미가 넘쳤으며, 각양각색의 방법으로 여자의 마음을 잘 녹여서, 매우 빠르게 객씨의 환심을 얻은 것은 사실이다.

위충현과 위조 두 사람은 서로를 질투하였고, 결국 대판 싸움이 벌어졌다. 겁이 많은 위조는 위충현에게 여러 차례 두들겨맞고서 객씨를 끌고 도망쳤다. 위충현이 바로 뒤를 쫓아갔다. 이들은 서로 싸우다가, 결국 건청관乾淸官 밖까지 갔다. 희종이 잠을 자다 깨어 나와보고서 두 사람이 객씨를 놓고 싸우고 있다는 것을 알았다. 희종이 크게 웃으며 말했다.

"너희 둘이 한 여자를 놓고 싸우는구나. 참 재미있군. 이 일은 내가 단정을 내리기 곤란하니, 유씨가 선택을 하거라!"

객씨는 위충현을 선택했다. 부끄러워진 위조는 궁을 나갔고, 희종은 그로 하여금 봉양鳳陽으로 가서 황릉을 관리하도록 했다. 위조는 오래지 않아 위충현과 객씨에게 살해당했다.

가짜 부부가 된 두 사람은 모든 수단을 발휘하여 황제에게 아부하기 시작했고, 권력을 수탈하고 패거리들을 긁어모아 온갖 나쁜 짓을 저질렀다.

사례감司禮監은 궁정의 예의제도와 황제의 상주문 업무를 관장하는 기관이다. 사례감 중의 병필태감秉筆太監은 더욱이 '붓을 잘 놀려야 하고' 정직해야 맡을 수 있는 중요한 직위였다. 본래 이 직무는 마음이 진실하고 일을 함에 충실하며 학문이 풍부한 사람이 맡는 자리였다. 위충현은 글도 모를 뿐더러 여러 조건에 부합되지도 않았지만, 결국 객씨의 지지하에 병필태감을 맡았다. 희종의 황당한 일처리와 객씨의 '능력' 또한 짐작이 간다.

밤낮으로 황제의 주변에서 시중을 든 위충현은 희종의 천성적인 호감을 잘 짐작하여 비위를 맞추었기 때문에 권력도 날이 갈수록 커졌다. 희종은 이른바 예술가 황제, 색마 황제, 폭군 황제와는 크게 달랐다. 그는 장인匠人 황제, 자세히 말하자면 목공木工 황제라고 할 수 있다.

희종은 머리가 총명했고, 목공 재주가 뛰어났다. 그는 일반적인 목기뿐만 아니라 집을 짓고 칠도 잘했다. 날이 갈수록 작고 정교한 것에 대한 호감이 커졌는데, 칼·톱·도끼·끌 등을 종류별로 갖추고 있었다. 그는 궁 안의 건청관을 모방하여 작은 궁전을 지었고, 축원당蹴圓堂 5칸을 지었으며, 각종 정교하고 작은 장난감을 많이 만들었다. 희종은 무언가를 만드느라 힘을 기울일 때는 정신을 집중하고 마음을 분산시키지 않아서, 옆에서 누가 떠들면 참지 못했다.

위충현은 항상 시간을 정확히 짐작하여 희종이 작업을 하며 즐거움에 빠져 있을 때를 기회삼아 상주문을 아뢰었고, 그때마다 희종은 그에게 "알겠다. 네가 규정에 따라 잘 처리하거라"라고 말했다. 위충현은 곧 왕명을 빌어 제멋대로 일을 처리했다.

위충현과 객씨 두 사람의 행실은 많은 내관과 대신들의 불만을 샀다. 사례감 왕안王安이 내정에서 위충현과 객씨를 탄핵하였고, 어사御史도 외정에서 탄핵을 하자 희종은 어쩔 수 없이 객씨를 궁에서 나가 살게 하였고, 왕안에게 위충현을 힐문하게 하였다.

그러나 희종은 평상시에 이 두 사람에게 의지하였으므로 잠도 이루지 못하고 불안해하였으며, 잘 먹지도 못하게 됐다. 객씨는 위충현과 함께 계획을 세워 왕안을 해쳤고, 이때부터 두 사람은 걱정이 없어졌다.

위충현은 권위를 더욱 튼튼하게 만들기 위하여 스스로 지휘할 수 있는 군대를 만들려 했다. 그는 외신들과 결탁을 하고서 그들에게 상주문을 올리게 하여 궁내의 군인 훈련을 제안하도록 했고, 황제의 허락을 통해 금의위에서 수천 명을 선발하고 무기를 준비하여 자금성 안에서 밤낮으로 군사훈련을 시켰다. 위충현은 자신의 측근을 군대 안에 투입시켜 군 권력을 제압하였다. 이 군대는 궁 안에서 총과 대포를 쏘며 훈련을 했다. 이후 군인들의 숫자는 만여 명이 넘게 증가했다.

하루는 희종이 이 군대를 시찰했다. 위충현이 태감에게 황제 앞에서 화통을 쏘는 시범을 보이라고 했는데, 뜻하지 않게 화통이 폭발하여 태감의 손에서 터졌을 뿐만 아니라, 하마터면 희종이 다칠 뻔했다. 희종은 오히려 그 태감을 너그럽게 대하여 대수롭지 않게 여겼고, 히히 웃으며 아무 일도 없었던 것처럼 태연해했다. 그러나 그가 정말로 그 일을 개의치 않았던 것인지, 아니면 위충현이 무서워서 그랬던 것인지는 모를 일이다.

황제의 자녀를 모두 죽인 환관 부부

위충현 부부가 황제의 실권을 쥐고 황후를 위협하게 되자 장황후張皇后
는 불만을 품었다. 이미 여러 차례 객씨에게 훈계를 한 장황후는 그녀를
사형에 처하려 하였지만, 희종이 여러 차례 말려서 객씨는 목숨을 유지
할 수 있었다. 이때부터 위충현과 객씨는 장황후에 대한 원한을 뼛속 깊
이 품었다.

그들은 장황후가 장국기張國紀의 친딸이 아니라고 무고하였고, 사형수
를 매수하여 장황후가 자기를 낳아준 사람이라고 진술하도록 하였다.
희종이 그 말을 믿지 않는 것을 본 두 사람은 장황후의 아버지가 모반을
꾀한다고 무고했다. 또한 객씨의 조카를 황후로 세우고 싶어 했지만 뜻
을 이루지는 못했다. 객씨는 장황후가 임신한 것을 염탐하여 알아내고
서는 심복인 궁녀를 보내 허리 안마를 할 때 태기胎氣를 상하게 하여 유
산을 시켰다. 장황후는 자식으로 3남 2녀가 있었는데 모두 위충현에게
살해당했고, 희종은 자식이 없게 돼버렸다.

위충현은 다른 비빈들까지도 죽이고 싶으면 바로 죽였다. 객씨는 광종
光宗의 시중을 드는 조씨와 사이가 좋지 않았는데, 위충현은 임금의 명령
을 가짜로 만들어 그녀에게 자살하게 하였다. 풍귀인馬貴人은 일찍이 희
종에게 어떠한 궁내 군사훈련도 하지 말라고 권고했다가 위충현의 원망
을 샀는데, 위충현은 희종 앞에서 진언을 할 때, 그녀가 임금을 비방했다
고 말하여 자살을 하게 만들었다.

희종은 이러한 사정들을 모르고 있다가 비빈을 통해 알게 되었지만 애
통해하지도 않았다. 객씨가 이 사실을 알고서, 진실을 밝힌 무씨戊氏를 다
른 궁중에 감금시켜버렸다. 유비裕妃인 장이張伲는 객씨에게 미움을 받았
는데, 객씨는 희종 앞에서 중상모략을 하여, 그녀가 밖에서 만나는 사람이
있으니 임신한 아이도 밖에서 잉태한 것이라고 말했다. 희종이 의심을 품
고서 그녀를 냉궁冷宮에 들어가게 하자, 객씨는 그녀에게 음식을 주지 못

하게 하여 결국 굶어죽게 만들었다.

위충현과 객씨는 후궁들을 마음대로 죽였을 뿐만 아니라, 희종을 무용지물로 만들었다. 천계天啓 5년(1625) 5월 18일, 희종은 갑자기 흥취가 나서 호수로 놀러갔다. 마침 위충현과 객씨도 황제의 용선龍船을 타고 호수에서 놀고 있었다. 희종이 오자 위충현은 놀라지도 않았고 배를 내주지도 않았다. 희종은 결국 위충현에게 아무 말도 못 했고, 두 명의 어린 태감에게 작은 배를 젓게 하며 호수에서 노닐었다. 위충현이 타고 있는 용선에서는 음악을 연주하는 소리가 매우 요란스러웠고 모두들 즐겁게 술을 마시며 크게 노래를 불렀지만, 황제가 타고 있는 작은 배는 썰렁했다. 진정 하늘은 착한 사람을 돕지 않은 것인지 갑자기 바람이 크게 불어 희종의 작은 배를 전복시켰다. 어린 두 태감은 물에 빠져 죽었고, 다행히도 황제는 기슭으로 올라가 살았다.

어떤 사람이 희종에게 모든 진실을 일깨워주었지만, 희종은 잘못을 깨닫지 못했다. 하루는 희종이 산보를 하다가 후궁으로 들어가서 장황후가 책을 보고 있는 것을 보고는 무슨 책인지 물었다. 장황후가 대답했다.

"『사기』「조고전」趙高傳입니다."

희종이 현재의 조정에 조고 같은 사람이 있는지 묻자 장황후가 대답했다.

"바로 위충현입니다."

희종은 이 말을 듣고서 묵묵부답이었다. 장황후는 이때부터 위충현에게 원한을 사게 되었다.

권력을 찾아 모여드는 패거리들

위충현이 밖으로 조직을 크게 키우고 패거리들을 끌어 모아서, 그의 집단은 조정에 가득하였을 뿐만 아니라, 천하에 널리 퍼져 있었다. 당시 사람들은 위충현을 내각을 조종하는 "위가魏家의 각로閣老"라고 불렀다.

그가 많은 수양아들과 손자를 거두어들였고, 그의 수양아들과 손자가 다시 도당을 결성하여 조직이 컸다는 것은 미루어 짐작할 수 있을 것이다. 위충현 패거리 중에서 제일 유명한 것은 순서대로 '오호'五虎, '오표'五彪, '십구'十狗, '십해아'十孩兒, '사십손'四十孫 등이었다.

'오호'는 모두 문신이고 참모 역할을 했으며, 최정수·전길·오순부·이기용·예문환 등이 포함되었다. 최정수는 횡령죄로 인해 어사에게 고발을 당하자 바로 위충현의 문하로 들어가서 수양아들이 되려고 애걸하였다. 위충현은 그를 보자마자 마음이 맞는 것 같아서 심복으로 삼았다. 위충현의 지지하에 최정수는 병부상서로 임명되었으며, 다시 좌도어사로 옮겨 병권을 장악하여 세력이 조정과 재야에까지 미쳤다. 그 나머지는 모두 최정수가 위충현에게 소개한 사람들로, 위충현을 의부로 모셨고, 모두 어사나 상서 등의 높은 벼슬을 하였다.

'오표'는 전이경·손운학·최응원·허현순·양환 등 다섯 명을 가리켰다. 이들이 '오호'와 다른 점은 모두 무신이라는 점이었는데, 전문적으로 위충현을 대신해서 사람을 붙잡고 살해하는 일을 맡았다. 그중 전이경이 가장 흉악했는데, 동림당의 유명한 지도자들은 모두 그의 손에 죽었다. 그는 위충현의 조카 위량보와 친한 친구였고, 당시 사람들은 그에게 '큰아들 전이경'이라는 칭호를 붙였다. 나머지 4명은 금의위를 지휘하거나 감옥의 관리였으며 모두 살인 도구였다.

'십구'에는 주응추·이노생·이번 등이 포함되어 있었는데 그들은 이부상서 혹은 어사 등이었다.

위충현은 조정의 충성스런 신하에게 박해를 가했는데, 주로 동림당 사람들을 잔혹하게 살해했다.

동림당은 당시 재야의 정직한 지식인들의 모임이었는데, 대부분 학식이 깊고 의지가 굳었다. 그들은 정사에 관심이 많았고 나라와 국민을 걱정하였으며 항상 국가의 큰일을 토론하여, 당시의 '고결한 선비'들이었다.

동림당 벽에는 한 폭의 대련對聯(한 쌍의 대구의 글)이 걸려 있었는데,

"풍성風聲 · 풍성風聲 · 독서성讀書聲 · 성성입이聲聲入耳, 가사家事 · 국사國事 · 천하사天下事 · 사사관심事事關心"(바람소리 · 바람소리 · 책 읽는 소리 · 소리 소리마다 귓가에 들려오네. 집안일 · 나랏일 · 천하의 일 · 일들마다 관심이 쏠리네)이라는 글은 그들의 입장을 잘 표현하고 있다.

우도어사 양연楊漣은 동림당 사람이었다. 그는 위충현이 횡포를 부리며 날뛰고 갖은 못된 짓을 하는 것을 보고서 희종에게 상서를 올려 직언을 했다. 그 상서는 1,800여 자에 달했는데, 여기서 그는 위충현의 24가지 큰 죄와 그의 출신, 품성, 경력 및 저지른 죄행 등을 상세하게 폭로했다. 위충현이 이 소식을 듣고서 당황하여 급히 희종에게 가 눈물을 흘리며 용서를 빌었다. 희종은 혼란해하였고, 수보대신首輔大臣 위광징魏廣懲을 불러 양연을 질책하는 조서를 쓰게 하였다. 위광징은 단어를 문맥에 맞게 골라 매우 과격한 말로 양연을 호되게 훈계했다.

한편 위충현은 동창東廠이라는 직무에서 사퇴하겠으며, 다른 직위도 해임시켜달라고 하고는 궁궐을 나갔다. 희종은 그를 매우 불쌍하게 여기고, 앞으로도 충심으로 일해달라며 다독거렸다.

희종은 며칠 동안 조정을 파한 후 다시 조정을 열려고 했지만, 경비가 예전보다 더 삼엄해진 것을 보았다. 위대중魏大中 등의 사람들은 양연의 상주문이 효과가 없는 것을 보고서 조정의 대신 70여 명을 이끌고 죽음을 무릅쓰고 상소를 올렸다. 그러나 이 일은 위충현을 뒤흔들지 못했을 뿐만 아니라, 오히려 양연 · 좌광두 등 동림당의 몇몇 사람들이 관직을 박탈당하기까지 했다. 조정의 많은 대신들이 분노했고, 심지어 문을 걸어 잠그고 그간 나타나지 않던 늙은 신하들도 나와서 상서를 올렸다. 공부시랑 만경万景은 "내외 조정이 위충현만 알고 폐하를 모르니, 어찌 측근들이 남아 있다 하겠습니까?"라고 상서를 올렸다.

위충현이 이 상주문을 보고서 크게 노하여 말했다.

"이 하찮은 관리가 감히 권력 있는 사람을 건드리다니, 엄히 다스리지 않아서야 되겠는가!"

강소 무석의 동림서원. 송나라 때 세워진 이 서원은 명나라 말기 동림당의 고헌성·고반룡이 강학 및 정치활동의 장으로 쓰면서 재건되었다. 특히 이곳은 동림당의 양현·좌광두·범경문·유종주 등이 환관 위충현을 격렬히 비판한 곳으로 유명하다.

위충현은 임금의 분부를 가짜로 전달하여 곤장 백여 대를 내렸고, 만경은 결국 상처로 인해 죽었다. 후에 위충현은 양연 등의 임어당 사람들이 뇌물을 받았다고 중상모략을 했다. 양연·좌광두左光斗·위대중魏大中·주조서周朝瑞·원화중袁化中·고대장顧大章 6명이 옥중에서 맞아죽었다. 양연은 죽는 날, 흙주머니로 몸이 눌리고 쇠못으로 귀가 뚫려 있어서 차마 그 모습을 쳐다보지 못할 정도였다고 한다.

천계天啓 6년(1626), 위충현은 동림당의 지도자인 고반룡高攀龍·주기원周起元·주순창周順昌 등 7명을 붙잡았는데 고반룡은 물에 뛰어들어 자살하였고 나머지 6명은 살해당했다. 역사에서는 양연 등의 사람들을

'전육군자'前六君子라고 칭하고, 고반룡 등의 사람들은 '후칠군자'後七君子라고 칭한다. 위충현은 이미 고인이 된 동림당 사람들의 토지나 작위까지 빼앗는 등 동림당을 잔혹하게 탄압했다.

사회 전체에 연좌와 고발이 성행했다. 오회현吳懷顯은 위충현을 탄핵하는 상주문을 읽고서 찬양을 했다가, 집의 노비가 고발을 하는 바람에 결국 재산이 몰수되고 죽음을 당했다. 저잣거리의 백성들이 쓰는 말 속에는 위충현의 심기를 거슬리게 하는 내용이 있었고, 당연히 살가죽이 벗겨지고 혀를 잘리는 백성들이 부지기수였다. 모두들 길에서 아는 사람을 만나도 감히 말을 하지 못하고 쳐다보기만 했다.

위충현의 이러한 잔혹성에 일반 백성들조차도 반항하기 시작했다. 위충현이 '후칠군자'들을 체포하려고 소주에 졸개들을 보내자 소주 사람들이 대규모로 저항을 했다. 많은 사람들이 거리로 나와 선비들을 체포하러 온 금의위들을 말에서 끌어내렸으며, 위충현과 같은 당파인 태수 모일로毛一鷺는 화장실로 숨어 소주 사람들의 구타를 겨우 피할 수 있었다. 물론 이 사건 후 위충현은 반항자들을 잡아들이고 죽였다.

위충현의 기세가 하늘을 덮었고 같은 당파에서 그를 치켜세우는 작태가 극에 달하여 더할 수 없는 지경에 이르렀다. 신하들은 상주문을 작성할 때도 그의 이름을 함부로 쓸 수 없어서 "창신"廠臣이라고 썼다. 내각에서 발언을 할 때에도 "폐하와 창신"이라고 하며 위충현과 황제를 같이 불렀고, 위충현도 자신이 황제인 것처럼 조금의 겸손함도 없이 행동했다.

매년 정월 30일은 위충현의 생일이었다. 이날은 바로 그의 도당과 앞잡이들이 정성과 충성을 보이는 기회였다. 정월 보름인 원소절을 보내고서 그 다음 중대한 명절은 바로 위충현의 생일이었다. 낯가죽 두꺼운 수많은 도당들이 바쁘게 그의 생일잔치를 준비했고, 위씨 집안에 생일 선물을 바치러 온 사람들이 길에서 서로 마주칠 정도로 왕래가 끊이질 않았다. 위충현의 집에서 매일 아침 대문을 열면 대문 밖에 생일 선물이

명나라 말기 장거정의 독재에 반대하고,
위충현을 중심으로 한 환관들의 횡포에
맞서다 옥사한 신하들을 모신 사당.

산더미처럼 쌓여 있었고, 그 선물에는 보낸 사람의 이름과 더할 수 없는 아첨들이 씌어 있었다. 이것은 모두 그 대문 안에 들어가지 못한 사람들의 짓이었다. 위충현 집의 문턱을 넘은 사람들의 수를 세기란 더욱 힘들 정도였다.

위충현은 자신을 "구천세"라고 불렀고, 생일이 되면 집 안이 온통 관원들로 붐볐으며 서로 앞 다투어 인사를 하느라 발을 밟고 옷이 찢어졌다. 축하하러 온 사람들은 자신의 목소리가 가장 크지 못하고 자신의 마음이 가장 정직하다는 것을 드러내지 못한 것이 한스러워, 한 사람이 "나리 구천세!"라고 외치면 다른 사람이 "나리 구천구백세!"라고 외쳤다. "황제 만세!"와 백 세밖에 차이가 나지 않았다.

객씨 또한 매우 바빴다. 객씨는 낮에는 궁궐에서 남을 해치려고 음모를 꾸몄고, 저녁에는 반드시 자기 집으로 돌아왔다. 그녀는 또한 면수面首(옛날 귀부인들이 노리개로 삼은 미남자)들을 많이 두었다고 하는데, 바로 조정의 대관과 많은 사람들이 그녀에게 음탕한 놀이로 제공한 것이었다. 매일 저녁 집에 돌아가면 시종들이 구름처럼 많았고 등불을 대낮처럼 밝혔으며, 의장대의 규모가 어가御駕에 뒤지지 않았다. 그녀는 몸치장과 의식주 그리고 일상생활에서 많은 시녀들의 시중을 받았고, 궁중 사람들은 하지 못할 정도로 사치스럽고 음탕했다. 그녀가 매일 저녁 집에 도착하면 시녀들이 차례로 머리를 조아리며 "마님"이나 "천세"千歲라고 부르니, 황후나 태후는 미치지 못할 서열이었다. 객씨는 음식을 맛있게 만드는 비결을 알고 있어서, 희종이 먹을 음식을 유일하게 직접 만들었고 많은 총애를 받았다.

살아 있는 간신의 사당

위충현과 객씨 '부부'는 당대 제일의 부부라고 할 수 있다.

중국인들은 창조력이 풍부하다. 위충현의 도당들은 그에게 잘 보이기 위해 낡은 관습을 버리고 마음을 크게 먹어 환심을 얻을 창의적인 생각을 했다. 천계 6년(1626), 절강의 순무 반여정潘汝楨의 머리에 갑자기 위충현을 위해 사당을 지어야겠다는 천재적인 영감이 떠올랐다. 사당은 조상들의 위패를 모시고 제사를 지내는 곳인데 산 사람을 위해 사당을 세운다는 것은 천지가 개벽한 이래로 없었던 일이다.

이 상주문이 위충현의 환심을 사게 되고, 또한 희종이 이를 허락하고서 그 이름을 "보덕"普德이라고 하사할 줄을 누가 어찌 알았겠는가. 반여정은 한층 분발하여 즉시 자신의 감독 아래 항주의 서자西子 호반에 사당을 세웠다. 그 사당의 규모는 웅대하여 궁전과 같았고 안에는 순금으로 만든 위충현의 상이 있었다. 그 안의 오장육부는 모두 보석으로 만들었고, 사모관대도 당시 제왕과 아무런 구별이 없을 정도였다.

보덕사普德祠 준공식 때 전국의 많은 지방에서 관리들을 보냈는데, 첫 번째 목적은 축하하기 위해서였고, 두 번째는 그 건축 경험을 배우기 위해서였다. 이러한 바람이 전국에 퍼지기 시작하자, 전국 각지에 분포되어 있는 위충현의 도당들이 앞 다투어 모방했다. 소주에서는 고혜사苦惠祠를, 송강에서는 덕형사德馨祠를, 양주에서는 첨은사沾恩祠를, 회안에서는 담덕사膽德祠를 지었고, 북경은 더욱 많아서 융은사隆恩祠, 광인사廣仁祠, 무훈사茂勛祠 등이 있었고, 사천·산서·호광·산동·하북·하남 등 30여 지역에서도 사당을 지었다. 모두들 서로 경쟁하여 엎치락뒤치락할수록 건물의 규모는 더 커지고 화려해져서 한순간에 사회적인 기풍이 되었다.

사당을 지을 힘이 없어도 유행에 뒤처질 수는 없었고 위충현의 총애를 잃을까 두려웠다. 소주와 항주의 직조織造인 이실李實은 수입이 좋은 관직을 위충현이 주지 않았다면 스스로 얻을 수 없었다는 것을 알고 있었다. 그는 곧 적극적으로 항주의 위백호衛百戶·심상문沈尙文 등과 연락하여 상서를 올려, 성스러운 사당을 보호하여 세상 만물을 편안하게 하고 향을 널리 피워야 한다고 요구했다.

사당 안에 걸린 글도 황당무계했다. 예를 들어 산동의 순무 봉정백은 다음과 같은 글을 써서 걸었다.

"지극히 성스럽고 신의 경지에 이르니 하늘과 땅 사이의 가장 높은 곳에 거하며, 문장과 위용이 해와 달처럼 밝고 영원하리라."

이런 말은 공자와 비교해도 차이가 나지 않았다. 만약 어떤 사람이 이에 감히 동의하지 않는다면, 관직을 유지하기는커녕 생명을 걱정해야 했다. 공부랑중工部郞中 엽조헌葉祖憲은 사당 건립에 대해 반대 입장을 밝혔다가 즉시 위충현에게 파면당했다. 제학부사提學副使 황여경黃汝經은 항주의 생리生里에서 세상일에 대해 탄식을 했다가 위충현의 부하에게 무참히 맞아 죽었다. 많은 관리들이 사당에서 제를 지내지 않고 존경과 존중을 보이지 않는다는 이유로 이와 같이 처리되었다.

살아 있는 사람의 사당을 세우는 것은 황당한 일이어서 이미 사람들을 충분히 놀라게 하였지만, 아직 이것으론 부족했다. 국자감 감생監生 육만령陸万齡은 국자감 옆에 사당을 지어서, 살아 있는 위충현을 죽은 공자처럼 제사 지내자고 주장했다. 당시 공자는 지성선사至聖先師, 만세사충萬世師忠으로 존경을 받았고, 침범할 수 없는 신성함의 상징이어서 황제도 제를 지냈으니, 위충현과 공자를 같이 둔다는 것은 위충현이 황제보다 더 높다는 것을 말했다. 육만령은 이렇게 주장했다.

 "공자는 『춘추』春秋를 지었고, 위충현은 『요전』要典을 지었다. 공자는 소정묘小正卯를 꾸짖었고, 충현은 동림東林을 꾸짖었다. 당연히 국학 서쪽에 사당을 지어 공자와 같이 존중해야 한다."

 이러한 말은 제법 이치에 맞고 조리가 있었다. 누구나 정말로 마음만 먹으면 구실을 만들 수 있었다.

명성은 천년을 못 가고, 악명은 만년을 간다

 "발전이 극에 달하면 반드시 반전한다"라는 말이 있다. 위충현과 객씨가 영원불멸의 꿈을 꾸고 있을 때, 희종이 갑자기 죽었다. 희종은 자식이 없어서 유서로 다섯 번째 형제인 신왕信王 주전검朱田檢을 세웠고, 사종思宗이라 했다. 위충현은 의지할 곳을 잃었다고 생각하여 온종일 불안해했다.

 사종은 총명한 사람이어서, 심기가 매우 약한 희종과는 달랐다. 고집불통이고 남의 말을 듣지 않았던 그는 희종처럼 남에게 조종당하는 것을 싫어했다. 위충현은 황제 자리를 이어받고 싶어 했으나 그 도당들은 시기상조라고 생각하여 손을 쓰지 못했다고 한다.

 사종은 자리를 이어 받은 후 2달 동안 위충현의 도당과 병부상서 최정수의 관직을 파했다. 이렇게 위충현이 반역을 하려 했던 희망은 물거품으로 돌아갔고, 그의 도당들도 다른 세도가에게 붙거나 뿔뿔이 흩어져 먹고 살 길을 찾았다.

 먼저 사종에게 위충현을 탄핵한 사람들은 그와 같은 당파 사람이었다. 그 후 동림당 사람들도 그를 탄핵하였는데, 죄가 너무 많아 열거할 수 없을 정도여서 백 가지 항목으로도 그 죄를 모두 밝히지 못했다. 그때에 이르러서도 위충현은 환상에 젖어서, 다른 이들에게 사종 앞에 가서 사정을 잘 설명해달라고 부탁했다. 그러나 사종은 그 해 11월 위충현을 봉양으로 보내라고 명령하였고, 위충현이 그곳에 도착하기 전에 다시 잡아오라고 명령했다. 여정의 반 정도를 간 위충현과 수양아들 위조흠魏朝欽은 이 소식을 듣고서 다시 살아나지 못할 것을 알고는 자살을 했다. 사종은 위충현의 머리를 가져오도록 하여 이를 위충현의 고향 하간부河間府의 성문에 걸게 하였다.

객씨 역시 당연히 결말이 좋지 못했다. 사종은 객씨를 세탁실에서 채찍으로 무참히 때려죽이라고 명령했다. 동시에 위충현의 조카인 위량보, 객씨의 아들 후국흥, 그리고 객씨의 동생인 객광선 등을 죽였고, 그 집안의 재산을 몰수하였으며, 전국에 있는 위충현의 도당들도 한 사람씩 조사하여 법에 따라 목을 베고, 재산을 몰수하고, 관직을 파하고, 부패에 따라 각각 처벌하자 위충현의 당은 단번에 숙청되었다.

"명성은 천년을 갈 수 없지만, 악명은 만년을 간다"란 말이 있다. 위충현은 '명성'을 원했고, 자신이 죽은 후에 비석을 세워줄 사람이 없을까 두려워 생전에 몇 개의 사당을 지었다.

그러나 생전의 '명성'은 사후 악명의 근본이 되었다.

위충현의 사례를 살펴보면, 죽은 사람에게 제사를 지내고 산 사람에게 제사를 지내지 않는 것은 결코 이치에 맞지 않는 것이 아니다. 옛것을 중시하고 현재를 경시하는 것은 물론 적절하지 못한 일이며, 현재의 것을 중시하고 옛것을 경시하는 것 또한 나쁜 결과를 가져온다.

권세와 힘의 정책으로 여론을 유도하는 것은 오래갈 수 없고, 성공하지도 못한다. 위충현의 사당에 제사를 지낸 일은 흥미롭긴 했지만, 곧 역사의 웃음거리가 되었다. 옛 일은 여전히 권력과 명성을 구하는 자들에게 좋은 충고가 된다!

12 사랑을 독차지한 태감의 수수께끼

중국 역사에 나타난 많은 태감들이 권력을 잡을 수 있었던 비결은
성실과 아부 두 가지다. 모든 사람은 아부를 좋아한다.
더군다나 아부는 돈도 들지 않고 입으로 말만 해도 되는 것이다.

중국의 태감은 굉장히 특이한 사람들이다. 이들은 거세라는 야만적 제도의 피해자라고 말할 수 있으나, 자신들이 처한 생활환경과 스스로의 야심 때문에 선량하고 정의감이 풍부한 사람이 되기는 어려웠다. 물론 중국 역사상 무수한 태감들 중에서 절대다수는 세상에 이름이 알려지지 않은 궁전의 노예였고, 극소수만이 정치에 관여할 수 있는 권감權監이 되었다. 이러한 권감들 중에서 극소수만이 역사적으로 긍정적인 인물이 되었고, 절대다수는 부정적인 인물이 되었으며, 못된 행적들이 뚜렷이 남아서 악명이 높다.

그렇다면 그들은 어떻게 충당되었을까? 첫 번째는 죄인이다. 상고시대에는 종종 전쟁을 통해 잡아 온 다른 국가의 남자들을 거세했는데 특히 죄인들을 거세하는 경우가 많았다. 이들은 궁에 들어가 왕의 후비들의 일상생활을 시중들었다. 예를 들어 진시황 시대의 권감인 조고는 조나라에서 범죄를 저질러 거세를 당해 태감이 되었고, 다시 진秦나라에서 조趙나라로 잡혀 왔다. 하지만 그 시대에는 태감의 수가 비교적 적었으며 쓸모도 많지 않았다. 그들의 사회 활동도 가장 크게는 공문 명령 등을 전달하는 것으로 제한되었다. 조고는 굉장히 특별한 경우에 속한다. 그러나 한나라 때부터 권력을 쥔 태감이 점점 많아졌다.

두 번째는 자원해서 태감이 된 사람들이다. 이들의 대부분은 생활이 궁핍하여 생계를 유지할 방법이 없거나, 재난을 피해서 혹은 투기 같은 개인의 목적을 품고서 스스로 생식기를 자르고 궁궐로 들어온 사람들이다.

이 부류는 두 가지 특징이 있다. 첫째는 정통 관념이 매우 흐릿하여, 차라리 멸시당하는 태감이 되어 현실의 고통을 받지 않기를 원했다.

두 번째로 그들은 매우 잔인했기 때문에 용기를 내어 스스로를 거세했다는 점이다. 그래서 이 부류의 사람들은 궁에 들어온 후에 출세할 기회가 비교적 많았고, 출세한 후에는 사람들에게 해를 많이 끼쳤다.

세 번째 부류는 납치되거나 팔려서 태감이 된 사람들로, 강제로 거세당한 후에 훈련을 받고 궁으로 보내졌다. 이런 부류의 태감은 전체적으로 많은 비중을 차지했지만, 출세를 하는 사람은 오히려 적었다.

가난한 사람을 비웃어도 창녀를 비웃지는 않는다

우리는 두 번째 부류의, 스스로 생식기를 거세하여 태감이 된 사람들이 가장 활동적이었고 또한 가장 큰 위험성을 띠었음을 알 수 있다. 이들은 큰일을 위해 치욕을 참았고 권력에 빌붙어 이익을 챙겼으며 또한 아첨하는 데 익숙했고 일단 권력을 잡은 후에는 잔인해지고 탐욕스러워졌다.

중국 역사를 살펴보면 권력을 잡은 대다수의 태감은 모두 자발적으로 거세를 했으며 그중 대부분은 자신이 직접 거세를 했다. 예를 들어 명나라의 대태감 위충현, 청나라 자희태후가 총애하여 신임한 대태감 안덕해安德海와 이연영李蓮英 모두 자원하여 거세 수술을 한 사람들이다.

예전의 왕조들과 비교하자면 청나라 때 권력을 잡은 태감은 상대적으로 적었는데, 이는 아마도 청나라 전기의 황제들이 굉장히 신중했던 것과 관련이 있을 것이다. 청나라를 세운 만주족 통치자들은 매우 주의 깊게 과거의 여러 왕조가 멸망하게 된 원인과 교훈을 총정리했다. 이들은

청나라의 제6대 황제인 건륭제. 즉위 초기에는 정치와 문화적으로 안정을 이루었으나, 잦은 정벌과 사치로 많은 경비를 낭비하여 만년에는 나라의 쇠락을 가져왔다.

청나라가 얼마나 오랫동안 중국을 통치할 수 있겠는가 하는 문제에 대해 확신이 없었다. 그들은 이전 시대의 태감들이 권력을 잡은 전철을 되풀이하지 않기 위해서 태감들을 엄격하게 통제했다.

건륭황제乾隆皇帝 같은 경우는 태감이 정치에 간섭하는 것을 절대로 허락하지 않았을 뿐만 아니라 태감이 글자를 아는 것조차도 허락하지 않았으며 기껏해야 몇 가지 물건을 기억하고 이름을 알 정도의 교육만 허락했다. 어떤 태감은 그에게 약간의 정치적 의견을 내려 했다가 즉시 사형을 당했다. 그러므로 자희태후 이전의 청나라 시대에는 태감이 권력을 잡음으로써 일어난 화가 없었다고 볼 수 있다.

물론, 어떠한 봉건시대라도 말기에 이르면 모두 부패하게 된다. 청나라도 예외는 아니었다. 자희태후 시대 전후로 권력을 잡은 두 명의 태감이 나타났다. 먼저 안덕해가 있었고, 후에는 이연영이 있었다. 특히 이연영은 청나라의 대태감이었을 뿐만 아니라 역사상 손꼽히는 사람이다. 그가 결국 천수를 다하고 세상을 떠난 것은 큰 기적이라고 할 수 있다.

안덕해는 이연영이 등장하기 이전에 자희태후의 총애를 받았다. 안덕해는 지금의 하북 남피南皮 출신인데, 이곳은 청나라 때 많은 태감을 배

자희태후의 총애를 등에 업고 청나라를 어지럽힌 환관 이연영.

출했다. 흙과 물이 있으면 생산품이 생겨나는 것과 같이 남피에는 출세하려고 서로 경쟁하듯이 태감이 되려는 사람이 많았는데, 이것 또한 중국 역사상 매우 기이한 일 중 하나라 할 수 있다. 남피에서 몇몇의 그럴듯한 태감이 나오자 이곳의 가난한 사람들은 갑자기 부유해진 그들을 보고 자연스럽게 눈에 불을 켜게 되었다.

속담에 "가난한 사람을 비웃어도, 창녀를 비웃지는 않는다"라고 했고, 부귀가 있다면 '전과자'라는 꼬리표는 아무것도 아니라고 했다. 안덕해는 바로 이런 마음에 따라 스스로 거세하고 궁에 들어간 사람이다.

안덕해는 스스로 거세를 할 수 있었던 이상, 자신에 대해 어떤 자신감이 있었다고 할 수 있다. 그는 권력을 등에 업고 출세하는 데 아주 능했을 뿐만 아니라, 자희태후의 환심도 얻었고 정치 형세를 때맞게 파악하여 자희태후가 고명대신을 죽이려는 정변의 움직임을 일으키는 와중에 적극적으로 영향력을 발휘했다. 이 때문에 그는 태후의 환심과 신임을 얻었을 뿐만 아니라 공신이 되었다.

정변을 성공시키고 자희태후가 정권을 독점하게 된 이후, 그녀는 많은 일들을 그에게 의지했다. 안덕해는 또한 여러 차례 중상모략을 하여, 자희태후로 하여금 함께 정변을 일으킨 친왕親王 혁기奕沂의 직무를 파하게 함으로써 큰 권력까지 얻었다.

안덕해의 권력 독점은 법에 위배되는 것이어서 동치황제同治皇帝는 이에 분노했다. 안덕해의 모략 때문에 권세를 잃은 혁기 역시 그를 처벌할 기회를 찾고 있었으며 자안태후慈安太后도 그가 제멋대로인 것을 보고는 제거하려고 하였으므로 세 사람은 자연스럽게 동맹을 결성하게 되었다.

때마침 수도를 떠나 자연을 즐기고 싶어 했던 안덕해는 자희태후를 대신해서 황제의 옷을 구한다는 명목으로 남쪽인 광동廣東으로 갔다. 그래서 동치제와 자안태후는 비밀리에 상의하여, 산동의 순무 정보정丁寶楨에게 안덕해를 죽이게 하였다.

안덕해의 권세는 굉장히 컸다. 전 왕조에서는 태감이 수도의 문 밖으로 나가면 안 되었고, 문을 나가는 자는 목을 베어버리는 법이 있었지만, 산동 일대의 관원들은 감히 경거망동할 수 없었다. 정보정은 신중하고 빈틈없는 계획을 통해 안덕해의 배를 3일 동안 뒤따른 후 진안秦安에서 일행을 잡도록 명령하였다.

안덕해를 제남濟南에 붙잡아둔 정보정은 조정에 상서를 올렸다. 자희태후는 있는 힘을 다해 안덕해를 보호하려 했지만, 결국 동치황제와 자안태후, 혁기 그리고 온갖 대신들의 강한 요청에 의해 할 수 없이 안덕해를 법에 따라 처리하라는 명을 내리게 되었다.

미용 기술로 권력을 얻은 이연영

이연영은 안덕해가 죽음을 당했다는 소식을 듣고, 자신의 장애물이 제거됐다고 생각하고서 매우 기뻐했다. 이연영은 안덕해가 죽은 교훈을 이어받아, 이때부터 '신중'이라는 두 글자를 잊지 않았다.

이연영은 직례直隸 하간부河間府 사람이다. 청대의 하간 역시 하북의 남피처럼 태감이 많이 배출되는 곳이었다. 이연영의 고향친구 심란옥沈蘭玉이 바로 자희태후 주위의 면모 있는 태감이었다. 이연영의 가정 형편은 무척 빈곤했다. 어려서부터 부모님이 안 계셨고 돌봐주는 연고가 거의 없었기 때문에, 이연영은 온갖 방탕한 생활을 하며 아무렇게나 살았고 일정한 직업도 없어서 진짜 건달이라 할 수 있었다. 그는 화약을 밀매하여 체포당한 적도 있는데, 석방된 후에는 가죽신을 바느질하여 생계를 유지했다. 이후 심란옥이 돈과 권세가 있는 것이 부러워서, 마음을 먹고 스스로 생식기를 잘라 심란옥을 찾아갔다.

이연영은 먼저 머리 빗는 것을 시중드는 소태감小太監으로 일했다. 그는 계속해서 자신을 드러낼 기회를 찾았다. 당장은 그저 이렇게 하루하루를 참고 견뎌나가지만, 어찌 되었건 스스로를 드러내야 한다고 생각했다. 그는 하늘은 뜻있는 자를 저버리지 않기 때문에 기회는 반드시 올 것이라고 생각했다.

한번은 자희태후가 자신의 머리 모양을 새로 바꾸고 싶어 했다. 그러나 머리를 이리저리 만져봐도 만족스럽지 않았다. 머리를 만지는 태감은 며칠 동안 야단을 맞고는 아무런 대책도 없이 돌아와 하루 종일 풀이 죽어 있었다. 이연영이 그 소식을 듣고서 즉시 궁궐을 나서서 기생집에 갔다. 기생집은 예전에 그가 자주 드나들던 곳이었는데, 이번에는 즐기기 위해서가 아니었다. 기녀들이 화장을 가장 잘하고 또한 유행을 잘 탄다는 것을 알기 때문이었다. 그는 이곳에서 3일 동안 열심히 배워서 몇 종류의 새롭고 아름다운 머리 모양을 익혔다.

궁궐에 돌아온 그는 자희태후의 머리를 전문으로 손질하는 대태감에게 자신을 추천해달라고 간청했다. 태감은 자칫 또 벌을 받을까 두려워 감히 추천을 하지 못했다. 이연영이 세 번이나 간청하고 직접 시범을 보이자 머리 담당 태감이 비로소 자희에게 보고를 했다. 게다가 이연영의 고향친구인 심란옥도 자희태후에게 이연영의 기술이 대단하다고 넌지시 말하자, 그녀는 어디 한번 해보라고 허락했다.

이연영은 남은 반평생 전부가 이번 머리 손질에 달려 있고, 이 귀중한 기회를 잘 잡으면 빠르게 출세할 수 있으나, 잘 못하면 모든 것을 잃을 수 있다는 것을 잘 알았다. 그는 온갖 방법을 써서 기생집에서 배운 기술을 모조리 자희의 머리 손질에 쏟아 부어 그녀에게 당시 기녀들 사이에서 유행하던 머리를 해주었다. 손질이 끝나자 자희는 이리저리 살펴보더니 매우 만족해했고, 기분도 좋아지기 시작했다. 기뻐하던 그녀는 이연영을 머리 담당 태감으로 임명했다.

이연영의 첫 출발은 성공이었다. 그는 첫 성공에 의지하지 말고 계속 노력해야 하며 특히 자희의 신임을 얻어서 심복이 되어야만 오랫동안 총애를 받을 수 있다는 것을 알았다. 그는 언제나 이러한 기회를 찾았고 기회가 왔다.

함풍황제는 자희태후가 매우 능력이 있고 권력에 대한 야심이 있어서 자신이 죽은 후에 권력을 독점할 것임을 알았다. 그래서 그는 당시 권력 있는 신하 숙순肅順과 상의를 하던 도중 그녀를 한무제의 구익부인과 비교하였는데, 진짜 의도는 그녀를 폐하고 사형에 처하려는 것이었다. 구익부인은 한무제의 총애를 가장 많이 받은 첩이며 한소제 유불릉의 생모다. 무제는 임종 직전에, 자기가 죽고 난 후 불릉이 황제가 되면 구익부인이 정치에 간섭하여 권력을 잡을 것이 두려워 그녀를 사형에 처했다. 함풍황제가 전 왕조의 이야기를 거울삼으려고 한 속셈이 분명히 드러났다.

정말이지 하늘이 이연영에게 좋은 기회를 주어, 함풍황제의 이러한 말을 그가 들을 수 있게 하였다. 그는 기회가 왔다는 것을 알고 밤을 틈타서 궁을 빠져나가 자희태후의 여동생에게 그 사실을 알렸다. 자희의 동생은 친왕의 부인이었다. 그녀는 이 소식을 듣자마자 너무 놀라서 서 있을 수도 없었다. 다음날 아침이 되자마자 그녀는 급히 궁으로 들어가 자희태후에게 이를 알렸다.

자희태후는 침착하고 노련한 여자였다. 주도면밀한 계략을 꾸민 자희는 각종 수단과 힘을 동원하여 함풍황제를 압박했다. 함풍황제는 끝내 자희를 처벌하는 일을 내버려두기로 했다.

함풍이 죽은 후 동치同治가 즉위했다. 그는 겨우 5살이었다. 자희태후는 정변을 일으켜 함풍이 임종할 때 지정한 3명의 고명대신을 죽이고 궁정의 군사력을 장악했다. 이때부터 자희는 10년에 달하는 정치생활을 시작했다. 이연영은 이번에 밀고한 일과 정변 때 애쓴 공 때문에 자희태후의 심복이 되어 점점 정치적인 신임을 얻게 되었다.

그러나 이연영은 시종일관 네 글자로 된 자신의 방침을 철저히 실행했다. 하나는 '근면'이고 또 하나는 '아첨'이었다.

한번은 궁 밖으로 나가던 자희가 이연영의 관사를 지나다가, 그의 관사 문에 "총관이우"總管李寓라는 편액이 걸려 있는 것을 보게 되었다. 이연영이 비록 태감총관이지만, 이러한 편액을 내걸어 과시하면 안 되었다. 이연영은 자희의 이러한 기색을 소홀히 넘어갈 수 없어서 즉시 휴가를 내고 돌아가 편액을 떼어내고 위쪽의 금을 뜯어내고는 자희의 앞에 달려와 엎드렸다.

"제가 집에 자주 돌아가지 않아, 소태감이 잘잘못을 모르게 되었습니다. 뜻밖에 저의 집에 편액이 씌어 있는 것을 이번에 처음 보게 되었습니다. 제가 방금 편액을 떼어내고 금도 뜯어냈습니다. 그리고 그 염치없는 소태감을 매섭게 호통치고 내무부에 처벌 받도록 보냈습니다."

그 말을 듣고서 바로 마음이 풀어진 자희는 그에게 소태감을 내무부에 보내 처벌받게 할 필요까지는 없으니 풀어주라고 했다.

한번은 어떤 대신이 서양의 시계를 구입하여 이를 자희에게 바치고 싶었으나, 그녀가 좋아하지 않을까 봐 이연영에게 부탁하여 시계가 어떤지 먼저 봐달라고 하였다. 정교하게 만들어 무척 비싼 자명종이었다. 정각이 되면 종 내부에서 자동으로 문이 열려 작은 인형이 걸어 나와 그림을 펼쳐 보였는데, 그림에는 "만수무강"萬壽無疆이라는 네 글자가 씌어 있었다. 대단한 제작 기술이 필요한 시계였다.

그러나 이연영은 잠시 깊이 생각하더니 이 시계가 알맞지 않다고 생각했다.

"만약 이 기계가 고장 나서, 인형이 오직 세 글자만을 펼친다면 "만수무"萬壽無(만수는 없다)가 되는데, 당신이 생명을 보전할 수 있을 것 같소?"

그 대신이 이 말을 듣고 놀라 식은땀을 흘리며 황급히 자명종을 바꾸러 갔다.

얼마 후 이연영은 그 자명종을 구해서, 그림에 씌어 있는 글을 "수수수수"壽壽壽壽 네 글자로 바꿨다. 설령 고장이 나더라도 "만수무"라는 저주의 말은 나타나지 않을 것이었다. 이연영이 언제 어디서나 조심하고 주의를 기울였다는 것을 이 두 가지 일을 통해 알 수 있다.

이연영은 아부하는 데도 온갖 지혜를 짜냈다. 중국 역사상 어느 태감도 이연영처럼 아부에 뛰어난 사람은 없었다. 그는 머리 손질 태감이 되고 얼마 지나지 않아 자희가 좋아하고 싫어하는 것을 분명하게 알아내고는, 그녀가 입을 열지 않아도 미리 준비를 잘 하여 그녀를 매우 편하게 해줬다. 이연영이 쉴 때는 다른 태감들이 자희의 시중을 들었는데, 하는 일마다 질책을 받자 결국 다른 태감들이 이연영에게 휴가를 가지 말라고 부탁할 정도였다. 이연영을 원망하던 태감들도 그 외에는 자희를 만족시킬 수 없다는 것을 알고서, 아무도 그를 해치려 하지 않았다.

물고기와 새도 칭송한 자희태후

이연영의 아부에 관한 사례는 너무 많아 셀 수 없으니, 여기서는 몇 가지만 살펴보겠다.

자희태후는 늘 태감이 일하는 방에 와서 잠깐씩 앉아 있곤 했는데, 자희가 가고 나면 이연영은 그녀가 앉았던 의자를 황색 단자로 감쌌다. 이때부터 아무도 감히 그 의자에 엉덩이를 붙이지 못했다. 시간이 지나자 방 안의 의자 12개 중 8개가 황색 천으로 싸여 있게 되었다. 자희태후는 이연영이 정말로 세심하고 충성스럽다고 느꼈다.

가장 낭만적인 색채가 있는 이야기는 두 번의 방생放生이다. 자희는 다른 사람이 "노불야"老佛爺라고 불러주는 것을 좋아했다. 그녀는 살생을 좋아하지 않고 덕을 쌓고 선행을 베푸는 모습을 남에게 보여주고 싶어 했다. 특히 60세가 되었을 때, 더욱 공덕을 쌓고 싶어서 천하의 모든 사람이 자희에게 덕이 생겼다는 것을 알게 하려고 했다.

이연영은 아부할 기회가 또 온 것을 알고 머리를 짜내어 몇 가지 계책을 시험해보았다.

자희는 60세가 되는 환갑날에 미리 준비된 계획에 따라 이화원의 불향각에서 새를 날려주었다. 새장의 새들은 준비되어 있었고, 자희는 친히 새장을 열어서 새들이 자유롭게 하늘 높이 날아가도록 했다. 이연영은 소태감에게 마지막 새장을 운반하도록 했다. 자희가 새장들의 문을 열자 새들이 분분히 날아갔지만 마지막 새장의 새들은 하늘에서 잠시 빙빙 돌더니 다시 새장으로 돌아왔다. 자희는 놀랍고도 이상했지만 조금은 기쁘기도 하였다. 그녀는 이연영에게 물었다.

"이 새들은 왜 날지 않느냐?"

이연영은 무릎을 꿇고 머리를 땅에 대고 절하며 말했다.

"소인이 노불야 님에게 말씀드리겠습니다. 이것은 노불야 님의 덕이 천지를 감격시키고 짐승들과 새들을 감격시켜서 날아가고 싶지 않아서 일 것입니다. 이것은 상서로운 길조입니다. 노불야 님은 반드시 만수무강하실 것입니다."

일반적으로 말해서 이연영의 이러한 아첨은 매우 수준 있는 것이라 할 만하지만, 이번에는 아첨이 잘못 흘러간 꼴이 되었다. 자희태후는 편하게 아첨을 들었지만, 다른 사람들에게는 그녀를 비꼬는 것 같았다. 그녀는 화가 나서 꾸짖었다.

"대담하구나, 이놈. 감히 새들을 훈련시켜서 나를 속이다니!"

이연영은 자희가 자신을 어떻게 할 수 없다는 것을 알고 있었다. 다른 사람들은 매우 두려워하였으나, 그는 당황하지 않고 오히려 임기응변을 발휘했다. 그는 당황하지 않고서 허리를 구부리며 말했다.

"소인이 어찌 감히 노불야 님을 속이겠습니까. 이것은 정말로 노불야 님의 덕이 천지에까지 이른 것입니다. 만약 소인이 노불야 님을 속인 것이라면 제게 벌을 내려주십시오. 하지만 노불야 님께서 죄를 묻기 전에 먼저 저의 요구를 하나 들어주십시오."

그 자리에 있던 사람들은 이 말을 듣고서 이연영이 감히 흥정을 하려한다고 생각하고 깜짝 놀라 아무 소리도 내지 못했다. 자희가 노불야라고 불리지만, 실제로는 사람을 죽이고도 눈 하나 깜짝하지 않는다는 것을 모두들 알고 있다. 시중을 잘 못 든다는 이유로 혹은 비위를 건드렸다는 이유로 많은 사람들이 죽었는데, 누가 감히 이연영처럼 대담하겠는가. 자희는 이 말을 듣고는 화가 난 얼굴빛으로 말했다.

"네가 감히 무슨 요구가 또 있다고?"

이연영은 간곡히 말했다.

"천하에 훈련된 새가 있다는 말만 들었지, 훈련된 물고기가 있다는 것은 못 들었습니다. 만약 노불야 님께서 자신의 덕이 천지를 감동시키고 그 은택이 물고기와 새 그리고 금수에까지 미치는 것을 믿지 못하신다면 호수에 잉어를 넣어서 천자의 마음과 불심佛心을 추측해보십시오. 제 생각에는 물고기들도 반드시 도망가지 않을 것입니다. 만약 제 말이 들리다면 노불야 님께서 벌을 내려주십시오."

자희도 조금 의혹이 생겨서 곤명호昆明湖에 잉어를 넣으라고 명령했다. 신기하게도 그 잉어들은 한 바퀴 헤엄을 치더니, 계속하여 다시 헤엄쳐 돌아오는 것이었다. 멀리서 보면 한 줄로 서서 마치 알현을 하는 듯했다. 모든 사람들이 놀랐을 뿐만 아니라 자희조차도 현혹되었다. 자희는 이연영이 자신을 속이는 것임을 알았지만, 어떤 방법을 썼는지에 관해서는 확실하게 추측을 하지 못했다.

이연영이 어찌 기회를 놓치겠는가. 자희 앞에 무릎 꿇고서는 머리를 조아렸다.

"노불야 님, 진정으로 덕이 천지에 이르십니다. 이와 같이 보면 천자의 마음과 불심이 같다는 것이고, 노불야 님 마음대로 거스를 수 있는 것이 아닙니다. 새가 날아가지 않고 물고기가 도망가지 않는다는 것은 누구나 다 보고 있는 것인데, 소인이 어찌 노불야 님을 속이겠습니까. 오늘의 큰 상은 소인의 것입니다."

이연영은 말을 끝내고는 만세를 부르며 절을 했다. 수행하던 태감, 궁녀, 대신들이 어디 맞장구를 치지 않을 수 있겠는가. 모두들 무릎을 꿇었고 사람, 물고기, 새 모두 축하를 했다. 일이 이렇게 되자 자희태후가 어찌 화를 낼 수 있겠는가. 그녀는 진심으로 기뻐하며 이연영에게 진주를 상으로 주었다.

후인들의 기억에 의하면, 이연영은 먼저 물고기 먹이를 광주리 안에 넣고 호숫가에 고정시키고서 먹이가 천천히 광주리 틈으로 삐져나오게 해서 잉어들이 몰려들게 했다고 한다.

이것을 작은 아첨이라고 한다면, 큰 아첨은 국가와 백성에게 재앙을 가져왔다. 자희태후가 머물 이화원을 건설하는 데는 3,000만 전錢이 필요했다. 이러한 돈이 어디서 나오겠는가? 그 즈음 청나라와 프랑스가 전쟁을 벌였는데 청군이 마강馬江에서 패한 후 복건성의 수군을 거의 다 잃어서 청나라 조정은 수군의 힘을 크게 기르기로 결정했다. 이홍장이 그 일을 주관했는데 그는 조정에 군비를 조달해달라고 계속 상주문을 올렸지만 별 답장이 없었다. 이홍장은 어쩔 수 없이 직접 조정에 가서 소식을 알아봐야 했다.

이홍장을 만난 이연영은 그에게 말했다.

"태후께서 근래에 조용하게 살 곳을 찾고 계시오. 정원을 지으려 하는데 경비가 없어서 걱정이고 항상 초조합니다. 그래서 각 성에서 돈을 조달해달라는 상주문을 올려도 종종 허락하질 않는답니다."

이 말을 듣고서 이연영의 속마음을 안 이홍장은 그와 밀담을 나누었

자금성에서 열린 광서제의 혼례 장면. 광서제는 허울뿐인 황제였으며 모든 실권은 자희태후
가 쥐고 있었다.

다. 그래서 그들 두 사람은 해군 재건의 조달금을 빌려주는 명목으로 각
성에서 매년 정기적으로 일정액의 돈을 보내도록 하였고, 그중 절반은
이화원을 건설하는 비용으로 조달하기로 하였다. 자희태후가 이 소식을
듣더니 매우 기뻐했고, 이연영이 충성스럽고 능력이 있다고 칭찬하였다.

아부를 싫어하는 사람은 없다

이연영은 자희태후가 권력을 잃으면 자신의 목을 보존하기 어렵다는
것을 잘 알고 있었다. 그래서 그는 '도망칠 수 있는 세 개의 토끼 굴'을
준비하기 시작했다.

광서제의 즉위를 본 이연영은 그의 기개가 비범하지 않아 보이자 자신
의 여동생을 그에게 주고 싶어 했다. 광서제는 이연영의 속셈을 알아차
렸지만, 자희태후는 그녀를 매우 좋아하여 애칭으로 "큰아가씨"라고 불
렀다. 후에 이연영은 광서제의 융유황후隆裕皇后에게 아첨을 했는데, 광
서제가 그를 처벌하려 할 때 융유황후가 말려준 덕분에 결국 이연영은
집에서 천수를 누리다 죽을 수 있었다.

이연영은 갖은 못된 짓을 다 했다고 할 수 있다. 그는 군사 행정에도

간섭하여 나라와 백성에 많은 화를 불러왔고, 뇌물을 받고 관직을 팔았으며, 거대한 부를 쌓았다. 그가 죽은 후에는 궁중에 남아 있는 재물을 찾아낼 수가 없었고, 많은 사람들이 너 죽고 나 살자는 식으로 경쟁하며 그의 창고에 침입했는데 그 재물들은 후에 융유황후의 사유 재산이 되었다. 그가 착취한 재물은 궁 안과 밖을 합해서 은 1천2백만 냥이 넘었다.

이연영은 '성공'한 태감으로서 권력과 돈을 움켜쥐었으며 죄상도 뚜렷했으나 천수를 다하였으니 중국의 역대 태감 가운데 보기 드문 사람이라고 할 수 있다. 그의 성공 비결은 성실과 아부 두 가지였다. 아부는 그를 출세하게 하였고 성실은 오래도록 부귀를 누리게 하였다. 그는 더욱이 퇴로를 준비하는 등 이전의 태감들과는 다르게 행동했다. 이연영은 실제로 궁궐 내부의 일들을 솜씨 있게 처리한 사람이었다.

"아부는 세상 누구도 모른다"는 속담이 있다. 사람들은 아부를 좋아한다. 더군다나 아부는 말만 하면 되는 것이 아닌가? 그래서 아부를 잘 하는 사람은 종종 쉽게 성공하지만, 일단 성공을 하면 자만에 빠지기 때문에 오래도록 유지하기가 힘들다. 이연영은 일관되게 군주에게 성실하여 눈에 들었기 때문에 천수를 다하고 죽었다.

이연영은 인간의 약점을 잘 이용했다. 참으로 아첨을 받아도 기뻐하거나 흔들리지 않는 사람이 진정으로 깨끗한 지도자가 될 수 있고, 나라의 기틀을 튼튼하게 세울 수 있을 것이다.

독특한 견해로 파헤친 중국역사의 진상

• 옮긴이의 말

역사문화는 삼라만상을 포괄한다. 옛 사람들의 삶의 변천과 제도의 변혁, 문화 활동 등 여러 현상을 분석하면 서로 다른 각도와 방법으로부터 서로 다른 결과를 얻을 수 있다. 역사를 읽으면 한 가지 견해와 관점만을 주장하는 고집에서 벗어날 수 있고, 더 나아가 시야와 포용력이 넓어지며, 사고방식을 발전시킬 수 있다.

우리는 중국의 역사를 통해 그들의 역사문화를 이해하는 단계를 벗어나, 중국인의 역사적 경험을 흡수하여 식견과 시야를 넓히고 세상의 이치를 깊고 멀리 살펴볼 수 있어야 한다.

『역사를 읽으니 시대의 길이 보이네』는 이미 우리나라에서 출간된 지은이의 다른 책들과는 성격이 다르다. 기나긴 중국역사에서 주목할 만한 인물과 사건 가운데 정수만을 골라, 비판적 관점과 독특한 견해를 통해 그 진상을 파헤쳐서 중국의 전통문화를 재구성하였다.

이 책의 원제(『독사유학문』讀史有學問)를 사전적인 의미로 해석할 때, 역사를 읽는 데도 학문이 필요하다는 말은, 학문을 갖추면 역사를 쉽게 이해하고 그 속에 숨어 있는 진리를 간파할 수 있으며 더 나아가서 현대의 삶에 큰 교훈을 얻을 수 있다는 뜻이다.

지나간 역사를 새롭게 조명하는 작업에는 다양한 시각이 필요하며, 그러한 시각을 키워줄 수 있는 수준의 학문도 요청된다. 이러한 점에서 변란과 전쟁으로 얼룩진 중국역사를 해체하고 분석할 수 있는 학문으로써의 중국사 다시 읽기의 전형적인 예가 바로 이 책이다.

우리의 지난 역사는 중국이라는 중심에서 벗어난 주변의 역사였다는 시각에서 벗어나는 방법은, 중국역사를 해체하고 재건축하는 과정에서 보편적인 역사적 진실을 추출하여 같은 문화권에 속한 우리의 역사문화를 새롭게 바라보는 시각과 방법을 갖추는 것이다. 이러한 작업은 이미 상당히 이루어졌고 현재도 진행 중이다.

이 과정에서 중국 역시 일시적인 방편으로써의 역사왜곡과 역사적 근거가 없는 과장적 제스처나 우월의식을 철저하게 배제하는 냉철한 이성이 필요하다. 이러한 의식만이 중화의식에서 벗어날 수 있는 동시에 과거나 현재 존재하고 있는 국가들 사이의 역사와 문화의 진정한 모습을 찾을 수 있게 해주는 것이다.

우리는 중국의 역사문화를 통해 중국인만의 특성과 보편적인 인간의 진상을 살펴볼 수 있는데, 이러한 고유성이야말로 귀중한 세계 문화유산 가운데 하나라고 볼 수 있다. 그러나 요즈음 중국뿐만 아니라 동남아, 중동, 중남미까지 유행하고 있는 한류처럼 이제는 중심의 문화가 지닌 보편성을 주변의 문화가 흡수하고 더 나아가 자신만의 독특한 문화로 재창조하는 문화교류의 장이 형성되고 있다. 이러한 교류를 통한 동아시아 국가 사이의 관계 설정은 한 국가의 정체성을 주체적으로 정립할 수 있는 길이다.

중국의 역사문화에는 무한한 문화콘텐츠가 내재되어 있으며, 같은 문화권인 우리나라의 경우도 유교나 불교 문화 이외에 정치문화 역시 상당 부분 공유하고 있는데, 이러한 공통문화에 대한 연구를 공시적 관점에서 바라보고 현재 우리에게 요구되는 도덕윤리 문화를 재정립할 필요가 있다.

역사 읽기는 인간을 지혜롭게 만들어준다. 독서를 통해 우리는 지식을 습득하는데, 독서행위 또한 일종의 학문 활동임에 틀림없다. 역사문화 면에 국한시켜 본다면, 중국역사를 보편적 공간으로 인식하고, 그 속에

서 우리가 살아가는 데 필요한 지혜와 교훈을 얻어 우리의 삶을 풍요롭
게 할 필요성은 갈수록 커질 것이다. 이런 점에서 『역사를 읽으니 시대
의 길이 보이네』는 우리 자신뿐만 아니라 모든 사람들의 마음속을 들여
다 볼 수 있는 거울인 동시에 앞으로의 삶의 지표가 될 수 있는 지침서라
고 말할 수 있다. 번역을 흔쾌히 허락해주고 출판에 큰 도움을 준 한길사
여러분께 감사드린다.

이해원

지은이 **렁청진**冷成金은 중국 산동성에서 태어나 중국 고전문학을 전공한
전통문화 연구가로서 지금은 중국 인민대학교 중문학과 교수로 있다.
지은 책으로 『중국문학의 역사와 미학』 『문학과 문화의 긴장』 『지전』 『변경』
『은사와 해탈』 『육유시선집』 등이 있으며 100여 편의 논문을 발표했다.

옮긴이 **이해원**李海元은 고려대학교 중어중문학과를 졸업하고
대만 국립정치대학교 중문연구소에서 석사학위를,
호주 시드니대학교 동아시아학과에서 박사학위를 받았다.
북경외국어대학교에서 파견교수 자격으로 강의하였고
지금은 고려대학교 중국학부 교수로 있다.
지은 책으로 『당시의 이해』 『이백의 삶과 문학』 『황하에 흐르는 명시』 등이 있으며,
옮긴 책으로는 한길사에서 펴낸 『중국 각지 상인』(천관런 지음, 공역) 외에
『삼성퇴의 황금가면』(황젠화 지음) 등이 있다.